"十三五"
国家重点出版物
出版规划项目

全过程工程咨询指南丛书

天 津 理 工 大 学
中 国 建 设 监 理 协 会　组织编写
一砖一瓦科技有限公司

全过程工程咨询
典型案例解析

本书编委会　编

中国建筑工业出版社

图书在版编目（CIP）数据

全过程工程咨询典型案例解析/《全过程工程咨询典型案例解析》编委会编．—北京：中国建筑工业出版社，2020.6（2022.9重印）

（全过程工程咨询指南丛书）

ISBN 978-7-112-25154-4

Ⅰ.①全…　Ⅱ.①全…　Ⅲ.①建筑工程—咨询服务—案例　Ⅳ.①F407.9

中国版本图书馆 CIP 数据核字（2020）第 082716 号

责任编辑：宋　凯　张智芊　朱晓瑜
责任校对：赵听雨

全过程工程咨询指南丛书

全过程工程咨询典型案例解析
本书编委会　编

*

中国建筑工业出版社出版、发行（北京海淀三里河路9号）
各地新华书店、建筑书店经销
逸品书装设计制版
北京建筑工业印刷厂印刷

*

开本：787×1092毫米　1/16　印张：41¾　字数：789千字
2020年7月第一版　　2022年9月第三次印刷
定价：99.00元
ISBN 978-7-112-25154-4
（35397）

本书编委会

主　任：王早生

副主任：尹贻林　何佰洲

主　编：陈凌辉

副主编：（排名不分先后）

周红波　罗云兵　张　日　张军英　孙　杰　王　静

沈　柏　皮德江　徐晓峰　王晓艳　陈朝阳　宿　辉

杨鲁川　侯希宝　韩珠杰　于小波　张海军

编　委：（排名不分先后）

杨立明　薄卫彪　朗灏川　余业雄　李小刚　尹纯红　尹思慧

董海红　张宏军　谢楷模　陈军民　刘新浪　周克树　孙　敬

黄　伟　赵　泓　吴春玲　董妍博　付　强　李颜颐　刘　芳

许　娜　张　颖　杨彩霞　李晓萍　魏慧娇　林丽霞　刘会芳

张占辉　王　瑜　贺　芳　王雯翡　周立宁　张　暄　冯露菲

周海珠　张　伟　洪　江　李　冬　倪　琨　王志强　冯瑞玺

曹江波　冀春辉　张　明　王晓觅　朱　静　李　平　侯永春

商广涛　易靖阳　宋小东　陈得志　常永振　何大河　张晔炜

俞　俊

中国特色工程咨询：从跟跑、并跑到领跑

一、中国项目管理的发展历程

1985 年，中国出版了两部项目管理的书，第一部是企业管理出版社的《项目管理》，美国人约翰·宾写的；另一部是中国建筑工业出版社出版的《工程项目管理》，是同济大学丁士昭教授写的。两本书各有优劣，其中《项目管理》一书的作者约翰·宾先生是美国著名的工程公司柏克德公司的项目经理，1970 年曾在中国引进八套合成氨系统的成都工厂担任 EPC 项目经理，给当时去项目视察的某国家领导人留下深刻印象。1978 年中国改革开放，与美国合作建立大连企业管理培训中心，中方领导点名要约翰·宾先生任教，美方顺水推舟任命约翰·宾先生担任美方教务长。

（一）项目管理思想在中国的传播

约翰·宾先生的《项目管理》明确告诉大家项目管理的三大目标：工期控制、成本控制、质量控制，以及三大控制工具：网络法 CPM、工作分解结构 WBS 和文件分发表。这三大控制目标和三大控制工具支撑了早期即 1985 年前后中国项目管理的普及和发展。1988 年约翰·宾先生访问天津大学，时任技术经济与系统工程系主任的徐大图教授在天南街一个饭馆宴请他，我在场作陪。1987 年中国施工企业管理协会组织编写《施工企业管理手册》，我负责撰写《项目管理》一章。

（二）建设监理制

丁士昭先生的《工程项目管理》则介绍了德国的施工项目管理，这本书比约翰·宾先生的书厚了一倍，多介绍了项目管理组织和项目控制方法。1986 年，丁先生据此向上海市和建设部建议实行"建设监理制"，先后被上海市和建设部采

纳，1987 年中国正式实施建设监理制，与项目法人责任制、项目合同制、招投标制并称中国建设领域的"四制"。后来随着项目法施工的兴起，中国已经形成了业主的项目管理即监理制，承包商的项目管理为项目法施工。1988 年春节前，徐大图教授带领我在建设部三号楼招待所住了一周，起草监理工程师考试方案被监理司认可。年后建设部发文由天津大学、同济大学、重庆建工学院同时开展监理工程师培训，三个月一期，取得结业证即可上岗。两年后正式开考，我任其考试教材之二《建设工程合同管理》副主编，撰写《施工合同管理》一章。

（三）项目法施工在中国兴起

1986 年，时任国务院副总理兼国家教委主任的李鹏同志发明码电报给直属高校，要求土木工程系学习鲁布革水电站建设项目日本承包商大成公司的项目管理经验。他把日本大成公司在鲁布革项目成功的经验归结为：项目管理、工程合同管理（含招标和索赔）和工程经济学（含造价）的成功，要求各高校在土木工程系或管理学专业开设上述课程。1987 年初在郑州的一次会议上国家计委施工司下达任务给天津大学管理工程系，要求总结鲁布革经验，拨科研经费 20 万元。当时天津大学张乃如等教师五次前往云南鲁布革工地，采集了大量素材。为与业主方项目管理区分，定名为"项目法施工"，主要内容是：前后方分离 / 前方成立施工项目部，后方设立基地；内部设立两个独立核算市场 / 施工机械租赁市场和劳务市场；严密的合同与索赔制度；项目部为扁平组织结构；公司为矩阵或地区总部组织结构。进入 1990 年前后，项目法施工在中国广泛应用，尤其是在原石油部系统应用最为成功，当时吐哈油田等新建油田均采用项目法施工获得成功。我当时任天津大学技术经济与系统工程系办公室主任，组织黄东兵教授编辑了《项目法施工》一书。

（四）代建制的崛起

朱镕基同志 1998 年任国务院总理，力促中美贸易协定于 1999 年圣诞节前签署，扫清了加入 WTO 的最大障碍。又经一年半与欧盟谈妥通信与保险业的条约，于 2011 年率中国加入了 WTO。但是议定书虽然同意中国暂缓加入 GPA（政府采购协议），但要求中国区分政府投资工程与私人投资工程，并采取不同管理体制。为落实此项承诺，当时建设部成立以建筑业司张鲁风司长为组长的"政府投资工程管理体制改革研究"课题组，我是其中一员。经过两年美国、德国、新加坡、中国香港等国家和地区的调研；又在国内对重庆、成都、西安、合肥等地的建设系统调研，形成了基本思路。我当时归纳发达国家政府投资项目管理的理念是：

"为了保证公平，宁愿牺牲效率"，又高度评价重庆的"投建管用分离"的作法。根据PMC（项目管理承包）和PMA（项目管理咨询）的经验提出政府投资项目应实行"代建制"，得到国务院的肯定。从2003年起推广，在北京奥运会工程中大显身手；在深圳演变成工务署；在四川省则形成我心目中理想的"代建制"，即代业主实施项目管理。

（五）项目经济评价方法与参数

1980年，建设项目科学决策、民主决策的呼声越来越高，国家决定引入世界银行（WB）和联合国工业发展组织（UNIDO）的以等值计算和折现为基础的项目经济评价方法。由建设部标准定额研究所于守法副所长牵头，天津大学等一批高校和研究机构参与。当时，中国已经引进了工程经济学等理论并且在高校开设课程。同济大学黄渝祥教授编著了《费用效益分析》影响很大，但是国家重点是对有经营性的工业项目进行财务评价，黄先生主导的政府投资项目评价问题尚未提到议事日程。1990年，国家发布《建设项目经济评价方法与参数》，中国建设项目科学决策的基础至此奠定了基础。

二、政府投资管控：从被动控制到主动控制

政府投资评审与工程造价咨询产业一样，其核心就是政府投资管控。所谓控制，必先设定控制标准。英国DBB以分项工程所需工料数据即工程量清单作标准控制投资，美国EPC则以有序的市场竞争挤出真实成本，用合同总价控制投资，中国计划经济时期使用定额为标准控制投资，近年来采用工程量清单控制投资。

纠偏是管控的主旋律，古典控制论鼻祖维纳提出了反馈的设计，信息反馈就是指控制系统把投资实施过程中的数据输送到判断器，又把判断结论返送回来的动作。政府投资评审系统就是一种典型的古典控制系统，其本质是通过信息反馈来揭示实际与计划之间的差异，并采取纠偏措施，使政府投资稳定在预定的计划状态内。全世界的投资管控都是循着反馈纠偏控制的思路设计的控制系统。

纠错防弊的内部控制是投资管控的基本方法，项目内部控制措施通常包括项目风险控制、授权审批的内部牵制等。工程造价咨询机构应当结合风险评估结果，采用主动控制（预防）与被动控制（纠偏）相结合的控制措施，将风险控制在投资计划之内。并通过内部牵制机制，实现项目纵向审批上下牵制，项目横向复核纠偏左右制约，相互监督，实现纠错防弊的管控功能。从宏观看，国家设立

财政投资评审体系就是政府对投资进行内部控制的重大举措。

（一）DBB 分工范式下的政府投资管控

目前，我国一直沿用三十年前创制的"四制"，即招投标制、项目法人制、工程合同制和建设监理制。上述制度的经济学机理就是 DBB 发承包模式，即设计 D、招标 B、施工 B 三个阶段分立的发承包方式，英国称它为传统模式。因其形成业主/咨询机构/承包商三足鼎立状，也称其为三角模式，对应最著名合同条件为 FIDIC 红皮书。中国 1983 年在鲁布革水电站项目采用，1987 年由丁士昭先生倡导引入称建设监理制，利用咨询机构消除承包商对发包人的信息优势，引入专业的顾问服务提高项目管理绩效。政府投资评审机构就是各级政府的投资管控顾问机构，近年来发挥了重要的作用。近三十年来投资评审机构总结了基于 DBB 模式的投资管控经验如下：

1. DBB 变更是失控的主因

据统计 DBB 模式 35% 的失控由变更引起。有四种变更，第一是业主的需求改变；第二种是设计错误；第三种是施工困难或不利现场；第四种是承包商合理化建议。DBB 前三种变更均应由业主承担价款改变的风险，第四种则应按价值工程条款评估，批准后跟承包商分成获利。顾问机构要注意承包商与设计人合谋人为制造变更获利，更应从前期入手抓设计优化。

2. 管控的重点在前期

英国的价值管理之父凯利和伍同两人不约而同地发现投资管控的重点在前期，工程造价咨询机构应该把主要精力放在前期。采用的方法有价值工程、LCC 和可施工性分析，尤其是工业项目或大型土木工程项目，采用新技术、新工艺、新材料的项目效果尤为显著。据统计，应用可施工性分析可缩短工期 10% 以上，减少投资 5% 以上，BIM 是可施工性分析的利器。

3. 闭口合同意味着项目价值折损

中国香港地区在 20 世纪一直采用闭口总价包死合同，但是 1999 年发生政府房屋署公屋天颂苑"短桩"事件，承包商为避免损失，每根桩都短 15m 以上，直至房屋沉降不均才败露。事件导致拆除公屋，损失达 2.5 亿港元以上。后来中国香港地区政府成立调查组，给出报告，认为总价包干合同是帮凶之一，建议地下工程不宜闭口，应据实结算。承包商不可能自掏腰包弥补工程费用不足。

（二）其他行业的政府投资管控

投资评审机构主要针对各级政府财政投资项目进行投资管控，除自身积累了大量经验和案例外，也对其他仍实行纵向管理的各行业投资管控进行了全面借鉴。

1. 施工图预算回归

公路工程投资管控创造了零号工程量清单，即初步设计完成后招标；施工图设计完成后招标人召集设计人、咨询方、承包商会商，最终出一份各方认可的工程量清单。这份清单称零号工程量清单，支付与结算均按照清单量计算。这种方法的本质是模仿施工图预算，把设计细节做到可施工程度，出工程量清单，按中标单价制定总价，实行总价包干。

2. 三峡投资管控

1992 年，三峡工程静态投资概算为 900.9 亿元，三峡总工期为 17 年，考虑到物价上涨和利息因素，最终动态投资达到 1800 亿元。利息执行央行的利率，物价上涨因素则由国家计委（国家发展改革委）委托咨询公司根据当年的工作内容确定物价篮子的材料品种和权重，根据统计局的物价数据测算一篮子物价指数，乘以当年静态投资计划数即为当年动态投资额，国家据此下拨投资。

3. 高铁投资管控

铁路有两个特殊环节，一个是概算检算，相当于施工图预算，检算不能超概算；另一个是概算清理，相当于竣工结算，两算责任主体均为勘察设计方。概算清理可增加部分包括变更、量差、政策性调整、新增等，如有异议提交主管部门鉴定中心处理。这种管控依赖定额，所以铁道定额所能获得巨额定额编制补助。这种管控无须咨询机构，勘设人是管控的第三方。

（三）政府投资管控的理论问题

1. 政府投资管控的柔性

为了应对未来的不确定性，缔约成本很高。为了降低缔约成本，中外均为合同注入柔性，即合同再谈判机制。最容易理解的柔性表现为：暂估价。如材料暂估价和专业工程暂估价都是为了加速缔约而设置的再谈判机制。合同的再谈判又分事件级与项目级两类。变更、调价、索赔均为事件级；和解、调解则属于项目级再谈判。政府投资评审机构掌握柔性则必执专业之牛耳。

2. 招标两难

中国的招标早期采用低价中标原则，出现了赢者诅咒现象，即由于投标人的乐观偏见和对招标人套牢产生的敲竹杠行为；后来采用综合评估法，又出现合谋与围标现象，即价格卡特尔（垄断合谋）。这就是招标两难，政府投资管控对解决两难问题提出信任解决方案。首先，政府应建立信任规制，其次招标人按信任级别确定招标竞争烈度，配合上相应柔性等级的合同条件。

3. 赢者诅咒

低价中标破坏项目价值和市场秩序，这个结论在理论上没有说服力。低价中标损害项目和市场根本利益的现象叫赢者诅咒，它破坏的机理是：招标人的逆向选择，即买方宁愿出低价选择一个反正也信不过的人，造成建筑市场劣币驱逐良币；投标人的道德风险，即卖方机会主义行为利用买方的漏洞获利。解决赢者诅咒的良方就是信任，用多次博弈克服机会主义。

4. 政府投资管控的激励

政府投资管控一般沿着监管和激励两条进路设计，监管难度大，成本高，所以 1980 年后重视激励进路。项目激励与公司激励不同，因无剩余索取权，所以不能使用产权激励。项目的激励有四种，第一是信任，产生柔性风险分担效应；第二是公平，产生参照点效应；第三是关系，产生声誉效应；第四是权力，产生位势差效应。上述效应均可改善项目管理绩效。

5. 政府投资管控的状态补偿

假设合同签订期是状态 0，无风险执行是状态 1，风险造成偏离是状态 2，一般在状态 0 时就必须预测到状态 2，并约定状态 2 的价格。但纠结于缔约，成本加大，则应在合同中约定再谈判：一旦出现风险导致的状态 2，只需确定状态 2 与状态 1 的差异并由买方予以补偿即可。工程合同的再谈判包括变更、索赔与调价，由发包人弥补状态差异，承包人完成项目，项目成功。

（四）新形势下的政府投资管控

中国经济进入新常态后，经济增长方式由过去的投资拉动需求模式转变为供应侧改革模式。具体改革措施为在基础设施投资领域实施政府与社会资本合作即 PPP 模式，在发承包模式中实施设计采购施工一体化模式即 EPC。新的建设方式要求政府投资管控与时俱进，在观念和手段上全面创新。

1. EPC 是基于信任的集成范式

三角模式零和博弈色彩太浓，发承包双方对抗。于是出现了 EPC 设计采购施工集成模式，采用 FIDIC 银皮书。EPC 的基础是合作，合作的前提是信任，信任表现为双方不利用对方的漏洞。因此，EPC 也称交钥匙工程，付款与结算按约定总价及程序，一般不再审核。中国推行 EPC 缺乏信任基础，故用 EPC 集成之形，施严格管控之实，称为中国特色 EPC。

2. PPP 的投资管控

政府与社会资本合作模式的投资管控为我们提出了新的挑战，第一 PPP 模式中项目控制权基本交给社会资本方，社会资本方对投资管控无积极性，但对成本控制有动力；第二为吸引社会资本中央同意两标并一标，施工不招标，则对概算的精度提出更高要求；第三PPP一般采用EPC，支付与结算方式改变，政府投资管控无抓手。针对上述三个难题，政府投资评审部门惟有抓住可行性研究不放，提高可研深度，建议采用初步可研和工程可行性研究两阶段可研以提高精度。另外迅速建立已完工程数据库，作为PPP项目投资管控的标杆。

3. 政府投资管控专业人士的格局

政府投资管控专业人士与工程造价咨询企业的领袖一样应具备三种素质，其一是企业管理能力，包括战略、内部控制与激励、经营与市场、质量与成本等；其二是投资管控能力，必须有强烈的为委托人提供投资管控顾问服务的意识；其三是为项目增值的能力，要利用VM、LCC等工具优化项目。具备这三种素质的咨询机构领袖就会有宏大的格局，必然带领团队走向成功。

4. PPP项目全生命周期投资管控

PPP项目实质上属于政府投资项目，表面上看是社会资本投资并支付工程款，实质上是政府授予特许经营权并延期多次支付的投资行为。因为政府在提供公共品中采用PPP方式，确实向社会资本转移了大部分风险，其代价是向社会资本让渡了项目的大部分控制权。那么PPP项目的投资管控就具有了非常特殊的形式和内容，即通过可用性和绩效考核两种形式进行，考核标准是物有所值。从可用性评价看，主要是评价资产是否虚化。两标并一标后的利润可以算是资产形成，但设计优化形成的节约能否形成资产争议很大，如果虚报冒领、偷工减料形成资产则绝对不能允许。政府对可用性评价的控制手段主要是投资评审和投资审计，通过扣减社会资本履约保函和扣减可用性资产额（从而扣减可用性付费）来实现目的。至于绩效考核则主要是考核以设计参数为基础制定的运营绩效考核指标实现程度进行的。

三、中国特色工程咨询的创新

从定额概预算到工程造价管理，初步引进四制（招标、合同、监理、项目法人制），建立监理和监理工程师制度、工程造价咨询和造价工程师制度属于跟跑；推行2003版、2008版、2013版清单计价规范，发布标准施工招标文件，推行代建制和全过程工程造价咨询属于并跑；取消工程咨询企业隔离墙，实行公共项目数据面板化，定额指标数据化，推行大标段招标，推行PPP项目两标并一标，推动全过程工程咨询属于领跑。

中国特色是中国领跑世界的关键所在，全盘西化或拒绝西方都无法领跑，只有兼收并蓄博采众长才能形成中国特色的工程咨询理论体系和实操规范。目前看，中国特色工程咨询主要有：定额与价格信息结合的计价依据、估概算审批制、信任型招投标、刚性合同与重新结算制等。这些中国工程咨询元素镶嵌在工程量清单 BOQ 和 FIDIC 合同体系、ICB 竞争性招标和单价合同之中形成崭新的具有鲜明中国特色的工程咨询管理体系。我们凭这一套理论与实操体系，在中国庞大的建设工程现场不断加以实践，就具备领跑世界的能力和可行性。

刚性合同与重新结算制具有特别鲜明的中国特色，本来《建设工程工程量清单计价规范》GB 50500—2013 吸取了《标准施工招标文件》向 FIDIC 靠拢的原则，明确规定结算工程量是历次计量支付的累积，也就是从量支付原则。但是《标准施工招标文件》和《建设工程工程量清单计价规范》GB 50500—2013 均要求承包商在竣工验收同时向业主报送竣工结算，由业主自行或委托咨询方审查，这就是重新结算制度。刚性合同就是不开口合同，对承包商损害非常大，但是承包商非但没倒闭反而日益壮大，个中原因就是重新结算制度为刚性合同注入了柔性。重新结算使承包商获得了讨价还价的机会和筹码，使承包商赢得了部分预期的施工利润。

信任型招标是东亚特有的招标，其形式是嵌入信任要件的公开竞争性招标，脱胎于国际竞争性招标 ICB。这种东亚独有的信任型招标的特点是业主利用招标寻找可信任的承包商的变化形态，尤其是 EPC 发包时，业主必须寻找一个称心如意的承包商，方可弥补因控制权让度产生的失控风险。信任型招标部分满足了业主对中标人信任的要求，从而对项目成功起到了积极的作用。信任型招标主要表现为三个方面，第一是资格预审更多地注入业主对信任的要求，第二是评标办法中注入业主对最希望中标人的能力要求，第三是通过入库或短名单注入业主对目标中标人的影响。信任型招标的本质是发包人对中标承包人信任要求的表现；信任型招标对项目成功的影响是通过信任激励起作用的；信任型招标必须适当约束，否则会滑入腐败的陷阱。

估概算审批制也是中国特色的工程造价管理的重要组成部分，主要服从于政府投资项目投资管控和宏观调控计划平衡的需要。投资估算是可行性研究的重要组成，设计概算是初步设计的必备内容，政府投资项目两者都必须经过相应层级计划行政管理部门的审批，非政府投资项目则采用备案或核准制。经批准的项目估概算应作为后一程序的控制目标，如可研估算作为设计概算的控制目标，设计概算作为招标控制价的编制依据且为项目投资的总控目标。估概算审批制是依据一系列部门规章的规定及《政府投资条例》有关规定设立的，具有法定性。与估概算审批制关联的是财政投资评审制度，各地根据估概算审批制度又纷纷建立财政投资评审中心，负责政府投资项目各项支出的评审；审计部门也加入了对政府投资项目的财政支出审计，从而共同构建了完整的中国特色的估概算审批制。

定额与价格信息结合的计价依据是最具中国特色的工程咨询，定额源起于向苏联学习的新中国成立初期，但可追溯至美国科学管理之父泰罗的定额管理思想。改造后的定额是在一定工法的前提下把每单位分部分项工程的生产要素（人工时、机械台班、建筑材料）消耗量指标化，并由授权机构经过一定程序批准后发布。定额用于分析并确定分部分项工程的消耗量，与价格信息配合形成单价。价格信息就是定期调查人工时、机械台班、建筑材料的市场平均价格，并经过一定程序由授权机构指定的媒体（媒介）发布。定额是国家发布，本质上是一种公共产品，全社会都可以利用，从而提高了社会经济系统的运行效率。定额现时被人诟病的根源在于三十年未重新测定消耗量，与实际消耗存在较大误差，但是中国工程咨询专业人士通过招标纠正了大部分误差。定额经过重新测定和调校可以起到科学决策的作用，也是财政投资效率审计的测度标准。至于价格信息则应通过大数据技术的应用实现高效、正确、及时和精确。

祝贺《全过程工程咨询指南丛书》顺利出版，祝福中国特色的工程咨询制度行稳致远，攀登高峰。

天津理工大学教授、国家级教学名师

公共项目与工程造价研究所所长　　严玲林

中国重大工程技术"走出去"投资模式与管控智库主席

2020 年 7 月 10 日

代　序

2017年，国务院办公厅印发了《关于促进建筑业持续健康发展的意见》（国办发〔2017〕19号），首次明确提出"全过程工程咨询"的概念。2019年，国家发展改革委、住房城乡建设部联合印发《关于推进全过程工程咨询服务发展的指导意见》（发改投资规〔2019〕515号），提出在房屋建筑和市政基础设施领域推进全过程工程咨询服务。

全过程工程咨询是时代发展的产物，为我国建设工程咨询行业的发展提供了千载难逢的契机，也是咨询监理行业创新发展的历史机遇。习近平总书记指出，面对百年未有之大变局，惟改革者进，惟创新者强，惟改革创新者胜。我们监理行业要正视问题，突破行业发展的瓶颈，在新时代建筑业高质量发展的新形势下占有一席之地，就必须坚持改革创新，而开展全过程工程咨询就为咨询监理行业的转型升级开创了一条大道。

推进监理行业向全过程工程咨询服务转型，是工程建设供给侧结构性改革的需求，是工程咨询组织方式变革的需求。近年来，工程咨询服务业发展很快，市场对咨询服务的需求范围越来越广，涵盖了与工程建设相关的政策建议、机构改革、项目管理、工程服务、施工监理、财务、采购、社会和环境研究各个方面。从国外的实践来看，不论是美国的设计—招标—建造模式和CM管理模式，英国的设计—建造模式，或是日本的设计—建造模式和设计—建造运营模式及PFI模式，新加坡的建筑管制专员管理模式，其共同点是所提供的都是综合性的、全过程的项目咨询服务。随着一带一路倡议的持续推进，全球化市场竞争环境不断变化，建设单位需要能提供从前期咨询到后期运维一体化服务的专业化咨询队伍。在一体化服务的过程中，监理属于其中极其重要的一个环节，监理企业开展全过程工程咨询有助于促进我国工程咨询行业的全面提升。

全过程工程咨询在国际上是通行做法，但在中国还是个新事物，监理行业要做好向全过程工程咨询的转型，就要虚心学习发达国家的经验，并且结合中国的实际以及企业的具体情况，这样才能使全过程工程咨询在一个个具体的工程项目上落地生根，开花结果。自住房和城乡建设部开展全过程工程咨询试点以来，16家试点监理企业率先改革，全国各地的监理企业也都在积极行动，全过程工程咨询试点工作在稳步推进。我们欣喜地看到，全过程工程咨询经过两年多的试点，全国 17 个地区先后发布了全过程工程咨询试点实施方案，300 余个试点项目成功落地，已经取得了显著成绩。

为了全方位、多视角阐释全过程工程咨询相关理论和操作实务，促进咨询监理行业健康发展和提高工程咨询管理水平，指导咨询监理行业未来发展，中国建设监理协会与中国建筑工业出版社联合策划了我国首套"全过程工程咨询指南丛书"，以期为推动咨询监理行业发展做出贡献。目前，该套丛书已经列为"十三五"国家重点图书出版规划项目，作为丛书的第一分册《全过程工程咨询典型案例解析》旨在重点总结推广试点监理企业全过程工程咨询的成功经验，展示典型案例的全过程工程咨询特色，为广大咨询监理企业开展全过程工程咨询提供有益的借鉴与参考，具有很高的推广和应用价值。

中国建设监理协会会长 王早生

2020 年 7 月

目 录
CONTENTS

高安市新型城镇化建设工程全过程工程咨询案例

—— 上海建科工程咨询有限公司

杨立明

1 项目背景

高安，位于江西省会南昌西部，距南昌 39km，素有"赣中明珠"美誉。全市国土面积 2439.33km²，人口 90 万，1993 年撤县设市，下辖 20 个乡镇、2 个街道办事处、1 个风景名胜区，是全国粮食生产先进县市、全国生猪调出大县、全国无公害蔬菜生产基地、全国汽运大市、中国建筑陶瓷产业基地、中国书法之乡，境内华林山上游湖风景区被评为国家 AAA 级景区。在《高安市总体规划（2010—2030 年）》中，将高安市的城市发展目标确定为：立足鄱阳湖生态经济区和南昌都市区，由中等城市向大城市迈进，融汇山、水、田、园的生态园林城市，健康安全的宜居宜业城市。确立"重点向北发展，对接高铁火车站，适度向东发展"的近期城市建设策略。按照"改造城南、发展城北"的城市建设方针，对高安市进行规划建设（图 1）。

按照总体规划布局设想，瑞阳新区将是城市拓展规模、推进城市发展的重要区域。该新区按照"北拓、东延、西控、南优"的城市空间发展战略，以高起点、高标准规划建设。规划瑞阳新区从高安市城市总体发展框架出发，以"生态规划"理念为指导，以"湖、山、河"为主题，着力打造集行政办公、金融服务、商务办公、体育休闲、商贸展示、文化创意、休闲居住和景观公园于一体的城市综合新区。融合"城市设计"理念，依托新 320 国道（永安大道）为新区拓展轴线，以规划的高安湖为核心，全面对接高安火车站，整体形成"一核两轴三组团"的空间发展框架。

一核——行政、文化、绿化核心区，为瑞阳新区的标志性区域，由高安湖公园、府前广场、行政中心、会展中心等构成，形成瑞阳新区乃至整个高安市中心城区的绿化和行政中心。

图1 高安市区位图

两轴——指新320国道（永安大道）形成的城市空间拓展轴和由山景主题公园、连锦河、府前广场、高安湖公园、城市中央景观公园等构成的城市空间景观轴。

三组团——城西组团、核心组团和高铁组团。规划以薛家山路和华林北路为分割道路，将整个瑞阳新区分割成为三个组团。

高安市未来城市空间扩展及土地利用规划如图2、图3所示。

目前，高安市区西部片区建设已初见成效，东部及城北部沿高安大道成带状发展，其他片区的建设较为缓慢，而高安市城南片区的改造，也较为缓慢。通过

图2 高安市瑞阳新区空间结构拓展　　　图3 高安市瑞阳新区土地利用规划

高安市多年的发展，逐渐形成了陶瓷产业基地、现代汽运之都、农业大县，并逐渐导入新兴光电产业，加速城市产业转型升级，但由于中心城区对区域的消费带动、产业创新推动的能级较低、产城分离现象严重且整体服务业发展水平相对滞后，急需通过新型城镇化建设工作的推进，完善基础设施建设，提高服务配套水平，促进产城融合，形成新的城市布局，充分发挥高安市的特色产业优势、地域优势。

为了更快、更好、更省地完成高安市新型城镇化建设的目标，2018年9月16日，京赣合作首个项目落地——江西省高安市新型城镇化建设工程系列项目（高安EPC项目）在高安市签约，北京城建集团有限责任公司作为该EPC工程的总承包。

为了更快、更省、更好地加快高安市新型城镇化的建设，同时提高第三方咨询单位的辅助决策作用，体现全过程咨询的服务价值，高安市新型城镇化建设工程系列项目共分为两个标段引入第三方全过程工程咨询单位，上海建科工程咨询有限公司作为二标段的全过程工程咨询服务提供商，从测绘、地勘、可研、设计、施工、竣工交付、保修、运营维护等多个阶段提供全过程工程咨询服务，以全局观、一体化等整体视角，充分发挥上海建科工程咨询有限公司的技术实力、咨询实力、专家实力以及平台实力，在新型城镇化建设和工程建设不同阶段中提供咨询建议和意见，辅助业主决策，全面体现全过程工程咨询的服务价值。

2 项目概况

高安市新型城镇化建设工程系列项目共包含65项设计与建设项目，总投资150亿元，涵盖城市规划、交通规划、市政基础设施、公共设施、道路交通、旧城改造、新城开发、园林景观、环境治理和地下管廊建设等多个方面。其中，上海建科工程咨询有限公司所承担的是高安市新型城镇化建设工程系列项目（二标段）的全过程咨询服务，二标段项目共30个，总投资约65.92亿元，包括旧城改造和新城建造，涵盖一江两岸景观打造、产业园区建设、古迹恢复、市政道路、综合管廊建设、医院建设、学校建设、市民中心建设、街区建设、公园建设等。

二标段项目全过程工程咨询包含勘察、设计（不包含规划设计）、施工、保修阶段的全部咨询工作。主要工作内容（包含但不限于）：

（1）审核承包人地勘、测绘方案；审核承包人提交的设计成果。

（2）协助委托人与承包人编写开工报告。

（3）确认承包人选择的分包单位。

（4）审核承包人提交的施工组织设计、施工技术方案和施工进度计划，提出修改意见。

（5）审核承包人提出的材料和设备清单及其所列的规格与质量，并审核材料和设备供应商的资质。

（6）督促、检查承包人严格执行工程承包合同和工程技术指标。

（7）调解委托人与承包人之间的矛盾。

（8）检查工程使用的材料、构件和设备的质量，检查安全防护措施，对不合格者提出试验或更换要求。

（9）检查工程进度和工程质量，检验分部、分项工程，签署工程付款凭证，对严重违反规程者必要时签发停工通知单。

（10）审核承包人提交的技术核定单。

（11）签认隐蔽工程，参与处理工程质量事故，监督事故处理方案的执行。

（12）组织设计单位和承包人进行工程初步验收，提出竣工验收报告。

（13）检查工程安全措施到位情况。

（14）审核施工单位上报的中期计量和竣工决算（图4、表1）。

图4　高安市新型城镇化建设工程系列项目分布图

序号	所属片区	项目名称	序号	所属片区	项目名称
1	瑞阳新区	人民医院	14	瑞阳新区及老城区	城市景观塔的设计建造
2	瑞阳新区	新城区高标准学校	15	老城区	碧落堂、金沙台、桂岩书院、凤仪书院等古迹恢复工程
3	瑞阳新区	瑞阳公园	16	老城区	城南体育副中心湿地公园
4	瑞阳新区	人民公园	17	瑞阳新区及老城区	华林路贯通
		学府公园	18	老城区	高安大道整体提升
5	老城区	一江两岸景观打造	19	老城区及瑞阳新区	高安城区三个出入口景观
6	老城区	一江两岸综合管廊	20	老城区	瑞州公园
7	老城区	滨江仿古商业街区	21	老城区	瑞州府（老市政府）文化园
8	老城区	瑞州大桥桥梁加固拓宽	22	瑞阳新区	北大创新产业园
9	老城区	筠西湿地公园	23	瑞阳新区	市民中心
10	老城区	老城区停车场布设	24	瑞阳新区	市委党校
11	瑞阳新区	新老城结合生态休闲绿化景观带	25	瑞阳新区	规划小学（碧落北路）
12	老城区	老城区主要街道景观提质工程	26	瑞阳新区	规划小学（薛家山路）
13	老城区	老城区新修道路（南莲路）	27	瑞阳新区	瑞阳医院
		老城区新修道路（飞跃路北延）	28	瑞阳新区	城西医院
		老城区（高丰路拓宽）	29	其他	环城北路北移
		老城区新修道路（锦水路、胜利路、高荷路拓宽、亭子路、世济桥路、南安路、金川路）	30	瑞阳新区	瑞州东路东延

3　需求分析

3.1　项目前期辅助决策

审核EPC总承包单位提供的可行性研究报告、规划设计方案、初步设计、施工图设计、地勘方案、测绘方案等与设计有关的各项工作，并提供专业的审核意见和决策建议，为高安市新型城镇化建设指挥部及各责任单位决策提供支持。

3.2　建立工作制度，规范工作流程

建立符合高安市新型城镇化建设工程特点的工作制度，包括会议制度、汇报

制度、审核制度、资料管理制度等；建立和完善设计管理、进度管理、质量管理、成本管理、安全文明管理、信息管理、应急管理等主要管理工作的工作流程，确保沟通顺畅、协调高效。

3.3 造价审核与成本控制

审核总承包单位提供的各项目的工程量清单、概预算、设计变更、工程签证、中期计量审核及进度款支付、工程款及费用结算、工程竣工决算等与成本相关的各项工作，并提供专业的审核意见和建议。同时，对于二次招标工作、询价工作均需参与，并提供咨询意见。

3.4 施工过程的三控三管一协调

严格按照监理规范、验收规范以及国家及江西省的建设工程相关规范与标准进行现场施工管理，确保质量验收一次合格率100%；确保工程符合国家和江西省有关建设工程安全管理的强制性规定，杜绝重大伤亡事故，工伤率控制在国家、江西省规定范围内；确保严格按高安市政府及业主单位的进度要求完工。

4 服务策略

4.1 紧密依靠当地政府，主动与当地相关部门协作推进项目建设

以项目建设为主线，从高安市的实际需要出发，尊重当地的风土人情、生产生活习惯，充分了解当地的建设管理规定，接受当地政府管理部门的监督管理。与当地各有关部门紧密配合，在领导小组和指挥部的领导下，确定符合项目实际的工作程序、工作流程和方法，扎实地推进新型城镇化的建设。

4.2 体现全过程咨询的服务水平和管理水平

在项目建设上充分体现上海工程建设的科学管理、集约化管理、精细化管理的特点，以全过程咨询服务的思维和理念，发挥设计管理、成本管控、施工管理、项目管理的水平，细化各项工作任务和措施，确保项目质量，建设经得起历史检验的项目。

4.3 实行以项目建设为主线的管理原则

项目的管理应紧紧围绕项目建设这一主线，实行项目经理负责制为核心，在

领导小组和指挥部的统一调度下，与当地政府紧密配合，大力推进项目的建设，尽早为高安市人民生产、生活条件的改善提供基础设施条件。

4.4 合理运用原则性与灵活性相结合的方法

由于高安市新型城镇化建设项目投资建设模式的特殊性，项目建设既要考虑投资主体的要求，也要考虑使用单位的要求；既要符合高安市新型城镇化建设指挥部的一系列规定，又要满足高安市当地建设的管理规定。在项目建设的过程中不确定的影响因素很多，全过程咨询模式以及项目管理方式必须有所创新，坚持原则性和灵活性相结合，加快项目建设。

5 咨询方案

5.1 整体咨询方案策划以及关键控制点

高安市新型城镇化建设工程系列项目（二标段）是以实现城乡基础设施一体化和公共服务均等化为目标，打造集行政办公、金融服务、商务办公、体育休闲、商贸展示、文化创意、休闲居住和景观公园于一体的宜居、宜业的城市综合新区。二标段项目是一个包含30个单体项目的项目群，且采用EPC服务模式，是高安市第一个采用全过程咨询管理的项目，是集项目群管理、城镇化建设、EPC模式为一体的全过程咨询服务项目，咨询团队需同时面对和处理不同阶段的项目并提供优质的咨询服务。因此，本项目的全过程咨询服务的策划需从总体到个体、分阶段地进行，并在实施过程中动态优化与调整实施方案。

5.1.1 整体咨询方案策划实施思路

以全过程咨询理念和方针，根据合同约定的工作范围，系统分析本项目的特点，调查本项目建设的所有相关需求；再基于分析及调查结果，对项目的整体目标进行分解，对项目层面的各项工作进行整体策划，明确各参建单位的工作范围和工作界面；然后基于项目层面的整体策划，明确全过程咨询单位的具体工作职责，并由全过程监理团队再进一步分析、细化，形成全过程咨询指南，用于指导团队的实际管理工作。

上述全过程咨询策划实施思路如图5所示。

5.1.2 项目前期调研策划

项目前期调研的最终目的是理解项目的各项建设目标和相关需求，为后续项目整体策划及全过程咨询工作策划奠定基础。项目前期调研的策划重点见表2。

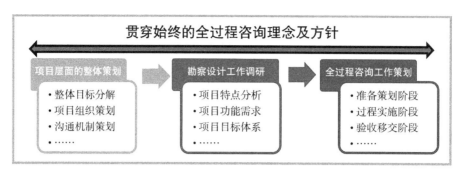

图5 全过程咨询策划实施思路

项目前期调研的策划重点 表2

序号	调研类别	调研内容	关注重点	关键控制点
1	项目特点	项目本身的特点	不同类型项目特点	不同类型项目与城镇化建设之间的关系
		项目的管理特点	EPC总承包模式	EPC模式下的全过程咨询服务模式
2	项目功能需求与建设标准	项目的功能需求	单体项目的功能需求	满足城镇化建设的要求
		项目的建设标准	单体项目的建设标准	不同类型项目的设计、执行、交付标准及其对投资的影响
3	项目目标体系	成果性目标	满足各项使用功能的相关指标	符合相关规范与标准要求
		约束性目标	项目的安全和环境、进度、质量、投资目标等	符合业主及合同约定的要求
4	建设条件	外部建设条件	如自然环境、区域环境、经济及政策环境、市场环境等	符合高安市总体规划
		内部建设条件	资金、人力、物力以及前期工作完成情况等	符合项目建设时序要求

5.1.3 项目具体策划

根据对项目特点、功能需求、项目目标体系及建设条件的分析，以建设单位的视角，运用项目总控（Project Controlling）的思路和方法，从项目整体的高度对本项目的建设实施进行策划，以达到统筹全局的目的。重点从以下几个方面对高安市新型城镇建设工程进行项目层面的整体策划。

1. 整体目标分解

明确的项目目标体系，分析细化并制订各管理模块（如报批报建、设计管理等）的专项目标，并在专项目标的基础上，进一步细化成各个项目、各个参建单位的工作目标。

2. 项目组织策划

本项目是典型的大型项目群，建设规模大，且实施EPC总承包模式，建立一个高效的组织系统，是本项目能否实现各项建设目标的前提和关键。通过与建设单位、相关行政主管部门进行充分沟通，并结合前期工作调研的成果及众多大型项目群的建设管理经验，合理设计本项目的"工作流"及"信息流"，建立一个与本项目建设实施匹配的组织系统，包括项目结构（P-WBS）、组织结构（OBS）、任务分工、管理职能分工、工作流程等。

3. 沟通机制策划

本项目是典型的大型项目群，参建单位和人员众多，沟通、协调不仅工作量大，且信息的收集、传递、加工和分享路径较长，如何及时、准确地进行项目信息沟通，是全过程咨询单位需要重点关注的事项，因此，建立各个层面的良好沟通和协调机制是保障本工程顺利实施的必要前提。沟通机制策划主要包括外部沟通协调机制和内部沟通机制，并通过会议制度、报告制度和信息发布制度等强化参建各方的沟通协调工作。

4. 项目进度策划

本项目的建设进度主要针对不同类型的项目，分析建设时序与项目之间的相互影响，按照项目实施过程、专业、阶段或实施周期进行分解，提出包含勘察、设计、施工等的技术控制要求与关键控制节点，形成项目整体进度计划及各阶段进度计划，逐渐形成整体进度计划与各阶段进度计划和各项目进度计划相协调的项目群进度计划和控制体系。

项目进度管理目标通常包括项目总进度目标、分阶段目标、里程碑目标，根据进度控制的时间间隔而制定的年、月、周目标等。通过对进度目标进行论证、分解，确定里程碑事件进度的计划，包括总进度计划、分阶段进度计划以及作业性进度计划，若项目是由若干个子项目或单体项目组成，还需编制子项目进度计划和单体进度计划。

根据项目进度管理目标，北京城建指挥部与项目其他各参建单位充分沟通，在开工、竣工的里程碑节点的基础上根据项目的实际情况制订项目的总进度计划，并上报二标段项目部审核、指挥部批准。

对于高安市新型城镇化建设工程而言，项目进度计划需要分阶段、分步骤地进行，并根据实际情况动态调整。表3所示为二标段第一阶段项目的计划安排。

二标段第一阶段项目的计划安排 表3

序号	项目名称	计划开工	计划结束
1	学府公园	2018 年 6 月	2018 年 12 月
2	盘龙公园	2018 年 6 月	2018 年 12 月

序号	项目名称	计划开工	计划结束
3	高安大道	2018 年 9 月	2019 年 6 月
4	华林路贯通	2018 年 7 月	2020 年 12 月
5	瑞州大桥	2018 年 3 月	2020 年 4 月
6	瑞州东路东延	2019 年 2 月	2020 年 6 月
7	市民中心	2018 年 5 月	2021 年 1 月
8	市委党校	2018 年 8 月	2020 年 12 月
9	高标准学校	2018 年 9 月	2020 年 8 月
10	人民医院	2018 年 10 月	2021 年 6 月
11	城南十路	2019 年 1 月	2020 年 6 月

由于本项目采用 EPC 总承包模式，对于项目进展影响的重要内容包括：

（1）测绘成果；

（2）可行性研究；

（3）地勘方案及地勘报告；

（4）初步设计成果；

（5）施工图；

（6）施工阶段的进度安排及里程碑节点。

根据项目目前推进的情况，对于项目顺利实施的主要控制点集中于项目前期，因此，对于前期手续的办理，需要严格控制，主要控制内容包括（包含但不限于）：

（1）可行性研究报告编制、评审及批复；

（2）用地预审；

（3）项目选址意见书；

（4）建设用地规划许可证；

（5）用地批准书；

（6）建设工程规划许可证；

（7）质监安监备案；

（8）施工许可证并联审批。

5. 场地管理与保障策划

作为大型项目群的建设管理工作，需要对场地管理（包括整体测量、土方平衡、交通组织、大临设施、安保及场地监控等）及后勤保障（包括食宿、医疗、通勤、零售等）工作进行细致、高效的策划工作，以保证项目建设工作顺利、高效地推进。

6. 安全文明施工管理策划

以风险理念贯穿整个项目的安全文明施工管理，以提升整体安全文明施工管理水平。对工程建设的一般风险、重大危险源、施工界面风险等事先进行全面分析与识别，制订相应的预控措施；对各参建单位（尤其是 EPC 总承包单位）的管理风险进行分析，通过制度保证各单位的合同履行情况，以达到制约管理风险、降低工程风险的目的；制定整个项目统一的安全文明施工管理标准化体系，通过建章立制，落实安全文明施工管理措施，具体包括但不限于：安全生产管理办法、安全文明施工管理手册、地质灾害安全管理制度、恶劣天气安全管理制度、工地交通安全管理规定、工地管线保护管理规定、工地施工扬尘管理规定等。通过制订高风险事件的应急预案，并定期组织演练；定期检查，提高安全防范意识和安全文明施工管理水平；加强安全文明施工教育培训与考核，提高安全文明施工能力水平，建立安全风险金抵押制度等安全奖惩制度，以经济手段保障施工安全。

7. 质量管理策划

加强质量管理是保证建设工程品质的重中之重。根据本项目特点、建设目标、建设内容和使用功能，结合以往大型项目群的建设管理经验，建立项目质量管理体系，并建立符合项目实际及高安市管理特点的多层级的质量管控系统。通过开展质量管理执行效果的交叉检查，依据检查反馈改进质量管理制度，保证单个项目及项目整体符合质量管理目标（图 6、图 7）。

图 6　项目质量管理体系

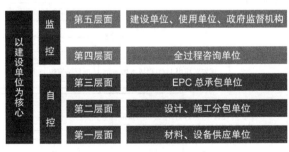

图 7　项目多级质量管控系统

8. 项目验收及移交策划

新型城镇化建设项目，要根据项目整体的竣工、移交及试运行时间来安排每个项目的验收和移交，制订项目竣工验收计划。高安市新型城镇化建设工程系列项目均是高安市瑞泰投资有限责任公司作为建设单位，并在高安市新型城镇化建设指挥部的统一领导下有序开展建设工作，由于不同项目具有不同的接收单位，因此，接收单位有必要安排有关专业团队提前介入每个项目的专项验收和项目整体的试运行及移交。

项目验收和移交需要梳理所有验收及移交工作内容及相关政府部门和使用单位的要求、工作流程、资料准备、验收及移交工作手册等，进而确保项目实现既定的功能目标和使用要求，同时也为日后的运营维护提供资料支持和技术保障。

5.2 组织架构设计

合理的项目建设组织体系是项目建设成败的决定性因素之一。符合项目实际特点的组织架构有利于有效实现各高安市新型城镇化建设项目的建设目标、建立高效的分工协作机制及规范的管理制度。因此，从高安市新型城镇化建设工程系列项目的整体出发，组织架构需实现：①统一指挥、分工协作、界面清晰。②简洁、高效的扁平化管理。③充分授权与过程监督有机结合。④项目群与单项目的统筹管理。因此，构建具有管理决策层、管理执行层、建设实施层的三层管理组织体系，形成以高安市新型城镇化建设项目领导小组为整个项目的工作领导小组，高安市新型城镇化建设指挥部为负责指导、协调、统筹、推进项目的执行机构。所有参建主体在领导小组和指挥部的统一指挥下开展各项工作，确保项目命令和指挥的统一，明确各方工作界面，在合理分工的基础上强调密切合作，同时实现在有限资源下对项目群及各单项目的最优化统筹管理（图8）。

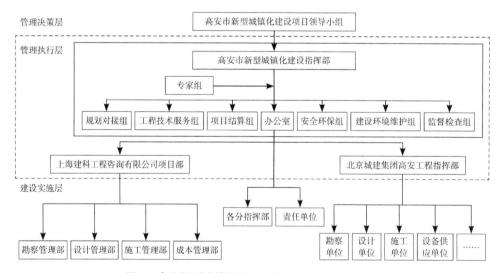

图8 高安新型城镇化建设工程系列项目组织架构

为了提高服务质量和服务效率，针对项目特点、业主需求、项目开展的时序，依托上海建科公司专业委的技术支持，建立以项目总负责人为第一责任人的全过程咨询服务团队，采用矩阵式组织架构体系，全面开展二标段项目的全过程咨询服务工作（图9）。

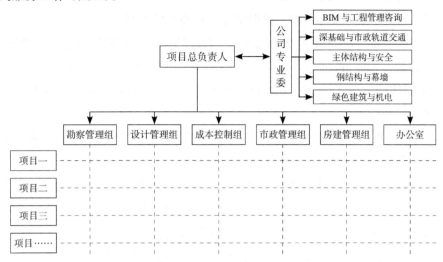

图9 高安市新型城镇化建设工程系列项目（二标段）全过程咨询组织架构

5.3 各阶段咨询方案及价值

5.3.1 可行性研究阶段

作为全过程咨询的服务提供商，可行性研究阶段需要从业主的角度，组织对可行性研究进行初步的审核，同时给出相关建议和意见。该阶段的重点工作包括：

（1）对可行性研究报告的合规性进行初步审查；

（2）审核项目建设的必要性、可行性和经济合理性；

（3）审核项目建设方案，包含建筑、结构、机电、智能化、绿色建筑等；

（4）审核项目建设的投资估算。

主要咨询价值：

（1）结合建设单位和责任单位的功能需求，对各项目方案进行初步评估，并给出相关建议或意见；

（2）结合建筑方案，对绿色建筑方案进行初步评估，并给出咨询意见；

（3）从高安市新型城镇化建设总体功能需求及总体规划角度，研判单个项目与总体规划的互适性；

（4）结合高安市周边主要材料的市场价格和市场供应情况，对投资估算的合理性进行评估。

5.3.2 勘察设计阶段

1. 勘察管理

根据高安市新型城镇化建设工程系列项目（二标段）的项目特点，将地质勘察工作分为市政工程勘察和房建项目勘察两类。该阶段的重点工作包括：

（1）确定勘察范围和内容，协助甲方编制勘察任务书；

（2）组织审核勘察方案中勘探点（一般性勘探孔和控制性勘探孔）的布置、深度、数量，并提出优化建议，确保勘察结果经济合理、满足项目使用要求；

（3）对勘探、取样做好旁站监督，保证按照批准的勘察方案实施勘探。

主要咨询价值：

（1）对 EPC 总承包提供的地质勘察方案的审核流程进行了优化，缩短了审核时间，平均审核时间节约 7d 左右；

（2）结合高安市的地质条件，对二标段所属的景观类项目，实行了初详勘方案合并，减少勘探次数，为高安市及建设单位减少了费用；

（3）对勘察方案中勘探点的布置、深度和数量提出优化建议，平均每个项目减少约 10% 的勘探数量（较 EPC 总承包提供的最初勘探方案）。

2. 设计管理

1）前期策划阶段

（1）督促 EPC 总承包方审核设计管理工作大纲；

（2）组织审核确认各设计文件设计质量及深度标准；

（3）制作功能需求报告以了解使用单位使用需求；

（4）组织评审设计任务书以明确 EPC 总包方设计标准；

（5）组织评审规划设计方案，对设计方案进行预判。

主要咨询价值：

（1）明确设计管理计划，有利于设计进度管理；

（2）明确功能需求，确保建设单位所需功能的实现；

（3）明确设计任务书，确定设计标准，利于设计工作开展。

2）报批报审阶段

（1）设计方案（包括主体和专项）阶段控制的工作内容与要点：

①组织设计任务书为参考比选、优化设计方案；

②组织对设计方案进行评审，确保满足建设单位、使用单位的质量要求和标准，评审设计方案的完整性、合理性，并给出方案设计阶段书面评价报告；

③协调设计过程中的各种工作关系，协助建设单位解决纠纷事宜。

（2）扩初设计阶段（包括主体和专项）控制的工作内容与要点：

①协调使用单位对已有设计文件进行确认。

②监督落实方案设计阶段各审批部门意见在扩初设计中得到修改完善。

③组织评审扩初设计文件图纸与估算的匹配性，确保限额设计。

④审核EPC总包方提交的制定设计进度要求；审查初步设计文件图纸的深度，保证概算编制依据充分。

⑤督促EPC总承包审查设计单位的绿色建筑专篇，确保满足高安市地方规范并适当预留。

⑥组织进行扩初阶段风险评估，分析扩初设计对质量目标、进度、投资控制的风险，并提出风险管理的对策与建议。

⑦组织EPC总承包编制初步设计阶段项目管理总结设计评价报告。

（3）施工图设计阶段（包括主体和专项）控制的工作内容与要点：

①监督落实初步设计文件审查时各审批部门提出的要求得到回复；

②监督交通、卫生、防雷、节能等专项审查执行情况；

③监督施工图设计进度满足总进度计划要求；

④组织审核EPC总包方根据初步设计批复概算制定的施工图设计限额设计目标；

⑤组织EPC总承包审核施工图的可施工性，与EPC总包方就施工方案难点进行沟通；

⑥组织EPC总承包审核确认设计样板，组织解决设计问题；

⑦组织EPC总承包审核施工图中所用工艺、材料、设备，如发现设计不满足政府投资目标，协助设计单位提出解决办法；

⑧组织EPC总承包审核施工图设计深度是否满足审图要求，并保持与审图单位沟通，尽快完成审图工作；

⑨协助建设单位编制甲供设备材料采购的技术标准；

⑩协调建设单位与EPC总包方关系，处理设计过程中有关纠纷事宜；

⑪组织EPC总承包编制施工图设计阶段评价报告。

主要咨询价值：

①从专业角度，对设计提供相关优化建议和意见，合理控制造价；

②规范设计费用申请所需资料清单，设计费用计算有理有据；

③对超额设计、过度设计等现象进行审核，合理控制造价。

3）施工实施阶段

（1）督促EPC总承包对设计成果进行审查，落实施工可实施性；

（2）监督落实设计交底，从而协助施工单位对图纸进行消化；

（3）加强对基坑、结构等专业设计落实情况的审查，确保按图施工；

（4）组织审核各专业系统及设备选型优化比选，并提交审查报告；

（5）督促EPC总承包制定专项深化设计确认手续，并监督落实设计单位对工艺深化设计进行配套设计；

（6）监督设计变更流程，加强设计变更管理，确保变更的合理、必要性，重视结构安全性及经济可行性审查；

（7）对发生重大调整的施工图纸，监督重新进行施工图审查。

主要咨询价值：

（1）确保施工图纸的可实施性；

（2）尽可能地减少设计变更，如需变更，保证变更的合理、必要性；

（3）完善施工图交底工作，确保施工过程的连续性。

4）竣工移交阶段

（1）协调汇总相关设计单位的施工图及变更单，监督竣工图制作情况；

（2）监督相关设计单位配合审批部门进行竣工验收（消防、环保、质监、卫计委等）；

（3）审核EPC总包方制作的产品使用说明书，明确项目内设备的操作方法；

（4）协调完成竣工备案等手续。

主要咨询价值：

（1）确保竣工图纸完整、准确，为日后运营管理奠定基础；

（2）明确验收和交付的相关流程和所需资料，尽可能缩短验收和交付时长。

5.3.3 施工实施阶段

施工实施阶段重点按照《建筑工程施工质量验收统一标准》GB 50300—2013要求，同时各分部分项工程符合工程建设国家"施工质量验收标准"，确保质量验收一次合格率100%。施工实施阶段重点进行"三控三管一协调"相关工作，包括质量控制、进度控制、投资控制、安全文明管理、施工合同管理、信息管理和组织协调管理等方面的工作。

其中，危险性较大的分部分项工程（以下简称危大工程）是施工现场安全生产中管理的重点，根据《危险性较大的分部分项工程安全管理规定》（住房城乡建设部〔2018〕37号令）、《关于实施〈危险性较大的分部分项工程安全管理规定〉的通知》（建质〔2018〕31号）和《江西省危险性较大的分部分项工程安全管理实施细则》有关规定，建设单位、施工单位和监理单位应在工程开工前，明确危大工程安全管理职责。做好危大工程的识别管理、危大工程专项施工方案管理、危大工程施工条件检查、危大工程实施过程中的管理以及危大工程验收等相关工作。同时，为积极应对可能发生的生产安全事故，高效、有序组织事故抢救工作，最大限度地减少人员伤亡和财产损失，维护正常社会秩序，根据国家相关法律、法规，制订应急抢险预案（以下简称预案）。应急预案适用于本标段可能发生的事故，施工作业可能发生事故时的应急救援事故类别：设备材料运输、基坑坍塌、触电、高处坠落、管线损害、火灾、密闭空间有害气体损害、环境污染、起重吊装事故、自然及地质灾害。

主要咨询价值：

（1）确保工程质量符合《建筑工程施工质量验收统一标准》GB 50300—2013要求，质量验收一次合格率100%；

（2）确保工程有效组织实施，满足建设单位进度要求；

（3）确保工程造价满足概预算，尽可能地减少工程变更和现场签证；

（4）确保所有合同条款履约完毕；

（5）确保本标段项目无安全生产事故，无人员伤亡；

（6）确保施工过程中所有资料完整，为验收与移交奠定基础。

5.3.4 验收交付阶段

在本项目的竣工验收及移交过程中，坚持"以实际品质为原则、以使用需求为目标、以合理安排为方法"的工作思路，确保项目收尾阶段的顺利完成。

实际品质：在预验收及项目参建单位验收中，将以各项施工规范、验收规范、设计图纸等为依据性文件，对本项目的工程质量进行验收，确保实际施工质量满足竣工验收的要求、满足交付使用单位的质量要求。

使用需求：鉴于业主对项目工期提出了明确的要求，项目将必须在指定时间内交付。

合理安排：本项目体量巨大，所涉及的公共建筑、景观园林、市政道路等，将根据建设时序和完工时间分别进行单体验收。咨询团队在施工过程中根据施工进度实时更新竣工验收计划，做到预先控制。同时，根据项目总体施工情况，穿插安排各单体的验收工作，在满足条件后立刻组织进行竣工验收，有效利用项目进展的时间差。

竣工验收的基本程序如图10所示。

对整个收尾阶段工作进行梳理，形成相应的整体策划方案，作为本阶段工作的指导性文件，其中，竣工验收包含对本项目的预验收、专项验收、整体验收；交付过程包含实体交付、资料交付、培训交付及管理交付等；对合同进行梳理，明确各方义务及后续支付计划，制定保修责任清单，对完成工作的合同单位闭合合同；组织安排相关单位进行结算编制并予以审核；对工程资料进行梳理、准备，将完成资料交付对应单位；最后，对整个项目进行工作总结，积累工作经验与教训，指导未来类似项目的实施。

主要咨询价值：

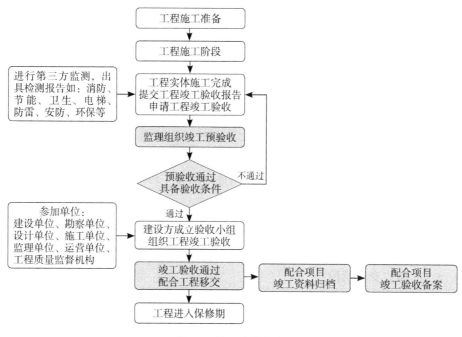

图 10　竣工验收程序

（1）严格按照竣工验收程序及高安市的相关要求进行验收与移交，形成完整的资料并归档，为日后保修、运营管理奠定基础；

（2）按照建设时序和完工时间分步进行验收，释放管理资源和人员；

（3）进行单体项目全过程咨询服务工作总结，积累工作经验与教训。

5.4 风险管理与控制方案

本项目建设规模大，建设周期长，风险源较多，包括自然风险、社会风险、技术风险和管理风险等诸多方面。而每一类风险源包括的风险因素又很多，如何做好各项风险因素的管控，关系到本项目建设目标的最终实现。因此，对于高安市新型城镇化建设工程系列项目（二标段）的风险管理，需要从工程系统的视角，全过程、全方位有效地管理工程风险，采用系统化风险管理技术和信息化风险管理工具，进行科学、系统的风险管理。

确定本项目的风险管理总体思路，即以降低项目总体风险、确保工程平稳推进为目标，通过科学、合理的风险分析和评估技术，进行实时风险监控与管理，构建风险管理标准体系，根据差异化管理原则，利用先进的信息化手段（风险评估及管理信息系统），实现项目风险评估与管理的标准化、差异化和信息化。

按照单体项目对本项目的所有风险因素进行识别，建立初始风险清单，且清单中要初步判定各风险因素的发生概率、相应后果及风险等级（1～5级）；并做好建设过程中的风险动态控制；建立和完善风险交底制度，组织和督促相关单位按要求做好建设过程的风险动态管控，及时汇报各项目的风险管理情况，确保有关风险管理的信息及时、通畅。同时，EPC总承包单位明确本项目的工程保险方案，以避免或减少因某些风险因素失控而造成的经济损失。

针对本项目而言，需要结合建设时序及总进度计划，全面分析本项目各个子项目的进度风险因素，包括前期报批报建进度风险因素、设计进度风险因素、施工进度风险因素、验收及移交进度风险因素等，并对每一项进度风险因素制订针对性的应对措施；同时，针对绿色建筑、海绵城市、地下综合管廊等新技术，依托专家资源，梳理项目建设过程中可能存在于项目群内部及项目群与外部之间的技术性风险，并在设计阶段即组织有关单位进行协调，化风险于前期，以减少不必要的投入。

6 咨询增值服务方案

6.1 BIM技术应用

高安市新型城镇化建设工程系列中含有人民医院、高标准学校、一江两岸综合管廊等工程，这些工程都有个共同特点——运用BIM技术可以提高工作效率，因此，将BIM管理作为全过程咨询服务中的一个环节，通过开展针对性项目级BIM实施管理，实现整个咨询目标。具体目标如下：

（1）基于全过程咨询服务的BIM咨询及技术审查工作，协助提高设计管理质量，实现把控项目进度及投资的管理目标。

（2）基于全过程咨询服务的BIM咨询及技术审查工作，辅助项目管理方对安全、质量、进度的管控，并通过数字化移交及应用，实现基于BIM的可视化信息交互，提高项目品质。

（3）保证本项目BIM实施管理的质量符合《江西省推进建筑信息模型（BIM）技术应用工作的指导意见》中明确的要求及标准。

6.1.1 BIM管理流程

根据BIM管理工作内容和要求，将BIM管理工作划分为四个阶段：

（1）管理策划阶段：主要针对BIM管理实施进行总体策划、组织建立和制度建立；

（2）实施准备阶段：针对项目的特点和难点，审核BIM实施方案、BIM标准、BIM工作计划和样板文件等计划性文件，保证项目实施中有据可依；

（3）BIM 实施阶段：依据实施方案，对照标准文件，做好 BIM 实施的过程控制；

（4）BIM 交付阶段：做好成果的交付审查和验收（图 11）。

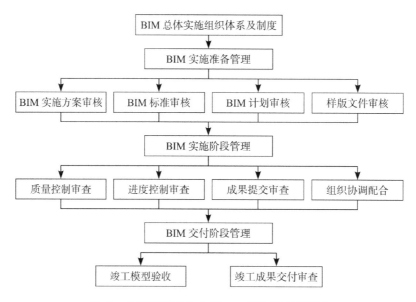

图 11　BIM 实施总体方案——实施体系流程图

6.1.2　BIM 管理工作内容

1. 管理策划

（1）组建项目 BIM 管理团队；

（2）编制项目 BIM 管理规划；

（3）建立 BIM 实施的协调机制及实施评价体系。

2. BIM 实施管理

根据江西省住建厅的《江西省推进建筑信息模型（BIM）技术应用工作的指导意见》，审核 BIM 应用成果，提交审核报告并负责成果验收。具体包括：

（1）基于 BIM 开展咨询工作，包括基于 BIM 的技术审查、项目例会等；

（2）审核招标投标文件中的 BIM 专项条款；

（3）审核项目 BIM 总体实施方案和各专项实施方案、BIM 实施管理细则、各项 BIM 实施标准和规范；

（4）审核 BIM 咨询单位对于 BIM 相关模型文件（含模型信息）包括建筑、结构、机电专业模型、各专业的综合模型，及相关文档、数据的审查成果，确保 BIM 应用深度符合各个阶段的深度要求；

（5）审核 BIM 咨询单位提交的 BIM 可视化汇报资料、管线综合 BIM 模型成果、BIM 工程量清单、BIM 模型"冲突检测"报告；

（6）审核 BIM 总控对于管线综合分析和优化调整的成果，分析基于 BIM 的管线综合系统解决方案。

3. BIM 平台管理

负责项目 BIM 管理平台的管理，实现项目各参与方的协同（表4）。

各阶段 BIM 管理团队工作内容一览表 表4

实施阶段	BIM 管理团队工作内容
前期准备阶段	1. 组建 BIM 管理团队 2. 编制项目 BIM 管理规划 3. 审核项目 BIM 实施大纲、BIM 实施标准和规划（包括软硬件及平台）、BIM 实施总体计划
方案设计阶段	1. 审核 BIM 咨询方提交的 BIM 模型及应用成果 2. 审核模型方案是否满足业主及项目要求 3. 审核 BIM 咨询方提交的 BIM 成果和工作总结
初步设计阶段	1. 审核 BIM 咨询方提出的模型精度深化要求 2. 审核 BIM 咨询方提交的整合后的 BIM 模型及应用成果（包含设计方案优化调整） 3. 对于此阶段出现的 BIM 问题参与沟通协调 4. 审核项目招标投标文件中相应的 BIM 条款内容 5. 审查 BIM 咨询方提交的初步设计阶段的 BIM 成果及工作总结
施工图设计阶段	1. 审核 BIM 咨询方提交的复杂区域实施方案及控制目标 2. 参与 BIM 问题沟通协调工作 3. 审核 BIM 咨询方提交的 BIM 可视化汇报资料，参与 BIM 设计评审及汇报工作 4. 审核 BIM 咨询方提交的施工图设计阶段 BIM 成果及工作总结 5. 参加设计阶段 BIM 项目验收及成果会审
施工阶段	1. 审核 BIM 咨询方提交的施工阶段 BIM 模型及各项应用成果（包括总包、各专业分包单位提交的整合模型成果及信息汇总） 2. 审核 BIM 咨询方提交的深化模型及 BIM 应用成果 3. 审核施工阶段各专项 BIM 成果（包括各专业重点部位的专项模拟及应用成果） 4.BIM 管理协同平台的日常管理 5. 参与项目 BIM 沟通协调及相关例会 6. 审核 BIM 咨询方提交的施工阶段的 BIM 可视化汇报材料，参与项目 BIM 汇报及奖项的申报工作 7. 审核 BIM 咨询方提交的施工阶段 BIM 成果及工作总结
竣工验收阶段	1. 审核由 BIM 咨询方整合完成的竣工模型及竣工应用成果（包含 BIM 模型、成果资料、应用构件资源库及相关报告等） 2. 审查由 BIM 咨询方提交的《BIM 辅助验收报告》 3. 参与竣工 BIM 验收，审核《竣工验收 BIM 报告》

6.2　风险管理系统应用

高安市新型城镇化建设工程系列项目工程量大，参建单位众多，且具有深基坑、大跨度钢结构、施工工艺要求高等技术难点。因此，在项目实施过程中，以降低工程风险、提高工程质量安全为目标，充分依托类似工程建设经验以及风险管理试点经验，通过科学、合理的风险分析和技术评估，进行实时风险监控与管理，构建风险管理标准体系，利用信息化手段，实现工程风险评估与管理的标准化和信息化，强化专业化、系统化、全方位的全生命周期风险评估与管理。

围绕项目建设总体目标，结合项目进展，在不同阶段组织风险评估专家进行逐次渐进的风险识别和分析，建立项目安全、质量、进度和投资控制风险清单，通过对风险因素和发生机理的分析，制订有针对性、可操作的风险预控措施和应急计划。通过事先策划交底、设样板、巡视旁站检查、抽样检验、试验等多种手段；过程跟踪和控制、应急计划落实和演练等系列方法措施，有效降低本工程的施工风险，杜绝各类严重安全质量事故的发生，同时确保工程投资、进度始终处于受控状态。

采用多种先进风险管理工具（如风险评估及管理信息系统、基于 BIM 技术的风险评估及管理软件）进行本项目的风险管理。对勘察风险、设计风险、投资风险、管线搬迁风险、工程管理风险、施工期风险（包括土建结构施工、机电安装施工）等风险进行识别与分析，形成风险清单，确定风险等级，并根据不同风险等级确定相应的风险应对措施（图 12、图 13）。

　　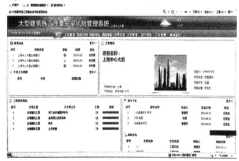

图 12　风险评估系统　　　　　　　　　图 13　风险管理系统

6.3　无人机技术

无人机系统搭载数码相机进行图像采集，以获取高分辨率遥感数据为应用目标，通过 3S 技术 [3S 技术是遥感（Remote Sensing）、地理信息系统

（Geographical Information System）、全球定位系统（Global Position System）的统称] 在系统中的集成应用，达到实时对地观测能力和遥感数据快速处理。利用无人机航拍技术和 BIM 技术相结合，可以真实、精确地建立原地形的三维模型，三维模拟能宏观展示测区状况，精准测量下的网格计算法能够快速、准确地从相互对照的三维模型上获得计算所需的数据，从而使得计算过程得到很大的简化，同时又能保证计算结果的准确性，为相关部门决策提供演示。

另外，在施工过程中，采用无人机倾斜摄影技术，实现定期施工现场实景模型搭建，局部复杂节点采用三维扫描辅助搭建，辅助土方技术及现场质量安全管理；通过无人机等方式采集的现场施工全景实景数据，完成施工建造模拟数据对比分析，辅助进度管理；同时，关键节点采用无人机进行施工巡航，记录关键施工节点，辅助项目展示应用（图 14）。

图 14　无人机航拍展示单体项目施工进度

7　咨询成果与项目复盘总结

7.1　投资决策综合性咨询成果与复盘

7.1.1　可行性研究

截至 2019 年 6 月 30 日，二标段项目共完成可研报告 11 份，其中 9 份已获得可研批复。在可行性研究报告阶段，主要形成了 11 份咨询报告，重点包括：

（1）对可行性研究报告的合规性进行初步审查；

（2）审核项目建设的必要性、可行性和经济合理性；

（3）审核项目建设方案，含建筑、结构、电气、给水排水、暖通、投资估算等。

下面以人民医院项目和瑞州东路东延工程为例，说明可行性研究审查的重点内容。

1. 人民医院

1）医疗工艺

（1）总平面未设置污物出口；

（2）医患流线、人车流线需进一步优化；

（3）医疗建筑七类用房的建筑面积和比例需明确；

（4）病房增加晾晒空间；

（5）护理单元病床数以及产房分娩床位数需进一步复核。

2）建筑

（1）建筑应南北向布置，需考虑病房冬至日日照是否满足要求；

（2）需补充场地洁污流线分析；

（3）根据高安市主要风向情况以及周边用地情况，感染楼的位置和退距应优化；

（4）同类功能用房应相对集中布置；

（5）补充和完善各层及地下室的防火分区示意图；

（6）室内装修材料应符合医院的要求；

（7）补充和完善医院物流系统；

（8）门诊楼中门诊的柱网应优化，需核实门诊用房数量是否符合规范要求，门诊外走道的疏散距离是否符合要求；

（9）医技楼中各房间尺寸是否达标，如放射科 CT 和 MRI 房间；

（10）住院楼一层设置体检及餐厅不合理，二层设置出入院不利于病人手续的办理；

（11）医院门急诊楼和病房楼二层及以上不得采用玻璃幕墙。

3）结构

（1）表述有误或者等级确定有误，如人防等效静荷载标准值、住院楼的基本风压值、地基基础等级、教学楼的框架抗震等级等；

（2）建筑四角采用圆弧，四角处的框架柱采用弧形梁连接，结构受力不合理；

（3）楼梯间框架柱仅有单向拉结，并存在单悬挑梁；

（4）感染楼、教学楼结构布置中大量主次梁梁高采用同一高度不合理，且混凝土强度等级不合理；

（5）教学楼建筑与结构的剪力墙布置不一致；

（6）医技楼—住院楼连廊结构布置图纸表达不清晰；

（7）PKPM2010 V2.1 版本号过低。

4）电气

（1）电气系统图缺失，需补充；

（2）负荷分类中一级负荷应包括管理用计算机用电、安防通信系统、客梯用电、排污泵、生活水泵用电、走道照明及值班室照明等；

（3）应预留电动汽车充电装置电源及变电所场地；

（4）住院楼变电配电所与疏散楼梯贴邻不合理；

（5）照明控制应采用分组控制，利于节能；

（6）EPS 备用电源应在图中列明，并注明容量。

5）暖通

（1）部分设计参数偏大，需复核，如空调新风量、蒸汽锅炉容量；

（2）急诊部应设立独立空调系统，保证 24h 运行；

（3）发热门诊和呼吸门诊的新风及通风系统应独立设置；

（4）隔离诊室及候诊室应采用独立的空调系统，回风应设置过滤器；

（5）风机盘管机组应设置回风除尘、除菌措施；

（6）需补充完善暖通主要设备表、冷热源机房平面配置图、各楼层防排烟系统设计等；

（7）室外空气计算参数应按宜春市和高安市气象参数计算。

6）给水排水

（1）核定各建筑的使用人数并按照规范计算日冷热水量，使用系数取值为 1.5～2.5 过大；

（2）给水分区设置不合理、不经济；

（3）消防水池容量过大，且本工程不适宜用自动扫描射水高空水炮；

（4）传染病房应设置专用化粪池，污水处理站处理量过大，需重新计算；

（5）室外消防水管设置不经济，且消火栓数量过多；

（6）需补充喷淋布置图。

7）概算

（1）核实主要材料价格，如：地砖 800mm×800mm，文本采用 138 元 /m²，宜春信息价地砖 800mm×800mm 为 57 元 /m²，且地砖应就地取材，应采用高安市生产的地砖；

（2）补充项目设备投资依据；

（3）景观投资以建筑面积计算不妥；

（4）进一步核实工程建设其他费。

2. 瑞州东路东延工程

1）道路工程

（1）补充路面结构计算书；

（2）图纸部分补充道路、场地及相关管网的控制竖向设计标高的规划设计图；

（3）纵断面图补充道路沿线主要河流洪水位标高及防洪排涝标准及洪水标高。

2）桥梁工程

（1）建议连锦河的锦溪口大桥设计水位按百年一遇控制；

（2）补充桥梁施工流程图及工期安排；

（3）锦溪口大桥桥型图中未标明墩高、桩长、河床断面与平面、设计水位等参数。

3）排水工程

（1）污水比流量偏小，并附污水比流量计算书；

（2）污水管埋深过大，需优化；

（3）雨水、污水管管径水力计算表缺失；

（4）排水管全长纵断面图缺失。

4）电气照明

（1）照明主要工程数量表需补充；

（2）重新核算引桥段照明标准，目前照度、亮度、均匀度满足不了要求；

（3）照明供电配电箱的供电范围不明晰，核查照明负荷。

5）交通工程

补充交通工程设施数量表。

6）绿化工程

（1）补充和完善绿化设计图及工程量；

（2）苗木表需明确具体品种、规格。

7）概算

（1）补充完善相关计算依据，如工日单价、照明工程、绿化工程、管线迁移、水土保持、防洪评价费用等；

（2）桥梁工程单方造价指标偏高；

（3）核实填方工程量。

全过程咨询团队对可行性研究报告的审核意见与评审专家意见基本一致，可研报告编制单位在综合全过程咨询团队的审核意见以及评审专家的意见后，提交正式稿，最终宜春市工程咨询中心的评估报告指出：本项目建设符合高安市瑞阳新区整体规划，在经济上是合理的，社会效益显著，项目建设是非常必要的。

7.1.2 勘察设计

为了规范高安市新型城镇化建设项目勘察设计管理流程，从专业角度对勘察设计方案、设计图纸等进行审核和提出相关审核意见，使整个设计过程更加有效管理，确保了设计质量，控制了设计进度，工程建设技术经济合理，保证了项目实施的顺利进行。

主要咨询成果：

（1）截至 2019 年 6 月 30 日，二标段项目共审核勘察设计方案、勘察设计成果、设计文件等内容共 46 项。

（2）共完成 43 份工作联系函（表 5）。

设计管理联系单统计 表 5

序号	项目名称	收文（份）	回复（份）
1	高标准学校	4	4
2	城南道路改造	6	5
3	市委党校	5	5
4	盘龙公园	3	3
5	学府公园	3	3
6	华林路贯通（含华林北路）	4	4
7	瑞州大桥	8	8
8	人民医院	1	1
9	市民中心	2	2
10	高安大道	4	2
11	瑞州东路东延	4	4
12	三个出入口	1	1
13	北大创新产业园	1	1
合　计		46	43

在项目前期决策阶段的勘察设计主要工作：

（1）梳理和简化勘察设计工作的工作流程，缩短审核时间；

（2）组织审核勘察方案中勘探点（一般性勘探孔和控制性勘探孔）的布置、深度、数量，并提出优化建议，确保勘察结果经济合理、满足项目使用要求。

1. 原勘察设计审核流程

北京城建集团勘察设计团队提出勘察设计方案→全过程咨询单位审核→审核意见反馈给高安市指挥部以及北京城建指挥部→北京城建勘察设计团队修改→全过程咨询单位再次审核→再次反馈给高安市指挥部以及北京城建指挥部→N 次修改、审核与批示→全过程咨询单位确认勘察设计方案→反馈给高安市指挥部批示→批示意见反馈全过程咨询单位及北京城建指挥部→北京城建集团勘察设计团队实施。

高安市新型城镇化建设工程全过程工程咨询案例

2. 优化后的勘察设计审核流程

由于勘察设计审核过程中需要北京城建、高安市指挥部反复给予回复与批示，工作流程较长，批复时间长，工作开展相对不畅，效率较低，因此，全过程咨询单位会同高安市指挥部和北京城建指挥部共同协商，对原勘察设计审核流程进行优化，过程中以电子稿审核为主且不再请高安市指挥部批示，形成最后的一致意见后请高安市指挥部批示（仅最后批示），缩短了审核时间，平均审核时间节约 7d 左右，具体流程如下：

北京城建集团勘察设计团队提出勘察设计方案（电子稿）→全过程咨询单位审核→审核意见反馈给北京城建集团勘察设计团队（电子稿）→北京城建集团勘察设计团队修改完善（电子稿）→全过程咨询单位审核（电子稿）→北京城建集团勘察设计团队 N 次修改与完善（附每次的审核意见和回复）→全过程咨询单位确认勘察设计方案（正式稿）→高安市指挥部批示→北京城建集团勘察设计团队实施。

7.2 全过程工程咨询成果与复盘

7.2.1 设计

1. 全过程工程咨询设计管理的主要内容

结合项目实际情况，全过程工程咨询设计管理的内容如下：

（1）测绘阶段的工作内容：组织论证测绘的必要性，审核测绘方案并监督实施和进行相应的控制，参与验收勘察成果。

（2）勘察阶段的工作内容：对勘察单位进行协调管理，核查勘察方案并监督实施和进行相应的控制，参与验收勘察成果。

（3）设计阶段的工作内容：对设计单位进行协调管理，监督合同履行，审查设计进度计划并监督实施，核查设计大纲和深度、使用技术规范合理性，提出设计评估报告（包括各阶段的核查意见和优化建议），协助审核相关阶段的费用（如概算、预算）。

2. 以盘龙公园、学府公园为例进行复盘

盘龙公园、学府公园是 EPC 合同签订后首批启动的项目，项目启动时，全工程咨询单位尚未进行招标，尚未进入项目实施阶段，下面对盘龙公园和学府公园的设计部分工作进行简单复盘。

1）全过程咨询单位进入时两个公园进度情况

（1）可研评审已完成；

（2）设计方案已经确认；

（3）施工图设计工作已开展；

（4）地勘初勘方案在报审中；

（5）现场正在进行清表工作。

2）两个公园的地勘初勘方案审核及相关调研工作

（1）搜集、阅读两公园周边住宅小区地勘报告；

（2）阅读两公园方案；

（3）与新区、设计方、地勘单位沟通交流。

3）调研基本情况

（1）设计、地勘单位之所以将地勘分为初勘和详勘，是按照一般的建设程序进行的；

（2）两公园地上建筑物仅为一层厕所兼管理用房，结构形式为框架结构，其余均为凉亭、廊架、景墙、告示牌、园路等构筑物；

（3）场地周边地表杂填土厚度约 0.5 ～ 2m，杂填土下即为全风化砂岩，地基承载力特征值为 140kPa，地质情况均匀、稳定；

（4）高安地区抗震设防烈度为 6 度；

（5）高安市地质情况良好，无不良地质条件。

4）全过程咨询单位建议

经过结合现场实际情况认真分析，并和各方沟通，给出如下建议：

（1）今后项目取消初勘，初详勘合一；

（2）本项目岩土工程勘察等级为丙级，地基基础设计等级为丙级；

（3）岩土工程分析评价根据临近工程经验，结合触探进行；

（4）施工图设计可参考临近住宅小区地勘报告进行。

5）主要成效及后续工作

（1）参建各方最终采纳全过程咨询单位的建议后，节省了地勘时间和费用，大大加快了工程进度。

（2）两公园施工图纸出图后，全过程咨询团队组织公司相关专家进行了审核，因前期方案阶段全过程咨询单位没有介入设计工作，图纸审核问题较多，为此，配合业主组织召开了"施工图纸审查会议"，参加人员有业主、业主方聘请专家、监理、总包、设计，会上针对图纸问题逐一讨论落实，针对每条问题达成共识、确认修改措施，最终为业主节省了可观的费用。

3．以城南道路测绘为例进行复盘

1）背景介绍

高安市城南七条道路需要改造，在全过程咨询单位进入高安项目之前，设计单位委托测绘单位已对道路区域进行过一次测绘，且已出具测绘报告，全过程咨询单位进入后，测绘单位提出进行二次测绘申请，业主委托全过程咨询单位对二次测绘的必要性进行审核。

2）二次测绘主要测绘内容

（1）地下工程管线测量；

（2）针对第一次测绘范围不满足设计要求之处扩大测绘范围进行补测；

（3）针对水域、路桩、横断面、地上管线、井等进行补测。

3）全过程咨询的单位主要咨询结论

（1）针对地下工程管线，应由业主组织政府相关部门和产权单位提供档案资料，并会同设计、测绘单位实地踏勘，对于无资料且在改造范围内的地下管线应当进行测量；

（2）针对第一次测绘未满足设计要求的说明原因，如需补测应允许补测，同时总结经验，避免后续项目因前期设计所提委托不明确而造成的补测；

（3）第三条我们认为应当属于第一次测绘内容，不予支持，如未包含在测绘成果中，测绘单位应当补测，但不予进行经济和工期补偿。

4）主要成效及后续工作

（1）与测绘单位沟通，测绘单位撤回二次测绘申请，待其与设计充分沟通后重新确定是否需要进行二次补充测绘；

（2）通过本项目测绘过程中与各方沟通，梳理了测绘管理流程，尤其是总包方内部管理流程，使设计与测绘两单位之间的委托与成果交付环节清晰明了，便于管理，同时易于结算。

4. 市民中心、市委党校方案设计管理

1）背景介绍

市民中心与市委党校相毗邻，建设用地为一台地，规划中室外地面高出周边道路，市委党校与市民中心之间为规划路，两个项目及中间规划道路分别为不同的设计小组承担。

2）问题提出和解决

经现场踏勘发现市民中心和市委党校中间的规划路交叉口路段坡度达 5%，影响行车舒顺，产生原因是三个项目分属三个不同的设计小组，未整体考虑项目与周边道路之间的关系，全过程咨询单位提出了该问题，目前正在调整设计。

3）基本结论

各阶段设计工作一定要明确各控制环节，界面划分要清晰，场地要熟悉。因项目多，人员紧张，设置清晰、重要的检查控制点尤为重要。

7.2.2 监理

在工程管理上，我们始终贯彻综合管理理念，即开展项目全过程咨询覆盖、各管理模块覆盖。通过设计阶段、采购招标阶段的参与，更好地、及时地了解项目的质量管控要点、投资控制的管控要点，以便在后期项目施工阶段中，提高建设条件，改变对项目影响的敏感度，降低建设方的投资风险、功能效益产出风险，保证项目管理、监理工作在建设项目的各个实施阶段均能有效参与，形成逻辑严密、交叉融合的管理团队，保证项目建设过程中每一项管理事务能够有序开展。

作为项目群的管理，不仅仅需要关注单个项目的三控三管一协调，更需要关注整个二标段项目群的三控三管一协调相关事宜。因此，在工作过程中，项目团队开展了如下工作，明确管理职责和范围，提高管理效率：

（1）项目管理人员参与施工监理工作，同时监理人员参与项目管理工作，做到人员与项目融合，全员参与全过程咨询工作（图15）。

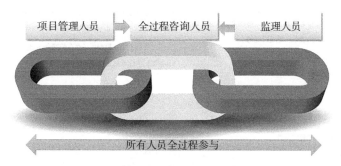

图 15　项目管理人员与监理人员的融合模式

（2）将二标段项目监理分为市政和房间两个版块，实行版块负责人制度，有利于将优势资源集中使用和调动，更好地发挥其价值（图16）。

图 16　施工过程版块负责模式

（3）在高安市新型城镇化建设指挥部的协调与领导下，围绕项目建设目标，开展施工阶段的施工监理工作，通过会议制度、汇报制度、周月报制度等手段，加强与高安市指挥部的沟通与协调，共同推进项目实施。

（4）推行全员参与的半月施工现场安全文明施工联合检查活动。在保证单个项目工作不受影响的情况下，参与半月项目检查活动，在检查过程中，相互学习，共同促进，共谋项目目标的实现（图17）。

施工现场安全与文明施工联合检查记录

工程名称：高安市新型城镇化建设工程系列项目（二标段）工程　　编号：03

2018年12月12日上午9时，监理项目部组织施工与建设等单位各相关工程管理人员，对在建项目进行安全与文明施工联合检查。

检查项目有：学府公园工程、盘龙公园工程、华林北路贯通工程、高安大道整体提升工程、瑞州大桥（钢栈桥施工）。

现场存在主要问题有：

一、学府公园工程：

1. 主要道路出入口未设置警示带，无关人员极易进入施工现场；

2. 有一处三级开电箱箱门脱落，须及时维修；

3. 特色水景处一台手动电切割机具用电未通过开关箱；

4. 用电电缆存在随意拖地现象。

二、盘龙公园工程：

1. 厕所及管理房建筑，楼面梁板支模架体立杆未按要求设置扫地杆；

2. 施工人员高空作业未佩戴安全带。

三、华林北路贯通工程：

1. 因天气下雨工地暂无施工，施工单位及监理相应管理人员均对现场进行定期巡视检查，安全状况基本正常。

四、高安大道整体提升工程：

1. 现场进行路面砖块铺设及果树栽移，施工单位安全和相应的管理人员均到岗巡视检查，基本符合要求。

五、瑞洲大桥工程（钢栈桥施工）：

1. 栈桥施工已完成约100米，桥面左右两边防护栏杆安装滞后（后续约50米未及时安装）；

2. 用电二级箱未设置箱门跨接线（PE），其中一开关箱无漏电保护器；

3. 电工未正常到岗作业，无日常检查记录。

处理意见：根据现场存在的安全问题，要求各监理项目部分别对各施工单位下发安全整改通知单，并要求在三天内完成整改并回复。

项目监理部：

日　期：2018.12.12

注：本表一式一份，项目监理机构留存。

图17　二标段项目施工现场安全文明施工联合检查

7.2.3 造价

造价控制是指在批准的工程造价限额以内，对工程建设前期可行性研究、投资决策、到设计施工再到竣工交付使用前所需全部建设费用的确定、控制、监督和管理，随时纠正发生的偏差，保证项目投资目标的实现，以求在各个建设项目中能够合理地使用人力、物力、财力，以取得较好的投资效益，最终实现竣工决算控制在审定的概算额内。由于高安市新型城镇化建设工程系列项目（二标段）采用EPC模式，在项目实施过程中工程造价不能及时批准，为造价控制带来了一定的影响，因此，建设方、施工方、全过程咨询方、第三方造价对于可能需要提前处理的分部分项工程进行多次协商，确定当时的工程造价限额，方便工程款项支付和工程推进。在项目实施过程中，全过程咨询方共提供造价咨询意见12

份，为工程造价控制提供了决策依据。

以瑞州大桥钢栈桥为例，说明我方造价控制的相关工作及咨询意见。瑞州大桥是高安市现存的一座危桥，在2018年7月就全面封桥，避免可能发生的危险事件。为了加快旧桥的拆除工作，高安市新型城镇化建设指挥部与北京城建集团指挥部协商，修建临时钢栈桥用于危桥拆除工作。在钢栈桥施工之前，全过程咨询方对施工单位作出的预算进行了审核，并将审核意见反馈给高安市指挥部供其决策参考。

主要依据：

（1）造价审核依据为2017定额，并结合高安市市场价；

（2）工程量按送审工程量计。

瑞州大桥钢栈桥施工方报价为约384万元，经全过程咨询单位审核后，核减约268万元，供高安市指挥部参考，最终高安市指挥部与北京城建集团指挥部综合考虑及协商确定瑞州大桥钢栈桥施工费用为292万元。主要咨询审核意见如表6所示。

瑞州大桥项目造价咨询意见汇总表　　　　　　表6

序号	内容	全过程咨询方意见	施工方回复	全过程咨询方再次回复
1	清单编号1：钢管桩安装、拆除	起重机80t改套10t计算，扣减单价600元/t	施工方案中采用75t的起重机，方案中重要的是考虑起重机臂长及安全性（详见方案第22页）	①未见方案；②采用10t起重机能达到施工要求；③拆除工程都按安装定额计算造价会偏高
2	清单编号2：钢管桩租赁	单价要含税（增加税金），扣减单价33元/t	我方考虑施工打钢管桩钢管损耗比较大，租赁单价已考虑损耗因素，因此我方报价比较合理	施工打钢管桩钢管的损耗，定额已计算；新定额有钢构租赁费，计算方法为4.63元/（d·t）（市政定额措施费中）
3	清单编号3：构件运输费	市区内运输钢材按25km计算，扣减500元/t	经我方调查高安市内暂无厂家能够提供用于钢便桥搭设所用的钢材租赁，距离较近的南昌市，经我了解现有厂家能够提供相关服务，故我方综合考虑材料运输往返运距为150km	若材料来自南昌的钢厂，材料价格与施工价格肯定会相应地更便宜
4	清单编号3：钢管桩安装（斜打）、拆除（斜拔）	起重机80t改套10t计算，扣减单价900元/t	施工方案中采用75t的起重机，方案中重要的是考虑起重机臂长及安全性（详见方案第22页）	①未见方案；②采用10t起重机能达到施工要求；③拆除工程都按安装定额计算造价会偏高

序号	内容	全过程咨询方意见	施工方回复	全过程咨询方再次回复
5	清单编号 5：钢桁梁安装、拆除、剪刀撑	拆除套用拆除定额，租赁单价要含税（增加税金），扣减单价 1200 元 /t	请贵方说明扣减原因	拆除钢结构有专门的拆除定额，套用此定额更合理；新定额有钢构租赁费，计算方法为 4.63 元 /（d·t）
6	清单编号 6：横梁、连接型钢、加劲肋、桥面板型钢	拆除套用拆除定额，租赁单价要含税（增加税金），扣减单价 1200 元 /t	请贵方说明扣减原因	拆除钢结构有专门的拆除定额，套用此定额更合理
7	清单编号 8：贝雷架安装、拆除，拆除套用拆除定额	租赁单价要含税（增加税金），扣减单价 300 元 /t	请贵方说明扣减原因	拆除钢结构有专门的拆除定额，套用此定额更合理
8	清单编号 9：钢板桥面安装、拆除。	拆除套用拆除定额，租赁单价要含税（增加税金），扣减单价 1200 元 /t	请贵方说明扣减原因	拆除钢结构有专门的拆除定额，套用此定额更合理
9	清单编号 14：便道（引道）	租赁单价要含税（增加税金），扣减单价 90 元 /m²	租赁费我方均按市场价录入，并考虑使用损耗	施工便道（引道）的损耗，定额已计算；新定额有钢构租赁费，计算方法为 4.63 元 /（d·t）
10	清单编号 15：工程水电费	工程制作安装都要套定额计算，包含人工、材料、机械等全部费用，扣减单价为 80 元 /m²	目前还不具备三通一平条件，我方租赁发电机施工	大部分钢构工程是由厂家制作的，现场只需要安装所用的电，所产生的电费定额已经计算，即使要计算只是计算购买发电机的费用或发电机的租赁费
11	清单编号 16：钢栈桥维护费	单价缺乏依据，扣减单价 150 元 /m²	在钢便桥正常使用期间我方对钢便桥进行日常监测、维护等，详见方案	桥应存在保质期，至于使用工程中的维护可根据实际情况进行签证（且此价格太高）

建科集团莘庄园区 10 号楼项目
全过程工程咨询案例

——上海建科工程咨询有限公司

薄卫彪

1 项目背景

1.1 建设背景

上海建科集团莘庄绿色园区位于市级开发区之一的莘庄工业区内，产业集聚效应强，莘庄园区基地承载着建科院检验检测、绿建节能、设计、研究等各事业部的生产、研究及配套功能。

建科院莘庄园区基地分为：申富路 568 号、中春路 399 号、申旺路 519 号三个地块。三个地块分别经划拨、购入陆续成为建科院集团的资产，三个地块构成了北至申旺路，南邻申富路，西至中春路，东至春中路的一个整体园区。

1.2 建设动因

1. 对内

集团需求——技术与市场服务综合能力的不断提升，整体功能的提升，固定资产价值的挖掘提升。

各子单位需求——面对市场竞争，扩充实力的同时需保障工作空间，满足配套培训、会议、餐饮等需求。

员工需求——改善园区办公环境与品质，提高工作环境舒适度与效率。

2. 对外

提升园区绿色理念，通过地块改造，推动建设整体智慧园区，为更好地宣传、展示绿色、低碳理念发挥作用，努力成为上海乃至中国的重要绿色低碳示范基地。

1.3 建设目的

申旺路 519 号生产实验用房项目的启动和建设承载着以下目的：

（1）满足上海建科院集团实验、生产及配套的重要功能；

（2）通过地块的改造提升土地利用效率、实现院集团的资产增值；

（3）推动建科院莘庄园区整体功能完善提升，实现园区服务能级提升，园区整体绿色、智慧水平提升；

（4）作为建科院多个课题研究的依托项目，承担着科研成果落地验证的重要责任。

2　项目概况

该项目位于闵行区建科院莘庄基地内，建设内容为拆除基地原有厂房并在拆除位置扩建一幢生产实验用房，用于企业科研、实验、生产。建筑功能包含实验室、生产库房、配套培训及辅助空间。

本次建设规模为地上 6 层，地下 2 层，地上建筑面积：12212.46m²，地下面积：14137.11m²（其中，工业用房、辅助用房及设备房面积 7547.87m²，停车库面积 6589.24m²）。总计容面积：12212.46m²，其中，地上计容面积：12212.46m²，地下计容面积：0m²（图 1）。

图 1　项目效果图

3 需求分析

3.1 地块现状及周边情况分析

519号地块：用地性质为一类工业用地，规划建筑容积率1.2，保留扩充至1.8的可能性，建筑密度47%，绿地面积25%，建筑高度限高50m，目前该地块的实际容积率为0.5。园区东侧（春中路对面）是大金空调有限公司，工业厂房；园区西侧是中春路，为交通主干道；园区南面（申富路对面）为鑫发威达（上海）有限公司，工业厂房；园区北面（申旺路对面）为上海有利雕塑品装饰有限公司（二层建筑物）。该地区为工业园区，道路状况良好，暂时未发现可对项目产生影响的环境因素。

3.2 2016年以前的需求分析及设计任务变更

项目酝酿历程较长，在2013年年初有意向启动至2016年年初3年间，设计需求不断调整改变，规划条件也存在调整的可能性，因此经过了较长的反复研究论证阶段，在建科设计院的配合下，概念设计方案经过数轮调整，但一直未能稳定，前期主要调整情况见表1。

前期主要调整情况　　　　　　　　　　　　　　　　表1

	原设计任务书	补充说明（2013年）	2015年阶段成果
理念升级	智能高效、节能减排、宜居环境	增加科技创新中心	6E生态园
设计目标	—	—	生态反哺、新陈代谢、全面降解
容积率	<1.2，拟提高到1.8	一期1.2，后期扩至1.8	经济指标1.2、设计指标1.0
建筑高度	50m	50m	限高24m
地下空间	与已有地库连通，层高4.5m，净高3.6m，不少于150个车位	增加车位需求，不少于250个车位	11、5号中间设置中心枢纽广场，并连接519号地块新建下沉广场，使地下空间形成贯通的无风雨体系
建筑结构	钢筋混凝土结构	—	10号楼采用木结构设计
建筑功能	实验楼满足实验要求	科研实验与办公功能划分，参观与办公人员区域划分，人行和货物划分	10号楼食堂空间放置地下一层，内含可容纳300人的报告厅及大小会议室，报告厅需与日常办公空间分离
	园区整体满足送样、收样、检测、储存功能		
	办公区域满足科研和轻型实验室的要求	大小实验室的合理布局，近期实际利用和远期综合利用等角度	

在项目管理公司介入时，最迫切的两个需求：

（1）明确项目推进组织机制：前期研究阶段以科投公司＋设计院为主推进工作，但方案决策推进效率不是很高，对于后续项目落地也需要进一步的专业能力支撑和抓手。

（2）稳定方案设计方向：设计任务书亟待更新稳定，地块开发不同方案的机会研究亟待开展，需尽快明确地块建设分期方案、园区整体升级改造实施步骤、投资计划等。

3.3 用户需求调研

在对莘庄园区基地现状调研的基础上，展开了对建科院所有成员单位对办公实验生产及配套空间功能要求的调研分析，全面梳理了基地内各单位使用空间功能分配现状，以及收集了各单位对于空间扩展补充的使用需求（图2）。

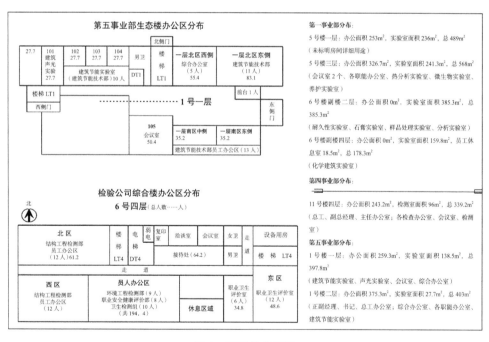

图 2　现状分布梳理

针对未来项目所需包含的几个功能调研了相关可参考案例项目，如轻型实验功能，调研了其他生产企业的新建成实验基地。基本明确了项目建成后所需具备的基本功能和配套功能。

主要的功能需求类别为：办公、轻型实验、企业综合培训、大型会议、集团会议、基地食堂、停车、局部展览展示等。

但由于未来可能的用户一直未能完全明确，因此具体的功能配置比例、规模还有待进一步展开研究。

3.4 建设规模及分期研究

在基本明确了地块建设所需包含的建筑功能后，对配套功能的规模展开了调研、分析、研究、论证，基本从以下维度研究确定了园区总体规划配套功能所需具备的规模（图 3、表 2）。

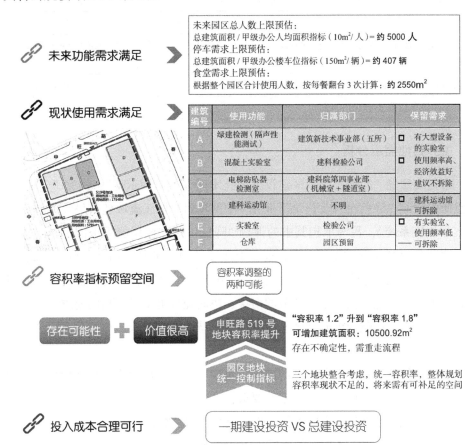

图 3 莘庄基地 519 号地块建设指标测算

按 1.2 容积率控制 表 2

建设用地面积		17548.78m^2
最大可建设面积		48966.34m^2
其中	地上建筑面积（5A 甲级办公楼，轻型实验室）	21058.54m^2
	地下一层建筑面积（5A 甲级办公楼，轻型实验室，食堂）	13953.9m^2
	地下二层建筑面积（车库）	13953.9m^2

	续表
5A 甲级办公楼建筑面积｛地上建筑面积与地下一层建筑面积和（不含食堂）的 70%｝	22723.71m²
轻型实验室建筑面积｛地上建筑面积与地下一层建筑面积和（不含食堂）的 30%｝	9738.73m²
食堂面积（含餐厅和厨房，根据 399、568、519 号地块合计使用人数，按每餐翻台 3 次计算）	2550m²
5A 甲级办公楼使用人数（根据建筑面积推导最多容纳人数）	2272 人
轻型实验室使用人数（按照一般的物理、力学实验室估算 40m²/ 人）	243 人
容积率	1.2
5A 甲级办公楼和轻型实验室及食堂需设置车位数（按照地上 + 地下一层的建筑面积推导，按办公指标推算）	约 233 辆
399、568、519 号地块合计需设置车位数（按办公指标推算）	约 407 辆
地下车库停车位数量（实际可停）	约 398 辆

3.5 其他需求分析

市科委课题"低碳智慧园区建设关键技术研究与应用示范"，国家"十三五"重点研发计划"绿色建筑及建筑工业化"中的项目《长江流域建筑供暖空调解决方案和相应系统》，我司承担其中的课题"降低供暖空调用能需求的围护结构和混合通风适宜技术和方案"等。目前，上述课题的技术研究均已取得初步成果，亟待在示范工程中应用并进行实验验证。由于工程中将采用大量新技术和新系统，对于设计、施工及运维各环节的衔接、协同配合提出了较高的要求。

本项目由于承载着提升园区整体绿色、智慧性能的要求，拟申请：绿建三星标识、健康建筑标识。

由于项目位于正在运营生产的园区一角，对于园区周边生产生活使用功能的安全、文明、协调工作提出了一定的要求：

（1）控制施工期对周边环境及实验安全产生的影响；

（2）施工交通与园区生产的交通组织的协调；

（3）施工临建区域与园区其他功能区的协调。

4 服务策略

上海建科工程项目管理有限公司作为项目的全过程咨询牵头单位，牵头整合上海建科整体资源（设计、造价咨询、绿建、智能化、科研等）为本项目提供全过程工程咨询服务（图 4）。

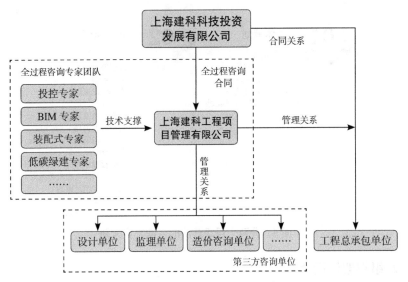

图 4 上海建科全过程团队结构

（1）建设单位：上海建科科技投资发展有限公司；

（2）全过程咨询单位：上海建科工程项目管理有限公司；

（3）工程总承包：上海建科建筑设计院有限公司；

（4）造价咨询：上海建科造价咨询有限公司。

5　咨询方案

5.1　整体咨询方案策划以及关键控制点

咨询方案策划主要原则：策划文献＋计划为纲＋社稷为重。

基本管理目标：确保项目投资、质量、进度、安全、文明施工各基本目标的实现。

增值管理目标：利用专业知识和丰富经验，优化项目资源配置和管控程序，实现项目各阶段服务的增值。

管理效率目标：采用科学、合理、先进的项目管理理念及方法，借助信息化、网络等先进的设备和手段，提高管理水平，提升管理效率，充分展示"管理出效益"的成果。

分两个层级开展咨询方案策划，见图5。

图 5　分两个层级开展的咨询方案策划

5.2 组织架构设计

1. 目的

有效整合建科院集团内部团队能力及资源，依托建科院自身的设计、管理、招标投标、造价、科研等力量，组成联合团队，架构项目多层级推进组织，形成有效的"决策—推进—执行—反馈"机制，有力推动莘庄园区改造项目的进行。

2. 主要措施

由全过程咨询团队管理层为主，组建"项目推进小组"作为协调层，衔接高层决议与项目具体实施，形成"决策层—协调层—执行层"的工作机制。

由"项目推进小组"负责：

（1）下达决策层各项意见及精神，指导执行层工作开展。

（2）衔接决策层与执行层，集中梳理各成员单位的需求意见，沟通协调项目执行层面的意见，协调推进项目开展，为决策层提供决策的基础分析及依据（图6）。

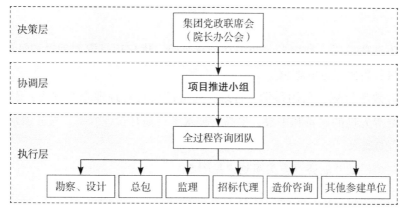

图 6　全过程咨询团队管理层

3. 总体工作界面划分

决策层：主要负责项目的组织、定位、方案、投资、计划、采购、重大变更等事项的最终决策批准。

协调层：组织项管团队落实决策层决议，协调各方需求，反馈信息供决策层决议。

执行层：执行协调层指令，负责项目具体推进落实（表3）。

总体工作界面划分表

表3

重点工作模块	集团党政联席会	全过程咨询团队	各参建单位
建设组织架构			—
参建单位选择			
园区总体规划			
项目定位			
设计方案			
方案重大变更	决策批准	组织协调	
项目总投资及变更			执行实施
项目一级计划（进度、投资、采购等）			
项目招标采购（一定金额以上）			
过程中重大事件			
竣工结算			
二级计划	—	分解细化	
项目招标采购（一定金额以下）	—	决策批准	
具体项目实施工作	—	组织协调监管	

为支撑"决策—推进—执行—反馈"的项目推进工作模式，首先需建立有效沟通（信息传递）机制。由于项目参与方众多，为利于项目推进，建议固化形成相应例会制度。

5.3 各阶段咨询方案及价值

管理范围主要包括以下方面：项目计划统筹及总体管理、报建报批管理、设计管理、招标采购及合同管理、进度管理、造价管理、投资管理、档案信息管理、BIM管理、实验室工艺咨询管理、现场施工组织协调管理、竣工验收及移交管理、工程结算管理以及与项目建设管理相关的其他工作（图7）。

图 7　各阶段咨询方案图

5.3.1 启动阶段

启动阶段工作主要包括信息收集、人员调配及进场准备等。

1. 项目准备

熟悉项目情况、组织资源信息收集、组织架构策划及工作流程策划，及时进行场地踏勘等工作。

2. 信息收集

开展项目整体情况的摸排调研工作，主要就以下几方面展开调研分析：

（1）项目特点分析：一方面是对项目建设本身的特点进行分析，通过现场实勘、查阅前期资料等手段，明确施工过程中存在的技术难点，如是否采用幕墙、装配式等；另一方面是对项目管理特点进行分析，如业主的内部、相关行政主管部门等与本项目有关的管理架构特点等。

（2）项目功能定位：分析全过程咨询单位进场前项目前期决策阶段的工作情况，并通过对业主、使用单位以及行政主管部门的功能需求进行调研，明晰项目的使用功能。

（3）项目目标体系：基于项目特点、项目的功能定位，与业主、相关行政管理部门沟通后，明确项目的总体目标。

（4）政府监管环境：政府监管环境直接影响本项目前期审批阶段的进度，及后续工程施工阶段的顺利程度。应提前跟政府行政部门进行沟通，建立良好的沟通交流渠道。

3. 人员调配

根据工程特点、实际需求及招标文件要求，以及项目信息收集的资料，在充分与业主沟通后，最终确定满足要求的项目管理团队。

5.3.2 策划阶段

策划阶段工作内容主要包括项目层面的策划及工作层面的规划，以项目调研资料为基础，对项目的整体目标进行分解，细化为各模块的专项目标，并针对目标形成相应的规章制度、管理规划及细则等。

1. 项目层面的策划

基于对项目的特点、功能定位以及项目目标体系的分析，项目管理团队在与业主、相关行政主管部门协调沟通后，从项目整体的层面策划建设工作的开展。

（1）整体目标分解：基于项目的总体目标，分析细化并制订各模块的专项目标，并在专项目标的基础上，进一步细化各参建单位的工作目标。

（2）合同界面策划：根据项目的特点，与业主及相关行政主管部门沟通，制定项目的合同分解架构，并对各个主要单位的采购方式、技术指标要求及合同主要条款提前策划、提前分析；并作为后续招标、合同管理及投资控制的依据。

（3）技术管理策划：根据项目的特点，提前组织各参建单位分析项目后续可能存在的技术管理难点；收集以往类似项目的工作经验，制订项目体的技术攻关措施；如对参建单位的技术能力要求、项目体的技术攻关课题分配等。

（4）风险管理策划：针对项目的特点，提前分析项目的风险点，并在合同界面策划、技术管理策划中提前考虑风险分担和风险攻关等工作。

（5）项目资源策划：针对项目目标，策划整理项目建设过程中的人力资源、案例资源、技术资源、材料资源及潜在供应商的资料，作为项目正常推进的保障。

2. 项目管理工作规划

基于对项目的整体目标、各参建单位的工作界面分解等，明确项目管理的工作目标、项目管理工作的内容，形成对项目具有针对性的项目管理工作规划，经公司技术质量部审批后报于业主审批。待业主认可后进行细化形成项目管理实施细则。项目管理工作规划内容主要包括：项目管理目标及职责、项目风险重难点分析及应对措施建议、项目管理方案、项目管理团队组织架构及岗位职责等。主要内容包括：

（1）项目管理目标分析：针对项目整体策划中的目标分解，结合项目管理合同及相关法律法规，明确项目管理工作目标；并对各项目标进一步细化，且责任到项目管理团队的每个人，并列入到项目管理团队的个人岗位管理职责中。

（2）项目管理架构策划：根据项目管理目标，制定符合项目需求的管理组织架构；综合考虑建科工程咨询公司的专家委情况以及建科集团公司的科研、绿建、低碳、检测等资源情况，作为项目咨询的有力支撑资源。

（3）项目管理制度策划：根据项目的特点以及各方的工作职责划分，制定项目的管理制度，包括项目的各项管理流程、审批流程、信息上报备案流程等；搭建项目管理信息平台；对前期已明确的各项管理工作制度会在参建单位采购时纳入招标文件（或比选文件）中，过程中严格管控各家单位对制度的执行情况，阶段性评估完善管理制度，确保各项工作合法合规、按序高效地执行。

（4）项目风险预控策划：根据项目特点及分析出的项目风险，编制风险管理和风险预警防控实施方案和程序（如，明确项目体的风险识别和风险评估的方法、风险预控流程等），协同各参建单位组建项目风险预警管理小组（如，维稳工作小组、进度风险预控小组、安全风险预控小组等）；建立项目风险预控工作台账等。

（5）项目管理工具策划：结合项目的特点、项目管理工作的要求，在已有管理工具的基础上搭建适合具体项目的管理工具，如表4所示。

项目管理工具　　　　　　　　　　　　　　　　　　表4

项目信息管理平台	借助项目信息管理平台达到项目体信息的及时传递、及时互通等；同时可以达到流程规范、过程资料有追溯性等目的
BIM 技术的应用	在项目上推行 BIM 技术，并提前策划 BIM 工作方案，指导后续 BIM 工作的开展

5.3.3 设计阶段

此阶段主要工作内容为项目行政许可的审批、设计管理及招标采购管理，包括但不限于以下几方面。

1. 前期审批管理

与项目所在地政府及公共事业管理部门及时沟通，建立良好关系；根据项目所在地的实际情况及策划阶段对前期审批工作编制的细则开展项目行政许可办理工作；并在过程中采取动态控制手段，严格控制审批进度。

2. 设计管理

秉持业主利益为先的原则，以满足业主的功能使用需求为设计管理的指导思想。对主体设计及专项设计单位的工作界面进行有效划分，以完善的流转体制确认设计成果。以第三方咨询等方式对设计成果进行审查，确保设计成果可以按照需求设定最终在施工阶段顺利落实。

3. 招标采购及合同管理

招标采购工作依据编制的采购计划和设计任务书，通过合理、合法的采购渠道，采用价格优选、性价比、品质优劣等比较，得到招标采购对象，并且对合同的专项条款进行相应审核，从而确保项目成本目标、质量目标、进度目标的实现。

4. 投资控制管理

我们在投资控制管理中将紧扣控制阶段与重要工作环节，协助业主，配合咨询单位，协调参建各方，建立以合同管理为中心的控制方式，将投资控制管理工作的每一步都落实到位。

5. 施工准备工作管理

施工准备工作，是建筑施工管理的一个重要组成部分，包括技术、组织、物资、劳力和现场准备等工作。应督促施工单位认真、细致地做好施工准备工作，充分发挥各方面的积极因素，合理利用资源，保证项目按时开工。

5.3.4 施工阶段

施工阶段指的是从施工许可证核发至项目施工完成的阶段，本阶段项目管理团队将会依据前期对工作的策划，严格按照策划的工作方案完成对施工阶段的管理。

1. 进度管理

按照业主的要求和项目实际情况制订进度整体目标，并按目标管理方法进行层层分解，形成相互制约、相互依存的进度目标体系。对体系中的各项进度目标通过界面分析搞清楚，通过精心的组织和设计及有针对性的科学管理，以最终实现项目的总体进度要求。

2. 质量管理

质量管理贯穿于工程项目实施的全过程，其重点是使工程实施保持受控状态，预防质量问题发生，层层把关进行管理和控制，达到业主既定的质量目标。

3.HSE 管理

建立全面的 HSE 控制体系，由业主、监理、施工总承包方、分包项目负责人组成的管理团队，建立健全安全保证体系。

4. 招标合同及采购管理

依据项目总进度计划，全过程咨询团队编制该阶段的专项采购计划任务书，并负责相应合同的审核工作。

5. 签证管理

督促总体设计与专项设计的有效对接，严格控制设计变更，确保变更合理、变更有序。

5.3.5 竣工阶段

竣工阶段指的是项目施工完成至项目交付的阶段，此阶段的主要工作为项目的竣工验收、竣工资料的整理及工程移交管理等。

在项目管理各项工作阶段性地完成后，全过程咨询单位的项目管理团队的成员编制专项工作的总结报告，客观分析总结管理过程中的经验教训，并形成咨询报告，提交给业主或相关行政主管部门，作为后续使用者或类似项目的经验借鉴。

1. 建筑使用说明书

分析从项目决策阶段对功能的设想，到过程中的变更，再到最后的建筑实体，总结从设计到施工再到完成全过程的演变，结合过程中各种因素，以指导后续项目的使用者更快地熟悉认识建筑的各项功能。

2. 项目管理工作总结报告

分析总结项目管理过程中的各项制度的优缺点，为后续类似项目提供参考。

3. 项目信息整体移交

除城建档案馆规定的相关信息外，项目管理团队还会提供信息平台、BIM基础、详细的过程及成果文本信息给业主；为项目后期运营维护提供依据。

5.3.6 运维阶段

运维阶段指项目竣工验收结束，投入使用后的阶段。

1. 缺陷责任期管理

根据业主的需要及要求，在 2 年缺陷责任期内继续提供服务，直至缺陷修复完工并完成对承包人的最后付款。

2. 项目后评估服务

定期对项目进行后评价工作，并形成评价报告，作为项目经验的积累。

5.4 风险管理与控制

见图 8。

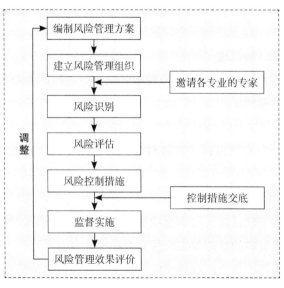

图 8　风险管理流程图

1. 全面分析风险影响

分阶段列出风险清单，列出客观存在的和潜在的各种风险来源，推测与其相关的各种合理的可能性，包括赢利与损失、人身伤害、自然灾害、时间和成本、节约与超支等方面。重点是资金的财务结果（表5）。

风险分析表 表5

场地风险分析	应对计划
• 施工期对周边环境及实验安全产生影响 • 申旺路、春中路出入口受施工场地影响 • 施工交通与园区生产的交通组织的协调 • 施工临建区域与园区其他功能区的协调 • 基坑对春中路入口主干道雨水管道的影响	• 对周边实验生产保护需求的调研 • 施工及生产场地布置策划协调 • 施工期园区交通流线组织策划

2. 利用合同管理控制风险

将上述风险意识与解决风险的合理可能性，在合同条款中予以列明，在合同管理中就风险发生的情况与应对措施达成协议，合理解决。

3. 利用组织管理控制风险

在组织上全面落实风险控制责任，建立风险控制体系，将风险管理作为项目各层次管理人员的任务之一。

4. 风险分散性管理

工程管理是一种多程序、多方位、内容错综复杂的经营活动。业主只考虑其资金筹措中的各种风险，而将工程的设计、实施、管理及运行过程交给全过程咨询单位，而全过程咨询单位通过发包、招标的方式把工程的实施任务委托给承包商，将施工阶段技术把关委托给监理单位，承包商又通过分包将工程各子项中潜在的风险分散转移至各分包商。这样层层分散、转移，即可调动各方面的积极性，克服消极因素，大家共同承担风险。

6 咨询增值服务方案

6.1 对工程总承包的管理

6.1.1 工作目标

对工程总承包进行监督管理，确保工程总承包单位在合法、合规的前提下，保质、保量、保期地完成项目的建设工作。

6.1.2 工作内容

（1）审核设计方案、施工方案等，参加相关的设计、施工评审会，监督总承包单位根据评审意见对方案进行调整；

（2）审核过程中的设计变更及设计交底内容，分析变更原因，并对由建设单位原因造成的变更进行签证；

（3）审核工程总承包单位制订的各项工作计划，包括但不限于设计计划、施工计划、采购计划等；

（4）监督工程总承包按计划完成相关设计、采购、施工等工作，在出现进度延误时及时纠偏，督促工程总承包单位按时完成相关工作；

（5）审核工程总承包进度款的支付。

6.1.3 工作措施

6.1.3.1 建立进度管理组织体系

全过程咨询单位建立并领导了涵盖建设单位、工程总承包、专业分包、供货商的进度管理组织体系，组织各单位安排专人负责进度的控制管理。在各项工作开始前制订相应的进度计划，进度计划中涵盖设计、采购、施工计划。而后随着专业分包不断进场，对进度计划不断完善，但里程碑节点不进行变化。在各项工作的进展中，通过周会、月会、季会、专题会等形式对进度计划进行更新管理，及时纠偏并督促责任单位尽快挽回延误的工期。

6.1.3.2 建立实时信息平台机制

通过建立项目信息平台，为项目各管理层级、工程总承包单位、相关咨询单位提供一个无缝高效的信息交流和协同工作的环境，该信息平台建设将包含但不仅限于以下功能：

（1）项目方案、设计变更等设计文件及成果的互通共享；

（2）设计审批、设计变更等流转程序的进度查询；

（3）使用单位功能需求变化的采集统计；

（4）国家及地方专业设计资源的更新共享。

6.1.3.3 充分征询使用单位功能需求

对建设单位的功能需求进行梳理分类，并有针对性地对其进行调研且制作功能需求调查报告，作为设计工作的指导性纲领性文件。

对前期功能需求调查报告进行归纳总结，并结合总体规划理念及各专业配套需求，制作设计任务书作为前期策划的具体要求。

协同工程总承包单位共同制作设计导则作为深化设计的总体思路，同时以其为标准在深化设计时对设计成果进行审查。

在明确使用单位的功能需求后对其进行锁定，并交由工程总承包单位作为定稿，在设计、施工过程中，未得到建设单位指令不再对其进行修改，最终得到项目建设成果。

6.1.3.4 制度化施工阶段专项设计及设计变更流程

对专项设计建立流转审核制度，按照深化设计单位、设计单位、造价咨询单位、全过程咨询单位、建设单位的审查顺序对专项设计进行流转审核。

对施工过程中出现的设计变更，由工程总承包单位、全过程咨询单位、建设单位进行变更确认，复核提出变更的原因，对由于建设单位使用需求调整造成的变更进行审核。

6.1.3.5 承发包模式及界面管理

本项目涉及的招标采购项目类别较多，但由于采用工程总承包的模式，所有的专业分包都将由工程总承包进行招标及发包，但部分设备采购依然需要由建设单位主导开展，这样有助于节约施工工期，便于统一管理，合理安排加工生产，同时方便后期维护和检修（表6）。

设备统一采购表　　　　　　　　　　表6

序号	专业工程	统一采购产品	备注
1	强电工程	配电箱等	
2	空调及通风工程	VRV 室内机及主机	
3	电梯工程	电梯设备	
4	高低压变配电工程	变压器等	

6.2 全过程 BIM 咨询指导

6.2.1 工作目标

运用 BIM 技术提升工程质量，控制工程造价，确保工程建设的进度及投资目标。

6.2.1.1 完善 BIM 体系

组建 BIM 管理团队，在规范 BIM 管理软硬件平台的基础上，与建设单位共同建立用于约束参建各方 BIM 应用的组织体系、技术体系、质量体系。

6.2.1.2 落实 BIM 管理

根据与参建各方约定的 BIM 工作内容与要求，从审核各类方案、规范环境、审核招标条款、审核标准、细则入手，做好模型、数据成果、应用成果、可视化资料、管线综合分析等各类 BIM 的成果审核，落实 BIM 应用价值，辅助做好全过程咨询工作。

6.2.1.3 支持项目创新

在当前 BIM 技术与幕墙、装配式等数字化加工、各类虚拟仿真、智慧运营等各类新技术密切结合的技术趋势中，做好项目技术创新的支持工作。

6.2.2 管理重点

由于本项目结合了多项新技术及作为众多可研课题的载体，除通常的给水排水、电气、暖通、智能设备、电梯外，还包括装配式外挂墙板、多项新型材料、低碳智慧运维管理平台等，在主体设计、专项设计、招标投标、施工、竣工验收交付各阶段均须各单位参与 BIM 工作。

由此，本项目 BIM 实施管理的重点如下：

（1）从建设周期短、参建单位多、工程总承包的管理模式等方面，做好 BIM 实施标准的统一性、层次性的计划，并做好可执行性的功能保障，保障数据可持续应用；

（2）借助 BIM 管理平台，做好 BIM 组织体系内部协调、与各参建方的外部协同机制的顺畅保障；

（3）从 BIM 的具体应用上，确保交互数据的存储、传输、做好内部数据协同，为 BIM 信息输出、传递的效果做好保障，确保运维平台信息的完整性，确保运维管理工作对项目过程信息的可追溯性。

6.2.3 工作内容

6.2.3.1 BIM 辅助全过程工程咨询

1. 辅助设计管理

切实履行自身辅助设计管理的职责，组织设计阶段的实施方案，通过模型应用验证设计的合理性、优化的可能性，协助招标人将产品期望及变更想法转换为看得见、摸得着的材料、设备模型信息，并随传统二维图纸审查与修改意见，无误返送至设计方；后续确保深化单位的 BIM 能力聚合，顺利接收前道信息；运用工程量清单辅助落实招标人的设计限额指标，扎实做好服务与产品采购辅助工具的角色，以此确保设计全流程的模型信息传递和应用的效果，体现本阶段 BIM 实施管理的价值。

2. 辅助招标管理

策划各标段招标的 BIM 应用条款，通过招标落实各标段 BIM 团队组织、BIM 应用要求、BIM 实施的专业细则要求、BIM 交付成果等，保证 BIM 工作与实际工程建设节奏一致，从合同、付款等方面，落实 BIM 应用价值。

3. 辅助施工管理

策划、组织通过 BIM 技术验证施工组织设计、专项方案的可行性；基于施工场地模型，分析周边及项目内各单体开发的制约因素，外部环境元素的检视与预测，务必使内部施工组织运转有序，外部不利影响消弭至最小干扰量；招标人的调度可以明确指导施工单位调整部署，使得施工能力有效释放，规避安全风险。

在施工过程中督促和监督施工各参与方的 BIM 应用，推进 BIM 工作的开展。为保证施工阶段 BIM 模型与现场一致，定期检验 BIM 模型，核实建筑关键信息是否已及时反映到 BIM 模型中，包括主要材料信息和设备信息是否和现场采购或施工现场一致；工程变更是否体现在模型中；模型是否反映现场的实测数据等，为项目的顺利推进提供保障，也为项目竣工后提供完整的资料。

通过定期将现场照片与 4D 模型对比，对 BIM 模型的标注，跟踪进度计划的实现情况。当实际进度与计划进度发生差异时，对偏差进行分析，将工程变更、材料供应情况、劳动力运用等信息与计划模型的相关数据进行比对，把分析结果和纠偏建议汇总到施工进度分析报告中。同时，运用 BIM 应用辅助进行工程量汇总、核算变更和索赔、多算比较。发挥 BIM 在施工项目成本控制方面的优越性，迅速、精确地处理工程量信息。

至此，一系列优化辅助措施，将为施工总承包单位及各专项分包单位提供帮助，为招标人提供更具资源集约性及自我增值的目标产品。

4. 辅助移交管理

组织开展适合本项目特性的档案数字化策划，确保基于信息模型的综合交付，使得招标人在传统验交阶段对照图纸等二维工程文件时，通过交付模型比对，无偏差地接收产品。通过模型合理的整合与分组，协助招标人制订有序的验收及试运行方案；并通过模型展示及信息清单功能，高效地开展预验收工作，使得有关部门踏入现场即可所见所得，所想所有。

5. 辅助运维平台搭建及移交管理

组织开展运维平台需求分析及梳理，确保搭建需求清晰、准确，同时结合项目建模要求及智慧管理要求，协调落实平台搭建单位的需求。分阶段对平台搭建进度进行审核，并在竣工模型交付后审核平台测试情况，审核平台操作手册，辅助建设单位及运维管理单位进行平台的应用。

6.2.3.2 交付成果

规范各参与方按统一格式提交成果文件，确保数据的正确性及完整性。督导执行人对专业模型收集分模型，归入数据中心；通过预定接口整合入统一"沙盘"模型，审查信息丢失情况及整改措施。对片区、标段模型的界面结合部的工作权属作出事先规划，确保实施"真空"有效填补（表7）。

设计准备阶段	方案及初步设计阶段	施工图设计阶段	施工准备阶段	施工、竣工阶段
BIM 实施大纲	初步设计阶段模型	施工图设计阶段模型	施工阶段 BIM 实施专项方案	施工阶段 BIM 实施专项方案
BIM 实施总体方案	碰撞检测报告	碰撞检测及管线综合成果（模型、报告及优化方案）	施工阶段的 BIM 技术标准和实施方案	施工过程 BIM 模型审查报告
设计阶段 BIM 实施专项方案	图纸校审报告	图纸校审报告	模型使用管理规范	各专业分包的 BIM 模型审查报告
协同管理平台协同工作日常使用手册	BIM 分析报告	施工图设计阶段主要工程量统计汇总表	施工模型交付标准	月度 BIM 管理咨询报告
—	初步设计阶段主要工程量统计汇总表	BIM 分析报告	竣工模型交付标准	竣工模型审查报告
—	虚拟仿真模拟成果	预留洞核查报告	—	项目 BIM 实施总结评估报告
—	—	虚拟仿真模拟成果	—	—

6.3 课题实施的统筹管理

6.3.1 工作目标

本项目作为建科集团 6 项课题的落地实验项目，具有极大的科研创新意义。全过程咨询单位需通过将新理念、新模式、新技术、新材料与工程建设相结合，大大提升各项课题实验成果的可实施性，将各项指标成功在项目上落地。

6.3.2 工作内容

6.3.2.1 课题落地实施方案

解读各科研创新课题对工程项目的需求，梳理形成科研创新实施方案，以及针对科研创新内容所涉及的专业，分析其基于项目的可行性，结合项目总体进度、各专业进度、质量要求、投资控制要求、技术指标要求等，形成针对科研创新内容提出的各阶段工作进度要求、技术指标要求、新型材料性能要求等，并且明确该部分质量验收要求。

6.3.2.2 实施过程跟踪落实

基于实施方案，在项目建设各阶段中实时关注涉及的相关科研技术落实情况，从图纸、材料、施工工艺等多方面检查实施情况，并且为了避免科研项目影响工程主体的进度及质量，及时协调设计、施工、科研小组、其他参与单位（如新型材料供应商等）的问题，利用后台专家技术实力的优势，提供专业技术支持，在确保工程项目有序开展的同时，融合科研创新技术。

6.3.2.3 收集数据，提供成果

在与课题有关的设备、材料进场前，收集这些设备、材料的各项检测报告；在相关的设备安装、分项施工完成后，组织与课题有关的各项设备试运行，并收集相关数据，提供至各课题小组，作为课题研究的依据。

6.3.3 工作措施

6.3.3.1 组建课题实施小组

由于大多科研创新技术涉及设计、施工、材料、造价、软件等多方面，为了保证各项工作的有序开展，针对性地形成专项小组，责任到人，任务清晰，梳理各方需配合工作内容及时间节点，及时响应在实施过程中由于科研创新工作而导致的问题，明确解决方法及途径，以确保满足工程进度、质量、造价控制要求。

6.3.3.2 建立合理沟通机制

本项目承载了 6 项课题任务，涉及的课题实施方众多，同时因课题带来的需要协调的相关责任方也众多，例如建设单位、造价咨询、工程总承包、专业分包等，合理的沟通机制将是课题落地的必要保证。

在项目前期，通过组织需求调研会等，梳理各项课题需求，并最终明确可落实深度及要求，协助建设单位针对科研创新工作技术指标的最终确认。在项目实施过程中定期召开课题专题会，组织各课题小组与设计、施工等单位定期就项目进展进行沟通。

同时，信息的共享将是课题成功的必要保障，通过搭建信息共享平台，将建设方、课题方、实施方的信息在平台上实时发布，大大加强了课题的可实施性。

6.3.3.3 设计施工成果复核

通过前期课题需求的探明，督促工程总承包单位在设计文件中对课题需求进行体现，并对未完成体现或无法达到课题要求的设计文件进行修正，后督促工程总承包单位制订课题实施专项方案。审核工程总承包单位制订的专项方案中的课题实现方法，在现场的实际实施过程中予以监督，确保课题需求可以落地。

7 咨询成果与项目复盘总结

7.1 投资决策综合性咨询成果与复盘

7.1.1 机会研究

申旺路 519 号地块机会研究主要从地块开发强度及分期方案等方面进行分析：

（1）容积率是否争取从规划的 1.2 提升到 1.8；

（2）地下室做 1 层还是 2 层；

（3）是一期整体开发还是分期开发。

影响方案比选的关键决策点主要是：

（1）配套功能是否满足园区总体未来一段发展时期内的需求：停车位、食堂容量等；

（2）集团现金流是否能支撑一期投资计划；

（3）是否会增加未来二期开发改造的成本；

（4）资金投入与功能产出的性价比；

（5）建设是否影响现有园区生产运行功能。

基于三个方案进行了经济性、功能规模指标及分期情况的对比分析（表 8）。

表 8

<table>
<tr><th colspan="2"></th><th>方案一</th><th>方案二</th><th>方案三</th><th>备注</th></tr>
<tr><td rowspan="3">地下方案对比</td><td>经济性</td><td>0.74 亿元</td><td>1.02 亿元</td><td>1.46 亿元</td><td>地下室土建投资</td></tr>
<tr><td>功能性</td><td>车位：
285 个</td><td>车位：
333 个</td><td>车位：410 个
还增加：
• 活动空间约 600m²
• 配套空间约 3000m²</td><td>按照办公面积每 100m² 配 1 个车位指标比例测算：
园区总车位需求：578 个
已有车位：155 个（含地上 24）</td></tr>
<tr><td>可行性</td><td>—</td><td>技术均可行</td><td>—</td><td>—</td></tr>
<tr><td rowspan="4">停车位对比</td><td>停车位总投入（亿元）</td><td>0.68
（含机械车库成本 1000 万元）</td><td>0.92
（含机械车库成本 500 万元）</td><td>1.24
（不含机械车库费用）</td><td>含停车及配套部分土建投资及机械停车设备及运维投入（20 年）</td></tr>
<tr><td>单个车位造价（万元）</td><td>24</td><td>28</td><td>30</td><td>—</td></tr>
<tr><td>相较方案一增加一个车位的投入（万元）</td><td>—</td><td>51</td><td>45</td><td>—</td></tr>
<tr><td>相较方案二增加一个车位的投入（万元）</td><td>—</td><td>—</td><td>41</td><td>—</td></tr>
</table>

对于地块建设地下开发强度及分期开发方案的论证见图 9、图 10。

经过比选分析，最终决定分期建设，新建中型地库。

7.1.2 可行性研究

1. 前期策划研究分析路径（图 11）

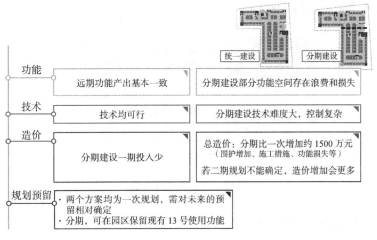

图 9　地下分期对比统一建设

图 10　大型地库对比中型地库

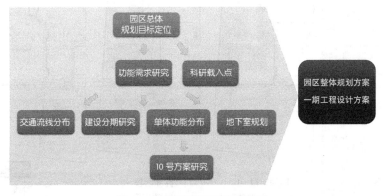

图 11　前期策划研究分析路径

2. 方案可行性分析（图12）

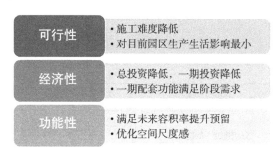

可行性
- 施工难度降低
- 对目前园区生产生活影响最小

经济性
- 总投资降低，一期投资降低
- 一期配套功能满足阶段需求

功能性
- 满足未来容积率提升预留
- 优化空间尺度感

图12　方案可行性分析

3. 场地建设条件的可行性

（1）周边拆除范围预估（需方案深化）：

13号外墙与地下室墙：4.2m，地下室外墙厚：0.6m，围护结构预留：1.0m，施工安全预留（最小）：1.5m，合计：约7.3m，需拆除东侧1～2跨（预估可能不足）。

（2）技术：结构改造可行，约20d。

（3）功能：若拆除1跨以上，将影响生产功能。

（4）交通：出入口受限，需改造。

13号楼：现状功能大部分能保留，小部分受损，交通及出口需改造。

园区其余区域：生产基本不受影响，需部分改造和采取保护措施，部分临建需外借。

初步判断：存在需协调问题，建设影响基本可控（图13）。

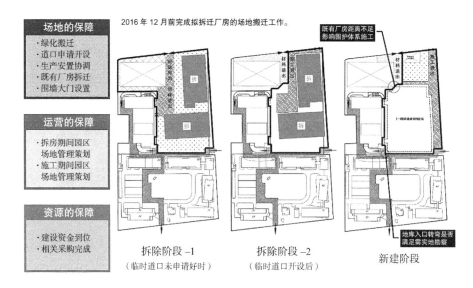

2016年12月前完成拟拆迁厂房的场地搬迁工作。

既有厂房距离不足影响围护体施工

场地的保障
- 绿化搬迁
- 道口申请开设
- 生产安置协调
- 既有厂房拆迁
- 围墙大门设置

运营的保障
- 拆房期间园区场地管理策划
- 施工期间园区场地管理策划

资源的保障
- 建设资金到位
- 相关采购完成

地库入口转弯是否满足需实地勘察

拆除阶段-1
（临时道口未申请好时）

拆除阶段-2
（临时道口开设后）

新建阶段

图13　开工前准备工作

7.2 全过程工程咨询成果与复盘

7.2.1 设计管理

1. 前期策划阶段

（1）制定设计管理工作大纲；

（2）协助建设单位合理划分设计包，并建立设计交流平台和统一管理制度，明确各设计文件设计质量及深度标准；

（3）制作功能需求报告以了解使用单位使用需求；

（4）明确设计任务书以明确设计单位设计职责；

（5）征询市政相关单位，明确水、电、煤等配套设施的接通可能性。

2. 报批报审阶段

1）设计方案阶段（包括主体和专项）控制的工作内容：

（1）以设计任务书为参考比选、优化设计方案；

（2）确保设计方案满足建设单位、使用单位的质量要求和标准；

（3）审查设计方案的完整性、合理性，并给以书面意见和建议；

（4）制作设计导则，明确下一步工作任务；

（5）协调设计过程中的各种工作关系，协助建设单位解决纠纷事宜。

2）初步设计阶段（包括主体和专项）控制的工作内容：

（1）协调建设单位对已有设计文件进行确认。

（2）使方案设计阶段各审批部门意见在初步设计中得到修改完善。

（3）审查初步设计文件图纸与估算的匹配性，确保限额设计。

（4）组织相关专项论证，根据专项论证结果对设计进行修改。

（5）根据总进度计划制定设计进度要求；审查初步设计文件图纸的深度，保证概算编制依据充分。

（6）审查设计单位的绿色建筑专篇，确保满足规范并适当预留。

（7）分析初步设计对质量目标控制的风险，并提出风险管理的对策与建议。

3）施工图设计阶段（包括主体和专项）控制的工作内容：

（1）落实初步设计文件审查时各审批部门提出的要求并使之得到回复；

（2）组织交通、卫生、防雷、节能等专项审查；

（3）协调施工图设计进度满足总进度计划要求；

（4）根据初步设计批复概算制订施工图设计限额目标；

（5）审核施工图的可施工性，与设计单位就施工方案难点进行沟通；

（6）审核施工图中所用工艺、材料、设备，如发现设计可能会突破投资目标，协助设计单位提出解决办法；

（7）审核施工图设计深度是否满足审图要求，并保持与审图单位沟通，尽快完成审图工作；

（8）协助建设单位编制甲供设备材料采购的技术标准；

（9）协调建设单位与设计单位间关系，处理设计过程中有关纠纷。

3. 施工实施阶段

（1）根据 BIM 模型对设计成果进行审查，落实施工可实施性；

（2）组织各方进行设计交底，协助施工单位对图纸进行消化；

（3）加强对基坑、结构等专业设计落实情况的审查，确保施工总包按图施工；

（4）对各专业系统及设备选型优化比选；

（5）制定专项深化设计确认手续，并组织设计单位对工艺深化设计进行配套设计；

（6）明确设计变更流程，加强设计变更管理，确保变更的合理、必要性，重视结构安全性及经济可行性审查；

（7）对发生重大调整的施工图纸，组织重新进行施工图审图；

（8）组织设计单位定期赴现场检查，形成有效的多方施工监管系统。

4. 竣工移交阶段

（1）汇总相关设计单位的施工图及变更单，组织制作竣工图；

（2）组织相关设计单位配合审批部门进行竣工验收（消防、环保、质监、卫计委等）；

（3）制作产品使用说明书，明确项目内设备的操作方法；

（4）协调完成竣工备案等手续。

7.2.2 招标采购

本项目采用了工程总承包的招标模式，由设计单位牵头进行设计服务及施工服务的投标，其后再由设计单位将施工服务委托给具有相应资质的施工单位。在这种试行的招标模式中，一方面确实减少了建设单位的协调量，由工程总承包单位内部消化设计和施工之间的壁垒和矛盾，但另一方面也给项目推进带来了新的挑战。

1. 工程总承包模式的优势

（1）总承包招标可以减少业主的管理风险。与传统的承发包模式不同，在工程总承包合同中，中标单位需对工程质量、安全、工期、造价全面负责，合同责任界面清晰、明确，有效作用就是投资控制规模，减少不合理的工程变更。业主只是根据合同和技术规范接收中标单位完成施工的工程项目，而无需协调设计和施工界面、参与工程项目的日常管理工作，工程承包使承包商能极大程度地降低项目的投资风险和工程管理风险。

（2）有效地控制工程造价、节约项目成本。成本是工程总承包招标最容易体现的优势，中标单位在约定的工期、建设标准内完成详细设计、采购和施工，总承包合同采用总价包干的固定总价合同形式，除招标文件或工程总承包合同中约定的调价原则外，一般不予调整，有利于减少工程变更、争议、纠纷和索赔等环节的耗费，使资金、技术、管理各个环节紧密衔接，降低业主造价控制风险。避免出现低价承包、高价结算等的不良现象。

（3）有效控制项目进度。一是总承包项目设计、施工、验收等环节均由总承包单位负责实施，一方面可以节省设计方案、初步设计、施工图设计等各环节的审批时间，另一方面还可以大幅减少传统模式中参建各方的意见沟通与协调。二是总承包项目基本可以做到一次性完成项目大部分工程内容的招标程序，减少频繁的专业工程招标、采购程序，节约时间，避免多次招标带来多种专业的施工承包商在施工现场责任推诿、管理混乱、交叉施工导致的工程延迟现象。三是工程总承包下各分包单位招标投标都是在工程总承包单位全程参与下进行的，未来施工过程中总承包单位对于整个工程（包括各分包单位）的成果全权负责。

（4）有利于工程项目的竣工结算。采用固定总价合同的工程总承包项目在计价结算和审计时，可仅对符合工程总承包合同约定的变更调整部分进行审核，对工程总承包合同中的固定总价包干部分不再另行审核，可以缩短工程竣工审核结算时间与减少审核费用。

2. 工程总承包模式的风险

（1）总承包单位目前仍缺少真正的总承包经验及管理理念。作为目前一种较新的承发包方式，对于原来均耕耘于自身业务范围的供应商来说带来了不少挑战，一些行业龙头企业在早些年已启动多业态的集团化发展，但各业务功能的联通做得还不足，各专业部门如何协调好、共同服务好同一个项目还缺少经验；而部分专业性的服务单位在可提供的服务内容上更加捉襟见肘，专业单位无法及时转变自身专业上的管理观念，项目总部难以做到对总承包范围的内容进行全面的管理与协调。

（2）对供应商的合同履约能力难以作出准确的判断。现行工程发包模式还是存在不少低价中标的情况，挂靠现象严重，中标单位存在以包代管现象，这种以包代管做法，对工程项目缺乏有效管理，造成建设工程层层分包转包；而工程总承包招标时，投标供应商对于总承包范围内各专业范畴的服务能力缺乏有效的评判标准。

（3）项目前期的需求及要求必须尽可能详细、准确，由于签署总承包合同后业主在招标时提供的项目需求书成为了总承包单位交付工程时最重要的衡量标准，所以总承包工程招标中的需求书成为了招标策划中的"重中之重"，是否能协助业主方编制详尽、专业、周全的项目需求书也对我们招标代理机构提出了更高的要求。

7.2.3 工程监理

1. 施工准备阶段监理工作内容

（1）根据项目的具体要求，对项目进行整体策划，包括工期策划和关键节点策划，编制监理实施计划和方案；

（2）参与有关本建设项目的其他招标工作，对材料设备的技术参数或品牌档次提出意见或建议；

（3）参与对中标候选人投标文件的复核工作，提出意见或建议。

2. 施工阶段监理工作内容

（1）收到工程设计文件后编制监理规划，并提交至建设单位。根据有关规定和监理工作需要，编制监理实施细则。

（2）熟悉工程设计文件，并参加图纸会审和设计交底会议。

（3）主持监理例会并根据工程需要主持或参加专题会议。

（4）督促、检查承包人严格执行工程施工承包合同和国家工程技术规范、标准，协调建设单位和承包人之间的关系。

（5）审核承包人提出的施工组织设计、施工技术方案、施工进度计划、施工质量保证措施和施工安全保证体系，审核承包人选择的分包商。

（6）检查施工承包人工程质量、安全生产管理制度及组织机构和人员资格。

（7）检查施工承包人专职安全生产管理人员的配备情况。

（8）审查工程开工条件，对条件具备的签发开工令。

（9）审核承包人提供的材料、构配件和设备的数量及质量。

（10）审查施工承包人提交的工程变更申请，协调处理施工进度调整、费用索赔、合同争议等事项。

（11）控制工程进度、质量，督促、检查承包人落实施工质量、安全保证措施。

（12）组织分部分项工程和隐蔽工程的检查、验收。

（13）协助建设单位组织工程竣工验收。

3. 费用控制监理工作内容

（1）施工期间工程量的计量、工程款支付，审查工程变更、签证及其费用等；

（2）审核工程结算。

4.合同、信息管理监理工作内容

（1）做好合同管理的各项协调工作；

（2）督促工程总承包整理合同文件和技术档案资料；

（3）协助建设单位收集、整理、归档工程资料。

5.保修及后续服务管理

检查和记录工程质量缺陷，对缺陷原因进行调查分析并确定责任归属，审核修复方案，监督修复过程并验收，审核修复费用，并做好以下工作：

（1）检查工程状况，参与鉴定质量责任；

（2）督促工程总承包及时完成未完工程尾项，维修工程出现的缺陷；

（3）协助委托人收集、整理、归档工程资料。

7.2.4 造价控制

本工程采用全过程造价控制，其中建筑安装费用采用工程总承包的管理模式，即业主与总承包单位签订工程总承包合同，闭口包干使用；工程总承包单位与下属各施工承包单位签订施工合同；建设工程其他费用由业主直接发包签订合同。造价控制范围主要包括以上这三个层面，具体内容如下。

1.对于工程总承包单位的造价控制

（1）总体设计阶段编制概算文件。建立投资控制目标，提出总体设计的技术经济分析和优化建议，特别针对影响造价的主要因素作出具体分析、修正并出具相应书面意见供业主参考，确定总概算金额为1.95亿元。

（2）编制施工图预算。依据施工图纸、合同、工程量清单及相关文件，需对其中的工作量进行实际验算与复核。就图纸理解等问题进行主动沟通，并形成复核结果报告。通过施工图预算，对工程总承包闭口合同金额作出分析和判断，建议项目费用必要的调整预算与各采购包的金额，为设备、材料的采购提供价格依据。

（3）实行限额设计。施工图预算确定后，要求设计单位必须严格按预算确定的范围、内容、投资额进行，尽可能地把设计变更控制在设计阶段，例如在室内精装修、弱电智能化、室外总体绿化等专业发包工程项目，都要求按预算金额来进行限额设计。

（4）付款审核。对工程总承包单位上报并经工程监理单位认可的每月完成工作量报表进行付款审核，并提供当月付款建议书，经业主/项目管理公司认可后作为支付当月进度款的依据。

（5）控制设计变更，对合同闭口包干金额作出调整。当业主提出设计变更并符合相关变更流程手续后，对变更内容、金额进行审核，为工程总承包结算金额变更提供依据。例如取消柱子，引起增加桩数量、承台变化、梁截面变化、使用预应力钢筋及柱内型钢；满足绿建要求，降低能耗，增加初始投资等。

2. 对于施工承包单位的造价控制

1）施工过程阶段

（1）招标（采购）阶段的投资控制。参与各专业分包及主要材料设备采购及其他技术咨询、技术服务等招标（采购）工作，审核招标（采购）文件，编制工程量清单，编制招标（采购）控制价。

（2）参与合同商务谈判。对合同中有关合同价、付款、变更、索赔等条款的合理性提出审核意见；例如，其中设备供货带安装的合同，原合同付款方式为货到付全款，经投资监理审核后，修改为安装验收完成后支付 97%，留 3% 保修期满后支付。

（3）收集工程施工的有关资料，了解施工过程情况，协助业主 / 项目管理公司及时审核因设计变更等发生的费用，计算因设计变更、业主 / 项目管理公司指令而产生的工程费用的增减，与承包商商讨合理的合同外工程变更金额，避免不合理的费用支出。例如，施工单位上报带 E 钢筋增加费近 10 万元，我公司通过招标文件、图纸及工程量清单的描述，对此上报金额不予支持。经统计，各项变更费用经审核后总核减金额约 200 万元。

（4）审核施工单位上报并经工程监理单位认可的每月完成工作量报表，并提供当月付款建议书，经业主 / 项目管理公司认可后作为支付当月进度款的依据，建立工程款支付台账。

（5）对招标阶段工程量清单中暂定单价的主要材料、设计变更引起的主要材料变更价格进行审核，该类材料的采购原则上均由承包人负责，采购前提前 1 个月报 3 家及其以上数量的品牌或供应商供选择。例如，楼梯新增聚四氟乙烯板上报价 2200 元 /m²，经审核后单价为 1200 元 /m²，价格经工程总承包、项目管理公司批准后方能采购。

（6）参加工程例会和业主 / 项目管理公司要求参加的其他工作会议，随时掌握工程进展的实际情况，实施造价控制的跟踪管理，负责周报及月报造价控制部分的编写工作。

2）竣工结算阶段

（1）施工承包单位取得验收合格证明书后，发出竣工结算申请，要求施工方提交完整的结算资料，并填写《工程竣工结算资料清单》。

（2）工程竣工结算审价要求工程量计算准确，没有重复计算，采用定额、取费标准材料价格符合投标文件、施工合同的有关规定，设计变更、技术经济签证、设备材料价格签证齐全，审定价准确、合理。工程竣工结算审价时间一般控制为 60d。

（3）对于结算过程中有较大争议的部分，采取组织各相关单位召开审价工作会议，协商一致，并签署"竣工结算工程预（结）算审价工作会商纪要"或定额站咨询的方式解决，争取把总结算金额控制在概算目标范围内。

（4）审核后的结算书报建科集团审批通过后，签章"上海市建设工程竣工结算价确认单"，结算成立。

3.建设工程其他费用的造价控制

此项费用由业主发包，经审核的费用包括临时设施费、研究实验费、市政设施配套工程费、劳动安全卫生评价费、咨询费等，通过市场询价协助业主确定符合市场行情的合同金额。

7.2.5 合约管理

（1）根据招标采购计划，确定招标文件中的合同类型等内容，编制招标合同文件及其组成部分。

（2）组织招标答疑与补遗编制、投标文件澄清工作，对投标资料、投标样板进行审查、验证，参与投标单位相关人员的面试、答辩等工作，对投标方及采购的设备材料进行调研。

（3）对合同履约、变更、索赔、合同后评价进行管理。

（4）对合约风险进行分析并在合同条款中制订应对措施。

7.2.6 运维移交

（1）根据建设单位及使用单位的进度计划安排将完成后的建筑实体移交至使用单位，供其开始进行使用开办准备；

（2）按照档案管理机构的资料进行整理，并准备专门的施工资料留档，后移交至使用单位，为后续可能进行的修缮、改建、维护等留下一手资料；

（3）组织安排设备、材料、系统的供应商、施工单位，对使用单位及物业单位进行现场指导和培训；

（4）组织编制《项目使用维护手册》，确保运营和维护团队正确使用各类专业系统和设备，全面了解装饰、维修和使用的注意事项，确保建筑结构、设施的使用安全。

根据前期施工过程中预留的备品备件实际情况，协助使用单位准备备品备件材料和清单，为后续运营维护提供保障。

深圳技术大学建设项目（一期）全过程工程咨询案例

郎灏川

1 项目背景

2014年6月，国务院正式印发《关于加快发展现代职业教育的决定》，全面部署加快发展现代职业教育，教育部等六个部门印发《现代职业教育体系建设规划（2014—2020年）》，明确应用技术大学（学院）的地位，鼓励举办应用技术类型高校。为贯彻落实《国务院关于加快发展现代职业教育的决定》（国发〔2014〕19号）、《教育部国家发展改革委财政部关于引导部分地方普通本科高校向应用型转变的指导意见》（教发〔2015〕7号）和《中国制造2025》（国发〔2015〕28号）等文件精神，《深圳市教育发展"十二五"规划》提出设立深圳技术大学的要求。

2016年3月30日，深圳市发展改革委出具了《深圳市发展改革委关于对深圳技术大学（筹）项目建议书批复事宜的复函》，复函指出，深圳技术大学（筹）项目已纳入《深圳市国民经济和社会发展第十三个五年规划纲要》。按照深圳市政府的有关设想，深圳技术大学的建设目标为：①结合深圳产业优势，借鉴发达国家应用技术大学先进办学经验，在全国率先探索本科及以上层次职业教育，打造深圳市高等教育新亮点，增创新优势，带动全市职业教育整体水平的提升，推动深圳市加快构建现代职业教育体系，支撑深圳经济结构调整和产业优化升级。②面向高端产业发展需求，以强化工程能力和实践创新能力为导向，致力于培养高水平工程师、设计师等极具"工匠特色"的高端应用技术型人才（图1）。

深圳市建筑工务署为深圳市政府直属正局级行政管理类事业单位，其主要职能是负责市政府投资的工程项目（水务和交通工程项目除外）全过程建设管理工作，深圳技术大学由工务署直属机构深圳市住宅工程管理站负责全过程建设管理工作。引入上海建科工程咨询有限公司及深圳市建筑科学研究院股份有限公司的

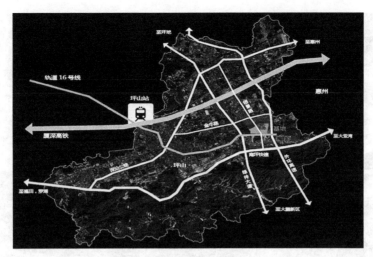

图 1　深圳技术大学区位图

联合体（以下简称"沪深建科联合体"），为本项目提供全过程工程咨询服务。

本项目的全过程工程咨询服务涵盖可研批复至项目保修期的全过程，包括了九方面的服务内容，即项目统筹及总体管理、报批报建管理、设计管理、招标采购及合同管理、投资管理、工程技术管理、施工管理、BIM 管理、工程监理。沪深建科联合体于 2017 年 6 月取得本项目全过程工程咨询的中标通知书，并于当月正式开启本项目的全过程咨询服务。其中，深圳市建筑科学研究院股份有限公司主要负责本项目的报批报建管理和设计管理，并协助进行招标采购及合同管理；上海建科工程咨询有限公司则负责其他所有服务内容。

2　项目概况

深圳技术大学建设项目（一期）位于深圳市坪山区石井、田头片区，坪山环境园以西，绿梓大道以东，南坪快速（三期）以北，金牛路以南。项目分三个地块，总用地面积约 59 万 m²，总建筑面积约 95.5 万 m²（其中，地上面积约 80 万 m²，地下面积约 15.5 万 m²），概算批复金额约 80.8 亿元（其中，建安费 72 亿元）。本项目自 2017 年 12 月开始基坑土石方工程施工，并计划于 2020 年 12 月全部完工，总工期 36 个月（图 2）。

本项目的设计理念主要为"空中大学"和"两轴一心"。"空中大学"即向空中发展、释放土地：设计方案通过建筑与连廊等将各个地块有效整合，体现了"立体校园"的设计概念。"两轴一心"即科技轴、景观轴及景观核心：校园的东西向形成科技轴；校园的南北向形成景观轴，两轴的交叉点为景观核心（图 3）。

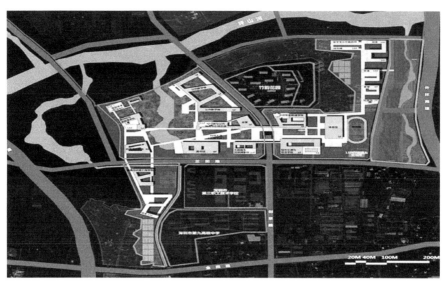

图2　深圳技术大学（一期）平面图

图3　深圳技术大学（一期）效果图

　　深圳技术大学（一期）办学规模19000人，主要建设内容包括满足教学和生活需求的六大学院（健康与环境工程学院、创意设计学院、新材料与新能源学院、大数据与互联网学院、城市交通与物流学院、中德智能制造学院）、先进材料测试中心、学术交流中心、图书馆、会堂、公共教学与网络中心、校行政与公共服务中心综合楼、体育馆、南区宿舍及食堂、北区宿舍、北区食堂、留学生与外籍教师综合楼、校医院、公交首末站以及连廊平台等室外配套工程，共19幢单体。其中，公共教学与网络中心（B/C/E/F区）、北区宿舍、北区食堂、校医院等单体计划于2019年8月竣工交付，留学生与外籍教师综合楼计划于2019年

12 月竣工交付，其他单体均计划于 2020 年 12 月竣工交付。

本项目包括 1 个基础工程包（含基坑土石方及校园主干道路基层等）和 4 个施工总承包标段。其中：基础工程包已于 2018 年 12 月竣工；施工总承包 I 标（总建筑面积约 27.5 万 m^2，含公共教学与网络中心（B/C/E/F 区）、北区宿舍、北区食堂、校医院、留学生与外籍教师综合楼等单体）正在进行室内安装、精装修及室外总体的施工；施工总承包 II 标（总建筑面积约 18 万 m^2，含图书馆、体育馆、大数据与互联网学院、公交首末站等单体）正在进行地下室及主体结构施工；施工总承包 III 标（总建筑面积约 23.1 万 m^2，含创意设计学院、新材料与新能源学院、先进材料测试中心、学术交流中心、会堂、校行政与公共服务中心综合楼等单体）正在进行地下室施工；施工总承包 IV 标（总建筑面积约 26.9 万 m^2，含南区宿舍及食堂、健康与环境工程学院、城市交通与物流学院、中德智能制造学院等单体）正在进行基础工程及地下室施工（图 4）。

图 4　深圳技术大学（一期）施工过程整体航拍图

3　需求分析

3.1　科学规划、低碳环保的需求

深圳技术大学建设项目（一期）建设用地被多条市政道路分割为多块不完整土地，如何集约利用土地，利用现有地形地貌，并融合自然景观，体现环保及可持续发展的建设思想，是本项目规划设计的重要需求。

3.2 功能完备、集约运营的需求

目前，国内部分多校区院校采取"以条为主"的管理模式，管理成本较高、效率较低。如何以新校区建设为契机，在实现完备使用功能的基础上，推进校园管理体制改革，建立全校一体的各类管理系统，减少学校职能管理部门的工作负担，集约运营，提高管理效率，是本项目建设的重要目标。

3.3 按期完工、分批交付的需求

深圳技术大学建设项目（一期）需要在 2020 年 12 月全部完工，并实现新校区 2019 年秋季办学的目标，因此本项目需分批交付。如何规划首批交付的建筑单体和工程体量，既能保证基本的办学需要，同时设计周期和施工周期亦能满足要求，是本项目进度规划的重点。

3.4 确保品质、控制投资的需求

深圳技术大学定位于建设一所高水平、国际化、应用型技术大学，其对校园的建设品质有着很高的要求，但本项目概算批复的投资额并不算高。因此，如何通过高水平的设计和建造确保本项目的建设品质，同时又在概算批复的投资限额内，是本项目设计和建设管理的重中之重。

3.5 创新管理、先进建造的需求

深圳技术大学建设项目（一期）的建设方和使用方相互独立，建设方深圳市建筑工务署及其下属机构深圳市住宅工程管理站是经验丰富的政府项目代建机构，具有自身的管理体系和先进建造体系（含快速建造、优质建造、绿色建造、智慧建造）要求，在使用方基本无工程项目管理经验的情况下，如何发挥第三方全过程工程咨询单位的人员和经验优势，并引入创新的管理模式，以实现先进建造的需求，是本项目实现高效率建设管理的必然要求。

4 服务策略

4.1 坚持一个原则：以运营为导向

学校项目建设的终极目标应是确保师生有良好的教学及生活体验，因此深圳技术大学项目的设计和建设管理应以此为出发点，坚持以运营为导向的工作总原则。作为全过程工程咨询单位，沪深建科联合体有着丰富的学校类项目的建设管理经验，充分理解上述原则，并将在咨询服务过程的各个环节加以贯彻，为本项目提供切实可行的项目管理综合解决方案。

4.2 落实两个要求：管理精细化、技术高标准

全过程工程咨询是工程咨询服务的集成与整合，涉及工程咨询的方方面面。如何在深圳技术大学项目上体现沪深建科联合体的专业优势和经验优势，确保本项目能按时高质量地完成，需要两家单位在本项目的建设管理过程中周密策划、精心实施，因此本项目的全过程工程咨询服务将全面落实"管理精细化、技术高标准"的相关要求，在实现本项目各项建设目标的基础上，将深圳技术大学项目打造成深圳市建筑工务署的标杆项目。

4.3 确保三个一流：一流的管理团队、一流的实战资源、一流的咨询服务

深圳技术大学建设项目（一期）是全国首批采用全过程工程咨询模式的试点项目，沪深建科联合体高度重视。全过程工程咨询服务的成败，有赖于咨询企业对项目的实际投入，尤其是人力资源的投入。因此，为了将深圳技术大学全过程工程咨询项目打造成深圳市建筑工务署的标杆项目，沪深建科联合体为本项目选派了一流的管理团队和实战资源，以确保为本项目提供一流的咨询服务。

4.4 狠抓四个环节：抓源头、抓过程、抓整改、抓落实

为了全面实现深圳技术大学建设项目（一期）的各项建设目标，并充分体现全过程工程咨询的优势，沪深建科联合体在提供咨询服务过程中，始终将"用户舒心、客户安心、政府放心"作为使命，在各项管理工作中狠抓问题源头、狠抓过程跟踪、狠抓整改完善、狠抓最终落实，确保各项工作都能处于有效管控状态，为实现项目建设的各项目标奠定坚实的基础。

5 咨询方案

5.1 整体咨询方案策划及关键控制点

5.1.1 整体咨询方案策划实施思路

深圳技术大学建设项目（一期）对全过程工程咨询团队在质量管理和流程管控等方面提出了较高的要求。在系统分析本项目的特点后，对项目层面的各项工作进行整体策划，对项目的整体目标进行详细分解，明确项目管理单位的具体工作职责和各参建单位的工作范围及工作界面，并在项目实施过程中不断进行动态

优化，调整实施方案，为建设单位提供切实可行的项目管理综合解决方案。

5.1.2 项目前期工作调研策划

通过深入调研项目的建设目标和需求，为后续项目整体策划和管理工作策划奠定基础，本项目前期调研工作重点如表1所示。

项目前期调研重点工作清单表 表1

序号	调研类别	调研内容	关注重点
1	项目特点分析	项目本身的特点	高校类项目群包含各功能的建筑单体，涉及多个专业领域技术难点；鲜明的办学特色带来的设计、采购、施工及运营等一系列相关要求
		项目管理的特点	包含不同片区和建设标段的大型项目群，参建单位众多，且建设单位和使用单位相互独立，参建单位质量参差不齐，内部管理架构各有特点
2	项目功能需求和建设标准	项目的功能需求	高校类通用功能需求，技术性特殊功能和工艺需求
		项目的建设标准	特殊功能建筑和工艺的建造，设计、执行、交付标准及其对投资的影响
3	项目目标体系	成果性目标	项目具体的功能性要求符合相关规范与标准要求
		约束性目标	项目实施的限制性条件符合业主及合同约定的要求
4	建设条件	外部建设条件	项目建设的自然环境、区域环境、经济及政策环境、市场环境等符合深圳市总体规划
		内部建设条件	建设单位资金、人力物力资源和前期工作完成情况等符合项目建设时序要求
5	工作成果	已有工作成果	掌握项目已有的各种资料，考察项目建设地点和周边环境，访谈项目相关部门单位

5.1.3 项目层面整体策划

从全过程视角对项目需求、建设条件、建设目标和功能特点进行分析，从项目整体高度对深圳技术大学建设项目实施整体策划，达到统筹全局的目的。重点从以下八个方面对本项目进行整体策划。

5.1.3.1 项目整体目标分解

基于项目前期工作调研过程中明确的项目目标体系，分析细化并制订各管理模块的专项目标，在此基础上层层递进细化成各个片区或标段、各个参建单位的工作目标，再具体到每个参建人员自身职责范围的小目标。

5.1.3.2 项目组织策划

本项目建设单位和使用单位相互独立，针对作为项目建设总体管控角色的建设单位和项目管理单位建立高效的组织体系，项目管理单位提出总体的组织系统策划原则，合理设计本项目的"工作流"及"信息流"，建立与本项目建设实施匹配的组织系统。

5.1.3.3 沟通机制策划

本项目是典型的大型项目群，参建单位和人员众多，沟通协调工作量大，信息流程较长，及时、准确地进行项目信息沟通是项目管理服务重点关注事项。通过建立整体、统一的沟通协调渠道及各参建单位之间的沟通协调机制，确保建设过程中的各种问题得到解决，提高管理效率。

5.1.3.4 项目进度策划

项目管理单位详细分析本项目特点，结合以往大型项目群（尤其是高校类项目群）的建设管理经验，提出针对项目整体的技术控制要求与关键控制节点，分析各个片区或标段涉及的工程范围、规模及技术难点，进而分析片区或标段之间的建设时序与相互影响，提出针对片区或标段的技术控制要求与关键控制节点，同时提出各片区或标段之间施工界面的具体划分。

5.1.3.5 招标采购策划

招标采购工作是项目如期开工和交付的关键环节，本项目招采工作的数量和繁杂程度是一般工程项目的数倍，全过程工程咨询团队与建设单位及使用单位共同梳理本项目所有可能涉及的采购对象并归分类别，合理划分本项目的采购包（即划分片区或标段）及合同界面，确定上述不同采购包的采购方式和进度计划，确保各项采购进度与设计进度、报批报建进度、施工进度等相匹配，确保各项采购工作都合法合规、推进顺利。

5.1.3.6 安全文明施工管理策划

全过程工程咨询团队制定整个项目统一的安全文明施工管理标准化体系，落实安全文明施工管理措施，以风险理念贯穿整个项目的安全文明施工管理，实行总体部署、分区落实的网格化管理方式，以提升整体安全文明施工管理水平，制订高风险事件的应急预案，在安全施工的前提下减少本项目的不确定性，确保能如期竣工和交付。

5.1.3.7 质量管理策划

由于深圳技术大学建设项目是典型的大型项目群，每幢建筑单体的结构形式和使用功能也各不相同，而且参建单位和施工人员众多且水平参差不齐，很容易因为某个环节的管理不善而造成质量缺陷甚至事故的发生，因此，加强质量管理是保证校园建设品质的重中之重。全过程工程咨询团队要求在确保基础质量目标的前提下，根据各建筑物的使用功能要求制订质量分目标和全过程质量管理制度及流程，指导并督促各参建单位建立完整的质量管理体系，建立多道设防的质量管理组织机构，达到人人管质量、人人保质量的目标。

　　5.1.3.8　项目验收及移交策划

　　全过程工程咨询团队将根据相关政府规定及建设单位、使用单位的内部要求，将所有的验收及移交工作按片区或标段绘制成逻辑关系准确的工作流程图，确保每个片区或标段都有内容完整且流程清晰的验收及移交工作，拟定各片区或标段验收及移交的进度计划。使用专业的项目管理软件（MS Project 或 P6）将每个片区或标段的验收及移交工作编制成专项进度计划，对于每个片区可能存在的难点和风险点建立相应的反馈及预警机制。

5.2　组织架构设计

　　深圳技术大学建设项目（一期）全过程工程咨询团队进场后，对本项目建设的组织架构进行优化，指导思想则是实现深圳市建筑工务署和全过程工程咨询单位合院办公（以下称"署咨合院办公"），确保管理行为边界清晰，管理内容无缝衔接，同时引导工务署的组织架构由传统管理模式向全过程工程咨询模式转变。

　　在全过程工程咨询模式下，明确工务署在项目建设过程中重点面向工程项目使用单位及报批报建所涉及的政府行政部门，提出项目总体需求，制订项目总体目标，在项目层面充分发挥"决策、监督、保障、技术支撑"的总控督导职能，并对项目重要节点及重点工作进行控制与审核；明确全过程工程咨询单位在项目建设过程中受工务署委托全面组织开展工程项目管理与组织行为，根据总体需求及工务署明确的项目建设目标，开展前期审批、设计管理、招标采购、施工监管等工作，做好对咨询服务、施工与材料设备供货等单位的管理，发挥全过程工程咨询单位的组织管理职能，如图 5 所示。

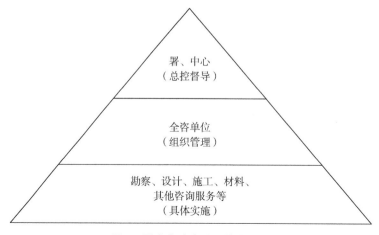

图 5　署咨合院办公职能定位图

根据署咨合院办公的职能定位，深圳技术大学建设项目（一期）构建包含管理决策层、管理执行层与项目实施层的管理组织体系，并根据全过程工程咨询合同要求，设置综合管理部、设计管理部、招采合约部、工程管理部和工程监理部实施项目全过程的管理和专业咨询工作。在项目建设过程中，各部门按专业与工务署项目组充分融合，且确保工作界面清晰，在工务署项目主任的领导下，确保项目建设目标的实现（图6）。

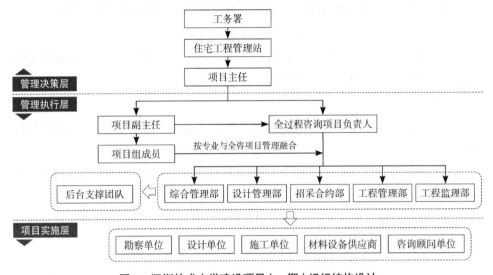

图6 深圳技术大学建设项目（一期）组织结构设计

5.3 各模块咨询方案及价值

5.3.1 报建报批模块

根据项目所在地的实际情况，依托前期丰富的报批报建工作经验，与项目所在地政府及公共事业管理部门建立良好关系，详细征询后制订报批报建咨询方案。该模块重点工作为：

（1）按照片区或标段定制本项目报批报建的组织架构，确定报批报建专业团队及职责分工，确保工作的顺利展开及审批资料的完整性；

（2）梳理项目建设总程序，绘制成逻辑关系准确的工作流程图，制订行政审批进度计划和工作反馈机制。

主要咨询价值：

（1）严格控制行政审批时间，确保大型项目群各子项目顺利实施，确保每个片区或标段都有完整且清晰的报批报建工作；

（2）建立监督反馈机制和流程，动态跟踪行政审批进度计划的实施，及时纠偏补差。

5.3.2 设计管理模块

深圳技术大学建设项目工期紧张，在如此紧张的工期内优质完成项目建设工作，设计是关键环节中的关键。该模块重点工作为：

（1）明确使用单位的功能需求，建议并协助建设单位对设计包进行合理划分，并建立设计交流平台和统一管理制度，制定设计管理工作大纲；

（2）将不同类型的建筑使用要求分门别类后，组织设计单位进行投标报价，充分发挥不同设计单位优势，提高管理效率；

（3）施工阶段专项设计及设计流程变更制度化，利用 BIM 技术对项目进行全面监管审查，加强项目设计文件的审核与分析。

主要咨询价值：

（1）规划方案阶段主动规避地质危险性高的地段，为工程无障碍推进创造条件；

（2）制定设计管理相关制度和流程以协调不同单位在不同界面间的设计工作，组织专题会议对设计工作进展进行审查；

（3）按照批复总概算分配的投资限额控制设计，严格控制图纸设计的不合理变更，确保落实限额设计制度，提高项目价值；

（4）建立专项设计流转审查制度，施工过程中的设计变更由所有参建单位确认，第三方咨询分析，明确变更影响，保证变更手续的完整性。

5.3.3 招标采购管理模块

本项目采购工作数量和繁杂程度都高于其他一般项目，合理招标采购管理对于工程按期竣工、避免施工变更非常重要。该模块重点工作为：

（1）明确采购目标和采购原则，根据专业分包的特点及规模划分不同的标段，编制各级采购计划，系统地指导采购工作，确保建设单位利益的最大化；

（2）编制标准的招标文件，审核采购清单；

（3）把控招标流程，明确参与各方的职责权利，积极做好协调工作，确保招标质量；

（4）有效归档和保管招标文件，确保其真实性和有序性。

主要咨询价值：

（1）组织各参建单位梳理采购前期整体方案，把握工程采购重点，制订满足本项目工期及施工质量要求的采购计划和时间节点；

（2）根据项目特点分解招标方案，编制切实可行的全过程招标计划，拟定前期各专业招标时间，有效缩短前期准备时间，确保招标工作的顺利进行。

5.3.4 进度控制模块

为确保工程项目按期建成交付使用，减少计划管理的多重性和不确定性，把控项目进度管理总体目标及节点目标。该模块重点工作为：

（1）确定进度计划编制原则，与建设单位共同确定项目的计划开工及竣工等里程碑节点；

（2）根据建设单位总体进度目标控制要求，对项目进行结构分解，制订项目实施计划和进度计划，并编制分级、分层的结构化项目进度计划；

（3）统筹设计、采购、施工的进度匹配，把控进度规划中的主要风险，跟踪调查各参建单位实施进度计划，对存在的问题分析原因并纠正偏差。

主要咨询价值：

（1）实施项目进度管理，及时纠正项目可能存在的进度偏差，减少进度控制过程中的风险；

（2）动态跟踪项目节点目标执行情况，协调需要处理的问题，分析项目进度风险，把握工程整体进度。

5.3.5 投资控制模块

为提高资金的使用效益，确保本项目建设各阶段费用支出有计划、有控制，实现投资控制目标。该模块重点工作为：

（1）明确项目投资体系和制度，规范项目建设资金计划、使用、审核等行为；

（2）有效管理设计单位做好限额设计；

（3）建立投资控制台账；

（4）审核各类承包商提供的工程结算文件及依据，协助招标人完成工程结算、决算，使其不偏离项目成本计划；

（5）有效分析和评估已经发生的工程变更对工程以及设计单位可能产生的投资控制影响，监督设计概算及相关合同中各类造价和取费依据的变化与波动，提前预警并降低各种导致造价超支因素的影响。

主要咨询价值：

（1）实现限额设计目的，明确投资控制目标，强化建设单位和各参建单位的责任；

（2）充分考虑投资风险，合理审核初步设计概算；

（3）确保设计概算审核、工程进度款支付的合理性；

（4）合理解决造价问题的争议，完善设计变更等程序；

（5）创造良好的项目沟通环境，通过投资控制的过程监督与管理，及时反馈投资控制情况，有利于项目整体投资控制。

5.3.6 造价咨询管理模块

以批复的估算及概算为基础，通过组织、协调、监督及指导第三方造价咨询单位，对项目全过程的所有投资文件进行控制和审核。该阶段主要工作为：

（1）审核工程量清单；

（2）审核招标控制价；

（3）审核施工阶段的工程进度款和变更估算；

（4）建立项目管理平台，造价咨询实行线下审核、线上批复平台化管理；

（5）建立沟通汇报机制，方便造价咨询单位与项目其他参建单位之间就投资控制所涉费用沟通和配合，向业主提供审核意见。

主要咨询价值：

（1）以基于批准的扩初设计概算作为施工图设计的最高控制限额，建立全面、清晰的造价咨询管理总流程及工作流程；

（2）统一造价咨询管理机构，整体把控造价咨询服务，加强设计预算与施工图预算的审核，设置合理的人工材料调价条件，创造调价控制管理的有利条件；

（3）宏观把控投资控制，实现全过程管理的流程化，实现项目投资控制目标，体现建设单位、项目管理公司、设计单位等的责任。

5.3.7 合同管理模块

本项目涉及咨询、勘察、设计、施工总承包及专业分包、材料设备采购等各种合同。该模块重点工作为：

（1）建立技术经济与设计合同集成控制思维模式，根据招标采购计划确定的合同类型，编制招标合同文件及其组成部分。

（2）建立基于协调平台的合同界面管理机制，充分发挥各参与方能力。

（3）合理设定各类采购合同模式及工作范围，避免因方案变化或提升品质等原因导致合同变更发生。

（4）提高设计标准，严格控制设计变更风险。对必须发生的设计变更及时核算，监督变更实施过程，严格控制现场签证。

（5）加强施工合同履约跟踪，及时处理设计变更及索赔，对合约风险进行分析并在合同条款中制订应对措施。

（6）以总进度计划为纲，设置合同合理的支付节点及条件，实现进度付款与现场形象进度匹配，定期评价合同履约情况，设立验收条件。

主要咨询价值：

（1）完善合同管理体系，明确合同责任范围、合同模式和工作范围，设立合同节点，发挥合同管理作用，减少相关变更，切实减少或杜绝各类合同风险；

（2）建立协调平台，合理划分工作界面管控各分包单位施工，通过协同平台数据和资源使设计和施工阶段达到最优状态；

（3）规范合同索赔流程制度和程序，减少和防范承包人损失；

（4）各支付节点及时进行履约评价，确保合同各项条款履约完成。

5.3.8 BIM 管理模块

通过实施项目级 BIM 管理，确保各参建单位实现信息共享和工作协同，协助设计管理实现投资控制和精细化要求的管理目标。该模块重点工作为：

（1）全面监督和指导 BIM 工作，BIM 实施管理组织体系，编制项目总体、专项及各阶段实施方案、标准及规范；

（2）监管、审核 BIM 在导入期、定义期、初始实施期、认知加强期和全面实施期的服务；

（3）精准定义 BIM 管理总流程及工作流程；

（4）明确项目其他参与方的 BIM 责任。

主要咨询价值：

（1）数字化移交整合建筑信息，实现 BIM 价值链的延伸；

（2）建立 BIM 实施协调机制，精细策划 BIM 参与方工作机制及流程、内部管理体系和外部协同机制、技术审查制度等。

5.3.9 监理服务模块

本项目采取监管一体化模式，监理服务强调过程管理，即质量、进度、投资、安全目标的实现。该模块重点工作为：

（1）建立监理组织架构，明确职责，为项目提供技术支撑；

（2）发挥程序管理主导地位，通过开工审核、过程控制以及交工管理等控制现场的质量和安全；

（3）在关键分部分项工程实施前识别项目特点、做好监理工作策划，将监理工作内容和要求表单化，做细做实管理工作，确保项目有序推进；

（4）核查项目基本建设程序履行情况，协助建设单位、承包商办理项目基本建设程序手续。

主要咨询价值：

（1）为本项目复杂的技术要求提供有效的技术支撑；

（2）确保项目之间的协调管理关系；

（3）改进传统安全管理中监督与被监督的关系，重视全体参建单位的参与，为项目决策提供健康、安全环境。

5.3.10 档案信息管理模块

确保工程建设过程中档案信息有组织地收集、整理、存储和传递，确保信息数据的通畅、共享，实现档案的真实性、准确性和完整性。该模块的重点工作为：

（1）建立合理、有效的信息管理制度，确保信息收集、传递、处理的及时性，建立信息共享平台，形成数字化档案，进行数字化移交；

（2）前期建设项目实际情况的收集，制定规范的文件格式和表格模板，建立符合项目整体组织构架的信息沟通、流转及审批流程；

（3）施工阶段及时搜集传递现场信息，定期与各参建单位复核信息的一致性。

主要咨询价值：

（1）建立档案管理体系，有序整理多专业档案，保证归档质量；

（2）借助信息管理软件，统一规划部署整个项目信息管理工作，更及时、准确地进行信息处理；

（3）以先进的信息管理手段提升档案管理能力，为项目提供优质、高效的服务。

5.3.11 竣工验收及移交管理模块

竣工验收是对项目前期报批报建工作的闭合，工程移交是对项目所有权的转移。该模块的重点工作为：

（1）根据建设单位及使用单位要求制订验收计划；

（2）协助使用单位办理后续相关运营执照；

（3）根据建设单位及使用单位进度计划安排进行建筑实体移交，组织参建单位和设备供应商对使用单位和物业单位进行现场指导和培训；

（4）对各类合同履行情况进行梳理，出具专业履约评估报告，明确保修单位的责任主体和保修内容，形成保修责任清单；

（5）进行工程结算，组织安排相关单位进行结算编制并予以审核；

（6）综合管理项目咨询总结报告和依托项目进行的各类课题，形成研究成果。

主要咨询价值：

（1）制订详细的工作任务分解，有序完成竣工验收及移交，同时满足使用单位日后使用要求和合理维护要求；

（2）完善收尾阶段合同梳理、工程结算和材料归档，为日后保修及运营管理提供依据；

（3）项目总结和课题研究成果，为其他大型高校类项目提供理论依据和实际经验。

5.4 风险管理与控制方案

本项目场地大且分散，参建单位和人员多，建设周期长，政策变化、市场价格变动、劳动力紧缺、灾害性气候等各种不确定因素均可能导致项目风险损失，这些不确定的因素蕴含在工程建设的每个阶段和环节，为了降低风险发生概率，减少风险可能带来的损失，项目咨询管理团队必须全过程、全方位做好各类风险要素管理。

本项目引入全过程风险管理模式确保工程平稳推进，建立深圳技术大学建设项目工程风险管理体系，会同建设单位和其他项目参建单位科学、合理地进行风险分析和评估，建立本项目的风险管理工作台账。构建风险管理标准体系、现场风险管理组织体系等，掌握本项目需要重点管控的风险因素，例如社会稳定风险、进度风险、新技术风险等，并对这些重点风险因素制订针对性的应对策略，进行实时风险监控与管理，编制风险事件预警预报体系以及突发事件应急体系。利用建筑信息模型（BIM）和4D施工模拟，预先发现进度安排中的不合理之处，从源头上减少一些进度风险，通过对现场施工方案的模拟，减少施工交叉风险和现场交通组织风险，验证施工方案的可行性，实现标准化和信息化的风险管理。建立风险动态控制制度，包括风险跟踪、检查、反馈和应对（转移、消除、接受等），组织和督促相关单位按要求做好建设过程的风险动态管控，及时汇报各片区或标段的风险管理情况，确保有关风险管理的信息及时、通畅。

6 咨询增值服务方案

6.1 设计管理

6.1.1 前期报建报批管理中的设计管理

在前期报建报批管理工作中，设计管理主要负责组织协调建设单位、设计单位、施工单位与规土、环水、燃气、消防、交委等各行政主管部门的技术沟通。设计管理工程师运用自身的专业技能，可以有效提高各方沟通效率，保障信息传递的及时、准确，节省了大量沟通成本。

6.1.2 招标采购管理中的设计管理

在招标采购及合同管理工作中，设计管理主要负责协助制订招标方案、参与编写招标文件、参与清单文件的技术审核、组织材料设备品牌考察、协助进行清标等工作。

（1）设计管理团队在制订招标方案的过程中协助划分施工标段、拟定招标文件主要条款、明确清标文件细则等；

（2）在编写招标文件的过程中，主要负责工程界面划分及工程技术要求等，明确对施工单位的工程技术要求，从技术角度确保工程质量；

（3）在清单文件的技术审核过程中，重点核查清单文件描述的准确性以及设备参数的合理性和准确性，避免出现描述错误和参数指向性等问题。

根据招标采购工作的需要，目前已组织 5 次材料设备考察，考察设备材料共 11 种，考察生产厂家共 51 家，涉及全国 16 个城市，形成了 11 份专业考察报告，后续将根据项目需求不断进行类似考察工作。

6.1.3 施工管理中的设计管理

在施工管理工作中，设计管理主要负责组织图纸交底和图纸会审、组织召开设计专题协调会、进行设计变更管理、组织审核施工深化设计图纸、组织进行样板确认、对设计单位驻场代表进行管理、利用 BIM 咨询成果进行精细化设计管理、协助管理工艺咨询单位、协助施工管理团队进行施工现场管理等工作。

6.2 BIM 技术应用

应业主需求提升深圳技术大学建设项目（一期）建设信息化水平，深入利用 BIM 技术辅助项目建设，在全过程项目咨询中融入了 BIM 管理咨询服务，辅助业主统筹管理项目 BIM 工作，推进项目 BIM 技术应用落地。

6.2.1 基于 BIM 的质量安全管理

基于平板、手机的施工现场 BIM 协同管理平台，集成 BIM 模型、施工图纸、规范标准等，方便随时调阅；现场发现质量问题，可以当场记录并上传平台，同时通知相关责任人，还可对质量问题进行全程跟踪及统计，支持质量管理落地。通过对重点区域和重要设备预先设置安全检查点，在工程建设过程中利用二维码技术辅助安全巡查，支持安全管理落地（图 7）。

图 7　视频监控巡检图

6.2.2 BIM 辅助项目土方平衡

本项目利用 Civil3D、Revit、Contextcapture 等软件，配以倾斜摄影生成实景模型技术集合了项目的地形、建筑、结构、景观等模型，通过计算机手段得出的分析结果，统一协调不同标段、不同施工阶段土方的挖、填及临时堆放，施工场地的布置，工程量的计量等工作，为项目土方平衡提供了强有力的数据支撑（图8、图9）。

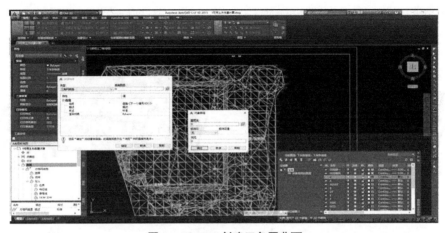

图 8　Civil3D 创建三角网曲面

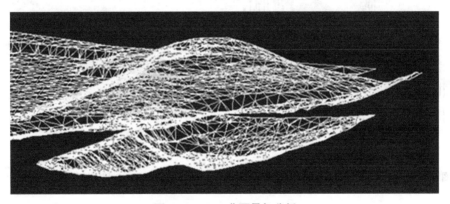

图 9　Civil3D 曲面叠加分析

6.2.3 BIM 深化设计出图指导施工

项目以总承包 BIM 深化为中心，各专业 BIM 深化团队协同深化，结构建筑模型重难点部位审查，移交机电进行管综深化，同时钢结构 Tekla 深化移交 IFC 模型，幕墙 Rhino 深化移交 Rvt 模型。

机电 BIM 深化着重解决管线密集走道，车库车道净高，机房综合布线，室内外管线一次结构预留，市政接驳，复核钢构斜撑 / 偶撑碰撞，净高不足钢梁开孔，幕墙装饰，机电末端等问题。最终完成一次结构套管预留洞出图、机电综合管线深化出图、净高出图、给水排水／电气／暖通专业出图、复杂节点剖面出图，同时对 BIM 优化设计部位采取云线标记。

钢结构、幕墙构件深化分别采用 Tekla、Rhino 软件，完成模型创建／构件系统拆分／构件节点深化／构件下料／出图报审（图 10～图 12）。

优化前

管道上管件数量多，导致设备距墙过近，两个机房门直接无检修通道，消防水箱爬梯无法上人。

优化后

对设备管件功能进行优化，减小设备间距，对局部设备位置进行调整，预留出 1.8m 检修通道方便后期运维检修。

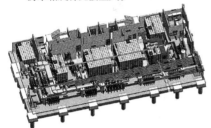
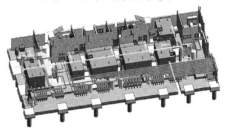

图 10　18 号 B1 生活水泵房深化建模

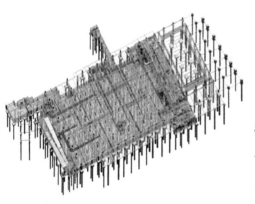
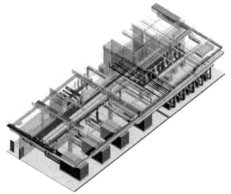

图 11　体育馆地下室全专业 BIM 深化　　　　图 12　8 号 B1 层制冷机房

6.2.4 BIM 辅助技术交底

首先进行模型的创建，制作成三维节点图将工艺各层展示出来，或者将完成的模型进行动画编辑，形成动态视频，最后将原始模型以施工逻辑串联成完整的视频。通过视频展示预先演示施工现场的现有条件、施工顺序、复杂工艺以及重点难点解决方案（图 13～图 16）。

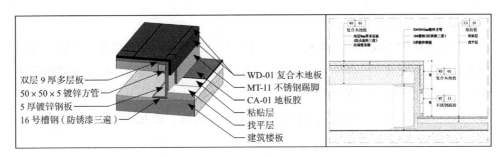

图 13　11 号阶梯教室讲台工序（一）　　　　　图 14　教室讲台大样图

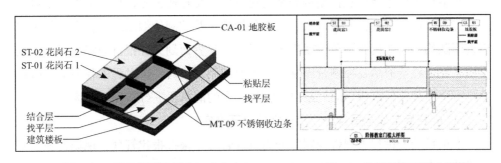

图 15　11 号阶梯教室讲台工序（二）　　　　　图 16　阶梯教室门槛大样图

6.3 招标采购

招标采购作为本项目全过程工程咨询前期工作的重要一环，其成败将直接影响项目报批报建、设计管理、现场施工管理、成本控制、结算管理等全过程工程咨询多方面模块的管理难易度及效果，因此，招标采购是整个全过程工程咨询服务成败的基石，本项目招标采购工作在以下几个方面实现了增值。

6.3.1 招标采购计划先行

本项目的招标采购计划对每一项工程的招标内容（合同包、招标范围等）进行了细致划分，对采购时间节点进行确定，该计划将作为本项目招采实施依据。

6.3.2 全工况模拟

招标采购人员组织项目设计管理、现场施工管理团队等相关责任团队召开会议，会议将对该工程的基本概况、承包范围、设计形式、现场条件等因素进行全实景工况模拟讨论，以便在招标文件中对该工程须重点注意事项予以提醒。

6.3.3 工程界面细致划分

本项目采用施工总承包加平行发包（含建设单位战略合作采购）的发包模式，对各承包单位之间的工程界面进行全过程模拟，对相关工程界面进行细致划分，规定各方的承包范围，避免出现施工及管理界面真空。

6.3.4 投标报价细致规定

本项目作为深圳市重点项目，其关注度较高，建设标准及要求（特别是现场安全文明施工要求）较高，如要求采用装配式建筑、BIM建模、成品风管和成品支架，现场文明施工标准化等，全过程工程咨询团队在综合上述要求及特别规定后，均会对其涉及的相关费用在招标文件中予以明确，极大地为后续现场管理及竣工结算提供便利。

6.3.5 招标清单及控制价全方位审核

本项目工程量清单及控制价编制由建设单位委托造价咨询单位实施，全过程工程咨询单位负责进行质量审核。在工程量清单及控制价编制之初，全过程工程咨询团队均会向造价咨询单位就现场工况、工程界面划分、报价规定等进行细致交底。在工程量清单及控制价编制过程中及编制完成后，全过程工程咨询团队均会进行全面细致的审核，同时还对工程量较大的清单项进行工程量核算。

6.3.6 招标工作全员参与，招标文件全面交底

本项目的全过程工程咨询团队分为设计管理、报批报建管理、现场管理、招标采购等多个不同的管理条线，各条线分开管理又紧密联系，招标文件中的工程界面、投标报价规定、技术要求、合同条款等均与各条线的管理息息相关。在本项目的全过程工程咨询服务中，招标文件是各条线管理的基石，所有参与管理的人员均须知悉所负责板块的招标文件要求。一方面，招标采购实施过程中，招采条线会组织其他条线的主要管理人员参与招标文件中重点内容的讨论，以使各条线的管理人员知晓各主要招标工作的来龙去脉；另一方面，招采团队在完成招标后，均会向所有涉及的管理条线进行全面细致交底，以方便各自的后续管理工作。

6.4 工程监理

6.4.1 参与设计管理工作

在施工图设计阶段，主要根据施工验收规范，审查施工图违反规范强制性条文的地方，以及施工图中各专业的不协调、错漏碰缺问题，最终监理团队共提出1000余条审查意见。在施工实施阶段，组织各专业工程师熟悉建筑施工图及结构施工图，作技术复核，参与图纸会审工作；在施工过程中，积极推进设计变更管理工作，极大地提高了设计变更效率；在钢结构、幕墙、机电等专业深化设计过程中，提前介入安排各专业深化设计出图时间节点，为施工具有完善的依据性文件提供了有力的支撑。

6.4.2 参与工程标段划分及工程界面划分工作

监理部对深圳建筑市场进行充分调研发现，在深圳地区能较好较快完成超过

40万 m² 项目的施工总承包单位较少，因此建议将每个施工标段限定在不超过30万 m²，有利于施工阶段各单位的资源调配能力。同时，对项目全过程多阶段多工况进行施工过程模拟，结合总平面布置图，合理进行临时设施、构件堆场、施工区、生活区的有效布置，为最终的标段划分提供了较好的技术支撑。在技术层面上，从施工图设计阶段开始，在各专业内容中作出明确的划分；在合同管理层面，按照工序施工顺利等因素，在招标文件中明确规定了各专业工程承包范围的界面划分及工作面移交条件，最终确认了多达13项工程界面划分。

6.4.3 参与招标策划及招标文件编制

招标阶段工作的适宜性及有效性，将极大地影响后续工作的开展。项目团队对招标工作极为重视，监理部积极参与材料品牌库选定工作及技术规格书的编制。除了对常规招标工作的支撑外，重点针对目前工程领域中易出现的签证问题作了详细分析，并根据我司项目成果文件库制定相应的合同专用条款，控制项目施工过程中出现的签证量及项目总投资。

7 全过程工程咨询成果与项目复盘总结

7.1 设计管理

1. 设计管理的主要内容

1) 方案设计阶段

（1）设计单位与使用单位共同确定各功能用房的平面及空间布局、建筑外立面的风格及主要材料；

（2）督促设计单位提交投资估算书；

（3）对方案设计进行审查，使用单位书面确认后再开展初步设计。

2) 初步设计阶段

（1）控制使用功能及布局不作较大调整，初步确定主要材料、设备的样板。

（2）确定建筑平立面、室外景观及室内装修风格、基础选型、结构体系、设备系统、大型设备选型、电梯品牌、外线方案等，明确并细化特殊需求，确保限额设计。

（3）组织对超大空间、特殊技术、特殊工艺等进行技术论证，确保其可实施性。

（4）对深基坑、防水等重要专项工程，报请署专业技术组或邀请署外专家评审。对涉及新技术、新工艺、新材料、新产品的，要求设计院在设计汇报中书面提出，组织专家论证并报送工务署。

（5）项目总概算经使用单位确认后进行申报；

（6）初步设计完成后，督请使用单位出具书面意见予以确认。

3）施工图设计阶段

（1）协调施工图设计进度满足总进度计划要求；

（2）组织交通、卫生、防雷、节能、绿建等专项审查；

（3）监督设计单位严格按照项目概算批复的建设规模、标准进行施工图设计，与使用单位共同确定主要材料、设备的样板；

（4）督促设计单位加强自审，确保设计文件的正确性、完整性、可实施性，并组织施工图审查；

（5）对图纸进行校对审核，施工图设计完成后，督请使用单位出具书面意见予以确认。

4）施工实施阶段

（1）针对现场施工发现的设计问题组织参建各方召开设计专题会解决；

（2）明确设计变更流程，加强设计变更管理，确保变更的合理、必要性；

（3）组织监理、设计单位对深化图纸进行审查；

（4）组织设计、施工、监理、管理、业主各方对材料样板进行确认，并签字盖章；

（5）协调 BIM 咨询单位，通过 BIM 检查设计中的错漏碰缺，督请设计单位和施工单位共同在三维模型里对管线进行综合优化设计；

（6）配合项目组、施工管理团队、监理进行施工现场管理，协调设计单位参与解决现场发生的施工问题，对于施工难点、痛点及时组织设计专题会加以解决。

5）竣工移交阶段

（1）协调汇总相关设计单位的施工图、现场签证、联系单及变更单等文件；

（2）监督相关设计单位配合审批部门进行竣工验收（消防、环保、质监、卫计委等）；

（3）协调设计单位准备竣工备案所需相关文件。

2. 工作成果复盘

深圳技术大学建设项目（一期）共 19 个建筑单体，工期紧、任务重，项目启动时，尚处于方案设计阶段，下面对设计管理工作进行简单复盘。

（1）参与编制《深圳技术大学建设项目（一期）工程咨询规划》，形成《图纸审查意见表》《专家评审意见表》《材料样板签字确认表》《施工单位邮件往来台账》《预变更管理台账》等近 60 项全过程工程咨询管理标准模板。

（2）根据项目实际情况及业主既有工作系统，建立设计管理制度。

（3）参与前期报建报批管理工作，协助组织技术沟通事宜，参与协调参建单位31个、政府行政主管部门31个，参与协调事项29项。

（4）参与招标采购管理工作，根据招标采购工作需要，目前已组织5次材料设备考察，考察设备材料共11种，考察生产厂家共51家，涉及全国16个城市，形成了11份专业考察报告，后续将根据项目需求不断进行类似考察工作。

（5）已完成深基坑、所有施工总承包标段防水、施工总成包I标装配式建筑、幕墙安全性专家评审等专家评审会。另组织电梯层间门防火问题、新型硬质硅防火玻璃等专家论证会。

（6）已组织近120次设计管理专题会、14次设计专题汇报会，并形成完整的会议管理和记录体系。

（7）组织院内、外专家团队，对设计图纸进行阶段性技术审核。同时，审核施工图的经济合理性、施工可行性。

（8）确保由设计变更引起的费用增加不超过总投资。截至2019年6月30日，已完成751项变更，尚有499项变更在流程中。

7.2 招采

1. 招标管理的主要内容

（1）招标策划：标段划分、招标形式、进度计划、合同包内容、定价原则、评定标重点等；

（2）招标方案：标准化方案、清标评审表、材料设备品牌等；

（3）招标文件：程序性文件、工程界面划分、投标报价规定、合同专用条件、技术规格书、工程量清单等；

（4）招标挂网：补遗、答疑、招标控制价等；

（5）招标完成：开标、资格后审、定性评标、内部清标、定标、中标澄清、中标通知书等。

截至目前，本项目已完成招标采购共81项，涉及总金额约66亿元。总体上，本项目招标采购工作均按既定计划有序推进，与现场施工进度相匹配。

2. 以深圳技术大学建设项目（一期）建筑幕墙工程（施工）I标为例进行复盘

深圳技术大学建设项目（一期）建筑幕墙工程（施工）I标，幕墙工程总面积约133000m²，是为了配合施工总承包III标而进行的建设内容。

1）招标阶段的工作内容

（1）招标策划的编制：在本项目上采用施工总承包加专业平行分包（含署战略合作单位）的发包模式，其中专业平行发包单位主要为建筑装修装饰、幕墙、交通标志标线等专业性或重要性相对较强的专业工程，本次复盘即为建筑幕墙（施工）专业平行发包举例；

（2）招标方案的编制：在该工程招标实施之初（招标文件编制之前），须对本工程招标文件中主要涉及事项（如工程概况、招标范围及内容、开竣工日期、质量标准及目标、计价方式、合同特殊条款、主要材料设备、投标人资格、评定标原则等）进行预先构思，经建设单位项目组及项目管理团队多次讨论后形成标准化招标方案；

（3）招标文件的编制：在招标方案通过审定后，一个月内须将招标文件编制完成并挂网公示；

（4）招标文件挂网：招标文件编制完成须在建设单位内部网页进行呈批，经建设单位项目相关部门及分管领导审阅后，方可将招标文件（含招标文件文本、工程量清单、招标图纸）在深圳市住房和建设局工程交易服务网公示，并在法规规定的期限内对招标文件进行答疑、补遗。

2）评定标阶段的工作内容

（1）资格后审：应深圳市地方招采法规要求，本工程须采用资格后审方式进行资格审查。招标人在截标后对符合要求的投标单位进行资格审查。

（2）淘汰入围：如资格审查合格的投标人数量超过20家，在评标之前须对部分投标单位进行入围淘汰（由建设单位临时组建定标委员会投票），入围15～20家投标单位进入下一环节。

（3）定性评审，评定分离：由招标人在深圳市评标专家库中抽取符合要求的人数（技术标5人，商务标3人）对资审合格的投标人的技术标及商务标进行定性评审（即仅按照招标文件废标条款要求进行废标，并写明各投标文件优缺点，不对各投标文件进行排名）。

（4）清标评审：由建设单位和项目管理团队联合组建清标评审委员会，对投标人的技术标和商务标进行清标，清标要求及清标项在招标文件中予以明确公示。

（5）定标汇总：对投标单位的各项重要信息项进行汇总。

（6）定标：通过招标方案中规定的定标方式（票选权重抽签法）在深圳市交易服务中心工作人员的见证下进行公开定标。

3）合同签署的工作内容

（1）招标完成报告：在中标通知书发放之前，招标人须函至深圳市住建局备案，该函件须对此次公开招标进行全过程简述，以表明招标全过程的合法、合规；

（2）中标通知书：在招标完成报告备案通过后，方可进行中标通知书的发放；

（3）招标文件澄清及投标文件承诺：招标人将组织中标单位法人及投标文件中主要班子成员召开会议，会议中招标人将对招标文件中重要条款进行澄清并要求投标人当场作出履行承诺，该文件将作为合同附件产生法律效力；

（4）廉政约谈：召集中标单位召开廉政约谈会，招标人将宣贯本项目廉政要求，并要求各参建单位及人员诚实守信，严格遵守；

（5）合同签署：在国家规范规定的期限内完成合同签署工作。

7.3 报批报建

1. 报批报建工作的主要内容

深圳技术大学建设项目（一期）在前期报批报建工作中，主要涉及以下五大类：①参与项目管理制度和模板的编制与使用；②编制及管控报批报建进度计划；③协助现场场地平整、管线迁改、河道迁改、办理临时用水、临时用电、正式用电、临时用地手续等；④办理前期报批报建行政审批；⑤相关的档案信息管理。自项目立项至2019年7月15日，报批报建组共办理行政审批事项104项，共取得121件批复。其中，因地块划分、标段划分等，需分阶段办理同一行政审批事项。

报批报建是一项贯穿整个项目的工作，从时间上看，从项目立项—施工期间—竣工验收，报建工作人员必须能够把控各项报批报建的时间节点；从空间上看，从项目内部对接政府部门及项目涉及的周边单位，报建工作人员在项目中担任重要枢纽的角色，连通项目内部（施工、监理、勘察、建设单位、校方等）与外部（市住建局、市发改委、区环水局等30个以上政府部门），推动各项报建事宜进展；从专业上看，需协调办理多种专业事宜，例如：给水排水、强电、弱电、暖通、消防、幕墙等，报批报建工作人员对专业内容比较了解后有利于工作沟通和协调。

2. 报批报建工作成果复盘

1）及时了解行政审批流程的改革动向

深圳正处于政府机关行政审批流程改革时期，其中建设项目行政审批流程日益改进，渐趋简化，项目管理团队需要随时掌握深圳市以及坪山区的行政审批流程的改革动向，并熟悉各行政审批部门新印发的文件，减少政府改革因素对项目报批报建工作的影响，确保项目报批报建工作按期完成。

2）"整体—局部—整体"的工作模式

把控项目整体的同时紧抓项目各条线的各节点，当某节点出现变动时，及时根据项目总计划调整各分项时间节点。

3）及时安排各项工作，不滞留

作为项目管理单位，能够及时把各项工作安排给各参建单位，遇到棘手问题同样及时反馈给各方，有问题及时解决，高效完成报建工作。

4）消息及时通知各条线相关人员

每次例会的会议纪要、报建取得的批复、设计变更等工作中产生的新信息，及时通知各条线负责人，避免其他人员不清楚手续办理状况，做到消息互通。

在政府的大力支持下，深圳技术大学建设项目（一期）已高效完成各项报批报建工作，未来，项目组将继续按照政府各项审批规定，严格控制提交材料质量、提高材料流转时间，全方位监管各项报批报建工作推动进程，全力创建"投资服务需求，设计服从规划，保证质量安全"的政府投资建设项目。

7.4 造价咨询管理

1. 概算审核

概算作为整个项目实施过程中投资控制的依据，在概算审核的过程中完成以下工作：

（1）审核定额和标准的时效性：使用概算文件编制期正在执行使用的定额和标准，对于已经作废或还没有正式颁布执行的定额和标准禁止使用。

（2）具有针对性：要针对项目特点，使用相关的编制依据，并在编制说明中加以说明，使概算人员对项目造价（投资）有一个正确的认识。

（3）审核概算的合理性：概算文件中所使用的编制依据能够反映项目实施的真实造价（投资）水平。

（4）对影响造价或投资水平的主要因素或关键工程的必要说明：概算文件编制依据中应对影响造价或投资水平的主要因素作较为详尽的说明，对影响造价或投资水平、关键工程造价（投资）水平的确定作较为详尽的说明。

2. 招采审核

（1）招标采购作为全过程咨询前期工作中的重要内容，在工程量清单与招标控制价编制过程中，应明确与招标文件及合同条款拟定的相关问题：承发包方式的选择；招标工程范围的界定；标段的划分；合同价方式的选择；总包与分包的合同关系；计价方式的选择；招标控制价的说明；投标报价的约定等。

（2）项目管理部对工程量清单及招标控制价进行复核，在工程量清单和招标控制价的编制过程中书面提出设计和招标文件的问题，提醒建设单位在工程中采用的新材料、新工艺，并拟定计价方案供建设单位决策。

（3）复核造价咨询单位提供的主要材料和设备数量及价格清单、询价或计价依据，并提出合理建议。

（4）组织监理部、设计单位评审造价咨询单位编制的工程量清单、招标控制价的准确性，尤其是材料设备的名称、规格、数量等内容须准备无误，做到项目描述清晰、不缺项，招标控制价不得超出设计概算的各项指标。

（5）协助建设单位将招标控制价报送审计专业局审计或备案，招标上限价应按分项预算严格控制，对超过预算项说明原因，并报建设单位招标委员会批准。

3. 工程款支付审核

深圳技术大学项目工程款支付采用线下申报，OA 平台线上审核，从申报到支付的多级审批，避免超付情况发生。

（1）承包人于每月底提出截至当月 25 日完成的工程量的计量报表和支付报表，报送监理工程师签收。

（2）监理工程师（现场专业工程师、计量工程师、造价工程师、合同工程师、项目总监）按监理合同规定对报表进行审核。

（3）总监审核并签署认可后，报项目管理部审核。

（4）项目组专业工程师、造价工程师、项目主任审批；项目组凭经批准的《付款申请书》，按《工程款支付审批程序》到相关部门办理工程款拨付手续。

（5）工程款拨付手续完成后，由监理工程师将《付款申请书》转发承包人，承包人到相关部门办理工程款支付手续。监理工程师负责将计量支付相关资料分发有关单位并存档。

（6）发包人将上期计量支付资料送造价咨询单位复核，造价咨询单位应在 20d 内将详尽的审核报告（包括审核明细、审核结果及相关建议）返回发包人，审核报告应有造价咨询单位复核造价工程签章、负责人签字及单位公章。

4. 变更估算审核

深圳技术大学建设项目（一期）为节约项目投资，在项目建设过程中对各专业图纸进行精细优化变更，已完成变更 800 余份。全过程咨询团队需对施工单位报送的变更是否符合建设编制的《变更管理办法》中资料是否齐全的要求以及对变更费用进行审核。管理单位的审核金额作为后续造价咨询审核变更的最高限价，对全过程工程咨询团队的变更审核结果的及时性和准确性提出严格要求。变更估算审核结果以变更前费用为依据确定变更费用的增减金额。

5. 结算审核及审计管理

（1）负责工程结算的审核并配合报审计局审定；负责对项目工程造价进行经济指标分析，负责提交结算审核事项表；参与结算资料整理归档；配合财务办理竣工决算；负责审核结算款、保修款，协助办理审批手续。

（2）负责协调和造价咨询单位有关结算问题的分歧；负责对监理和造价咨询单位的结算工作的管理，并在造价咨询单位的结算审核报告上签署意见；负责结算报告的审批手续和报送审计部门。负责跟踪审计进度，及时反馈审计意见；负责审计报告征求意见稿的审批手续和审计报告的整理归档；负责在工程项目所有结算完成后书面通知业主财务处办理项目决算，按业主财务部门要求准备相关决算资料并配合决算审计。

（3）负责监理及造价咨询单位的工程结算管理，送审、跟踪审计进度，反馈审计意见、归档审计报告，配合决算审计。

7.5 工程监理

1. 建立内部管理制度

监理部在组建之初就根据公司体系文件制定了内部管理制度。随着工程的逐步开展，项目部根据项目特点、深圳市建筑工务署要求、深圳市地方要求制定了内部业务管理制度，进一步提高本项目监理人员监理业务技能，在工作中达到制度化、程序化和规范化的目的。

2. 实现项目安全目标

从项目准备阶段起，监理部便建立安全管理制度，对各参建单位进行交底，明确各项管理责任和要求，并检查和督促在工程实施中贯彻和落实。以作业人员进场教育、危险性较大分部分项工程、起重吊装、高处作业、临时用电、消防等方面为重点，对工程施工过程进行全过程安全管理，保证整个施工全周期的安全生产。在全项目实行风险点识别，并进行动态管控（图17）。

3. 确保工程节点工期顺利完成

监理部与工程管理部通力合作，工程前期积极推进变更流程优化、深化设计有序跟进、平行发包单位按时进场等工作，有效避免了关键线路工作的延误；在工程实施过程中，采取合理有序增派管理人员、组织召开周进度分析会、核查作业面开展情况及作业人数、全工序穿插施工等措施。在采取有效的组织、管理、经济、技术手段后，在极限工期要求下保证了合同工期的顺利实现。同时，也积累了丰富的管理经验及教训，为施工总承包二、三、四标工作的开展提供了有效支撑。

4. 完成业主质量要求

全过程工程咨询管理团队内，监理部为整个质量体系的执行主体，配置相应的质量管理人员，制定质量管理体系，审查施工组织设计、施工方案并编制实施监理规划及各类监理实施细则；施工过程中做好材料、工序、检验批、分部分

施工围挡及外架 100% 全封闭

出入口及车行道 100% 硬地化

出入口 100% 安装冲洗设施

出入口 100% 安装 TSP 在线监测设备

裸露土及易起尘物料 100% 覆盖

易起尘作业面 100% 湿法施工

焊接操作平台

临边围护

工人宿舍

休息区

图 17 安全现场

项、单位工程的验收工作等。同时，响应深圳市建筑工务署要求，积极落实了工务署工程管理平台及 EIM 平台电子资料的录入工作。

实施样板引路制度，监理部督促施工单位按照招标投标文件及工务署要求（如会议纪要、联系单）完成样板计划报审，并在规定时间完成审批，审批完成报管理公司及工程站审核；组织施工单位收集样板策划资料，组织上会并做好相关会议纪要；审批施工单位提交的样板策划方案及样板段施工方案；监督检查样板段施工质量及安全，并做好相关质量安全验收记录；组织样板段验收并上会形成会议纪要；完善相关检验批等资料。施工样板验收合格后，严格按照样板段进行施工及验收（图 18）。

7.6 BIM 管理

1. BIM 管理工作咨询成果

根据深圳市建筑工务署《BIM 实施管理标准》及《BIM 实施纲要》的要求，审核 BIM 应用成果，提交审核报告并负责成果验收。具体包括：

（1）基于 BIM 开展工程咨询工作，包括基于 BIM 的技术审查、项目例会等；

（2）审核招标投标文件 BIM 专项条款；

（3）审核项目 BIM 总体实施方案和各专项实施方案、BIM 实施管理细则、各项 BIM 实施标准和规范；

（4）审核 BIM 咨询单位对于 BIM 相关模型文件（含模型信息）包括建筑、结构、机电专业模型、各专业的综合模型，及相关文档、数据的审查成果，确保 BIM 应用深度符合各个阶段深度要求；

（5）审核 BIM 咨询单位提交的 BIM 可视化汇报资料、管线综合 BIM 模型成果、BIM 工程量清单、BIM 模型"冲突检测"报告；

（6）审核 BIM 咨询单位对于管线综合分析和优化调整的成果，分析基于 BIM 的管线综合系统解决方案。

2. BIM 管理工作复盘

（1）完成项目 BIM 咨询单位的招标，配合完成项目各总包及专业分包单位招标文件的编制。

（2）审核完成 BIM 咨询单位编制的项目 BIM 基础文件体系（项目 BIM 实施方案、BIM 建模标准、项目整体 BIM 工作计划等）。

（3）项目初期组织各标段按照施工总控计划制订详细的 BIM 工作进度计划，每周通过 BIM 周例会跟踪推进。当前，一标段已完成各专业模型创建、深化、出图，正在进行部分变更修改及竣工模型创建；二、三、四标段已按 BIM 工作

混凝土成活面

混凝土观感

铝模板施工

拆模后效果图

精装内墙样板

楼梯样板

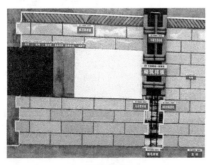

砌筑样板

墙柱钢筋样板

图 18　现场样板

进度计划完成各专业模型建立，正在进行管综深化。除一标 BIM 工作部分进度滞后，其他标段 BIM 工作整体较施工时间节点提前两个月左右。

（4）建立 BIM 深化问题台账管理制度，由 BIM 建模及深化过程中发现的问题经设计确认需要变更部分，通过 BIM 模型提取工程量，对比方析变更前后工程量及造价差异，辅助业主单位变更决策。精装修方案阶段通过模型及工程量对比辅助业主单位进行方案选型。

（5）通过前期 BIM 模型创建及深化，发现问题并发布问题报告共计 1280 条，提前发现设计失误，减少施工中的变更，大幅减少返工损失，提升了工程质量。通过 BIM 管线综合深化提高空间净高，显著提升了建筑品质。

（6）利用工务署工程管理平台对项目 BIM 工作成果进行分享及存档，利用平台进行工作协同。

（7）各单位模型深化成果通过与技术部进行内部评审，保证 BIM 深化模型满足现场施工工艺，各专业施工前再组织施工班组进行交底。深化成果通过审核后及时发送施工班组，BIM 深化各专业图纸及剖面图张贴于现场，确保 BIM 深化成果应用于现场施工。

南京市江北新区公共工程建设项目
全过程工程咨询服务案例

——上海市建设工程监理咨询有限公司

余业雄　李小刚

1　项目背景

南京市江北新区作为江苏省唯一的国家级新区，是承接"一带一路""长江经济带"的重要平台。自 2015 年 6 月 27 日正式批复以来，在这片 788km² 的土地上，江北新区各项规划建设工作正在紧锣密鼓地开展，即将发生翻天覆地的变化。江北新区的建设关系着南京市千千万万老百姓的民生大计，把江北新区建设成一个国内一流、具有全球影响力的城市新区，是国家、江苏省及南京市各级领导对建设者的殷切期望和要求。江北新区公建中心作为承担江北新区公共工程的重要建设平台，开发建设量巨大，年完成产值近百亿元，涵盖房屋建筑工程、市政道路工程、园林景观工程、环境整治工程等；需要协调管理的对象众多；作为江北新区的公共建设工程，项目建设品质要求高；区域面临多个项目，拆改等工作协调难度极大。综合上述难点，采用传统的管理理念和方法，已不足以满足如此大规模和难度的项目建设管理。

基于此，公建中心积极引入社会专业资源，各项目引入项目管理公司负责单个项目层面的实施管理，引入全过程造价咨询公司负责造价管理，总体上也引入各类设计顾问及咨询服务公司，包括幕墙顾问、结构顾问、灯光顾问、绿建顾问等。我公司承接面向公建中心 2018～2019 年度的重点建设项目的总体全过程工程咨询服务，与常规的全过程工程咨询服务方式和内容不同，本合同中，我们提供的是面对建设方全部建设项目的总体咨询服务，服务对象为建设方领导者和决策层，包括建章立制、现场督导检查、投资控制咨询、进度总控以及重大项目技术咨询服务等。通过对各个项目的全方位督导检查，梳理项目管理问题、管理风险，并提供咨询建议，为建设方领导层提供决策参考。

2 项目概况

我公司承接的全过程工程咨询项目范围包括 6 栋公共建筑，建筑面积共计 35345m²；长 53km 的江北新区综合管廊二期工程；占地 19hm² 的城市绿化，以及核心区的主要城市道路的建设，主要项目情况如下：

（1）江北新区服务贸易创新发展大厦：该项目位于浦口区临滁路以西、凤滁路以南 01 号地块，总占地面积约 30 亩。主要建筑面积约 83507m² 的江北新区服务贸易创新发展大厦，其中地下建筑面积为 33372m²。计划总投资 49986.76 万元。

（2）南京美术馆新馆：该项目位于浦口区顶山街道，石佛路与万寿路交界处西侧地块，占地面积约 3.524hm²，总建筑面积约 98255m²，其中地下建筑面积约 63000m²。该项目计划总投资 66071.34 万元。

（3）江北图书馆：该项目位于江北新区顶山街道，石佛路与万寿路交界处北侧地块，占地面积约 19475m²，总建筑面积约 67810m²，其中：地上建筑面积约 39945m²，地下建筑面积约 27865m²。项目计划总投资 69075.53 万元。

（4）江北新区智能电网调度管理中心：该项目位于浦口区江浦街道，东至天浦路、南至望江路、西至镇南河路、北至浦滨路，占地面积约 30700m²，总建筑面积 105000m²，其中地下建筑面积约 30000m²。该项目计划总投资 67769.1 万元。

（5）江北新区青龙绿化带一期工程：江北新区规划青龙绿带为贯穿江北新区核心区的带状绿地和节点公园，西起老山脚下，东至滨江风光带，全长 7.5km。一期工程为绿带的东南段，西起万寿路，东至滨江大道，占地面积约 19hm²。工程投资估算约 33500 万元。

（6）江北新区综合管廊二期工程：在江北新区核心区及其周边地区的 18 条路段上新建地下综合管廊，总长约 53km。包括浦滨路、横江大道、七里河大街、定山大街、浦辉路、石佛大街、兴隆路、康华路、沿山大道、广西梗大街、珍珠南路、胜利路、兴浦路、万寿路、浦乌路、镇南河路、商务西街、绿水湾路等道路。工程静态投资估算约 41.6 亿元。

（7）江北新区核心区城市道路：核心区内城市新建道路及旧路改造，道路总里程数约 80km。

3 需求分析

在我公司咨询服务团队进场后，通过参与会议、沟通访谈、问卷调查等多种方式，开展为期近 1 个月的现场调研工作，对建设管理全过程、全方位的主要管理内容进行全面的调研和整理，调研情况如表 1 所示。

公建中心项目管理调研情况　　　　　　　　　　　　表 1

管理环节	序号	可能存在的问题	建　议
前期管理	1	1）临水、临电等垄断部门协调难度大； 2）与项目相关的其他产权单位协调难度大	由各项目的项目管理/代建单位梳理各项目的报批报建程序清单、要求、时间节点、对接单位和部门，分类统计须协调的问题，避免碎片化的协调；同时，对于复杂难协调的问题，提请高位协调解决，建立协调机制
前期管理	2	对于代建的项目，使用方需求的不确定性给项目进度、成本控制带来影响	明确各设计节点及设计任务书等文件： 1）哪些阶段的成果需要和需求方沟通，以什么方式确定？ 2）这些成果的内容、深度能否确定？ 3）如果需求单位不确定，对于交付标准是否可以适当调整
前期管理	3	1）地下管线情况图纸与实际不符； 2）项目设计内容涉及其他产权单位的原始设计资料，资料提供的及时性、准确性引起后期变更	全面梳理设计资料问题，分析可能性，投入成本，研究对策，如： 1）地形图不符的，是否重新委托测绘，或列入勘察合同？ 2）建设方需要提交哪些设计基础资料？列清单，如不能提供，是否需要委托设计方？ 3）受其他产权单位影响的基础资料的准确性，是否需要重新委托勘察？ 4）施工场地现状信息告知投标人（交通通道、临水、电接驳，施工场地……），避免施工单位进场后又提出索赔
进度管理	4	部分项目没有总的进度计划	1）建议统筹各管理环节的进度计划，由各项目的项目管理/代建单位编制总计划，包括设计、报建、招标采购、施工、验收交付等全部内容； 2）根据总计划，梳理招标计划，招标准备工作须提前，尤其是具备条件时，设计咨询类尽早招标，可以提前开展技术咨询服务
进度管理	5	招标投标进度对项目进度影响大	
造价管理	6	设计概算超可研幅度大	1）可研是否经过评审，是否需委托第三方评审； 2）设计单位在方案设计阶段，设计估算工作是否落实，如落实，设计方应提前发现问题
造价管理	7	招标清单不准确的问题	目前了解到给跟审单位的清单审核时间较短，部分项目的清单审核成效不明显。建议，对于复杂项目，比如两馆一中心，建议明确两家单位背靠背编审，落实跟审单位审核责任和效果，提高清单准确性
造价管理	8	项目投资目标的动态跟踪问题	没有定期（如一个季度）对项目总投资（或建安投资）的动态变化情况进行系统的整理和分析，包括哪些可能存在超投资的风险因素，阶段性的变更、签证金额统计等，需要对项目总投资的变化情况全过程把控

南京市江北新区公共工程建设项目全过程工程咨询服务案例

管理环节	序号	可能存在的问题	建 议
设计及技术管理	9	管理界面：设计工作存在多头管理问题	工程技术处、各工程处室的管理界面：根据三定方案，在设计出图阶段，由工程技术处负责；在施工阶段，重大变更由工程技术处负责，一般变更由工程处室负责。建议进一步明确，在施工图审查完成前，由工程技术处负责；在施工图审查后，由具体的工程处室负责
设计及技术管理	10	设计单位的管理问题： 1）设计院驻场服务不到位； 2）设计单位的付款未经过项目管理审核，项目管理缺少管理手段； 3）设计出图慢，过程管理不到位	1）设计合同完善，特别是服务内容和履约考核条款； 2）梳理各类项目的设计进度表，细化设计成果提交的进度要求，加强过程管控； 3）加强对项目管理的授权及其对设计单位的管理责任，包括付款、考核
	11	部分纳入施工方采购的重要设备，技术规格不够明确，可能引起后期的管理困难	对于重大的设备，仅设计图纸明确的技术参数是不够的，为控制品质并减少实施过程中的变更、纠纷，建议由项目管理单位组织，设计方提供、编制完善的技术规格书。相关技术服务内容须固化到设计合同服务内容

通过调研总结，我们全面梳理基于咨询服务合同的建设方需求，与建设方深入沟通，进一步明确建设方需求及我公司咨询服务团队的服务方式和内容。

3.1 建章立制需求分析

公建中心现有的项目建设总体上分两种管理模式，一种是成立建设指挥部+招标投标等职能管理，另一种是以职能管理为主，但实施中两种模式未有明确的权责区分，因此引起诸多管理职责不清、管理流程混乱、管理效率相对较低的情况。

据此，我们拟全面梳理公建中心现有的项目业态类型和管理要求、现有的组织架构及团队配置，围绕工程建设管理的全过程工作内容，梳理基于公建中心"三定"方案（定位、定岗、定责）为基础的管理制度和管理标准，做到管理全过程的工作细分和责任明确，规范项目实施过程的管理行为和流程，确保项目的质量、进度和投资目标的实现。编制《江北新区公共工程建设管理中心精细化管理手册》，具体包括以下几个层级的目标：

（1）精确定位公建中心各处室的管理职能。以公建中心既定的"三定方案"为根本，从建设方管理职能的全面性梳理各处室的核心职能和定位，避免职责交叉。

（2）管理内容重点突出，避免管理漏洞。从工程建设目标出发，全面梳理工程建设各个环节管理的重点，避免管理漏洞。

（3）通过清晰的任务分解，落实到各处室和参建单位，固化参建单位的管理内容和责任范围，减少项目实施过程中关于管理界面引起的纠纷。

（4）以制度化、流程化为手段，规范化每个管理环节的管理要求和标准，加强过程管理，要求每个环节做到规范清晰、有机衔接。

（5）合理的履约管理。通过合同层面的约定，规定各参建单位的履约责任，对各参建单位的管理目标量值化，经济责任具体化，对管理行为与结果进行控制，考核时做到定量准确可执行，奖优罚劣明确，促进参建单位的管理主动性和管理效率。

3.2 现场质量安全管理咨询需求分析

如前文所述，公建中心建设管理项目数量多、业态多、规模大，参建单位多，从公建中心领导层面，项目信息量巨大，如何从各项目提报的众多管理汇报资料中提取有价值的信息，从而加强对现场质量、安全和进度的总体控制，是其面临的一个急需解决的问题。因此，需要咨询服务团队能定期对现场实施情况进行有针对性的检查，收集、统计、分析各项目的管理现状和问题，从现象看本质，找出管理问题，提供有价值的管理建议，通过不断地发现问题、解决问题，逐步整体提高公建中心项目建设管理水平。

3.3 投资总控咨询需求分析

根据前期调研情况，各项目既有的投资管理以传统的招标清单（施工图预算）、过程变更审核及结算审核为主，对于项目的投资目标管控成效不够。项目超概算的情况较为普遍，甚至个别发生实施过程中投资超概算 2 倍的情况。因此，建设方需要对各项目造价咨询单位的工作内容和深度进行系统的要求和细化，尤其是要加强对项目投资目标的管控，及时掌握项目投资动态变化情况，做好风险预控。

3.4 进度总控咨询需求分析

根据前期调研情况，各项目进度失控或者滞后的主要问题在于项目总体进度缺少统筹，以及招标因各种不确定因素滞后引起项目总体进度失控。针对于此，咨询服务单位一方面通过编制《精细化管理手册》规范进度管理要求和流程，另一方面对于重点的项目包括"两馆一中心"以及综合管廊项目，提供深入的造价总控咨询服务，包括协助编制、审核总控进度计划，分析项目进度管理的重难点及风险点，加强过程进度偏差情况检查及分析，提供管理咨询建议。

3.5 技术总控咨询需求分析

各项目参与技术管理的单位包括设计单位、项目管理单位、监理单位、技术顾问单位等，从组织及技术人力资源方面，建设方不缺少技术外脑，但是各单位的职责范围不明确，尤其是设计单位及设计顾问单位存在责任交叉或缺漏的地方，导致项目技术协调工作不到位，对项目总体实施带来不利的影响。作为总的咨询服务单位，建设方在技术管理咨询方面的需求主要包括三个方面：全面梳理各类设计及顾问合同的管理要求和责任界面，完善设计及顾问类合约条款；组织各项目的项目管理单位补充招标阶段的技术管理内容，配合招标工作；对于重大项目的重要技术问题，组织公司后台专家参与重大设计方案评审、重要的施工组织设计审核。

4 咨询服务方案

4.1 整体咨询方案策划

根据本项目的全过程工程咨询服务合同，以及我们进场后与建设方对于其服务需求的进一步沟通和分析整理，为向建设方提供最大价值的咨询服务，我们从以下几个方面来更全面、系统地梳理咨询服务重点和方案策略。

4.1.1 对咨询服务单位的定位理解

本项目中，全过程咨询服务不同于一般的针对单个项目或者项目组团的全过程咨询服务，不参与具体项目的实施管理，而是整体项目的咨询服务，服务对象为建设方领导者，为其提供决策支持。因此，我们理解，在本项目中全过程工程服务团队的定位有以下几层含义：

（1）作为建设方领导者的"参谋"。通过项目信息收集、统计、分析，为中心领导层提供管理咨询建议。

（2）各项目参与者的"班主任"。通过制定各项管理工作的标准、要求和工作流程，并结合对项目定期、不定期的督导考核，营造项目之间的竞争环境，树立模范标杆，提高整体管理水平和工程品质。

（3）代表建设方实施监督管理的"巡查组"。代表公建中心，通过各种方式的巡查，找出各项目的管理问题，从现象看本质，找出管理问题，督促整改。

4.1.2 咨询团队人员组成及服务方式

结合本项目的业态、规模及管理要求，根据项目的进展情况，分阶段安排相关专业技术管理人员驻场提供现场管理咨询服务，包括为土建、装修、市政、机电安装等专业的工程师提供现场质量、安全、施工进度的现场督查服务。

对于建章立制工作，以后台服务为主，阶段性地驻场开展调研、成果汇报、试运行验收等工作，在公司后台组织团队编制《精细化管理手册》。

对于投资管理、技术管理，采用现场驻场和后台支付结合的方式，由于本项目业态多，涉及技术专业多，更多的技术工作由后台专家提供技术支持，驻场人员落实现场检查及反馈工作。

4.1.3 服务方案动态调整

对于各项管理工作的督查咨询服务方案，根据前期或前几期的检查情况进行优化，调整下一期的督查重点；或通过对各项目的横向评比，找出优秀管理的做法，树立标杆，在其他类似项目推广。

4.1.4 现场督查服务通过 PDCA 循环提升

围绕项目进度、质量、安全、投资管控目标，通过"项目检查、督导整改、考核评价、督导方案优化"等工作循环，对建设工程进行信息收集、整理和统计分析，向建设方提供各类咨询报告，供决策者或管理层参考，提高决策者对群体项目关键信息的掌控力，对项目的控制力和决策力；同时，通过督导考核循环提升，提高各项目建设管理水平，建设精品工程。

4.2 组织架构设计

根据本合同咨询服务工作内容，在项目负责人领导下设置精细化课题组、现场督导组、合约组和技术组共四个小组。其中，精细化课题组主要在公司后台提供服务，现场督导组全程驻场服务，合约组阶段性驻场检查服务，技术组主要为后台服务。

项目团队组织架构设置如图1所示。

4.3 各项咨询服务方案

4.3.1《精细化管理手册》编写策划方案

1.成立课题组

根据建设方高标准的要求，我公司针对《精细化管理手册》的编写成立专门课题组，并聘请东南大学教授作为外聘专家，对手册的编写进行全程指导。

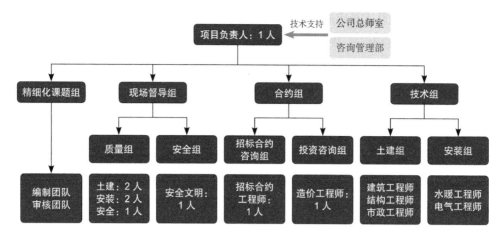

图1 全过程工程咨询服务团队组织架构

2. 从编写思路、研究方法、大纲到实践分阶段实施

1）编写思路

组织相关单位人员对项目背景及项目实际实施情况进行充分、全面的调研，找出管理问题所在，梳理关键的管理环节，研究对策。同时，参考国内外关于精细化管理的思想和成熟经验，整理研究内容。在手册编写过程中，编者紧紧围绕公建中心"三定"方案，以建设工程项目的三大核心目标"质量、进度、投资"为根本，通过对工程建设项目管理全过程的剖析研究，梳理建设项目各项管理制度和管理标准，明确管理全过程的工作细分和责任，规范项目实施过程的管理行为和流程，确保项目管理精细化的实现。

2）研究方法

（1）文献分析法

文献分析法是指通过对收集到的某方面的文献资料进行研究，以探明研究对象的性质和状况，并从中引出自己观点的分析方法。

在编制本手册过程中，我们查阅了国内外大量关于精细化管理的文献、著作，从中找出精细化管理的内涵、方法，并结合公建中心既有的组织架构体系、管理制度和项目特点进行总结。

（2）专家调查访谈法

在本手册编写中，我们一方面也积极参与公建中心组织的对标找差调研，并利用自身的资源优势，前后在深圳工务署、天津滨海新区新金融有限公司、深圳前海控股投资有限公司、长春润德投资有限公司等工程建设管理投资平台公司进行调研，并与主管团队沟通访谈。另一方面，在编写过程中，我们积极地就公建中心现有项目建设实际情况与相关处室领导、管理者充分沟通和调研，获取项目实施管理的难点、建议等信息，并梳理分析、总结。

（3）演绎推理法

从建设各项目标出发，找出管理的关键环节，结合调研过程中的问题难点，分解其管理过程，找出解决途径。

3）研究内容

基于建设方工程建设管理的全过程管理内容，以及上述的研究目标，在本课题中，主要对以下内容进行研究和总结。

（1）工作任务细分化。包括管理对象、管理任务、管理责任的细分。

（2）管理制度流程化。建立明确的管理制度，配以可行、高效的工作流程。

（3）管理要求标准化。对具体的管理要求，以表单化的表现形式固化管理要求和标准，加强过程管理，防止粗放作业。

（4）管理的实证化。结合现有管理架构，对管理现状进行深入调研，梳理分析问题，要求所有的管理必须合理、可行、高效。

（5）管理效果精细化。精细化的管理应不断优化，持续改进，通过在后续实践中的验证和查漏补缺，不断提升，精益求精。

4）技术路线

结合公建中心建设管理项目的涵盖范围，编写团队对公建中心的组织架构、"三定方案"、管理制度，以及对各项目管理实施的情况作了充分的学习、调研和梳理，找出问题，研究对策，落实到手册编写中心。

技术路线如图 2 所示。

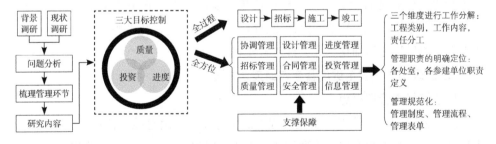

图 2 《精细化管理手册》编写技术路线图

通过前期对项目背景及项目实际实施情况的调研，找出管理问题，梳理关键的管理环节，研究对策。同时，参考国内外关于精细化管理的思想和成熟经验，整理研究内容。手册编写过程中，紧紧以建设工程项目的三大核心目标"质量、进度、投资"为根本，全面、系统地梳理全过程、全方位项目管理的各个环节，包括协调管理、设计管理、进度管理、招标管理、合同管理、投资管理、质量管理、安全管理及信息管理，并在最后为保障精细化管理的落地实施，提出保障措施建议。

5）精细化管理表现手段

在各篇章的编写中，我们对各项管理工作的管理要点进行研究和整理，分别对各类项目从前期到设计、招标、合同、成本、现场管理等各阶段的管理任务进行细分，明确管理要求和流程，并通过表单化的表现来规范管理过程。

（1）"清单式管理体系"

对管理任务的全过程进行细分，建立工作任务、责任分工的管理清单矩阵。通过清单矩阵，更清晰地表现各管理环节的管理过程和管理重点，更明确各项管理工作的责任单位或部门和责任边界，减少管理缺失、分工不明等管理问题。

（2）"履约评价管理体系"

建立工程项目履约评价管理体系，促进参建单位增强履约意识，保证工程建设的持续改进。在本手册中，对主要参建单位包括设计单位、施工单位、监理单位、项目管理单位进行合同履约罚则的细化约定，从制度上确保各参建单位履约的主动性和效率。

（3）标准表单的精细化建设

在手册编制过程中，通过标准化的表单来规定管理内容和要求，规范管理行为，提高管理效率。

6）手册试运行及调整

2018 年 11 月 21 日，在公建中心组织下，《精细化管理手册》顺利通过专家评审验收。验收通过后，结合公建中心项目实际情况，选取 2 个项目进行试运行，3 个月后对运行情况进行检查和反馈，并据此进行优化调整，调整后作为公建中心的项目管理精细化指导文件正式发布。

4.3.2 现场质量安全进度督查咨询策划方案

1. 总控督查管理思想

结合公建中心决策者对实施过程中的信息需求，由总控单位通过项目检查、现场督导、旁听工程会议、沟通访谈等手段，对建设工程进行信息收集、整理和加工，把经过处理的信息和咨询建议一并提供给项目的管理决策层，以便于决策者或管理层对项目的协调、控制、管理，用于提升决策者的决策力、掌控力，同时促进项目各参建单位积极认真地履约。

2. 督查相关制度

1）督导制度

（1）月度检查及报告制度。针对江北新区公共工程建设中心管理范围的项目较多，项目类型复杂，项目参建方较多，各项目自身管理水平参差不齐，中心管理人员有限等现实情况，督导组决定建立月度检查及报告制度，以保证获取的项目信息准确、完整、及时，同时可以对现场动态及时了解，及时反馈到公建中心管理层。

（2）整改复查及报告制度。为了保证督导效果，督导组决定建立项目问题的整改复查及报告制度。检查报告发布到项目管理层面以后，项目管理机构进行问题梳理，分析问题发生原因，安排相关人员进行问题整改，整改验收合格后，编制整改报告回复到督导组，为了更好地督促项目问题整改彻底，我们以复查制度保证问题的闭合程度。

（3）专项检查报告制度。由于工程项目施工周期一般较长，施工条件、技术环境、社会环境变化较大，每个施工阶段问题也各有不同，为了重点控制各个阶段的突出问题，督导组建立了专项检查报告制度，以制度的形式规范对突出问题的检查要求，形成专项检查报告，报公建中心高层，及时采取应对措施。

（4）重大问题预警制度、项目约谈制度。为了应对重大问题，我们建立了重大问题预警制度，预警的目的：引起项目各参与方的重视，同时得到公建中心高层管理者对各项资源的协调、调配，以利于预警问题的及时解决；为了督促项目认真履约，我们建立问题整改不力的项目约谈制度等。

2）培训制度

（1）培训计划：通过对公建中心在建项目进行调研，针对项目管理问题的发生情况，结合南京市建筑市场的规范要求，督导组决定每季度按不同培训主题进行一次专题培训，以达到提高项目总体管理水平的目的。

（2）培训形式及内容：培训形式可以多样，比如采用"专家讲座""项目观摩""反面典型""交流座谈""样板示例"等。培训也可以通过专家授课、技术讲解、研讨会议、学习教材等多种方式。

（3）培训内容可以根据项目的实际需要选取不同培训内容，如：专家讲座式的培训可以选取"绿色建筑""BIM 技术"等内容培训；反面典型式的培训可以选取其他建筑工地的事故案例进行剖析讲解等。

（4）培训对象：培训的成功与否，培训对象选取很关键，因为培训的知识多具有专业性特点，对象选择时一定要有针对性，选具有一定相应知识的人员，参加培训效果最佳。原则上杜绝对非本专业人员进行本专业技术培训。

3）督导考核制度

在与公建中心交流沟通，在充分理解中心管理层对项目考核意见和建议的基础上，建立总控督导的项目考核制度。考核确定为季度和年度两种考核方式。通过日常的督导检查、整改复查、督导考核检查以及各种专项检查收集、整理对各项目的考核依据，协同业主实施考核；编撰考核报告；协助业主根据考核成果实施奖罚；通过开展第三方考核评比，提升项目安全管理水平。项目考核工作由公建中心组建考核领导小组，对口各工程参与单位、总控单位负责组织策划实施。

3. 督导工作流程

1）督导总体工作流程（图3）

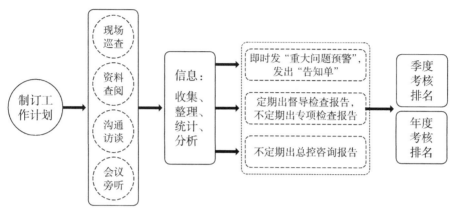

图3　总体工作流程图

2）现场检查工作流程（图4）

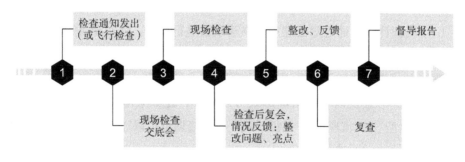

图4　现场检查工作流程图

4.3.3　招标合约、投资、进度、技术咨询策划方案

1. 招标合约及投资咨询工作内容

1）协助招标处梳理招标工作计划

协助招标采购处参与重点项目招标计划的管理咨询工作，结合项目实际情况，针对合同包划分、招标计划、招标方案等方面提供咨询建议。

2）重点项目招标文件审核

根据招标采购处的需求，参与重点项目的招标文件的评审，提供咨询建议。

3）合同架构梳理

针对公建中心现有主要合同类型，全面梳理 EPC 合同、施工总承包合同、设计合同、专业工程承包合同的合同架构及主要合同条款。

4）投资咨询

根据合同约定内容，每月组织 1 次对各项目跟审单位的督导考核管理工作，梳理投资管理问题，提出管理建议。督导考核主要从以下几个方面进行：

（1）工作方案。审核跟审单位 / 造价咨询单位编制工作方案的合理性与可实施性，检查其工作内容完成情况。

（2）工作质量。检查跟审单位关于设计概算、招标清单及控制价、工程计量与付款、设计变更签证、结算等审核的准确性、合规性。

（3）工作进度。检查跟审单位的设计概算审核、招标清单审核、合同付款审核、设计变更签证审核、结算审核等工作进度完成情况。

（4）管理报告。检查跟审单位的投资目标动态管理报告、资金使用计划报告、付款统计报告、签证变更统计报告、跟审月报等，对报告内容的全面性、准确性、及时性进行检查。

（5）工作配合。检查跟审单位的工作配合情况，包括参加现场管理例会的配合，以及其他根据项目需要在合同职责范围内的配合情况。

2. 设计管理咨询工作内容

1）设计合同的优化

根据公建中心现有的各类项目设计合同文件，参照设计相关的规范、标准，结合各项目设计管理工作中的难点，我司将全面梳理各类设计合同文件，提出优化咨询建议。

2）设计单位的考核管理

按照设计合同的约定，每月组织 1 次对设计单位的督导考核管理工作。督导考核主要从以下几个方面进行：

（1）设计进度。根据合同约定的内容，检查设计单位各阶段的出图及相关成果的进度完成情况，分析进度滞后原因并提出建议。

（2）设计质量。

①施工图审查。包括施工图审查一次通过情况，以及审查意见书中的意见，如设计图纸中是否有违反强条的内容等。

②图纸交底记录。根据图纸会审记录，统计设计图纸问题。

③设计变更。对因设计单位错、漏等原因引起的设计变更进行梳理统计分析，包括设计变更数量、金额、影响程度等。

④设计单位配合情况。包括设计驻场情况（根据合同约定执行）、设计单位在报建阶段、招标采购阶段、施工阶段等各阶段配合情况等。

3.进度总括咨询工作内容

根据建设方要求，除对现场施工进度每日例行监督管理外，重点以江北新区"两馆一中心"项目为重点，系统地开展对项目建设进度管理的咨询工作。主要工作内容包括：

（1）进度计划。组织"两馆一中心"项目管理单位、监理单位、总包单位，系统梳理并完善项目建设总进度计划，包括项目的前期报建工作、设计、招标、施工、验收等全过程的内容。项目建设总进度计划编制完成后，报相关主管处室审核，审核通过后，以该计划为管理依据。

（2）进度咨询。根据经审批的项目建设总进度计划，以及中心确定的项目阶段性目标、年度目标等，结合项目实际实施情况，分析项目进度控制重点和预控风险，包括设计、招标等进度风险，提供咨询建议。

4.造价咨询单位及设计单位督导检查表（表2、表3）

造价咨询单位督导检查表　　　　　　　　　　　　　　　表2

检查内容		分值	评分标准
工作方案	包括对项目投资管理重难点的理解，团队组织架构及人员名单，跟审工作实施方案，针对性措施，工作开展计划，成果表单等	5	工作方案的完整性、针对性。每发生一项缺少，或有明显错误的地方，扣0.5分
工作质量	设计概算审核：提供设计概算审核报告，是否参与审核，审核内容是否全面、准确	10	根据审核报告，有明显或重大审核疏漏、错误的地方，每发生一处，扣1分。如未审核，则不得分
	招标清单及控制价审核：招标清单审核是否全面、准确	8	招标清单审核，有明显或重大审核疏漏、错误的地方，每发生一处，扣1分。如未审核，则不得分
	合同付款审核进度：审核准确性、合规性	8	每月（每期）及时审核施工单位上报的完成工程量、合同付款。每发现一次提交的成果文件的内容不合理或者错误、提交不及时等问题扣1分，扣完为止
	设计变更、签证审核：审核准确性、合规性	10	审核有明显或重大审核疏漏、错误的地方，每发生一处，扣1分。扣完为止
	结算审核：审核准确性、合规性	10	审核有明显或重大审核疏漏、错误的地方，每发生一处，扣1分。扣完为止

	检查内容	分值	评分标准
工作进度	设计概算审核进度	5	延迟3d以内的，扣1分；超过3d的，延迟每增加1d，扣1分，扣完为止
	招标清单审核进度	5	延迟3d以内的，扣1分；超过3d的，延迟每增加1d，扣1分，扣完为止
	合同付款审核进度	5	每延迟1d扣1分，扣完为止
	签证变更审核进度	5	每延迟1d扣1分，扣完为止
	结算审核进度	5	每延迟7d以内的，扣1分；延迟超过7d的，延迟每增加1d，扣1分，扣完为止
管理及报告	投资目标动态管理	3	每月根据项目实际发生情况动态跟踪管理投资目标变化情况。每缺1项未统计的，扣1分，扣完为止；未及时编制报告的，不得分
	资金使用计划报告	3	每季度配合工程处室编制资金使用计划，资金使用计划明显不合理的，每处扣1分，扣完为止；未编制的，不得分
	付款统计报告	3	每月根据付款情况整理项目的付款统计报告。报告每漏1处，扣1分，扣完为止；未编制的，不得分
	设计变更签证统计	3	每月对项目已发生的、可能发生的变更签证跟踪统计。每发生1处未统计的，扣1分，扣完为止；全部未统计的，不得分
	管理月报 每月25日前提供跟审工作咨询月报（包含但不限于工程形象进度情况、目标成本动态跟踪情况、设计变更签证统计情况、进度款支付、设计变更、工程签证、设备材料的核价、人工材料调差等内容）	6	报告内容规范、完整、及时。每发现一次成果文件提交不及时、不完整或者明显错误的扣0.5分，扣完为止
工作配合	根据项目要求，参加现场周管理会议	4	每发生一次不参加会议的，扣1分，扣完为止
	根据建设方要求，提供其他合同范围内的配合支持工作	2	每发生一次不配合行为的，扣1分，扣完为止

检查内容			分值	评分标准
设计质量	初步设计评审	初步设计内部评审	8	根据评审记录,根据问题严重情况,每个问题扣1～2分
		初步设计报批通过率	6	一次通过的,不扣分。每多一次报批,扣3分
	招标图纸问题	根据招标代理编制清单提出的图纸问题,以及设计单位回复意见	4	图纸设计深度、错误问题的,每项扣0.2分
	施工图审查	施工图审查通过情况	10	一次通过的,不扣分;超过规定的审核时间取得审核通过意见书的,延迟超过7d以内的,扣1分;每延迟再超过1d,扣0.5分
		施工图审查意见书	10	根据施工图审查意见书,违反强条的问题,每项扣2分;其他问题,每项扣0.5分
	图纸会审	图纸会审记录	6	图纸设计深度、错误问题的,每项扣0.2分
	设计变更	因设计单位原因引起的设计变更统计	10	因设计单位原因引起的设计变更: 1)变更金额低于1万元的,每项扣1分; 2)变更金额低于5万元的,每项扣2分; 3)变更金额大于等于5万元的,每项扣3分
设计进度	各阶段设计图纸及相关成果提交时间		10	提交时间满足合同要求的,不扣分;提交时间延迟7d以内的,扣2分;提交时间延迟15d以内的,扣4分;提交时间延迟30d以内的,扣6分;提交时间延迟30d以上的,扣10分
	各阶段设计评审后设计单位调整时间		10	提交时间满足会议要求的,不扣分;调整时间延迟3d以内的,扣2分;调整时间延迟7d以内的,扣4分;调整时间延迟15d以内的,扣6分;调整时间延迟15d以上的,扣10分
	设计变更图纸完成时间		8	未能按照要求提供设计变更图纸的,每发生一次,视情况严重程度,扣1～3分
设计配合	设计驻场	项管单位报告设计单位人员驻场情况	8	满足合同要求的,不扣分;驻场满足合同要求80%的,扣2分;驻场满足合同要求50%的,扣3分;驻场满足合同要求15%的,扣5分;未驻场服务的,扣8分
	技术支持配合	项管单位报告设计变更出图配合情况	10	未按要求提供招标技术规格书,未及时到现场解决技术问题的,每发生一次,视情况严重程度,扣1～3分

5 咨询成果与项目复盘总结

5.1 咨询成果

5.1.1《精细化管理手册》课题成果

课题组经过查阅近 200 篇国内外关于精细化研究的论文著作，对深圳、上海等多家类似建设管理单位进行调研，经过近 7 个多月的编写，完成了《南京市公共工程建设管理中心精细化管理手册》课题编写工作，并于 2018 年 11 月 21 日在公建中心组织下，顺利通过专家评审。

本手册除序外，共分为八章，从第一至第八章分别是：前期管理，设计管理，招标采购管理，合同管理，投资管理，进度管理，质量管理，安全文明管理。在各章节的编写中，通过以下几种方式来表现精细化管理的措施：分解管理过程，细化管理工作分工与管理责任，制订管理流程，规范管理表单等。

为规范化精细化管理的管理手段，除公建中心原有的管理流程外，在本手册中共新增编写 21 项工作流程，51 个管理表单，57 个审核表单，确保本手册的可操作性，保障江北新区工程建设中心项目的各项管理工作更加标准化、规范化、专业化、程序化和系统化。

课题验收评审意见见图 5。

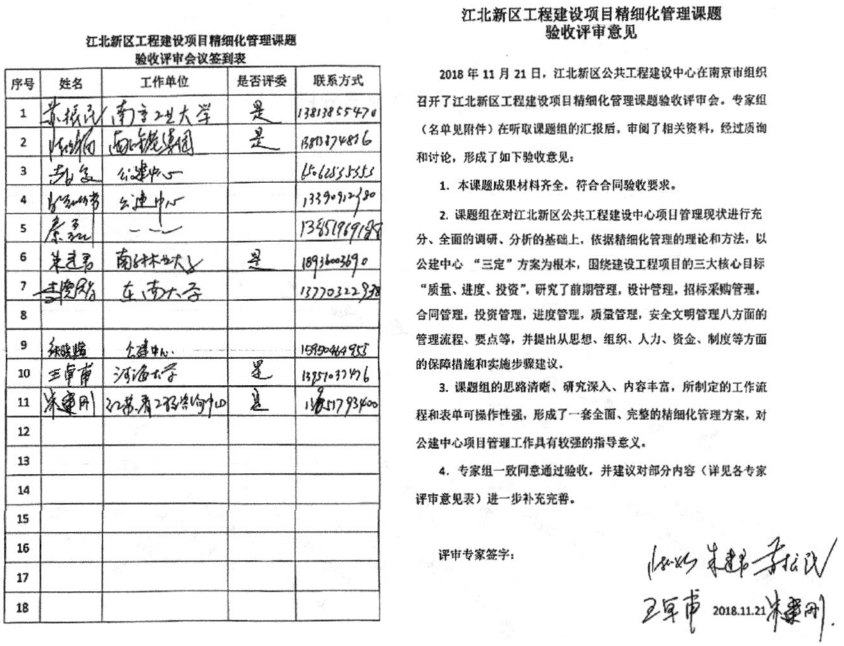

图 5　精细化课题评审专家签字及评审意见

5.1.2 现场督导咨询成果

我公司于2018年3月5日进场服务，截至2019年6月底，共完成16次月度全面督导检查，28次专项督导检查，提供16份月度督导检查报告，28份专项督导检查报告，660份督导简报。根据检查情况，对表现落后的参建单位进行约谈11次。自督导检查以来，各项目总体管理水平明显提升，获得了公建中心乃至江北新区管委会的高度评价。

过程咨询成果如图6～图8所示。

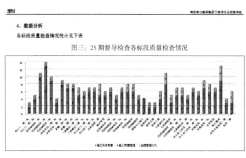
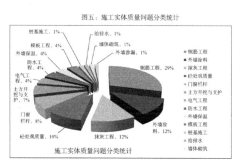
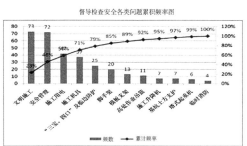
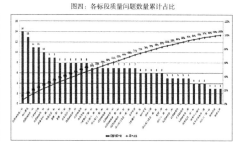

图6　督导检查数据分析

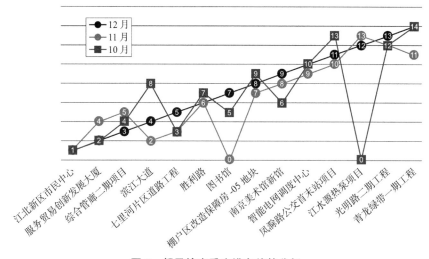

图7　督导检查季度排名趋势分析

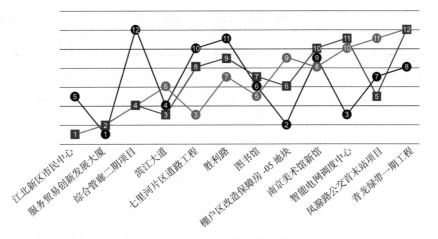

图 8　督导检查年度排名趋势分析

5.1.3 投资控制咨询成果

截至 2019 年 6 月底，咨询服务团队每两个月组织一次投资管理督导检查，系统梳理各项目进度管理漏洞和问题，共编制 6 份咨询报告。通过持续的督导检查，各项目投资管理行为逐步地规范和有序，投资目标管理逐步落实，管理成效得到显著提升。

5.1.4 进度总控咨询成果

在 2018 年度，通过对进度总控的督导管理，我们从总控计划管理、计划实施、风险预控等方面进行重点监督检查，共开展 5 次进度总控检查。通过督导检查，系统梳理各项目的进度计划管理体系和报告体系，完善了从建设方对进度管理的三级管控体系和规范化管理。并系统梳理了各业态三级计划里程碑节点表、工程基本建设程序管理计划表、招标计划表、创优计划表等。

相关主要成果如图 9、表 4、表 5 所示。

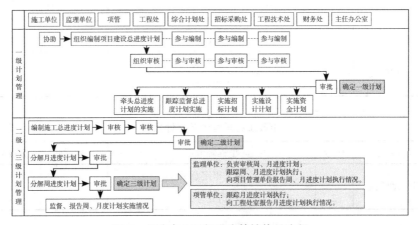

图 9　公建中心三级进度管控体系流程

房屋建筑工程里程碑节点计划表　　　　　　表 4

阶段	序号	里程碑节点			开始时间	完成时间
项目启动阶段	1	总平审定意见				
	2	可行性研究方案审批				
项目规划阶段	3	初步设计及概算批复				
	4	土地手续	模拟			
	5		土地证			
	6	建设工程规划许可手续	模拟			
			建设工程规划许可证			
	7	施工许可手续	模拟	支护		
	8			桩基		
	9			主体		
	10	施工许可证				
项目实施阶段	11	开工				
	12	桩基工程				
	13	基坑围护				
	14	土方工程				
	15	结构出 ±0.00				
	16	主体结构封顶				
	17	主体验收				
	18	幕墙封闭				
	19	装修工程				
	20	室外工程				
	21	机电安装调试				
	22	消防验收				
	23	竣工验收				
项目收尾阶段	24	工程移交				
	25	工程结算				

市政工程里程碑节点计划表　　　　　　表 5

阶段	序号	里程碑节点	开始时间	完成时间
项目启动阶段	1	总平审定意见		
	2	可行性研究方案审批		

阶段	序号	里程碑节点			开始时间	完成时间
项目规划阶段	3	初步设计及概算批复				
	4	土地手续	模拟			
	5		土地证			
	6	建设工程规划许可手续	模拟			
			建设工程规划许可证			
	7	施工许可手续	模拟	支护		
	8			桩基		
	9			主体		
	10		施工许可证			
项目实施阶段	11	开工				
	12	雨污水、电力等管网				
	13	路基				
	14	道路基层				
	15	道路面层				
	16	绿化、照明灯附属工程				
	17	竣工验收				
项目收尾阶段	18	工程移交				
	19	工程结算				

根据公建中心，对于"两馆一中心"项目（南京市新美术馆、江北新区市民中心、江北新区图书馆）建设进度的要求，我们重点对"两馆一中心"项目进度进行监督管理，梳理以上三个项目的进度计划，找出关键线路，并结合项目实际情况，提出进度管控重点和风险及建议，有效地为项目实施层的管理提供技术支持。在后续工作中，我们持续对"两馆一中心"项目建设进行持续跟踪督导检查。其中，一期的咨询报告成果如下：

南京市江北新区公建中心 全过程工程咨询服务工程咨询报告		
报告名称：关于"两馆一中心"进度计划的建议	编　号：SPM-NJGJZX-ZX009	
类　　型：【　】监管评价　　【√】技术咨询　　【　】建章立制　　【　】其他		
编 制 人：王文辉	审核人：余业雄	
正　　文：关于"两馆一中心"进度计划的建议		

根据 2018 年 9 月份督导通报会上及"两馆一中心"进度推进会上公建中心领导指示精神，全过程咨询单位于 2018 年 9 月 19～21 日对"两馆一中心"项目开展进度专项调研。从各项目编制的建设总进度计划来看，计划涵盖设计、报建、招标、施工等，内容较全面，年度目标及竣工目标明确，里程碑节点设置较合理。针对各项目的进度计划，我单位与各项目的项管单位、监理单位、施工单位进行充分的沟通，梳理各项目建设的主要工作的关键路线，并提出相关建议。

1 各项目主要工作关键路线

根据进度计划以及现阶段各项目的实施进展情况，我们对总包、装修、幕墙、景观等主要工作的设计招标、设计、施工招标、施工等主要工作进行了梳理，整理了各项目的关键线路计划，如图 10～图 12 所示。

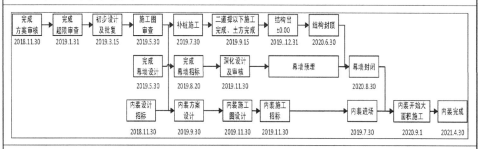

图 10 江北新区图书馆主要工作关键线路图

备注：以上未标明开始时间节点的，均为该项工作完成时间。各项工作时间节点均为各项目编制的进度计划中时间。

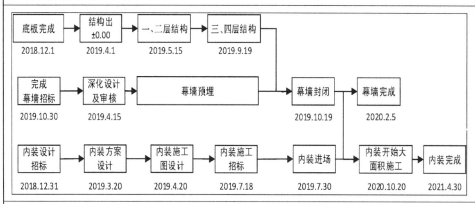

图 11 南京市美术馆新馆主要工作关键线路图

备注：以上未标明开始时间节点的，均为该项工作完成时间。各项工作时间节点均为各项目编制的进度计划中时间。

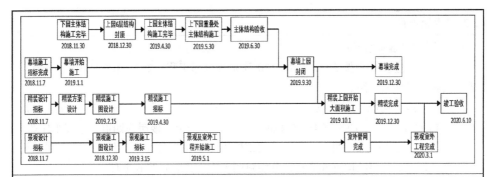

图 12 江北新区市民中心项目主要工作关键线路图

备注：以上未标明开始时间节点的，均为该项工作完成时间。各项工作时间节点均为各项目编制的进度计划中时间。

2 计划编制情况及建议

2.1 图书馆项目

1）进度计划编制情况：

（1）项目进度计划以 2018 年 11 月 30 日确定幕墙方案为假定前提。

（2）项目进度计划按 2021 年 4 月 30 日完成全部工程，2021 年 6 月 30 日之前完成竣工验收目标来编制。

（3）各项主要施工工期为：地下室 3 个月，地上结构 6 个月，幕墙封闭 2 个月，装修 8 个月。

（4）主要设计工作工期为：装修方案设计 4 个月，施工图设计 2 个月。

2）从计划来看，工期相对紧张的有：

（1）施工图审查完成到地下室结构开始施工一共只有 3 个月的时间，需完成钢结构深化设计、钢构件备料、制作，工期偏紧。

（2）地下室施工共 3 个月时间，包括垫层、防水、底板、拆撑、换撑、2 层地下结构，工期紧张。

（3）从结构封顶到幕墙封闭只有 2 个月时间，工期紧张；如幕墙封闭延迟，必然会影响装修施工工期。

（4）从结构封顶到内装大面积施工只有 2 个月时间，工期偏紧。

3）建议：

（1）主体结构施工须挖潜，提早完成结构封顶。如能协调初步设计批复后即开始补桩施工，可节省工期近 2 个月。

（2）在本项目进度计划中，未详细列出机电安装的进度计划，在装修大面积施工前，机电各专业包括智能化工程管线工作应基本完成，工作量较大。建议在主体结构封顶完成前，应组织施工单位完成管线综合深化设计，避免施工阶段因管网交叉引起的工期拖延。

（3）内装设计应与布展设计一并考虑，避免后期因布展对内装设计的调整引起工期拖延。

南京市江北新区公共工程建设项目全过程工程咨询服务案例

2.2 美术馆项目
1）进度计划编制情况：
（1）项目进度计划按 2021 年 4 月 30 日完成全部工程，2021 年 6 月 30 日之前完成竣工验收目标来编制。
（2）主体结构施工组织按一、二层分南北各Ⅰ、Ⅱ、Ⅲ三个区，三、四层分 1、2、3、4 四个区。三、四层钢构件分核心筒、胎架、桁架、楼层板四道工序流水作业。
（3）各项主要施工工期为：从底板到结构出 ±0.00 共 4 个月，地上一、二层结构约 2 个月，三、四层结构近 6 个月；幕墙封闭 1 个月；装修约 6 个月。
（4）主要设计工作工期为：装修方案设计 70d，施工图设计 1 个月。
2）从计划来看，工期相对紧张的有：
（1）从结构完成到幕墙封闭约 1 个多月时间，工期偏紧。
（2）从结构完成到装修施工完成共 7 个月时间，工期偏紧。
（3）装修方案设计约 70 天，考虑到各层级领导审核、调整时间，工期偏紧。
3）建议：
（1）目前计划中三、四层钢构件施工工期偏长，建议施工总包单位提前考虑备用方案，以项目竣工为最终目标，倒推幕墙、装修施工工期，为幕墙和装修施工提前进场创造条件。
（2）提前与质监站沟通，协调主体结构分区域验收，幕墙、精装、机电管道安装等工作可以提前插入。
（3）装修方案设计建议适当多预留一些时间，以备因方案调整引起的工期延误。同时，装修设计应与布展设计一并考虑，避免后期因布展对内装设计的调整引起工期拖延。
2.3 市民中心项目
1）进度计划编制情况：
（1）项目进度计划按 2021 年 4 月 30 日完成全部工程，2021 年 6 月 30 日之前完成竣工验收目标来编制。
（2）结构施工分上、下园两部分，上园主桁架为钢结构，重难点就在钢结构的吊装、焊接、拼装、整体提升、卸载等工序，整体提升完成后，开始其他杆件及楼层板施工。下园为钢筋混凝土结构。
（3）各项主要施工工期为：上园 6 层结构封顶周期约 4 个月，上园钢构件安装周期约 4 个月，从结构验收到幕墙和精装修完成周期约 6 个月，景观施工周期约 6 个月。
（4）主要设计工作工期为：精装方案设计及施工图设计约 3 个月，景观方案设计及施工图设计约 50 天。
2）从计划来看，工期相对紧张的有：
（1）幕墙施工招标、精装设计招标、景观设计招标均要求于 2018 年 11 月 7 日完成，工作量相当大。
（2）主体结构验收完成到幕墙和精装修施工完成周期约 6 个月，工期紧张。

全过程工程咨询指南丛书 ／ 全过程工程咨询典型案例解析

3）建议：

（1）精装图纸设计、智能化设计前应确定使用及运维单位，尽量避免施工后出现大量修改、返工，造成投资增加、工期延误。

（2）进度计划中建议增加与江水源泵站项目交接时间的重要节点。

（3）提前与质监站沟通，协调主体结构分区域验收，幕墙、精装、机电管道安装等工作提前插入。

（4）精装设计应与布展设计、影院设计一并考虑，避免后期因布展对精装设计的调整引起工期拖延。

2.4 其他总体建议

（1）目前只有美术馆项目用 Project 编制进度计划。为更清晰地找到项目进度计划的关键线路和进度控制重点，建议其他项目也用 Project 编制进度计划，并理清各项工作的逻辑搭接关系，编制进度计划编制说明。

（2）各项目编制计划中未设置幕墙大面积封闭、装修单位具备大面积进场施工作业条件的节点。考虑到实际情况，建议设置幕墙大面积封闭节点，确保装修施工单位能及时进场施工。

（3）"两馆一中心"为江北新区的重点项目，受社会及各级领导关注度高，建议在幕墙、装修正式施工前，对重要部位做工程实体样板，进一步确定工程效果，避免后期出现大的设计调整引起工期滞后。

（4）在各项目进度计划中，未详细列出机电安装的进度计划。建议在主体结构封顶完成前，应组织施工单位完成管线综合深化设计，避免施工阶段因管网交叉引起的工期拖延。

（5）考虑到前期部分项目图纸审查时间偏长，对于后续需要报审的设计文件，建议设计单位应提高对图审工作的重视程度，在审图期间与审图单位密切沟通，避免"坐、等、靠"的工作方式，及时发现和解决问题，缩短审图进度，为施工招标及施工争取时间。

上海市建设工程监理咨询有限公司
南京市江北新区公建中心全过程工程咨询项目部
2018 年 9 月 19 日

5.1.5 设计管理咨询成果

技术组每 2 个月一次对各项目设计管理工作进度进行督导检查，截至 2019 年 6 月底，共开展 10 次专项督导检查，提供 10 份专项咨询报告。除此之外，我们协同各项目管理单位，以公建中心设计管理的实际问题为导向，全面梳理各类设计合同架构及合同主要条款，并对设计及设计顾问咨询单位的工作职责进行了全面的界定，为各项目管理团队提供支持，保障各项设计管理工作有序开展。主要成果文件如下。

1. 设计合同编制重点（表6）

设计合同编制重点

表6

序号	设计合同编制重点
1	明确设计范围、内容、设计界面
2	明确设计出图计划及设计成果要求
3	界定设计及各顾问单位的责任界面
4	明确设计配合服务内容和要求： 1）驻场服务要求； 2）报批报建配合要求； 3）编写设备材料技术规格书要求； 4）对其他设计单位的技术审查与配合要求； 5）验收配合要求
5	合理制定设计费支付条款： 1）各阶段设计成果审批通过后再进行相关设计款项的支付； 2）施工图审核通过后付款比例控制在80%以内，施工阶段的设计配合服务费不低于20%； 3）设置一定比例的考核费用，与对设计单位的考核评价挂钩
6	合同考核管理： 通过对设计进度、设计质量、设计驻场服务、设计配合度等方面的综合考核，使合同考核与合同付款建立对应关系

2. 设计进度计划管理（表7）

设计进度计划管理

表7

序号	设计阶段	设计阶段分解	进度计划	备　注
1	方案设计	开展方案设计工作		方案设计工作开始要求： 通过方案启动会明确设计基础条件和使用方需求，作为启动节点
2		方案设计中期汇报		根据方案中期汇报成果要求，在方案设计中间节点组织设计方的汇报
3		方案设计修改深化		根据中期汇报甲方反馈意图修改设计，以完成修改时间为准
4		方案设计终期汇报		组织向管委会领导汇报，以通过审批时间为准
5	初步设计	初步设计启动		如方案设计单位与初步及施工图设计单位不一致，则以方案设计单位对初步设计单位交底时间作为启动时间节点
6		初步设计及设计概算		
7		初步设计评审		以通过主管部门审核为准

序号	设计阶段	设计阶段分解	进度计划	备　注
8		施工图设计		以施工图审查送审时间为准
9	施工图	施工图审查		以通过施工图审查时间为准
10		施工图调整		以根据审查意见调整完成时间为准

3. 房屋建筑工程设计及设计顾问工作界面（以美术馆为例）（表8）

房屋建筑工程设计及设计顾问工作界面（以美术馆为例）　　　　表8

单位职责	主要工作内容
方案设计单位	建筑方案设计、报建材料制作、景观概念设计、幕墙外形及主要尺寸设计、初步设计及施工图文件的审核
初步设计及施工图设计单位	初步设计的土建部分、机电初步设计、全部专业施工图，以及二次机电设计工作，并承担报建方案的审核工作，机电方案及机电初步设计成果的审核工作，施工招标文件的制作，以及施工配合等工作。同时协助项目的报建报批工作
机电顾问	提出机电方案，负责机电技术统筹，审核机电施工图，优化设计，制作机电招标、采购技术文件
绿建顾问	按绿色建筑三星设计评价标准和美国 LEED-CS 建筑评价标准对建筑方案、扩初设计、施工图设计提出建议及要求，进行设计评估、设计研讨，提出优化意见，确定绿建各项指标，指导绿建设计，进行绿色建筑设计标识认证申报所需提交文件的编写、递交申报材料、协调跟进申报工作
交通顾问	场地内主要道路交通流线的计算、分析，以及地块内商业流线的分析，向设计院提供所有关于交通方面的信息咨询服务
幕墙顾问	根据建筑方案及建筑施工图要求制作幕墙招标图，提出幕墙招标技术规范和要求，协助制作幕墙施工招标书，提供招标、施工过程咨询服务
精强审单位	承担施工图精审及强审工作，精审工作主要是施工图错漏等的审查
BIM 顾问	初步设计及施工图建模、碰撞检测，运用 BIM 模型进行设计协调、净高分析及优化、可视化展示、面积统计、BIM 数据管理等
景观设计	景观方案设计、初步设计和施工图设计，包括景观的园建、水、暖、电及绿化等的工作，并进行景观施工的施工配合、主要材料的确认等工作
泛光照明	楼梯亮化及景观照明设计，包括方案图纸及招标图纸设计
室内装饰设计	主要是办公楼大堂、电梯厅、标准层公共走廊、商业公共区域等部位的精装修设计，六面体装饰设计，室内公共区域栏杆、扶手设计，电梯轿厢装饰设计，电梯厅、电梯轿厢多媒体广告设计，水、电、暖等专业二次设计配合，编制入驻商户门面装修导则。包含方案设计及施工图设计工作

5.2 项目总结和思考

回归到本项目中全过程咨询服务的定位，经过一年多的全过程工程咨询服务，持续地总结、完善服务内容，我们很好地履行了"参谋""班主任""巡视组"的职责，通过 PDCA 循环，各项管理工作更有规范、更有序地开展，公建中心各项目的建设管理水平有了显著的提升。

同时，在咨询服务过程中，我们深刻体会到面向多业态项目群提供总体咨询服务时面临的困难和局限。近年来，各地政府主导的开发区、新区、新城、产业园区等区域性建设项目如火如荼，面向政府建设管理平台区域性综合开发建设的管理咨询业务应运而生，为更好地适应市场的需求，提供更优质的咨询服务，我们提出以下几点思考。

1）综合化的信息管理平台的开发和应用

对于大型复杂项目或项目群的建设管理，参建单位多，管理信息量巨大，项目建设管理信息平台的开发和应有尤为重要。国内市场上有众多的专门提供建设管理信息化平台建设的服务供应商，也有相对成型的各类管理平台的市场应用。但从实践来看，管理平台并没有发挥足够的价值。从这个方面来看，项目建设管理平台的市场开发和应用的任务任重而道远，需要专业化的平台建设服务供应商和专业化的咨询服务单位共同努力。

2）面向项目群服务模式和实施方案的研究

从市场需求来看，随着国家城镇化建设政策的推行，以政府为主导的城市化建设在持续高速地发展。与改革开放初期以单个项目成立建设指挥部的管理方式不同，现阶段的城市开发建设中政府多成立建设管理平台公司，大规模地进行开发区、新区、新城、产业园区等区域性开发建设。与单个项目相比，区域性的建设管理呈现以下特点：项目数量多、规模大、投资额大；项目包含的业态多、专业多；建设模式多样化；涉及区域性的规划管理等。总的来说，管理内容更全、更复杂，统筹性管理要求更高，需要协调的工作量更大，对于建设方提出了更高的要求，专业化的咨询服务有充分的市场需求。但面对项目群的总体咨询服务的具体的服务管理模式仍不是十分成熟。

结合笔者参加多个项目群的总体咨询服务项目实践来看，服务内容主要包括管理模式的研究咨询、建章立制、总平面统筹管理策划、进度总控咨询服务、投资总控咨询、现场质量和安全第三方巡查服务、技术咨询服务等。表 9 为笔者参与或调研部分项目群咨询服务的服务内容统计。

<table>
<tr><td colspan="4" align="center">笔者参与或调研部分项目群咨询服务的服务内容统计   表 9</td></tr>
</table>

序号	项目	建设单位	合同名称及主要服务内容
1	天津于家堡金融区	天津新金融投资有限责任公司	《总体项目管理》：包括建章立制、管理标准化研究、现场巡查、以进度为主的总控咨询、专项技术咨询等
2	2010上海世博会园区	上海世博土地控股有限公司	《总体项目管理》：园区进度总控，主管项目的组织、策划和实施管理
3	深圳医院学校等群体项目	深圳工务署	《工程咨询》：项目管理和监理一体化服务
4	深圳前海建设项目第三方巡查	深圳前海深港现代服务业合作区管理局	《第三方巡查》：现场质量、安全的巡查、报告
5	南京河西新城	南京河西新城国有资产控股（集团）有限公司	《总控咨询》：现场质量、安全第三方督导、考核，进度总控，课题研究
6	南京江北新区公建中心建设项目	南京市江北新区公建中心	《全过程工程咨询》：建章立制、设计合约技术咨询、进度总控、质量安全第三方督导考核
7	雄安新区建设项目	中国雄安集团有限公司	《工程咨询》：立项咨询、评估咨询、采购技术咨询、造价咨询、项目后评估。《项目管理》：项目群总控咨询、项目实施管理、项目群第三方督查

以上服务中，相对来说，关于以进度为主的总控咨询服务和针对现场质量安全第三方巡查服务两方面理论的研究和项目实践成熟一些，但总体来看，仍存在较大的提升空间，其他的管理咨询服务内容如何去开展，需要什么样的人力资源去实现，需要咨询单位在实践过程中不断地研究、总结。

3）人才团队建设和合作伙伴模式

面向多业态项目群建设管理咨询服务所需要的人才数量多、专业广，对人才的素质要求更高，需要既懂技术又懂管理的复合型人才。从市场来看，目前各咨询单位面临的一大共性问题就是人才的紧缺和流失。因此，更加可行的途径是通过咨询单位内部培养，通过在项目管理实践中的轮岗锻炼，提升人才梯队的厚度和团队建设。

同时，对于任何一家咨询单位，能独立完成全部的管理咨询服务内容都是难度相当大的，公司兼并扩大是一个快速的解决途径，但可能难度极大。在相当长的阶段内，通过寻找相对固定的合作伙伴，建立固定的合作方式，弥补自身管理和技术能力的不足，不失为一个有效的方式。

上海天文馆工程全过程工程咨询案例

——上海市建设工程监理咨询有限公司

尹纯红　尹思慧

1　项目背景

1.1　项目名称

由上海市地名管理办公室签发的地名使用批准书，明确本项目标准地名为上海天文馆（图1）。

图1　上海天文馆全景图

1.2　项目法人单位

本项目法人单位为上海科技馆。上海科技馆是我国规模最大的综合性科学技术类博物馆之一，是上海市政府为提高市民科学文化素养投资17.55亿元建设的重大社会教育机构，是上海市财政全额拨款事业单位。上海科技馆由科技馆、自然博物馆和天文馆"三馆合一"，以"自然·人·科技"为主题，以促进公众科学文化素养、提高城市综合竞争力为宗旨，融展示与教育、收藏与研究、合作与交流、休闲与旅游于一体，以学科综合的手段及寓教于乐的方式诠释自然与科学技术知识，引发观众探索自然与科技奥秘的兴趣，是上海最主要的科普教育基地。

上海科技馆全馆占地面积 6.8 万 m²，建筑面积 10.06 万 m²，展示和活动面积 6.5 万 m²。2001 年 12 月 18 日，上海科技馆首期展示对公众开放。2005 年 5 月 14 日，二期展示竣工开放。目前，共设有 12 个常设展区、2 个特别展览区和由 5 个高科技影院组成的"科学影城"。

上海科技馆以寓教于乐、生动活泼的展示方法和教育活动，激发公众对自然、人类和科技的好奇心和学习兴趣，受到社会各界的欢迎和好评。2005 年，在全国科技馆领域率先通过 ISO 9000/14000（质量 / 环境）管理体系认证，形成全国科普场馆观众服务的质量标准；2010 年，成为全国首家获国家 5A 级旅游景区的科普场馆；2012 年，又获评国家一级博物馆。

1.3 项目提出背景

上海天文馆项目建设历经了几代领导人和科学家的不懈努力和推动。1974 年 4 月，时任副总理李先念同志首次批示建设上海天文馆；1977 年 4 月，时任副总理谷牧同志也批示同意上海天文馆在"五五"期间建设；1990 年 8 月，谢希德、谈家桢、翁史烈和叶叔华四位院士共同致信时任中共中央总书记江泽民同志提议建设上海天文馆；2010 年 7 月，中科院上海天文台叶叔华院士再次向时任上海市委书记俞正声进言建设上海天文馆。建议中提到："中国大陆至今仅北京一座天文馆。21 世纪深空探测将成为各国科技竞赛场，而我国在深空探测、科学卫星乃至独家的空间实验室建设等领域均进行了重点科研探索，市民及青少年需有这方面的新知。兴建天文馆，对广大市民进行天文科学知识普及推广，补充青少年天文科学方面的非正规教育，并使其成为上海又一科技人文景观，休闲之余有所学得，更相得益彰。"此建议得到了上海市委、市政府的关注和支持，时任市委书记俞正声、市长韩正批示请市发改委、市科委等部门组织调研。

为此，在建设主体尚未明确之前，市发改委、市科委委托上海天文台进行了大量的调研考察工作，包括对全球数十个国家和地区 60 多座天文馆进行了网络资料收集和整理，并实地走访了国内外多个天文馆，充分了解世界各地主要天文馆的历史和现状，为上海天文馆项目立项建议工作打下了扎实的基础。

同时，市发改委、市科委、市教委、中科院上海分院等相关部门领导也对本项目给予高度关注和大力支持，多次到上海天文台听取汇报，充分认可本项目的建设意义和重要性，并针对性地提出了很多建设性的意见和建议。

为更好地落实上海市科委关于项目建议推进的指示，由上海科技馆牵头，联合上海天文台成立了项目工作筹备小组，进一步予以推进和落实项目建议工作，包括展示的内容和特色以及项目的选址等，并于 2014 年 1 月 29 日最终获得上海市发展改革委员会立项批复。

项目立项批复后，上海科技馆在相关政府单位和专家的支持下，立刻启动了相关建筑设计方案的国际公开征集和招标投标工作，以及其他立项前期配套工作。经过方案评比和专家评审，最终确定了美国意艾德建筑事务所和上海现代建筑设计院组成的联合团队为天文馆的最终设计团队。

2014 年 5 月 23 日，周波副市长召开专题会议，研究上海天文馆项目建设工作。会议原则同意美国意艾德建筑事务所提出的上海天文馆建筑设计方案，并提出强化绿化环保节能理念、同步推进展示方案设计等意见。

2　项目概况

2.1　项目选址

本项目最终选址位于临港新城 NHC105 社区内，北至 C3 路（环湖三路）绿化带，西至临港大道绿化带，南至春涟河与公共绿地边界，东至临港大道东约 394m。本项目选址周边环境优越，符合天文馆建设要求。

2.2　项目定位

2.2.1　总体定位

打造一座以提高公众科学素养为使命，以巡视宇宙科学前沿、实现震撼展示体验、构建独特天文教育为重点，以现代化展示教育理念构建的天文科普传播平台。

同时，上海天文馆的目标是成为一个时代特征鲜明、天文知识丰富、具有强大科学传播能力、广受公众喜爱的专业类博物馆，既有"人有我强，引领示范"的一流性，更有"人无我有，与众不同"的独特性，作为上海科技馆的又一个分馆，与上海自然博物馆一起更好地诠释"三馆合一"的关联性和优越性，更有效地向公众传播"自然·人·科技"的大主题。

2.2.2　功能定位

天文学是一门大众科学，上海天文馆的最核心功能和最终目的是大众科普教育，提升全民科学素质，具体聚焦在以下三大功能：

（1）收藏展示（基础）：通过采购、征集、租赁、捐赠和复制等多种渠道收集包括珍贵陨石标本、月岩标本、最新航天科技展品、经典观测仪器（古观象仪、水运仪象台、各式日晷、帕兰子午仪等）等品类多样的展品、藏品，向公众传递最新的天文与空间科学知识；通过现代数字媒体手段实现震撼逼真的观展体验，激发公众对天文的好奇与喜爱。

（2）科普教育（核心）：强化科普与教育、旅游等的结合，合理构建展示教育，积极拓展活动教育，为不同需求的学生提供多层次的教育载体，以培养学生发现问题、独立思考、解决问题的能力，以进一步提升公民基本科学素养。

（3）观测研究（支撑）：利用步入式太阳望远镜、1m级反射望远镜、激光探月仪等现代先进观测设备，搭建全球星空实时观测馆际互动平台，馆台合作建立约10人左右的天文科普研究队伍，为天文馆的科普展示、内容策划和教育活动提供最前沿的科学支撑和观测体验。

2.3 项目建设内容及规模

本项目主要建设内容包括新建1幢3层主体建筑（地下1层），建筑面积35369.85m²；1幢1层青少年观测基地，建筑面积911.5m²；1幢1层厨房餐厅（地下1层），建筑面积944.3m²；1幢3层大众天文台，建筑面积467.47m²；1幢2层魔力太阳塔（地下1层），建筑面积396.5m²；1幢1层垃圾房，建筑面积74.29m²。项目总建筑面积38163.9m²，其中地上建筑面积为25636.92m²，地下建筑面积为12526.98m²。

2.4 项目建设周期

2013年10月上海天文馆项目建议书送审，2014年1月获得上海市发展改革委员会立项批复；2015年9月获得上海市发展改革委员会可行性研究批复；2016年7月获得上海市住房和城乡建设委员会初步设计批复；2016年10月获得施工许可证，建设工程项目实际2016年11月份动工，计划2019年7月完成建安工程，建设周期约为2年8个月。建安工程完成后，开始内部布展，展示工程预计2020年完成。场馆计划2021年正式对外开放。

3 需求分析

3.1 上海天文馆需求分析

根据上海天文馆的提出背景、目的，明确：解决一些天文课题，促进人类文

131

上海天文馆工程全过程工程咨询案例

明发展；提升公共天文科学素质，是创新型国家，完善上海市城市功能、建设国际大都市的需要。

基于天文馆具有位于国家级、世界前端，具有教育意义、科普意义，推动社会发展，完善国际大都市功能的较高战略定位，各界对天文馆的期望很大，因此，对建设管理上提出了高需求，需要一个高素质、专业性强的公司提供咨询管理工作。

3.2 业主需求分析

业主方是上海科技馆，除本次建设天文馆场馆外，另外有上海科技馆、上海自然博物馆建设经验。因此，基于前两次建设经验及对天文馆的建设要求，提出了以下需求：

1）本次项目管理需是全过程项目管理，涉及前期阶段、准备阶段、施工阶段及后期展示、运维配合。

2）鉴于两次建设经验，业主方专业人员人数及能力有限，现提出以下具体需求：

（1）工程前期及准备阶段，需要咨询方参与组织的工作有，编制项目管理制度体系、办理工程开工前必要的手续，组织协调，工程投资，设计、合同、招标、工程进度、信息控制、节能、BIM 管理等，共 15 项工作内容。

（2）施工阶段，需要咨询方参与组织的工作有，组织施工图设计交底，开工，协助业主方落实开工必要条件，协助业主方及工程监理施工，工程质量、安全、设计、节能、BIM、投资、资料等管理工作，设备功能调试等，共 15 项工作内容。

（3）竣工验收及交付使用阶段，需要咨询方参与组织的工作有，协助业主方组织参建单位进行工程联动试车，办理相关职能部门的竣工验收手续，组织竣工验收，档案移交及协助竣工结算及后期配合展示工程与原建安工程相关的项目管理工作等，共 13 项工作内容。

3.3 制约因素分析

1. 审批制约

工程建设报审涉及多个政府部门，各部门的要求条件不尽相同，审批时间较长，对工程开工建设形成制约。

2. 投资制约

概算指标与高标准异形建筑的矛盾。建筑造型复杂、建筑外形不规则等特点使得整个项目虽然建筑面积不大，但是造价管理难度比一般的民用建筑高，项目投资控制严格，对造价控制要求高，要求精准计算、清单设计合规、全面。

3.技术制约

项目在建设期间存在很多难点及未涉及过的技术问题，造型工艺多采用的是非标准工艺，且建筑异形造型造成的各类错漏碰缺较多。

4.施工制约

1）空间造型变化多，测量要求高

本工程内部环廊坡道造型复杂，外围护结构的幕墙、金属屋面多数具有曲面空间三维特征，倒转穹顶屋面及球幕影院是典型的三维空间结构，部分复杂区域的金属屋面每块几何形状、尺寸都不尽相同，测量精度要求高、测量工作量巨大。

2）结构异形节点多，施工难度大

项目主体建筑结构体系为框剪（架）、钢结构和铝合金结构组合的混合结构体系。其中，框架剪力墙结构呈现壳体造型，为异形结构，整个壳体造型呈弧形上升；主体结构平面中梁布置形式多为斜向相交，部分框架梁标高不一、高低错位，节点形式繁多，如何保证梁柱节点钢筋放置和梁与梁钢筋相互锚固，施工难度大。

3）钢构量大，类型多，安装精度高

本工程钢结构种类繁多，由于建筑造型的需要，大量的水平钢梁尺寸各异，两端标高不同，使得钢梁制作加工与安装难度大大增加；球幕影院壳体由不同直径、长度、厚度的钢管相贯焊接而成；屋面与二层的大悬挑部分为空间钢结构桁架结构，其中最大跨度近60m，最大悬挑长度近40m，桁架高度近2m，高大桁架的安装困难。

4）幕墙屋面形式多，节点控制难

本工程幕墙外立面曲面造型多样、构造复杂。材质包括玻璃幕墙、金属幕墙、玻璃采光顶及铝合金门窗，幕墙与屋面工程量大，体系复杂。在既定的时间内，需通过合理的深化设计、严密的施工组织与管理来保证工程质量和节点计划。

5）机电工程系统多，管线排布难

建筑内部多为不规则空间，尤其是展示空间，机电管线在空间关系复杂的主体建筑内排布需满足夹层多、中庭空间多的复杂情况和美观要求，需要准确反映建筑、结构和机电各专业布置的空间关系才能实现，从而不影响展示空间的视觉效果，同时为设备检修、更换预留足够的空间，故而传统的管线设计和施工面临巨大挑战。

5. 成本制约

工程咨询取费规定与业主需求及工作投入存在巨大矛盾。

3.4 可行性分析

（1）本项目具有时代意义，战略定位较高，公司承揽此项业务对拓展公司业务及公司提高声誉有很大帮助。

（2）业主委托属于全过程咨询项目管理委托，对公司探索全过程咨询工作有非常重要的意义。

（3）本项目由一名项目经理，多名不同专业项目管理工程师，根据不同时期、不同情况适时进行调整，在保证公司成本的前提下，确保工程顺利推进。

3.5 分析结果

（1）上海天文馆要建设成为一流的天文馆，是上海国际化大都市建设的组成部分。

（2）项目前期手续复杂、涉及部门较多，审批时间较长。

（3）项目设计复杂、造型独特，技术、工艺要求高，关键工艺材料涉及非标较多，对施工提出高要求，需协调事宜多。

（4）项目后期建安工程建设须与展示工程配合事宜较多，管理繁琐。

（5）项目建成后要具有科普、教育功能，促进上海临港地区旅游、教育发展。

（6）项目满足临港地区生态建设要求，天文馆与星空之境公园进行融合。

（7）投资控制严格、建设任务艰巨，对工程管理是一种挑战，传统管理方式方法对项目不尽匹配。

（8）需严格控制项目成本。

4 服务策略

根据上述需求分析结果，针对本项目重点提出的服务策略有以下方面：

（1）全过程服务于上海科技馆做好建设上海天文馆项目的项目管理工作。

（2）提供给业主方配套的服务，满足业主方的需求，如提供必要的公司专家团队支持，解决业主的后顾之忧，为管理作支撑保证。

（3）上海天文馆项目作为上海市重点项目，也列入公司重点管理项目范畴，实施有效的跟踪服务，按照管理原则，每季度为业主方做好满意度调查，确保过程中的管理及时调整与提供更好、更匹配的服务。

（4）配备适用上海天文馆建设需要的服务管理团队，选派的企业人员素质、管理水平和服务质量均为适合上海重大项目的高配置，做好项目管理的过程管理。

（5）制度化管理模式。为上海天文馆制定合适的项目管理制度体系，保证项目高效、经济运转，为项目精细化管理提供保障。

5 咨询方案

5.1 天文馆项目管理要求

（1）本次受委托的上海天文馆项目管理咨询涉及前期阶段、准备阶段、施工阶段、布展与运维阶段。

（2）项目管理工作不仅要提供管理服务，还要组织、参与、协助业主及各参建单位完成从立项至运维阶段的各项管理工作。

（3）业主对管理人员的专业有明确的要求，涉及投资控制、前期手续、审批、招标投标、设计、配套、质量安全、信息综合等方面。

5.2 组织架构设计

1.项目管理组织架构

按照业主与项目管理单位的分工，项目管理单位负责业主方的项目管理实施工作，业主负责督促其实施和重大问题的决策。为了充分利用项目管理单位的专业化管理技能，建立以项目管理单位为管理中心和信息中心的组织结构，做到指令唯一，职责明确，保证项目的顺利开展。

业主的主要任务是督促项目管理单位确实履行合同委托的项目管理任务，对项目管理单位提出的重大事件的专题策划、建议进行决策，并督促项目管理单位实施。此外，还要完成项目管理合同内容之外的招标人方的管理任务。

项目管理单位在授权范围内负责为本项目提供业主方全过程项目管理服务，负责业主方管理策划、组织、协调等具体事务的实施；对工程的重大问题、重大事件，进行方案策划、利弊分析，并提出建议，业主负责最终决策。

财务监理的定位。财务监理与项目管理单位都由业主分别委托，接受业主的领导，双方是协作配合关系。一方面，投资控制工作是从设计、工程发包、成本管理、现场管理等多个方面实施的，财务监理作为投资控制专业单位，协同配合项目管理单位对项目投资进行全面控制。另一方面，财务监理作为业主委托的投资控制单位，从专业角度，从事独立的过程管控工作（图2）。

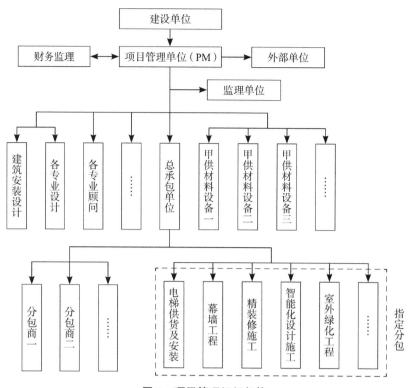

图 2　项目管理组织架构

2. 责任分配矩阵

责任分配矩阵编制说明：

（1）本表（表1）与天文馆项目组织结构图结合使用；

（2）本表从前期工作、工程发包管理、合同管理、造价管理、设计管理、工

工作内容	工作职责									
	D-决策（decision）、R-审核、检查（review）、E-实施（execute）、A-协助（assist）、P-建议（propose）									
	业主	项目管理方	财务监理	招标代理	设计单位	顾问单位	工程监理	总承包	专业分包商	甲购供货商
1　前期工作										
1.1　论证决策工作										
1.1.1　建设成本分析	D	R				E				
1.1.2　资金需求量计划	D	R				E				
1.1.3　编制项目建议书	D	R				E				

责任分配矩阵　　　　　　　　　　　　　　　　　　表 1

工作内容	工作职责 D- 决策（decision）、R- 审核、检查（review）、E- 实施（execute）、A- 协助（assist）、P- 建议（propose）									
	业主	项目管理方	财务监理	招标代理	设计单位	顾问单位	工程监理	总承包	专业分包商	甲购供货商
1.1.4 项目建议书报批	D	E								
1.1.5 编制可行性研究报告	D	R				E				
1.1.6 可行性研究报告报批	A	E								
1.2 前期手续办理										
1.2.1 取得规划条件	D/A	E								
1.2.2 建设项目立项、核准、备案	A	E								
1.2.3 办理建设用地规划许可证	A	E								
1.2.4 办理土地使用权证	A	E								
1.2.5 工程报建	A	E								
1.2.6 办理建设工程规划许可证	A	E								
1.2.7 报质监、安监	A	E								
1.2.8 办理施工许可证	A	E								
2 工程发包管理										
2.1 发包策划										
2.1.1 承发包策划	D/R	E	A				P	P		
2.1.2 管理工作界面划分	D/R	E	P				P	P		
2.1.3 工程界面的划分	D/R	E	A	P			P	P		
2.1.4 专项发包策划	D/R	E	A	A			P	P		
2.1.5 编制材料、设备采购清单	D	R	A				E	P		
2.2 工程发包过程管理										
2.2.1 工程发包考察										
2.2.1.1 工程发包考察策划	D/R	E								
2.2.1.2 考察过程中的资料收集、整理	R	E								
2.2.1.3 考察成果汇总并撰写考察报告	D/R	E								
2.2.2 工程发包文件管理										
2.2.2.1 工程发包文件初稿	D	R	A	E	A	A				
2.2.2.2 工程量清单编制	D	R	A		A/E	E				

工作内容	工作职责									
	D- 决策（decision）、R- 审核、检查（review）、E- 实施（execute）、A- 协助（assist）、P- 建议（propose）									
	业主	项目管理方	财务监理	招标代理	设计单位	顾问单位	工程监理	总承包	专业分包商	甲购供货商
2.2.2.3 发包控制价编制	D	R	E							
2.2.2.4 工程发包文件的审批	D	R	R							
2.2.3 工程发包计划管理	D	E								
2.2.4 发包跟踪管理										
2.2.4.1 发包进度、质量管理		E					E			
2.2.4.2 现场交接管理		A					E	A		A
2.2.4.3 发包变更管理	D	E	A	A			A			
3 合同管理										
3.1 合同包的划分	D	R	E			P	P			
3.2 合同签订管理										
3.2.1 起草合同初稿	D/E	E/A	A/R	E		P	P			
3.2.2 合同谈判	D/E	E/A	A							
3.2.3 合同评审/会签	D/E	E/A	A							
3.2.4 合同成稿	D/E	E/A	A							
3.3 合同过程管理										
3.3.1 合同风险预控、监管	D	E	A							
3.3.2 督促相关单位根据合同约定履行责任		E								
3.3.3 合同履约情况的评估		E	A							
3.3.4 参与或组织合同协调会议	D	E	A							
3.3.5 解决合同纠纷与索赔	D	E	A							
3.3.6 合同变更管理	D	E	E							
3.3.7 合同款支付	D	R	E				A			
3.4 合同档案管理										
3.4.1 合同台账管理		E	E							
3.4.2 合同交底		E	E				A			
3.4.3 合同资料存档		E	A							

工作内容	工作职责 D-决策（decision）、R-审核、检查（review）、E-实施（execute）、A-协助（assist）、P-建议（propose）									
	业主	项目管理方	财务监理	招标代理	设计单位	顾问单位	工程监理	总承包	专业分包商	甲购供货商
4　造价管理										
4.1　造价控制目标管理										
4.1.1　建立造价目标管理体系	D	E	E							
4.1.2　目标分解，制定各子控制目标	D	R	E							
4.1.3　目标修正	D	R	E							
4.1.4　定期编制目标变动分析报告	D	R	E							
4.2　设计过程的造价管理										
4.2.1　方案估算	D	R	E							
4.2.2　设计概算审核	D	R	E							
4.2.3　施工图预算管理及审核	D	R	E							
4.2.4　限额设计管理	D	E	E							
4.2.5　优化管理	D	E	E							
4.2.6　价值工程	D	E	A							
4.2.7　设备选型	D	E	A							
4.3　发包过程的造价管理										
4.3.1　划分工作界面，配合工程量清单计算	D	E	A							
4.3.2　编制工程量清单	D	R	R		A/E	E				
4.3.3　回标分析	D	R	A	E						
4.4　施工过程的造价管理										
4.4.1　工程变更、签证、索赔的管理	D	R/E	E							
4.4.2　工程款支付审核	D	R	E							
4.4.3　协调造价纠纷	D	E	E							
4.4.4　定期汇总工程已完造价、工程总投资	D	R	E							
4.4.5　汇总、编制年、季、月资金使用计划	D	R	E							
4.4.6　建立造价控制报表和报告制度	D	R	E							

工作内容	工作职责 D-决策（decision）、R-审核、检查（review）、E-实施（execute）、A-协助（assist）、P-建议（propose）									
	业主	项目管理方	财务监理	招标代理	设计单位	顾问单位	工程监理	总承包	专业分包商	甲购供货商
5 设计管理										
5.1 概念性方案阶段的设计管理										
5.1.1 编制市场调研报告及项目定位建议书	E									
5.1.2 编制概念性方案设计任务书并组织内部审核	D	E								
5.1.3 组织概念性方案设计发包	D	E		E						
5.1.4 组织概念性方案设计评审	D	E		P	A		A			
5.1.5 组织落实方案修改	D	E								
5.2 实施性方案阶段的设计管理										
5.2.1 编制实施性方案设计任务书并组织内部审批	D	E								
5.2.2 选定设计单位并委托设计	D	E	P		E	P				
5.2.3 组织实施性方案设计		E								
5.2.4 组织实施性方案设计评审	D	E				A				
5.2.5 跟踪落实实施性设计方案修改完善		E				A				
5.2.6 实施性设计方案规划报批		E								
5.3 初步（扩初）设计阶段的设计管理										
5.3.1 编制初步（扩初）设计任务书并内部报批	D	E								
5.3.2 选定设计单位并委托设计	D	E	P		E	P				
5.3.3 组织开展初步（扩初）设计		E								
5.3.4 组织初步（扩初）设计文件评审	D	E		P		A				
5.3.5 跟踪落实初步（扩初）设计文件修改完善		E				A				
5.3.6 初步（扩初）设计文件规划报批	R	E								
5.4 施工图设计阶段的设计管理										
5.4.1 编制施工图设计要求并组织内部审核	R	E				A				

工作内容	工作职责									
	D-决策（decision）、R-审核、检查（review）、E-实施（execute）、A-协助（assist）、P-建议（propose）									
	业主	项目管理方	财务监理	招标代理	设计单位	顾问单位	工程监理	总承包	专业分包商	甲购供货商
5.4.2 督促开展施工图设计		E								
5.4.3 组织施工图设计文件内部审核	D	E	R				A			
5.4.4 跟踪落实施工图设计文件修改完善		E	R				A			
5.4.5 施工图设计文件外部送审		E								
5.5 施工阶段的设计管理										
5.5.1 组织设计技术交底及图纸会审		E			A	A	A			
5.5.2 跟踪落实图纸会审有关意见修改完善图纸		E					A			
5.5.3 重大设计变更、重大方案的技术审核	R	E	R			A	A			
5.5.4 组织审核深化设计文件并跟踪落实审核意见	R	E	R			A	A			
5.5.5 对重大施工方案及重大质量缺陷的处理方案进行审核并提出意见	R	E	R			A	E			
5.5.6 对材料、成品、半成品及设备的改变进行审核并提供意见	D	R	R			P	E			
5.5.7 督促设计单位及时提供设计变更图纸并予以审核	R	E					A			
5.5.8 组织参建各方对重大设计变更进行交底		E				A	A			
5.5.9 工程阶段验收	D	R/E					E			
5.6 专项设计										
5.6.1 梳理编制专项设计需求清单及计划	R	E	A			A				
5.6.2 划分专项设计与主体设计工作范围、界面与接口条件	D	E	A			A	P			
5.6.3 编制专项设计任务书并内部报审	D	E								
5.6.4 选定专项设计单位并委托设计	D	E	A	E		A				
5.6.5 组织专项设计与主体设计协调会		E	A			A				

工作内容	工作职责 D-决策（decision）、R-审核、检查（review）、E-实施（execute）、A-协助（assist）、P-建议（propose）									
	业主	项目管理方	财务监理	招标代理	设计单位	顾问单位	工程监理	总承包	专业分包商	甲购供货商
5.6.6 组织专项设计成果文件内部审核并汇总意见	D	E	R							
5.6.7 组织专项设计评审并落实评审意见	D	E								
5.7 勘察管理										
5.7.1 编制勘察任务书并组织内部审核	D	E								
5.7.2 选择勘察单位并委托勘察	D	E				A				
5.7.3 审查勘察单位提交的勘察方案并提出意见	D	E				A				
5.7.4 组织审查勘察成果	D	E				A				
5.8 工程发包管理与配合										
5.8.1 设计单位和勘察单位的发包策划、考察与发包	D	E	A	E		A				
5.8.2 主要材料和机电设备的选型	D	E	R		A	A				
5.8.3 材料与设备采购技术规格书的编制		E	A		E	A				
5.9 合同管理与配合										
5.9.1 制定完善设计合同范本	R	E	A			A				
5.9.2 组织签订设计合同	E	A								
5.9.3 对设计合同风险进行评估和管理	D	E				A				
5.9.4 督促设计单位根据合同约定履行责任		E				A				
5.10 造价管理与配合										
5.10.1 根据财务监理核定的造价指标督导设计单位进行限额设计		E	E		A	P				
5.10.2 配合财务监理部门从造价角度进行多方案比选及方案优化	D	A	E							
5.10.3 配合财务监理对方案调整引起的投资变化进行审核	D	A	E							
5.10.4 配合财务监理完成初步设计概算和施工图预算	D	A								

工作内容	工作职责									
	D-决策（decision）、R-审核、检查（review）、E-实施（execute）、A-协助（assist）、P-建议（propose）									
	业主	项目管理方	财务监理	招标代理	设计单位	顾问单位	工程监理	总承包	专业分包商	甲购供货商
5.11 进度管理										
5.11.1 制订项目总进度计划	D	E								
5.11.2 根据总进度制订各专项设计的进度控制节点，跟踪、协调、调整	D	E								
5.11.3 根据总进度确定主要材料和机电设备等采购节点，跟踪、协调、调整	D	E	A							
5.11.4 督促设计单位按设计进度提交设计成果		E								
5.11.5 配合工程发包部门及时按进度确定设计要素的选定		E	A							
5.11.6 根据实际情况和总计划的变化调整设计进度安排	D	E								
5.11.7 协调主设计和专项设计间的进度配合		E								
5.11.8 定期组织设计进度协调会，并报告上级部门	R	E								
5.12 设计质量管理										
5.12.1 对设计图纸完整性、设计深度、准确性进行审查	D	E								
5.12.2 组织新技术、新工艺、新材料的专题论证	D	E								
5.12.3 对设计中采用的主要材料和机电设备等进行确认	D	E	A							
5.12.4 对主设计和专项设计进行界面审核并提出意见	D	E	E							
5.12.5 组织有关各方对设计图提出优化建议		E								
5.12.6 督促设计单位按合理的建议进行修改		E								

上海天文馆工程全过程工程咨询案例

工作内容	工作职责									
	D- 决策（decision）、R- 审核、检查（review）、E- 实施（execute）、A- 协助（assist）、P- 建议（propose）									
	业主	项目管理方	财务监理	招标代理	设计单位	顾问单位	工程监理	总承包	专业分包商	甲购供货商
6 工程技术管理										
6.1 明确技术管理的目标	D	E								
6.2 接待供应商，收集整理技术、商务资料供相关部门参考	E	E								
6.3 发包技术管理	D	E			A	A				
6.4 技术专题论证管理	D	E				A				
7 现场管理										
7.1 施工准备										
7.1.1 现场平面布局规划及水电容量估算	D/R	E								
7.1.2 场地接收及临时设施建设规划	D/R	E						E	A	
7.1.3 开工条件相关手续的办理	A	E								
7.1.4 组织施工图纸会审	R	E								
7.1.5 审核施工组织设计、施工方案（含施工深化图纸）	R	E								
7.1.6 测量控制		R						E		
7.2 工程管理										
7.2.1 项目总控计划的优化	D/R	E								
7.2.2 施工现场总平面管理	D	R						E		
7.2.3 现场检查	R	E								
7.2.4 组织工程现场协调会		E								
7.2.5 组织工程例会、工程专题会		E								
7.2.6 与施工单位的沟通		E								
7.2.7 往来函件的处理	R	E								
7.2.8 图纸管理		E						A	A	
7.2.9 工程日志的记录		E								
7.2.10 编制工程月报	R	E						A	A	
7.2.11 工程事件报告		E								

工作内容	工作职责									
	D- 决策（decision）、R- 审核、检查（review）、E- 实施（execute）、A- 协助（assist）、P- 建议（propose）									
	业主	项目管理方	财务监理	招标代理	设计单位	顾问单位	工程监理	总承包	专业分包商	甲购供货商
7.2.12 工程竣工总结	R	E					E	E		
7.3 对监理单位的管理										
7.3.1 审核监理实施细则	R	E								
7.3.2 对现场监理人员日常工作的监督、管理	R	E								
7.3.3 参与监理例会	E	E								
7.3.4 督促监理单位及时上报当月的《监理月报》		E								
7.4 对甲供材料设备的管理										
7.4.1 对供货的时间进行实时更新调整	D	E					A	A		
7.4.2 对进入现场的材料设备进行入库验货		R					E	E		
7.5 安全生产与文明施工管理										
7.5.1 督促编制安全文明施工目标、标准体系		R/E					E			
7.5.2 检查、评价安全文明施工管理体系，督促落实	R	E								
7.5.3 汇总、整理、编制安全文明施工管理工作报告	R	E					A	A		
7.6 工程质量管理										
7.6.1 材料质量管理	R	R/E					E	E		
7.6.2 分部、分项、单位工程的质量管理	R	R/E					E	E		
7.6.3 关键部位和工序施工质量的检查	R	R/E					E	E		
7.6.4 成品保护										
7.6.5 检查工程质量体系运行情况，定期进行质量检查、考核评价	D	R/E					E	E		
7.6.6 组织项目竣工预验收、竣工验收和交付使用等各项工作	D	E					A	A		
7.6.7 质量事故处理	D	R/E					E	E		

工作内容	工作职责 D-决策（decision）、R-审核、检查（review）、E-实施（execute）、A-协助（assist）、P-建议（propose）									
	业主	项目管理方	财务监理	招标代理	设计单位	顾问单位	工程监理	总承包	专业分包商	甲购供货商
7.7 工程进度计划管理										
7.7.1 工程进度计划的编制和调整	D/R	E					A	A		
7.7.2 根据总进度计划的要求制订各标段施工主要进度控制节点	D/R	E					A	A		
7.7.3 工程施工进度计划的落实与检查	R	E					E	E		
7.7.4 赶工措施处理	D/R	E					E			
7.7.5 工期延长的审批	D/R	E					E			
7.8 工程项目竣工验收										
7.8.1 组织人防、消防、交通、环保、规划等专项验收	D/R	E					A			
7.8.2 组织竣工验收	D/R	E					A			
7.8.3 工程移交	E	E					A			
7.8.4 组织施工单位撤场	R	E					A			
7.8.5 工程保修	D/R	E					A			
7.8.6 办理竣工结算	D/R	A	E				A			
8 档案及信息管理										
8.1 收发、分类、归档本项目相关图纸、来往文件	R	E	A		E	A	E	E	A	
8.2 监督、检查各参与单位的工程档案管理制度工作	R	E					E			
8.3 项目工程档案的台账管理	R/E	E			E		E	E	A	
8.4 组织项目全过程竣工档案及资料的整理、移交工作	R	E	A	A	E	A	E	E	E	
8.5 竣工图的编制	R	R					R	E	E	
8.6 对各参与单位竣工档案进行验收，完成竣工备案、归档工作	D/R	E	A	A	A	A	A	E	A	

程技术管理、信息管理、现场管理八大部分进行责任分配，并将各项工作的职责划分为：D—决策（decision）、R—审核、检查（review）、E—执行（execute）、A—协助（assist）、P—建议（propose）。

5.3 各阶段项目咨询工作

1. 项目前期工作

（1）根据项目具体情况，进行各参建单位工作界面及职责的划分，编制项目管理制度及实施细则；

（2）负责建立档案管理制度，建立周报、月报制度；

（3）办理设计文件并报送有关土地、规划、消防、通信、环保、环卫、卫生防疫、交警、绿化、防雷、抗震、水务、电力等部门，办理审批手续，同时把相关信息反馈给设计，保证设计满足以上各部门的要求；

（4）协助业主方组织方案设计的审查及优化工作，及时将政府主管部门的审核意见及专家咨询意见提交业主方，并将业主方确认的优化修改意见及时反馈给设计单位，且督促设计方逐条落实；

（5）代表业主方组织和报审本项目的环评、基坑设计、卫生、环保、交通、抗震、防雷、安评、能评、初步设计等咨询评审工作；

（6）做好勘察、设计单位之间的技术协调，使勘察大纲和勘察成果符合设计单位的要求；

（7）在业主方的授权下，负责监督、控制、协调、管理勘察单位、各设计单位、招标代理单位的工作，负责解决和协调工作中需要业主方协调解决的问题；

（8）协助业主方组织方案评审、初步设计评审等工作，并送审项目建议书、可行性研究报告、初步设计等文件，且取得审批手续等；

（9）配合投资监理做好限额设计造价控制工作，并协助业主方和投资监理审核设计概算，审核其合理性，确保投资效益最大化，整体不超投资；

（10）协助业主方合同谈判，合同文件中，为工程质量、进度和投资管理提供合同依据，确保工程顺利实施；

（11）协调 BIM 顾问单位和设计单位，推进 BIM 工作开展。

2. 项目建设准备、实施阶段

1）项目实施准备：

（1）负责办理施工图设计的审图手续，及时反馈施工图审核意见，经业主方确认后，督促设计单位落实，最终获得《上海市建设工程施工图设计文件审查合格书》。

（2）负责组织施工图设计技术交底，审查签发交底会议纪要。

（3）审查施工单位上报的施工组织设计。

（4）会同业主方、招标代理进行招标策划，根据总进度要求制订招标计划。根据工程特点会同招标代理，向业主方提供承包商、供货商、设计单位等大名单及相关的公司资料，供业主方决策。如需要考察，可协助业主方制订考察方案，组织考察，并撰写考察报告，供业主方决策。组织编制专业承包工程及设备材料采购的任务书或技术规格书，参与审核招标文件，协助业主方组织招标代理编制、讨论和审核各招标项目的资格预审文件，协助招标代理开展招标工作，最后根据有关要求参加评标工作。

（5）协助业主方办理开工仪式的有关事宜。

（6）协助业主方办理施工场地、临时用水、用电、通信等手续。

（7）按照上海市政府及行业管理的有关规定，办理工程安全监督报批、道路开口审批、绿化意见审核等有关手续，办理土地许可、建设工程规划许可、取得施工许可证。

2）项目实施组织与管理：

（1）协助业主方和工程监理对施工期间项目的质量、安全、进度进行监督，发现问题及时书面以联系单的形式通知工程监理、业主方，协同处理现场施工事务。按业主方的工程进度计划，组织管理施工、监理、材料设备等单位严格执行。负责工程质量、进度、安全和文明施工管理文件编制，负责工程质量、进度、安全和文明施工各阶段分解目标的制订，做好施工过程的跟踪管理。

（2）项目在建设时，发生的施工变化，均需要项目管理与业主方联合签发的工程指令单进行施工，无指令单，不得擅自更改施工、采购内容。

（3）项目管理方在建设中如需向业主方汇报工作，除高层协调会、领导小组会议、指挥部会议等会议汇报外，还采取工程报告单书面形式报送业主方相关建设情况。

（4）负责正式用电、通信、铁塔信号、正式给水排水、燃气、地名、正式道路开口（包括绿化搬迁手续）配套手续的办理，并将有关部门批准的配套方案及时提交业主方和设计单位。

（5）供电方案经设计、业主方确定后，负责向供电部门提出正式用电申请，并办理电气施工图送审、委托外线电源设计等供配电相关事宜。

3）合同执行与管理：实行项目合同项目管理备案制度。项目上签订的业主与供应商、施工方、其他管理单位的合同及总、分包合同，均需要在项目管理部备案，包括合同原件及其他文件。项目管理部监理合同管理台账，包括合同文本、合同支付情况及其他。

4）信息管理：建立信息管理系统。项目上统一采用 Autodesk Vault Professional 平台，用于文件报审流转，包括业主方、项目管理方、工程监理、财务监理、施工总包、BIM、设计方等工程资料及信息。各参建方建立统一邮箱 ××@163.com，处理日常事务。

5）控制管理：

（1）协助业主方督促、检查各施工单位安全生产管理制度的建立和健全，落实安全生产责任制。督促各单位加强安全培训教育，建立健全安全施工保证体系。

（2）确定每周二上午 9:30 定期组织安全生产情况及问题整改、措施落实情况；一旦发生意外事故，项目管理部协助业主方会同有关部门进行事故善后处理，查明原因，分清责任，及时制订和落实整改措施，并及时将事故调查情况书面上报业主方，并提出事故处理意见供业主方参考，且根据事故结果承担相应的管理责任。

（3）根据业主方意图制订工程质量目标，并制订相应的分解目标，提出相应措施，贯彻到相应的合同中，并监督在后续施工中的落实情况。督促各参建单位制订相应的质保体系，及达到相应目标的对策措施。

6）设计情况：协调解决施工图各系统的接口，保证设计进度和质量满足本工程建设的要求；负责工程设计与公用管线、交通、施工等方面的技术协调工作；负责审核施工图设计，对于设计中存在的差错及矛盾和重大设计问题上报业主方参考决策；协助业主方审查设计修改文件或变更文件，并解决设计问题，或突出的技术问题。

7）资金使用管理：按业主方的工程投资概算，组织管理施工、监理、材料设备等单位严格执行。项目上严格按照工程款审批流程，要求申报工程款单位规范填写工程费用申请表及付款会签单，并经各参建单位签字盖章后，由业主单位支付，确保用款规范。协助业主方进行竣工结算和工程决算。

8）工程监理情况：日常现场施工以工程监理监督为主。项目管理方组织每周安全专项检查。与工程监理联合、联动监督现场质量、安全、进度。工程监理开具的工作联系单、通知单需上报项目管理方，便于后续跟踪问题的落实情况。

9）工程档案管理：协助业主方对图纸进行归类及分发。组织监理单位及施工单位做好竣工验收资料收集和整理。协助业主方审核竣工图及工程施工竣工资料。组织专业单位按市城建档案馆规定编制建设档案。

10）BIM 及绿建：组织国家绿色建筑三星级标识咨询顾问单位、设计单位、施工单位、设备供应等相关单位，推进国家绿色建筑三星级标识的工作开展；管理BIM顾问单位、设计单位、施工单位、设备供应等单位，推进BIM工作开展。

3.竣工验收情况

（1）对竣工阶段工作进行梳理，并会同各参建方形成竣工阶段工作计划。

（2）组织各类质量检查和验收，组织工程竣工备案各项工作。

（3）负责工程施工现场设备交接工作。办理卫生、环保、排水、绿化、防雷、消防、交通、车库、环卫、民防、档案、规划等职能部门的相关竣工验收手续。

（4）协助业主方编制验收评估报告、组织工程竣工验收初验、竣工验收，核定工程质量等级。协助委托人办理产权证等手续。

（5）项目试运行情况：组织施工、监理、设计、设备供应等单位进行设备功能单机调试、建筑功能系统联动调试。

5.4 风险管理

见表2。

风险管理 表2

序号	风险与机遇	风险类别	可能导致的结果	控制措施
1	外部供方的因素影响向业主方提供满足要求的管理服务	组织风险	项目管理服务质量下降	对外部供方的资格资质进行评审，形成合格的外部供方名录，确保向业主方提供满足要求的管理服务
2	项目管理业务相关法律法规的变化	组织风险	影响公司服务质量和声誉	及时获取新的法律法规，并及时依据新法规的要求对项目服务管理进行调整，及时与业主方沟通
3	未能及时获取新的法规要求，并未能及时依据新的法规要求对咨询业务管理进行调整，致使咨询业务质量偏离或违反法规要求	合规风险	项目管理服务质量下降	及时获取新的法律法规，并及时依据新法规的要求对项目服务管理进行调整，及时与业主方沟通
4	未能及时掌握管理技能，并未能获得先进管理信息且及时指导员工掌握，导致业主对管理及服务质量不满意	组织风险	项目管理服务质量下降	积极参与外部和公司组织的各项专业管理培训，努力掌握先进的管理技能，加强专业管理人才的培养
5	项目管理服务过程中，未对委托合同和业主方要求进行充分分析，导致服务深度不够，未能及时解决问题	运营风险	项目管理服务质量下降	及时组织专业人员对委托合同和业主方的要求进行讨论分析，加强专业管理人才的培养，加强专业管理服务力度，有效利用公司的优秀管理资源

序号	风险与机遇	风险类别	可能导致的结果	控制措施
6	与业主方沟通不顺畅，导致业主方投诉，满意度下降	运营风险	项目管理服务质量下降	引进优秀的管理人员，加强专业培训，公司与项目管理人员积极主动与业主方沟通交流，降低业主方投诉，提高业主方对服务的满意度
7	对项目管理过程中的危险源的识别评价不全面，重大危险源识别不具体，管理不到位	运营风险	产生环境污染，影响公司的管理体系运行绩效	加强专项培训，组织项目成员对项目管理过程中危险源的识别评价，以及重大危险源可能导致的结果进行分析，制订有效的管理措施
8	对项目管理过程中的环境因素的识别评价不全面，重要环境因素识别不具体，管理不到位	运营风险	发生人身伤害，影响公司的管理体系运行绩效，影响公司声誉	加强专项培训，组织项目成员对项目管理过程中环境因素的识别评价，以及重要环境因素影响的分析，制订有效的控制措施
9	未经审核的成果文件交付业主方	组织风险	可能导致交付不合格的服务	制定相关的管理规定，加强监督管理，并予以实施
10	项目管理经理履职不到位、人员配备数量不符合合同要求	项目管理运行风险	受到当地主管部门或业主方批评通报，影响公司经营	加强沟通，组织专项培训，健全员工绩效考核机制
11	不熟悉上海市建设主管部门及相关部门的条例规章制度	项目管理运行风险	项目部执行标准中漏项或与上海市文件冲突	及时获取上海市建设主管部门及相关部门的新的条例规章制度，组织项目管理人员认真学习，并及时依据新法规的要求对项目服务管理进行调整，及时与业主方沟通
12	项目进场人员组织架构不合理、现场项目管理人员配置及分工不明确	项目管理运行风险	降低工作效率，工作互相推诿，影响项目部的整体运转	加强相关标准规范的学习，健全员工绩效考核机制
13	项目人员专业水平参差不齐、人员流动大，新进人员之间培训及沟通不通畅	项目管理运行风险	影响项目管理的严肃性和有效运行	加强沟通，组织专项培训，健全员工绩效考核机制
14	没有办理齐全施工许可证、无开工报告或未及时完成审批以及审批时间超前	项目管理运行风险	违法	加强相关法规、政策及规范的学习，增强项目管理人员的法规意识
15	未认真审核施工组织设计方案、安全专项方案、危险性较大分部分项工程等专项方案	项目管理运行风险	发生质量、安全事故，人身伤害，财产损失	加强相关标准规范的学习，增强项目管理人员的规范意识

序号	风险与机遇	风险类别	可能导致的结果	控制措施
16	未及时监督、管理监理单位审核施工单位质量及安全管理体系制度、关键管理人员岗位证书、特种作业人员上岗证书；未审查分包单位资质，及监督劳务人员持证上岗	项目管理运行风险	发生质量、安全事故时，无追溯性导致判定项目部监管履职不到位	加强相关标准规范的学习，增强项目管理人员的规范意识
17	项目管理机构发现施工存在质量问题的，或施工单位采用不适当的施工工艺，或施工不当，造成工程质量不合格的，未及时监督监理单位签发监理通知单的，要求施工单位整改	项目管理运行风险	发生质量问题，无追溯性导致判定项目部监管履职不到位	加强相关标准规范的学习，增强项目管理人员的规范意识
18	项目管理人员在管理过程中出现伤害；办公场所住宿后勤食堂出现火灾、燃气泄漏	项目管理运行风险	造成个人伤害，及公司财产损失，产生经济纠纷索赔等	加强相关标准规范的学习，增强项目管理人员的安全意识
19	对项目管理目标（工期、费用、质量、生产能力、市场、信誉、对环境和对项目的可持续、法律责任）的风险未及时识别和制订风险防范措施	项目管理运行风险	造成项目的运行操作失误，影响企业诚信	加强相关标准规范的学习，增强项目管理人员的规范意识
20	对项目管理实施过程中合同风险的管理	项目管理运行风险	造成合同未正确履行，合同伙伴争执，责任不清，产生索赔要求，影响企业诚信	及时组织专业人员对委托合同和业主方的要求进行讨论分析，制定合理的合同管理办法，降低合同运行过程中产生的风险
21	对项目管理监管过程中供应商风险的管理	项目管理运行风险	造成供应拖延，供应商不履行合同，运输中的损坏以及在工地上的损失，影响企业诚信	监管对外部供应方的资格资质进行评审，确保向业主方提供满足要求的管理服务
22	对项目管理实施过程的管理模式及施工现场控制失误的管理	项目管理运行风险	造成分包层次太多，形成计划执行和调整控制的困难，施工现场控制失误，影响企业诚信	与项目管理人员进行沟通交流，针对施工现场的服务过程制定相应的管理制度，降低操作失误

序号	风险与机遇	风险类别	可能导致的结果	控制措施
23	对项目管理运用管理风险的认识不足	项目管理运行风险	由于准备不足，工程无法正常运行，运行操作失误，影响企业诚信	与项目管理人员进行沟通交流，针对施工现场的服务过程可能发生的风险进行交底，制订控制措施，降低风险带来的损失
24	项目管理人员违反职业道德守则和廉政规定及相关的保密协议	人员风险	影响项目管理部的整体形象，导致建设单位满意度下降，影响个人诚信	派驻优秀的项目管理人才，并完善绩效考核机制
25	项目管理骨干人员的综合管理能力不能满足项目管理要求	人员风险	影响项目管理部的整体形象，导致建设单位满意度下降	积极参与内外部组织的各项培训，与项目业务人员及时沟通和交流，协助业务人员及时掌握项目现场实际情况和困难，加强沟通，增强业务人员的服务水平
26	对法律法规不熟悉、不了解，以致无法遵守	合规风险	造成人身伤害和环境污染，影响企业诚信	及时获取新的法律法规，组织项目管理人员认真学习，并及时根据新法规的要求对项目服务管理进行调整，严格遵守法律法规要求为业主方提供服务
27	未按法律法规要求对重要环境因素实施控制，带来严重环境影响，造成环境污染	合规风险	造成环境污染，影响企业声誉和经济损失	加强法律法规的宣贯培训，组织项目成员对监理过程中环境因素的识别评价，以及重要环境因素影响的分析，制订有效的控制措施

6 咨询增值服务方案

6.1 全过程项目管理咨询增值服务方案

（1）利用公司内部有利资源，对前期策划阶段的审批流程进行优化交叉设计，以便节约时间。

（2）设计阶段，项目管理方团队提出专业建议，为项目节省投资并提高使用功能；施工阶段，项目管理方严控签证，节约投资。

（3）创新精细化全过程咨询管理体系，为天文馆项目个性化制定《上海天文馆项目管理制度体系》、协助总包制定《上海天文馆暂估工程的招标制度》，完善执行制度，加强防范廉政风险。

（4）项目严格按照审批程序执行，规范审批流程，依法合规进行招标投标工作。

（5）配套工程及竣工验收检测招标工作，包括编制招标文件、考察投标单位、组织评标、编制书面报告、签订合同、组织进场施工。

（6）提升公司竞争力，打造 SPM 品牌及服务体系。

（7）提高 SPM 员工的归属感、责任感、自豪感、忠诚度。造就一批高素质、高服务质量、高工作效率的复合型人才。

6.2 BIM 全周期管理咨询服务增值方案

为保证项目顺利推进，及时发现设计问题，提高设计问题解决能力、解决效率，引入 BIM 全周期管理团队，与项目管理全过程相辅相成，双重管理保证项目的投资、质量、安全及进度。

（1）申报各类 BIM 奖项，为项目争取更多荣誉，为公司争取行业业绩。

（2）制作项目全生命周期 BIM 宣传片一部。

（3）项目运营阶段移动端 APP 的开发。

7 咨询成果与项目复盘总结

7.1 项目前期工作成果及复盘

1）审查天文馆项目建议书及取得立项批复意见。

2）审查天文馆可行性研究报告及取得批复意见。

3）协助业主方、财务监理审查天文馆初步设计（含概算）及取得批复意见。

4）编制完成《上海天文馆项目管理大纲》。

5）编制完成《上海天文馆项目管理制度体系》。

6）已完成项目的环评、基坑设计、卫生、环保、交通、抗震、防雷、安评、能评、初步设计等咨询评审工作。

7）完成有关土地、规划、消防、通信、环保、环卫、卫生防疫、交警、绿化、防雷、抗震、水务、电力等部门的审批并获得审批手续。

8）项目前期阶段复盘：

（1）提出专业意见，对方案设计及初步设计进行交叉设计，为尽早进入准备阶段争取时间。

（2）多部门协同，发挥上海市重大项目办公室项目的优势，过程中经多方协调、沟通。

7.2 项目建设准备工作成果及复盘

1）组织总包编制及审核上海天文馆（上海科技馆分馆）工程暂估工程及设备招标采购制度。

2）取得项目施工图设计及施工图审查意见。

3）协助建设条件准备、落实资金。

4）协助完成工程招标并签订合同，协助完成工程监理招标并签订合同。

5）取得开工前手续及施工许可证。

6）项目建设准备工作复盘：

（1）结合上海天文馆作为上海市重大项目的自身特点及优势，项目管理方根据以往项目经验及公司团队意见，建议及协助业主方对前期工作进行了优化，大大缩短了从设计方案、扩初设计到施工图设计的时间，为项目开工争取了更多时间。

（2）编制了上海天文馆项目管理制度体系并通过了公司及业主认可，在项目上实施。管理体系中对项目的组织结构、责任分配及工程管理、文件审批流转进行了详细的约束。为项目合规运转、体现高效、精细化管理打下了基础。

（3）协助总包编制了总分包招标采购管理办法，要求总包在本项目中除按照法律法规约束外，本项目特有的程序落实报审制度。规范了本项目总包下的采购、招标投标活动有序、合规进行。

（4）项目管理方组织专业工程师对桩基图纸仔细校核，提出了优化的建议，经过两次调整，以钻孔灌注桩混凝土总体积作比较：桩基图纸过程版比最终版减少近50%。试桩数也从过程版的31根改为8根等，减少74%。混凝土体积总量减少了5000余立方米，节约了投资。

（5）项目管理方在四管制必要性、办公值班区域采用VRV系统合理性、中庭地面辐射系统等方面给出了专业的意见；采用两管制即可满足工程需求；考虑到使用面积小，取消了地板辐射系统。节省了暖通管道费用约400万元，使能源供给更加均衡。

（6）通过项目管理方的专业意见，设计院统筹考虑后最终将主体建筑的配电方案由2台1250kVA变压器、2台1000kVA变压器变为2台2000kVA变压器，总量为4000kVA。此方案节约变电所建筑面积大约60m²，节约配电设备费用约25万元。

（7）经项目管理方协调与调研，设计院采用重力坝方案，在缩短工期的同时，大大减少了工程费用，节省费用约 886 万元。

7.3 项目实施工作成果及复盘

1）定期安全专项检查，共 102 次。

2）设计专题会，共 63 期。

3）其他专题会，共 93 期。

4）项目管理例会，共 201 期。

5）项目管理周报，共 201 期。

6）项目管理月报，共 51 期。

7）项目管理年报，共 4 期。

8）领导小组汇报，共 15 期。

9）指挥部汇报，共 84 期。

10）工程指令单，共 35 份。

11）工程报告单，共 11 份。

12）工作联系单，共 325 份。

13）共收到图纸版设计变更 001-15，总计 137 大条（包括建筑、结构、机电、幕墙、给水排水、绿化等），包含 586 小条，完成设计清单类问题上千条。

14）协助业主完成招标及合同签订 41 份，协助总包完成暂估价工程及采购招标及合同签订共 26 项。

15）目前工程进入竣工阶段。

16）施工阶段复盘总结：

（1）业主方较方便地提出必要的设计和施工方面的变更，通过项目管理方与设计沟通，提高了沟通效率和质量：

①设计问题按照清单管理，每周三上午由项目管理方组织召开设计专题会议，代表业主方对项目存在的问题与设计方、总包技术负责人、各专业分包单位设计人员沟通并解决。截至目前，协调问题已超过数千条，设计变更涉及建筑、结构、机电、幕墙、给水排水、绿化等专业，约 137 大条，包含 586 小条。

②多次沟通展示工程与建安工程界面划分，涉及变更事宜，及时与设计方沟通，取得解决方案，并按照制度下发指令实施。为后续展示工程进展提供基本条件。

（2）充分发挥项目管理方的专业经验和优势，做到专业的人做专业的事情，管理思路及管理目标保持一致并有效持续：

①项目部成立初期，项目经理统筹考虑，选择对前期工作熟悉的专业项目管

理工程师和对编制项目管理大纲、项目管理制度体系熟悉的专业项目管理工程师加入项目部，为咨询单位在前期开展报审、提高与政府部门沟通效率、项目管理部自身节约前期工作时间打下基础。

②项目进行到准备阶段，项目经理根据项目进展情况，增加办理开工手续经验丰富，熟悉上海地区的专业项目管理工程师，增加设计管理、机电管理、施工质量安全管理的专业项目管理工程师，确保项目平稳过渡至施工阶段，为项目顺利开工作准备。

③项目施工阶段，项目经理选派有经验的设计管理、工程配套管理、信息综合管理专业项目管理工程师充实项目部，增强项目部管理能力，专业人员跟踪、管理、落实专业事情，做到处理问题有始有终，最终的结果有反馈、有记录，落实精细化管理目标。

（3）协助业主管理，提供专业经验，避免了业主方管理人员经验不足，有效避免了失误和损失：

①建立项目管理例会、指挥部会议、领导小组会议、馆长办公会议、高层协调会议等会议制度，为项目及时、有效地沟通创造渠道，避免做信息"二传手"，确保沟通顺畅，决议事项能及时传达并层层落实。

②招标代理机构负责招标项目，项目管理方在招标方案及招标文件审批中积极发挥专业作用，对招标文件中的价款、工期、质量等实质性内容及技术规格书内容进行了审查修改并提出了专业意见；业主自主招标项目，项目管理方完成了招标方案及招标文件的编制，并组织评标及书面报告编制，合同文件的制定、相关的调研分析等，做了大量的工作，为业主节约了费用及时间。

③协助工程监理做好施工现场设计、质量、安全、进度等工作。组织业主、监理、各施工方进行现场质量安全检查，为现场管理提供多重保障，对出现的问题，及时提出专业的解决意见。

④竣工阶段，组织成立"天文馆建安工程竣工验收领导小组"，明确综合、规土、交警、卫生、消防、防雷、档案、质监、绿化、人防等专项验收工作分组及责任人，按照清单管理方式，划分责任区，分别由项目管理方和总包组织各专项验收工作，为最终竣工验收打下基础。

7.4 项目 BIM 及绿建工作成果及复盘

1）与同类项目相比，变更减少约 12%。

2）与同类项目相比，决策效率提升约 14%。

3）与同类项目相比，减少约 15% 由设计变更及返工造成的造价费用。

4）施工阶段约 60% 的问题清单由 BIM 团队汇总提出。

5）约 70% 的设计变更由 BIM 技术人员发现和解决。

6）重大技术难点由 BIM 团队参与解决。

7）机电、钢结构、幕墙专业深化设计基于 BIM。

8）根据上海市建筑建材业市场管理总站及专家针对绿色建筑的要求，对资料及图纸进行审查，组织并督促绿建咨询单位核实设计数据，确保满足绿建设计要求、施工单位图纸上的补齐指标要求及图纸上的文字说明和构造详图。设计单位调整了关于绿建的设计说明，针对专家疑问，进行了书面答复。

9）组织绿建专题会议，就绿色建筑资料、设计、设备等参数进行了审查。

10）针对绿色建筑初审意见组织并督促业主方、绿建咨询单位、施工总包、设计单位完成资料补充、问题整改，最终取得国家绿色建筑三星级标识证书。

11）项目 BIM 及绿建管理工作复盘：

（1）上海市的 BIM 应用指南和地方标准在上海天文馆项目上的实施和创新。

（2）形成一整套基于 BIM 的项目管理方法、流程和制度，对未来大型公共建设项目具有一定的借鉴意义。

（3）成功获得国家绿色建筑三星级标识证书，主要是因为在前期的工作计划中已明确列出绿建的详细工作计划，及需要各方配合的责任要求，在后续工作中，出现的问题及需各方配合的事情均可以顺利推进。

7.5 总结

1. 亮点

（1）管理目标贯穿始终。

（2）节约各阶段工作衔接时间。

（3）每个环节均落实投资控制审批制度，严格控制投资不超概算。

（4）统筹考虑，建设期平稳有序。

（5）培养出全过程咨询项目管理团队及复合型人才。

（6）提升公司品牌。

2. 改进

（1）以往的经验有很多不适用，前期计划应更详细、具体。

（2）加大探索式管理、管理中创新的力度，提升管理水平，提高团队人员整体复合型工作素质。

（3）使 BIM 与项目管理更好地融合，提高管理效果。

深圳平安金融中心项目全过程工程咨询案例

——上海市建设工程监理咨询有限公司

董海红　张宏军　谢楷模　陈军民

1　项目背景

平安金融中心项目由中国平安人寿保险股份有限公司投资建设，总投资约95.5亿元。项目位于深圳市福田区01号地块。建成后应成为国际一流的、可持续发展的、智慧型办公、商业、观光等综合功能的城市建筑，为最终用户提供优质服务，并成为标志性建筑。

2　项目概况

平安金融中心位于深圳市福田中心区，基地占地18931m²，基地东至益田路，西临中心二路，南侧为福华三路，北侧为福华路，地下建筑面积81033m²，地上建筑面积377259m²，本工程为一类建筑，耐火等级为一级（表1、图1）。

<table>
<tr><td colspan="6" align="center">建筑面积及高度</td><td align="right">表1</td></tr>
<tr><td rowspan="3">建筑面积</td><td>总建筑面积</td><td>459187m²</td><td>地下建筑面积</td><td>81955m²</td><td>地上建筑面积</td><td>377232m²</td></tr>
<tr><td>地下室单层建筑面积</td><td>16500m²</td><td>塔楼标准层面积</td><td>3100m²</td><td>商业裙楼建筑面积</td><td>44647m²</td></tr>
<tr><td>建筑基底面积</td><td>12300m²</td><td>建筑用地面积</td><td>18932m²</td><td>设计使用年限</td><td>50年</td></tr>
<tr><td rowspan="3">建筑高度</td><td>裙楼</td><td>裙楼高度</td><td>55.8m</td><td>层数</td><td>11层</td><td></td></tr>
<tr><td>塔楼</td><td>118层楼面高度</td><td>549.1m</td><td>层数</td><td>118层</td><td></td></tr>
<tr><td colspan="2" align="center">塔楼屋顶高度</td><td>597m</td><td>塔尖高度</td><td>600m</td><td></td></tr>
</table>

设计理念：

（1）天际线理念是创造一个迂回的龙骨似的城市轮廓，体现平安金融中心将成为迅速增长的大都会标志中心（图2）。

（2）对称的锥形建筑形式体现一种舒展、高升的意蕴，是具有超强现代感的摩天大楼（图3）。

图1　深圳平安金融中心

图2　福田区中心天际线

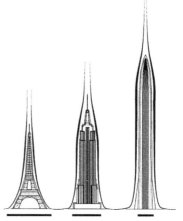

图3　对称的锥形建筑形式

塔楼为"巨型框架—核心筒—外伸臂"抗侧力体系，上部楼面体系为钢梁（或钢桁架）支承的组合楼板体系，核心筒为C60混凝土，巨柱、角柱为C70混凝土，组合楼板为C35混凝土；裙楼抗侧力体系采用"钢框架—剪力墙"体系，上部楼面体系为钢梁（或钢桁架）支承的组合楼板体系（表2）。

项目基本情况　　　　　　　　　　　　　　　　　　　表2

系统	基本情况
建筑部分	本项目地下建筑面积81033m²，地上建筑面积377259m²，本工程为一类建筑，耐火等级为一级。主要功能分布：1～10层为裙楼，商业及会议，11～112层为国际甲级写字楼，110～118层为观光区。商业面积为52584m²，办公（含会议）面积为319600m²。裙楼主要功能为多功能会议中心、高档餐厅、商场；甲级写字楼分八个区，除顶部的观光区以外，主要办公区由标准办公层及交易层组成。地下室共5层，地下一层为车库及商业，地下二、三、四层及五层主要为车库及设备用房。其中，地下三层设有空调制冷机房；地下四层设有蓄冰系统循环泵房，地下五层设有蓄冰槽机房。柴油发电机房、变配电房及其他电气设备用房均设置在地下二层，给水排水、消防水泵房设置于地下三层
结构部分	塔楼为巨型框架—核心筒—外伸臂抗侧力体系，上部楼面体系为钢梁（或钢桁架）支承的组合楼板体系，核心筒为C60混凝土，巨柱、角柱为C70混凝土，组合楼板为C35混凝土；裙楼抗侧力体系采用钢"框架—剪力墙"体系，上部楼面体系为钢梁（或钢桁架）支承的组合楼板体系
幕墙系统	①塔楼可视区：10+12AS+12（内片）全钢化中空Low-E玻璃；②塔楼窗间墙：10+12AS+12（内片）全钢化中空玻璃；③塔楼顶部玻璃：6+1.52PVB+6+12AS+12夹胶钢化中空玻璃；④天窗：6+1.52PVB+6+12AS+12夹胶钢化中空玻璃；⑤塔楼竖向幕墙构件：铝板，不锈钢

系统	基本情况
给水排水系统	①生活给水系统：分为直接供水系统和水泵加压供水系统，最高日用水量为：裙房为1388 由m³，办公为1281m³，观光层为107m³。市政供水直接供水至地下三层生活水池及消防水池和地下各层的各用水点，裙房1～10层由地下三层变频供水设备加压供水，塔楼办公11～105层采用工频泵组及高位水箱供水，保证每个用水点压力不大于450kPa。②中水系统：本工程中水水源为空调冷却水排水，从六层空调冷却塔接排水管到地下三层中水预处理储水池。生活中水最高日用水量为442m³，最大小时用水量为66m³，平均小时用水量为44m³。③热水系统：营业性餐厅厨房不考虑集中热水供应，其热水由租户自行解决。塔楼行政卫生间的淋浴热水采用电热水器加热。④雨水系统：屋面雨水系统设计重现期采用50年，设计降雨历时t=5min，暴雨强度为672.64L/（s·hm²）
消防系统	（1）室内消火栓系统：室内消火栓用水量40L/s，火灾延续时间3h。消火栓的水枪充实水柱不小于13m。室内消火栓系统均为临时高压给水系统，在B3层、25层、49层、81层各设一组消火栓转输水泵，分别供水至25层、49层、81层、97层消火栓转输水箱。各转输水箱储存消防水量60m³。1区、2区、3区分别设有3台消防水泵接合器直接与消火栓管网连接，其他区设有3台消防水泵接合器接至地下三层消防水池。 （2）自动喷水灭火系统：办公塔楼10～42层、50～103层自动喷水系统为常高压供水系统，分别由113层的162m³喷淋水池供水
高、低压变配电系统	（1）地库、裙房及塔楼中低区变电所，塔楼高区变电所。备用电源要求取自第三个区域变电站或区域变电站其中一个电站的不同母线。 （2）10kV高压开关站引出的高压电缆，放射式配至各分区变压器或中压次配电房，再由中压次配电房配至变压器（每台变压器一根10kV电缆），由10kV降压至0.4kV。高压系统采用两用一备、单母线分段运行，其中备用回路投入方式按供电部门要求设置。 （3）低压配电柜、发电机出线开关柜选用抽屉式低压配电柜。高压配电柜参考UniGear及SafeRing型开关柜进行设计。变压器选用环氧树脂浇注绝缘干式变压器。10kV户内电力电缆选用WDZAN-YJY33-8.7/15kV低烟无卤A类耐火交联聚乙烯绝缘铜芯细钢丝铠装聚烯烃护套电力电缆
制冷系统	①冷负荷及热负荷：空调系统总冷负荷为12910冷吨，其中裙楼商业（含地下一层商业）空调总峰值负荷为3370冷吨，塔楼1～7区办公区（含交易层、空中大堂）空调峰值冷负荷为9328冷吨，其中包括1970冷吨的租户计算机房的预留冷负荷；另外，考虑到未来本项目商业扩展，根据相关要求，考虑到不可预见的负荷，系统预留空调冷负荷4000冷吨。②冷源形式：空调冷源主要采用并联式蓄冰系统，双工况水冷离心式冷水机组在夏季利用晚上电网低谷时段蓄冰，白天用电高峰时段融冰供冷；在全年可通过调配水冷离心式冷水机组和蓄冰槽不同运行组合来满足大楼不同的负荷要求。空调制冷机房设置于地下三层，冰蓄冷系统循环泵房设置在地下四层，冰槽设置在地下五层，冷却塔设置在塔楼6～9层。为了降低主系统承压，该区空调冷源采用独立的风冷热泵系统，夏季供冷冬季供热，风冷热泵设置在113层设备层。③蓄冰设备选用整体式蓄冰槽，设计总蓄冰容量为43750RTH。④后备冷源系统：在塔楼部分设置后备冷源系统。后备冷源系统采用风冷模块式冷水机组，风冷模块式冷水机组设备可靠性高，系统关联度小，运行稳定。每个办公区设置一套风冷模块式冷水机组，每套风冷模块式冷水机组制冷量200冷吨，机组集中放置在第26、50、80层设备层。后备冷源系统的用电需求计入后备电源系统（柴油发电机供电系统）。⑤环保冷媒：冷水机组应选用R134或R123环保冷媒，冷媒使用年限按照23年考虑：采用R134冷媒的冷水机组，冷媒用量不能超过3.1lb/ton；采用R123冷媒的冷水机组，冷媒用量不能超过1.97lb/ton

系统	基本情况
空调系统	（1）冷水系统设计为二次泵变频变流量系统，一次泵定流量运行，二次泵变频运行，塔楼顶部的观光区采用独立的风冷热泵冷热水系统，系统设置在 113 层设备层。所有塔楼冷冻水泵均变频运行。（风冷模块系统除外） （2）空调与通风系统（VAV 系统除外）自控为楼宇自控。 （3）部分区域采用 VAV 系统

3　需求分析

本项目位于深圳市区，周边高楼林立，市政道路下管线密集。基坑开挖深度超深，主塔楼最深开挖达 −33.4m，是深圳市首个双圆环钢筋混凝土内支撑体系。保障地铁及周边已有建筑稳定是基坑工程的重点和难点。

本项目周边环境复杂，施工场地狭小，专业众多，且存在首道撑拆除等问题，如何在如此复杂且狭小的场地保证总平面布置的合理性和针对性，是项目协调管理的重点。

本项目单层带状桁架单榀最大重量为 374t，跨度 29.5m，高度 6.3m；双层带状桁架单榀最大重量为 331t，跨度 27.3m，高度 13.9m。具有钢结构设计复杂、各种钢结构截面超大超厚的特点。钢结构深化设计、安装精度控制、焊接质量控制是工程的重点。

本项目主塔楼混凝土强度等级高、泵送高度大，C60 以上混凝土约 13.5 万 m^3，最大泵送高度达 585.58m；混凝土配合比技术研究是重点；超高层建筑施工中的垂直运输对于工程的顺利实施至关重要。超高层建筑施工期间专业众多，工序复杂，所需建筑材料数以十万吨计，高峰期施工人员在千人以上，同时施工过程中还产生较多的建筑垃圾，必须及时运送。因而，本工程如何进行有效的垂直运输规划和组织，将是本工程的重点之一。

本项目楼层高，用钢量大，钢筋与钢骨的节点处理成为深化重点及难点，加之二维图纸本身不能较好地体现复杂节点关系，运用 BIM 模型辅助节点深化，保证了现场施工的顺利进行。

作为华南第一高楼，体量大，结构复杂，投资额大，管理协调难，建设方对项目高标准、高要求，为提高工程管理水平，更好地实现本项目建设目标，要严格遵守国家、广东省和深圳市有关法律、法规及标准。基于可持续建设与导向建设的理念，借鉴工程建设和其他领域的优秀经验，平安人寿设立全资子公司——深圳平安金融中心建设发展有限公司（以下简称项目公司）对本项目进行全寿命周期管理，有利于项目开发管理、建设管理和运营管理的有效运转。在项目前期进行整体策划，由上海市建设工程监理有限公司和同济大学工程管理研究所共同制定与项目配套的工程管理制度体系，用以指导和统筹项目管理。

4 服务策略

作为为本项目实施过程提供监理为主的咨询公司，发挥企业超高层的工程实践经验，紧密依靠同济大学工程研究所的多学科知识，运用现代化的科学和管理方法，为平安金融中心的决策与实施全过程提供咨询和管理服务。经过前期工作的了解，对本项目的相关内容进行调研和分析，项目管理策划坚持以项目全寿命周期投资效益和贯彻导向建设和全寿命周期管理的理念，建立以建设单位为核心的工程管理组织体系，建设"项目利益高于一切"的项目文化，运用价值工程、动态目标管理等先进的管理方法和手段，实现本建设项目系统工程的综合集成管理，促使本项目可以反映在人类生活和工作的环境保护、建筑环境美化、项目的使用功能和建设质量提高、建设成本和经营成本降低、社会效益和经济效益提高、建设周期的合理缩短、建设过程的组织和协调强化等的价值最大化，为建筑项目和建设方提供增值服务。

5 咨询方案

为规范深圳平安金融中心工程参建各方的工程建设、管理行为，提高本项目工程建设、管理水平，确保本项目建设目标的实现，依据国家、广东省和深圳市有关法律、法规、标准以及平安集团相关制度，结合本项目的实际情况，特制定本项目专用工程管理制度体系（表3）。

本项目专用工程管理制度体系 表3

序号	层次	章节		具体条	条数
1	第一层次 工程管理总纲	第一章	总则	第1条至第4条	4
2		第二章	建设目标、核心价值观与指导思想	第5条至第7条	3
3		第三章	组织机构与各方职责	第8条至第14条	7
4		第四章	保证机制与保证措施	第15条至第21条	7
5		第五章	检查与考核	第22条至第23条	2
6		第六章	附则	第24条至第26条	3

序号	层次	章节	具体条	条数
7	第二层次 工程管理规划	第一章 工程管理目标规划	第1条至第3条	3
8		第二章 工程管理组织规划	第1条至第4条	4
9		第三章 工程质量管理规划	第1条至第4条	4
10		第四章 工程进度管理规划	第1条至第5条	5
11		第五章 工程投资管理规划	第1条至第4条	4
12		第六章 工程HSE管理规划	第1条至第4条	4
13		第七章 工程信息管理规划	第1条至第4条	4
14		第八章 工程创新管理规划	第1条至第5条	5
15	第三层次 工程管理办法	深圳平安金融中心工程目标与总控管理办法	第1条至第19条	19
16		深圳平安金融中心工程计划管理办法	第1条至第17条	17
17		深圳平安金融中心工程报告管理办法	第1条至第16条	16
18		深圳平安金融中心工程履约绩效评价及优质优价管理办法	第1条至第24条	24
19		深圳平安金融中心工程文件往来及档案信息管理办法	第1条至第21条	21
20		深圳平安金融中心工程会议管理办法	第1条至第12条	12
21		深圳平安金融中心工程项目文化建设管理办法	第1条至第22条	22
22		深圳平安金融中心工程设计及专项设计管理办法	第1条至第27条	27
23		深圳平安金融中心工程深化设计管理办法	第1条至第26条	26
24		深圳平安金融中心工程设计变更管理办法	第1条至第20条	20
25		深圳平安金融中心工程洽商管理办法	第1条至第19条	19
26		深圳平安金融中心工程样板、样品管理办法	第1条至第31条	31
27		深圳平安金融中心工程图纸管理办法	第1条至第20条	20
28		深圳平安金融中心工程采购管理办法	第1条至第26条	26
29		深圳平安金融中心合同管理办法	第1条至第29条	29
30		深圳平安金融中心工程担保管理办法	第1条至第27条	27
31		深圳平安金融中心工程指令及费用/工期变更管理办法	第1条至第28条	28
32		深圳平安金融中心工程价款结算与支付管理办法	第1条至第23条	23
33		深圳平安金融中心工程开工及停工、复工管理办法	第1条至第25条	25

序号	层次	章节	具体条	条数
34	第三层次 工程管理办法	深圳平安金融中心工程现场管理办法	第1条至第25条	25
35		深圳平安金融中心工程现场签证管理办法	第1条至第17条	17
36		深圳平安金融中心工程施工技术管理办法	第1条至第22条	22
37		深圳平安金融中心工程测量管理办法	第1条至第15条	15
38		深圳平安金融中心垂直运输机械设备管理办法	第1条至第17条	17
39		深圳平安金融中心工程材料、设备管理办法	第1条至第27条	27
40		深圳平安金融中心工序交接见证及成品保护管理办法	第1条至第17条	17
41		深圳平安金融中心工程调试及试运行管理办法	第1条至第21条	21
42		深圳平安金融中心工程质量验收管理办法	第1条至第29条	29
43		深圳平安金融中心安全生产文明施工管理办法	第1条至第17条	17
44		深圳平安金融中心工程 HSE 管理办法	第1条至第36条	36
45		深圳平安金融中心工程创新管理办法	第1条至第17条	17

5.1 制定了深圳平安金融中心项目工程管理制度体系

按照工程管理总纲、工程管理规划和工程管理办法三个层次编制,其中工程管理总纲(以下简称总纲)是本项目工程管理的总体纲领性文件,规定本项目的建设目标、建设组织、建设管理的指导思想以及建设管理的总体原则、策略、措施。工程管理规划(以下简称规划)是针对本项目的建设目标及各项管理目标,在工程管理总纲的指导下,提出完整的目标规划,以及达成目标整体性的解决策略与实施方案。工程管理制度与办法是针对本项目各项控制目标、控制对象和控制环节,依据总纲和规划规定的策略、原则和实施方案,形成具有高度可操作性的工程管理各项制度、流程与办法。

深圳平安金融中心建设发展有限公司和本项目各参与单位(包括但不仅限于勘察设计、工料测量、建设监理、工程顾问,以及施工、供货、检测和设施管理等相关单位)在本项目建设管理全过程中必须遵循本工程管理制度体系。

坚持以建设目标、核心价值观与指导思想为基础,建设国际一流的、可持续发展的、智慧型办公、商业和观光综合功能的城市建筑,为用户提供优质服务,并成为标志性建筑,最终实现良好的经济效益与社会效益(表4)。

项目目标表 表 4

序号	类别	内容
1	国际一流	是指在建设过程中，采用国际先进的规划设计理念，整合世界顶级设计与咨询团队承担设计与管理、咨询，确保工程设计品质达到国际一流水准，具备国际领先的办公、购物、观光建筑功能。建设过程与建筑产品本身均应具有国际影响力，其管理思想、工程技术、产品品质等方面均将达到国际一流水准，并保持长期影响力
2	可持续发展的建筑	是指以可持续发展理念为指导进行策划，通过可持续规划设计和可持续施工，减少建筑全寿命周期内的资源与能源消耗，降低污染物排放，确保大楼建设不危及人类的后代，通过坚持利用可再生能源促进绿色建筑发展的实践，为用户提供舒适、安全、健康、高效的建筑空间
3	智慧型建筑	是指在本项目建设过程中，充分利用计算机技术、网络技术、通信技术、物联技术和知识管理技术，整合本项目建设方、运营方、使用方的知识资源，使得本项目的建筑产品更加智能化，可以向运营单位和使用单位提供安全、可靠、开放、灵活的网络架构和信息系统架构，以及高效、低成本的信息服务，使本项目建设成为智能化程度达到国内领先、国际一流的智能建筑
4	标志性建筑	是指从功能与品质概念、地理概念、心理概念和金融保险行业概念上均成为标志，它具有独特的文化影响力和美学价值

5.2 建立项目管理组织模式

项目目标决定项目的组织，项目的组织是目标能否实现的决定性因素。项目公司和本项目各参与单位必须依据国家、广东省及深圳市有关法律、法规和规范性文件，按照精简、高效、适用的原则，结合本项目工程特点和所承担的合同范围，建立本单位的工程管理与实施组织机构，并形成以建设单位为核心的本项目建设管理组织体系，确保本项目建设目标的实现。建设管理组织体系如图 4、图 5 所示。

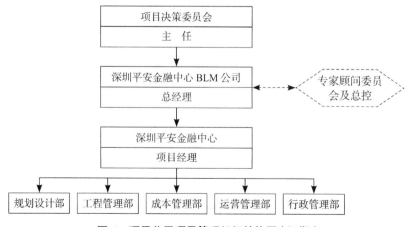

图 4　项目公司项目管理组织结构图（远期）

全过程工程咨询指南丛书　／　全过程工程咨询典型案例解析

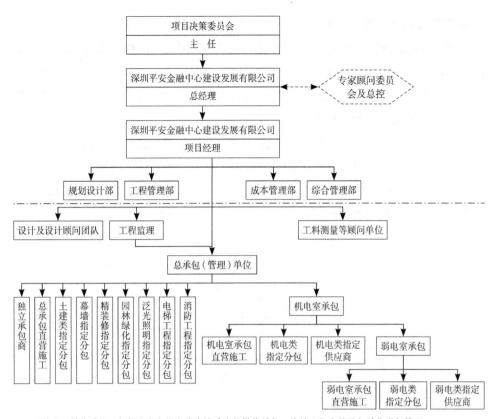

```
                    ┌─────────────────┐
                    │  项目决策委员会  │
                    ├─────────────────┤
                    │    主   任      │
                    └─────────────────┘
                             │
              ┌──────────────────────────┐      ┌──────────────┐
              │深圳平安金融中心建设发展有限公司│- - - -│专家顾问委员│
              ├──────────────────────────┤      │会及总控    │
              │        总经理            │      └──────────────┘
              └──────────────────────────┘
                             │
              ┌──────────────────────────┐
              │深圳平安金融中心建设发展有限公司│
              ├──────────────────────────┤
              │        项目经理          │
              └──────────────────────────┘
```

| 规划设计部 | 工程管理部 | | 成本管理部 | 综合管理部 |

| 设计及设计顾问团队 | 工程监理 | | | 工料测量等顾问单位 |

总承包（管理）单位

| 独立承包商 | 总承包直营施工 | 土建类指定分包 | 幕墙指定分包 | 精装修指定分包 | 园林绿化指定分包 | 泛光照明指定分包 | 电梯工程指定分包 | 消防工程指定分包 |

机电室承包

| 机电室承包直营施工 | 机电类指定分包 | 机电类指定供应商 | 弱电室承包 |

| 弱电室承包直营施工 | 弱电类指定分包 | 弱电类指定供应商 |

*说明：供货单位，包括业主方指定或直接采购的供货单位，均纳入相应的承包单位进行管理。

图5　项目整体管理结构图

（1）作为本项目业主方的工程管理主持机构，按照政府有关部门及平安集团、平安人寿、平安物业对本项目的有关批文，组织本项目的规划设计、招标采购、施工、验收与移交等建设过程，确保本项目建设目标全面实现。

（2）建立工程进度计划与投资管理体系，编制工程建设管理总控计划，并对建设管理各项工作的推进及其对工程造价的影响展开动态控制，确保工程进度按照计划并在平安集团批准的预算范围内完成。

（3）负责策划本项目工程管理组织体系和承发包模式，依据有关法律、法规和平安集团采购制度，选择满足相应资质要求、高水平的设计单位、顾问单位、监理单位、承包单位和物资供应单位，以合同管理为主要手段，督促各参与单位严格按照合同有关约定开展各项建设活动，使项目建设有序、高效推进。

（4）按照政府及平安集团上级部门的有关批文，结合本项目的建设目标，借鉴国内国际类似项目建设及管理的成功经验，在设计阶段提出本项目的设计要求，并组织对设计成果文件进行审核，确保设计成果的水平达到国际一流并满足建筑功能及采购、施工需求。

（5）协调、督促各承包单位、物资供应单位按照有关法律、法规及政策性文件、建设工程合同及设计文件的要求开展施工与安装，会同监理单位对工程施工的进度、质量、安全和可持续发展目标进行全过程、全方位监控，确保建设过程及其施工现场均处于受控状态。

（6）建立各参与单位的综合集成管理机制，包括指令机制、沟通机制、协调机制，建立完善的信息管理系统，及时协调、解决工程建设中的相关事项。

（7）针对本项目的各参建方，制订相关的职责，其中比较突出的部分是协助建设单位的相关部门也制订了相关的职责和分工（图6）。

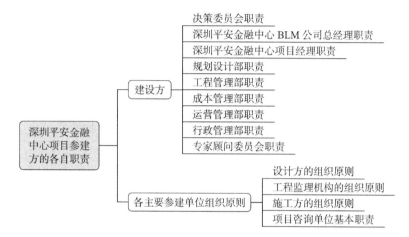

图6　项目各职责结构图

5.3　工程质量目标

5.3.1　项目的工程质量目标

（1）工程质量奖项目标：创国家优质工程奖；争创中国建筑工程鲁班奖、中国土木工程詹天佑大奖（表5）。

（2）工程质量必须满足或高于国家及地方规范和标准，以及在工程招标文件中规定的相关质量要求。工程质量一次验收合格率：100%。

质量目标的分解   表5

一、预获奖项目标			
获得国家级或省、部级的优秀设计奖和工程（施工）质量奖			
国家优质工程	全国优秀工程勘察设计奖	a 符合国家工程建设的方针、政策和法律、法规，严格执行工程建设强制性标准：采用突破国家技术标准的新技术、新材料，须按照规定通过技术审定。 b 严格贯彻执行国家的产业政策，具有先进的勘察设计理念，其主导专业或多个专业采用适用、安全、经济、可靠的新技术，经实践检验取得良好的经济、社会和环境效益。 c 获得省（部）级优秀工程勘察设计二等奖及以上奖项。 d 符合基本建设程序，各项手续完备，取得建设规划、环保、节能、安全、消防、卫生、城建档案管理等相关审批、验收文件，以及项目公司、生产运行单位对工程勘察设计的书面评价意见。 e 申报优秀工程勘察和优秀工程设计的单位，必须具有相应的工程勘察设计资质证书，且最近3年内没有发生过重大勘察设计质量安全事故。 f 申报优秀工程建设标准设计的项目应在工程设计或施工中使用满一年且使用效果显著。 g 申报优秀工程勘察设计计算机软件应通过鉴定和行业测评，经过实际应用，具有显著经济效益或能提高管理效率	
		预获奖项分解	广东省优秀工程勘察设计奖，详见下表
	广东省优秀工程勘察设计奖	a 符合国家工程建设的方针、政策和法律、法规，严格执行工程建设强制性标准：采用突破国家技术标准的新技术、新材料，须按照规定通过技术审定。 b 严格贯彻执行国家的产业政策，具有先进的勘察设计理念，其主导专业或多个专业采用适用、安全、经济、可靠的新技术，经实践检验取得良好的经济、社会和环境效益。 c 获得地级以上市优秀工程勘察设计二等奖及以上奖项：省属单位在自评的基础上选送优秀项目（待条件成熟后，可逐步过渡到参加属地评选）。 d 符合基本建设程序，各项手续完备，取得建设规划、环保、节能、安全、消防、卫生、城建档案管理等相关审批、验收文件，以及项目公司、生产运行单位对工程勘察设计的书面评价意见。 e 申报优秀工程勘察和优秀工程设计的单位，必须具有相应的工程勘察设计资质证书，且最近3年内没有发生过重大勘察设计质量安全事故。 f 申报优秀工程勘察设计计算机软件应通过具有相应资格的专业鉴定和行业测评，经过实际应用，具有显著经济效益或能提高管理效率	
		预获奖项分解	深圳市优秀工程勘察设计，详见下表
	深圳市优秀工程勘察设计	a 应经政府消防部门竣工验收，且为合格。 b 申报项目须符合国家建筑节能设计标准：在2003年10月1日后设计完成的住宅项目，应符合居住建筑节能设计标准：在2005年7月1日后设计完成的公建项目，应符合公共建筑节能设计标准。 c 本市2004年及以后设计的建筑工程，应经施工图审查机构审查且为合格，外地工程也应经审查并为合格（遵循项目所在地的施工图设计审查制度开始施行的具体时间）。 d 对于反映室内装修的图纸及照片、幻灯片等，必须是申报单位自身的设计作品，而不能利用其他单位的室内设计作为本单位的报优材料	

深圳平安金融中心项目全过程工程咨询案例

国家优质工程	广东省建设工程金匠奖	a 符合基本建设程序、工程建设强制性标准和有关节能、环境保护的规定； b 工程竣工验收程序合法，已通过竣工验收备案，并经过一个春冬的使用； c 工程技术资料真实、完整，符合《广东省建筑工程竣工验收技术资料统一用表》要求和城建档案要求，能反映工程施工质量控制过程； d 每个单位工程符合国家验收标准，主体结构无裂、漏、渗等质量通病，设备体系完善，符合环保和建筑节能要求； e 工程已获得地级以上市或省直施工企业、项目公司管理部门优良工程； f 工程满足使用功能要求，并有设计、监理、建设、使用单位，质量安全监督部门和工程所在地市建筑业协会或省直施工企业、项目公司管理部门、省专业部门对该工程的质量鉴定意见； g 工程在施工技术上应用了住建部推广的建筑业十项新技术的五项以上
		预获奖项分解　深圳市优质工程金牛奖，详见下表
	深圳市优质工程金牛奖	a 深圳市范围内的工程项目； b 申报参评深圳市优质工程金牛奖的施工企业（包括参建单位）已经通过 ISO 9000 认证； c 已取得竣工验收备案回执，并投入使用，至今未有发生质量缺陷的工程项目； d 申报项目应是按基建程序、符合法律法规的规定所组织建设的工程； e 申报项目应是上一年度内竣工的工程； f 申报深圳市优质工程金牛奖的房建，其主体已经获得深圳市优质结构工程奖（不包括 2002 年 8 月 31 日以前主体结构封顶的工程）
		预获奖项分解　深圳市优质结构工程奖，详见下表
	深圳市优质结构工程奖	a 深圳市范围内以及市属企业在外地完成的工程项目； b 申报参评深圳市优质结构工程奖的施工企业（包括参建单位）已经通过 ISO 9000 认证； c 申报项目应是按基建程序、符合法律法规的规定所组织建设的工程； d 已经取得建设行政主管部门颁发的施工许可证

二、质量验收目标

1. 按规定通过竣工验收，达到设计能力并投入使用一年以上；
2. 工程质量必须符合国家颁布的设计、施工规范和相关标准

三、创优、创新、可持续性目标

1. 工程应具有一定的投资效益和社会效益；
2. 在工程建设过程中应贯彻本办法倡导的工程质量管理宗旨，制定有系统、科学、经济的质量管理目标和创优计划

四、其他目标

1. 必须履行基本建设程序，按照《招标投标法》的规定，选择建设从业单位、第三方合法的监理单位；
2. 认真落实国家有关行业管理的政策，执行有关行业管理规定

建筑工程鲁班奖		一、预获奖项目标	
		获得本地区或本行业最高质量奖，详见国家优质工程预获奖项分解	
		二、质量验收目标	
		工程项目已完成竣工验收备案，并经过一年使用没有发现质量缺陷和质量隐患	
		三、创优、创新、可持续性目标	
		1. 积极采用新技术、新工艺、新材料、新设备，其中有一项国内领先水平的创新技术或采用住建部"建筑业10项新技术"不少于6项； 2. 列入省（部）级的建筑业新技术应用示范工程	
	建筑业10项新技术	1　地基基础和地下空间工程技术	
		1.1　桩基新技术	
		1.2　地基处理技术	
		1.3　深基坑支护技术	
		1.4　地下空间施工技术	
		1.4.1　暗挖法	
		1.4.2　逆作法	
		1.4.3　盾构法	
		1.4.4　非开挖埋管技术	
		2　高性能混凝土技术	
		2.1　混凝土裂缝防治技术（原材料选择和配合比优化设计、施工技术）	
		2.2　清水混凝土技术（原材料选择及配合比设计、施工技术）	
		2.3　自密实混凝土技术（技术指标、试验方法、制备技术、施工技术）	
		3　高效钢筋与预应力技术	
		3.1　高效钢筋应用技术	
		3.2　钢筋焊接网应用技术	
		3.3　粗直径钢筋连接技术	
		3.4　预应力施工技术	
		4　新型模板及脚手架应用技术	
		4.1　清水混凝土模板技术	
		4.2　早拆模板成套技术	
		4.3　液压自动爬模技术	
		4.4　新型脚手架应用技术	
		5　钢结构技术	
		5.1　钢结构CAD与CAM技术	
		5.2　钢结构施工安装技术（高层、大跨度空间、住宅及施工仿真技术）	
		5.3　钢与混凝土组合结构技术	
		5.4　预应力钢结构技术	
		5.5　钢结构防火、防腐技术	
		6　安装工程应用技术	
		6.1　管道制作（通风、给水管道）连接与安装技术	
		6.2　管线布置综合集成技术	
		6.3　电缆安装成套技术	

建筑工程鲁班奖	建筑业10项新技术	6.4 建筑智能化系统检测技术 6.5 大型结构（构件）和设备整体安装技术 7 建筑节能和环保应用技术 7.1 节能型围护结构应用技术 7.2 新型空调和采暖技术 7.3 预拌砂浆应用技术 7.4 干粉砂浆应用技术 8 新型建筑防水应用技术 8.1 新型防水材料应用技术 8.2 发展新的防水工艺技术 （采用成套技术、新防水工艺技术、防渗堵漏技术） 9 施工过程监测和控制技术 9.1 施工过程测量技术 10 建筑企业信息化管理技术 10.1 工程项目信息化管理技术 （项目工程的进度、质量、安全、成本的管理与集成管理） 10.2 施工企业信息化管理技术 （施工企业工程管理、成本管理、资源管理及办公系统管理）
	四、其他目标	
	申报单位无不符合诚信的行为	
中国土木工程詹天佑大奖	一、质量验收目标	
	工程质量合格，对建筑实行一次性竣工验收的工程，必须是已经完成竣工验收并经过一年以上使用核验的工程	
	二、创优、创新、可持续性目标	
	1. 必须在勘察、设计、施工以及工程管理等方面有所创新和突破（尤其是自主创新），整体水平达到国内同类工程领先水平； 2. 必须突出体现应用先进的科学技术成果，有较高的科技含量，具有一定的规模和代表性； 3. 必须贯彻执行节能、节地、节水、节材以及环境保护等可持续发展方针	
	三、其他目标	
	申报单位必须是中国土木工程学会的团体会员	
LEED金级认证	美国绿色建筑协会LEED评分标准，由五大系统组成：选址与建筑环境、节水、能源和大气污染、材料和资源、室内环境质量，总分为110分，金奖认证要求分数在60～79分之间	
广东省建设工程安全生产文明施工优良样板工地	1. 不发生粤建安协〔2009〕010号第八条规定的情况； 2. 按规定开展省双优工地创建活动； 3. 符合建筑工人平安卡管理制度的有关要求； 4. 按《建筑施工安全检查标准》进行评分，得分85分以上； 5. 有关资料完备、翔实	

5.3.2 工程总进度目标

本项目的工程总进度目标为：2016 年 5 月 25 日，本项目整体具备全部交付营业、正式投入使用的条件（表 6）。

工程总进度目标　　　　　　　　　　　表 6

序号	关键节点	时间
1	完成总包招标	2011 年 9 月 30 日
2	完成地上钢结构招标	2011 年 11 月 26 日
3	完成塔楼幕墙招标	2012 年 2 月 25 日
4	完成高速电梯招标	2012 年 3 月 27 日
5	完成机电主承包招标	2012 年 6 月 23 日
6	完成消防工程（火灾报警系统）招标	2012 年 5 月 24 日
7	完成弱电主承包招标	2012 年 8 月 22 日
8	完成塔楼 50 层及以下精装修施工招标	2013 年 2 月 18 日
9	完成塔楼 50 层以上精装修施工招标	2013 年 8 月 17 日
10	塔搂基础及底板施工完成	2011 年 10 月 20 日
11	裙楼基础及底板施工完成	2011 年 11 月 20 日
12	塔式起重机进场（4 台 MD1800）	2011 年 10 月 20 日
13	开始地下结构施工	2011 年 11 月 3 日
14	塔楼核心筒出 ±0.00	—
15	塔楼钢结构出 ±0.00	2012 年 2 月 12 日
16	塔搂外框出 ±0.00	2012 年 3 月 13 日
17	完成塔楼 24 层以下主体结构施工	2012 年 12 月 9 日
18	完成塔楼 50 层以下主体结构施工	2013 年 7 月 9 日
19	完成塔楼 82 层以下主体结构施工	2014 年 2 月 16 日
20	完成塔楼主体结构封顶（至 118 层）	2014 年 12 月 10 日
21	完成塔冠及塔尖主体施工	2015 年 3 月 30 日
22	开始幕墙安装	2013 年 1 月 7 日
23	完成塔楼 50 层以下幕墙安装	2013 年 12 月 15 日
24	完成塔楼幕墙（含塔冠）安装	2015 年 5 月 25 日
25	开始机电安装施工	2012 年 11 月 20 日
26	完成塔楼 50 层及以下机电安装	2014 年 12 月 28 日
27	塔楼 50 层及以下工程正式受电	2014 年 7 月 31 日
28	完成塔楼 50 层及以下工程消防验收	2015 年 3 月 18 日

序号	关键节点	时间
29	完成塔楼 50 层以上机电安装	2015 年 12 月 26 日
30	塔楼 50 层以上工程正式受电	2015 年 8 月 31 日
31	完成塔楼 50 层以上及裙楼工程消防验收	2016 年 4 月 25 日
32	完成地下室结构施工	2013 年 7 月 20 日
33	裙楼结构封顶	2014 年 4 月 2 日
34	完成塔楼 50 层及以下机电系统联调、验收	2015 年 5 月 25 日
35	项目整体完工	2016 年 5 月 25 日

5.3.3 工程可持续发展目标

（1）绿色建筑认证目标：美国绿色建筑协会（U. S. Green Building Council, USGBC）LEED（Leadership in Energy and Environmental Design）认证级别：金级。

（2）工程施工期间 HSE 目标：零重大事故、零重大污染；在健康、安全和环境管理等方面均达到国内领先水平。

（3）工程文明施工目标：广东省建设工程安全生产文明施工优良样板工地。

5.4 工程创新管理规划

工程创新管理的指导思想：本规划所指创新是指本项目的项目公司、各参建单位及第三方在本项目的建设、管理过程中，为保证实现本项目的各项建设目标或为本项目增加价值所进行的、能够产生经济效益或社会效益的发明、创造或改进活动，它包括理念和方法两个层面的组织、管理、技术和经济四个维度的创新，或者包含多个维度的综合创新。本项目创新应为实现本工程的各项创优目标服务，即本项目的各项创新活动应符合"建设部建筑业新技术应用示范工程""国家优质工程"以及"LEED"等各种奖项的评审与认证要求。

5.5 履约绩效评价及优质优价管理办法

为保证工程的顺利开展，促使各参与单位忠实履约并激励其加强资源投入及管理力量，体现优质优价、奖优罚劣的原则，依据国家、广东省、深圳市有关法律法规、标准和技术规范以及平安集团的各项相关制度，由建设单位或其授权的单位对本项目各参与单位的履约行为进行定期检视、评价并作出相应奖罚处理。履约绩效评价主要是指对各参与单位的资源投入、质量管理、进度管理、安全文明管理、内业管理、配合态度、创新管理及项目文化建设等方面进行评价考核。

各参与单位的履约绩效评价采取综合考评方式，根据其资源投入、质量管理、进度管理、安全文明管理、内业管理以及配合态度六个维度的履约行为及绩效进行考核，每个维度满分100分，并按照所列的权重对上述六个维度进行综合评分，综合评分满分100分（表7、表8）。

深圳平安金融中心·参与单位履约绩效评价表 　　　　　　表7

被考核单位：　　　　　　　　　　　　　　　　　　　　　　　　　考核日期：

序号	考核评分内容与标准	分值	扣分
1	资源投入		
1.1	项目经理不到位，扣15分； 项目经理调整变更，每次当期扣15分	15	
1.2	项目总工、分管生产项目副经理、安全负责人、各专业负责人不到位，每人扣5分；前述人员每变更一人次，当期扣5分	20	
1.3	管理人员人数及素质是否满足合同约定及现场工作要求，视情节轻重扣0～15分	15	
1.4	现场施工劳动力投入是否满足现场施工要求，视情节轻重扣0～15分	15	
1.5	特种作业人员数量及素质是否满足现场施工要求，视情节轻重扣0～10分	10	
1.6	材料及设备供应不符合合同约定或不满足施工需求，视情节轻重扣0～15分	15	
1.7	公司领导对本项目的投入程度，视情节轻重扣0～5分	5	
1.8	公司总部对本项目的支持程度，视情节轻重扣0～5分	5	
1.9	小计	100	
2	质量管理		
2.1	质量管理体系不健全，管理制度不完善，扣0～10分	10	
2.2	不按施工组织设计和施工方案施工，每次扣5分	10	
2.3	承包单位使用的施工设备、检测设备和仪器未按规定送政府相关部门鉴定、校核的，或未按规定报审的，已在现场使用的，每发现一次扣1分	5	
2.4	隐蔽工程未经验收擅自隐蔽的，每发现一次扣5分	10	
2.5	原材料和设备未经报验即使用或安装，每发现一次扣5分	10	
2.6	未按图纸现场施工，或擅自变更设计（包括深化设计），或深化设计未经审批擅自施工，每发现一次扣5分	10	
2.7	样板/样品未经批准擅自施工或未按批准的样板/样品施工，扣5分	5	
2.8	违反《深圳市建设工程安全质量整治措施实施办法》，被政府主管部门责令整改或黄色警示，扣10分	10	
2.9	深化设计质量、深度不满足施工要求的，扣0～10分	10	
2.10	因承包单位原因导致施工质量不合格，且影响主体结构，工程实体达不到现行规范要求的，扣10分	10	

序号	考核评分内容与标准	分值	扣分
2.11	在工程施工过程中和保修期内，因本工程质量、安全和其他因承包单位原因引发的负面消息被媒体曝光或被政府主管部门通报批评，扣10分	10	
2.12	小计	100	
3	进度管理		
3.1	各类计划和专项方案编制及时，总进度、分阶段进度计划符合合同或建设单位要求，编制内容详细，不符扣0～10分	10	
3.2	未按施工现场实际情况及时调整进度计划，扣0～5分	5	
3.3	施工总进度计划未达到总控计划要求，扣15～20分；季度进度计划未能达到节点要求，扣10～15分	35	
3.4	进度计划执行未达到要求时，未采取赶工措施确保施工进度的，扣10～20分	20	
3.5	配合总控工作不力的，扣0～10分	10	
3.6	深化设计出图进度不能满足计划节点要求的，扣0～10分	10	
3.7	未使用P6软件进行进度管理的，或管理不善的，扣0～10分	10	
3.8	小计	100	
4	安全文明管理		
4.1	安全生产管理体系未建立健全，未配置符合国家和当地政府要求的安全生产专职人员的，扣0～10分	10	
4.2	承包单位的安全生产与文明施工资料不齐全的，扣5分	5	
4.3	承包单位未签订安全生产协议书，工人未签订安全生产责任书的，扣5分	5	
4.4	每月未编制安全生产与文明施工措施费使用计划或未报送建设单位、监理单位审批的，扣5分	5	
4.5	未进行安全生产二级教育，或资料不全的，扣0～5分	5	
4.6	现场动火作业无动火证，扣3分；现场治安、消防制度不齐全，未落实责任人，扣3分；消防设施不齐全，扣3分；危险品仓库设置、存储不规范，扣2分；对易燃的木料及油漆等物品未按要求单独、有序堆放，标识不清，扣3分；特种作业人员，无操作证或已过有效期，每一名扣3分	20	
4.7	脚手架方案（24m以上）或高大模板无专家论证，扣10分；塔式起重机、施工升降机械等特种施工设备，未经有关部门检测合格的，扣5～10分；洞口、电梯井道、采光井等部位临边防护不可靠，扣5分；施工不戴安全帽，扣5分；高空作业未系安全带，扣5分；未采用三相五线制或不符合三级保护要求的，扣5分；安全电压不符合规定的，扣5分；临时电线私拉乱接的，扣5分	30	
4.8	违反《深圳市建设工程安全质量整治措施实施办法》（安全及文明施工类），市安监部门下发停工整改／红色警示，扣20分	20	
4.9	发生一般以上级别安全事故的，扣100分；发生安全问题但未造成事故的，酌情扣10～20分	100	

序号	考核评分内容与标准	分值	扣分
4.10	小计	100	
5	内业管理		
5.1	未按建设单位、监理单位、总承包单位或政府部门合理性要求提供内业资料或提供不及时的，扣 5～15	15	
5.2	安排专人负责内业资料管理，若无，扣 10 分	10	
5.3	工程图纸、物资、工程技术、安全、验收（已验收部分）等资料不全，或不按国家规范进行管理的，每发现一项，扣 5～10 分	20	
5.4	来往文件收发、管理、报送与归档等流程混乱，扣 5～15 分	15	
5.5	内业资料应符合分类方案、编码规则，不符扣 5～10 分	10	
5.6	内业资料应保证真实性、完整性、有效性以及可追溯性，不符扣 10～20 分	20	
5.7	未按指定时间报审和报送资料，或工程资料报验与工程实体进度不同步，上报资料填写多处错误的，扣 5 分	10	
5.8	小计	100	
6	配合态度		
6.1	未执行建设单位实行的会议考核制度的，扣 10～20 分	20	
6.2	未配合建设单位组织的合同履约绩效评价的，扣 10～20 分	20	
6.3	只考虑本单位施工便利，造成其他单位施工困难或成品损坏的，扣 10～20 分	20	
6.4	不配合建设单位、监理单位或总承包单位统筹安排，扣 10～20 分	20	
6.5	存在经建设单位和监理单位确认无法胜任工作者，或工作责任心不强的施工人员、不积极配合工作者，每一名扣 5 分	10	
6.6	违反合同中约定的各项工作程序、业务处理流程和要求，扣 5 分	10	
6.7	小计	100	

优质优价考核目标　　　　　　　　　　　　表 8

序号	激励项目	奖励目标描述	承担主体	资金比例
一	进度奖励（建设单位有权根据总控计划的更新调整各里程碑节点）			30%
1	开始地下结构施工	2011 年 11 月 3 日	总承包单位、相关分包单位、建设单位、监理单位、相关顾问单位	
2	塔楼钢结构出 ±0.00	2012 年 2 月 12 日		
3	塔楼外框出 ±0.00	2012 年 3 月 13 日		
4	完成塔楼 50 层以下主体结构施工	2013 年 6 月 9 日		
5	完成塔楼 82 层以下主体结构施工	2014 年 2 月 16 日		
6	完成塔楼主体结构施工（至 118 层）	2014 年 10 月 10 日		

序号	激励项目		奖励目标描述	承担主体	资金比例
7	完成塔冠及塔尖主体施工		2015 年 3 月 10 日	总承包单位、相关分包单位、建设单位、监理单位、相关顾问单位	
8	开始幕墙安装		2013 年 1 月 7 日		
9	完成塔楼 50 层以下幕墙安装		2013 年 12 月 15 日		
10	完成塔楼幕墙（含塔冠）安装		2015 年 5 月 25 日		
11	开始机电安装施工		2012 年 11 月 20 日		
12	完成塔楼 50 层及以下机电安装		2014 年 12 月 28 日		
13	塔楼 50 层及以下工程正式受电		2014 年 7 月 31 日		
14	完成塔楼 50 层及以下工程消防验收		2015 年 3 月 18 日		
15	完成塔楼 50 层以上机电安装		2015 年 12 月 26 日		
16	塔楼 50 层以上工程正式受电		2015 年 8 月 31 日		
17	完成塔楼 50 层以上及裙楼工程消防验收		2016 年 3 月 18 日		
18	完成地下室结构施工		2013 年 7 月 20 日		
19	裙楼结构封顶		2014 年 4 月 2 日		
20	完成塔楼 50 层及以下机电系统联调、验收		2015 年 5 月 25 日		
21	项目整体完工		2016 年 5 月 25 日		
二	质量奖励				20%
22	优质专项工程（结构）		省市以上奖	总承包单位、相关分包单位、建设单位、监理单位、相关顾问单位	
23	优质专项工程（钢结构）		省市以上奖		
24	优质专项工程（幕墙）		省市以上奖		
25	优质专项工程（机电）		省市以上奖		
26	优质专项工程（装修）		省市以上奖		
27	优质专项工程（其他）		省市以上奖		
28	省级优质工程奖		广东省金匠奖		
29	国家级优质工程奖		鲁班奖		
三	安全生产文明施工奖励				20%
30	深圳市双优工地	深圳市建筑工程安全生产文明施工优良样板工地		总承包单位、相关分包单位、建设单位、监理单位、相关顾问单位	
31	广东省双优工地	广东省建筑工程安全生产文明施工优良样板工地			
32	国家标准化工地	中国建筑业协会建筑安全分会 AAA 安全质量标准化工地			

序号	激励项目		奖励目标描述	承担主体	资金比例
四	可持续发展目标				5%
33	LEED 认证		金级	总承包单位、相关分包单位、建设单位、监理单位、相关顾问单位	
五	科技创新				5%
34	论文或专著		核心刊物或权威出版社	创新成果单位	
35	专利		获得国家专利授权		
36	科研项目		国家或省部级以上科技进步奖		
六	其他		根据需要调整	相关单位	20%

5.6 深化设计管理办法

本项目深化设计是指由承包单位在建设单位提供的施工图或合同图的基础上，通过对施工图或合同图进行深化、细化、优化和补充完善，形成各专业的深化设计图纸（包括系统图、平面图、模板图、布置图、节点图和加工图等）成果，并通过综合深化设计（综合平面图、综合管线图、BIM 模型等手段）对各专业深化设计图纸进行集成、协调、修订与校核，以满足加工制作和现场施工及管理需要的设计过程。

5.6.1 组织结构与职责（表 9）

组织结构与职责 表 9

序号	参建单位	职　责
1	建设单位	组织并督促设计单位及工程顾问单位认真履行深化设计成果审核与确认职责、负责深化设计的审批与确认等
2	设计单位	负责向深化设计单位和人员进行设计交底；积极配合深化设计单位完成深化设计工作；负责深化设计成果的确认或审核
3	工程顾问单位	审核相应专业的深化设计成果，并向建设单位报告审核意见；BIM 顾问单位应根据深化设计成果，及时完成 BIM 建模、模拟和校验，并向建设单位报告咨询意见
4	总承包单位	负责全部深化设计的整体管理和统筹协调；负责总承包单位管理范围内各专业深化设计成果的审核；负责定期组织召开深化设计协调会，协调解决深化设计过程中存在的问题等

序号	参建单位	职 责
5	机电主承包单位	负责机电主承包范围内各专业深化设计的协调管理；负责机电综合性图纸（综合管线图和综合预留预埋图）的深化设计；负责机电主承包范围内各专业深化设计成果的审核；配合与本专业相关的其他单位完成深化设计等
6	分包单位	负责本单位承包范围内的深化设计；服从总承包单位或机电主承包单位的管理；配合与本专业相关的其他单位完成深化设计

5.6.2 深化设计的内容和范围（表10、图7）

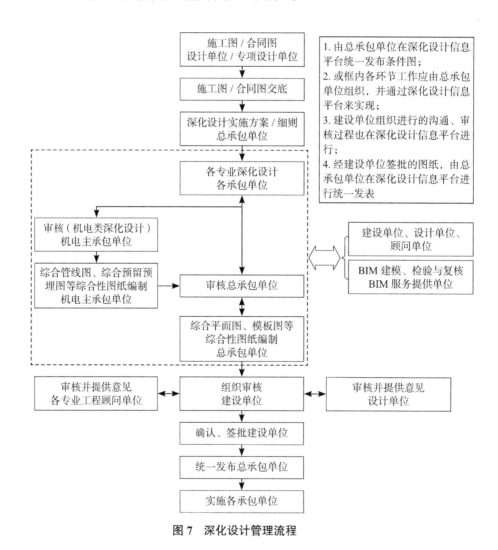

图7 深化设计管理流程

深化设计的内容和范围   表 10

序号	内容	范围	备注
1	专业深化设计	土建结构深化设计；钢结构深化设计；幕墙深化设计；电梯深化设计；机电各专业深化设计（暖通空调、给水排水、消防、强电、弱电等）；冰蓄冷系统深化设计；机械停车库深化设计；精装修深化设计；景观绿化深化设计等	
2	综合深化设计	对各专业深化设计初步成果进行集成、协调、修订与校核，并形成综合平面图、综合管线图以及 BIM 模型	
3	深化设计的分工	总承包单位就本项目全部深化设计工作对建设单位负责；总承包单位、机电主承包单位和各分包单位各自负责其所承包（直营施工）范围内的所有专业深化设计工作，并承担其全部技术责任，其专业技术责任不因审批与否而免除	"谁施工、谁深化"原则
4	深化设计样板	深化设计过程应与样板／样品批准协同进行，各深化设计单位应计划好深化设计与样板／样品的施工和送审时间，不得因样板／样品的修改，延误深化设计进度	
5	深化设计中的 BIM 应用	用 BIM 反映深化设计，包括进行深化设计复核、末端定位与预留，加强设计对施工的控制和指导。 使用 BIM 模拟施工工艺、进度、现场、施工重点、难点；加强对施工过程的控制；全程可视化交流；形成竣工模型，集成建筑设施、设备信息，为后期运营提供服务。 建设单位可以将 BIM 各阶段输出的模型、动画和信息等成果提供给承包单位，作为承包单位进行工程深化设计、施工模拟、方案优化、工程进度以及场地管理的参考；总承包单位、机电主承包单位及各分包单位应与 BIM 团队密切配合，完成和实现 BIM 模型的各项功能，确保深化设计内容真实反映到 BIM 模型内，并积极利用 BIM 技术手段指导施工管理；总承包单位应统筹全专业包括建筑结构机电综合图纸，并按要求提供 BIM 所需的各类信息和原始数据，交 BIM 团队用于建立本工程所有专业的 BIM 模型	
6	深化设计成果	机电各专业：系统图、平面图、剖面图、综合布置图、详图、预留预埋图；土建结构：构造图、平面图、立面图、剖面图、加工详图等；幕墙：平面图、立面图、节点大样图、加工详图等；钢结构：平面图、立面图、剖面图、结构布置图、节点详图、构件图等；精装修专业：六面体图、大样图、构造图。深化设计审批图应提交电子版光盘一套（内含 PDF、CAD 格式文件各一套），蓝图 6 套；深化设计竣工图应提交电子版光盘一套，蓝图 6 套	

深圳平安金融中心项目全过程工程咨询案例

序号	内容	范围	备注
7	深化设计成果报批	各分包单位深化设计成果由总承包单位或机电主承包单位审核并提出审核意见，各分包单位根据审核意见进行修改；机电类深化设计成果经机电主承包单位审核通过，由机电主承包单位汇总、组织各相关专业会签后，提交总承包单位审核；各类深化设计成果经总承包单位审核通过，由总承包单位汇总、组织各相关专业会签后，提交建设单位、BIM顾问单位、设计单位、工程顾问单位审核。 深化设计成果应分阶段报批，审核单位应审查承包单位提交的深化设计成果，并在规定时间内给予审核意见；各审核单位的意见由建设单位负责汇总后反馈给总承包单位，总承包单位根据审核意见进行修改或退回各分包单位进行修改，修改后的图纸、文件应在修改处予以标识。修改后的深化设计应再次提交各审核单位审核；经各审核单位审核通过的深化设计成果，提交建设单位审批；经建设单位审批通过的深化设计成果，由总承包单位统一签发，作为现场施工的依据；建设单位和各审核单位对深化设计的审核审批，不免除或减轻总承包单位、专业承包单位对深化施工图纸的质量、技术及协调内容的责任	
8	深化设计成果文件的发布	深化设计成果文件的发布实行"统一发布，统一管理"的原则，即深化设计成果文件经深化设计审批流程审批同意后，由总承包单位统一发布、统一管理，并按本项目专用工程管理制度体系中的图纸管理办法的相关规定执行	
9	深化设计交底	深化设计开始前，由建设单位、监理单位组织原设计单位对施工图/合同图进行交底，明确设计意图和关键事项，并回答总承包单位和分包单位就原施工图/合同图提出的问题；深化设计开始前，总承包单位应就"深化设计实施方案/细则"的有关事项向分包单位进行交底；各专业深化设计完成并经审批同意、发布后，总承包单位负责组织分包单位召开深化设计交底会，进行深化设计交底，并做好交底记录；各深化设计单位根据各自负责内容分别向相关单位和人员交底	

6 咨询增值服务方案

6.1 合同管理方面

超高层大型综合体项目，在某种意义上是小城镇，涉及人们的工作、生活及其配套设施与城镇等同，因此，参与的单位和专业众多，作为提供咨询单位，就需要对项目的合同结构进行分析，结合我司从事超高层项目及对标其他项目和建设方采用的管理模式，深圳平安金融中心项目的合同采用"施工总承包＋专业分包商＋设备供应商＋独立承包商"的模式，其中专业分包主要是机电总承包负责协调、管理。项目总承包的管理是由土建总承包统一管理，分专业性和合同关系进行分工协作（图 8）。

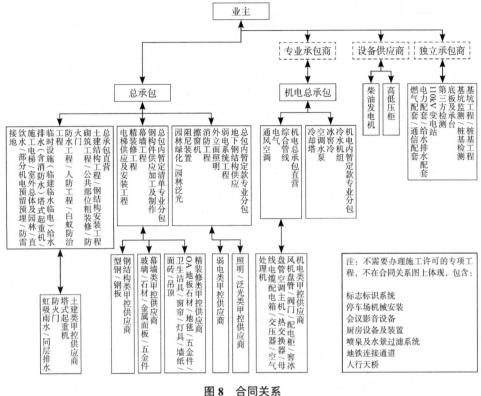

图 8　合同关系

6.2 平安金融中心参建各方的指令关系

承包商中施工总承包为中国建筑一局（集团）有限公司，机电总承包为中建三局集团有限公司，装饰装修总包为深圳市安星装饰设计工程有限公司，各家总包下属多个专业分包、设备供应商、专项供应商、劳务分包，其中基坑支护及土方开挖工程、桩基础工程、地下室底板工程为独立承包商，第三方监测单位、桩基础检测单位、钢结构检测单位、节能检测单位、空气质量检测单位、健康监测单位为业主直接委托，业主还委托了众多的顾问，主要包括水土保持顾问、环境监测顾问、工程监理顾问、建筑顾问、结构顾问、交通顾问、国内建筑 / 结构设计顾问、投资顾问、精装修设计顾问（多个）、幕墙设计顾问、BIM 顾问、机电顾问、机电调试顾问、声学顾问、灯光顾问、消防顾问、LEED 认证顾问、安全管理顾问、总承包策划顾问、项目管理策划顾问、影像记录顾问以及一些个人顾问。还有部分为业主单独发包的，如临电安装、蜘蛛车、标识标牌、市政外线等（表 11）。

平安金融中心主要参建方汇总表   表11

序号	类别	单位	备注
一	独立承包商及总承包		
1	基坑支护及土石方开挖工程	中国建筑一局（集团）有限公司	独立承包商
2	桩基础工程	深圳市勘察测绘院有限公司	独立承包商
3	地下室底板工程	中国建筑一局（集团）有限公司	独立承包商
4	施工总承包工程	中国建筑一局（集团）有限公司	施工总承包
5	机电总承包工程	中建三局集团有限公司	机电总包
6	装饰装修工程	深圳市安星装饰设计工程有限公司	装修总包
二	检测单位		
1	桩基础工程检测	深圳市建设工程质量检测中心	
2	第三方监测	深圳市勘察测绘院有限公司	
3	钢结构第三方检测（地下室）	深圳市建设工程质量检测中心	
4	钢结构第三方检测（地上）	深圳市建设工程质量检测中心	
5	节能检测	深圳市建设工程质量检测中心	
6	健康监测	香港城大、哈工大、宁波杉工	
7	空气质量检测	深圳市华太检测有限公司	
8	机电调试	清华大学研究生院	

在合同管理方面制定了非常完善的工作流程，对于各单位均有利于查询、追踪，各个流程均规定了具体的审批时限，降低或减少了相关单位或部门积压，提高了效率。但由于涉及的单位众多、人员众多，信息反馈单一，每一项工作内容能够得到完善均需较长的时间，如存在异议或分歧，可能短时期内无法达成一致意见，这也是本项目的弊病之一（图9）。

6.3 LEED认证增值点

LEED评估体系由可持续的场地规划、保护和节约水资源、高效的能源利用和可更新能源的利用、材料和资源问题、室内环境质量五大方面及若干指标构成其技术框架，对建筑进行综合考察，评判其对环境的影响，并根据每个方面的指标进行打分，综合得分结果，将通过评估的建筑分为铂金、金、银和认证级别，以反映建筑的绿色水平。平安金融中心LEED认证执行的是2.0版本，其中认证级23-27、银级28-33、金级34-44、铂金级45以上。平安金融中心项目LEED认证目标为金级，总体得分预计43分，其中施工阶段得分预计16分，监理主要是执行施工阶段LEED认证的实施。

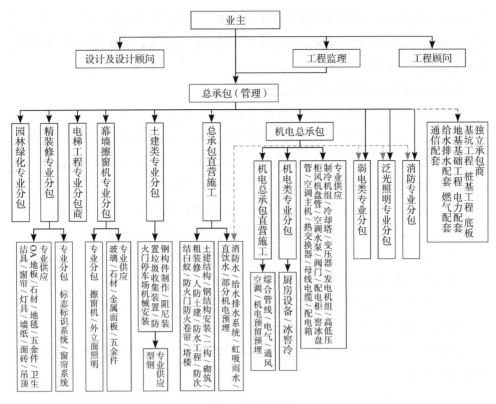

图 9　指令关系

6.3.1 项目特点

LEED 认证工作要求按照《深圳平安金融中心项目工程管理制度体系》中工程创新管理办法的规定，深化了《平安金融中心施工 LEED 认证监理方案》，实施方案涵盖了施工 LEED 认证的工作要求、工作流程、工作方法、实施要点且能够指导现场施工。

6.3.2 专人负责

项目派专人全面跟踪 LEED 认证工作，对前期基础工程、主体结构工程进行跟进，装饰装修工程、机电安装工程各专业组协助指导，后期机电调试、测试工作由机电组全程参与，审核 LEED 资料，督促承包商在不同阶段提交各类文件，给出监理意见供 LEED 顾问参考。

6.3.3 全程参与的关注重点

监理在不同阶段，针对 LEED 认证工作要求、得分点，重点关注各阶段各类 LEED 认证资料的收集。如在基坑支护、基础施工阶段，注重水土保持、扬尘防护、环境保护等方面的工作，主体结构阶段注重区域材料、再生材料、废弃物回用等方面的工作，装饰装修阶段注重低排放材料收集等方面的工作，机电调试阶段注重运行与调试、计量与核准等方面的工作，每个工作阶段及时完善、及时纠偏、及时总结，以至于施工阶段的 LEED 认证工作开展顺利、成效明显，基本实现了 LEED 认证目标。

6.3.4 LEED 认证工作的不足之处

（1）LEED 认证工作承包商重视程度不足，认为这是没有产值、无法产生效益的工作，对业主、监理、顾问提出的问题，经常会出现拖延、暂缓执行的现象，相关资料提交也经常延误，更有甚者，个别单位长期不执行业主、监理、顾问提出的工作要求，这是 LEED 认证工作不足的主要原因。

（2）大部分 LEED 认证参与人员所具备的专业技能不足，有的单位派驻的人员多次交底、培训后上报资料的质量仍然无法达到 LEED 认证的要求。

（3）LEED 认证承包商工作人员变动频繁，且工作交接不畅导致工作脱节。

（4）总包管理力度不够，没有尽到统筹管理的职责。

（5）对于部分承包商的不配合情况，业主基本没有具体的处罚措施，也是 LEED 认证过程中产生的种种不足原因之一。

整体来讲，本项目的 LEED 工作基本正常，预估得分点基本能够拿到，能够达到预期的目标。

6.4 装饰装修工程增值点

6.4.1 装饰装修工程概况及标段划分

平安金融中心装饰装修工程，分为三部分，第一部分为塔楼、裙楼公共区域精装修工程，第二部分为塔楼二次装饰装修工程，第三部分为塔楼、裙楼初装修工程，相关标段划分及工作内容如表 12 所示。

6.4.2 设计特色

（1）塔楼公共区精装修：塔楼精装修选材均为高端产品，所有石材全部国外进口，6 种石材，来源于 5 个国家，石材表面六面防护，饰面采用亚光，尽最大可能保障其石材的原有特点。首层大堂 12.8m 高，沿核心筒周边一路排开，高端、大气，石材侧面暗藏灯具，在灯光照射下，显得熠熠生辉，另外在 L51/52、L83/84 也设置了空中大堂。

（2）L64 层展示层包括工法演示区、办公样板区、媒介宣讲区，充分利用灯光、饰面与音效的效果展示，是其特色之一。

（3）裙楼商业公共区，利用空间、灯光、饰面的效果整体展示了商业办公楼的特色。

表 12

平安金融中心装饰装修工程标段划分及工作内容

类别	区域	第一标段	第二标段	第三标段	第四标段	其他区域
第一部分	塔楼公共区域精装修工程	B5～B3办公电梯厅；公共走道、B1大堂、电梯厅；L1及L2大堂、电梯厅、卫生间及电梯轿厢区域精装修工程。施工总面积4068m²，共6个楼层	一、二及三区标准层电梯厅、公共通道、卫生间、水间及电梯轿厢区域精装修专业分包工程。包括楼层有L7，L8，L11～24，L27～34，L37～48共36个楼层，装饰施工总面积8450m²	L51，52层空中大堂、四及五区标准层电梯厅、公共通道、电梯轿厢、卫生间及茶水间及电梯轿厢区域精装修专业分包工程。包括的楼层有L51，52，L53～64，L67～80共28个楼层，装饰施工总面积9000m²	L83，84层空中大堂、六及七区标准层电梯厅、公共通道、电梯轿厢、卫生间及茶水间区域精装修专业分包工程。包括的楼层有L83，84，L85～96，L99～112共28个楼层	
	裙楼公共区域精装修工程	L1～L5层共5个楼层	L6～L10层、B5～B1层及L4～5层中庭共12个楼层			
第二部分	塔楼二次装饰装修工程	L64层展示中心施工范围为64层外框	塔楼办公自用区精装修施工范围：L4～48层外框架，包括L4、5，L11～24，L27～34，L37～48层共36个楼层	塔楼办公出租区精装修施工范围：L53～63，L67～80，L85～96，L99～107层，共46个楼层	①高管区：L108～112层；②观光区：L115～116层，B3层；③会所：L118～118M层	
第三部分	塔楼、裙楼初装修工程	地下室区域，B5～B1、地下室地面、车道环氧地坪漆、车道划线、各部位墙面、顶棚乳胶漆、管井、设备间地面防静电地坪漆、楼梯间瓷砖、乳胶漆、栏杆扶手、顶棚格栅格吊顶、防火门、卷帘门	塔楼标准层区域，L3～8，L11～118、金属顶棚、砖、卷帘门、格栅格吊顶、设备间、管井、楼梯间地坪漆、乳胶漆、楼梯墙地砖、乳胶漆、栏杆扶手	裙楼区域，L1～10，后勤区墙地砖、金属顶棚、防火门、卷帘门、乳胶漆、格栅格吊顶、设备间、管井环氧地坪漆、乳胶漆、楼梯墙地砖、乳胶漆、栏杆扶手	空中大堂，B1～L2，L51/52，L83/84，防火门、卷帘门、楼梯墙地砖、乳胶漆、楼梯墙地砖、乳胶漆、栏杆扶手	避难/设备层区域，后勤区墙地砖、金属顶棚、防火门、乳胶漆、格栅格吊顶、设备间、管井环氧地坪漆、楼梯墙地砖、乳胶漆、楼梯墙地砖、乳胶漆、栏杆扶手

备注：1. 甲指乙供的材料：精装修区域有洁具，精装修区域有停车场地坪漆，架空地板为专项供应。

2. 公共区域精装修的二次机电（如二次排水、风口、电气、开关面板、灯具）不在精装修合同范围内，自用区精装修的部分二次机电不在机电工程总承包工程范围内，粗装修区域由总包施工，精装修区域的二次机电及安装专业由主单位发包。标识牌供应及安装业主单独发包。

6.4.3 管理特色

平安金融中心装饰装修工作量大，内容多，单位多，如何管理好精装修单位，做好现场各项监理工作，监理装饰装修需要以下几个方面为工作重点。

1. 材料及供应商管理

本项目实行材料/供应商审批制度，由施工单位申报、监理审核、业主审批，附件中的厂家三证、供应商三证、授权委托书、承诺函、类似业绩、对应的检测报告均有严格的要求，同时要符合技术规范书以及合同品牌的相关规定。材料/供应商因故不在品牌范围内的，确需使用的要邀请各方进行考察，符合要求方可使用；材料/供应商未经审批，施工方不得使用，擅自使用的要承担全部责任。

材料进场管理，实行预报制度，施工方将拟进场的材料提前一天告知各方，材料进场后监理组织验收，对实物进行量测，同时检查随车的数量清单、检测报告及合格证，符合要求方可进场使用。

装饰装修材料进场后，按照规范相关的规定要求进行复试，复试的类别包括原材料复试、消防性能复试、环境检测、安全性能检测，如有不符合规定的，所有的责任由施工方承担。

2. 样板管理

平安金融中心装饰装修工程有众多样板，如投标样板、材料样板、视觉样板、工艺样板、功能样板。投标样板是投标单位在招标投标期间递送的材料样板，以及为投标活动制作的实物样板，如L14层架空地板、金属顶棚投标样板、各单位投标期间提交的材料样板。材料样板是指承包单位在中标后施工前对拟选择的材料厂家提交的材料样品，饰面观感须符合设计要求，基层材料须符合规范要求，材料样板需经过业主、设计、监理各方签认，是后期材料进场验收的依据。视觉样板是指在正式施工前供业主、设计参考的样板工程，如L4层裙楼精装修视觉样板，L14层公共区电梯厅视觉样板。工艺样板是指某项工作在大面积施工前，小范围制作的实物样板，监理全过程跟踪，要求每项工作均需制作样板。功能样板是为实现某项功能制作的相关样板，如噪声、风量、照明测试，如L27层隔声测试配合样板，L53层窗帘配合样板。样板完成后要组织各方进行评审，监理主要关注材料样板，后续材料进场是否按照样板要求实施，工艺样板是否符合要求，材料样板需监理签字，工艺样板需业主、监理验收，工艺样板不经验收严禁大面积施工。材料样板及工艺样板为监理工作重点，材料进场验收、隐蔽验收、饰面验收均依据于此。在平安金融中心装饰装修工程建设过程中，样板的指导意义重大，绝大部分工作均得到了执行和落实。

3. 隐蔽验收管理制度

隐蔽验收装修监理组制定了隐蔽验收会签单，会签单上包括在隐蔽验收前需要完成的全部机电工作、土建工作以及装饰装修工作，会签单由装修单位发起，流转到监理处后，由装修监理告知机电监理、土建监理相关部位施工、测试、验收情况，机电、土建施工完成并经监理验收合格后签字确认，装修监理再对装修隐蔽的内容进行最终验收，符合要求后装修监理进行签字确认。一旦各方签字确认，封板后还需要改动的工作内容由责任单位承担，没有履行监理验收程序的，需要返工、整改的工作由装修单位承担。所有的隐蔽验收内容均需各方签字并留影像记录，保证所有的隐蔽验收留有记录，保持其应有的追溯性。

4. 厂家 / 供应商过程管理

主要包括供应商考察、预拼装工作检查、材料加工进度核查、材料加工质量检查等工作。供应商考察分合同品牌内及品牌外的考察，考察完成后由监理出具考察报告，包括供应能力、加工能力、业绩等方面；预拼装工作检查主要是指石材预拼装工作，包括预拼装的标准、效果以及改进措施，报告由设计顾问出具，业主、监理进行跟踪、落实；材料加工进度核查由业主、监理、施工单位对加工厂的情况进行核实，由监理出具报告；材料加工质量检查，由业主、监理、施工单位对加工厂加工质量进行过程巡检，督促其加强质量管理。

5. 工程资料管理

工程资料管理监理体现的是"事前控制、过程监控、事后总结、用心服务"的原则，在不同的时期有不同的方法。监理在精装修施工初期就对进场的精装修单位进行了一次"精装修工程资料报审工作要求"的监理工作交底，包括施工准备阶段及施工阶段资料的填报工作内容、工作要求、检验批的划分原则和方法等内容。在工程接近尾声时，监理要求各装修单位根据各自特点划分工程检验批以及检验批的验收时间供监理审核，对监理审核意见进行修改，修改完成后再正式填报，同时在大面积填报前先将拟填报的资料制作样板供监理审核，全部符合要求后再大面积填报资料。资料填报完成后再做目录清单。在实际操作过程中，经过各方多次讨论、修改、完善，到后期基本定稿，工程资料基本按照监理思路进行实施，监理没有在此项工作上投入太多的精力（除了签字），这也是监理工作成功的典范。

6. 饰面工作管理

作为装饰工作最为重要的一个环节，监理在各个阶段也是全身心地投入，不同的阶段有不同的方法。在饰面工程施工前期，要求施工单位先做工艺样板，经各方确认后再大面积施工，尤其是在石材刚挂、隔断人造石安装的过程中尤为重视，监理提出了好的意见和建议供施工单位采纳。在重要的部位，监理要求施工单位进行全面的技术交底，监理参加并提出优化意见。大面积施工过程中，监理对色差明显、曲翘超标、污染、破损的饰面材料，要求其及时更换。在工程接近尾声，装饰装修工程基本完工的时候，监理组织了一次"平安金融中心装饰装修工程饰面验收工作要求"的交底工作，期间涵盖了所有的装修工作的验收内容、验收依据、验收要求、验收流程、验收方法、验收标准、验收计划等内容，计划在竣工验收前完成大部分验收工作。

7. 签证工作管理

签证工作监理内部进行了工作交底，按照"时效性、合规性、程序性、客观性、完整性"的工作原则，要求组员对每一份签证进行认真核对，一是保护监理自身工作不受质疑，二是公平公正，每个单位、每份签证均一视同仁。总体来说，装饰装修工程监理签证工作极少遇到需要修改、补充的现象，签证管理工作较成功。

6.4.4 装饰装修工程存在需注意、改进及不足之处

交叉作业管理难度大、成品保护、赶工、逆工序作业、标高问题：装修进入大面积施工阶段后，交叉作业量太大，与二次土建、机电安装、消防等单位的交叉作业工作量特别大，前期主要是管线碰撞、施工界面、施工顺序、隐蔽验收等工作协调，中后期主要是机电调试、测试，消防验收、竣工验收阶段问题整改，后期是移交物业过程中存在的缺陷整改导致的交叉作业。大量的工作漏做、隐蔽后整改、缺陷整改，导致各个部位不同的基层、饰面遭到大量的破坏，尤其是中后期消防、竣工验收。成品保护：因为场地是纵向，垂直方向，场地受限，参与专业分包队伍较多，存在已做好的项目成品保护，免受其他单位施工时产生的碰伤或返工等的成品保护，按照工程管理制度，制订相关的成品保护措施，取得了良好的效果等。

6.5 平安金融中心机电监理工作总结

6.5.1 紧密配合业主全力推动施工进度

（1）在电梯施工进度管理中，每周专题例会，检视进度情况，督促进度，发现问题，及时协调各方工序。如：土建交出机房，特别是与土建施工交叉，在土建机房无法完全交出的情况下，提前将主机落位，再由土建封闭机房、进行装修，之后交机电进行机房安装施工，确保进度。电梯井道内安装施工先行，之后进行井道门施工。由于协调及时，电梯安装进度得到很好落实，及时提前交出了4台货梯，保证了临时施工电梯的拆除，保证了大厦整体施工生命线。

（2）空调 AHU 与土建装修矛盾突出，互不相让，为此，我们配合业主组织施工单位每日开会进行进度检查，进行工序协调，采取流水分段施工，四方确认，当日会签工序交接。很好地解决了这一矛盾，确保了机电安装和机房装修进度。

（3）积极配合业主协调各施工单位之间的施工工序。如：消防喷淋头、空调风口等机电末端与装修吊顶之间工序交叉矛盾较多，除督促机电施工按进度计划及时完成安装外，我们和业主组织各方现场开会，确定工序交接流程，并严格执行隐蔽会签制度，错开施工面，分工序互相及时交接，也很好地解决了这一矛盾。

（4）及时发出督促工作联系单，对超过计划期限的施工单位，进行督促警告并向业主提出罚款建议，有力地推动了进度计划的落实。

（5）消防、人防、节能、竣工等政府验收前，各专业交叉整改过程中，我们机电各专业工程师分兵把口配合业主督促检查整改，付出了艰苦的努力，如期完成了节点和总体目标。

6.5.2 严格要求督促检查材料和施工质量

（1）严格执行巡检、旁站、验收等制度，及时发现施工中出现的质量问题，并及时进行纠正。对于一般性质量通病，采取第一次口头告知，第二次发通知单责令整改，第三次建议罚款。对严重违反施工工艺要求和强制性标准规范的施工，立即发出整改通知单。

（2）落实旁站制度，对关键工序、关键节点进行旁站，如通风空调风管漏光测试、动力设备通电试验、设备安装及管线技术参数测试调试（含电气检测仪表测试、管道试压）等均坚持旁站，确认测试方法的正确性和参数的准确性。确保安装和调试质量。

（3）严把安装质量验收关，在工序验收、隐蔽验收等验收节点，严格按照设计和施工验收规范进行认真验收，不合格的不签认，提出整改并督促落实整改项。各专业验收均有大量事例，特别像机电管线综合顶棚隐蔽验收，很多区域反复进行了多次。像消防水、生活水泵房、主配电房等重要机房都是三次以上才通过验收。但由于设计考虑不周，有些地方只能根据设计提出的补救方案实施。如有的消防水泵房配电柜保护问题，由于设在泵房内，按要求应当采用 IP55 以上防护等级，但最后只能采取非规范的措施进行保护。

（4）严把材料进场关，对不符合材料品牌、不符合材料质量技术要求的材料进行严格控制。不符合要求的不准进场，进场的一律清退出场。如一局采购的消防水管连接件（卡箍），按要求是重型卡箍，但有一批私自进场的是轻型卡箍，我们发现后，立即通知并监督退场。

（5）重点抓设计审核。项目设计深化由承包单位完成，结果是"化而不深"，设计深度不够。有的施工单位没有专业设计力量，没有设计经验，一般是敷衍了事，审核又不严，结果是无法依照施工，管线标高、路由不对，不能满足标高要求。综合图又不严格审查，造成碰撞，只能现场拆改协调。更严重的是又挖了很多陷阱，频繁变更、增加拆改签证，严重影响质量把控。如：冷却塔机房排水问题，由于设计未考虑调试大量排水和事故排水，从 L6 层机房到 B3 仅设计 3 根排水管且中间汇集至一根排水管，且不应设计为软连接方式，结果多次造成排水无法及时排泄，淹没机房并泄入电梯井道。同时，电梯井道本应设计防水而无防水，造成重大损失。大量返工，多次变更造成大量人力物力浪费。如：变配电设计未考虑峰谷用电单独计量，已经施工完成才进行变更，造成很大损失。如：装修方案多变，造成机电设备管线反复多次拆改的区域太多，损失浪费严重。如：电气配电方案遗漏，增加负荷，造成拆改很多。

6.5.3 注重加强安全管理

（1）严格审查安全施工方案，确保方案的合法、合理性。如：电梯脚手架安拆方案、电梯主机空调设备吊装方案等。在审查过程中，对不符合安全要求的逐一书面回复，要求重新编制，不合格决不通过审批。如：迅达的主机井道吊装方案，我们直接指导进行了 5 轮修改，才批准实施。增加了安全可靠性和操作便利性，多次吊装便捷安全。另外，对需要专家论证的方案，要求组织专家论证。先后进行了 5 次专家论证，确保了吊装和脚手架安拆安全。

（2）严格执行安全设施设备检查制度，对所有安全设施设备随时随地跟踪检查，及时发现问题，及时纠正，及时下发通知单，要求并跟踪落实整改。有效保证了人身安全，整个机电安装过程中未发生一起人身伤亡安全事故。

（3）及时发现并提出合理化建议，消除安全隐患。如消防梯提前投用时，安全防护不到位，电梯门槛保护临时采用一块镀锌薄钢板，上货后抽回电梯内。我发现后告知施工单位，这样存在隐患，一是镀锌薄钢板强度太低不能有效保证门槛安全，二是有掉落井道风险。召开专题会议后，提出解决方案，加装了铰链翻板式活动挡板，很好地消除了安全隐患。

（4）针对施工调试过程中跑水漏水事故频发，我们联合建设单位工程部，对各专业施工单位进行教育，及时制定管理制度和管理措施，并严格监督落实。采取严格用水管理措施，用水前，由施工用水单位申请并检查给水排水设备设施和环境条件，供水单位配合检查现场情况，双方确认无误后核批申请，并及时用微信报告供水审批单，要求施工用水单位全面巡查。过程中业主监理随时掌握并加强监督管理，每周 2 次现场检查，大量用水当日现场检查，用水过程及时监控，从而使跑水得到了有效控制，大量减少了漏水事故。

6.5.4 注意成本控制

（1）积极配合业主进行深化设计审查，对各专业报来的深化设计，特别是管线综合设计，进行认真审查，发现问题，及时提出修改意见，避免后期施工中无法实施和拆改。

（2）对变更和现场整改进行及时现场见证，避免虚报冒领。

6.5.5 资料管理

（1）严格要求施工单位及时上报设备材料品牌报审单，并严格审查技术资料和样品，确保按招标技术规范落实设备材料品牌和产品质量。本工程设备种类繁多，品牌及质量要求较高，均无不符合品牌要求和技术要求的产品进场使用。

（2）材料设备进场时，严格执行进场检查流程，做到产品合格，质量证明文件齐全。不合格或证明文件不齐全的禁止进场。同时，必须及时上报进场验收申报表，经审批后及时归档。原材料设备资料齐全、完整。

（3）施工质量技术文件如分部、分项、检验批验收等资料齐全、完整。

（4）教训：由于多数单位资料员不专业、更换频繁，我们在工作中忙于现场，忽视和放松了资料管理的及时性跟踪，导致检验批报验资料滞后，有的严重滞后，给后期资料签认整理归集带来严重困扰。

7 咨询成果与项目复盘

7.1 项目管理策划

经过大量的论证和多次研究，最终平安金融中心项目形成工程管理制度，制订了三个层次共 751 条管理办法，为项目管理和工程实施奠定了坚实的基础（图10、表13）。

7.2 监理管理

7.2.1 质量控制

1. 控制源头，提高工程质量

1）审查总包和各分包上报的施工组织设计（方案）

本工程共审查施工组织设计（方案）1012 份，针对施工组织设计（方案）中存在问题下发相关监理工作联系单通知施工单位进行修改、完善，所有施工必须在方案经过审批通过后方可实施。

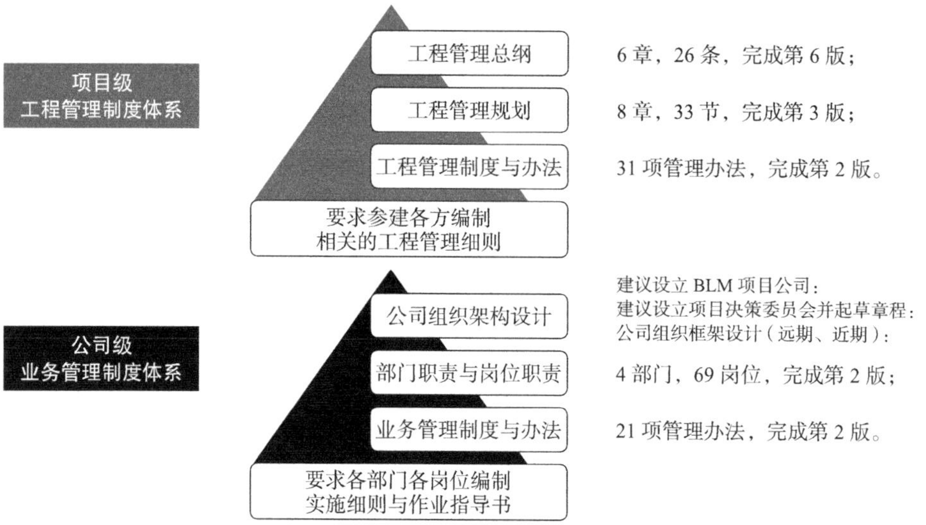

项目级
工程管理制度体系

工程管理总纲　6章，26条，完成第6版；

工程管理规划　8章，33节，完成第3版；

工程管理制度与办法　31项管理办法，完成第2版。

要求参建各方编制
相关的工程管理细则

公司级
业务管理制度体系

公司组织架构设计　建议设立BLM项目公司；
建议设立项目决策委员会并起草章程；
公司组织框架设计（远期、近期）；

部门职责与岗位职责　4部门，69岗位，完成第2版；

业务管理制度与办法　21项管理办法，完成第2版。

要求各部门各岗位编制
实施细则与作业指导书

图10　策划咨询工作成果

策划咨询工作成果　　　　　　　　　　　　　　表13

分类	公司级	项目级	分类	公司级	项目级
总控类	决策与授权管理办法	项目文化建设管理办法	商务类	造价管理办法	指令及费用工期变更管理办法
	目标与总控管理办法	目标与总控管理办法			价款结算与支付管理办法
		履约绩效评估及优质优价管理办法		供应商管理办法	招标投标及采购管理办法
	计划管理办法	计划管理办法		采购管理办法	
		报告管理办法		合同管理办法	合同管理办法
	风险管理办法	—			担保管理办法
设计类	设计及专项设计管理办法	设计及专项设计管理办法	施工类	材料设备管理办法	材料设备管理办法
	深化设计管理办法	深化设计管理办法		施工技术管理办法	施工技术管理办法
	指令管理办法	设计变更管理办法		现场施工管理办法	现场管理办法
		论商管理办法			测量管理办法
		现场签证管理办法			垂直运输机械设备管理办法
	图纸管理办法	图纸管理办法			工序交换见证及成品保护管理办法
	样板样品管理办法	样板样品管理办法			调试及试运行管理办法

分类	公司级	项目级	分类	公司级	项目级
综合类	文件往来管理办法	文件往来及档案信息管理办法	施工类	现场施工管理办法	开工及停工复工管理办法
	档案信息管理办法				质量验收管理办法
	会议管理办法	会议管理办法		安全文明管理办法	安全生产文明施工管理办法
	创新管理办法	技术创新管理办法			HSE 管理办法

2）合格分包商资质的审查确认

为确保工程质量创一流，从严选择合格分包商。本工程主要分包商达 69 家，监理仔细审查各分包商的资质、施工经历等详细情况，特别是注意项目经理等主要管理人员的到位情况，同时因工程持续时间较长，在项目实施过程中注意相关人员的变更情况和相关资质、安全生产许可证等换证情况，全过程动态控制，保证各分包能按合同履约，从而使工程质量有了可靠的保证。

3）工程材料／构配件／设备供应厂家的审查和确认

工程材料／构配件／设备的质量直接关系到工程质量，也是监理工作的重要控制内容。本工程监理共审查材料／构配件／设备供应厂家资料 887 份。

4）材料样品的确认

按要求对材料实施样品的报批和确认工作，样品经业主最终确认后，实施样品留样制度，为日后复检材料的质量提供依据。

2. 控制过程，保证工程质量

1）严格对材料／构配件／设备进行进场核查

（1）材料／构配件／设备进场后，首先核查是否为已通过厂家报审和确认的产品，其次是按规范要求核查相关质量保证资料和检查外观，如有样品的要和样品进行对照，并按规范要求对需要复试的进行见证取样送检，合格后方可签署材料／构配件／设备报审表，同意用于本工程。拒收与规定要求不符的材料，同时对相关分包商予以警告。

（2）对钢结构构件、幕墙单元板块的加工生产进行驻厂监造，没有驻厂监理工程师签字认可，不得进入工地现场。对于重要构件，出厂前要和业主、总包、相关分包一起到加工厂进行联合检查，合格后方进入工地现场。

（3）对石材、机电设备在出厂前要到生产厂家进行抽查，确保构配件／设备质量合格。

（4）驻厂监理及时将工厂生产情况以监理周报的形式上报项目部和业主，共上报监理周报 353 份，其中钢结构周报 155 份、幕墙周报 198 份。

2）材料 / 构配件 / 设备使用的过程监控

由于本工程材料 / 构配件 / 设备供应厂家众多，数量巨大，作业面多且复杂，因此在控制进场的前提下，在施工过程中加强监控是非常必要的，防止有隐瞒不报、私自调换的现象发生。遇到隐瞒不报、私自调换的要求立即暂停使用，要求总包督促相关分包补办相关手续，经相关各方确认后方可使用；对不能使用的材料立即清理出场，并调查现场使用情况，及时进行拆除返工，确保工程使用的材料符合质量要求。由于材料 / 构配件 / 设备从源头抓起，保证了所使用材料质量合格，从而使影响工程质量的人和材料两大因素降到了最低限度。

3）工程质量控制：全过程进行监控，抓住关键工序进行质量控制

（1）在施工过程中，监理加强巡视检查和平行检验，对混凝土浇筑等重点部位和关键工序严格按规定实施旁站监理，发现问题及时要求施工单位整改，凡旁站监理人员和施工单位现场质检人员未在旁站监理记录上签字的，不得进行下一道工序施工。对于较严重质量问题或重复出现的质量问题，发监理通知单要求施工单位整改，并书面回复整改情况报监理项目部复查，未经监理复查合格不得进入下道工序施工，有效地控制了工程质量。

（2）分项工程和检验批施工完毕后，施工单位进行自检自评，自检合格后上报监理检查验收，监理项目部在认真审核施工单位施工验收资料后，对分项工程和检验批进行施工质量检查和验收，对检查和验收中发现的问题及时通知施工单位进行整改，经整改验收，其分项工程和检验批的施工质量均符合设计及施工质量验收规范的要求，未发现有违反国家强制性标准的行为。

（3）共下发监理工程师通知单（质量类）258 份、监理工作联系单 1161 份。

4）督促总包和各分包做好成品保护

对分包商完成并形成系统功能的产品，经总包、监理、业主验收后，要求各分包组织人力、物力和相应的技术手段进行产品保护，直至形成最终产品交付业主使用为止。

3. 实施工程最终验收，交付业主满意的产品

（1）各分包完成工程后，在分包自检合格、总包复查合格的基础上，监理和业主进行验收，提出存在问题，要求总包督促相关分包进行整改；分包将质量问题整改完成后，再按上述程序进行申报复验，争取在 3 次循环内整改合格，通过验收。

（2）本工程在监理和业主验收通过后，监理还要参加移交物业的见证工作（表 14）。

序号	质量创优目标	安全目标
1	深圳市优质结构工程奖	第三批全国建筑业绿色施工示范工程
2	深圳市优质工程奖（金牛奖）	深圳市"安全生产与文明施工优良工地"
3	广东省优质结构工程奖	广东省"房屋市政工程安全文明施工示范工地"
4	广东省优质工程奖（金匠奖）	全国"AAA级安全文明标准化工地"
5	鲁班奖	—
6	詹天佑奖	—
7	国家科技进步奖	—

7.2.2 进度控制

（1）审核施工单位上报的进度计划，对进度计划是否能满足节点工期提出意见；和业主、总分包单位共同研讨进度计划。

（2）核查承包人日常劳动力数量、机械设备、周转材料、原材料等状况。

（3）对比各阶段其实际完成量与计划差距，分析、核查进度滞后原因，督促承包人拿出切实有效的措施加快进度并赶回延滞工期，遇复杂的情况及时组织参建各方召开专题会进行分析、研究，确定赶工措施和方案。

7.2.3 投资控制和合同管理

（1）监督施工单位严格按招标投标文件、施工合同履约。

（2）根据业主委托参加施工单位、材料供应商等的招标采购工作。

（3）审查承包人进度款申报资料，重点核定实物工程量。审核进度款 309 份。

（4）现场确认并记录工程变更、现场签证及隐蔽工程的实际发生情况，审核承包人上报资料。审核设计变更 672 份，审核设计变更洽商记录 249 份，审核费用与工期变更 1107 份，审核工程签证 669 份。

（5）配合建设单位及其委托的工料测量师完成对承包人申报的费用及工期的审核。

7.2.4 HSE 管理

1）实现本项目 HSE 目标：零重大事故、零重大污染；在健康、安全和环境管理等方面均达到国内领先水平。

2）监理项目部按照《中华人民共和国安全生产法》《建设工程安全生产管理条例》等相关法律、法规以及监理合同的要求，针对本工程不同施工阶段的施工特点和难点、不同施工阶段的安全工作重点和要点、不同施工阶段的危险源和危险作业的类型和数量，建立和健全监理项目部安全监理的组织机构，并根据施工现场的变化及时进行工作重点、力度的调整，编制安全监理细则，坚持"安全第一、预防为主"的安全生产工作方针，按照"总监负责、专职专管、全员参与、专家支持"的现场安全监理工作要求开展现场的安全监理工作。

3）建立制度、严格落实（如爆破令）。

4）每天 9:30 监理组织现场安全巡视，发现安全隐患及时发出整改指令，并对安全事故隐患的整改情况进行复查，直至整改合格。共发出安全隐患整改通知单 284 份。

5）审核安全文明施工措施费的使用计划、使用情况以及拨付情况，审核承包方安全培训费的投入情况。

6）工程例会第一项内容为安全工作汇报。

7）HSE 管理重点：

（1）危险性较大的分部分项工程的管理。

（2）建立防高坠、防物体打击、防雷击的立体防护体系，保证大型机械（塔式起重机、爬模、施工电梯、单轨式起重机、吊篮等）安全施工。

（3）消防管理（临时消防系统、动火作业）。

（4）建筑垃圾清运（易燃物）。

（5）防尘降噪（工厂加工、防飘洒）。

（6）推进零伤害建设、环境标准化和行为标准化建设。

7.2.5 信息管理

（1）建立信息编码系统，确定文件流转程序，编制、收集、整理、传递、储存、检索工程信息，实现标准化、规范化、系统化的管理。

（2）认真填写相关监理记录，详细记录工程进度、质量、设计修改、现场签证等问题；对施工的关键部位、工序、形象进度、里程碑节点等进行摄影、摄像记录，建立影像档案。

（3）要求承包单位的工程资料与现场进度同步，并对工程资料的真实性、准确性、及时性进行监督检查，保证工程资料符合档案编制要求以及本工程相关奖项评奖要求。

（4）使用项目 PW 平台和公司 MS、智慧工程（博站）系统。

7.2.6 绿色建筑 LEED 认证

（1）参加 LEED 认证会议，对每阶段进场的承包商进行 LEED 认证工作交底，指导承包商开展 LEED 认证工作。

（2）审查各阶段承包商提交的 LEED 认证资料，核对 LEED 认证资料的完整性、准确性、规范性，提出审查意见，督促承包商按照业主、顾问、监理的意见及时完善。

（3）督促各承包商及时整理已通过审核的LEED认证资料，并进行汇总、归档。

7.2.7 BIM 工作

（1）隐蔽工程末端准确定位及预留审核。

（2）施工进度模拟审核。

（3）施工重点、难点（方案）模拟审核。

（4）BIM可视化交流审核。

（5）竣工模型交付审核。

（6）协助业主推进、检查BIM工作落实情况。

7.2.8 组织协调

1）主持工地例会，主持或参加各种专题会议。

2）组织项目质量安全周检查，通过质量安全检查，推动项目质量、安全工作提升。

3）按照政府主管部门要求定期报送相关报告。

4）每天登录深圳市住房和建设局网站，及时了解政府主管部门的工作要求，下载相关通知、公告，及时转发给参建单位并督促责任单位认真落实，保证项目建设符合政府的管理要求。

5）对政府行政主管部门在监督检查中下发的文书以及提出的问题，及时转发责任单位并督促落实，处理结果按规定上报主管部门复查。

6）组织协调工作重点：

（1）深基坑施工期间的地铁保护。

（2）LEED认证。

（3）安全文明施工管理。

（4）消防验收、竣工预验收。

（5）竣工资料交档。

7.2.9 加强管理，增强服务意识

为了更好地加强管理，监理部规范了监理行为，提高服务意识，为业主提供优质高效的服务，健全一系列内部管理制度，定期召开内部会议，明确职责分工，解决监理过程中发现的各种问题，制定了岗位考核制度、考勤制度、加班调休制度和年终考评等制度，做到工作有目标、有制度、有落实、有检查、有总结。协调相关关系，营造和谐的外部环境，上述措施的落实有力地保证了监理人员服务意识的提高。

1）监理部主持召开安全质量监理周例会、安全管理专题会议、监理协调会

议。监理共主持工地例会 300 次、各类专题会 359 次。

2）编制监理规划 1、2、3 版，质量监理细则 54 份，安全监理细则 110 份，监理月报 84 份，监理周报 339 份，质安监月报 168 份，专题报告 135 份。

3）配合业主对设备材料供应单位进行考察，先后对混凝土搅拌站、钢结构加工厂、幕墙用铝型材、幕墙预制埋件、幕墙加工厂、冷却塔、风机、冷冻机、水泵、阀门、卫生洁具、高压电缆、变压器、配电柜、架空地板、顶棚、龙骨、家具、防火门、石材、绿化苗木等进行现场考察，并编写考察专题报告，为业主决策提供咨询意见。

4）对钢结构深化设计提出咨询意见。本工程钢构件截面大、单件重、连接形式复杂，特别是桁架和铸钢件。要保证安装质量，首先要解决深化图和制作问题。监理在审图和工厂加工质量检查过程中发现，图纸上存在大量尺寸、方向上的问题，给加工厂下料、组装造成很大困难。监理立即与业主、总包及深化图设计方进行沟通，通过长时间和深化设计单位对构件进行分类研究，终于从根本上解决了这一难题，从而保证了构件的制作和安装质量，同时对保证钢结构顺利按计划封顶起到了非常大的作用。

5）参加各种设计交底会、专家技术咨询会、专家评审会、图纸会审会等活动，了解工程技术情况，落实会议工作安排，为业主做好服务保障工作。

6）在工程施工的同时，要求承包单位在编制施工进度计划时，列出关键工程的进度控制节点。监理工程师在日常巡视、检查工作中，重点检查承包单位的主要工期控制节点的施工情况，掌握进度计划的动态实施过程。及时提醒承包单位主要工期控制点的工程施工实际完成情况，以便进行施工组织的调整。

7）在电梯施工进度管理中，每周专题例会，检视进度情况，督促进度，发现问题，及时协调各方工序。如：土建交出机房，特别是与土建施工交叉时，在土建机房无法完全交出的情况下，提前将主机落位，再由土建封闭机房、进行装修，之后交机电进行机房安装施工，确保进度。电梯井道内安装施工先行，之后进行井道门施工。由于协调及时，电梯安装进度得到很好落实，及时提前交出了 4 台货梯，保证了临时施工电梯的拆除，保证了大厦整体施工生命线。

8）积极配合业主协调各施工单位之间的施工工序。如：消防喷淋头、空调风口等机电末端与装修吊顶之间工序交叉矛盾较多，除督促机电施工按进度计划及时完成安装外，我们和业主组织各方现场开会，确定工序交接流程，并严格执行隐蔽会签制度，错开施工面，分工序互相及时交接，也很好地解决了这一矛盾。

9）针对施工调试过程中的跑水漏水问题，监理联合业主工程部，对各专业施工单位进行教育，及时制定管理制度和管理措施，并严格监督落实。采取严格的用水管理措施，用水前，由施工用水单位申请并检查给水排水设备设施和环境条件，供水单位配合检查现场情况，双方确认无误后核批申请，并及时用微信报告供水审批单，要求施工用水单位全面巡查。过程中业主、监理随时掌握并加强监督管理，每周2次现场检查，大量用水当日现场检查，用水过程及时监控，从而使跑水得到了有效控制。

10）签证工作管理。监理内部进行了签证工作交底，按照以下工作原则：

（1）合规性（理由充分，责任明确）；

（2）时效性（签证及时办理）；

（3）程序性（先签证，后实施，分阶段确认/验收）；

（4）客观性（工程量准确，拆改材料利用率合理）；

（5）完整性（支持签证的附件资料要全面）。要求监理人员对每一份签证进行认真核对，一是保护监理自身工作不受质疑，二是尽量不使监理工作受到其他因素影响，三是公平公正，每个单位、每份签证均一视同仁。

8 总结

经过7年的辛勤工作，最终圆满完成平安金融中心项目。平安项目，可以体现金融项目的性质，是中国华南第一高楼，形成"数字"平安的特色（图11、图12）。

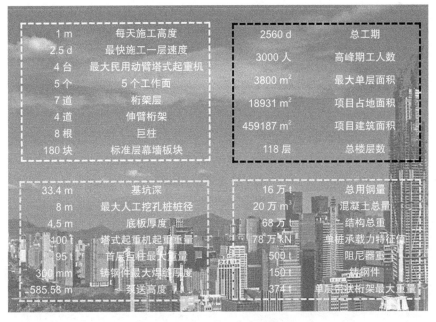

1 m	每天施工高度	2560 d	总工期
2.5 d	最快施工一层速度	3000 人	高峰期工人数
4 台	最大民用动臂塔式起重机	3800 m²	最大单层面积
5 个	5个工作面	18931 m²	项目占地面积
7 道	桁架层	459187 m²	项目建筑面积
4 道	伸臂桁架	118 层	总楼层数
8 根	巨柱		
180 块	标准层幕墙板块		
33.4 m	基坑深	16 万 t	总用钢量
8 m	最大人工挖孔桩桩径	20 万 m³	混凝土总量
4.5 m	底板厚度	68 万 t	结构总重
400 t	塔式起重机起重重量	78 万 kN	单桩承载力特征值
95 t	首层巨柱最大重量	500 t	阻尼器重
300 mm	铸钢件最大焊缝厚度	150 t	铸钢件
585.58 m	泵送高度	374 t	单层巨型桁架最大重量

图11 "数字"平安施工概况

2009 年 11 月 28 日
基坑支护开始
　　　　2010 年 12 月 30 日
　　　　基坑封底
　　　　　　2011 年 04 月 03 日
　　　　　　桩基开始
　　　　　　2011 年 12 月 01 日
　　　　　　主楼底板完成
　　　　　　　　2012 年 05 月 24 日
　　　　　　　　钢结构开吊
　　　　　　　　2012 年 08 月 27 日
　　　　　　　　钢结构出 ±0.00
　　　　　　　　2012 年 11 月 11 日
　　　　　　　　混凝土出 ±0.00
　　　　　　　　2012 年 11 月 27 日
　　　　　　　　幕墙单位进场

2013 年 02 月 27 日
机电总包进场
2013 年 12 月 31 日
核心筒 300m
　　　　　2014 年 03 月 20 日
　　　　　幕墙开始安装
　　　　　2014 年 12 月 29 日
　　　　　核心筒封顶
　　　　　　　　2015 年 04 月 30 日
　　　　　　　　整体工程封顶
　　　　　　　　　　2016 年 11 月 30 日
　　　　　　　　　　工程竣工

图 12 "数字"平安工程进度—主要节点

重庆涉外商务区 B 区二期工程全过程工程咨询案例

—— 上海市建设工程监理咨询有限公司

刘新浪

1 项目背景

重庆涉外商务区是重庆市政府确定的重点建设项目之一，以外事、外企、外资"三外"为核心，为重庆涉外经济打造高标准的外事服务、商务办公、文化交流和特色消费平台，推进重庆外向型经济的发展（图 1）。

图 1　重庆涉外商务区

建成后，涉外商务区将成为重庆市外事机构、外籍人士、商务白领、时尚一族办公居住、个性消费的特色场所，成为重庆市异域文化、时尚文化的集聚区，成为重庆对外开放的高水准的综合服务平台，成为新重庆又一张靓丽的城市名片。

2016 年 2 月，上海市建设工程监理咨询有限公司（以下简称 SPM）成功中标"重庆涉外商务区 B 区二期项目管理"招标，接受业主方重庆高科集团有限公司委托，承担了"重庆涉外商务区 B 区二期"工程全过程项目管理及监理工作，包括设计管理、招标与采购管理、投资及合同管理、造价咨询以及工程施工阶段监理工作等。

对业主方来说，为第一次开发如此高端的城市综合体，并第一次采用社会化项目管理监理一体化服务模式。

对 SPM 来说，本项目是公司进入重庆的第一个项目管理和工程监理一体化项目，其顺利实施对公司拓展重庆及西南地区市场项目管理及咨询业务具有重要影响。

同时，对总承包单位来说，也是其第一次承担超高层城市综合体总承包施工。

2　项目概况

2.1　项目区位

重庆涉外商务区项目位于重庆市北部新区人和组团，北临内环高速公路，西接重庆财富中心综合社区，南邻龙湖香樟林别墅区，东联机场高速。项目用地为缓坡地带，总体上西高东低、北高南低。南侧坡度较为平缓，北侧场地坡度较大，周边无不良修建条件，用地东北角有一城市泄洪渠。项目周边的交通十分便捷（图 2）。

图 2　项目区位

2.2 建设规模

重庆涉外商务区项目占地面积 112 亩，总建筑面积 31 万 m^2，由 A、B 两区构成。A 区、B 区基地南北总长约 490m，东西宽约 170m。B 区二期基地南北长约 250m，东西宽约 170m。其中，A 区为外事侨务项目，B 区为近 30 万 m^2 的高端城市综合体。

本次项目管理及工程监理一体化服务涉及的范围，主要是重庆涉外商务区 B 区二期范围内的相关项目（图 3 中红色虚线内的部分），占地面积约 3.6 万 m^2，总建筑面积约 17.7 万 m^2，总投资约 18 亿元。其中，包括一个五星级希尔顿酒店（建筑高度 150m，32 层）、两座 5A 甲级写字楼（10 层）、一个 1.5 万 m^2 的绿化中庭以及一个 4 万 m^2 的涉外风情街（3 层）。地下 3 层，为商业、车库及设备用房等。

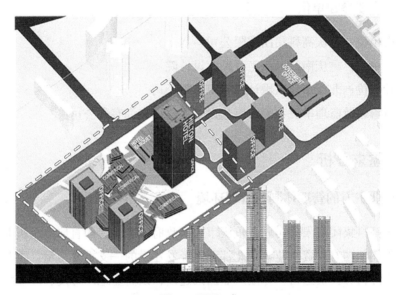

图 3　项目组成

2.3 设计特点

建筑设计：项目整体外观设计美观大气，其中 A 栋希尔顿酒店采用单元式玻璃幕墙。

结构形式：A 栋为框架核心筒结构，B2、B3 为框架剪力墙结构。

空调系统：A 栋、B2、B3 栋酒店及办公空调冷热源采用电制冷加锅炉，B1、B4、B5 栋商业部分采用 VRV 空调系统。酒店部分采用全空气系统及风盘加新风系统，办公部分采用风盘加新风系统，商业部分为 VRV 加新风换气机。

电梯系统：整个项目设有 42 部垂直电梯、18 部自动扶梯。其中，A 栋希尔顿酒店设有 3 部 5m/s 的穿梭电梯从底部直达酒店 30 层，并设有 4 部 3m/s 的酒店电梯从 30 层到达酒店其他楼层。

2.4 建设目标

本项目定位为重庆市外事机构、外籍人士、商务白领、时尚一族办公居住、个性消费的特色场所，重庆市异域文化、时尚文化的集聚区，建成后将成为重庆对外开放的高水准的综合服务平台，成为新重庆又一张靓丽的城市名片。

在工程质量上，要确保获得"三峡杯优质结构工程奖""山城杯安装工程优质奖""巴渝杯优质工程奖"。

在安全文明方面，要确保获得重庆"市级文明工地""市级扬尘示范工地"。

2.5 主要参建单位

建设单位：重庆高科集团有限公司
勘察单位：重庆南江地质工程勘察设计院
设计单位：北京市建筑设计研究院有限公司
项目管理及监理单位：上海市建设工程监理咨询有限公司

3 需求分析

3.1 业主方的管理体制与管理环境

重庆高科集团有限公司原是重庆市人民政府批准组建的直属原重庆北部新区管委会管理的国有独资企业，是北部新区开发建设的一支重要力量，主营开发建设、资产经营和投资运营，专注产业园区建设，以商业地产开发、产业投资为核心业务支撑，努力成为西部一流的商业地产开发运营商和产业投资资本运营商。

在实施本项目之前，重庆高科集团的开发建设管理模式主要有以下几种：其一，对于相对规模较小、难度较低的项目，由高科集团自身实施管理，企业内部设有研策中心、招标采购部、工程管理部、营销部、楼宇管理部、监察审计部等各专业部门，分工落实各项管理工作；其二，对于规模较大、难度较高的项目，主要采用代建制，委托体制内代建单位进行管理。

在多年的项目开发建设管理实践中，上述开发模式中存在的一些弊端逐渐显现：其一，作为一家国有企业，由于受到编制规模的制约，面对开发建设规模的迅速扩大和项目复杂性的不断提高，企业内部的管理力量已明显不足，不堪重负；其二，在高科集团项目开发建设的历史过程中，高科主要的代建制合作单位曾经一度是高科集团下属单位，后逐渐改制、调整为与高科集团平行的单位，随着企业间的关系以及各代建单位对自身定位、主要任务、发展方向的动态变化，高科集团在相关具体项目的开发建设管理过程中也发现了采用体制内代建单位进行代建管理的弊端。

鉴于以上原因，高科集团开始探索、研究通过采用社会化的专业项目管理模式，引入专业的项目管理力量来进行本项目的项目管理和工程监理。作为对自身开发建设管理模式的一种创新和尝试，既提高本项目的工程项目管理水平，也对高科集团其他项目的开发建设管理产生促进作用。

3.2 项目本身的复杂性和管理挑战

同时，项目为高端城市综合体，规模较大、建设标准高、业态复杂，总建筑面积 17.8 万 m²，建安投资 12 亿元，其中包括超高层五星级希尔顿酒店，以及 5A 甲级写字楼、绿化中庭、商业风情街等。并且，必须确保"三峡杯优质结构工程奖""山城杯安装工程优质奖""巴渝杯优质工程奖"，建设一个精品工程。

项目建设管理环境较为复杂，受到原渝北区管委会和新的两江新区管委会等上级部门的高度重视，受到社会的极大关注。

对业主方来说，尽管此前有过诸多商业、办公和住宅项目的开发建设管理经验，但仍属第一次开发如此高端的城市综合体，其自身的此类项目的开发建设管理经验和团队力量都存在一定的不足。这也是业主方引入专业的项目管理力量来进行项目管理的一个动因。

4 服务策略

4.1 从公司战略层面高度重视本项目

对业主方来说，为第一次开发如此高端的城市综合体，并第一次采用社会化项目管理监理一体化服务模式。

对 SPM 来说，尽管此前在重庆已有许多大型项目的管理业绩，特别是许多超高层项目业绩，但以工程监理为主。而本项目不仅是公司和业主方重庆高科集团的第一次合作，更是公司进入重庆的第一个项目管理和工程监理一体化项目，其顺利实施对公司拓展重庆及西南地区市场的项目管理及咨询业务具有重要影响。

因此，从一开始，SPM 就从公司发展战略层面对本项目给予了充分重视，公司上至董事长、分管领导，下至业务部门和各个职能部门，都做了充分的动员和准备，配备了强大的项目管理团队进驻现场，并给予了全面的支持。

4.2 找准自身定位、紧扣业主需求、体现专业价值

在整个项目管理和工程监理一体化服务过程中，我们始终对自身的角色、定位有着清醒的认识。

首先，我们是业主单位"手力的延长和脑力的延伸"。作为项目管理单位，我们的工作重点可以归纳为"策划、报告、组织、实施、推进"，而业主的工作重点是"决策、督促、支持"。

其次，作为一家专业的工程项目管理及咨询服务公司，必须始终体现出我们的专业性，并为业主提供增值服务。我司将按照业主的要求，为本项目提供全过程项目管理服务，包括项目策划及咨询、设计管理、技术管理、招标采购管理、合同管理、计划管理、组织管理以及工程监理等内容。依据合同文件和业主授权，用认真负责的态度、科学的方法、严格的管理制度和手段，对参建单位进行"全方位、全过程、全天候"的管理，强化事前预控，加强过程跟踪检查和纠偏、改进，使项目建设得到有序、可控、高效的管理。

再次，在整个项目管理的全过程，我们始终保持及时、有效地向业主汇报、沟通、反馈。在本项目的管理过程中，我们一方面始终贴近业主，随时与业主保持紧密的沟通和联系，深入了解业主的需求和思路，积极为业主出谋划策，另一方面，我们建立了各种信息收集、报告机制和会议协调机制，定期向业主提交周报、月报，定期或不定期组织各种例会和专题会，加强信息管理，从而有效保证了项目管理团队和各单位之间、项目管理团队和项目现场之间的有效沟通，极大地提高了各项组织协调工作的效率和效果。

总体上，我们必须始终深刻理解前述"需求分析"中提到的业主方在本项目中采用社会化专业项目管理模式的初心和期望，认清自身定位，加强沟通协调，提供增值服务，体现专业价值。

4.3 项目管理和工程监理一体化服务的指导思想

根据对本工程的初步理解，结合我司在许多大型建设项目中所取得的经验，以及本项目业主的实际需求和建设环境，我们确定本项目的工程管理指导思想如下：

（1）树立全寿命周期项目管理思想。

（2）重视目标规划的作用，以最优化的措施实现建设项目的目标控制。

（3）重视项目策划的作用。

（4）重视组织对项目建设成败的决定性作用，理顺业主方和项目管理方、设计方、项目参与其他各方的组织管理关系。

（5）重视有效设计管理在项目实施过程中对确保项目目标实现的重要性。

（6）重视工程发包模式、材料设备采购模式以及合同管理策划，采取有效的合同措施确保项目目标实现。

（7）重视建立"项目利益高于一切"的项目文化。

5 咨询方案

5.1 整体咨询方案策划及关键控制点

5.1.1 项目调研

"没有调查就没有发言权"。项目团队进场后，首先有组织、有计划地搜集了与本项目相关的各方面资料、信息，并对业主方各层级、各部门的管理人员特别是关键人员进行多轮的访谈、沟通，且在项目管理团队内部就调研所得进行相互沟通、分析和总结，务使项目管理人员充分、准确地掌握项目信息、理解业主需求、找准工作方向。

5.1.2《项目管理手册》编制

在重分调研的基础上，结合我司在类似项目的工程管理经验，由项目经理牵头负责，立即展开项目管理策划，主要包括：

（1）对项目的建设管理目标进行了论证及分解。

（2）研究、策划项目管理组织架构，包括项目整体组织架构、项目管理环境（与上级主管部门及外部单位关系）、SPM与业主方合作机制、项目管理及监理项目部组织架构、总承包单位项目经理部组织架构。

（3）根据组织架构，进一步编制了本项目的工程管理WBS，明确各方的管理职责和界面，有效减少、避免了扯皮和争议，为管理工作奠定了基础。

（4）建立了项目沟通机制，包括项目沟通方式与载体、工程会议管理、工程文件往来管理、参建单位通讯录、项目管理报告、博站APP的应用。

（5）明确了各项项目管理工作流程，包括深化设计审核工作流程、工程变更管理流程、工程结算审核审计流程、工程资金支付管理流程、项目招标与采购管理流程。

（6）对项目计划和进度控制进行了策划、论证和深化，包括项目总进度目标论证、各关键控制节点以及项目总进度计划，并针对项目报批报建制订了专门的工作计划及动态跟踪表等。

（7）建立了一整套工程管理办法，包括参建各方主要职责、工程现场管理办法、深化设计管理办法、样品样板管理办法、成品保护与工序交接管理办法、安全生产文明施工管理办法、工程图纸管理办法、工程文件档案管理办法、商务管理办法等一系列工程管理制度，并明确了相关的检查、考核与奖罚办法，具有高度的执行力。

在此基础上，汇总、编制了《重庆涉外商务区 B 区二期项目管理手册》（图 4）。

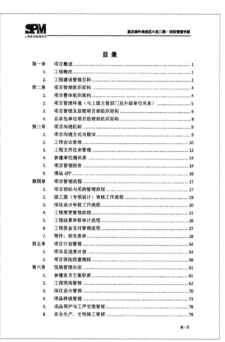

图 4　重庆涉外商务区 B 区二期项目管理手册

同时，非常重要的是，项目管理策划并不是以编制项目管理手册为目的和结束，项目管理手册也不应当编完就扔、束之高阁。事实上，在项目管理实施过程中，随着情况的变化，我们一直对项目管理手册进行动态的调整和版本更新，以适应新的管理环境和管理需求。同时，在项目管理手册编制和每一次更新之后，或者有新的同事、新的单位入场时，我们都会有组织地进行相应的交底和宣贯，务使相关单位和管理人员充分了解、理解本项目的项目管理要求，使项目管理手册真正成为本项目的通用准则。

5.2 组织架构设计

5.2.1 项目整体组织架构

本项目业主采用项目管理和工程监理一体化的服务模式，是工程管理优化组合的一种形式，组织架构与管理流程与常规的业主、监理的管理模式有很多区别，职责分工、管理流程都有很多变化，业主、各参建单位有一个接受变化、熟悉变化的过程，各参建方的制度、流程和习惯需要重构、调整。

同时，本项目涉及专业众多、参建单位众多，咨询范围涵盖从工程设计、招标、施工到项目运维等多个阶段。目前，本项目的设计单位及各专业设计顾问合计超过30家，总承包及各专业分包、供货单位合计也超过30家，另外还有跟踪审计单位及其他招标限价编制、审核单位等造价管理类单位合计超过10家。

因此，如何通过组织策划与制度建设把各参建单位有机整合起来，确保各项项目管理工作沟通顺畅、条线清晰、执行高效，是项目管理的重要工作。

为此，我们经过充分调研，并反复研究策划，确立了如图5所示的项目全过程管理组织架构。

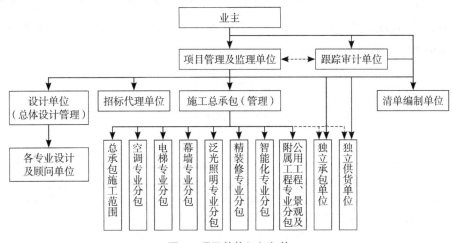

图5　项目整体组织架构

以上项目管理组织机构具有以下几个特点。

1.以项目管理单位为管理中心和信息中心

充分利用项目管理单位的专业化管理技能，建立以项目管理单位为管理中心和信息中心的组织结构，做到指令唯一、职责明确，保证项目的顺利开展。

项目管理单位负责业主方的项目全过程管理实施工作，在授权范围内负责为本项目提供业主方项目管理服务，负责业主方管理策划、组织、协调等具体事务的实施；对工程的重大问题、重大事件，进行方案策划、利弊分析，并提出建议，业主负责最终决策。

业主的主要任务是督促项目管理单位确实履行合同委托的项目全过程管理任务，对项目管理单位提出的对重大事件的专题策划、建议进行决策，并督促项目管理单位实施。此外，还要完成项目管理合同内容之外的业主方的管理任务。

2. 采用了"设计总承包管理 + 施工总承包管理"的建设管理模式

针对本项目体量大、功能复杂、顾问 / 施工等参建单位众多的特点，我们策划采用了"设计总承包管理 + 施工总承包管理"的建设管理模式。以"设计总承包管理"单位为抓手，对项目各专业整体设计进行设计统筹，对各专业顾问进行技术协调。以"施工总承包管理"单位为抓手，对项目各专业施工分包单位进行技术统一组织和协调。从而实现了对项目众多参建单位的有效管控，项目设计、施工得到有序推进。

5.2.2 项目管理环境（与上级主管部门及外部单位关系）

为便于项目管理工作的开展，我们特地针对本项目的项目管理环境进行了系统、全面的梳理，特别是有关与上级主管部门及外部单位关系。同时，配合有关报批报建流程梳理、报批报建工作跟踪表等工具，指导项目部在项目实施过程中及时、适当地进行处理和协调各种与上级部门、外部单位相关的事务，务使项目能够更加顺畅地推进（图 6）。

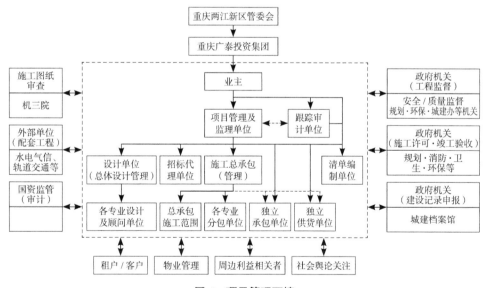

图 6　项目管理环境

5.2.3 SPM 与业主方合作机制

如前述，找准自身定位、紧扣业主需求，是顺利、有效开展本项目的项目管理工作的重要基础。而有关"定位"的一个重要方面，就是我们作为项目管理方，与业主到底采用何种机制进行合作，这包括许多方面，比如：业主方与项目管理方的分工、业主方对项目管理方的授权、具体的项目管理工作流程等。

为此，我们与业主方一起，进行了全面的梳理，并形成了如图7所示的"SPM与业主方的合作机制"和表1所示的"业主与项目管理及监理单位工作分工明细表"。

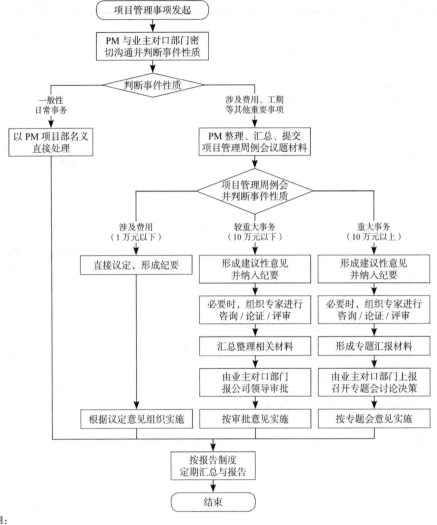

说明：

（1）业主、PM 保持密切沟通，对外保持管理指令和出口统一。

（2）在具体管理事务处理上，按其重要程度、性质和公司授权体系分级处理：

a）一般性日常事务：由 PM 项目部与业主方相关部门层面共同决策，以 PM 项目部名义直接处理；

b）涉及费用，但额度不超过 1 万元：由 PM 项目部与业主方相关部门商讨，经项目管理周例会议定后形成会议纪要，并按会议纪要实施。

c）较重大的事务（涉及费用，但额度不超过 10 万元）：由 PM 项目部与业主方相关部门商讨，经项目管理周例会议定后形成建议处理意见并纳入会议纪要，必要时应组织相关专家进行咨询、论证或评审，由业主方对口部门报分管领导审批同意后实施。

d）重大事务（涉及费用 10 万元以上）：由 PM 项目部与业主方相关部门商讨，经项目管理周例会议定后形成建议处理意见并纳入会议纪要，必要时应组织相关专家进行咨询、论证或评审，必要时由 PM 项目部汇总整理双方商议的相关专题汇报材料，由业主方对口部门报项目推进会决策形成初步决议，并根据两江新区管委会、高科集团相关管理规定办法，报高科集团行政办公会 / 招标投标领导小组决策，或根据相关规程程序报上级主管部门审批后实施。

（3）PM、业主方之间相关正式文件往来，统一通过业主代表进行。

图 7　SPM 与业主方的合作机制

序号	工作内容	工作分工		
		甲方	乙方	备注
1	土地手续办理	负责办理	配合	
2	签订项目管理协议	负责办理	参与签订	
3	用地规划许可证	负责办理	配合	
4	概念设计、方案设计	负责办理	参与并办理报审手续	
5	交房条件	参与并确认	负责编制	甲方在提交方案设计结果时向乙方提供原则性定位要求，以便乙方编制
6	项目组织大纲	参与并确认	负责编制	实施过程中，若因客观原因需对《项目组织大纲》进行调整的，乙方应及时与甲方沟通并取得甲方确认
7	初步设计、施工图设计	①参与确认设计任务书、交楼标准；②方案设计阶段，负责组织设计、会审、技术交流；③负责选择并确认设计单位，签订三方协议，费用由高科直接支付	①负责编制设计任务书、交楼标准；②方案设计阶段参与会审、技术交流，并向政府报审；③参与选择设计单位，签订三方协议	甲方重点在建筑结构形式、幕墙结构形式、安装系统解决方案、材料设备选择等方面提出意见
8	招标清单及招标控制价	负责确定编制单位，完成招标清单及控制价	负责材料询价以及审核招标控制价	乙方与甲方确定的跟踪审计单位共同完成本工程的全过程控制
9	招标方案及文件	审定招标方案及招标文件	负责编制	招标方案应包括：招标内容及范围、招标办法及方式、工程计价、投标人资格、评标办法、工程工期及工程款支付等
10	招标流程	审核	负责编制	（1）乙方在编制招标方案及招标文件过程中应同时与甲方沟通。（2）乙方应按其内部程序完成审批后，送甲方招标投标领导小组会签或会议议定

序号	工作内容	工 作 分 工		
		甲方	乙方	备注
11	新单位进场及设计交底	参与	负责组织实施	乙方须及时通知甲方参与
12	工地例会、监理例会	参与	负责组织实施	
13	工程月报	负责审核	负责编制	月报内容包含工程进度、安全、质量、成本控制、当期设计及技术变更内容等
14	设计变更单、技术核定单及工程签证单	参与核查并会签	负责核查并组织实施	所有变更均需报甲方审查后实施
15	施工现场管理	随机检查,向乙方提出整改建议	负责组织实施	
16	进场材料、设备检查	参与主要材料、设备检查并会签;其他材料、设备自行抽查,向乙方提出整改建议	负责组织实施	
17	分部工程、隐蔽工程质量检查验收	参与	负责组织实施	
18	单位工程质量检查验收	参与检查并对验收意见进行会签	负责组织实施	
19	土建交付安装、安装交付调试的中间交接验收	参与	负责组织实施	
20	重大质量、安全事故处理	参与方案制订过程、了解处理结果	负责组织实施方案并实施,向上级部门报告	
21	项目交付	资料部分:甲方档案管理部门负责接收;实物部分:甲方经营部门组织物业公司和使用单位共同查验并建议乙方整改,完毕后接收	资料部分:按合同约定负责移交;实物部分:负责组织实施交付,提前通知甲方,并在规定时间内整改完毕后交付	按甲方相关管理办法执行

序号	工作内容	工 作 分 工		
		甲方	乙方	备注
22	各类资金拨付（财务部确认下）	严格执行《重庆高科集团有限公司工程资金管理暂行办法》，对乙方报送的资金申请材料进行审核，审核通过后按期及时拨付资金	①严格按照合同条款约定，定期向甲方报送资金申请材料；②对定期需要支付的款项提示甲方付款，并提供相应收据；③对拨付到位的资金及时向施工（供货）等单位支付	
23	单项工程结算	负责审核结算依据、资料等	负责组织办理	
24	竣工财务决算	甲方财务部门负责汇总编报	负责将单项工程结算汇总并报送甲方，以及配合甲方完成决算编报	
25	产权证办理	配合	负责办理	甲方房产营销部负责
26	质保金管理	组织物业公司和使用单位查验，根据查验结果作出支付决定	负责组织实施	

注：表中未列出的其他工作内容，均由乙方自行组织实施。

由此，充分明确了项目管理工作的权责、分工、界面和流程。特别是在我们作为项目管理单位第一次和业主方重庆高科集团合作的情况下，上述在经过充分调研的基础上策划、梳理的合作机制使得我们双方非常迅速地完成了磨合，使得各项项目管理得以比较顺利地开展和实施。

5.2.4 项目管理及监理项目部组织架构

从现场项目管理团队进场至今，整个团队配备的技术、管理专业人员数量达 25 ～ 32 人，其中包括 RICS 会员、国家一级注册建造师、国家一级注册结构工程师、国家注册监理工程师、国家设备监理师、安全工程师、国家注册造价工程师等各类持证专业人员；75% 的工程师具有大学本科学历（其中 4 名具有硕士研究生学历），其余亦具有大专学历；50% 的人员具备中级以上职称，包括 6 名高级工程师、7 名中级工程师；项目团队人员"老、中、青"结合，平均工作年限达 12 年，工程管理实践经验丰富。

根据本项目的规模和特点，项目管理部拟设置五个部门：商务管理部、技术管理部、计划管理部、综合管理部和现场管理部。项目管理部架构图如图 8 所示。

在本项目中，业主委托的项目管理任务包括业主方的项目管理和工程监理造

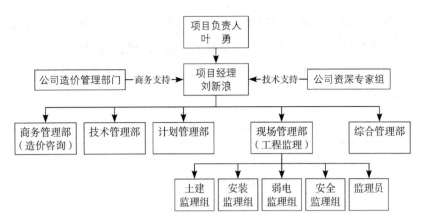

图8 项目管理及工程监理一体化管理项目部组织结构

价咨询工作。项目经理将全面负责项目管理合同的履行。施工监理工作具有相对
独立性，总监在接受项目经理指令的前提下，按照监理规范约定独立实施施工监
理工作。在现场管理工作板块，现场组将作为项目管理团队的一个部门，负责现
场的管理工作，与其他部门协作配合，形成一个完整的项目全过程管理团队。现
场组还作为施工阶段的施工监理，按照国家监理规范实施监理工作。

　　另外，本项目体量大、造价高，技术、管理工作极为复杂。从项目管理服务
自身的要求看，对于管理及技术的专业性要求非常强，且数量众多；从成本和人
力资源的约束看，不可能无限制地安排人力资源到现场。因此，我们采取前后台
协作的服务模式。对于关键的、重大的、专业性较强的工作，将采取公司后台支
持的方式，提供专业服务。委派公司高管担任项目负责人，指导、帮助项目经理
实施项目管理服务，协调公司后台资源，为项目及时提供优质咨询服务。以公司
总师室专家为骨干，根据本项目特点，组建资深专家组，为项目提供技术及管理
支持；造价部门为投资控制、招标管理等提供商务支持。

5.2.5 项目沟通机制

　　本项目涉及专业众多、参建单位众多，咨询范围涵盖从工程设计、招标、施
工到项目运维等多个阶段。为了确保项目管理信息得到有效沟通、项目管理指令
得到有效贯彻，我们梳理、建立了一套行之有效的项目沟通机制，确保能及时发
现问题，及时协调相关方，及时解决问题。

　　对工程会议、工程文件往来、报告、博站 APP 的使用、即时通信工具等的
使用进行了系统的规划，并对每一种沟通机制的使用、运行进行了细致的规范。

　　建立了工程会议体系，有序梳理了项目推进会、项目管理周例会、监理周例
会、设计协调会、总包协调会和其他专题会、专业协调会等的目的、组织和召开
方式等，确保各种会议高效、简洁、有执行力。

重庆涉外商务区B区二期工程全过程工程咨询案例

项目团队在项目经理、项目执行经理及各部门主管分层领导下，各司其职，分工合作，充分讨论，相互配合。各专业工作成果经横向多轮沟通、竖向分级审核后统一出口，重大文件必须经公司工程管理中心等相关部门审核后方允许外发（图9、图10）。

第三章 项目沟通机制

为实现项目信息沟通及时、高效，更好地推进项目实施和目标控制，本工程将采用会议、文件、报告、博站、即时通信等沟通方式和载体。

1. 项目沟通方式与载体

（1）工程会议

可分为：工程推进会、项目管理（监理）例会、专题协调会、设计协调会、总包协调会等，会议由不同主持。

（2）工程文件往来

指本工程各参与单位之间往来的正式书面文件。工程文件通常作为合同履约过程记录文件。

（3）报告

与本工程项目管理及监理工作相关的报告，主要分为PM单位接收的报告和发送的报告两类。

（4）博站APP

本工程拟采用智慧工程管理软件与手机APP博站开展项目管理，实现与参建机构之间工作协同。

（5）即时通信及其他

为便于项目参与各方及时沟通协调，本工程将统一登记各方联系通信方式，包括但不限于邮件、电话、QQ、微信等。

图9 项目沟通机制

2. 工程会议管理

2.1 会议召开时间及地点

（1）本工程初步确定的会议类型与内容，召开时间如下表所示：

建设单位、项目管理及监理单位、总承包单位主持的例会				
会议名称及类别	会议主持	出席单位/人员	周期及时间	会议内容/要求
项目专题会	PM项目经理	建设单位领导及相关部门、项目管理及监理单位代表、跟踪审计单位代表、设计单位代表	每月一次	由项目管理部、业主相关部门汇报项目进展，提出存在的问题和解决建议，需要业主决策确定的事项等。业主作出相关决策、提出相关要求。由项目管理单位记录并签发会议纪要
项目管理周例会	PM项目经理	建设单位相关部门经理或代表、项目管理及监理单位、跟踪审计单位代表等	每周二下午2:00	由项目管理及监理单位汇报工程总体进展情况；研究解决需要项目建设各参与方共同协调的其他问题。由项目管理单位记录重要事务，或形成建议性意见。由项目管理单位记录并签发会议纪要
监理周例会	总监或总监代表	建设单位、项目管理单位、总承包单位、分包单位	每周三下午2:00	由总承包单位汇报上周工程质量、进度、安全情况。项目管理及监理单位跟踪检查，讨论确定周进度工作情况，指出存在的问题，讨论确定周进度计划、月进度计划。由监理单位记录并签发会议纪要
其他专题协调会	根据需要确定	根据会议内容及需要确定	不定期	为及时解决重大、紧急的事宜，及时决策或提出解决方案。由发起单位或项目管理及监理单位记录并签发会议纪要
设计协调例会	设计单位	建设单位、项目管理及监理单位、各顾问单位	每2周周四	由设计单位记录并签发会议纪要，抄报建设单位、项目管理及监理单位以及相关顾问单位
总包协调会	总包	总承包单位、分包单位、供货单位	由总包确定	总包可视情况自行安排相关的各种现场施工协调会，协调总包、分包、供货单位之间的各项问题

图10 工程会议管理

5.3 设计与技术管理

在设计与技术管理上，我们重点主抓了以下几个方面。

5.3.1 建立"设计总承包管理"模式，统一设计技术统筹

以"设计总承包管理"单位北京市建筑设计研究院为抓手，对项目各专业整体设计进行设计统筹，对各专业顾问进行技术协调。

在主设计单位北京院及各专业设计顾问的合同中，均附相关的专门附件，就有关北京院与各专业设计顾问之间的设计总承包管理进行明确约定，包括设计进度管理、技术统筹、专业衔接以及协调机制等（图11）。

同时，针对有关本项目的总体技术要求（比如，涉及希尔顿酒店的设计内容，需按甲方及希尔顿酒店管理公司提出的《设计指导书》所要求的进行设计），亦将其一并在设计合同中提前进行明确，从而为本项目的设计管理打下了一个良

附件一：

项目概况及设计咨询总体要求

一、项目概况

1、项目名称：重庆涉外商务 B 区二期希尔顿酒店项目

2、项目业主：重庆高科集团有限公司

3、工程地点：重庆市北部新区

4、项目规模：涉外 B 区二期用地面积约 35589m²，建筑总规模约 16.5 万 m²；其中地上计容面积约 10.5 万 m²，地下约 6.5 万 m²。包括：商业裙房、办公 2 楼、酒店以及配套设施，酒店拥有自然间约 300 间。

5、项目业态：项目为含酒店、商业、写字楼的综合体。

6、项目定位：酒店为希尔顿豪华五星标准酒店。

商业为时尚消费体验地。

写字楼为 5A 甲级金融办公写字楼。

二、设计咨询总体要求

1、服从甲方及北京市建筑设计研究院有限公司（以下简称北京院）的设计统筹管理（进度、专业衔接等），积极主动配合其他专业顾问设计咨询机构的各项工作。

2、符合国内现行设计规范及行业标准，达到规范及标准深度（满足工程招标及施工要求，按国家建筑内部装修设计专业规范，施工图纸要求具备施工的实际可操作性，可作为招标投标报价的依据）。

3、符合希尔顿酒店管理集团（以下简称希尔顿）关于本项目顾问设计咨询的各项标准及深度要求（按甲方及希尔顿酒店管理公司提出的《设计指导书》所要求的进行设计）。

4、及时参加甲方及北京院召集的各类例行、突发会议，积极配合向政府机构等部门进行汇报、解释。

5、在施工过程中，乙方按需要派设计人员驻工地现场进行设计指导、材料选样、施工交底及监督等服务工作，确保设计工程效果。

6、乙方应于各项文件报政府及第三方机构审查时，于重庆本地相应政府部门办理完成相关必须备案手续。（如因乙方在各项资料报政府及第三方机构审查前，未具备相应设计资质的，由乙方全部承担相应责任，甲方有权提出赔偿。）

图 11　设计及顾问合同附件：设计总承包管理要求

好的基础。

5.3.2 紧抓设计管理工作重点

从介入项目开始，我们就讨论、明确了本项目设计管理的工作重点，主要包括：

（1）协助业主研究、确定项目建设需求、建设标准等；

（2）施工图纸审查与优化；

（3）设备选型建议；

（4）组织进行设计交底、图纸会审，以及重大技术问题的专家论证；

（5）幕墙、精装修、智能化、灯光、景观、标识工程等专业设计方案审查与优化；

（6）设计进度控制及设计技术协调；

（7）配合招标，组织、推动完成相关图纸、技术规格书等技术文件；

（8）设计变更控制；

（9）督促北京院做好总体设计管理工作。

在项目实施过程中，针对以上工作重点，我们做了大量工作。比如，对本项

重庆涉外商务区B区二期工程全过程工程咨询案例

219

目幕墙、精装修的设计标准，我们协助业主方进行了多次论证；对项目的施工图，我司组织相关的建筑、结构、机电专家进行了详细的审查并提出了相关优化建议；对于空调主机的选型，我们进行了多种方案的技术经济比选，并获得了设计和业主的认可（图12）。

  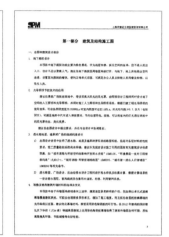

图12　SPM针对本项目施工图的审图及优化意见

5.3.3 贯彻实施专家评审机制

建立和实施专家咨询、评审机制，对重要技术、商务和管理问题积极组织公司专家进行咨询、论证和评审，确保重大问题决策的科学性、合理性，取得了良好的技术、经济效益。比如：

（1）关于挡土墙方案的优化，经过项目团队采用价值工程进行多方案技术经济比较，并通过专家论证，优化后的方案比原方案节省造价约300万元。

（2）对幕墙的构造形式、玻璃选择、开窗器选择等，组织专家进行了反复的技术经济比选论证；对可能采用的幕墙材料纳米夹胶"透明隔热玻璃"组织专家进行了反复论证，并提出了谨慎采用的建议，得到业主、设计和相关顾问单位的认可。

（3）对本项目的钢结构加工及施工方案，组织我司钢结构专家反复进行研究论证，并对相关单位进行了技术交流和培训（图13、图14）。

5.3.4 积极采用BIM等先进的管理技术和工具

积极采用BIM等先进的管理技术和工具，建立项目建筑、结构、机电全专业模型，并进行碰撞检查、管线综合、净高检查、设计优化、施工方案模拟、现场交底等各项应用，取得了良好的综合效果（图15～图17）。

图 13　SPM 幕墙专家参与幕墙设计与技术评审　　**图 14　SPM 钢结构专家进行现场专题技术交流**

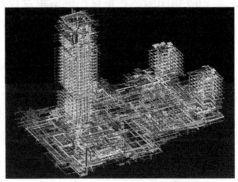

图 15　建筑结构模型　　　　　　　　　　**图 16　综合管线模型**

图 17　管线碰撞检查与优化

5.4　投资控制与招标采购、合同管理

5.4.1　招标采购、合同管理工作重点

投资控制是贯穿项目全过程的。而且众所周知，投资控制的重点在于设计阶段，合理的项目定位、建设标准和良好的设计是项目建设成本的决定性因素。其次，招标采购和合同管理是投资控制的另外两个重点。

关于设计与方案比选、优化及价值工程，在设计与技术管理中有所介绍，不再赘述。就招标采购管理与合同管理而言，这两者其实也是紧密关联的，其主要的工作重点包括：

（1）审核设计概算、施工图预算；

（2）合同结构策划；

（3）承发包模式策划；

（4）工程界面、管理界面的划分；

（5）组织编制、审核招标图纸、技术规格书、工程管理要求等技术文件、工料规范；

（6）组织编制、审核招标清单及控制价；

（7）招标文件汇总成套，并组织进行汇报、审批；

（8）招标进度控制；

（9）协助业主合同洽谈与签订；

（10）设计变更、工程变更及现场签证管理；

（11）索赔与反索赔管理；

（12）工程款支付审核与管理；

（13）编制资金计划；

（14）定期跟踪、汇总、调整项目总投资情况；

（15）建立招标、合同、付款台账。

比如，结合本项目专业众多、参建单位众多、界面复杂的特点，首先进行了项目合同分判、确立了项目合同结构。在此基础上，编制了详尽的工程界面划分表和管理界面划分表，并将其纳入各施工单位招标文件、合同文件，从源头上彻底、细致地明确各施工的工作界面，有效地避免、减少了扯皮和争议，为项目的顺利、有序推进打下了非常良好的基础（图18）。

5.4.2 项目采购管理流程策划

招标采购工作是一项涉及面非常广的工作，包括设计与技术要求、造价管理与投资控制、合同管理、计划管理。同时，除了专业本身的技术、管理难度外，它还是一项具有高度敏感性的工作，涉及法律法规、政策要求、管理体制以及市场条件等。因此，如何在合法合规、符合政策要求的条件下，高效地开展招标采购工作，并在复杂的市场条件下寻找到实力强、信用高的单位和采购到好的材料、设备，是一个非常大的挑战。

为此，项目咨询团队和业主方一起，根据本项目工程特点及业主方的管理体制和环境，对本项目的招标采购管理流程进行了系统的梳理，明确了各参建单位及业主方各部门之间的工作界面和流程，如图19所示。由此，使得在各项招标采

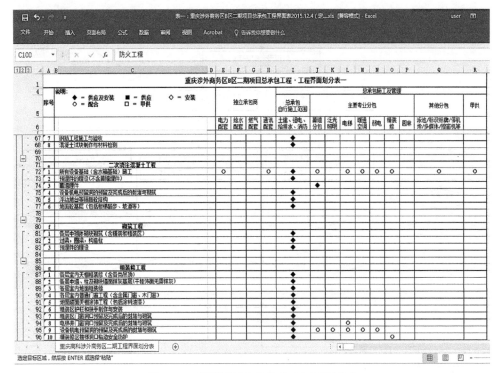

图 18 工程界面划分表和管理界面划分表

购工作中，各单位各部门职责明确、流程清晰，极大地提高了招标采购工作效率。

5.5 工程质量安全文明管理

5.5.1 强调方案先行、落实样板引路

在本项目中，我们严格实行方案先行、样板引路制度。通过工程样板，来完善深化设计，验证和优化施工工序（工艺），确立质量标准。同时，编制样品目录，严格样品管理。从而，在深化设计、材料、方案和工艺四个方面，从源头上控制工程质量。

其一，推行样板引路制度，综合采用设计样板、工序（工艺）样板、质量样板及综合样板，将工程样板作为深化设计与施工工艺、施工质量标准控制的重要手段。

其二，制定工程样板、样品目录和计划，明确工程样板、样品的使用范围。凡是重复循环施工作业的分部分项工程和操作工艺，都必须样板引路。关键工序和新技术工序项目施工前制作样板作为后续施工实物质量基准。

其三，确定相关资金来源和各方职责分工，包括工程样板建设资金、样板设计、样板评审、样板施工、组织样板展示和学习等。

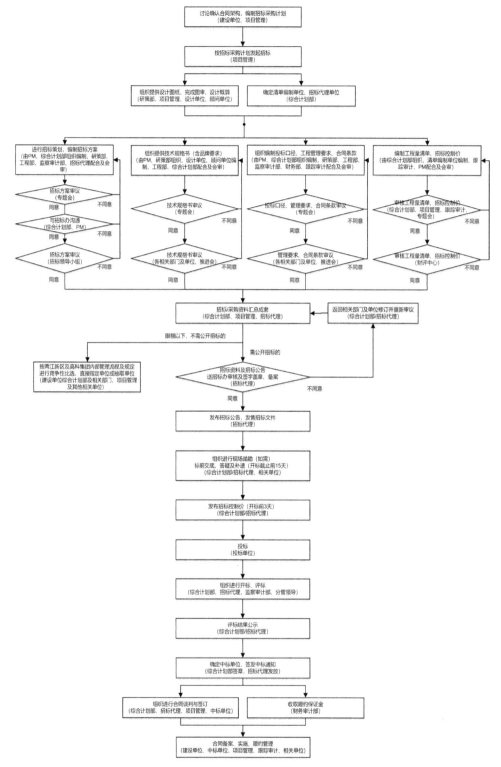

图 19　项目招标采购管理流程

其四，确定工程样品、样板管理流程，加强对工程样品、样板的经济、技术评审，关注样板工艺、材料、设计改进，实现多专业多部门互动。业主确定进行样板引路的分部分项工程，必须在样板经审批确认，并由总施工单位组织相关单位交底熟悉后，才能开展同类工程大范围施工。样板审批完成后，必须组织本项目有关参与团队学习。

其五，切实做好样品的封样留存。材料样品经各方确认后，应封样留存，由业主或项目管理部统一管理，作为检查、验收、结算的依据。任何单位进入样品间，应事先征得业主及项目管理部的同意。业主或项目管理部应做好样品管理台账记录（图 20 ～图 23）。

图 20　安全文明方案策划

图 21　A 栋酒店爬架效果

图 22　A 栋塔楼幕墙样板

图 23　A 栋希尔顿酒店标房精装修样板

5.5.2　贯彻立项销项、强化现场执行

在工程的现场质量、安全、文明管理上，严格实行安全隐患梳理管理制度、四方（业主、项管、监理、总包）联合检查制度和"立项销项"制度，确保各种质量、安全风险、隐患和问题得到及早发现、有效处理。

严格实行了"立项销项"制度，项目管理过程中发现的问题，尤其是涉及安全文明施工的问题，建立立项销项清单；并实行业主、项管、监理、总包四方联合检查制度，定期复查、动态跟踪，确保所有问题和隐患得到解决、销项，杜绝工程安全风险。

其一，严格审查施工组织设计和施工方案，梳理各种质量、安全风险和隐患，并加强对相关施工、管理人员的交底，确保在技术准备、思想意识和组织管理上使相关风险和隐患从源头得到控制。

其二，实行业主、项管、监理、总包四方联合检查制度。每周周检：每周星期二上午，监理协同总包例行安全隐患周检，并形成安全隐患排查立项销项清单。每月月检：每月下旬，业主、项管、监理、总包四方联合，对施工现场进行安全隐患大排查，形成安全检查记录表与隐患排除记录表。

其三，严格实行"立项销项"制度，项目管理过程中发现的问题，尤其是涉及安全文明施工的问题，建立立项销项清单；并结合业主、项管、监理、总包四方联合检查制度，定期复查、动态跟踪，确保所有问题和隐患得到解决、销项，杜绝工程安全风险。

通过以上管理措施，强化现场管理的执行力，强力推动项目建设（图 24 ～图 27 ）。

01

安全隐患梳理及防范布局

（1）施组及专项施工方案的安全措施具备合理性、可操作性；
（2）独立消防水系统需紧跟楼层施工进度；
（3）基坑开挖、土方转运、边坡喷锚、支模架搭设须方案先行、措施先行、责任到人。

02

月度、季度安全隐患前瞻分析及应对

比如：
（1）雨季抽水；
（2）大型设备的月度检查；
（3）边坡的沉降；
（4）大体量土方堆积；
（5）对总包施工方案、安全措施的审核等。

03

实行安全联合检查和立项销项制度

每周进行安全大检查。将一周之内的安全隐患进行立项，然后逐条落实整改进行销项，形成销项清单，完成安全工作闭合。对潜在的风险实行预警预告，督促总包采取相应的防范措施。

图 24　工程管理的三大联动管理措施

图 25　现场检查记录、立项

图 26　立项、销项清单

图 27　四方联检

5.5.3 充分利用智慧工程、博站 APP 等互联网技术

利用智慧工程、博站 APP 等互联网技术，提高文件管理及沟通效率。博站 APP 是一款以工程项目为核心的多方协同管理云平台，利用博站 APP 实现了检查数据和现场照片实时上传更新，自动形成相关报告，实现电子化工程管理日志，并有效提高了参建单位之间的协同工作效率（图 28、图 29）。

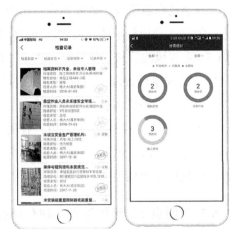

图 28　博站 APP　　　　　　　　图 29　博站 APP 检查记录、信息统计

6　咨询增值服务方案

6.1　增值点 1："项目管理和工程监理一体化"实现了"1+1>2"的实效

如前述，项目管理、工程监理一体化模式是项目管理系统性和集成化管理，可以提供全方位的项目管理、工程监理一体化服务，尽管仅仅涉及项目管理和工程监理两个模块，但仍然有效体现了"全过程工程咨询"所带来的优势，实现了"1+1>2"的实效。具体而言，其主要特点和优势有以下几个方面：

（1）"项目管理 + 监理一体化"集成管理模式，可以提供全方位的项目管理、工程监理一体化服务，既满足了对政府强制性监理的要求，又满足了对业主项目管理服务的需求。

（2）通过项目管理与监理团队的有效组合达到资源的最优化配置，有效地降低了运营成本，在工作上可形成互补，避免了工作岗位重复设置。

（3）减少项目管理层次，减少信息传递环节，有利于使项目组织扁平化，简化管理程序，减少协调环节，方便信息的沟通和交流，既提高了工作效率，又使责任关系更加清晰。

（4）项目管理与监理团队分工明确，充分融合，高度统一，沟通顺畅，执行

力强。有利于项目管理工作和监理工作的统一指挥、协调一致，避免相互扯皮，同时回避了在目前法规中对这两种服务职责界定不清的矛盾，对于提高工程质量、加快工程进度和发挥投资效益具有积极的作用。

（5）重视项目总体目标、项目各管理要素目标和项目各阶段分解目标的系统性管理，有利于对项目的集成化管理，增强项目管理的集成化效果。

（6）通过在各阶段、各要素全寿命周期集成管理基础上，对项目设计方案的优化，能够达到项目整体功能优化和整体投资价值比最高的效果。

（7）重视风险管理，进行全过程全方位风险系统控制和管理。通过专业化工程监理公司或项目管理公司对项目风险系统的控制和管理，可以减少项目风险，减少项目风险管理成本和减少风险给项目带来的损失。

（8）方便应用系统管理的思想，有利于在施工阶段对工程质量的控制。

（9）有利于精简业主方建设期的组织管理机构，减少业主方日常事务性管理工作，以集中主要精力进行决策。

6.2 增值点2：组织策划、建章立制与《项目管理手册》及其推广应用

组织是项目成败的决定性因素。项目管理工作开始的一项重要工作就是建立健全工程管理模式和制度体系，以保障项目规范化地实施。在此基础上有序开展招标委托的各项管理咨询服务。而本项目也是重庆北部新城的重点项目，迫切需要一套完善的组织体系来保障项目建设。

为此，如前述，我们进场后，协同业主厘清了本项目的工程管理模式和组织结构研究，梳理、建立、完善本项目工程管理制度体系，规范、提高本项目工程管理水平。

工程管理模式和组织结构研究，明晰、完善了工程管理组织的思路和架构。

工程管理制度体系的建设，明确了本项目各参与单位、业主各部门、各岗位的工程管理职责分工，并建立了一套工程管理制度体系，使项目建设各方行为规范化、制度化，使各方职责明确，流程清晰，提高了管理效率和水平，促进了项目各建设目标的达成。既要考虑制度体系的严谨性、科学性，也要考虑现有的制度和流程，保证制度的平滑过渡、顺利实施。

作为组织策划、建设管理模式策划和建章立制的成果，为本项目量身定制的《项目管理手册》和相应的工程项目管理制度、流程体系，契合了本项目的工程特点和业主方的管理体制、管理要求，在项目实施过程中得到了很好的贯彻，并有效地提高了项目管理工作效率，得到了业主的高度认可。

因此，业主方已经把本项目的《项目管理手册》作为一个亮点和成功经验，

向其他项目进行推广应用。同时，随着项目实施过程中具体情况的变化，SPM项目管理团队也对其进行了动态的调整和更新，确保其既坚持了项目管理的基本原理，合法合规，又不断与时俱进、自我完善。

6.3 增值点3：充分发挥公司专家团队及技术资源，为项目提供深度技术支持

如前述，在本项目的设计与技术管理上，我们充分发挥公司资深专家团队及后台技术资源的力量，贯彻实施专家咨询、评审机制，对重要技术、商务和管理问题积极组织公司专家进行咨询、论证和评审，为项目提供深度技术支持。比如：

（1）对项目的施工图，我司组织相关的建筑、结构、机电专家进行了详细的审查并提出了相关优化建议。

（2）对本项目的钢结构加工及施工方案，组织我司钢结构专家反复进行研究论证，并对相关单位进行了技术交流和培训。

（3）对幕墙的构造形式、玻璃选择、开窗器选择等，组织专家进行了反复的技术经济比选论证；对可能采用的幕墙材料纳米夹胶"透明隔热玻璃"组织专家进行了反复论证，并提出了谨慎采用的建议（图30）。

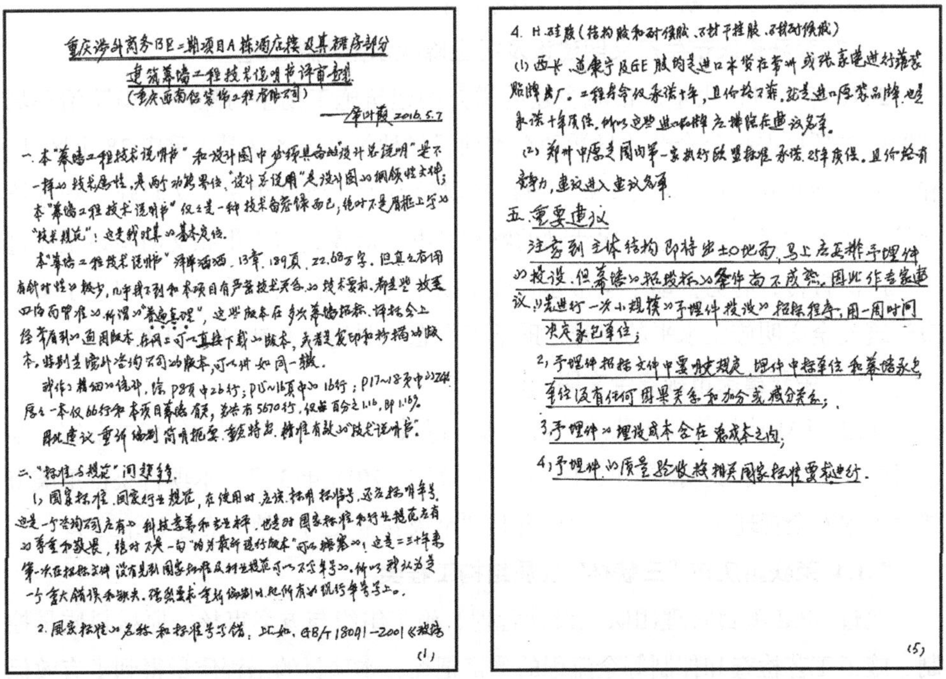

图30 SPM资深幕墙专家提出的"幕墙技术说明书审查意见及建议"

上述审查意见、建议和技术咨询成果，得到业主、设计和相关单位的认可和高度重视，也取得了良好的技术经济效益。

7 咨询成果与项目复盘总结

7.1 全过程工程咨询成果

7.1.1《项目管理手册》的编制、应用与推广

《项目管理手册》的策划、编制与实施。项目团队在进场之初即展开了环境调查和访谈，并结合 SPM 公司多年来丰富的工程项目管理经验，在充分研究业主方重庆高科集团的体制特点、管理环境、内部组织架构和现行管理制度的基础上，结合 SPM 公司在众多大型复杂工程项目中积累的项目管理实践经验，针对性地编制了本项目的《项目管理手册》，建立了量身定制的工程项目管理制度和流程体系，确保了所有工程项目管理工作的标准化和规范化。

为本项目量身定制的《项目管理手册》和相应的工程项目管理制度、流程体系，在项目实施过程中得到了很好的贯彻，并有效地提高了项目管理工作效率，得到了业主的高度认可。同时，随着项目实施过程中具体情况的变化，SPM 项目管理团队也对其进行了动态的调整和更新，确保其既坚持了项目管理的基本原理，合法合规，又不断与时俱进、自我完善。

7.1.2 荣获重庆市生态文明建设及扬尘降噪示范观摩工地

2016 年 6 月，由重庆市城乡建委举办的建筑施工扬尘与噪声污染防治现场观摩会暨环境保护公众开放日活动在本项目场地举办，各区县（重庆 38 个区县）和工程参建单位（140 余人）来本项目参观学习了本项目在安全文明施工和环境保护工作上的经验。通过本次活动的顺利举办，对建筑施工生态文明建设工作进行了广泛宣传，有力推动了全市建筑施工扬尘与噪声污染防治工作，促进了重庆市建筑安全文明施工水平的提升，助推了生态文明建设（图 31、图 32）。

7.1.3 荣获重庆市级安全文明工地

通过 SPM 项目管理团队的严格管理，以及"立项销项"制度的贯彻落实，本项目的安全生产、文明施工取得了很好的效果。2018 年 3 月，本项目获得重庆市建设工程安全管理协会颁发的 2017 年度"市级安全文明工地"荣誉（图 33）。

7.1.4 荣获重庆市"三峡杯"优质结构工程奖

通过 SPM 项目管理团队从设计管理、施工组织与方案审核、原材料质量控制、施工工艺检查和控制等全流程的严格把控，本项目的工程质量得到了有效保证。2018 年 5 月，本项目获得重庆市建设工程质量协会颁发的"三峡杯"优质结

图31 观摩活动现场

图32 重庆市生态文明建设及扬尘降噪示范观摩工地官方新闻报道

构工程奖。

7.1.5 智慧工程、博站 APP 的应用得到高度评价

智慧工程、博站 APP 的应用，得到了重庆市工程监理协会以及两江新区质监站等相关管理部门的高度评价，并得到了一致支持。同时，在运用智慧工程、博站 APP 来提高工程项目管理效率的同时，SPM 项目管理团队也不断总结、提炼，对博站 APP 软件的功能完善、版本升级等提供了许多好的建议，并获得了认可和采纳。

7.1.6 项目经理荣获"上海市建设工程咨询行业项目管理优秀项目经理"荣誉

由于在带领 SPM 团队进行项目管理中的出色表现，项目经理刘新浪于 2017年 1 月获评上海市建设工程咨询行业协会"上海市建设工程咨询行业项目管理优秀项目经理"荣誉（图 35）。

图33 重庆市级安全文明工地

图34 重庆市三峡杯优质结构工程奖

7.2 全过程工程咨询复盘

7.2.1 "项目管理和工程监理一体化"的"1+1>2"

就本项目的实践而言,项目管理、工程监理一体化模式是项目管理的系统性和集成化,既满足了对政府强制性监理的要求,又满足了对业主项目管理服务的需求,并通过项目管理与监理团队的有效组合和互补达到资源的最优化配置,减少了项目管理层次,降低了运营成本,提高了工作效率,减少了项目风险,又使责任关系更加清晰。尽管仅仅涉及项目管理和工程监理两个模块,但仍然有效体现了"全过程工程咨询"所带来的优势,确实实现了"1+1>2"的实效。

图35 上海市建设工程咨询行业项目管理优秀项目经理荣誉证书

同时,我们也体会到,所谓"1+1>2"的实效并不会天然产生,而要求项目管理和工程监理既分工明确,又协作统一,通过发挥项目管理团队和工程监理团队各自的特长,取长补短。

此外,由于国内工程管理行业历史发展的原因,客观上,部分监理人员的基本素质、管理技能、思维方式、职业素养、心理文化等诸多方面都还不能适应项目管理、全过程工程咨询的要求;工程监理还有比较明确的"法定"职责和操作要求;工程监理的人员收入水平总体相对较低等。因此,在项目管理、工程监理一体化服务模式下,要求监理团队既良好地完成"法定"监理职责,又与项目管理其他专业团队无缝对接,客观上是存在一定困难甚至抵触的。为此,至关重要的是监理团队的核心岗位人员(如总监、总代、专监组长和骨干人员)必须认真挑选适当人选,并加强一体化团队内部的沟通、培训,强化团队管理和采取多种激励措施,促进监理团队和项目管理其他专业团队的融合。

7.2.2 组织策划、建章立制与规范化、标准化管理

作为工程项目管理咨询人员,我们所参与的每一个项目可能都面临着不同的项目类型、工程特点、业主背景和管理环境等,但包括本项目在内,在大型复杂项目的管理实践中,都普遍有着比较迫切的组织策划、梳理和建章立制的需求。

正是因为每个项目有着前述的各个方面的特点,才更需要我们根据每个项目

的实际，实事求是地具体问题具体分析，在符合工程项目管理基本原理和惯例的基础上，具体地策划项目的建设管理模式和组织架构，理顺各方的合约关系、管理关系（指令关系）、职责分工／界面、工作流程、沟通机制等，并在此基础上建章立制，作为项目各参建单位共同的工作要求和行事规则，才能提高项目管理的工作效率和效果。

组织策划、建章立制的最终成果，往往是以《项目管理手册》为体现的规范化、标准化项目管理要求。实践中，类似《项目管理手册》的规范化、标准化的工程项目管理和咨询也越来越多地为业内所采用。

但非常重要的是，《项目管理手册》的最大价值，并不在于《项目管理手册》文件本身：

其一，《项目管理手册》的编制、形成过程，其实是咨询单位在深入调研的基础上，与业主方以及其他相关单位不断沟通、协调并取得共识的过程，《项目管理手册》的编制完成，亦即意味着相关方面达成了共识并把它书面化表达。这个达成共识的过程，与所达成共识本身同样重要！

其二，《项目管理手册》的重点，在于落地和实施。否则，像有些项目，《项目管理手册》编完之后就以为大功告成，将其高高挂起，那就成了买椟还珠、本末倒置了。

其三，《项目管理手册》并不是一成不变的。《项目管理手册》要真正落地并保持生命力，除了在编制过程中必须实事求是、具体问题具体分析，还必须在实践过程中随着情况的变化进行适应的修订和调整，因此，一个项目的《项目管理手册》，在实践中可能会有若干个不断深化、完善的版本。

7.2.3 "设计总承包管理 + 施工总承包管理"

针对本项目体量大、功能复杂、顾问／施工等参建单位众多的特点，我们策划采用了"设计总承包管理 + 施工总承包管理"的建设管理模式。

以"设计总承包管理"单位为抓手，对项目各专业整体设计进行设计统筹，对各专业顾问进行技术协调。

以"施工总承包管理"单位为抓手，对项目各专业施工分包单位进行技术统一组织和协调。

总体上，这种模式在本项目还是比较好地发挥了作用，在设计和施工两端，都有了比较有力的抓手和统一协调，实现了对项目众多参建单位的有效管控，项目设计、施工得到有序推进。

当然，设计总承包管理单位和施工总承包管理单位的能力、经验、投入和态度，对发挥这种模式的优势有着重要的影响。

7.2.4 "最终运营导向"的落实

在本项目的设计与技术管理过程中，始终贯彻了"最终运营导向"和"以终为始"的理念。在项目设计伊始，项目就引入了酒店管理单位希尔顿酒店管理（上海）有限公司、酒店顾问单位重庆渝高文豪仕酒店管理有限公司、物业管理顾问单位高科集团的营销部、楼管部等单位和部门，参与对本项目的设计进行审查，并提供相关的优化建议。

同时，针对涉及希尔顿酒店的设计内容，从一开始就将希尔顿酒店管理公司提出的《设计指导书》及甲方的相关要求直接纳入设计及顾问合同（图36）。

希尔顿酒店项目设计与建造标准

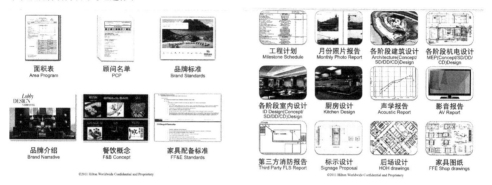

图36　希尔顿酒店设计指导书

在项目的策划、设计和实施过程中，我们始终不仅严格执行了国家标准和相关行业标准，考虑了业主的需求和痛点，更严格遵循了希尔顿酒店的《希尔顿酒店项目设计与建造标准》，包括方案设计、扩初设计、施工图设计、工程样板等所有阶段性的设计成果、设计及工程样板均得到希尔顿技术服务部门的审核认可，涵盖建筑、机电、景观、泳池、停车、室内精装、家具软包和酒店营运物品等各个方面，确保项目建成一个高标准的五星级希尔顿酒店。

总体上来说，上述措施，比较好地考虑了项目建成后使用和运营管理的需求，"最终运营导向"和"以终为始"的理念得到了落地。

但同时，在项目建设过程中，由于市场情况的变化，对项目各部分的租售策略、客户要求等的变化，客观上仍然不可避免地造成了一些变更和调整。比如，由于对市场行情的判断变化，调整部分空间的功能；大客户的出现，对项目的部分空间和空调系统等提出了不少个性化的需求，等等。

事实上，这种现象在许多项目中都比较普遍，即"最终运营导向"和"以终为始"中的"终"端本身，往往存在许多变数，而这种变数又往往有巨大的必要性和合理性，但在项目早期又难以对此进行准确预料和判断。如何在这种情况下落实"最终运营导向"和"以终为始"建设，是非常值得深入思考的问题。

7.2.5 BIM 应用及管理具有提高的空间

近年来，BIM 的使用取得了很大的发展，很多项目都在使用，成功、失败的案例都有。本项目的 BIM 应用，取得了很多效益，但也存在缺乏 BIM 应用整体规划、BIM 应用相关单位意愿不足、技术力量不够等原因，BIM 技术应用主要在于碰撞检测、施工模拟、场景展示等常规方面，未能进一步充分挖掘 BIM 应用的潜力。

我们认为，要充分挖掘、发挥 BIM 技术应用的潜力和价值，需要进一步做好以下几个方面的工作。

1. 进行有效的 BIM 实施规划

目前工程项目参建方对于 BIM 的理解仅限于理论认知层面，对于 BIM 技术在工程项目设计、施工和管理中应用的方法、步骤、提交结果等缺乏明确的认识。同时，标准化、规范化的指导性文件缺失，也导致了目前 BIM 技术的应用仅限于 BIM 模型的创建、展示、碰撞检测和施工模拟，而对于更进一步的 BIM 规则、深度、数量等问题均较少涉及，导致 BIM 的应用常常处于无明确要求的状态。

2. 加强 BIM 协同管理

鉴于建筑设计的复杂性，为了施工过程中精确定位确保施工质量，需要借助 BIM 技术解决设计和施工难题。同时，为了保证设计施工的有序进行，项目团队也必须采用 BIM 协同管理的方式，但是从传统的项目管理和工作流程转换到 BIM 协同管理非常困难，它涉及人们固有的思维习惯、不同的利益分配、新的协同流程、信息分享和职责权限等。特别是 BIM 技术的深度运用，可能会造成原有建设管理流程、责任分配冲突，建设流程、角色定位、职责需要重构。

同时，我们应建立并充分利用 BIM 协同平台。不论是利用 BIM 模型进行工程量校核，或是进行复杂的 4D 施工控制与投资管理，都需要以 BIM 模型中包含的数据信息为基础，通过 BIM 协同平台对工程信息进行集成和处理。但是，目前工程项目中较少使用 BIM 协同平台，这就使得当前 BIM 应用仍主要集中于模型的创建阶段。

7.3 结语："项目管理和工程监理一体化"与"全过程工程咨询"

《国家发展改革委　住房城乡建设部关于推进全过程工程咨询服务发展的指导意见》（发改投资规〔2019〕515 号）明确指出：

"以工程建设环节为重点推进全过程咨询。在房屋建筑、市政基础设施等工程建设中，鼓励建设单位委托咨询单位提供招标代理、勘察、设计、监理、造价、项目管理等全过程咨询服务，满足建设单位一体化服务需求，增强工程建设过程的协同性。全过程咨询单位应当以工程质量和安全为前提，帮助建设单位提高建设效率、节约建设资金。"

"鼓励多种形式的全过程工程咨询服务模式。除投资决策综合性咨询和工程建设全过程咨询外，咨询单位还可根据市场需求，从投资决策、工程建设、运营等项目全生命周期角度，开展跨阶段咨询服务组合或同一阶段内不同类型咨询服务组合。鼓励和支持咨询单位创新全过程工程咨询服务模式，为投资者或建设单位提供多样化的服务。"

我们认为，体现全过程思想的"专项型"工程咨询服务是全过程工程咨询服务的基础，在此基础上，可以开展多种形式、不同组合的"组合型"全过程工程咨询服务。"项目管理和工程监理一体化"，是"组合型"全过程工程咨询服务的一种重要形式，在实践中已有较多的案例经验和实际市场需求。

但包括"项目管理和工程监理一体化"在内，"组合型"全过程工程咨询服务并不是简单的各专项咨询的组合叠加，而一定是要将各专业咨询服务进行有效的组织及信息集成，必须打破单一专业咨询服务的界面，通过有效的信息化集成工具，使之成为有机的整体，在纵向上，实现有效整合；在横向上，实现高效协同。

中信银行信息技术研发基地项目
全过程工程咨询案例

—— 北京国金管理咨询有限公司

皮德江　周克树　孙　敬

2017年2月21日，国务院办公厅发布了《关于促进建筑业持续健康发展的意见》(国办发〔2017〕19号)，2017年5月2日，住房城乡建设部颁发《关于开展全过程工程咨询试点工作的通知》(建市〔2017〕101号)，为贯彻落实文件精神，响应国家培育发展项目全过程工程咨询，我司将中信银行信息技术研发基地作为全过程工程咨询试点项目，致力于摸索出一套全过程工程咨询的管理方法。2018年5月，住房城乡建设部组织相关部门到项目现场进行考察，了解全过程工程咨询试点项目工作开展情况，并提出改进建议。为此，我们以中信银行信息技术研发基地项目为案例，同大家进行分享。

1 项目背景

目前，我国金融业正逐步融入国际竞争的大环境，通过信息标准化等手段，提高行业竞争能力，是促进国内金融业健康发展的重要举措。在金融信息安全保障方面我国已初步建立起银行的信息安全管理机制，应急处置和风险防范机制。

为顺应中信银行在中国上海、香港两地上市后业务发展的需要，中信银行已于2007年完成了全行数据大集中工作，数据大集中后，在支持现有业务发展的同时，每年均有数百个新增业务拓展需求，在努力完成新任务的同时，信息技术部目前使用的各项基础设施的局限性日益暴露出来。存在机房分散布局、资源调配难以到位、数据业务运行在非专业机房内的种种安全问题。中信银行数据系统与国内金融同业数据系统相比存在明显的差距，且存在一定的安全隐患。虽租用中国电信机房后，数据系统安全级别得到提升，但数据系统管理的依赖性和管理成本都明显增加，这与上市银行的发展不相适应。

根据同业调研，工、农、中、交、浦发、招商和兴业等银行均已完成数据中心建设；建行、民生和中国人寿数据中心正在建设中；华夏银行正选址筹建。四大行数据中心均定位为单一IT中心模式，商业银行数据中心多定位为综合性多功能模式（即含有其他功能的多个部门合用），部分国内大型银行数据中心的集聚效应正在显现，银行数据中心正进入新一轮投资建设的高潮期。为此，中信银行提出在顺义马坡建设中信银行信息技术研发基地项目。

2013年，我司中标中信银行数据中心项目，为项目提供全过程管理服务；在项目前期完成设计、造价、审计、绿建等专业咨询单位招标，并按期优质完成了项目估算和概算等审核报批工作。2015年，我司中标项目工程监理，正式开始为项目提供管理和监理服务。2017年，为响应国家政策号召，公司将中信银行数据中心项目列为全过程工程咨询试点项目，将传统的外部组织协调工作转化为内部管理，提高了工作质量和效率。

2 项目概况

2.1 数据中心概念

数据中心是指具有容纳计算机房和计算机辅助设备的建筑物或建筑物的一部分，通常是指在一个物理空间内实现信息的集中处理、存储、传输、交换、管理，而计算机设备、服务器设备、网络设备、存储设备等通常认为是核心机房的关键设备。关键设备运行所需要的环境因素，如供电系统、制冷系统、机柜系统、消防系统、监控系统等通常被认为是关键物理基础设施。现代数据中心有四个较为重要的特点，分别为：高密度、智能化管理、绿色环保、业务连续性。

2.2 项目概况

项目总用地面积56798.97m²、建设用地面积40374.97m²、容积率2.6、建筑高度45m、绿地率30%。项目总建筑面积17.9万m²，其中地上总建筑面积10.5万m²、地下总建筑面积7.4万m²。项目共分为3个单体建筑，其中研发A楼建筑面积42500m²，用于集中研发办公；研发B楼21475m²，用于集中研发办公及倒班宿舍；生产运营楼建筑面积41000m²，内设24个独立机房模块，数据机房地板面积10000m²，按照国家A级机房标准设计（图1）。

截至目前，中信银行信息技术研发基地项目已完成结构工程施工，正在进行幕墙、精装修、消防、安防等专业分包工程施工。根据项目进度计划，2019年8月完成幕墙施工，9月完成机房工艺及机房配电工程设备安装，11月完成输变电

图 1　中信银行信息技术研发基地

工程设备安装，年底基本完成项目各专业分包施工工作并启动各专业系统调试及试运转，2020 年 1 月 20 日具备竣工验收条件。

3　需求分析

中信银行信息技术研发基地项目作为以数据机房为核心的工程项目，园区整体功能是满足核心机房使用需求，在此基础上实现办公研发、会议培训、运维人员倒班住宿等功能需求。在项目需求调研阶段，我司项目管理部作为建设单位同设计单位起着重要的桥梁和纽带作用。同时，考虑到项目建设的核心需求，项目管理部以满足数据机房需求为首要因素，最大限度地满足建设单位其他功能需求的落实原则，有的放矢地协调建设单位和设计单位间关于需求问题考虑出发点而产生的不同意见。

在梳理建设单位入驻部门需求时，项目管理部提出入驻部门放开提需求，除数据机房类需求、必要功能需求外，采用合理整合的方式予以处理，将需求落实至建筑方案中。编制形成需求调研表，内容涵盖会议室大小、数量、打印室、茶水间、库房、层间机房、工位数量及布局要求、倒班宿舍、ECC、数据机房地板面积及相应配套办公区域要求。项目管理部结合入驻部门提出的需求，组织设计单位参照办公楼通用设计标准及数据机房建设技术规范进行逐一落实，对于不能落实的需求，由项目管理部先行商定处理办法，及时提出处理方案，为建设单位决策提供依据。同时，针对重要需求，项目管理部以设计方案为基础、需求专题研讨为手段、需求确认函为设计依据的方式，形成最终入驻需求，同样对于未采纳的需求、需共享等需求，入驻部门也能更好地接受，在加快需求落地的前提下，实现需求部门与建设部门间的相互理解与信任。通过对入驻需求进行量化分析和测算，结果与地块控规基本吻合，后续随着业务发展，项目使用的需求的变化，设计会充分考虑并进行预留，在项目建成后根据园区容量和使用情况按需进行改造调整（图2～图4）。

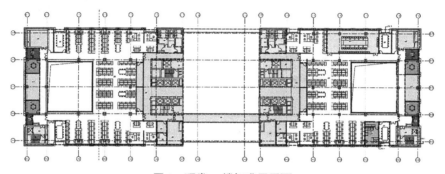

图2 研发A楼标准层平面

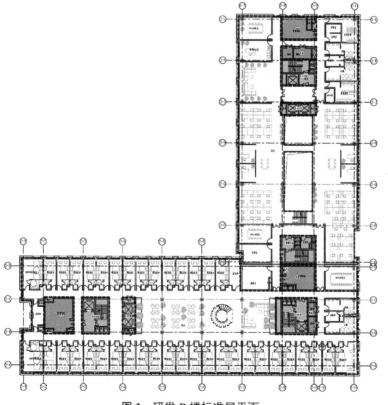

图3 研发B楼标准层平面

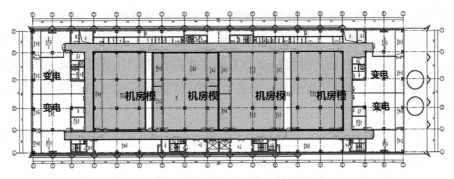

图 4　生产运营楼标准层平面

4　服务策略

从项目管理和项目监理工作内容角度出发，项目管理单位代建设单位负责项目建设的全过程管控，而监理属五方责任主体，在施工过程中具有一定的话语权，想要实现 1+1 ＞ 2 的局面，对于参建单位间协调难度也挑战着建设单位的管理能力。就中信银行信息技术研发基地项目而言，我司承担了项目管理和监理工作，与其他项目相比，管理和监理间的关系由两家公司间协调转化为企业内部门间协调，最大限度地规避了上述风险，对于建设单位也将减少参建单位间协调数量，进而大大提高工作中的协调效率。同样，全过程工程咨询部即可跳出单纯的管理和监理，可以更好地统筹整个工程的建设管理。

项目管理部代表公司负责就项目管理、监理等重大事项、重要事宜提出书面意见和向建设单位汇报；项目管理日常一般事项的决策处理；工程设计管理服务；工程招标管理服务；工程造价管理服务；合同管理服务；工程质量、进度、安全管理、监理服务；办理项目所需手续服务；协调关系服务；成本规划管理服务；采购管理服务；项目评估咨询服务；档案管理服务；配合落实资金、财务管理咨询及财务报告服务；施工现场安全、文明、环保服务；工程验收、保修服务；运行、维护和培训咨询服务。

我司曾负责建设银行稻香湖数据中心项目的项目管理，在数据中心项目全过程工程咨询方面具有较为丰富的经验。项目管理部充分借鉴成熟的管理经验，在人员配备方面，将项目建设过程分为前期设计阶段、施工阶段及后期调试阶段，结合项目整体推进情况，适时配备具有数据中心项目建设经验的专业技术人员。同时，为确保项目管理部人员较为固定，且适应数据中心项目管理需要，配备包含项目经理、总工程师、造价专业等较为固定的技术人员，另在前期设计阶段专业工程师以偏向设计、政府报批报建的人员为主，为建设单位提供决策依据，提高设计阶段工作推进效率；在施工阶段，人员多以具有施工管理经验的人员为主，能够及时处理施工中出现的技术问题，保证工程施工连续性；在调试阶段，相应配备具有工程联调、运维经验的人员，能够有效配合项目联调工作有序展开，并为建设单位提供园区管理、设备运维等成熟经验，实现项目由建设期向运维期的平稳过渡。

根据项目全过程管理要求并结合中信银行信息技术研发基地项目具体情况，项目管理部梳理了项目管理、监理、安全及专题会制度，并将专题会细化为方案、专题协调、招标采购三方面，用制度明确项目不同阶段的工作重心。尤其针对施工过程管控方面，制定了质量管理制度，包含图纸会审及设计交底制度、施工组织设计（施工方案）审批制度、施工过程的质量控制基本规定；安全生产管理制度，明确各参建单位的安全责任、施工准备阶段和施工阶段的安全管理内容及生产安全事故的应急救援和调查处理制度和流程、监督与检查制度。通过制度的梳理和完善，实现项目管理面无死角，项目管理标准有依据。

在项目建设过程中，招标采购工作尤为重要，适时引入项目相关参建单位尤为重要，参建单位有序进场既保证了项目建设各阶段工作的开展，又可避免参建单位及早进场无事可做的现象，同时，也对建设单位资金使用进行有效管控。在参建单位引入过程中，项目管理部将采购工作分为前期设计阶段、施工图设计阶段两部分，第一阶段完成"五大报告"编制单位、勘察、设计、造价、绿建及审计等与项目设计相关咨询单位，在施工图阶段落实施工图审查、人防设计、BIM一体化精装修设计等参建单位，满足项目建设需要，并为工程监理、施工总包单位招标创造必要条件。

5 咨询方案

5.1 整体咨询方案策划以及关键控制点

我司作为中信银行信息技术研发基地项目全过程工程咨询单位，全面参与项目建设各个环节，牵头协助建设单位做好项目各参建单位间工作协调、流程衔接，代建设单位履行各参建单位驻场团队的日常管理工作，以项目建设目标及建设单位要求，调配各参建单位，制订相应工作要求、工作计划并对工作成果进行初步审核，作为各项工作牵头方统一向建设单位进行汇报，为建设单位提供解决方案及决策依据。

全过程工程咨询涉及面较广，纵深涵盖项目建设各个环节，具有参建单位众多，协调难度较高等困难，为实现项目管理目标，我司对项目建设过程中的难点、堵点进行了梳理，重点把握住计划管理、造价管理、设计管理、监理协调和绿建管理及审计六方面工作，并对其项下核心工作进行明确，确保日常工作开展目标的明确性，为建设单位整体考量各参建单位及项目管理侧重点提供依据（图5）。

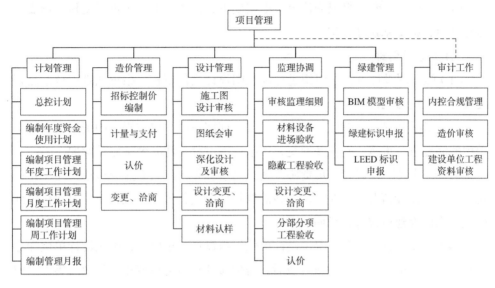

图5 项目管理结构图

5.1.1 计划管理

（1）编制年度资金使用计划：依据施工单位年度进度计划，编制年度资金使用计划。

（2）项目管理年度工作计划：依据项目总控计划，结合监理审批后总进度计划，编制项目管理年度工作计划。

（3）项目管理月度工作计划：依据项目管理年度工作计划，将年度工作进行细化分解，编制项目管理月度工作计划。

（4）项目管理周工作计划：分解项目管理月度工作计划，编制项目管理周工作计划并明确责任人。

（5）编制管理月报：汇总年度计划执行情况，报告本月工作各项管理工作完成情况，安排下月工作计划，书面提交基建办公室。

5.1.2 造价管理

（1）招标控制价编制：以年度工作计划中招采计划为依据，造价单位按照施工图纸编制工程量清单，按照施工图纸及技术规格书进行市场询价，汇总工程量清单及市场询价情况向项目管理部进行汇报。

（2）计量与支付：根据合同支付条款，审核项目相关的各类付款申请，提交项目管理公司。

（3）认价：造价单位对项目监理部提交的认价资料进行复核，形成一致意见后，提交基建办公室。

（4）变更、洽商：组织造价单位根据变更、洽商中的报价进行复核，形成一致意见后，提交基建办公室。

5.1.3 设计管理

（1）施工图设计审核：组织进行施工图设计文件审核，根据图纸审核意见督促设计单位进行调改。

（2）图纸会审：组织设计单位、项目监理部对施工单位提出的图纸会审记录单中的问题进行审核、确认及回复，图纸会审过程基建办公室派员参加。

（3）深化设计及审核：负责协调施工总包单位，由其专业分包单位向参建单位汇报深化设计情况，并对规范强条的执行情况进行说明；设计单位对深化设计确认结果向参建单位进行说明。

（4）设计变更、洽商：组织设计单位汇报设计变更内容，组织设计单位和参建单位对洽商进行讨论，达成一致后，督促参建单位完成变更、洽商会签，并向基建办公室汇报。

（5）材料认样：组织设计单位、基建办公室和各参建单位听取施工总包对设备材料样品的汇报，达成一致后，对实物样品签字封样。

5.1.4 监理协调

（1）审核监理细则：审核项目监理部提交的监理规划和细则。

（2）设备材料进场验收：协同建设单位参加重要设备材料进场前的验收工作。

（3）隐蔽工程验收：协同建设单位参加重要施工部位的隐蔽工程验收。

（4）设计变更、洽商：督促监理尽快完成设计变更、洽商的审核流程。协调其与施工单位和设计单位尽快达成一致意见。

（5）分部分项工程验收：协同建设单位参加重要施工部位的分项工程验收，组织建设单位参加分部工程验收。

（6）认价：组织项目监理部及造价单位尽快对认价资料进行复核，并形成一致意见。

5.1.5 绿建管理

（1）BIM 模型审核：组织绿建单位审核施工单位提交的 BIM 模型，协调双方对审核中出现的问题进行调改。

（2）绿建标识申报：组织绿建单位按计划申报绿建标识，协调解决申报过程中出现的问题，并向基建办公室汇报。

（3）LEED 标识申报：组织绿建单位按计划申报 LEED 标识，协调解决申报过程中出现的问题，并向基建办公室汇报。

5.1.6 审计配合

（1）内控合规管理：对审计单位提出的审计问题，组织相关参建单位整改落实，并向基建办公室汇报整改情况。

（2）造价审核：协调审计单位对造价单位提交的文件进行复核。

（3）建设单位工程资料审核：协调审计单位针对建设单位工程资料如期完成审计报告。

5.2 组织架构设计

项目管理部依据建设单位现有工程管理架构，结合项目建设工作开展特点，分别制定了三个维度的架构模式，分别为项目管理领导机构、参建单位组织架构和项目管理部管理组织架构（图6）。

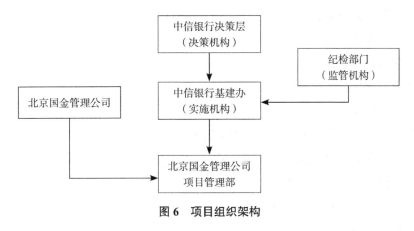

图 6　项目组织架构

项目管理领导机构的组成和主要职责

（1）领导机构

中信银行决策层是中信银行数据中心项目的最高决策机构，负责中信银行数据中心项目重大事项的审批、决策，工作重点是把握工程建设方向，指导建设单位决策与监督工作进程。其主要职责如下：

把握建设方向，负责项目功能、面积、需求、标准的确定；负责对项目管理重大事项的审批、决策；对建设工程重点工作的监督，负责对项目管理的进度和状态进行定期或不定期的监督、评价，并及时作出指示；申请并落实年度建设资金。

（2）国金项目管理部

国金项目管理部代表"国金管理"履行项目管理委托协议书中的各项管理责

任和义务，其主要职责如下：

1）负责就项目管理的重大事项、重要事宜提出书面意见和向工程筹建办公室汇报。

2）负责项目管理日常一般事项的决策处理。

3）负责中信银行、基建办指示的执行、落实。

4）履行项目管理委托协议书中的各项责任和义务，其中包括但不限于以下内容：

①工程设计管理服务；

②工程招标管理服务；

③工程造价管理服务；

④合同管理服务；

⑤工程质量、进度管理服务；

⑥办理项目所需手续服务；

⑦协调关系服务；

⑧成本规划管理服务；

⑨采购管理服务；

⑩项目评估咨询服务；

⑪档案管理服务；

⑫配合落实资金、财务管理咨询及财务报告服务；

⑬施工现场安全、文明、环保服务；

⑭工程验收、保修服务；

⑮运行、维护和培训咨询服务；

⑯其他服务。

5.3 参建单位组织构架及职责

见图 7。

（1）中信银行：项目建设单位，负责项目总体建设及投资、决策。

（2）北京国金管理咨询有限公司（管理公司）：项目管理单位，负责项目全面管理。

（3）北京科技园拍卖招标有限公司、江苏省国际招标有限公司（招标单位）：负责招标代理工作。

（4）节能评审机构：负责节能评审报告编制，并通过评审。

（5）交通影响评价：负责交通评审报告编制，并通过评审。

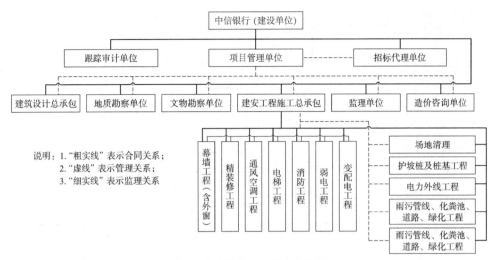

图 7　参建单位组织构架及职责

（6）环境影响评价：负责环境评审报告编制，并通过评审。

（7）水土保持评价：负责水土评审报告编制，并通过评审。

（8）项目申请报告编制单位：负责立项申请报告编制。

（9）稳定评审机构：负责稳定评审报告编制，并通过评审。

（10）绿色建筑节能咨询单位：负责提出绿色建筑节能指标及验收标准等咨询意见。

（11）跟踪审计单位：负责项目全过程跟踪审计工作。

（12）施工图强审单位：负责施工图强制性审查，提交审查意见。

（13）造价咨询单位：负责造价咨询工作，包括从审核设计概算直至竣工结算。

（14）设计总包单位：负责项目设计及精装修和专项设计的协调管理。

（15）地质勘察单位：负责项目用地的地质勘察。

（16）监理单位：工程监理，监理服务范围内的控制、管理、协调工作。

（17）施工总承包单位（总承包单位）：全面负责工程施工建设和施工管理，履行总承包职责，负责对约定分包单位的管理和协调。

5.4　项目管理部组织架构及职责

5.4.1　项目部管理组织架构

见图 8。

5.5　各阶段方案及价值

针对中信银行信息技术研发基地项目特点，该项目大致分为前期阶段、设计

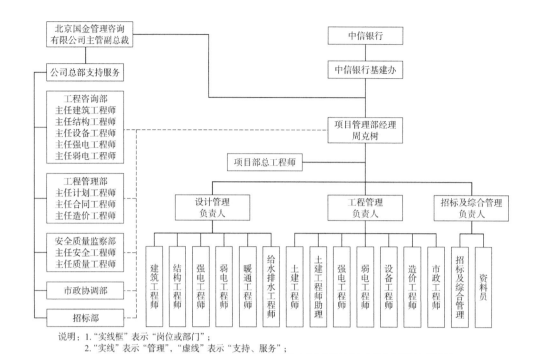

说明：1."实线框"表示"岗位或部门"；
　　　2."实线"表示"管理"，"虚线"表示"支持、服务"；
　　　3.项目部组织机构中的部分成员在项目进展的部分阶段（或全过程）可由总部支持部门人员兼职

图8　项目部管理组织架构

阶段、工程实施阶段及试运行阶段四个阶段。其中：

在项目前期准备阶段，主要是围绕项目可行性分析、选址购地等工作，但由于我司项目管理部尚未进场，故该阶段工作我司并未参与。

设计阶段核心工作为，制订项目参建单位招标进场计划，牵头组织参建单位调研，形成调研结果，为参建单位招标提供依据。牵头组织设计单位出具设计方案、初步设计、施工图设计，能够通过银行审核；牵头组织造价单位编制项目投资估算、概算并参与审核，最终通过银行董事会批复。由于建设单位属金融企业，对招标流程把控、合规性管理更为严格，项目管理部根据工程建设进程，编制了参建单位进场计划，保证咨询单位有序进场。

在工程实施阶段，项目管理部针对建设单位管理模式，对设计变更、工程洽商审批流程进行了进一步优化，分为事权审批和财权审批。为了不影响工程推进，事权审批环节只对变更洽商的必要性、技术可行性及单价予以确认，通过设计协调会形式多方在场、现场讨论、确认、签字。对于单价确认环节，实行询价先行的原则，造价咨询单位提前询价，保证设计协调会能够对变更洽商单价进行确认，最大限度提高变更洽商审批效率，减少对现场施工进度的影响。在财权审批环节，对于施工单位未实施完成的变更洽商项不予审批，将变更洽商审批工作化整为零，最大限度减少对于争议事项的无效讨论，减少参建各方工作量，提高工作效率。

同时，项目管理部制订了进度目标控制方案、质量目标及控制方案、安全文明施工目标及控制措施、投资控制目标及方案、内外各方协调配合工作方案等。其中：

进度目标及控制方案措施：由我司工程管理部主任计划工程师主持编制。此计划为项目指出最终进度目标，为项目各主要工作及主要分部、分项工程均指出明确的开始、完成时间；反映各工作之间、各分部分项工程之间的逻辑制约关系；并确定该项目进度计划的关键线路，且作为组织制订和落实二级、三级进度计划、项目部月／周工作计划以及必要专项工作计划的依据。项目进度总控计划批准后，设计单位、总包单位及分包单位依据总控计划的要求编制各自的二级进度计划，设计单位编制设计进度计划，包括初步设计及审查进度、施工图出图进度、施工图强审进度、完成正式施工图的进度。经项目管理部报业主批准后，严格执行。项目管理专业工程师跟踪设计过程，及时纠正延误设计进度的事件，并要求设计单位抢回延误的时间。总包的二级进度计划——施工总进度计划包含了施工总包单位自行施工的部分，还包括所有分包单位的施工进度安排。总进度计划要符合总控制计划的各项要求。总包的施工总进度计划提交监理审核后，由监理报项目管理单位审核，并提请业主单位批准后执行。项目管理部在总包、分包单位招标时，应依据项目进度总控制计划，在招标文件中明确相应工程的工期及开、竣工时间，要求投标单位在投标时提交双代号网络图形式的二级进度计划，并作为评标的重要指标。三级进度计划即月／周施工计划，是由总包组织各分包单位依据二级进度计划编制的短周期各专业施工综合计划，是用于指导、检查、督促施工进度安排的具体操作性工作计划，是实现一、二级进度计划的必要保证。

质量目标及控制方案：加强项目管理部对各参建单位的质量管理，招标选择优秀的参建单位和管理人员，项目管理部根据项目的特点制订高标准的资格预审文件和招标文件，用严格的评审程序进行评比、筛选，实现优中选优，实现项目的强强联合。加强对设计单位的质量管理，项目管理部从设计合同、初步设计审查、施工图纸会审和施工过程中的变更、洽商控制三个方面进行设计质量管理。其中，选择了优秀的设计单位，更要从设计合同上明确严谨的工作界面划分和职责要求（如：细化的设计范围和图纸内容、对专项、二次设计的审核责任、现场设计配合的具体要求等），对设计单位的职责予以明确界定，初步设计评审的重点在于使用功能、标准和方案经济可行性等方面，施工图纸会审的重点在于解决各专业施工图纸的错、漏、碰、缺和施工可行性等方面，均主要通过设计过程中的跟踪检查和阶段性的设计审核来实现。加强对监理的质量管理，通过审核监理规划的重要分项工程监理细则、现场工程质量抽查和核查监理记录、定期评价与交流，以促使监理部的工作能得到充分的尊重和必要的监督，并使监理部能真正承担施工现场质量管理的主要责任。对施工单位的质量管理，通过招标优选施工单位和项目部，选择的施工单位必须有健全的质量保证体系，严格精细的过程控制，工程质量精且保持稳定，施工单位项目部及项目部经理必须有大型群体建筑工程的丰富施工经验和管理水平；审核施工单位的各类施工方案，督促施工单位制订各分项工程、重点部位的施工措施，对重点分部或分项工程的施工方案组织进行重点审核，必要时组织专家论证；组织监理、施工单位进行定期的工程质量检查（每周一次）和重点部位的不定期抽查；严格执行北京市有关质量要求，对发现的质量问题坚持"三不放过"，以确保工程质量的持续改进。

安全文明施工目标及控制措施：明确安全管理重点，全面落实《建设工程安全生产管理条例》规定的各参建单位的安全管理责任，防患于未然。在安全管理实施过程中"突出重点、严格控制"，根据我司以往进行安全管理的经验，精装修安全问题、事故往往易发生在一些关键的工序和环节，如：施工机械和施工用电、现场消防施工作业等，项目管理部应亲自检查并责成监理部予以重点监控，制定相应的安全管理细则，并执行旁站监理（监护）制度，及时采取预控和纠正措施，将安全隐患消灭于萌芽状态。遵循中信银行数据中心项目安全管理的原则：安全第一原则：安全高于一切，全体管理人员应每时每刻将安全放在第一位，将安全工作贯穿工程始终。正确处理安全与危害并存、安全与生产统一、安全与质量包含、安全与速度互保、安全与效益兼顾的辩证关系。真正做到安全压倒一切，视人的生命高于一切。以人为本原则：以人为本，把人作为控制的动力，把人作为安全保护对象，调动人的积极性、创造性，增强人的责任感，强化"安全第一"的观念，提高人的素质，避免人为失误，以人为本的工作安全保证工序安全和工程安全；在制订建设方案、计划时充分尊重人的存在，处处考虑人的安全，确保事前、事中、事后全过程人的安全。组织化、制度化、规范化、标准化原则：为确保中信银行数据中心项目安全管理目标的实现，我司将把以往贯彻《职业健康安全管理体系要求》GB/T 28001—2011标准和在多个大型项目进行安全管理的丰富经验全面落实在中信银行数据中心项目中，将安全管理工作组织化、制度化、规范化、标准化，提高安全管理的可操作性，在项目各个层面全面落实安全管理保证体系。落实安全施工管理的任务和责任，选派专业安全管理工程师在项目经理的领导下具体负责中信银行数据中心项目安全管理工作，并由公司主任安全管理工程师对中信银行数据中心项目安全管理进行指导、检查、监督。对安全施工的危险源进行识别并制订相应对策，对安全管理的危险源进行识别，识别出所有的危险因素，然后进行危害的分析，分析危害一旦发生的影响和损失，根据危害分析结果，制订项目安全管理实施方案。在项目开工前，针对中信银行数据中心项目的实际情况，项目管理部负责审核施工单位的有关生产的资质、体系、制度、规程等文件，确保施工单位的资质、能力、水平满足安全管理的要求。审查施工组织设计及专项的安全生产方案，在开工前，督促施工单位及时编制施工组织设计，其中应提出综合的安全生产方案，借以指导整个工程安全生产活动，此安全生产方案应结合整体工程的施工组织技术方案进行编制，从而将安全生产管理、安全生产工艺要求等贯穿于整个生产活动的各个环节。此外，在不同的施工阶段，应要求施工单位针对重要的分部、分项工程制订专项安全生产方案。加强对人的安全管理：承包单位进场前，我司将遵循《职业健康安全管理体系要求》GB/T 28001—2011 标准和体系文件的要求制定严格控制人的不安全行为的措施，加强对作业人员的安全培训，对所有进场的作业人员严格进行三级（公司、项目、班组）安全教育培训，考试合格后方可上岗。加强对管理人员的安全培训：要求施工单位重点加强管理人员的安全教育培训，不仅对所有作业人员进行安全教育培训，也将对全体管理人员进行安全教育培训、岗前培训，所有管理人员在接受安全教育培训经考试合格后，方可上岗。施工现场的消防安全管理：要求承包单位配备对整个建设项目承担消防保卫管理责任的专门人员，具体负责整个项目的消防保卫工作，制定消防保卫工作制度、计划和消防保卫方案、预案；定期、不定期、阶段性地组织施工单位对消防保卫工作进行检查、督促，使责任层层分解，落实到最基层的生产单位，确保无消防保卫、治安事故发生；督促施工单位建立消防保卫责任制，明确各施工单位的消防保卫责任，并在监理部的监督下，建立各单位消防保卫负责人参加的消防保卫领导小组，全面领导整个项目的消防保卫工作；参加建设的各分包单位、劳务单位、供货单位应在总包单位的统一领导下，建立相对应的消防保卫部门，开展此方面的工作，接受项目管理部、监理部相关职能部门的检查、管理，共同保证该工程消防保卫工作的顺利进行；建立严格的消防、人流、物流管理制度，严格门卫管理制度，实行消防保卫责任制度，强化各单位的消防保卫管理，通过多种形式，进行消防保卫教育、培训、检查活动。

文明施工的方案措施：定期组织召开"施工现场环境保护管理委员会"工作例会，总结前一阶段施工现场环境管理情况，布置下一阶段施工现场的环境保护管理工作。建立并执行施工现场环境保护管理检查制度，由项目经理定期组织由各承包商及施工单位环境保护管理负责人参加的联合检查，对施工现场的环境监测、目标、指标管理方案执行情况进行检查，对重要环境因素如施工废水、扬尘、噪声、生活废水、施工垃圾的排放及道路硬化等环境保护措施进行全面检查，对检查中发现的问题，开出"隐患问题通知单"，各施工单位及责任部门收到"隐患问题通知单"后，采取定人、定时间、定措施予以整改，项目部跟踪落实整改情况，确保环境保护全面达标。开展全员"绿色工程"环境保护教育工作，项目经理监督各承包单位、施工单位定期对职工进行环境保护法规知识的培训教育考核，做到从我做起，爱护环境、保护环境，在施工中严格按照环保标准作业，对不符合环保要求的材料、排放不达标的设备一律不用。加大管理力度，防止造成大气污染，防止施工噪声污染，加强文明施工管理，现场内，对区域要求统一管理、专人负责的制度，创造整洁、有序、安全的作业环境；对生活区进行统一设计、统一建设、统一管理，绿化美化，建立舒适、卫生、整洁的生活环境。施工现场不设生活区；对生活区暂设工程统一设计、统一建造、统一管理。实行文明施工责任区制度，从制度上落实文明施工工作。

投资控制目标及方案措施：做好可行性研究报告的技术经济审查，依托公司的工程经济技术专家，组织设计单位与可研编制单位一起对可研报告中的各专业技术方案、技术标准和功能要求进行深入讨论，并通过深入的、有针对性的市场调研及询价考察，对项目可研报告中投资估算的每一个分项指标逐项进行核对，以确保上报业主的可研报告不仅技术合理，而且投资估算指标合理、详细、准确。编制好项目投资总控制计划，确保技术标准、系统设置与投资规划指标相符合，在获取公司造价数据库及专家库资源的前提下，还将进行大量的有针对性的市场调研及询价考察工作，如：通过网络或其他渠道搜集国内相似项目的造价指标数据；通过考察数据中心分承包商，对于需国外采购的材料设备，提前与国外专业厂家的国内办事机构取得联系，了解第一手的价格行情等。在做好充分的编制准备工作后方可进行项目投资总控制计划的编制工作，以确保技术标准、系统设置与投资规划指标的有机结合。在设计阶段造价控制过程中，加强设计合同管理，通过合同管理方式加强设计单位的投资控制意识，确保设计单位按照项目投资规划指标进行设计，使投资规划指标得以有效控制。坚持限额设计，对设计单位进行限额设计管理。根据经业主批准的项目投资规划指标，在设计任务书中明确设计投资指标，要求按照分项指标进行设计，紧扣每一环节，层层把关，原则上各个分项均不允许超过限额；据中信银行数据中心项目设计任务书，审核设计单位编制的设计概算，并提出书面审核意见，报建设单位参考。审核各分项设计方案是否按限额进行设计，概算编制是否准确、合理。设计过程中的投资控制：对设计单位重大的设计方案通过经济技术论证进行审查；把好设备选型、材料比选关，充分考虑能效比、采购价格、运行费用等，在满足技术及整体效果的基础上充分考虑造价因素，并根据需要提供评估报告；随时了解设计进程，提供可能的节约投资方案；根据我公司设计管理工作的经验，针对不同设计阶段的造价控制关键点，与设计进行协商探讨，通过改进设计文件中不利于工程造价控制的设计细节，进行设计挖潜来节约投资。设计图纸审核：利用我公司专业的设计管理人员及顾问专家库资源，对中信银行数据中心项目的设计图纸等进行详细的图纸评审工作，对施工图文件中的错、漏、碰、缺以及图纸的经济性、合理性及影响投标报价准确性等方面进行重点审核评价。施工阶段造价控制：要对工程造价管理给予足够的重视，从组织、经济、技术、合同等多方面采取措施，控制投资，包含：编制投资规划书：根据施工图设计进行施工内容的分解，编制合同构架图；总承包工程合同价格的确定：在总包招标投标管理中，通过招标文件明确总承包工程的承包范围及与专业分包的界面划分，作为投标报价的依据。根据总承包专项招标投标计划，组织编制总包工程投资控制价，审核总包工程投资控制价并报建筑市场备案，作为评标的参考依据；设计变更洽商的造价控制：变更洽商是施工阶段费用增加的主要途径，必须重视设计变更洽商的管理，严格设计变更洽商的审批程序，并重点加强变更洽商的预防工作，将变更洽商控制在合理的范围内；索赔的造价控制：做好索赔预防，并注意做好日常记录，为可能发生的索赔提供证据；设备材料价格的审批：对于合同中约定的可以调价的设备材料价格，按照"ABC级分类采购法则"进行限额采购，参考我公司的造价信息库，进行有针对性的市场询价，并运用合理的谈判技巧进行商务谈判，以取得合理的材料、设备价格。对于重要设备材料，应进行详细的性能价格比较分析，经过必要的考察后确定选型、品牌等，再进行价格审批工作。在竣工阶段造价控制环节中，根据工程进度总控制计划及实际工程进展情况，及时准确、公平公正地组织工程竣工结算工作，通过细致的结算审核，保证投资规划指标的实现。

内外各方的协调配合工作方案：加强内外各方的协调，保证项目的顺利实施，通过有效的沟通，消除各方的误解和矛盾，确保中信银行数据中心项目管理目标的实现，是加强协调的根本所在。

沟通协调管理工作应遵循的原则：守法是组织与协调工作的第一原则：我们要在国家、北京市有关工程建设的法律、法规的许可范围内去协调、去工作。组织协调要维护公正原则。项目管理部要站在项目业主的立场上，公平地处理每一个纠纷。协调与控制目标一致的原则：我们在工程建设中，应该注意质量、工期、投资、环境、安全的统一，不能有所偏废。加强与业主及其他政府有关部门的协调，充分了解、掌握政府各主管部门的法律、法规、规定的要求和相应的办事程序，在沟通协调前应提前做好相应的准备工作；尊重政府行业主管部门的办事程序、要求，必要时进行事先沟通，决不能"顶撞"和敷衍；发挥我公司前期市政部不同人员的相应业绩和特长，不同的政府主管部门由熟悉办事程序的不同专业人员负责协调，以保持稳定的沟通渠道和良好的协调效果；积极协调与业主的工作配合关系，尊重业主在项目建设管理过程中的各项权利，理解业主的职责所在，牢记项目管理的最终服务对象是业主单位，确保项目各项控制目标的圆满实现，最终赢得业主的满意与肯定——以此作为指导项目管理服务工作的根本原则。

在项目前期阶段，合同范围内相应工作及时完成，合同范围以外的前期工作要积极协助、配合业主完成，绝不允许坐视不管。在项目建设阶段，建立并完善月报制、汇报制、例会制，保持项目沟通渠道的顺畅，充分尊重业主的知情权和监督权，积极配合完成各项监督、审计与稽查工作。在项目竣工阶段，除了国家制定的各种质量验收标准外，还要把业主的满意作为一项重要的验收标准，通过使用单位各组成部门的共同把关，最终提供业主满意的、具有高质量水准的建筑产品。在保修阶段，根据业主的运营和物业管理工作需要，提供各种及时的配合服务，为建筑产品的正常使用保驾护航。

与勘察、设计、施工、监理的沟通：根据实际情况，制订中信银行数据中心项目的合同架构图，该合同架构图标明了各参建单位之间的合同关系，规定了各参建单位的协调沟通渠道，并据此组织制订中信银行数据中心项目总控制进度计划、成本总控计划、质量目标分解及管理计划。对于上述施工单位、供货单位的组织协调，以合同管理为基础综合运用技术、经济、法律手段，使各方在各自利益不同的情况下，能以实现中信银行数据中心项目建设的大目标为原则，及时地沟通、协商，处理相互之间的矛盾和问题，使中信银行数据中心项目各单位形成一个高效的"建设团队"。

5.6 风险管理与控制方案

为加强项目建设风险的监测、控制等工作，完善内部控制，根据国家相关法律、法规及建设单位相关制度，项目拟定了风险管理办法，建立了以基建办公室为项目风险管理的牵头部门，与各参建单位共同构成项目风险管理架构。其中，基建办公室是项目风险管理的主责部门，全面负责项目风险管理工作，接受内审部门的审查与监督。项目管理单位负责落实风险管理总体方案，承担风险管理日常工作，督促各参建单位履行风险因素控制责任，确保项目风险管理的有效性，对基建办公室负责。施工总包单位根据施工组织计划，识别和评估风险因素，分别从组织机构、技术方案、经济可行性、合同履行等方面提出应对措施，实施风险控制。项目监理部应按监理大纲的要求，负责审议工程施工相关风险因素控制方案并协调落实。全过程造价咨询单位参加项目整体及各分部分项工程造价风险控制管理，参与风险因素控制方案制订等工作。全过程跟踪审计单位负责对项目风险管理体系的有效性进行独立审查和客观评价。

在风险管理内容中，提出事前、事中、事后管理三个阶段，其中：

事前管理，在项目建设过程中，应预先对重大风险因素进行科学的分析和论证，对可预见以及不可预见的风险逐项进行分析研究，实现事前风险管理。在风险事故发生之前，运用感知、判断、归类等多种方法系统地识别所面临的各种现实和潜在风险因素，分析风险事故发生的原因。风险识别是一项持续性和系统性的工作，要密切注意原有风险的变化，并随时发现新的风险。风险分析，确定风险因素的变化对项目的影响程度，有助于进行风险管理决策。风险评估，根据风险因素特点以及风险处置的需要，选择适合的风险评价方法，形成对工程风险状况的总体评价。

事中管理，应对应在评估出风险概率及其风险影响程度的基础上，根据风险性质制订回避、承受、降低或者分担风险等相应的防范计划。风险控制的四种基本方法是：风险回避、损失控制、风险转移和风险保留。现场监督，作为防范风险的重要和关键环节，要配备足够的管理力量对施工现场进行管理监督，对工程实施过程实行全程监理，每个环节都要严格把关，确保工程保质保量按期完成，避免停工、返工、倒运、机械设备调迁、材料和构件积压等损耗带来工期延误、质量问题等风险。

事后管理，在风险因素或风险事件发生后，要迅速采取有力措施处置风险，降低风险损失的程度和弥补风险损失，并在第一时间汇报。风险处置，确定降低风险发生的可能性并减少其不良影响与损失。汇报，风险事故发生后，应在第一时间向主管部门、主管单位报告，采取紧急措施遏制风险势头继续恶化，组织现场施救，尽快恢复生产。

6 咨询成果与项目复盘总结

6.1 投资决策综合性咨询成果与复盘

6.1.1 机会研究

所谓全过程工程咨询服务，也可称为全过程一体化项目管理服务，其属于业主方项目管理范畴，即由具有较高建设工程勘察、设计、施工、咨询、管理和监理专业知识和实践经验的专业人员组成的工程项目管理公司（也可称为工程咨询公司），接受建设单位（业主）委托，组织和负责工程的全过程咨询，包括但不限于勘察、设计、造价咨询、招标代理、材料设备采购和合约管理以及实施阶段的施工管理和工程监理等全过程一体化管理，在合理和约定工期内，把一个完整的、符合建设单位意图和要求的工程项目交给建设单位，并实现安全、质量、经济、进度、绿色环保和使用功能的六统一。

从国家对工程咨询行业改革和发展的要求和期待出发，对比咨询企业的发展现状，我们不难看出，差距和困难仍然较大，同时也可以从中体会到改革和发展，推行全过程工程咨询的必要性和紧迫性。国内的工程咨询企业，绝大多数咨询业务比较单一，或以勘察、设计为主业，或以造价咨询、招标代理为主业，或以工程监理为主业。就咨询业务资质而言，大多数企业只具有其中一两项，具有三四项及以上资质的企业只占很少一部分。有些企业即便资质数量不少，但其中不少项业务很少开展，业绩和实战经验乏善可陈，只能为业主提供"碎片式"的咨询服务。所以，国家要培育全过程工程咨询，鼓励工程咨询企业采取联合经营、并购重组等方式发展全过程工程咨询，培育出一批具有国际水平的全过程工程咨询企业。我们国内的咨询企业即便规模较大也大多是大而不强，核心竞争力不足，从业人员专业技能单一，综合素质受行业政策、资质、市场和收入等客观因素影响参差不齐，整体素质与国外同行业差距较大。

因此，为使我国的工程咨询行业与国际接轨，使工程咨询企业具有国际竞争力，积极参与到"一带一路"建设中去，必须对工程咨询行业管理体制、运行和竞争机制进行改革，使咨询企业通过政府简政放权，组织管理方式改革，通过企业自身联合经营、并购重组等方式，改变所谓"碎片式"的工程咨询模式，不断做大做强，涌现出一批有综合实力的企业，成为像辽宁号航母一样的工程咨询行业的航母编队，能出远海，抗得起大风浪，能打大仗。在国际咨询行业占有与世界第二大经济体相称的国际地位和竞争力与实力。

6.1.2 可行性研究

自工程项目管理在国内首次开展，距今已有 20 年左右的时间，开展的方式和模式以及业主委托的范围和服务内容也多种多样，各有不同。有从项目立项开始直至项目结算、决算完成，称为全过程项目管理，也有分阶段委托，只委托建设前期或只委托实施期项目管理。从工作范围和服务内容来看，有的业主委托项目管理单位代表业主负责对工程项目和参建单位进行整体组织、协调和管理，项目管理单位本身则不再承担项目中某一项具体咨询业务。此外，有些业主不但委托项目管理单位承担总体协调、组织和管理工作，还会将本项目立项文件、可研、工程量清单编制、招标代理、造价咨询、工程监理等业务中的一项或多项，也委托该项目管理单位承担；但同时将工程勘察、工程设计业务也委托该项目管理单位的则很少。

对于大多数国内工程咨询企业不可能也没必要均向全过程咨询方向发展并成为全过程咨询的牵头单位。国务院 19 号文表述得很清楚，可以通过企业并购重组、联合经营等方式开展全过程咨询业务。笔者前文提出的全过程咨询管理总分包概念也是借鉴目前建设领域已很成熟的施工总承包，设计总承包、机电总承包以及正在推行的工程总承包（EPC）模式而提出的，即少数大型综合性咨询企业做咨询管理总包，且其自身也承担一部分其最擅长的咨询分包工作，其他的咨询分包则通过自愿组合、联合体、合作体和咨询分包并按规定进行招标投标而确定。

6.2 全过程工程咨询成果及复盘

6.2.1 设计

在设计阶段，项目管理部组织设计单位始终保持着高频度的沟通与讨论，仅用时 53d 即圆满完成项目建筑方案设计，并一次通过建设单位审议。历时 55d 完成项目深化设计，并会同需求部门召开 8 次深化设计专项论证会，先后调改深化设计方案 8 版，顺利通过建设单位审查。为实现项目"科学、先进、绿色"的建设目标，项目管理部组织设计单位并会同绿建咨询单位采用了先进 BIM 设计技术，并运用 BIM 技术实现全过程管理与运维，BIM 技术的运用大大提高了设计进度，项目初步设计，仅历时 118d 便顺利完成。在项目初步设计的基础上，我部牵头组织项目参建单位，高效并行推进项目施工图各专业设计，用时 75d 圆满完成项目施工图设计工作，并进行了多轮的调改完善，进而全面完成了项目的全部设计工作。

6.2.2 招采

项目合约规划是项目采购招标投标计划，是实现项目采购事前控制的依据，也是项目合同价控制、成本控制的重要手段，为确保项目合约规划编制科学、合理，项目管理部会同建设单位调研了工、农、中、建、民生、北京银行等多家单位同类项目合约规划编制情况，形成了项目合约规划。对施工总包可自行实施的工程，纳入施工总包自施工程；对纳入总包自施范围内难以保证其质量的专业工程，市场价格不透明、品牌和质量差异大或需二次设计深化的工程，纳入施工总包合同暂估工程及设备材料；对施工总包单位确定前，须先行实施的专业工程或施工总包自施难以保证质量的，纳入甲方独立发包工程；对单项金额较大的大型机电类设备，纳入甲方独立发包设备材料。

合约规划依据上述原则共分为 2 类 5 种 67 项。具体分类如表 1 所示。

序号	合同划分	合约规划项目	具体内容
1	施工总承包合同	自施工程（A类）	1. 地基与基础工程；2. 主体结构工程；3. 室内普通装修工程；4. 建筑屋面工程；5. 其他零星土建工程；6. 建筑给水排水工程；7. 通风与空调工程；8. 室外工程；9. 建筑电气工程；10. 主体结构预留预埋工程
		专业分包暂估工程（B类）	（一）常规建安部分：1. 幕墙及外门窗工程；2. 室内精装修工程；3. 标识系统工程；4. 交通标识工程；5. 消防工程；6. 气体灭火工程；7. 太阳能集热系统工程；8. 多联机空调工程；9. 室外管网工程；10. 厨房设备安装工程；11. 燃气工程；12. 电梯工程；13. 办公网综合布线工程；14. 安全防范工程；15. 楼体夜景照明工程
			（二）机房部分：1. 机房工艺装修及精密空调系统工程；2. 机房配电工程；3. 机房环境监控系统工程；4. 生产运营楼及园区无线AP覆盖工程；5. 生产运营楼电池监控系统工程；6. 建筑设备监控工程；7. 蓄冷罐制作安装工程；8. 机房生产网综合布线工程；9. 机房测试网综合布线工程
		暂估设备材料（C类）	1. 防火门（超规范尺寸）；2. 门五金；3. 木门（非精装修区域）；4. 石材（非精装修区域）；5. 地砖（非精装修区域）；6. 楼层低压配电箱、柜；7. 封闭母线槽；8. 卫生洁具及卫浴五金（非精装修区域）
2	甲方独立发包合同	工程（D类）	1. 临时用水工程；2. 临时用电工程；3. 园林景观及景观照明工程；4. 市政热力及换热站工程；5. 电力外线工程；6. 电缆交界室工程；7. 软件平台；8. 生产运营楼变配电工程；9. 研发楼变配电工程；10. 柴油发电机安装工程；11. 智能会议工程
		设备材料（E类）	1. 生产区及基础设施区UPS；2. 测试区UPS；3. UPS电池；4. 机柜；5. 水冷冷水机组；6. 风冷冷水机组；7. 智能母线；8. 生产网机房用铜缆、跳线；9. 测试网机房用铜缆、跳线；10. 生产网机房用光缆；11. 测试网机房用光缆；12. 变压器；13. 研发A及研发B楼高低压柜；14. 生产运营楼高低压柜

6.2.3 监理

2015年12月，我司正式成立中信银行信息技术研发基地项目监理部，对工程开展监理工作。得益于项目管理部对项目设计阶段的熟悉，监理部在总包进场交底时就把在设计中发现的比较复杂的施工部位和施工工艺同总包进行沟通，确保项目安全、质量、进度、投资能够满足建设单位要求。

6.2.3.1 结构阶段

在结构施工中，监理发现混凝土坍塌落度大、过稠，外墙防水被破坏导致局部地下室渗水等问题，监理部立即对该出问题部位下发了监理通知，停止施工，要求总包退场不合格混凝土，将破坏的防水层重新施工。减少主体结构出现裂缝，确保地下室的使用功能不受影响；在项目管理部和监理部开展的材料进场联合检查过程中及时发现多批次的钢筋、角钢、槽钢等材料不符合设计要求或复试不合格都及时要求总包进行清退，保证了主体结构的质量符合设计要求。2017年年底，项目已获得结构长城杯金奖。

6.2.3.2 机电及内装阶段

2018 年进入装饰装修、机电设备安装等施工，作业面随之越来越多，逐步大面积展开，全过程咨询部同监理部及时调整了工作模式，为项目质量安全站好最后一班岗，每周增加质量联检，加强过程管控，施工前样板引路，严格要求按照设计图纸、施工规范、施工方案进行施工，提出质量预控合理化建议 60 余条；从而避免了因质量问题返工造成不必要的损失。对精装修样板间每周五进行专项检查，提出整改意见 25 条，并形成检查记录，且对该问题定期跟踪整改情况。截至目前，项目监理工作得到了建设单位和总包单位的一致认可。

6.2.4 造价

6.2.4.1 项目预算及招标控制价

随着设计单位对设计图纸的不断深化，为规避因图纸不断深化而带来的造价上涨风险，以不超项目概算为目标，按照建筑安装工程造价编制原则，项目管理部会同项目相关参建单位历时 2 个多月对建筑、暖通、给水排水、弱电及强电 5 个专业队项目所需 76 类设备材料展开调研和询价，调研与交流厂商达 502家，有 343 家厂商反馈询价文件。依据各厂商反馈报价情况，结合造价信息库数据，造价公司历时 1 个月完成招标控制价编制。经测算，项目总预算比总概算金额降低 3%。

6.2.4.2 项目造价控制方法

为有效应对设备材料涨价、人工涨价、变更洽商、招标超控制价、红线外大市政及总包结算索赔等超概风险，合理控制工程造价，依据建设单位决策层以不超概算作为严控目标的要求，项目部制定了"造价三层防线"策略，具体如下：

施工总包合同总额控制。施工总包招标投标控制价内"暂列金额"作为第一层资金防线，优先应对设备材料涨价、人工涨价、一般变更洽商及招标超控制价等情况。

建筑安装工程费概算总额控制。将项目一期概算与一期招标控制价差额部分、各项专业分包招标结余金额统一并入"工程备用金"，优先用于应对总包结算索赔及重大变更洽商，并可在第一层防线资金不足的情况下予以补充。

概算总额控制。以概算项下工程建设其他费结余及工程不可预见费优先应对红线外大市政增项费用，并可在第二层资金不足的情况下予以补充。

综上所述，由于全过程工程咨询服务尚属新生事物，目前只有国务院 19 号文和住房城乡建设部 101 号文可供学习和借鉴。在项目建设过程中，我们也在不断探索、积极寻求，找出一套适用于全过程工程咨询的管理模式、服务标准、工作方法。作为工程咨询企业，践行国家发展全过程工程咨询的理念，响应并落实政府文件精神，为全国顺利推行全过程工程咨询工作添砖加瓦，尽到企业应尽的义务。

中关村国家自主创新示范区展示中心工程
全过程工程咨询服务案例

——北京国金管理咨询有限公司

黄　伟　　赵　泓

前言

近几年，国家及部委一直在积极推进建筑业持续健康发展和倡导建筑业改革，从政策层面也给予大量支持。从 2017 年开始，国务院、住建部等部委陆续下发《国务院办公厅关于促进建筑业持续健康发展的意见》（国办发〔2017〕19号）、《住房城乡建设部关于开展全过程工程咨询试点工作的通知》（建市〔2017〕101号）等文件，提出全过程工程咨询的概念，倡导培育全过程工程咨询，鼓励投资咨询、勘察、设计、监理、招标代理、造价等企业采取联合经营、并购重组等方式发展全过程工程咨询。

本案例——中关村国家自主创新示范区展示中心工程（以下称"本工程"）是北京国金管理咨询有限公司（以下称"国金管理"）在 2010 年 4 月～ 2012 年 6 实施完成的项目，我司为项目建设单位提供四项咨询服务内容（全过程项目管理、可行性研究报告编制、后续招标代理服务和全过程造价咨询），已属全过程工程咨询服务实践，与现阶段国家政策精神高度一致，我司就如何做好本案的全过程工程咨询服务也作了积极探索，具体内容在其他章节中阐述。

项目交付运营后，成为集中展示中关村自主创新成就的平台和窗口，也是北京市重要科普基地。

2013 年 9 月 30 日，国家主席习近平带领时任中央政治局委员视察并参观本项目的科技成果展项，主席也作了科技兴国的重要讲话。

特别要说明的是，项目使用八年后，根据北京市政府要求，将 2019 年中关村论坛定址于本工程会议中心。已举办十余届的中关村论坛是科技创新领域高层次国际性会议论坛，是中关村特有品牌，其永久主题是"创新与发展"，目的是通过密切关注全球高科技产业发展领域，创新创业领域热点，引导国际高端要素，搭建国际交流合作平台。按照北京市委蔡奇书记提出的"南有博鳌，北有中关村"指示精神，将本工程会议中心改造成为未来 3～4 年中关村论坛会址持续使用，成为可举办科技创新领域高层次国际性会议的会议中心。

因工期紧张，北京市海淀区政府依据国家政策精神，对本项目建设管理模式采取全过程工程咨询服务招标（含全过程项目管理、工程监理和可研编制），我司再次中选成为本项目全过程工程咨询服务单位，现已全面开始项目实施推进工作。

同一个项目，2010 年建设管理模式按代建模式招标，尝试全过程工程咨询实践；2019 年建设管理模式按全过程工程咨询模式招标，全咨服务已从前期摸索到真正实施和全面铺开，对工程咨询行业发展带来巨大影响。

1　项目背景

本案以北京国金管理咨询有限公司开展中关村国家自主创新示范区展示中心工程全过程工程咨询服务为例，将"国金管理"提供的全过程工程咨询服务业务作一简单梳理和陈述，供同业交流。

1.1　北京国金管理咨询有限公司概况

北京国金管理咨询有限公司（以下称"国金管理"）成立于 1998 年，是国内率先从事建设项目全过程管理的企业之一，也是北京市第一家专门从事建设项目全过程管理的公司，"国金管理"具有工程咨询资信评价甲级、工程监理甲级资质、招标代理机构甲级资质（原）、工程造价咨询甲级资质、建筑设计乙级资质，并在国内首家通过建筑工程全过程管理（含监理）的质量、环保、安全和职业健康的综合管理体系认证，2017 年 5 月被住建部选定为"全过程工程咨询"试点单位之一。

"国金管理"业务范围全面涵盖了项目全过程工程咨询、全过程项目管理、项目代建、建筑设计、工程监理、项目前期咨询、招标代理、评估稽查、工程造价咨询、工程合约管理和法律服务、审计和财务管理等工程管理、工程咨询服务。

1.2　全过程工程咨询服务需求背景

为贯彻落实中央和北京市关于建设中关村国家自主创新示范区的文件精神，2010 年 4 月，中关村国家自主创新示范区展示交易中心成立，中关村国家自主创新示范区展示中心工程正式启动。本工程是示范区建设的重要组成部分，是中关村地区各类高科技公司科技创新成果的集中展现，对融合创新资源，打造全球有影响力的科技创新中心，具有迫切的现实意义。因此，本工程被列为市区重点工程，本工程于 2010 年 11 月动工，2012 年 6 月完成竣工验收，同时本工程按三星级绿色建筑设计并取得三星级绿色建筑设计标识证书和三星级绿色建筑标识证书。

由于本工程建设具有工程复杂（大跨钢结构，跨度 80m）、建设周期短、规模大、建设相关手续合规等建设特点难点，工程建设单位——展示交易中心刚刚成立，无专业管理人员，无法满足项目建设管理的需要，经政府相关部门评议，采取公开招标方式选定社会化项目管理公司行使项目建设管理任务，政府相关部门同时成立项目推进小组，通过社会化专业项目管理公司的科学管理以及长期积累的经验，为本项目建设单位提供技术、经济、法律和管理等全方位、多层次的工程建设项目管理服务，从而保证建设质量、节约投资并提高投资效益。

"国金管理"通过公开招标选定作为本项工程的全过程代建服务公司（实质是项目管理服务），接受建设单位的委托，以全过程代建服务为主线，多专业咨询服务协同，从项目的决策阶段开始，包括编制项目建议书代可研、设计管理、招标采购管理（含招标代理）、投资管理（含造价咨询）、合约管理、施工管理、工程竣工验收阶段、保修阶段的管理等，提供整体解决方案，使整个建设过程更加专业化、科学化，才能保障全过程工程咨询成果的有效性。从服务内容上实际提供了全过程工程咨询服务（全过程项目管理、可研编制、招标代理和造价咨询共计四项业务）。

2 项目概况

2.1 项目名称

中关村国家自主创新示范区展示中心工程

2.2 建设内容和建设规模

工程总占地面积 58880m²，建设用地面积 58880m²，包括展示中心和会议中心两部分。

展示中心总建筑规模 26236m²。其中，地上建筑面积 17636m²，地下建筑面积 8600m²。为便于展陈的布置，地上为单层 14m 高、80m 跨无柱大空间，利用屋面造型设置预应力桁架，形成巨型预应力空间钢桁架结构，通过以侧立面 8m

跨的标准单元为基本模数,以及建筑造型即结构受力构件的一体化设计,达到节约用钢量,减少投资,减少施工周期的要求,同时达到美观、大方、科技、节能、永恒、开放的展示建筑理念。

会议中心总建筑规模 21250m²。其中,地上建筑面积 13050m²,地下建筑面积 8200m²。地下、地上均采用钢框架结构。

展示中心和会议中心均要求达到绿色建筑节能最高标准——三星级绿色建筑评价(表 1、图 1)。

建筑规模说明表　　　　　　　表 1

序号	名称	建筑面积(m²)			结构类型
		地下	地上	合计	
1	建设用地	—	—	58800	—
2	展示中心	8600	17636	26236	预应力钢桁架结构
3	会议中心	8200	13050	21250	钢框架
4	合计	16800	30686	47486	—

（a）

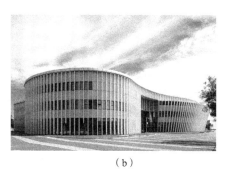

（b）　　　　　　　　　　　　　　　（c）

（a）本工程展示中心项目实景图;（b）本工程会议中心项目实景图;（c）本工程展示中心项目内部展项

图 1　中关村国家自主创新展示中心工程效果图

2.3 建设周期

工程开工时间为 2010 年 11 月 1 日，竣工时间为 2012 年 6 月 30 日。

2.4 投资规模

本工程建设投资全部为政府投资，实际总投资为 59689.73 万元。

3 全过程工程咨询服务模式

3.1 全过程工程咨询服务模式

全过程工程咨询的核心是为项目决策、实施提供解决方案，出于代建方对项目总控的需要，只有在全过程项目管理的主线下对多专业咨询进行协同，并提供整体解决方案，才能保障全过程工程咨询成果的有效性。项目委托人与"国金管理"签订的"代建合同"，其范围不仅包括项目全过程代建管理服务（实质项目管理服务），还包括《项目建议书代可行性研究报告》编制等相关工作、工程量清单和招标控制价编制、招标代理工作，代建服务合同签订后，"国金管理"根据自身组织特点，结合项目需要，采取项目管理团队牵头，各专业咨询部门分工协作方式。根据咨询服务内容，确定由项目管理团队作为牵头部门，公司各业务部门配合参与全过程咨询工作。各业务部门需在牵头部门的统一部署下进行工作，派遣项目人员，提交成果，达成工作目标。"国金管理"针对本项目作了详细的全过程代建管理计划，明确工作内容和工作时间安排，保障本项目按时、高质量完成。

3.2 项目组织机构设立

针对本工程的具体情况，项目现场组织机构分三个管理层次，即高层（决策层）、中层（执行层）和基层（作业层）管理。

3.2.1 高层（决策层）管理

高层管理是对整个工程的成败负有责任的决策层，由工程委托方（政府主管部门）、使用方（建设单位）以及"国金管理"高层领导组成项目推进小组，他们对一些影响全局的，对项目的实质性问题以及一些非程序性的问题即时作出决策。

3.2.2 中层（执行层）管理

中层管理由项目经理和"国金管理"各业务团队负责人组成，项目经理的职责是执行高层管理层确定的总方针和总计划，业务团队负责人做好自己负责的部门工作，给予项目技术支持。

3.2.3 基层（作业层）管理

项目管理团队管理人员直接向项目经理负责，完成项目经理下达的各项任务。各业务团队工作人员直接向业务团队领导负责，完成业务团队领导下达的各项任务。

3.2.4 职责分工

1. 项目推进小组

（1）在上级单位的统筹和指导下，统一组织和协调项目的实施，落实项目建设资金，确保建设款及时到位；

（2）督促项目按照基本建设程序和工程建设程序进行建设管理，监督检查工程质量和进度，及时协调处理工程实施过程中遇到的各种问题；

（3）督促项目加快推进，协调解决工作推进制约因素，督促检查、反馈各项工作的执行情况；

（4）监督合同签订、现场管理、验收和审计，防止和杜绝在工程建设中出现的腐败现象，全力打造安全、廉洁、满意工程。

2. 代建公司总经理

（1）负责与政府相关部门的沟通、协调工作；

（2）代表公司履行代建管理合同，以及本工程所涉及的招标代理、工程量清单编制、招标控制价编制、可研、节能专篇等合同的监管、协调等工作；

（3）负责工程建设资金支付的最终签署；

（4）参加政府召开的重大协调会。

3. 代建公司总工程师

（1）全面负责设计管理工作的指导，参加前期重大设计协调会，负责设计招标文件中设计任务书的编制及审核；

（2）协助组织重大技术方案的论证；

（3）负责设计图纸审核工作的协调。

4. 代建公司分管项目领导

（1）代表公司分管本项目；

（2）支持、指导、检查项目经理的工作；

（3）必要时参加政府组织的重要会议；

（4）协助项目经理评审非通过招标形式采购供应商的合同。

5. 公司工程咨询团队

负责《项目建议书代可行性研究报告》编制，并提交报告。

6. 公司造价咨询团队

负责编制工程量清单和招标控制价。

7. 公司建设程序报建管理团队

负责办理前期各项手续及市政各口报装等相关工作。

8. 公司招标代理团队

负责设计、监理、施工总承包和材料设备的招标代理工作。

9. 工程管理团队

负责全面监督管理项目的现场质量安全工作，不定期现场指导。

10. 项目现场管理团队

（1）全面负责项目全过程代建咨询服务；

（2）配合工程咨询团队编制《项目建议书代可行性研究报告》工作；

（3）配合造价咨询团队工程量清单和招标控制价编制工作；

（4）配合招标代理团队组织招标投标工作。

3.2.5 工作机制

（1）专题会议机制：领导小组定期或不定期召开专题会议，原则上每周召开一次，听取建设工作汇报，研究相关问题，处理突发事件；

（2）信息通报机制：建立与上级政府部门关于建设方面的信息沟通机制，促进项目的推进工作；

（3）项目促进机制：定期、不定期对项目情况进行抽查、督查，分析出现的问题，促进高效率、高质量完成（图2）。

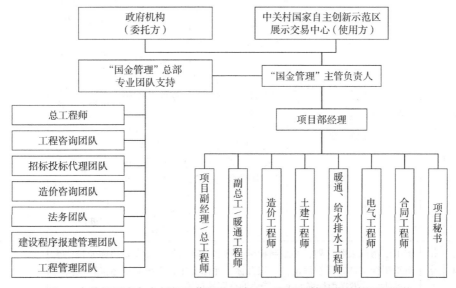

图2　中关村国家自主创新示范区展示中心工程项目管理代建部组织架构

3.3 全过程工程咨询服务菜单

见表 2。

全过程工程咨询服务菜单　　　　　　　　　　　　表 2

序号	服务内容	工程建设阶段					
		项目决策阶段	建设前期阶段	招标投标阶段	工程施工阶段	竣工验收阶段	保修阶段
1	项目管理	配合项目建议书编制，评审工作	①项目建设程序报建管理；②设计管理，审核施工图纸、设计概算，配合评审工作；③对设计提出合理化建议	①拟定招标文件；②按照招标计划配合工作；③配合施工图纸评审；④审核合同条款；⑤组织合同条款签订；⑥办理开工手续	①组织工程开工；②制定合约规划；③审核总控计划、采购计划；④组织、推动施工现场管理	组织竣工验收、资料移交、工程培训、移交	①保修期间协调管理；②组织申办三星级绿色建筑标识证书
2	工程咨询	编制项目建议书（代可行性研究报告），申报、配合评审工作	—	—	—	—	—
3	造价咨询	投资估算编制和审核	①审核设计概算；②分析投资风险，提出管控措施	①工程量清单编制与审核；②控制价编制与审核；③制定项目合约规划；④清标；⑤编制项目资金使用计划；⑥拟定合同文本、协助合同谈判	①合同价款咨询；②施工阶段造价风险分析及建议；③计算及审核工程预付款和进度款；④变更、签证及索赔管理；⑤为材料、设备的询价提供核价建议；⑦施工现场造价管理；⑧项目动态造价分析；⑨审核及汇总分阶段工程结算	①竣工结算审核；②工程技术经济指标分析；③竣工决算报告编制和审核；④配合完成竣工结算的政府审计；⑤根据审计结算，对工程最终结算价款进行审定	
4	招标采购	①拟定招标采购计划；②编制招标文件和合同条款；③发布招标公告；④组织招标文件答疑和澄清，组织开标、评标工作；⑤编制评标报告报投资人确认；⑥发送中标通知书；⑦协助合同签订等					

4 全过程工程咨询服务效果

依据项目代建合同，"国金管理"按照以下两方面组织项目全过程工程咨询服务：第一，按照基于项目全过程工程咨询服务内容，包括决策、设计管理和前期建设报批报建手续、招标投标、工程管理、竣工验收、配合运营维护等；第二，按照基于项目全过程的全面造价管理：包括可研、设计概算、合同价、工程结算、工程决算。主要包括以下工作内容（表3）。

项目全过程工程咨询服务提供服务内容表　　　　　　　　表3

阶段	全过程工程咨询主要服务内容		主要文件性成果		
	全过程	投资	全过程	投资	政府批复
决策阶段	1）组织设计方案比选； 2）编制项目建议书； 3）决策阶段报批手续	编制投资估算	1）方案比选意见； 2）项目建议书报告	投资估算报告	1）项目建议书代可研报告批复； 2）招标核准批复
设计阶段	1）组织设计出图； 2）报批手续	组织设计概算	施工图	设计概算	1）设计概算批复； 2）土地、规划证等； 3）三星级绿色建筑设计标识证书
招标投标	1）编制招标计划； 2）编制招标文件和合同； 3）组织设计、监理、施工和材料招标	1）编制工程量清单和控制价； 2）制定合同条款	1）招标文件； 2）合同文件	工程量清单和招标控制价	1）合同备案； 2）开工证
施工	组织项目施工	1）每月工程款支付； 2）办理价格确定	1）管理规划； 2）总控计划； 3）合同架构图； 4）采购规划； 5）工程变更报告	1）工程款支付表； 2）中期付款证书； 3）中期结算； 4）资金分析	展示中心工程获得结构长城杯
竣工	组织各项竣工验收	审核工程结算	验收报告	结算报告	工程备案
保修	配合运营维护	配合审计、工程决算	1）资料移交； 2）保修合同	决算报告	1）决算批复； 2）三星级绿色建筑标识证书（运营1年以后进行）

中关村国家自主创新示范区展示中心工程全过程工程咨询服务案例

1. 项目决策阶段

（1）组织确定设计方案、项目决策阶段的建设手续报建管理工作；

（2）编制《项目建议书代可行性研究报告》，确定投资估算，并取得《项目建议书代可行性研究报告》批复。

2. 前期建设阶段

（1）设计管理、配合申报三星级绿色建筑设计标识、按照项目建设程序报建管理；

（2）审核初步设计概算、配合设计概算评审、分析投资风险。

3. 招标投标阶段

（1）制订招标计划、编制招标文件与合同条款，组织设计、监理、施工、采购招标投标工作；

（2）落实工程量清单和招标控制价编制工作，确定合同价。

4. 工程施工阶段

（1）组织工程施工，推动工程进展；

（2）施工阶段造价控制，工程进度款管理，审核分阶段工程结算。

5. 竣工验收阶段

（1）组织工程竣工验收；

（2）审核工程结算。

6. 配合运营维护阶段

（1）配合、协调运营维护阶段的工程保修服务、绿色建筑三星级评价标识评审；

（2）工程决算、配合尾款拨付。

本项目代建管理牵头的全过程工程咨询服务可涵盖决策阶段、建设前期阶段、招标投标阶段、实施阶段、竣工阶段、运营阶段等项目全生命周期，各阶段的主要工作内容如下。

4.1 项目决策阶段

决策阶段通过了解项目委托方的需求，确定优质建设项目的目标，汇集优质建设项目评判标准。通过项目建议书、可行性研究报告、评估报告等形成建设项目的咨询成果，为设计阶段提供基础。

4.1.1 咨询团队编制《项目建议书代可行性研究报告》

1）收集编制可行性研究报告所需的资料：

（1）项目建设方案包括建筑图纸及各专业设计说明文件。

（2）公用设施的利用和交通运输条件；城市规划、用地、环保、人防、消防等方面要求。

（3）地质初勘资料。

（4）其他与项目有关的资料。

2）对收集的各种资料应进行评审，确保资料的可靠性。

3）编制《项目建议书代可行性研究报告》，可行性研究报告包括的内容：

（1）总论；

（2）需求预测和建设规模；

（3）公用设施情况；

（4）选址方案；

（5）设计方案；

（6）节能节水；

（7）环境影响评价；

（8）劳动安全卫生与消防；

（9）组织机构与人力资源配备；

（10）项目实施进度；

（11）投资估算和资金筹措；

（12）财务评价；

（13）国民经济评价；

（14）社会评价；

（15）经济评价；

（16）风险分析；

（17）评价结论与建议。

4）报送成果文件：《项目建议书代可行性研究报告》。

5）批复《项目建议书代可行性研究报告》。

4.1.2 报建管理团队

（1）落实规划部门出具的规划设计方案审查意见；

（2）落实城市规划、用地、环保、人防、消防、节能等方面以及大市政管线条件。

4.1.3 项目管理团队配合编制工作

（1）组建全过程项目管理团队。

（2）协助业主确定建设任务和建设原则；确定和落实项目的建设资金；确定建设项目的投资目标、进度目标和质量目标。

（3）审核咨询团队编制的《项目建议书代可行性研究报告》。

4.2 建设前期阶段

通过对项目设计的管理，对决策阶段形成的研究成果进行深化和修正，将项目委托人的需求及质量、创优等管理目标转化成设计图纸、概预算报告等咨询成果，为发承包阶段选择承包人提供指导方向。

4.2.1 项目管理团队的设计管理

项目设计管理，就是运用系统工程的观点，统筹管理设计中的各项工作，组织协调设计单位与其他单位之间的工作配合，为设计单位创造必要的工作条件，以保证其及时提供设计文件，满足工程需要，使项目建设得以顺利进行。

项目设计管理的工作内容：

（1）选定勘察设计单位，签订合同，组织管理合同的实施；

（2）收集、提供设计基础资料和建设协议文件；

（3）组织协调设计单位与物资供应和施工单位之间的工作配合；

（4）主持研究和审查确认重大设计方案并优化设计；

（5）配合设计单位编制设计概算，并做好概算的审核管理工作；

（6）组织审查初步设计文件并按有关规定文件上报，提请国家主管部门批准；

（7）督促设计按照总控计划出图，保证施工顺利进行；

（8）组织设计、施工单位进行设计交底，会审施工图纸；

（9）控制和审查施工过程中的设计变更；

（10）做好设计文件的图纸的验收、分发、使用、保管和归档工作；

（11）批复初步设计概算：项目总投资 60002.34 万元，其中：工程建设费用 52948.48 万元，工程建设其他费用 5306.22 万元，预备费 1747.64 万元；

（12）办理勘察、设计等费用的结算和支付。

4.2.2 报建管理团队办理建设审批程序

办理土地、规划、消防、环保、交通等建设手续。

4.3 招标投标阶段

招标投标阶段结合决策、设计阶段的咨询成果，通过招标策划、合约规划、招标过程服务等咨询工作，对建设项目选择承包人的条件、资质、能力等指标进行策划，并形成招标文件、合同条款、工程量清单、招标控制价等咨询成果，为实施阶段顺利开展工程建设提供控制和管理依据。

根据项目进度安排，招标代理团队对招标投标工作进行了计划安排，招标内容主要有：设计、施工总承包、监理、玻璃幕墙、变配电、水源热泵、光伏、电梯、园林绿化、LED 显示屏；根据总控计划所确定的时间节点，招标投标代理团队制订详细的招标计划，其内容包括编制招标文件的时间、发标计划、回标计划、评标时间、定标时间等细部的计划安排。

4.4 工程实施阶段

实施阶段根据招标投标阶段形成的合同文件约定进行成本、质量、进度的控制；合同和信息的管理；全面组织、协调各参与方最终完成建设项目实体。在实施过程中，及时整理工程资料，为竣工阶段的验收、移交作准备。

4.4.1 项目管理目标

项目管理部依据与委托方签订的项目代建委托合同所约定的项目管理范围，确定项目管理的质量、进度、投资、安全等管理目标。项目管理部通过项目管理工作与参建各方的共同努力，使建设项目按照合同目标如期交付（表 4）。

合同目标及其实现　　　　　　　　　　　　　　表 4

内容	合同目标	目标实现
投资控制	不超设计概算批复	决算未超投资
工程质量	合格	合格，展示中心工程结构长城杯
工期	满足使用人提出的要求	2012 年 6 月竣工，满足要求
安全管理	不发生重大安全事故	未发生重大安全事故
功能	满足委托方提出的功能，通过验收	通过使用人验收，获得三星级绿色建筑设计标识、建筑评价标识

4.4.2 项目管理目标制定

1. 项目建设期的目标

（1）项目建设工期，主要分为项目前期、中期及后期，其中前期工作主要是指需由项目管理团队、工程咨询团队和报批报建团队完成的项目建议书编制、立项、土地手续、政府相应手续的办理，并与设计单位共同完成规划审批、初步设计及施工图设计等工作；项目施工前主要是由参建的各设计、施工承包商相继进场完成各自的设计与施工任务的过程；而后期则主要是项目的质量核验、安排保修、办理交付，并使其运行。

（2）项目前期工作的特点是每一方面的工作参与单位较少，各项工作之间的因果关系简单，制订此段工作目标时特别要求各有关方面的工作齐头并进，并使用交错作业方法，特别是前期决策阶段和招标投标阶段均由"国金管理"一家承担，避免传统建设管理模式下，业主在不同的建设阶段会引入多家咨询服务机构的片段式、碎片化服务带来的混乱，在项目管理团队的配合下，明显缩短工作周期。同时，项目管理团队重视前期费用的使用，避免投资增大。

（3）施工期是项目最漫长、复杂的工作期，由于参与的单位众多，各单位工作之间因果性极强，工作目标的制订注意各单位施工的逻辑关系，计划周密，不出现大的漏洞，良好的管理促使工期缩短。

（4）在工期控制及工期计划编制上依据前紧后松原则，排定各阶段工作计划时，其前面的工作排得紧一些，可以根据实际执行情况在作出调整时留有余地。

2. 投资控制目标

（1）建设项目设计概算批复金额为60002.34万元，并具体分为工程费用、工程建设其他费用、预备费用共三大类费用，其中工程建设其他费用包括设计费、监理费等20项费用。

（2）为了使控制目标具有可操作性，特别是工程建设其他费用的20项费用应尽量按照批复额度使用。

（3）依据决算批复，工程总投资为59689.73万元，未超概算批复额度。

3. 质量控制目标

本工程在施工总承包文件中对质量目标作出了明确规定：合格，在工程建设中，展示中心工程获得结构长城杯。

4. 工期目标

本工程竣工验收时间为2012年6月，满足业主使用时间要求。

5. 三星级绿色建筑目标

本工程分别获得三星级绿色建筑设计标识证书、三星级绿色建筑标识证书。

4.4.3 项目的两套计划体制

1. 项目团队内部的月、周计划体制

该计划体制涵盖了项目建设全过程的各项工作，并贯穿项目建设的始终。

2. 三级计划体制

（1）一级计划，主要由项目管理团队、监理、设计、总包共同确认的项目总控进度计划；

（2）二级计划，由各专业分包编制并由总包与监理核定的专业性网络计划；

（3）三级计划，即由总包与各分包人共同编制的短周期各专业施工综合计划。

在上述三级计划的实施中又有如下措施作为补充和完善：

（1）项目监理每周对短周期进度计划进行检查，提出进度报告，进行阶段分析；

（2）在以上计划中，存在诸如市政工程等由项目团队主持实施的项目，则由项目团队编拟相应的二级计划。

对项目的三级计划的编制，项目团队与总包采取非常慎重态度，一是反复协商与协调才定稿发布；二是计划细致具体，有较强的可操作性；三是不断根据计划实施情况调整原计划。

上述计划体制的建立及各级计划的编制，提高了项目参建单位工作的计划性、预见性、周密性及相应工作的协调，为工程总目标的实现创造了必要条件。

4.4.4 合同制定

在确定了总控计划及招标计划后，项目管理团队制定合同架构图，其内容包括工程实施过程中签订合同组成、合同间的组织关系等。

4.5 竣工验收阶段

竣工阶段通过验收检验是否按照合同约定履约完成，并将验收合格的建设项目以及相关资料移交给委托人，为运营阶段提供保障。

组织验收，包括工程专项竣工验收、工程竣工验收、工程竣工备案等工作。

4.6 配合运营维护阶段

运营阶段对建设项目进行评价，评价其是否实现决策阶段设定的建设目标。

（1）办理竣工资料移交委托人、档案馆等事宜；

（2）主要是在运营期间，对业主单位提出的保修项目，协调、组织保修单位按时维修，保证项目运营安排；

（3）配合工程竣工决算，决算审定工程总投资为596397170.56元，未超出设计概算批复额度；

（4）正式运营一年以后，组织申报三星级绿色建筑评审工作，完成展示中心和会议中心工程三星级绿色建筑设计标识和建筑标识评价。

4.7 全过程工程咨询服务结束后工作内容

全过程服务的资料在服务过程中由项目管理团队自行保管，项目结束后，项目管理团队技术负责人按照档案规程要求进行收集、整理、组卷、装订工作，及时归档。

5 全过程工程咨询服务方案

5.1《项目建议书（代可行性研究报告）》编制方案

项目建议书（又称"立项报告"）是项目建设筹建单位或项目法人，提出的具体项目的建议文件，是对拟建项目提出的框架性的总体设想。项目建议书是项目发展周期的初始阶段，是国家选择项目的依据，也是可行性研究的依据。

项目建议书是由项目投资方向其主管部门上报的文件，目前广泛应用于项目的国家立项审批工作中。它要从宏观上论述项目设立的必要性和可能性，把项目投资设想变为概略的投资建议。项目建议书的呈报可以供项目审批机关作出初步决策。它可以减少项目选择的盲目性，为下一步可行性研究打下基础。项目建议书主要是国有企业或政府投资项目单位向发改委申报的项目申请。

项目建议书处在项目早期，由于项目条件还不够成熟，仅有规划意见书，对项目的具体建设方案还不明晰，市政、环保、交通等专业咨询意见尚未办理。项目建议书主要论证项目建设的必要性，建设方案和投资估算也比较粗，投资误差为 ±30% 左右。很多项目在报立项时，条件已比较成熟，土地、规划、环保、专业咨询意见等基本具备，这类项目常常是项目建议书（代可行性研究报告），两个阶段合为一阶段。本项目就是按照《项目建议书（代可行性研究报告）》（以下简称《报告》）深度编制。

5.1.1 《报告》编制工作流程

1. 组建工作小组

根据委托项目建议书的工作量、内容、范围、技术难度、时间要求等组建项目建议书工作小组，为使各专业工程师协调工作，保证《报告》总体质量，一般应由总工程师、总经济师负责统筹协调。

2. 制订工作计划

内容包括工作范围、重点、深度、进度安排、人员配置、费用预算及《报告》编制大纲，并与委托单位交换意见。

3. 调查研究收集资料

各专业根据《报告》编制大纲进行实地调查，收集整理有关资料，包括向市场和社会调查，向项目所在地区调查，向项目涉及的有关企业、单位调查，收集项目建设、运营等各方面所必需的信息资料和数据。

4. 方案编制与优化

在调查研究收集资料的基础上，对项目的建设规模、选址、设计方案、市政公用咨询方案、环境保护方案、组织机构设置方案、实施进度方案以及项目投资与资金筹措方案等，研究编制备选方案。进行方案论证比选优化后，提出推荐方案。

5. 项目评价

对推荐方案进行环境评价、财务评价、国民经济评价、社会评价及风险分析，以判别项目的环境可行性、经济可行性、社会可行性和抗风险能力。当有关评价指标结论不足以支持项目方案成立时，应对原设计方案进行调整或重新设计。

6. 编写《报告》

项目可行性研究各专业方案，经过技术经济论证和优化之后，由各专业组分工编写。经项目负责人衔接综合汇总，提出《报告》初稿。

7. 与委托单位交换意见

《报告》初稿形成后，与委托单位交换意见，修改完善，形成正式《报告》。

8. 上报发展改革委等相关部门

9. 配合专家评审，发展改革委出具《项目建议书（代可行性研究报告）》批复文件

5.1.2 《报告》深度要求

（1）《报告》应能充分反映项目可行性研究工作的成果，内容齐全，结论明确，数据准确，论据充分，满足决策者定方案定项目要求。

（2）《报告》中的重大技术、经济方案，应有两个以上方案的比选。

（3）《报告》中确定的主要工程技术数据，应能满足项目初步设计的要求。

（4）《报告》应附有评估、决策（审批）所必需的合同、协议、意向书、政府批件等。

5.1.3 人员安排

为加强对本工程《报告》编制的领导和管理，确保优质、高效地按时完成，"国金管理"的公司领导作为项目领导组长，负责统一管理协调《报告》编制工作，成立前期咨询工作团队。前期策划阶段的咨询服务涉及知识面较多，因此选择具有丰富经验的高级工程师职称以上的技术骨干担任项目负责人，根据项目要求、设计方案组织《报告》的编制工作，对于该阶段的咨询服务一般由咨询团队的项目负责人与委托方沟通后组织安排。由技术负责人总控，为保证编制工作顺利进行，全过程管理团队的项目经理牵头召集各相关专业工程师参与编制和审核工作。

5.2 招标代理团队服务方案

5.2.1 招标计划

根据项目特点，组建招标代理团队，并委派具有丰富招标代理经验的人员作为负责人，根据委托方要求、国家、省市有关招标投标文件规定和我司招标代理工作经验制订一套切实可行的招标计划，其计划既能满足工程施工顺利进行又可节

省工程建设时间，使得业主获得最优的投资效益。

5.2.2 招标文件的编制

招标文件是由业主负责审定（招标代理团队和现场项目管理团队共同编制）的供业主进行招标、投标人据以投标的成套文件，工程招标文件不仅是招标、投标阶段进行各项具体工作必须的基本依据，而且也作为签约后合同文件的重要组成部分，因此，招标文件实质上是规定日后工程承发包双方各自权利、义务的具有法律效力的经济契约，必须非常慎重地编制确定。

因此，在编制招标文件时，"国金管理"根据各类专业工程特点，由全过程项目管理团队相应专业工程师编制专业技术条件部分，招标代理团队编制其余条款，项目管理团队的项目经理对招标文件进行审核后提交招标代理团队，招标代理团队负责人最终审核后形成终稿。同时，必须遵循招标投标过程及文件依法合规、满足设计和功能要求和不超过概算批复金额的原则，力求按照内容全面、条件合理、标准明确、文字规范简练等基本要求做好招标文件的拟定工作。

5.2.3 办理招标手续

进入招标阶段的前期工作是决定招标是否顺利进行的重要阶段，办理招标手续的资料报送前应了解清楚报送资料是否整齐，有否按要求填报等，这才能确保开始招标阶段。同时，招标公告的内容应与工程的实际情况相符，不能有歧视和排斥潜在投标人的条文，做到公平、公正、公开。

5.2.4 资格预备会

投标人资格预审亦称前期资格审查，是招标人在发布招标公告后和投标开始前，对本工程投标企业是否具备对本项目投标的资格所作的资信情况、财务情况、技术力量、法人地位等方面的初步审查，确保本工程的全部投标人都是有足够的人力、物力、财力和经验，能胜任本工程的工程承包单位。在进行资格预审前业主必须组织资格预审评审委员会，在资格预审时，评审委员会必须严格按照资格预审文件的内容及有关规定进行评审，并确定投标单位名单。

5.2.5 投标预备会和现场勘察

完成资格预审后，对取得投标资格的投标人，按既定的手续、时间、地点售出招标文件。为了方便投标人作投标报价及编制施工方案，使其尽可能全面地迅速了解投标报价所需的工地现场周边环境相关现场信息资料，业主和招标代理团队在发售招标文件后，按照招标文件中既定的时间，安排投标人现场勘察，向投标单位尽可能详细地介绍工程具体情况，并说明是否达到招标文件中规定的条件，向投标人作相关问题的答疑。业主和招标代理团队在投标截止日期前，根据招标文件中既定的时间，向所有投标人进行招标文件的澄清。

5.2.6 评标定标

评标是建设工程招标中一个极其重要的阶段，评标委员会在开标后从技术、经济方面根据招标文件的要求对有效投标书全面地进行分析、比较和评价，以优选出施工组织能力强、技术能力高和人员设备配置齐全、标价合理等的投标单位来承建工程。

根据招标投标文件，评标委员会依法选定中标单位。招标代理协助业主办理中标通知书等有关手续，使得工程早日进入施工阶段。由招标代理编写招标情况书面报告送招标管理办公室备案。

5.2.7 签订合同

工程承包合同的签订及履行阶段是工程项目招标投标工作的后期阶段，该阶段的工作成效，直接影响工程承发包双方的经济利益。招标代理协助业主根据招标文件有关合同方面的要求及其他实际情况与中标单位签订工程承包合同。

5.3 工程量清单和招标控制价编制服务方案

5.3.1 工程量清单编制方案

工程量清单是招标文件的重要组成部分，是施工单位编制投标报价和竣工结算的主要依据。实行工程量清单招标后，工程综合单价的风险由施工单位承担，工程量的风险则由业主方承担，若工程量清单的工程量未准确被施工单位发现并利用，采用不平衡报价法报价将会在竣工结算时给业主方带来经济上的损失，故清单工程量、项目特征描述的准确、恰当、完整性是工程量清单的最基本要求。

1. 工程量清单编制的基本依据

（1）《建设工程工程量清单计价规范》GB 50500—2013；

（2）国家或省级、行业建设主管部门颁发的计价依据和办法；

（3）建设工程设计文件和有关技术资料；

（4）与建设工程项目有关的标准、规范、技术资料；

（5）经招标投标办审查批准的招标书和答疑纪要等补充文件；

（6）施工现场地质、水文、地表附属物等情况；

（7）工程特点及常规施工方案；

（8）其他相关资料。

2. 工程量清单编制基本原则

（1）遵守有关的法律法规：工程量清单的编制应遵循国家有关的法律、法规和相关政策；

（2）遵照工程量清单"四统一"的规定：在编制工程量清单时，必须按照国家统一的项目编码、项目划分、计量单位和工程量计算规则设置清单项目，计算工程数量；

（3）遵守招标文件的相关要求：工程量清单作为招标文件的组成部分，必须与招标文件的原则保持一致，与招标须知、合同条款、技术规范等相互照应，较好地反映本工程的特点，体现项目意图。

3. 工程量清单编制程序

（1）熟悉招标图纸和招标文件，明确招标范围；

（2）了解施工现场的施工条件等有关情况；

（3）划分项目，确定分部分项清单项目名称、编码；

（4）确定分部分项清单项目拟综合的工程内容；

（5）计算分部分项清单主体项目工程量；

（6）编制清单（分部分项工程量清单、措施项目清单、其他项目清单、规费和税金项目清单）；

（7）复核、编写总说明；

（8）装订（见《建设工程工程量清单计价规范》GB 50500—2013 标准格式）。

5.3.2 招标控制价的编制方案

项目招标控制价的准确性对于选择优秀的施工单位意义重大。招标控制价过高会给业主方带来经济上的损失，招标控制价过低会导致一些管理严格、质量要求高的企业望而却步。招标控制价应该充分结合市场实际情况并考虑施工单位合理利润，并做到优质优价。

1. 招标控制价编制的基本依据

（1）《建设工程工程量清单计价规范》GB 50500—2013；

（2）国家或省级、行业建设主管部门颁发的计价依据和办法；

（3）建设工程设计文件和有关技术资料；

（4）招标文件中的工程量清单及有关要求、答疑纪要；

（5）与建设工程项目有关的标准、规范、技术资料；

（6）工程造价管理机构发布的工程造价信息，工程造价信息没有发布的参照市场价；

（7）项目设计概算批复文件及业主对本项目招标控制价的要求；

（8）其他相关资料。

2. 招标控制价编制的基本原则

（1）招标控制价的编制应遵循客观、公正的原则，严格执行清单计价规范，合理反映拟建工程项目市场价格水平。在编制招标控制价时，消耗量水平、人工工资单价、有关费用标准按市级建设主管部门颁发的计价表（定额）和计价办法执行；材料价格按工程所在地造价管理机构发布的市场指导价取定（市场指导价没有的按市场信息价或市场询价）；措施项目费用考虑工程所在地常用的施工技术和施工方案计取。

（2）为了使项目招标控制价更好地反映建筑市场价格及业主方的造价管理目标，在按照当地建设主管部门颁发的计价表（定额）和计价办法、费用标准以及工程所在地造价管理机构发布的材料市场指导价计算所得的标准招标控制价的基础上，可根据本工程的实际情况及业主方的造价管理目标，合理确定项目招标控制价。

（3）优质优价。

3. 招标控制价编制程序

（1）根据施工图纸和现场建设条件，提出基本施工方案，并与业主方协商确定施工方案；

（2）根据分部分项工程量确定的项目名称及项目特征描述，计算（或直接借用）定额工程量，套用相应消耗量定额；

（3）根据制订的施工方案，计算技术措施项目的定额工程量，套用相应的技术措施项目消耗量定额；

（4）结合工程所在地造价管理机构发布的材料市场指导价或市场询价以及当地建设主管部门颁发的费用标准计算招标控制价；

（5）按标准计算的招标控制价结合本工程的实际情况及业主方的造价管理目标与业主方协商确定项目招标控制价；

（6）调整计算并确定本工程招标控制价；

（7）复核、编写招标控制价编制总说明。

5.4 全过程项目管理服务方案

5.4.1 项目管理目标的确定

项目管理团队依据与委托方签订的项目代建合同所约定的项目管理范围，确定项目管理的进度、投资、质量、安全、功能等管理目标。

5.4.2 组建全过程项目管理服务团队

（1）响应和满足"招标文件、合同文件"要求的原则。

（2）保证项目总目标实现的原则：包括"投资目标、质量目标、工期目标、安全目标、功能目标等"，在项目团队组织机构设置上将围绕上述目标，做到组织落实、人员落实、责任落实、管理措施落实。

（3）满足项目各阶段特点需求：作为代建工程，项目运作过程包括建设前期各项工作、施工过程各项工作、竣工验收各项工作，还包括项目交付使用后的运营保驾及三星级绿色建筑标识评审，因此，项目管理团队的设置，要充分保证不同阶段工作目标和重点的需求。

（4）满足项目专业需求：为适应本项目建设特点，在管理团队的设置中，做到总体协调与专业管理相结合，各专业人员相匹配。

5.4.3 设计管理模式

本项目采用代建制，由代建公司代表建设单位对工程设计进行全过程管理。专业项目管理公司具有丰富的项目管理经验，依据项目可行性报告，项目管理公司全权负责设计委托和设计管理工作，承担受委托管理范围的责任但属于非决策机构，重大方案仍由建设单位决定，建设单位有关工程设计意见和要求须通过项目管理公司才能得以实现。

1. 设计管理程序

本项目设计管理包括从建设项目核准后的设计委托到设计后评价的全过程管理，工程设计管理程序如下：

（1）设计委托阶段；

（2）初步设计阶段；

（3）招标文件和施工图设计阶段；

（4）施工阶段和验收阶段；

（5）设计的评价。

2. 设计管理目标

工程设计管理的目标是：安全可靠性、适用性和经济性，以保障建设项目质量、进度和投资三大控制目标的实现。

3. 做好设计阶段的造价控制

长期以来，普遍忽视工程建设项目前期工作阶段的造价控制，往往把重点放在施工阶段，认为建设项目的资金投入主要发生在施工阶段，控制建设项目的资金投入主要发生在施工阶段，控制施工阶段的费用支出就控制了工程造价。实际上，工程造价在施工图完成后已基本确定，施工阶段的控制作用非常有限。要有效控制工程造价，就要抓住设计这个关键阶段，以取得事半功倍的效果。设计阶段有效控制主要体现在以下几个方面：

（1）优选设计方案：

优选设计方案是设计阶段的重要步骤，是控制造价的一种有效方法，其目的是论证拟采用的方案技术上是否可行、功能上是否满足需要、经济上是否合理、使用上是否安全。

（2）采取设计招标投标体制或设计方案竞选的方式确定设计方案，鼓励相互间竞争，促使设计单位改进管理，采用先进技术，降低工程造价，提高投资效益，有利于集思广益，吸取多种方案的优点，确定最佳方案。

（3）采用科学方法，对方案进行技术经济评价，确定设计方案，对需要进行分析评价的设计方案设定多个评价指标，按其重要程度分配权重，按评价标准给各指标打分，得出设计方案的评价总分，从而确定最佳方案。

（4）限额设计：

限额设计就是按照批准的可行性研究报告及投资估算控制设计，在保证使用功能的前提下，各专业按分配的投资限额设计，保证总投资不被突破。变"画了算"为"算了画"，增强设计人员的造价意识。

（5）做好审查工作：

认真做好设计概算审查，可以使建设项目投资做到准确、完整、及时反馈，设计、修改、调整。

（6）技术与经济结合：

合理运用价值工程，以提供产品价值为中心，对其各项功能进行分析评价，使之以最低的总投资，实现必要的功能。有五种途径：功能提高，投资降低；功能不变，投资降低；投资不变，提高功能；投资略提高，带来功能的大提高；功能略下降，带来投资的大降低。

总之，设计阶段的造价控制是工程造价管理的重点，真正实施以上几方面措施，增强建设项目的计划性、预见性、监督性，对项目的工程造价控制大有益处。

5.4.4 项目实施阶段管理

1.制定建设工程项目的管理目标

项目管理部依据与委托方签订的代建合同（实质项目管理）所约定的项目管理范围，确定项目管理的质量、进度、投资、安全、环境等管理目标。项目管理部通过项目管理工作与参建各方共同努力实现建设项目的实体交付。

2.确定项目管理工作范围

项目范围管理应以合同约定并完成项目目标为根本目的，通过明确项目有关各方的职责界限，以保证实施项目管理工作的充分性和有效性。项目范围管理的对象应包括为完成项目所必需的专业工作（设计、施工、供货）和管理工作（进度、投资、质量、合同、资源）。

3.制定项目管理规划

项目管理规划是对项目全过程中的各种职能工作、各种管理过程以及各种管理要素，进行完整的、全面的、整体的计划。项目管理规划作为指导项目管理工作的纲领性文件，应对项目管理的目标、内容、组织、资源、方法、程序和控制措施进行确定。

4. 项目进度管理

1）确定项目进度管理目标

进度管理的目标为：通过组织、经济、技术、合同等多方面进度管理的方法和手段，确保项目的进度管理各项活动能够有效受控。即在代建合同约定的服务期内完成合同约定的服务内容。

2）确定项目进度管理工作内容

根据工程的特点，进度管理工作的内容主要有：

（1）编制项目总控制进度计划；

（2）审核设计进度计划；

（3）审核总包施工单位的施工总进度计划；

（4）审核各专项、分包工程施工及供货单位的二级进度网络计划；

（5）审核采购工作计划；

（6）督促并审核各参建单位制订月/周工作计划；

（7）制订涵盖项目管理部及业主的月/周工作计划；

（8）督促各参建单位建立进度计划的管理体系。

3）项目进度管理工作的主要方法

项目的进度控制的重点是建立以项目进度总控制计划为核心的两套计划体系，通过计划的检查、落实，分析问题原因并采取相应对策。

5. 项目投资管理

1）制定项目投资管理目标

项目成本管理的目标为：通过组织、经济、技术、合同等多方面成本管理的方法和手段，确保项目投资规划指标的实现，即项目竣工结算额低于事先确定的投资额（概算批复额）。

2）确定项目投资管理工作内容

根据对项目招标文件、施工图纸的分析、理解，来描述投资管理工作内容，投资管理工作包括但不限于以下内容：

（1）根据投资规划指标进行限额设计管理；

（2）评审初步设计概算，提出评审意见；

（3）组织总承包工程招标投标工作；

（4）设计变更、洽商的造价控制；

（5）暂估价材料、设备的造价控制；

（6）索赔费用的造价控制；

（7）工程款支付管理，保证资金安全；

（8）审核竣工结算，提交竣工结算审核报告；

（9）造价资料归档、保管、移交。

3）项目投资管理工作方法

造价管理以合同管理为基础，结合运用设计管理、招标管理、采购管理、施工现场管理等，确保造价管理的有效实施。根据项目管理服务周期的阶段性，制订针对规划阶段、设计阶段、施工阶段、竣工阶段特点的具体造价管理措施，并形成一套"一环扣一环"的完整造价管理体系。

6. 项目质量管理

1）制定项目质量管理目标

项目质量管理的目标为：在《建筑工程施工质量验收统一标准》GB 50300—2013 及其配套的各专业工程质量验收规范验收合格的基础上，根据《建筑工程施工质量评价标准》GB/T 50375—2016 工程整体质量目标为合格，并取得按合同规定的奖项。

2）确定项目质量管理工作内容

（1）制订项目质量目标分解任务；

（2）督促各参建单位建立适宜的质量管理体系；

（3）审核监理单位的监理规划、监理细则和旁站监理方案；

（4）监督监理单位审核施工单位的施工组织设计、创优措施计划（包括保证质量措施）；

（5）现场施工质量的巡视检查；

（6）重点施工工序、部位的跟踪检查；

（7）对监理、施工单位质量管理体系和工作质量的检查；

（8）参加分部工程的验收；

（9）参加对材料、设备进场的检查；

（10）参加设备及系统调试和验收；

（11）参加监理单位组织的竣工预验收；

（12）组织整体工程竣工验收；

（13）资料的归档、保管与移交。

3）选择项目质量管理工作方法

围绕项目的质量目标，依据已形成的项目质量管理体系，从项目管理部对参建单位（设计、监理、总包、分包单位）的质量管理和公司对本项目管理部的质量管理两方面入手。

7. 项目合同管理

1）制定项目合同管理工作目标

合同管理以法律为依据，在合法的前提下最大限度地通过合同手段维护业主的合法权益；合同管理以项目的实际情况为出发点和突破点，保证在实现质量、进度、投资三大目标的前提下顺利竣工并投入使用；合同管理以预防为主。

2）确定项目合同管理工作内容

（1）制定项目合同架构图；

（2）起草合同文件及其补充协议；

（3）参与合同谈判，制订合同谈判方案、策略；

（4）协助业主完成合同、补充协议签署工作；

（5）合同执行情况检查、分析、总结；

（6）合同解释、合同争议处理；

（7）索赔处理；

（8）合同资料的整理、归档。

8. 项目沟通管理

通过沟通使项目的目标明确，项目的参与者对项目的总目标达成共识；建立和保持良好的团队精神；保持项目的目标、结构、计划、设计、实施状况的透明性和时效性；体现良好的社会责任形象。

9. 项目风险管理

围绕实现项目管理的各项目标，通过组织对风险因素的识别、估计、分析，对可能发生的风险制订科学的预防措施，并在此基础上应用各种风险管理办法，包括运用风险回避、控制损失、风险分离、风险分散和风险转移等方法，对风险实施有效的控制，妥善处理风险所导致的损失，从而保证项目各项管理目标的顺利实现。

5.4.5 工程竣工验收阶段

依据项目代建管理合同约定，一般包括：工程竣工验收准备、工程竣工预验收、工程竣工验收、工程竣工备案、工程竣工移交。

5.4.6 工程保修维护阶段

工程竣工结算、工程竣工决算、工程审计配合、工程维保合同的签署执行等项目管理工作。

5.4.7 工程项目全团队管理

在工程项目管理中会涉及多个不同利益主体的协调问题，由于这些利益主体间的利益不同、立场不同、专业知识背景不同、企业文化与思维方法不同，使现有工程项目管理中存在着大量的不同利益主体间的明争暗斗、不同立场组织间的相互对抗、不同专业知识背景人员之间的沟通障碍。这些问题会对项目管理造成巨大影响，为了解决这些问题，使那些不同利益主体能够形成统一的团队去开展工程建设，就要建立一种合作伙伴关系，合作的双方就要努力去理解对方的目的、目标和需要，并且通过双方的协商和协调，使双方的目标能够最终达到共同一致。合作伙伴关系不是合同，也不能代替合同，在合同确立法律关系的同时，合作伙伴关系要通过共同努力，正式积极的信息沟通，去建立各方之间良好的工作关系，用团队成员之间的信任和团队成员的合作去防止争端的出现，促使项目成功完成。

6 项目总结

"国金管理"通过展示中心工程以全过程项目管理为主线，集成包括可研编制、招标代理、造价咨询等多专业服务的全过程工程咨询服务模式，而不是仅承担阶段性或局部性咨询工作，在此模式下，全过程项目管理即是对项目各阶段建设的进度、成本、质量、安全等要素进行集成管理，达到加快项目工期、节省项目投资、保障质量安全的目的。展示中心工程成功实现了项目代建合同规定的项目管理目标，可以说是一次成功的全过程咨询服务案例。

纵观全过程工程咨询服务，明确了以下几方面内容：

（1）现阶段建设工程普遍具有规模化、集群化和复杂化等特征，通常业主方对全过程项目管理缺乏专业知识和专业人才。工程管理发展到今天，时代要求我们从业主方角度、从项目的前期工作开始，对项目建设实施系统、全过程、全方位咨询服务，从而提高投资的社会效益和经济效益。

（2）由于全过程工程咨询服务是一项贯穿建设项目前期研究和决策以及工程项目实施和运营的全生命周期的工作，因此一个项目的建设应该是由这些相关人员所构成的一个专业团队来完成，以此来通盘考虑建设过程中的诸多问题。

（3）全过程工程咨询服务是从全过程管理的角度出发，就应该从工程项目全过程各项具体工作入手，进一步分析整个过程中各项具体工作每个步骤的必要性，减少或者删除无效工作，缩短建设周期、节约建设成本、降低责任风险。

北辰核心区 1 号综合能源站工程全过程咨询案例

—— 中国建筑科学研究院有限公司

吴春玲　董妍博　付　强　李颜颐　刘　芳　许　娜
张　颖　杨彩霞　李晓萍

1　项目背景

1.1　社会环境与政策背景

1. 能源与环保压力日趋严格

能源已经成为全球经济与社会发展的基本动力，而矿物能源消费的迅速增长是造成环境恶化的主因。特别是近 100 年来，全球能源消耗平均以每年 3% 的速度递增，到 1998 年，全世界一次能源消耗量已超过 121 亿 t 标准煤。随着全球绝大多数发展中国家工业化进程的加快，未来世界能源消耗仍将以 3% 的速度增长。由于能源的大量消耗，不仅大大加快了传统化石能源的耗竭速度，同时还排放出大量的 SO_2、CO_2、NO_x 和烟尘，给生态环境造成了极大破坏，使得地球变暖，自然灾害频繁，严重制约了全球经济的发展。

2013 年 9 月环保部、国家发改委等 6 部委就曾联合印发《京津冀及周边地区落实大气污染防治行动计划实施细则》，对京津冀空气质量提出改善要求；2015 年 12 月底由国家发改委发布的《京津冀协同发展生态环境保护规划》中提出："到 2017 年，京津冀地区 PM2.5 年平均浓度要控制在 $73\mu g/m^3$ 左右。到 2020 年，PM2.5 年平均浓度要控制在 $64\mu g/m^3$ 左右，比 2013 年下降 40% 左右"。

2. 京津冀协同发展，大气污染联防联控

国务院总理李克强在 2014 年 3 月 5 日作政府工作报告时指出，加强环渤海及京津冀地区经济协作。2014 年 2 月 26 日，习近平总书记在听取京津冀协同发展工作汇报时强调，实现京津冀协同发展是一个重大国家战略。并且，在推进京津冀区域经济协同发展的同时，国家及相关部委积极推行大气污染联防联控。

自 2002 年天津市委市政府明确提出开展创建国家环境保护模范城市目标以

来，天津为改善城市环境质量做了大量的工作，相继实施了蓝天工程、碧水工程、安静工程、生态工程等，目前已完成中心城区燃煤供热改造为燃气供热的煤改燃工程。

2013 年 5 月，习近平总书记提出了打造"美丽天津"，同年 9 月，天津市召开环境综合整治专项行动电视电话会议，拟实施"美丽天津一号工程"，提出"新建项目禁止配套建设自备燃煤电站。耗煤建设项目要实行煤炭减量替代。除热电联产外，禁止审批新建燃煤发电项目。禁止新建工业燃煤锅炉，严格控制燃煤供热锅炉房项目审批，建成区禁止新建燃煤供热锅炉。新、改、扩建项目应使用清洁能源"。

3. 天津市十三五规划，要求改善现行供热方式

根据《天津市供热规划（2016—2020 年）》阶段成果，北辰区属于规划供热分区的主城区部分。为实现《关于研究天津市"十二五"主要污染物总量控制有关问题的会议纪要》及《天津市人民政府关于印发天津市清新空气行动方案的通知》，要求各区改善现行供热方式，落实供热行业节能减排；要求主城区供热模式为：规划以热电联产及燃气供热为主，其他清洁能源供热为辅，不再新、扩建燃煤供热锅炉房。

1.2 项目建设必要性背景

1. 解决核心区供热热源问题，保障民生需求

根据调研，北辰核心区 1 号能源站规划的供热范围内两个新建住宅小区正在进行房屋的销售，因此，北辰核心区 1 号能源站的建设，将助力政府解决核心区地块供热热源问题，尽快解决核心区已出让地块的供热配套问题，保障居民能按时供热，具有紧迫性和必要性。

2. 是改善供热能源结构，优化资源配置的需要

根据《北辰区供热规划（2015—2030 年）》及相关调研数据，北辰区现状供热面积 1668 万 m^2，现有燃煤锅炉房 10 座，燃气锅炉房 25 座，地热站 5 座，垃圾焚烧厂 1 座，燃气供热比例达到 82%，实现了环内供热无煤化，燃煤供热比例为12%，燃煤锅炉分散在环外。北辰区改燃并网工作虽已取得初步成效，但无热电联产供热，燃气供热比例较高，天然气气源保障和天然气价格问题影响冬季安全稳定供热。因此，建设复合式能源站，有助于降低能源安全风险，实现"多能互补"，将是改善北辰区供热能源结构、优化资源配置的迫切需要。

3. 是实现清洁取暖，节能减排的有效途径

根据招标文件，北辰核心区 1 号能源站拟建成可采用电能、天然气、余热利

用等多种能源形式相结合的综合能源站,实现核心区100%清洁取暖。此外,综合能源站拟建三联供系统能够实现冷、热、电三联供,天然气综合能源利用率在70%以上,相对于传统的燃气锅炉加冷机系统可节能约25%,从而大幅度降低区域碳排放强度,减少PM2.5的排放,是实现北辰核心区清洁取暖、节能减排的有效途径。

4.是促进智慧供热,经济运行的需要

调研结果表明,北辰核心区1号能源站通过复合式供能系统向核心区部分商业地块提供集中供冷、供热,取消了用户侧分散布置的冷却塔,有助于降低商业地块用户机电设备初投资,减少运行管理人员,节约运行管理成本,从而提升核心区商业地块的综合配套能力和地块价值。因此,本方案因地制宜地提出将北辰核心区1号能源站打造成为智慧能源管控平台,借助物联网、互联网技术,实现对用户侧和能源侧的协调管控,建立"自我诊断优化"的智控功能,实现对冷热源系统的运行状况、安全状况以及能源使用状况的实时监控、设备自动控制启停及三维可视化应用,是促进北辰区供热行业智慧供热、经济运行,实现转型升级的需要。

2 项目概况

北辰核心区1号综合能源站项目位于北辰核心区,北至沁河中道,西至淮东路,东侧和南侧为预留空地,建筑功能为综合能源站,旨在为北辰核心区提供集中供热及区域供冷配套服务。本项目位置及供能范围如图1所示。

图1 北辰核心区1号综合能源站项目位置及供能范围

北辰核心区 1 号综合能源站项目规划总用地面积约为 4972m²，建筑总面积 11000m²，其中地上建筑面积 10300m²，地下建筑面积 700m²。项目供能范围为：北至北辰道，南至龙门东道，西至潞江东路，东至外环线。供能范围中有两个新建住宅小区正在销售，是能源站急需解决供热的区域。

本项目供热面积及供冷面积汇总如表 1 所示。

北辰核心区 1 号综合能源站供热面积和供冷面积汇总表　　　　表 1

能源站	用地性质	集中供热建筑面积（万 m²）	集中供冷建筑面积（万 m²）
1 号综合能源站	公建	126.12	46.63
	居住	86.23	0
合计		212.35	46.63

3 需求分析

3.1 综合能源站建筑类型特殊，工程难度较高

综合能源站旨在为周边区域提供集中供热及区域供冷配套服务，与城市给水、电力一样是一项公用事业，是城市的基础设施之一，事关民生。与一般的民用建筑相比，综合能源站建筑类型特殊，建设过程中涉及专业多，专业性强，技术先进，内部工艺流程复杂，工程难度较高。对于此类建筑工程，建设方需要专门的服务团队以及技术力量来填补经验与技术上的不足，从而实现对项目全过程的有效管控。

3.2 项目定位高，致力于精品示范工程

北辰核心区 1 号综合能源站无论从项目规模、所处地理位置还是建筑功能方面，均是北辰区内的重点项目，项目定位高，备受各方关注。

除要实现基本功能，满足周边供能范围内的供热供冷需求，保障民生外，北辰核心区 1 号综合能源站还是北辰区着力打造的一项地标工程。从能源站建筑外形，到内部使用的各项工艺技术、智能化技术，再到项目建设过程的各个环节，均要求高水平、高质量、突出亮点，致力于将本项目打造成为精品示范工程。因此，从本项目决策阶段到后续实施、运行等全过程，也同样有必要引入高水平的技术团队，做到全过程高质量统筹管控，实现项目的高水平建设。

3.3 环节多，建设周期长，各环节衔接与综合管控至关重要

本项目从立项到最终实际运行，中间涉及环节多，并且本项目分期建设，整

体建设周期长，因此各环节衔接与综合管控至关重要。

项目建设各个环节连接紧密，良好的统筹规划与综合管控能够在各个工作环节中提前为后续工作作准备，一方面能够为后续工作奠定良好的基础条件，另一方面也便于各项工作的及时开展，使工作时序更加合理，提高整体效率。

3.4 政策支持，推进全过程工程咨询应用

《国务院办公厅关于促进建筑业持续健康发展的意见》（国办发〔2017〕19号）中提出，鼓励投资咨询、勘察、设计、监理、招标代理、造价等企业采取联合经营、并购重组等方式发展全过程工程咨询。政府投资工程应带头推行全过程工程咨询，鼓励非政府投资工程委托全过程工程咨询服务。

本项目作为北辰区重点工程项目，采用全过程工程咨询具有引领与示范作用，有助于推进全过程工程咨询在本区域的推广应用。

4 服务策略

4.1 咨询服务的业务范围

本案例咨询服务主要涵盖项目决策阶段、设计阶段以及施工准备阶段全过程的工程咨询业务，主要范围包括：

项目决策阶段：项目前期方案设计与编制，项目申请报告编制；

设计阶段：项目初步设计、施工图设计，绿建专项咨询，BIM技术应用，配合概算编制、造价控制等；

施工准备阶段：项目基坑论证、工艺优化，配合标段划分、招标技术要求编制等。

4.2 咨询服务方式方法

1.前期方案阶段介入，全过程参与工作

我院在服务本案例过程中，从项目前期方案阶段开始介入，全面掌握本项目的来龙去脉，在充分了解项目背景以及业主需求的情况下开展工作，使所供即所需。

为项目提供全过程工程咨询服务，全过程参与工作。除完成各个阶段技术工作外，还承担起建设方技术顾问的角色，协助处理建设过程中各个环节出现的问题，推动项目的顺利开展。

2.重视沟通协调，完善沟通机制

良好的沟通协调是促进工作开展的有效保证，在本项目中，为解决沟通难

题，特别制定了沟通协调机制，用以增进项目团队内部沟通、与外部其他单位沟通、与业主方面沟通等。

建立项目联系人制度，协调对内对外沟通关系，使所有问题能够有效汇总与处理，避免给业主造成出现问题不知道找谁解决，或者直接对接某专项技术人员因信息量不对等沟通存在困难等问题，提高沟通效率。

3.严格内审外审，确保全过程咨询服务质量

建立完善的质量管控措施，执行严格的内审外审制度，各阶段成果完成后，首先各专业内部进行复核，完善后内部专家进行评审，邀请外部专家评审，广泛听取专家的意见与建议，不断修正与完善，最终形成完整的成果，确保全过程咨询服务质量。

4.规范管理制度，全过程严格管控

在项目实施前，根据项目特点建立规范的管理制度，包括投资控制、进度控制、质量控制、合同管理、信息管理、组织协调、风险管理等方面，在项目实施全过程进行严格管控，确保项目顺利实施。

5 咨询方案

5.1 整体咨询方案策划以及关键控制点

北辰核心区能源站项目全过程咨询更侧重于设计引导的咨询服务。在策划过程中充分发挥建筑师的主导作用，建立整个项目的咨询框架，熟悉项目建设各个阶段所需所求，分别把控各个阶段的关键控制点，保障项目的建设落实。

本案例咨询服务主要涵盖项目决策阶段、项目设计阶段、项目招标阶段、项目施工前期阶段的阶段性全过程工程咨询服务。全过程咨询从项目投资控制角度，越早介入效果越好，决策阶段、设计阶段、招标阶段、施工前期等对投资影响是依次递减的。因此，本项目的全过程咨询思路是：决策阶段了解整个项目的风险、难点、控制点；加强设计阶段测算和必选，优化设计；加强招标投标阶段策划、招标文件及合同条款的设置，合理分配风险；加强过程中的精细化管理和证据收集，为结算打下牢实基础。

5.2 组织架构设计

为了充分满足业主在本工程项目的实际需要以及我院对本项目咨询管理的控制，提高本工程项目管理服务水平，保障优良服务质量，我院制定了"分层面，分层级"的管理架构，对项目实行全过程管理服务，确保项目建设全局受控。

项目部层面管理组织架构如图2所示。

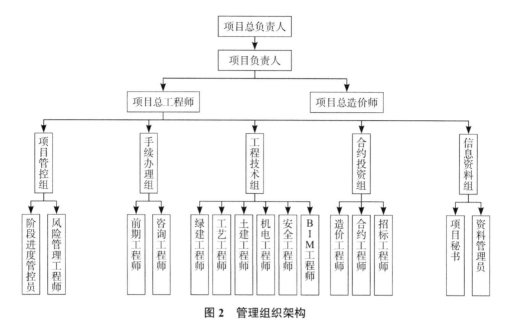

图2　管理组织架构

1.项目管控组

项目管控组管控整个项目建设，每个阶段需要准备什么资料，关键点、难点在哪儿，会有什么风险，下一阶段需要提前进行什么准备，时间节点任务是否按时完成，都由项目管控组负责。定期（每日、每周、每月）向项目负责人汇报前期手续办理进展情况，并做好对业主，对设计单位、咨询单位、招标代理单位、造价部门的沟通协调工作。

2.手续办理组

前期工程师首先检查各配合单位的相关资质文件，确保真实性，并提交信息资料组存档。依据方案及项目管理计划，秉承"提前办理，并行办理"的原则，提前准备项目建设所需手续要件，提高办理效率，提前安排下一阶段所需办理手续、要件，并对过程中的资料要件转交给信息资料组进行备份存档。

3.工程技术组

主要负责对土建、工艺、机电、景观、安全、BIM、绿建等方面提供咨询帮助，对设计院提供合理性建议，优化设计。审查设计院所出的所有图纸（包括变更文件），解决相关技术问题。

4.合约投资组

造价工程师及时获取项目建设过程中的变更问题，并指导预算人员作相关调整，保障项目建设预算的风险预知及可控性。在过程中产生的差异及时与业主、招标单位、监理单位、施工单位沟通，指导修改相关合约的工作。

5. 信息资料组

负责对项目建设过程中的资料收集，及对外图纸发出的检查工作。

5.3 各阶段咨询方案及价值

1. 项目决策阶段

项目咨询主要承担的是项目建设的前期策划、投资决策等任务，包括了需求分析与评估、投资决策、项目团队组建及沟通方式、建立项目目标、可行性研究、编制财务计划、选址、方案设计、编写项目实施计划、确定采购发包策略等。无论是项目的收益还是造价，项目策划阶段都对其有着十分重要的影响，所以可以说在进行全过程工程咨询时项目策划阶段应该是最主要的阶段，需要做好项目可行性研究工作。

首先，在进行项目可行性研究分析时，要充分地发掘出业主的真正需求，所以在项目实施时咨询方越早介入越好。因为咨询方都是专业的人员，其知识、技能和经验要更专业些，而且对于项目的理解与业主也会有所不同，这样咨询方及时介入项目，不仅能够将业主的长期战略贯彻到项目中，而且能够提供专业的意见，及时对项目策划过程中出现的偏差进行纠正。

其次，在前期策划实施过程中，风险管理也是至关重要的一环。在项目前期策划阶段存在着许多的不确定因素，项目具有较大的可塑性，对项目进行改造也有许多机会，而且改造的成本也会最低，所以在这个阶段提出能源站设计需要加强风险管理，可以确保项目获得最大的投资收益。这一阶段项目部需要向业主说明，在这一时期进行风险管理的利与弊，及时对风险进行管理，采取主动措施，这样就会更好地实现对工程的控制。

最后，在项目策划阶段，还涉及价格管理部门，即通过对有限的资源进行优化，从而实现增值的目的，使业主可以在投资中获得最大化的效益。通过在项目策划阶段对价值管理的目标和方针进行确定，这样在建设过程中，就会按照投资方的价值取向进行，从而使业主获得良好的效益。

2. 项目设计阶段

项目设计阶段是进行造价控制的最重要阶段，全过程咨询组在此阶段发挥着设计和施工中桥梁的作用。为了更好地实现对投资成本的控制，在此阶段，咨询人员需要进行限额设计的指导，从而使设计人员在设计过程中有所依据。这样就可以确保设计图在满足使用功能和业主要求的基础上，实现对不合理变更的控制，而且确保了不会突破总投资额。限额设计不仅是设计人员的事，与业主、造价工程师关系也极为密切，同时限额设计也应贯穿于工程项目建设的整个过程。设计人员应向业主提出有关经济方面的设计修正方案，最终达到优化设计，控制工程造价的目的。

本案例在项目设计阶段的咨询服务具体如下。

1）概念设计阶段

（1）结合业主定位，对方案方总图布局、外围流线设计提出合理优化建议；

（2）针对方案概念设计成果，提出规范注意事项和把控要点；

（3）结合工程投资额，为确定能源站设计工艺提供合理化建议。

具体实施：

在此阶段我院安排项目负责人组建了项目部，跟业主、设计单位、造价部门沟通组织了方案策划会，在此次会议上明确定位建设目标为综合能源站。项目负责人结合国内外综合能源站的案例及服务人群，为该项目提供合理化建议及风险评估，并预估规模大小及涵盖的功能，制定项目进度表，确定下次方案会所需提供成果，项目秘书随行做好会议记录。会后项目负责人安排项目总工程师与设计单位联系，提交基础数据、确定可选方案（表2、表3）。

综合能源站面积汇总表（m²）　　　　表2

地块	13号	14号	17号	18号	21号	22号	合计
公建	124499.4	169730.3	14262.4	77832	211105.2	663797	1261226.3
居建	0	90952	216018	239448	173616	142310	862344
面积汇总合计							2123570.3

综合能源站供热面积和供冷面积汇总表　　　　表3

能源站	用地性质	集中供热建筑面积（万m²）	集中供冷建筑面积（万m²）
1号综合能源站	公建	126.12	46.63
	居建	86.23	0
合计		212.35	46.63

2）方案设计阶段

（1）结合项目策划报告与方案设计成果，对动线设计、空间尺度、形体组合提出合理建议；

（2）结合业主运营要求与方案设计成果，对流线设计提出合理建议；

（3）结合方案设计特点与设计院绿色建筑设计概念，提出绿色建筑设计控制点与优化措施；

（4）积极配合方案设计师和业主推进方案设计总体进度，参加业主组织的方案讨论会，从技术角度提出项目方案意见，对于存在多种选择方案的问题，进行必要的分析比选，给出优选结论；

（5）积极与初步设计单位衔接，提供必要的技术支持。

具体实施：

项目负责人根据前次会议安排，与设计单位沟通，按照规划指标要求，制定整体规划方案，并在规划方案中融入绿色建筑理念。

项目部人员参加方案研讨会，讨论整体规划方案及供热工艺，会上项目总工程师对规划指标进行校对，与合约投资组的造价工程师对两种供热工艺的优缺点进行论证，结合工艺和造价提出意向方案及方案意见。在初步设计前合约投资组人员配合造价单位进行复算，最终确定项目方案。

项目管控组制定后续初步设计阶段的进度要求，督促设计单位和业主落实相关手续，项目秘书做好会议纪要，资料管理员对方案成果进行备份保存（图3、图4）。

3）初步设计阶段

（1）针对政府批准的方案，进行初步设计审核，包括所有设计图纸、材料、外立面及主要设计元素的详细资料及说明；

（2）审核初步设计是否按照甲方批准的工程造价进行；

（3）审核建筑设计说明、主要工程图纸是否满足相关部门的审批意见以及法律法规、强制性规范、标准的要求；

（4）对设计院初步设计成果进行审核，提出优化建议。

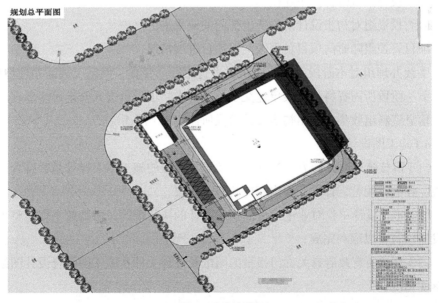

图3 规划总图

图4 能源站效果图

具体实施:

项目负责人随时与业主、设计单位、造价单位进行对接,了解项目进程,安排相关会议,收集提交各方所需资料,保障项目顺利进行。

工程技术组首先对各专业的设计难点、设计所需资料、审批审查重点提前与设计单位沟通,并对初步设计阶段图纸进行审核,提出审核意见。BIM工程师根据初步设计图纸进行简单建模。

合约投资组对初步设计阶段造价部门的成果进行复核。

项目管控组随时向项目负责人汇报项目进展情况。

手续办理组对本阶段手续落实情况进行跟踪、督促,确定工规证办理情况,并对下一阶段所需资料列出表单递交项目负责人,项目负责人安排后续事宜。

信息资料组收集、发出初步设计阶段所需资料(图5)。

4)施工图设计阶段

(1)审核施工图设计方建筑外立面及重点部位的施工图大样等是否符合法律法规、强制性规范、标准,提出相应的修改建议;

(2)审核设计单位对业主认可的初步设计的执行情况,协助业主促使整个设计发展项目得以顺利完成;

(3)复核所有政府有关部门报批的图纸及设计文件在施工图综合设计图纸中的落实情况;

(4)审核设计院施工图设计成果,提出优化建议;

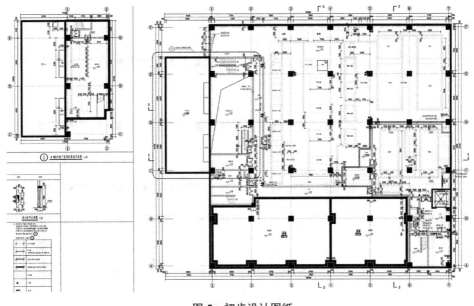

图 5　初步设计图纸

（5）依据项目开展情况提供施工咨询；

（6）参与深基坑论证会，为与会设计人员提供技术指导。

具体实施：

项目负责人组织与设计单位的图纸会审，并对会审过程中的问题进行跟踪。并对项目中出现的重大问题及时与业主、设计单位沟通，保障图纸质量。参与施工交底，配合设计单位向施工单位提出设计图纸的相关要求及注意事项，向施工单位提出安全施工要求，并灌输风险意识。

项目管控组控制时间阶段要求，对设计单位进行督促，跟项目负责人汇报项目情况。

工程技术组各专业工程师分别对各专业图纸进行审查，并配合设计单位对外审单位的审查结果进行沟通回复。BIM组工程师与设计单位沟通，对施工图阶段图纸进行深入建模，协调各专业图纸碰撞问题。

信息资料组收集、发出施工图阶段所需资料并准备入场所需资料清单（图6）。

3.项目招标阶段

项目部在深刻把握项目宗旨，充分领会设计意图的基础上，通过编制工程标底、工程量清单；编制招标公告书，招标文件，资格预审文件；确定评标、定标原则及办法，对投标报价中单项报价进行科学的比较分析，为业主选择承包单位提供依据，协助业主签订工程承发包合同。避免合同条款制定不严密，事后发生经济纠纷事件。

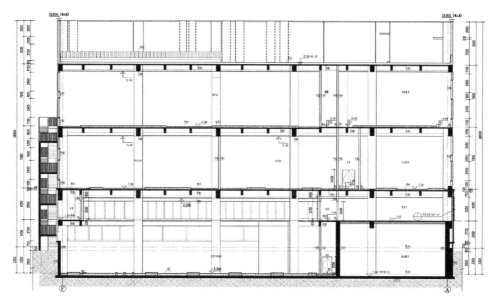

图6 施工图图纸

4.项目施工前阶段

这个阶段要建立健全投资控制系统，完善职责分工及有关制度，落实责任。全过程的项目咨询可以使工程咨询机构早期就参与项目的开发建设，更有利于熟悉设计图纸、设计要求、标底计算书等，明确工程费用最易突破的部分和环节，明确投资控制重点。预测工程风险及可能发生索赔的诱因，制订防范性对策，避免或减少索赔事件的发生。在施工过程中，及时答复施工单位提出的问题及配合要求，主动协调好各方面的关系，避免造成索赔条件成立。对投资进行动态控制，定期或不定期地进行工程费用分析，并提出控制工程费用的方案和措施，实现对工程费用的落实及监管。

5.4 风险管理与控制方案

供热是关系到居民生产生活的重要问题，一旦供热质量无法保证，将严重影响居民的生活质量，形成恶劣的社会影响。因此，在项目设计建设阶段及能源站运行阶段，都必须对能源站所能达到的服务质量引起足够的重视。

预测项目存在的风险因素，通过定性分析和定量分析确定各种风险可能引起造价的变化幅度，并积极采取措施，是贯穿整个建设工程活动全过程的风险管理工作的主要内容。本案例从人为风险、经济风险、自然风险三个方面出发，作出合理的预测和建议。

1. 人为风险

业主需寻找具有相应资质的设计单位负责能源站建设相关文件的编写，施工图纸的设计；去相关机构、部门作本项目的环境影响评估；安排具有相应资质的图纸审查单位对图纸进行审查；采购正规渠道的产品，保障产品质量；找具有相关施工资质的施工单位施工，保障工程质量；定期检查项目建设过程中的安全措施落实情况，指派专人负责与规划部门的协调，与各级政府部门的沟通，合同管理工作。在此过程中负责全过程咨询的建筑师要发挥其主导作用，及时汇报，及时沟通，及时复核，提前安排，力争在各阶段的时间节点进度把控上做到无缝衔接。

2. 经济风险

项目负责人安排风险管理工程师随时跟踪、汇报资金的收入、支持情况，市场物价变化情况。

3. 自然风险

在制定项目建设的时间节点时，充分考虑当地形势，避开冬季禁止施工时段，在恶劣的气候与环境情况时，积极应对，保障安全施工。

6 咨询增值服务方案

6.1 统筹考虑，增强各环节衔接性

在传统的建设模式中，各个环节相对割裂，易出现"甲方对项目定位不确定，设计对运维模式不熟悉，施工对运行效果不关注，运维对理论预期不清楚"的情况，使得预期到各个环节中时逐级发生偏离，最终成果与最初目标不一致。

通过全过程工程咨询服务，实现统筹考虑，提高对整体项目的管控，避免决策阶段、设计阶段、施工阶段、运营阶段的脱节，增强各个环节之间的衔接性，提高工作效率，保障工作质量。

6.2 BIM技术全过程应用，使项目管理精细化

在项目全过程中应用BIM技术，提高项目精细化管理程度。在方案规划、设计过程、成本管控、施工建造、项目管理全过程实现低成本、高速度、精品质的"五位一体"管理模式。在设计阶段实现方案展示、错漏碰缺检查、设计优化、管线综合、净空优化、工作量统计等；在施工管理阶段实现方案模拟、进度管理、深化设计、质量管理、成本管理等；在竣工管理阶段实现竣工模型、数字化移交等；在运维管理阶段实现设备设施管理、能源管理、空间管理、应急管理等。基于BIM技术，使项目管理与BIM交互融合，达到管理的可视化、

标准化、规范化、信息化。

6.3 项目成果培训，促进建设工作顺利进行

在本项目咨询服务过程中，各阶段项目成果具有较强的技术性，单纯提交成果虽然完成了工作任务，但并不能有效促进成果的落实。针对此问题，我院将对甲方技术人员进行一定程度的培训，便于其充分熟悉与理解成果，促进项目的顺利进行。

6.4 持续技术服务，保证后期技术力量需求

在本项目主要咨询工作完成之后，我院还能够提供持续的技术服务，在后期项目的建设运行过程中给予相关指导与技术支持，保证项目后期对技术力量的需求。

在项目投入实际运行后，可提供定期的运行指导服务，从而优化系统运行状况，提高能源使用效率。能够提供定期的节能咨询技术服务，帮助业主分析实际运行数据，实际能耗数据，从中找到节能潜力点，进一步优化系统与运行，促进能源站全生命周期健康运行。

7 咨询成果与项目复盘总结

7.1 投资决策综合性咨询成果与复盘

通过项目决策，投资建设北辰核心区 1 号综合能源站，在经济、社会、生态环境等方面都获得了良好的效益。

1. 经济效益

北辰核心区 1 号综合能源站采用冷热电三联供分布式能源系统。与传统的能源系统相比，分布式供能系统是国际公认和得到广泛应用的能源利用形式，其通过能源的梯级利用极大地提高了能源的利用效率。本项目常规能源总消耗量为23565.9tce（不考虑发电机所发电量节省的电力消耗），相对常规能源系统节能量为 3434.6tce，节能率为 12.7%，具有良好的经济效益。

从区域经济影响方面，本项目的建立能够满足其服务范围内建筑的集中供冷、供热需求，为该地区企业生产、居民生活等提供必要的基础条件。使用区域供冷系统的单体建筑可以节省约 75% 的能源站房面积，同时还能实现现场零排放以及更好的景观效果，使该地区在能源供应方面存在一定优势，有效提升了其服务区域的综合竞争力，对当地的经济发展起到一定的积极推动作用，对区域经济产生积极影响。

2.社会效益

北辰核心区 1 号综合能源站的立项建设，是为了尽快落实核心区地块供热热源问题，尽快解决核心区已出让地块的供热配套问题，保障居民能按时供热，具有紧迫性和必要性。在解决核心区供热热源问题，保障民生需求方面具有积极的社会影响。

从节能减排、环境保护方面，北辰核心区 1 号综合能源站拟建成可采用电能、天然气、余热利用等多种能源形式相结合的综合能源站，实现核心区 100% 清洁取暖。此外，综合能源站拟建三联供系统能够实现冷、热、电三联供，天然气综合能源利用率在 70% 以上，相对于传统的燃气锅炉加冷机系统可节能约 25%，从而大幅度降低区域碳排放强度，减少 PM2.5 的排放，是实现北辰核心区清洁取暖、节能减排的有效途径。对当地的能源利用、环境质量等产生了积极的社会影响。

能源站的持续健康运行必然需要一定的运维管理人员。本项目在后期运行中需要员工约 26 人，为社会提供了一定量的就业机会，具有一定的社会效益。

从社会适应性方面，本项目区域能源系统形式具有能源利用效率高、能源供应稳定、可靠、对环境友好的特点，很容易被居民及其他形式的用户所接受。此外，通过能源站的建立，能够使得单体建筑能源站房面积大幅度减小，提升了单体建筑空间的商业价值，降低了单体建筑能源站的运行维护工作量，更易受到用户的欢迎。从建筑方面，本能源站建筑形态稳重、大方，以满足工艺功能为主要前提，设计理念上既避免了"奇奇怪怪"的建筑造型，又能凸显能源站大气、沉稳、低调、务实的建筑风格，与周边建筑形成较好的呼应与融合，为城市公共设施提供了参考和借鉴，社会效益显著。

3.生态环境效益

环境及生态保护即保护与改善生产、生活及生态环境，防治污染，这关系到国家建设、人民健康，是我国的一项基本国策。北辰核心区 1 号综合能源站项目的建设就是一项环保项目建设，充分考虑北辰核心区"生态环保、节能降耗、绿色建筑"的节能特点，完善核心区能源结构，将有助于减少大气污染、改善环境，具有良好的生态环境效益。

7.2 全过程工程咨询成果与复盘

7.2.1 设计阶段

在全过程咨询的指导下，项目组准时完成设计工作，并保障了项目投资预算的控制性、项目建设的功能性、图纸设计的可靠性。

在方案阶段，我院提前召开项目策划会、项目评审会。在保障造价的前提下，对项目工艺的选择提供可选方案，并在设计院完成方案设计时，优化方案设计；在设计阶段，各专业所需条件，提前与设计院沟通，完善设计条件，并对业主设计条件落实情况进行跟踪，资料组指导所需资料的获取途径，并对设计过程中出现的难点进行答疑，设计图纸进行审查等。并安排 BIM 工程配合设计人员对能源站建设整体建模，提前规避管线碰撞及其他未知风险，为项目的顺利建设增加一份保障。在设计阶段的成果如下：

（1）各专业的施工图图纸、图纸合格证明；

（2）满足造价要求的预算清单；

（3）能源站的核准报告；

（4）能源站满足施工深度的 BIM 模型；

（5）满足绿色工业建筑二星的设计图纸。

通过后期复盘，项目部对项目设计阶段的工作进行了全面梳理，认为本次项目咨询工作是成功的。在项目部的管理下，项目建设过程中未出现重大变动，且一步步、按时按量地完成了该阶段任务。

7.2.2 招采阶段

在本项目招采阶段，项目部通过配合标段划分、招标文件技术要求编制等工作，对项目各技术要点进行了有效把控。

综合能源站由于项目规模大，工程分期建设，一期工程工期紧张，必须保证冬季居民供热等，有必要对本项目进行合理的标段划分。一方面通过合理安排保证建设进度，另一方面也促进各分期、各分项工程之间的协调，有利于项目的有序开展与进行。

此外，综合能源站专业性强，工艺流程复杂，在设备采购、施工安装等方面均有较高技术要求。通过在招标文件中合理制订技术要求，有助于业主采购到适用的设备，避免此部分技术风险。

通过这一阶段的咨询服务工作，帮助业主在这一环节工作中对各技术要点进行有效把控，保证后续工作的顺利、有序实施。

7.2.3 施工准备阶段

在施工准备阶段，重点配合基坑论证、工艺优化等工作，完成深基坑支护方案论证等成果。

北辰核心区 1 号综合能源站基坑北侧距建筑红线 2m，距沁河中道最近距离 10m，基坑西侧距淮东路 30m，淮东路地下为地铁 5 号线，基坑距地铁 5 号线 35m，东侧及南侧均为预留空地。本工程基坑开挖深度为 4.85m，基坑开挖影响范围内没有需要保护的建（构）筑物，工程地质、水文地质条件较简单，基坑安全等级为三级。通过论证，对本项目的基坑支护方案、基坑降水方案、基坑开挖的监测方案等进行了科学、合理的设计，以确保优质、安全地完成各道工序，为业主提供满意的服务。

综合能源站涉及的技术较多，工艺流程复杂，结合厂家及施工需求配合进行二次深化设计，对工艺进行优化，能够为后期的良好运行奠定基础。在能源设备布局过程中，通过优化管网路由，加强施工过程管理，严格控制施工过程中管网局部阻力发生的可能性，降低管网阻力，为后期运行节约介质的输配能耗。在系统的控制环节中，通过构造闭环运行系统，实现供能效果，达到安全运能的标准，满足用户需要。

通过施工准备阶段的咨询服务工作，在基坑论证、工艺优化等方面为业主提供了有力的技术支撑。

8　总结与思考

通过对本项目进行复盘总结，在项目部的管理下，本项目在建设过程中未出现重大变动，有效地把控了各阶段的关键控制点，按时按量地完成了各阶段工作任务，体现出全过程咨询工作在本项目中的关键作用，进一步说明全过程咨询的重要性。在此基础上，对本项目全过程咨询工作中的要点与亮点进行总结如下。

1）项目统筹策划先行

本案例各阶段的顺利实施无不体现了项目统筹策划的重要性，在以项目为中心的指导思想下，通过设计策划、管理策划有效地解决了项目潜在的问题及困难，对各项风险进行提前预控，一站式的项目策划及过程管控的优越性在本项目中得以完美体现。

2）设计引导下的全过程咨询

北辰核心区1号综合能源站项目全过程咨询更侧重于设计引导下的咨询服务模式，以为业主提供技术支撑、设计带咨询的模式开展工作。在项目实施过程中充分发挥建筑师的主导作用，切实有效地解决项目建设中的问题，保障项目的顺利推进。

3）BIM技术应用

在项目全过程中应用BIM技术，提高项目精细化管理程度。在方案规划、设计过程、成本管控、施工建造、项目管理全过程实现低成本、高速度、精品质的"五位一体"管理模式。基于BIM技术，使项目管理与BIM交互融合，达到管理的可视化、标准化、规范化、信息化。

广州南沙新区明珠湾区起步区海绵城市
全过程咨询服务

—— 中国建筑科学研究院有限公司

魏慧娇　林丽霞　刘会芳　张占辉　王　瑜　杨彩霞　李晓萍

1　项目背景

南沙区位于广州市南端、珠江三角洲的中心，方圆 100km 范围内网络了珠江三角洲经济最发达的城市群，与广州、香港、澳门处在珠江口"人"字形的结构位置，具有优越的区位交通条件。南沙区岸线长，具有丰富的建港资源，特别是建深水港的资源。土地资源丰富，为拓展新的城市功能、发展新兴产业创造了优越条件。

2012 年 9 月 6 日，国务院正式批复同意《广州南沙新区发展规划》，15 日《国务院关于广州南沙新区发展规划的批复》同意广州南沙新区为国家级新区，南沙新区的开发建设上升到国家战略层面。至此，广州南沙新区成为我国第六个国家级新区，这意味着南沙新区即将迎来一个新型城市化阶段。

2012 年 11 月，党的十八大报告首次强调建设美丽中国，并把生态文明建设放在了突出地位，尤其强调了在经济建设、政治建设、文化建设、社会建设中生态文明的融入，海绵城市为南沙生态文明建设的关键内容。

广州市生态建设起步较早，自战略规划确定总体生态格局与生态网络框架后，持续开展的生态廊道及相关规划为海绵城市建设奠定了坚实基础。2016 年 9 月，广州市印发了《广州市海绵城市建设工作方案》，要求通过具有岭南特色的海绵城市建设，结合广州市"山城田海"的自然生态格局，综合采取"渗、滞、蓄、净、用、排"等措施，构建低影响开发雨水系统，并详细制定了近期海绵城市建设的阶段性目标。

南沙新区在城市建设过程中积极引入海绵城市的理念，在《南沙新区城市总体规划》中即提出了生态优先，以低冲击的发展模式实现城市建设的理念。

2017年编制完成的《南沙新区海绵城市专项规划》，为全区海绵城市建设提供规划指导。

明珠湾区处于南沙新区中心城区的核心区域，而起步区是明珠湾区先行启动的开发建设区域，根据明珠湾起步区的自然禀赋，依托国家新区和自贸试验区的定位及战略优势，结合海绵城市建设理念，推进明珠湾起步区海绵城市建设工作，积极开展海绵城市试点示范建设工作，将明珠湾起步区打造为海绵城市示范城区。

2 项目概况

2.1 区位条件

南沙新区位于广州市最南端、珠江虎门水道西岸，是西江、北江、东江三江汇集之处。东与东莞市隔江相望，西与中山市、佛山市顺德区接壤，北以沙湾水道为界，与广州市番禺区隔水相连，南濒珠江出海口伶仃洋，总面积约803km²。南沙新区是大珠江三角洲地理几何中心，距香港、澳门分别仅38海里和41海里，是珠江流域通向海洋的重要通道，也是连接珠江口两岸城市群的枢纽节点和我国南方重要的对外开放门户（图1）。

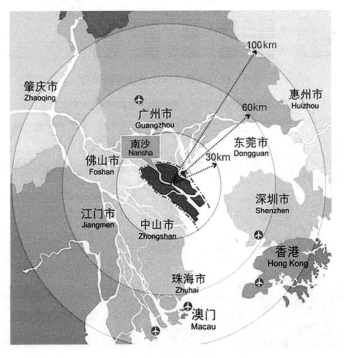

图1 南沙新区区位图

明珠湾区处于南沙新区中心城区的核心区域，明珠湾起步区是明珠湾区先行启动的开发建设区域。规划建设成为金融商务发展试验区，重点发展金融服务、总部经济和科技创新等高端服务业，打造成为高水平对外开放门户枢纽的核心功能区和广州城市副中心的引导示范区，明珠湾区及起步的位置图如图2、图3所示。

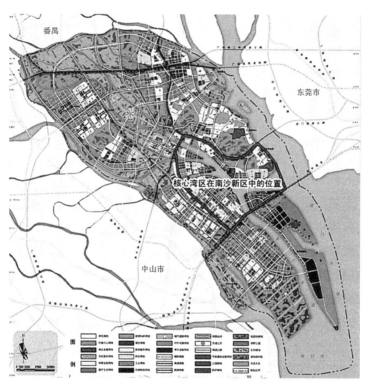

图 2　核心湾区在南沙新区中的位置

图 3　起步区在核心湾区中的位置

2.2 规划范围

明珠湾区总用地面积约 103km²，其中陆域面积约 73.8km²，可建设用地面积约为 59km²。

明珠湾区起步区包括蕉门河以西地区、南沙慧谷地区、灵山岛尖和横沥岛尖，总规划用地面积为 33km²，陆域面积为 19.1km²，可建设用地面积为 17.2km²（图 4）。

图 4 起步区规划范围图

2.3 自然地理

2.3.1 土壤与地质

南沙新区在长期的河流冲击和海潮进退作用下，沉积了深厚的海陆交互相软土，且在软土层内夹着厚薄不一的薄层粉细砂层，具有一定的水平层理。区域内土壤类型主要有三类，分别为中壤土、轻黏土、中黏土，土壤多黏重，渗透性低（渗透范围在 $10^{-8} \sim 10^{-7}$ cm/s 之间），不易下渗。中壤土主要分布于南沙街道—黄阁镇的山地丘陵地带，轻黏土主要分布于北部的榄核—东涌—大岗段，中黏土主要分布于南部的万顷沙区域。

南山新区中心城区的明珠湾区起步区岩土勘察未发现滑坡、地下溶洞、空采区等不良地质作用，场地区域构造趋于稳定，适宜开发地下空间。明珠湾区起步区不良地质主要为饱和砂土的地震液化，液化等级为轻微～严重，抗震设防烈度为 7 度，对线形地下设施如地铁、市政管廊有一定的影响，设计应考虑地震作用下砂土液化和软化震陷的不良影响，必要时应考虑负摩阻力对装机承载力的影响。

2.3.2 植被总体概况

南沙新区在广东省植物区系划分中，属华夏植物界、东亚植物区、华南省、粤西南—桂东南亚省。广州市地处亚热带和热带的分界处，植被显示亚热带性及从热带向亚热带过渡的特点，其地带性植被类型为热带季雨林型的常绿季雨林。区域现状植被绝大部分是次生植被和人工植被。大部分丘陵地带均以灌丛和人工林为主，山地种植的主要树种为松、桉、相思等。平原地带多为农业植被和防护林，农业植被以种植的粮食作物、果树、竹为主。防护林分布在东部平原地带，以马尾松、竹、苦楝、桉树、木麻黄等为主，构成平原林网。

3 需求分析

3.1 海绵城市建设系统性强，应加强技术支撑

海绵城市建设是一项以城市水问题综合治理为核心的系统工程，具有跨行业、跨部门、跨学科特点，需要多方位的技术支撑，其内容涉及城市建设的诸多方面，除对建筑与小区、市政道路、绿地与广场的低影响开发改造，市政基础设施的新建、改造与优化，及城市水系保护利用等工程外，还包括工程的后期运行管理。对于此类项目，业主需要专门的服务团队以及技术力量来填补经验与技术上的不足，从而实现对项目全过程的有效管控。

3.2 做好前期规划编制，发挥规划引领作用

建设海绵城市，就是要通过加强城市规划建设管理，保护和恢复城市海绵体，有效控制雨水径流，由"快排"转为"渗、滞、蓄、净、用、排"，由末端治理转为源头减排、过程控制、系统治理，从而实现修复省市水生态、改善城市水环境、保障城市水安全、提升城市水资源承载能力、复兴城市水文化等多重目的，因此编好海绵城市专项规划及海绵城市建设实施方案、做好顶层设计是实现海绵城市全过程管控的基础。

3.3 环节多，建设周期长，各环节衔接与综合管控至关重要

海绵城市建设既要实现生态目标，也要满足现有城市功能。因此，低影响开发设施建设必须以城市基础设施作为载体，从建设项目立项到最终实际运行，中间涉及环节多，整体建设周期长，因此各环节衔接与综合管控是落实海绵城市建

设目标的关键。

4 服务策略

4.1 咨询服务业务范围

按照业主需求，本项目全过程咨询服务主要针对项目的规划设计、标准体系完善及建设实施阶段三大方面进行全过程咨询服务。

规划设计阶段：编制横沥、灵山岛尖海绵城市建设实施方案；

标准体系完善：南沙明珠湾区起步区海绵型建筑与小区设计导则、技术规程、施工图设计专篇、验收标准等；

建设实施阶段：对项目在土地出让、设计、审图、施工、监理、竣工验收、维护使用等环节与海绵城市相关的内容进行审批。

4.2 服务策略

1. "规划引领"，有序推进海绵城市建设

《海绵城市建设技术指南——低影响开发雨水系统构建》中明确提出了海绵城市建设遵循的五大基本原则——"规划引领、生态优先、安全为重、因地制宜、统筹建设"。其中，"规划引领"作为首要原则，是指导海绵城市建设的重要依据。

依托海绵城市专项规划，通过对区域生态本底和现状问题的调查，明确区域海绵城市重点建设区域，并对专项规划中的总体指标分解至控规单元地块，保证海绵城市总体指标的落地，科学有序地推进南沙新区明珠湾区起步区海绵城市建设。

2. 完善技术标准，指导海绵城市设计

海绵城市建设相关标准的编制及适时发布，关系到海绵城市的雨水系统构成、控制目标和指标、技术措施、建设途径等核心问题。在本项目中，在我国及我国各省市区现行基础性标准规范、发达国家城市低影响开发设计导则基础上，结合本地气候、水文及土壤地质条件等因素，构建一套内容全面、层次分明、结构清晰、符合地域特征的海绵城市建设标准作为技术支撑，为起步区海绵城市项目的规划设计提供参考标准。

3. 规范管理制度，全过程严格管控

海绵城市建设实施阶段，是对海绵城市低影响开发技术的落地，在落实要求上以"管"为主，对项目在土地出让、设计、审图、施工、监理、竣工验收、运营管理等环节的海绵城市相关内容进行审批和监督，确保海绵城市建设项目的顺

利实施及实际效果。

4. 建立有效的沟通协调机制

良好的沟通协调是促进工作开展的有效保证，在本项目中，为解决沟通难题，本项目设置现场管理组，主要负责与业主沟通，使所有问题能够有效汇总与处理，协助技术人员搜集基础资料，以确保咨询成果的准确性和科学性，避免存在信息量不对等沟通问题，提高沟通效率。

5 咨询方案

5.1 整体咨询方案策划以及关键控制点

首先，通过顶层设计明确海绵城市上层建设的总体目标，引领起步区海绵城市建设方向，结合明珠湾区起步区本地条件、建设现状、上位与专项规划，确立起步区海绵城市建设分区与发展时序，完成起步区海绵城市建设实施方案，保证起步区建设海绵城市示范区目标的实现。关键控制点：结合起步区现状条件，梳理其存在问题及建设需求，确定海绵城市重点建设区域，并将指标结合控规单元分解至地块，保障起步区海绵城市总体目标的实现。

其次，建立健全的海绵城市"管理和技术"体系，为起步区海绵城市建设与管理提供标准和依据。技术导则指导起步区海绵城市建设项目设计，借鉴国际上低影响开发建设模式的成功经验，吸纳各类海绵城市技术措施的优势，规范起步区不同海绵设施平面和竖向的设计标准，保证各项设计内容符合海绵城市要求；管理规范作为起步区海绵城市建设项目管理依据，制定管控环节审查要点，建立起步区海绵城市建设各阶段的执行标准。关键控制点：在我国、广东省及广州市现行基础性及海绵标准规范基础上，结合起步区基础条件，完善技术标准，指导海绵城市技术措施落地。

最后，借助"全过程管理"体系，把控海绵城市建设的每个环节，明确审批制度与要求，形成一套完整的体系，确保各项海绵措施落地。关键控制点：从海绵建设项目立项到运行的各个阶段，要严格把控海绵城市相关内容（图5）。

5.2 组织架构设计

为完成本项目的全过程咨询服务，对业主需求及项目特点进行识别分析，成立专门的海绵咨询团队，同时采用咨询总负责制度，由咨询总负责人牵头，下设规划设计组、标准编制组、海绵审查组、现场管理组。本项目全过程咨询服务的组织模式如图6所示。

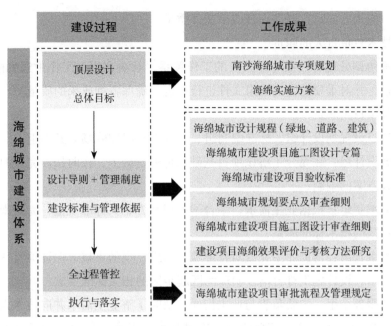

图5　起步区海绵城市建设体系

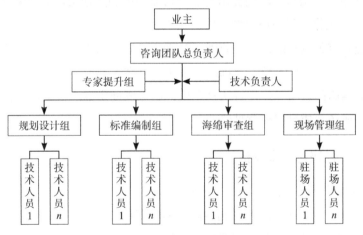

图6　本项目全过程咨询服务的组织模式

1. 咨询团队总负责人职责

负责组织项目组的工作，对委托单位及我公司负责，代表我公司向委托单位提供咨询成果文件，协调各方关系，及时反馈有关意见。为本司高质量地完成咨询服务工作创造良好的外部条件。

2. 专家组职责

我公司设有专家库，并长期与行业内的专家学者保持紧密联系。我公司将根据工作需要，设立顾问组，聘请海绵城市以及其相关领域的专家参与咨询工作，保证项目成果的同时，提升项目成果文件质量。

3. 技术总负责人的职责

负责协调处理各层次专业人员的工作关系，解决在咨询工作中遇到的重点、难点问题，并对重要的咨询成果文件进行审定，确保咨询成果的质量。

4. 各项目组职责

本项目设规划设计组、标准编制组、海绵审查组和驻场服务小组。

规划设计组：在充分了解该项目基础条件的基础上，按时按质完成海绵城市建设实施方案的编制；

标准编制组：根据业主需求，结合国家级地方相关标准规范，完善南沙明珠湾区起步区的技术标准体系；

海绵审查组：协助业主完成对各类项目海绵专项的审核，保证项目达到上层规划的要求、设计施工符合南沙明珠湾区起步区的相关标准要求；

驻场服务小组：主要负责与业主沟通，及时了解业主需求并向技术人员进行反馈；协助技术人员搜集基础资料；安排技术人员完成各阶段的汇报工作；负责完成委托单位在项目领域内提出的非项目成果内的其他文件编制需求等。

各小组在工作过程中还应做到以下几点：

（1）遵守有关业务的标准与原则，对所承担的咨询业务质量和进度负责；

（2）做到成果内容完整，咨询结果真实、可靠；

（3）对实施的各项工作进行认真自校，做好咨询质量的自主控制；

（4）完成各项成果审核意见修改。

5.3 各阶段咨询方案及价值

5.3.1 规划设计阶段

逐步完成南沙新区明珠湾区起步区海绵城市顶层设计，依托南沙新区海绵城市专项规划编制明珠湾起步区海绵城市实施方案：

（1）充分分析南沙新区明珠湾区起步区的建设条件，包括社会经济概况、自然本底条件、相关专项规划分析；

（2）根据现状分析，梳理起步区存在的问题及建设海绵城市的需求，明确海绵城市的重点建设任务；

（3）确立起步区海绵城市建设的总体目标与指标，同时明确海绵城市建设的重点区域，以具体地块和建设工程为载体，实事求是落实海绵城市建设要求，将目标分解到具体实施对象中；

（4）在每类项目中选取示范项目并提出相应的建设项目，对其他项目起到指引作用；

（5）提出该区域海绵城市建设的保障措施，保证该区域的海绵城市建设效果。

5.3.2 技术标准体系完善阶段

南沙新区明珠湾区起步区海绵城市技术标准涵盖海绵城市建设的设计规程、施工图设计要点、验收标准等内容，旨在为起步区海绵城市项目的规划设计提供参考标准。

技术规程：密切结合南沙新区明珠湾区起步区特点，深化、细化国家相关规范和技术指南的要求，衔接起步区水系规划、绿地系统规划、排水防涝综合规划等相关专项规划，制定城市绿地、道路、水系、建筑与小区等海绵设施的工程设计要求与具体做法。

施工图设计专篇：按照国家及地方相关技术标准和要求，明确建设项目施工图设计方案中下垫面构成、雨水收集利用设施、径流污染控制方式等主要指标设计的具体内容与要求，形成标准化模式。

验收标准：对南沙新区明珠湾区起步区海绵城市建设项目采用的渗透、储存（回用）、调节、运输、截污净化的技术措施给出具体的工程建设要求，以及针对各类海绵城市技术设施建设要求明确施工验收要点。

5.3.3 建设实施阶段

在落实要求上以"管"为主，建立海绵城市建设的管理制度和考核办法，在海绵城市建设项目前期阶段—勘察设计—施工图审查—建设施工—监理监督—竣工验收—运营管理等环节中建立对应审查办法、增加管理流程，确保海绵城市规划指标与设计的落实，保证海绵城市建设的实际效果。

1. 前期阶段

根据起步区实际情况及项目用地类型，结合该区域的海绵城市专项规划、海绵城市建设实施方案、海绵城市规划设计导则等相关文件和标准，明确项目的低影响开发控制目标，如年径流总量控制率、透水铺装率、下凹式绿地率、调蓄设施容积、年径流 SS 污染物去除率等，并将控制指标在土地出让条件中完善。

2. 勘察设计阶段

协助业主审查项目海绵设计方案。一是开展项目海绵城市建设条件分析和论证；二是根据项目低影响开发控制指标，合理确定地块内的低影响开发设施类型及规模；三是各类型海绵设施布局合理；四是合理组织地表径流，应统筹协调开发场地内建筑、道路、绿地、水系等布局和竖向，使地块内道路、屋顶雨水有组织地汇入周边绿地系统；五是海绵设施应与场地内雨水管网相连接，保证超标雨水的排放。

3. 施工图审查

协助业主对提交的建设项目海绵城市专篇及施工图纸进行审核，一是各类型海绵设施在施工图上的落实情况；二是年净流总量控制率、透水铺装率等控制性指标达标情况；三是项目的汇水分区是否合理；四是出具海绵审图意见，并对修改后的成果进行复审。

4. 施工阶段

在项目施工阶段协助业主采用定期和不定期相结合的检查方式，对施工阶段进行管理。海绵城市建设相关各项工作的规模、竖向、平面布局、技术参数应按照批准的设计文件进行施工；施工人员应经过相应的技术培训或具有施工经验；工程所有原材料、半成品、构件等产品，进入施工现场时必须按照相关要求进行进场验收；施工现场应有针对海绵城市建设工程施工的质量控制和质量检验制度。

5. 竣工阶段

协助业主检查海绵城市隐蔽工程是否合格，合格后施工单位方可进入下一步工序；参与建设单位组织的设计、施工、监理及有关单位组织的竣工验收，应针对海绵城市建设要求落实情况签署明确、具体的意见，并应在竣工报告中载明。

6. 运营阶段

设计合理的海绵设施，如果得不到适当的维护和运行，可能无法达到其应有的作用。协助业主完成海绵城市养管办法编制，对管理人员和维护人员进行专业培训，为海绵设施发挥其应有效果打下基础。

在运营阶段还应该加强监督和对海绵城市设施实施效果评估。在雨季来临前应对雨水利用设施进行清洁和保养，并在雨季定期对工程各部分的运行状态进行观测和检查；编制海绵设施实施效果评估报告并组织专家进行评审，包括对年径流总量控制率、年径流污染控制率等指标的评估。

5.4 风险管理与控制方案

在高速发展的城市化进程中，传统的以排为主的雨洪管理模式呈现出巨大的局限性，对水环境造成了严重的负面影响。为此，近年来该地区高度重视并积极推行海绵城市建设，但由于海绵城市在我国发展时间短、速度快，造成政策制度不完善、建设紧迫、投入巨大、加之经验缺乏和相关人才短缺，因此在海绵城市建设过程中，出现了海绵城市理念混淆、专业人员设计经验不足、运行维护不到位、资金供给不稳定等系列问题，使得当前海绵城市建设存在建设技术风险、运营风险、项目及企业参与度风险、成本风险等，而这些风险能否得到有效控制，将直接影响海绵城市的可持续建设和发展。

1. 风险管理

1）建设技术风险

我国的海绵城市建设是在政府主导下，进行城市生态修复和改造，虽然许多城市已经进行了一定的探索，但这项工作在我国历时短，对一些相关概念和技术掌握有限，与海绵城市理念的更新和发展进度有一定的差距。

在建设过程中，存在脱离现状和区域特点等突出问题，前期调研工作不到位，设计方案照搬国外的经验和数据，不考虑相同的建设模式在本地区是否适用，造成建设后效果不明显，与海绵城市建设目标差距较大。

2）运营风险

海绵城市建设与管理既互相依存，又存在着一定的矛盾关系。海绵城市建设为人们营造了一个赖以生存和发展的环境基础，而海绵城市管理则是对建设成果的巩固，高质量的管理是维护海绵城市设施功能的必要手段。由于移交过程信息缺失、建设主体与管理主体不统一、缺乏有效的信息管理平台等原因，海绵城市重建设、轻管理的现象较为突出。

目前，海绵设施运营时间短，运营主体、运营标准、运营收益模式等都处于探索阶段，并且还缺乏综合性的运营管理人才，使得海绵设施在建成后由于管理不到位，无法发挥预期效果，存在一定的风险。

3）项目及企业参与度风险

海绵城市建设仍处在"摸石头过河"阶段，企业对海绵城市理念及其所带来的效益缺乏具体认识，参与热情不高，对海绵城市建设持消极态度，直接导致海绵城市建设难以推广，先进的城市建设技术得不到广泛使用，传统城市建设模式难以得到根本转变。

4）成本风险

海绵城市建设在不同场景下采用的低影响开发技术不同，种类非常多，各类设施的结构、材料、施工工艺不同，因此其造价也不同，而在海绵城市设计时可选用不同技术组合来达到海绵城市目标，存在项目成本增加的风险。

2. 控制方案

1）建设技术风险控制方案

我单位建立包括规划、园林、市政、工程管理等相关专业的海绵城市咨询服务团队，使得该区域海绵城市建设更加专业化：

一是根据该项目所在区域现状和特点，合理确定海绵城市建设控制目标与指标，科学布局和选用低影响开发设施及其组合系统，完成该区域海绵城市专项规划编制；

二是根据国家《海绵城市建设技术指南——低影响开发雨水系统构建（试行）》《海绵城市建设国家建筑标准设计体系》等现有规范，结合当地实际情况不断完善地方技术导则及管理依据；

三是结合具体项目，配有专职人员协助政府在土地出让阶段将海绵城市要求具体化并审核海绵城市专项设计，以保证海绵设计达到地方相关规划要求及选用海绵设施合理化；

四是在海绵设施施工阶段，不定期或定期去现场查看是否按图施工，海绵设施是否与雨水管网相连通，确保海绵设施落地。

2）运营风险控制方案

首先是结合项目及采用的海绵设施类型，协助政府以政策明确规定运营维护主体，避免推诿扯皮；其次是结合各类海绵设施特点，制定相应的运行维护管理制度、岗位操作手册、设施和设备保养手册以及事故应急预案，并根据实际情况进行定期修订；最后是协助运营维护主体单位，对管理人员和维护人员进行专业培训，通过相应测试方可上岗。

3）项目及企业参与度风险控制方案

通过当地政府推动海绵城市建设只是其中一小部分，公众的参与至关重要，通过开展专题讲座、拉横幅、摆放展板、参观、节水活动等方式宣传海绵城市建设理念、意义，使人们从心理上真正地接受和理解海绵城市建设。协助政府适当地出台奖惩制度，激励企业自主参与海绵城市建设。

4）成本风险控制方案

一是通过海绵城市设计与主体工程整合设计，使得灰色设施与绿色设施协同整合和统筹建设，达到节约和降低整体造价的目标；二是在制订设计方案时，要充分结合区域的竖向条件，选择适用、经济、美观的低影响开发技术，并采用不同的技术组合，进行方案比选，制订出最佳的海绵技术方案。

6 咨询增值服务方案

6.1 增值点 1：增强区域海绵城市建设系统化

根据海绵城市概念及内涵，建设海绵城市并非单纯地改变城市的排水模式，其目的是通过源头削减、中途转输、末端调蓄等手段构建可持续、健康的水循环系统。在顶层设计阶段，加强海绵城市系统化研究，是做好海绵城市系统化建设的基础。海绵城市系统化有两种：总体系统化，即从全流域角度出发，考虑从雨水落地前到最终排入大江大河全过程中的水文动态，地下地上人工与自然生态设施，以及环境相协调；单项系统化，即海绵城市建设中某一工程建设的统筹考虑。例如黑臭水体治理工程，其对象不仅仅是被污染水域，而是整条河流一起治理，在用工程技术手段净化改善水质的同时，还需考虑通过行政管理手段控源截污、通过生态手段对河湖岸线进行整治。海绵城市建设系统化还需要做到规划施工近、远期相结合。近期以问题为导向，解决内涝、黑臭水体污染以及雨水收集利用等问题；远期以目标为导向，指导海绵城市建设工作，实现雨水的自然积蓄、自然渗透、自然净化。海绵城市建设立足现状，近、远期结合，才能形成更科学、持续的推动力，保障海绵城市建设系统有序进行。

6.2 增值点 2：增强海绵城市建设体制机制的科学性

科学的体制机制在海绵城市建设中起着规范化、制度化和定型化的作用。建设海绵城市不能简单地从工程技术层面去理解，而应将其看做是涉及体制改革的重大系统工程，统筹协调好各方面的复杂关系。

（1）海绵城市建设是一个复杂的系统工程，涉及自然界对城市的影响关系以及城市的生存空间规划、建设方式以及组织管理等诸多复杂性、交织性和系统性关系，应在整体性思维指导下，协助政府整合相关部门形成合力推进海绵城市建设，破除条块分割各管一摊的传统行政管理体制，注重加强各个管理部门之间的联系、沟通和合作，消除不协调而阻碍城市有机体系统发展的各种因素。

（2）明确海绵城市建设的主攻方向。海绵城市建设涉及建筑与小区建设、道路与广场建设、排水防涝设施建设、自然生态修复、水体自然形态恢复、生态湿地建设等多个方面。

6.3 增值点 3：完善技术标准体系

在充分调研该项目所在区域现状条件、特点的基础上，结合国家、广东省及广州市的海绵技术标准、海绵专项规划、海绵设计导则等相关文件，编制了《南沙明珠湾区起步区海绵型建筑与小区设计导则》，为该区域新建、改建、扩建的建筑与小区的规划与设计提供设计依据。该设计导则主要包括设计计算、规划、工程设计、海绵型建筑与小区技术措施、维护管理五部分内容，并且在附录中增加具体的海绵设计案例，使用者能够快速且准确地掌握该设计导则的关键内容。

6.4 增值点 4：进行宣传培训，保证海绵城市建设工作的顺利实施

海绵城市建设是国家发展的重要战略。目前处于初步建设阶段，社会对其认

知大部分还停留在概念阶段，对海绵城市带来的效益缺乏具体认识，通过在公共场所进行宣传活动、定期组织建设单位进行海绵城市培训，加深公众对海绵城市建设理念及内涵的理解，使人们从心理上真正地接受和理解海绵城市建设，提高人们的参与意识及认知度，积极地投入到海绵城市的建设中来，促进海绵城市建设工作的顺利推进。

7 咨询成果与项目复盘总结

7.1 投资决策综合性咨询成果与复盘

7.1.1 机会研究

海绵城市建设是城市发展理念的重要转变，面对新的要求，存在传统上规划注重宏观把控、欠缺落地分析，设计注重设施工艺、欠缺总体统筹的问题。一方面，会导致设计与规划不够协调、衔接，影响整体建设系统性；另一方面，缺乏总体统筹会对设施建设效果是否能满足建设要求产生影响。为了提高城市涉水基础设施建设的系统性和科学性，破解海绵城市建设中显现出的建设目的不清、缺乏统筹、碎片化建设、项目混乱等问题，需要创新规划设计的方法和模式，即海绵城市全过程管控，保证目标、设计与施工一致，从上而下指导起步区海绵城市建设，为顺利推进海绵城市建设提供科学、有效的技术支撑。

7.1.2 可行性研究

（1）灵山岛尖颁布的控规中明确指出了生态文明建设的相关要求，海绵城市是生态文明建设的重要组成部分，海绵城市建设有助于落实控规要求，推动建设国家级绿色生态示范区。

（2）南沙新区明珠湾区起步区海绵城市建设组织结构分工清晰，能够满足多部门协调落实的基本要求，为海绵城市建设奠定了基础。

7.1.3 勘察设计

（1）海绵城市建设具有跨专业、地域差异大、项目类型多样化的特点，具有经济发展、生态保护、社会和谐等多种功能属性，需要在充分分析现状海绵城市建设条件的基础上，参照国家、地方、区域的相关政策，充分分析区域上位规划和相关规划，梳理出相关指标及计算方法。

（2）进行项目现场调研，需要对其水生态、水环境、水资源、水安全等内容进行充分调研，针对调研内容梳理出海绵城市的可行性指标体系，并将指标按照控制性、可鼓励性进行分类，并征求建设单位及相关职能部门意见。

7.1.4 效益分析

1.实行专业的统筹规范管理是社会发展的必须

起步区海绵城市建设，涉及城市建设的诸多方面，其中管理内容复杂。通过我单位的统筹协调，将咨询服务覆盖建设全过程，从规划设计到建设实施再到运行维护，这种高度整合各阶段的服务内容，一方面有效解决各部门、各专业之间的条块分割问题；另一方面，使海绵城市具体项目管理更加规范，因此实行海绵城市建设的全过程全方位咨询服务，是社会发展的迫切需要。

2.实行全过程统筹管理是助力政府监管项目合法合规的必须

本项目通过采用全过程咨询服务，能够有效整合社会资源对海绵城市建设进行有效监管，为政府提供强有力的全过程监管措施；由我单位协助各类项目的海绵城市审批、资料梳理，监管施工质量及海绵设施正常运行，避免出现错报、漏报现象，有利于规范市场秩序、减少违法违规行为。

3.实行全过程咨询能确保项目建设工期及质量的实现

政府通过购买服务的模式引进全过程工程咨询单位，一方面可大幅度减少日常管理工作和人力资源投入，另一方面提供专业化的咨询服务，能有有效弥补常规管理模式下管理人员不专业造成项目缺陷的弊端，从而有效减少信息漏洞，优化管控流程；有利于解决各部门、各专业、各单位之间存在的责任分离等问题，加快建设进度。

有助于促进海绵城市建设项目在规划设计、施工、监理、运营等不同环节、不同专业的无缝衔接，提前规避和弥补传统单一服务模式下易出现的管理漏洞和缺陷，提高项目的建设质量和品质。

7.2 全过程工程咨询成果与复盘

海绵城市从规划、建设到运营管理是个系统工程，前期的规划设计直接影响海绵城市能否落地。海绵城市建设对于我国现阶段是个新兴领域，其建设需要相应的技术标准支撑，这是选用适宜技术措施及技术方案的关键部分，直接影响到各类海绵城市的运行。

（1）多方协调。海绵城市存在利益相关者，各个利益相关者的职责和权利是不同的，相互之间存在目标或利益的冲突，但是创造生态优美、环境友好、社会和谐的生存环境是利益相关者所期望的一致目标。要实现这一目标，就要破除条块分割各管一摊的传统行政管理体制，注重加强各个管理部门之间的联系、沟通和合作，消除不协调而阻碍城市有机体系统发展的各种因素。

（2）与各类相关专项规划相衔接。海绵城市专项规划是在各类涉水规划的基础上，提出相应的具体指标。其中，包括供水工程、污水工程、防洪工程、再生水工程。

（3）确定重点建设方向及指标分解。海绵城市建设实施方案是规划实施的主要控制手段，是将低影响开发理念从理论研究落实到实际操作的关键。根据我单位海绵城市咨询的多年服务经验，主要包括建筑与小区建设、道路与广场建设、排水防涝设施建设、自然生态修复、水体自然形态恢复、生态湿地建设等方面。通过指标分解，将海绵指标分解至具体地块，包括年径流总量控制率、透水铺装率、下凹式绿地率、SS 去除率，以保证海绵城市总体目标的实现。

中国国家博物馆改扩建工程绿色建筑全过程工程咨询案例

—— 中国建筑科学研究院有限公司

贺　芳　王雯翡　李晓萍　周立宁　杨彩霞　张　暄

1　项目背景

中国国家博物馆位于天安门广场东侧，是在原中国历史博物馆与中国革命博物馆基础上合并组建而成的，以历史与艺术并重，集收藏、展览、研究、考古、公共教育、文化交流于一体的综合性国家博物馆，隶属于中华人民共和国文化部，基本职能为文物和艺术品收藏、陈列展览、公共教育、历史和艺术研究、对外文化交流。

1958 年 8 月，中央政治局北戴河会议决定在天安门广场东侧建立中国革命博物馆，1959 年 9 月博物馆建成，成为国庆 10 周年"首都十大建筑"之一。其北半部为中国革命博物馆，南半部为中国历史博物馆，事实上成为两馆合用的馆舍。改造前的原国家博物馆如图 1 所示。

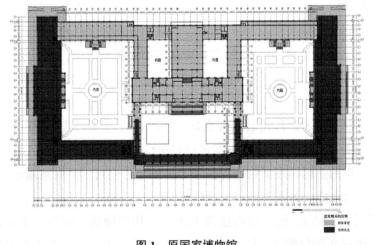

图 1　原国家博物馆

博物馆是提高公众历史文化素养的重要基础设施，是为公众提供科普服务的重要平台。老国博建造年代较早，材料、技术等方面受客观条件限制，历经50多年，其建筑结构的安全性有待提高，同时，对于展品的收藏能力及参观人员的接待能力也难以满足日益增长的需求。

1996年10月10日，中国共产党十四届六中全会通过的《中共中央关于加强社会主义精神文明建设若干重要问题的决议》指出："有计划地建成国家博物馆、国家大剧院等具有重要影响的国家重点文化工程"。老馆的建筑规模、材料、质量、设施等方面都不能满足国家博物馆新时代的发展需要，故而对原国家博物馆进行综合改造和扩建中国国家博物馆是根据党中央和国务院的决议，由文化部批准，在原中国历史博物馆和中国革命博物馆的基础上合并组建而成，并很快展开了国家博物馆改扩建项目的筹建工作。

2　项目概况

本项目尽可能地保留了原有建筑风貌，在此基础上将新与旧、当代与传统有机地融为一体。新国家博物馆与人民大会堂相互呼应，体现了对天安门广场、长安街这些具有历史意义及国家地位的建筑场所的尊重，同时强调对原有建筑风格及中国传统文化的继承和发展。改扩建后的国家博物馆现已建设为集文物征集、收藏、研究、展示、考古于一体的具有丰富文物藏品和深厚文化内涵并服务于社会公众的公益性文化机构。按照博物馆职能将建筑分为九大功能区，包括文物保管区、陈列展览区、社会教育区、公共服务和活动区、业务与学术研究区、行政办公区、武警用房、设备用房、地下停车库。项目规划建设用地面积7.03万 m^2，总建筑面积19.19万 m^2，是世界上最大的博物馆之一。其中，老馆建筑面积为3.55万 m^2，新馆建筑面积为15.64万 m^2，地下建筑面积为7.68万 m^2。地上5层，地下2层，建筑高度42.5m，主体结构采用钢筋混凝土结构，楼层及屋顶大跨部分采用钢结构，建筑基本烈度及抗震设防烈度达到8度，建筑结构设计使用年限为100年（耐久性）。工程总投资为25亿元，建设周期为41个月，2012年3月正式开馆运行至今，总体运转情况良好。2013年4月项目获得绿色建筑设计标识三星级认证，2014年11月获得绿色建筑运行标识三星级认证。

改扩建后的中国国家博物馆保留了老馆的部分建筑，并向东新增建设用地，扩建新馆结合而成，如图2所示，总建筑面积191900 m^2，地下2层，地上5层。地下最低层 -12.80m，地上最高建筑 42.80m。按照博物馆职能将建筑分为九大功能区，包括文物保管区、陈列展览区、社会教育区、公共服务和活动区、业

图2　新国家博物馆

务与学术研究区、行政办公区、武警用房、设备用房、地下停车库。

3　需求分析

国家博物馆的前身是1912年7月9日成立的"国立历史博物馆筹备处",馆舍设在国子监。1918年搬到故宫的端门办公。中华人民共和国成立后,党中央决定在天安门广场建立革命博物馆和历史博物馆,1959年9月博物馆馆舍建成,是新中国成立十周年十大建筑之一。

3.1 内在需求分析

由于中国革命博物馆和中国历史博物馆受建设时期历史条件的局限,在建筑规模、材料、质量、设施等方面都存在一定的不足,加之建筑使用时间较长,内部装修老化,结构状况已经亟待整修。

随着我国人均教育水平的提高和文化意识的提升,博物馆作为公益性的重要文化设施,逐渐受到关注,参观人数逐渐增多,馆藏展品也日益丰富。老馆的规模无法为文物及访客提供良好的储存、展览、参观环境。

国家博物馆发展的需要和安全使用的要求,及国博老馆在安全性和功能性方面的不足都对其建筑的改扩建提出了要求,故决定对老馆进行综合改造。

3.2 外在政策分析

始于20世纪70年代的既有公共建筑改造工作还是主要聚焦于建筑结构的抗震加固的单项改造,国博的改扩建项目起步较早,结构加固被作为整个工程的首要任务。

我国于"十一五"期间全面启动和展开公共建筑节能工作，作为能源消耗大国，建筑能源消耗在我国能源消耗中占有极大比重，科技司将《公共建筑节能设计标准》的编制、审查、颁布列入工作日程。既有建筑的改造主要围绕安全性改造、节能节水改造、功能性改造、环境改善等绿色化改造内容，关注气候变化，强调建筑低碳发展。2007年，出台了《国务院关于印发节能减排综合性工作方案的通知》《关于加强大型公共建筑工程建设管理的若干意见》《节能监管体系建设实施方案》《能耗统计方法》等一系列政策规范全面推进既有建筑的节能改造。

"十二五"期间，国家针对既有建筑存在的高能耗问题，专门成立既有建筑绿色改造科学研究项目。2010年之后，绿色改造的概念又被融入到相关改造工作中。2011年8月31日国务院办公厅发布《"十二五"节能减排综合性工作方案》，首次提出了试点夏热冬冷地区既有建筑改造的任务目标，标志着节能改造试点正式启动。

国博的改造始于建筑本身的安全、功能性需求，但其工程巨大，耗时较长，并且原博物馆建筑整体的绿色性能较差，如老馆外窗为陈旧的铁窗框，围护结构保温性能较差，国家博物馆的改造工作也适应政策要求，将绿色建筑、节能的概念纳入考量，指导改建工程的设计。

4 服务策略

4.1 服务流程

1. 咨询思路

绿色建筑是在全寿命期内，节约资源、保护环境、减少污染，为人们提供健康、适用、高效的使用空间，最大限度地实现人与自然和谐共生的高质量建筑。

绿色建筑的基本内涵可归纳为：节约能源及资源，减轻建筑对环境的负荷，提供安全、健康、舒适性良好的生活空间，与自然环境亲和，做到人及建筑与环境和谐共处、持续发展。

绿色建筑全过程咨询管理，有五大思路：

一是全方位推进，包括在法规政策、标准规范、推广措施、科技攻关等方面开展工作。

二是全过程监管，包括在立项、规划、设计、审图、施工、监理、检测、竣工验收、维护使用等环节加强监管。

三是全领域展开，在资源能源消耗的各个领域制定并强制执行包括节能、节地、节水、节材和环境保护等方面的标准规范。

四是全行业联动，绿色建材、绿色能源技术、绿色照明以及绿色建筑的设计、关键技术攻关和新产品示范推广等。

五是从政府部门到建筑设计、施工和监理单位、建设单位和物业管理企业等共同参与。

2. 服务流程

绿色建筑全过程咨询，主要分为以下四个阶段，方案阶段—设计阶段—施工阶段—运行阶段，提供全过程的绿色建筑解决方案，以实现方案优化、过程监管、运行提升（图3）。

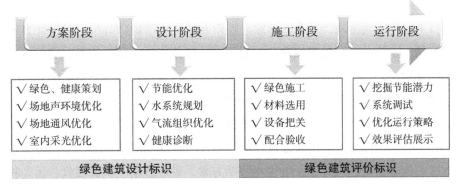

图3　全过程的绿色建筑解决方案

4.2　服务内容

1. 咨询服务的业务范围

本案例咨询服务主要涵盖项目方案阶段、设计阶段、施工阶段、竣工及运维阶段全过程工程咨询业务，主要范围包括：

（1）项目方案设计：进行绿色建筑方案策划，以及初步绿色建筑造价增加的估算；

（2）项目施工图设计：协助设计院在设计中落实绿色建筑技术，以及设计优化等；

（3）设计标识申报阶段：整合建设单位和设计单位的资料，进行绿色建筑设计标识申报；

（4）项目施工阶段：协助建设单位采购绿色技术产品，控制成本造价；

（5）项目竣工及运营阶段：是在项目投入运行后，进行物业运营指导，并进行绿色建筑运营标识申报。

2. 各阶段服务内容

1）项目启动、初步评估阶段

（1）收集本项目相关资料，对建筑选址及所在地进行调研分析，包括气候、人文、经济、建筑特色及周边环境等方面；

（2）进行项目场地土壤氡含量检测，并出具土壤氡含量检测报告；

（3）初步拟定制定绿色建筑项目实施建议的工作方案；

（4）与业主进一步沟通、交流、讨论，依据项目建设目标及实际情况，详细分析前期资料，通过初步评估，最终确定绿色建筑建设目标，并制订工作进度计划。

2）方案设计阶段

（1）通过场地通风、采光、日照、噪声和热环境等评估分析，对设计方案的规划布局、功能分布、景观概念、交通组织、建筑朝向、建筑体形、建筑造型等提出优化建议；

（2）通过室内通风、采光、日照和噪声等评估分析，对建筑物内部空间关系、平面布局、剖面设计、门窗布局等提出优化建议；

（3）根据项目绿色定位和绿色目标，对方案设计的节能方案、节材方案、节水方案、供暖空调通风方案、电气与照明方案、景观方案、资源回收、污染物控制、功能用房设计等进行评估分析，并提出优化建议；

（4）根据提出的绿色建筑技术优化建议方案，进行绿色建筑增量成本和效益的估算及初步绿建评分，供建设方作方案决策，最终确定项目的绿色建筑技术方案，并编制初步的《项目绿色建筑预评估报告》；

（5）根据确定的绿色建筑技术方案，编制及提交《项目各专业绿色建筑设计指导书》，指导设计单位各专业的绿色深化设计；

（6）向设计单位进行绿建要求交底，确保绿建技术措施在有关建筑与机电设备设计中的落实。

3）施工图设计阶段

（1）根据项目工作计划与进度安排，协助建设单位及设计院（设计公司）指导相关专业完成建筑设计、结构设计、机电设计、景观设计、室内设计以及其他相关专业深化设计工作，设计方案的技术经济分析。

（2）编制及提交《项目各专业绿色建筑设计指导书》，并进行绿色建筑专项分析（围护结构节能优化、节材优化、节水优化、供暖通风与空调优化、电气与照明优化、景观优化等），指导各专业在施工图设计阶段落实绿色技术要点；完善相关计算分析等，确保设计图纸达到认证要求的节能及绿建等各类标准、经施工图审查机构审查合格。

（3）协助完成施工图设计阶段报审中的绿色建筑专项工作，审核阶段性的施工图纸，负责编写设计说明的绿色建筑节能专篇、绿色建筑备案表等，积极配合建安施工图设计单位及其他相关专业设计公司及时改进设计，同时与各专业设计师充分沟通，分析他们提出的合理化建议，并提出相应解决方案，最终协助专业工程师将各项绿色生态技术落实在施工图中。

（4）根据项目达到的绿色建筑目标和所采用的绿色建筑技术体系，完成各项绿色建筑专项分析报告和计算书；编制《项目绿色建筑设计方案技术深化设计报告》。

（5）在施工图设计过程中，需同时根据施工图审查单位和主管部门的要求，完成绿色建筑评价标识的计算书、分析报告、各项表格及自评估报告等。

（6）在施工图审查的同时，按"绿色建筑评价标识"申报要求和评价依据对施工图进行审核，提出优化及修改意见，实现施工图纸的最终完善，符合施工图审查要求及绿建标识评价标准。

（7）在施工图审查过程中，协助施工图设计单位及其他相关专业设计公司，对与绿色建筑相关的审查意见及时答复及修改，协助并确保本项目符合相关规范及标准且取得施工图审查合格证。

（8）与绿色建筑评审机构保持沟通与协调。

4）绿色建筑设计标识申报阶段

（1）根据标识管理机构的要求，整理和归纳项目绿色建筑设计标识材料（包括基本材料、设计材料和证明材料等）；编写《绿色建筑设计标识申报书》《自评估报告》等。

（2）协助建设单位的绿建评价申报及相关沟通工作。

（3）安排专业人员准备并提供项目绿色建筑设计标识汇报材料，进行专家评审会的汇报，并根据评审机构的要求，为申报绿色建筑设计标识的项目进行专家答辩和问题回复，按照专家意见补充、修改、完善资料等，最终获得绿色建筑三星级设计标识证书。

5）绿色建筑施工管理阶段

（1）根据该项目及各项绿色生态技术的特点，提出合理的绿色施工实施方案；对项目施工单位的施工组织方案进行审核，并提供指导意见。

（2）对业主单位、施工单位、监理单位等主要技术人员进行绿色建筑施工、管理方面的技术培训，包含施工过程需要注意的细节，以及施工过程需要记录和拍照的要点培训。

（3）绿色星级认证对于绿色施工的要求，需要有施工过程记录文件来证明，包括材料购买清单、施工现场照片、产品材料检测报告等，需要提前对总包、采购等部门进行培训。

（4）对绿色建筑设计最终方案中采用的绿色生态技术，提供有限次数的现场指导。

（5）在整个施工过程中，监督并及时反馈施工单位，以确保设计阶段的各项绿色生态技术落实到位。

6）绿色建筑竣工及运营管理阶段

（1）对绿色建筑验收检测进行资料提取，并指导完成验收检测方案，审核第三方检测单位提供的检验结果。

（2）协助建设单位完成对项目绿色建筑运营管理的规划设计与规程制定，对绿色建筑楼宇运行数据收集管理进行指导、提出建议。

（3）指导物业管理公司建立节能、节水、建筑设备系统、耗材、垃圾等管理制度，协助编制运营管理指南，培训物业管理人员，使之掌握系统运行管理要点。

（4）根据"绿色建筑评价标识"申报要求和评价依据进行运营管理取证，收集数据，并分析后整理申报材料，提交评审机构。

（5）向建设单位提供《绿色建筑现场勘察及整改意见》。

7）绿色建筑评价标识申报阶段

（1）根据标识管理机构的要求，整理和归纳项目绿色建筑运行标识材料（包括基本材料、设计材料和证明材料等）；

（2）需协助建设单位进行绿建评价申报及相关沟通工作；

（3）安排专业人员准备并提供项目绿色建筑评价标识汇报材料，进行专家评审会的汇报，并根据评审机构的要求，为申报绿色建筑评价标识的项目进行专家答辩和问题回复，按照专家意见补充、修改、完善资料等，以保证本项目通过评审，获得最终评价标识认证证书。

5 咨询方案

5.1 关键控制点

作为一种创新的工程管理模式，全过程工程咨询遵循绿色优先、集约发展、价值创新的原则，整合决策阶段开发管理（DM）、实施阶段项目管理（PM）及使用阶段设施管理（FM），以期实现提高投资效益、助力政府监管、降低项目风险、提高项目品质。本案例的全过程咨询注重与建筑全生命期的集成应用、关注运行实效和在全过程工程咨询模式下的绿色建筑管理。

全过程咨询模式下的绿色建筑管理,关键在方案决策阶段、实施阶段、运营阶段三个阶段的管理控制(表1)。

全过程工程咨询绿色建筑管控要点 表1

序号	阶段	工程咨询要项	绿色建筑要点	咨询集成管控要点
1	方案决策阶段	项目可行性研究	绿色建筑目标可实现,增量投资可控	分析场地气候及资源环境,结合项目目前定位,就不同绿色建筑目标的可达性进行初步评估分析;开展初步增量造价分析,供决策支持
2	实施阶段	施工项目管理与监理	良好的场地环境(扬尘、噪声、污水、眩光等污染排放控制);施工废弃物的循环利用;施工材料及设备符合绿色设计要求;环保健康的施工工艺控制,如化学污染源隔离、风管内粉尘控制及冲洗、防振动设备暗转、机电调试等	项目管理、施工监理制定或督促施工方建立良好的管理制度、管控流程;纳入日常施工例会管控,开展不定期专项巡查及统计监管;对施工方、第三方测评机构提供的成果予以审核确认
3	运营阶段	项目设施及环境管理	提供舒适、健康、智能、便捷、愉悦的物理、空间及设施环境;楼宇智能及设备系统运行高效	提升智能系统的运行效率;对环境、能源相关机电设备开展定期维护、保养及调试;对室内空间及设施环境开展不定期的维护及更新布置

5.2 组织架构设计

组织架构见图4。

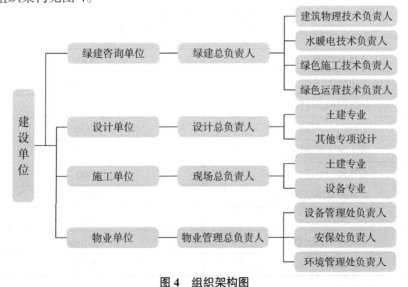

图4 组织架构图

5.3 设计阶段咨询方案及价值

1. 重视前期策划，规范管理

为了将绿色建筑的实施贯穿全过程，在国家博物馆改造的前期阶段，建研院就针对该项目的绿色技术实施的难点及问题组建团队进行方案策划，与建设方和设计方进行关键技术的对接。出具绿色三星级实施方案，以保障技术后期能够落实。

在该实施方案中，针对项目参建方多、沟通协调量大、来往文件众多的特点，对项目沟通协调机制进行特别规定：

（1）项目团队内部沟通协调：建立周例会制度，及时反映并沟通解决过程中的相关问题；同时，对过程文件分类管理，统一归集。

（2）与设计沟通协调：定向跟踪设计进程，全程介入设计阶段技术控制，及时反馈图纸问题，并形成书面记录。

（3）与业主沟通协调：建立月例会制度，及时反映并沟通解决过程中的相关问题，由专人负责往来函件，统一进出口。

2. 加强前期概算，控制成本

在国家博物馆改造前期，绿色建筑全过程咨询团队介入，针对设计情况对项目进行预评估，并对改造过程中以及后期运营后需要投入的费用进行造价估算，以便于后期成本控制。

经核算，实现绿色建筑三星级要求，主要增加的技术增量如表2所示。

实现绿色建筑三星级要求的技术增量　　表2

实现绿建采取的措施	增量成本（万元）
土壤氡检测	5.65
屋顶绿化	278.38
屋顶钢桁架结构	3120
全热回收新风机组	66.95
双工况冰蓄冷机组	250.5
蓄冰槽	600
雨水收集净化系统	105.20
微喷灌	20.60
电动可开启天窗	761.50
CO_2 监测	51.00

实现绿建采取的措施	增量成本（万元）
节能电梯	180
能耗监测	300
楼宇自控	1662.5
检测费用	30
合计（万元）	7432.28
单位面积增量（元 /m²）	387

本项目所采用的绿色建筑增量技术为成熟的绿色建筑技术，单位面积增量成本为 387 元/m²，后期在招采过程中，可参考实施。

3. 开展模拟优化、辅助设计

在设计阶段，秉持"被动优先，主动优化"的设计理念，优先采用被动技术，并采用模拟辅助设计的手段，辅助设计，减少设计中反复修改的任务，提高了设计效率。主要进行的模拟有以下几项。

1）自然采光模拟

结合自然采光模拟结果，指导设计院合理确定房间灯具布置及控制方式，在白天自然采光效果较好的情况下，关闭周边灯具。

公共区域采用自然采光与人工照明结合的方式。朝向室外的部位设有竖向大窗，顶部采用部分天窗。新馆屋顶设置了方形天窗和采光天窗，经室内自然采光模拟，中国国家博物馆整体约 80% 以上的主要功能空间采光系数达到《建筑采光设计标准》GB 50033—2013 的要求（图 5、图 6）。

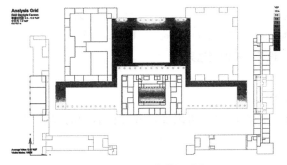
图 5　采光模拟分析

图 6　屋顶天窗采光

2）自然通风模拟

通过模拟计算，合理布置外窗开启的位置和尺寸，以达到与建筑协调设计。本项目从建筑布局着手，考虑建筑的朝向与夏季、过渡季节相一致，错开冬季主导风向，经室外风环境模拟分析，夏季、过渡季主导风向平均风速条件下中国国家博物馆建筑前后压差基本大于 1.5Pa，室内主要功能空间整体换气次数为 2.88 次 /h 和 2.50 次 /h，有利于室内利用自然通风（图 7）。

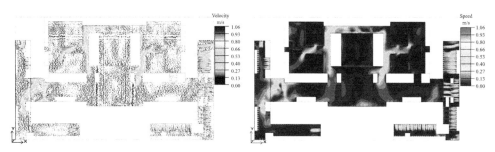

图 7　室内自然通风模拟风速矢量图和风速云图

3）能耗模拟计算

对围护结构保温设计提供设计指导，并且预估建筑能耗，为后续运营能耗分析作基础（图 8）。

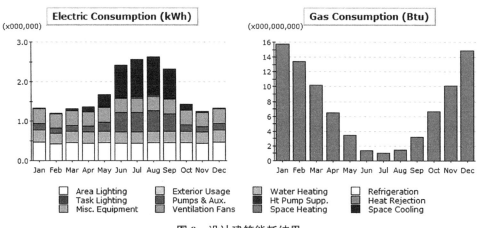

图 8　设计建筑能耗结果

4. 落实绿色技术，保障预期价值

在设计过程中，对各专业的绿色技术进行分析论证，并分析后期的效益和价值，主要的绿色技术措施如下。

1）结构加固

原国家博物馆均为钢筋混凝土柔性框架结构，本项目在适当位置设置钢筋混凝土抗震墙，使原柔性框架结构变为框架—剪力墙结构，以改善其抗震性能。加固中采用了钢丝绳网片—聚合物砂浆的新型加固方法，通过加固老馆的结构使设计使用年限延长。现场施工见图 9、图 10 所示。

图 9　柱加固现场照片

图 10　梁加固现场照片

2）新加层结构

南部老馆加层，布置了五层内部功能空间，合理划分为使用灵活、大小适宜的办公室和研究用房，如图 11、图 12 所示。

图 11　新加层施工现场照片

图 12　新加层办公照片

3）保留原立面

原中国国家博物馆在过去近 50 年的时间里已在人们心目中形成了特定印象和地位，但由于历史的原因，老馆在建设规模、整体体量上本身就留有缺憾。通过方案比选，保留原有建筑的西、北、南三段建筑立面，利用东扩用地，加大建筑沿长安街的长度，同时提高建筑高度的方案之合理性得到了印证。体量扩大后国家博物馆外观形象仍以原馆舍的风格为主体，以延续人们对老馆的历史记忆以及城市环境的总体风格，同时总体比例又得到了优化，可以弥补国家博物馆在 20 世纪 50 年代建设初期，受种种条件限制而留下的缺憾；在充分尊重历史、尊重城市环境的同时，真正实现天安门广场主要建筑群的均衡布局（图 13、图 14）。

图13　立面琉璃瓦保护

图14　原老馆外立面保留照片

4）景观绿化设计，降低热岛效应

本项目在内庭院实现复层绿化，为拓展城市绿地空间，最大限度地增加绿量，缓解热岛效应，在新馆屋顶采用东北卧茎佛甲草、六棱景天、八宝景天等抗风耐旱的低养护植物进行简式屋顶绿化。此外，本项目周边还有绿地12700m²，透水地面面积为2700多 m²。室外场地及内庭院雨水采用透水砖、雨水渗井、渗管等措施就地入渗，以最大限度地增加雨水的自然渗透，补给地下水资源（图15、图16）。

图15　屋顶绿化

图16　项目周边整体绿化情况

5）地下空间利用

本项目结合场地的实际情况进行地下空间设计，扩建新增地下建筑面积76769m²，地下空间主要功能为图书资料库房、文物库房、文物管理区、地下车库、机房等，增加了土地利用率。

6）无障碍设施

建筑入口处设置残疾人坡道，入口大厅有高差的入口设无障碍坡道，所有入口大厅内部的台阶均配有坡道或电梯。设有多部残疾人专用电梯，供残疾人使用，通过这些电梯可到达除文物库房以外的各个功能区。在入口大厅、各展厅、

图 17　无障碍卫生间、通道和轮椅租借区

办公区等处，设有残疾人专用卫生间，供残疾人士使用。新馆西侧入口大厅设有服务台，可提供租借轮椅、婴儿车等服务（图 17）。

7）高性能围护结构

外墙为外保温，老馆外墙主体为 50mm 硬泡聚氨酯，局部为 50mm 硬泡聚氨酯保温层；新馆外墙主体为 50mm 挤塑聚苯板，局部为 50mm 挤塑聚苯板。外墙综合传热系数为 0.50W/（m²·K）；屋面采用 60mm 厚的挤塑聚苯板保温层，传热系数达到 0.5W/（m²·K）；本工程外窗选用断桥铝合金窗框 8+12A+6 钢化中空玻璃，幕墙采用 8+16Ar+（6+1.52PVB+6）Low-E 中空夹胶钢化玻璃，传热系数达到 2.3W/（m²·K），建筑节能率达 60% 以上。

8）精细化空调分区

行政办公和学者接待中心采用风机盘管机加新风系统，数码影院设置独立的可变新风量的全空气空调系统，学术报告厅空调系统按照舞台和观众区分别设置两套全空气空调系统，观众区送风口位于座位下方，通过控制送风温度实现工位空调送风。展厅将采用可变新风比的双风机一次回风全空气系统。

展厅由于有大量的参观者，负荷扰动明显，与文物库房恒温恒湿设计不同。如果所有展厅都按照最高标准、最严格的要求进行设计并运行，势必会造成空调能耗的增加。本项目根据展品的不同、时间的不同，采用不同的运行模式满足展厅使用要求的同时，最大限度地节能。例如展出字画时，可以实现全天恒温恒湿运行，夜间可以减少新风量运行；展出瓷器时则可以按照舒适性空调系统运行。

针对西入口大厅空调负荷的特点，采取了分层空调与地板盘管辐射空调结合的方式，所有空调装置和送回风的气流组织都在距地面 6m 高的范围内，仅控制人员活动区域的室内温度。夏季当顶部区域的空气温度高于室外通风温度时，可以利用屋顶的自动窗实现自然通风或利用与消防合用的风机实现机械通风，从而在不增加空调系统冷负荷的条件下，消除顶部余热，减小了空调运行能耗。

9）能量回收技术

办公区采用热回收型新风机组，新风采用粗效过滤、中效静电过滤杀菌除尘段、能量回收段、冷水盘管段、热水盘管段、加湿段、风机段、消声段处理后，由新风管路系统送至室内。当排风系统负担卫生间或其他可能有异味的排风时，采用板式显热回收装置；其他采用全热转轮式回收装置（图18）。

燃气锅炉配置省煤器，通过烟气余热回收技术预热给水，充分利用烟气余热，将给水水温升高，从而降低燃气消耗（图19）。

图18 热回收监控系统　　　　　　图19 锅炉省煤器

10）冰蓄冷技术

本工程空调冷源采用部分负荷冰蓄冷系统，制冷主机与蓄冰设备为串联方式，主机位于蓄冰设备上游。冰蓄冷空调系统的制冷机配置容量减少了1350RT，通过优化控制系统运行，在用电高峰时段尽量不用或少用制冷机，最大限度地发挥蓄冰设备融冰供冷量，每年冰蓄冷系统可节约运行费约100万元。中国国家博物馆冰蓄冷系统初投资回收期为4年左右。中国国家博物馆采用冰蓄冷系统后，提高了华北电网的负荷率，实现了电力部门的节能减排，每年对华北电网可减排4800多吨二氧化碳（图20、图21）。

图20 双工况制冷机组　　　　　　图21 蓄冰槽现场安装照片

11）冷却塔免费制冷

考虑到博物馆冬季有冷却除湿和消除室内余热的需求，冬季当室外温度低于5℃，而建筑仍需供冷时，也可以停止冷水机组运行，利用冷却水直接经过板式换热器制备空调所需要的冷冻水，以节省冬季冷水机组运行的电耗。

12）智能节能照明

展厅采用三基色嵌入式节能荧光灯，餐厅、办公区采用嵌入式格栅灯。景观照明采用LED灯带和射灯。对智能照明控制系统进行精细化管理，公共场所、展厅、室外照明等按时间、照度自动控制。展厅、学术报告厅、数码影院、重要会议室等采用调光控制，智能照明；设备机房、库房、办公用房、卫生间及各种竖井等处的照明采用就地设置照明开关控制。室外景观照明监控系统采用时钟控制，根据灯光开启、季节变换和节假日等特殊要求，对灯光进行时间控制（图22、图23）。

图22　照明时间控制

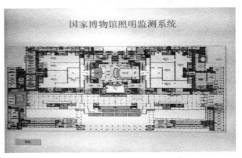

图23　照明监测系统

13）雨水收集

本工程新馆屋面采用虹吸雨水内排水系统，老馆屋面采用传统重力雨水内排水系统。在建筑东北角及两个内庭院绿地设置三个雨水收集池，容积分别为300、200、200m³，对2万m²的屋面雨水进行收集回收利用，收集的雨水经压力提升至中水机房，经过滤消毒处理后作为中水的辅助水源（图24、图25）。

图24　雨水收集监控系统

图25　雨水处理系统

14）节水器具

卫生器具管件全部采用节水型产品。所有卫生间均采用 3 ～ 6L 坐便器，小便器采用红外全自动感应小便斗，当连续出水时间超过 60s 时，感应器自动关闭水源，小便斗的平均出水流量为 3L。水龙头为红外自动感应式。地下车库采用 DN25 节水型皮带水嘴冲洗龙头（图 26、图 27）。

图 26　感应小便斗　　　　　　　图 27　感应水龙头

15）节水灌溉

本项目内庭院绿化采用微喷灌，树木采用根部滴灌，整个屋顶绿化安装了多套微喷系统（图 28）。

图 28　微喷灌系统

16）室内空气质量

本项目展厅的人员密度变化较大，用于展厅的双风机空调机组的回风口均装有空气质量监测传感器，可以监测综合的空气质量（包括 T_{VOC}、CO_2、CO 等），健康舒适限值为 70，输出的数值越低说明空气质量越好。在运行过程中通过监测空气质量值，可以实时监测空气质量，维持良好的室内空气品质（图 29）。

AQ 监测与新风联动控制新风阀开度，以此调节空调机组的最小新风量；在过渡季节则根据室内外焓值的比较，实现增大新风比的控制，以充分利用室外空气消除室内余热。

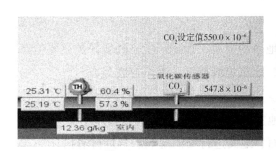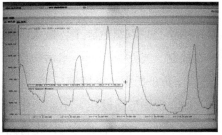

图 29　CO₂ 浓度监控和曲线变化

5.4 施工阶段咨询方案及价值

绿色建筑的全过程咨询，很重要的一方面是在施工中。绿色建筑近几年设计标识多，运行标识少，主要是因为设计中的绿色建筑技术在施工中没有落实，或者安装不到位，导致设备不能正常使用，难以达到预期的星级效果。所以，施工阶段的咨询不仅包含施工现场的绿色施工，更重要的是监督施工单位正确地采购和安装相关绿色技术。

相关绿色技术已在上节中进行介绍，下面重点对施工过程中的绿色施工及材料选择进行说明，以实现全过程、全寿命周期的绿色建筑落地。

1. 节约用地

由于施工场地狭小，施工现场平面布置困难。为克服施工场地狭小的困难，将 6 台塔式起重机全部安置在结构当中。在空间部署上，混凝土结构、钢结构、装饰装修、机电工程平面分区段，立体分流水，穿插作业。根据工程总平面图，考虑到该工程建成后，外部路基施工，用重力坝挡土墙进行路基处理，施工期间作临时道路使用，同时为今后路基施工打下基础（图 30）。

图 30　现场施工总体情况

中国国家博物馆改扩建工程绿色建筑全过程工程咨询案例

2. 环境保护

本项目采取绿色施工，最大限度地节约资源、保护环境。环境保护主要包括扬尘控制、光污染控制、水污染控制、建筑垃圾控制、噪声控制等。

1）防止扬尘污染措施

（1）现场道路硬化，不能硬化的地方进行绿化，确保100%黄土不露天。

（2）每天清扫施工现场，先将路面、地面进行喷洒湿润后再进行清扫。

（3）施工垃圾用密闭容器运出，严禁凌空抛撒，老馆外架密目网及时冲水降尘。

（4）施工现场易飞扬的细颗粒散体材料入库存放，库房封闭严密。在使用、运输水泥、白灰和其他易飞扬的细颗粒散体材料时，做到轻拿轻放文明施工，防止人为因素造成扬尘污染。

（5）现场分别于北、西、南设置封闭垃圾站，垃圾进站前进行分拣。

（6）土方回填施工时，对堆积的土方覆膜封闭，防止扬尘污染，堆土场周围加护墙和护板。

2）噪声控制措施

（1）施工现场每日进行噪声监测，测点选在距现场围墙1m处，现场设四个监测点，布置在场地东、西侧，设专人作噪声监测并记录，接受社会监督。白天噪声值不超过70dB，夜间不超过55dB。

（2）严格控制强噪声作业，施工现场的混凝土输送泵、电锯等强噪声机具采取隔声棚或隔声罩进行降噪封闭、遮挡，现场混凝土振捣采用低噪声混凝土振动棒，振捣混凝土时，严禁振钢筋和模板。

（3）采取措施，保证在各施工阶段尽量选用低噪声的机械设备和工法。

3）防遗撒

（1）在出场大门处设置车辆清洗冲台，车辆必须经过清洗后才可出场，严防车辆携带泥沙出场造成遗撒和扬尘。

（2）对商品混凝土运输车必须加强遗撒管理，要求所有运输车安装防止遗撒的活动挡板，每辆混凝土运输车按照其额定装载方量减少 1 ~ 2m³ 进行装载。

（3）混凝土浇筑完成必须清理干净后才可离开现场。门卫负责检查车辆，符合要求后方准放行。

（4）各混凝土公司每天派巡逻车沿混凝土运输路线巡逻，一旦发现遗撒立即清理。

（5）现场每个出入口每天派保洁员24h进行清扫，保证地面整洁。

4）施工现场防水污染

（1）在工程开工前完成工地排水和废水处理设施的建设，并保证工地排水和废水处理设施在整个施工过程的有效性，分别在混凝土地泵处、混凝土罐车清洗处和工地排水出口处设置沉淀池。做到现场无积水，排水不外溢、不堵塞，水质达标。

（2）根据施工实际，制订雨季排水方案，避免废水无组织排放、外溢、堵塞城市下水道等污染事故发生，制订排水应急响应方案，并在需要时实施。

5）保护城市生态

（1）在施工筹划时考虑减少施工占地，充分利用老馆内面积布置施工库房和民工休息区。

（2）对现场周边的树木设置围栏，防止车辆和材料对树木的剐蹭。树坑周围设置100mm高挡水台，防止施工污水进入树坑中。

（3）在施工工地场界处设实体围栏，不得在围栏外堆放物料、废料。

（4）在现场南北两侧的办公区域处各设置一处封闭式生活垃圾站，生活垃圾与生产垃圾分开堆放和消纳。

3. 材料管理

1）提倡本地建材使用

在采购阶段，尽量采购500km以内的建材。竣工后，经过统计，供应商主要来自北京、河北等周边地区，本地建材比例达到90%以上，有效减少了运输过程资源和能源的消耗，降低了环境污染。

2）施工废弃物利用

中国国家博物馆改扩建工程施工期间，对固体废弃物实行资源化、减量化、无害化的管理措施，将固体废弃物进行分类收集和处置管理，防止施工现场废弃物对环境造成污染。

施工现场致力于减少废弃物的产生量，物资进场采用分批报验制，对进场的物资进行全面控制。分区、分部位、分类堆放，建立一套完整的材料管理领用制度，避免材料浪费（图31）。

竣工后统计施工期间拆除老馆和新建建筑产生的废弃物和可回收利用废弃物的重量发现，废弃物回收利用比例为75%。

施工现场垃圾、生活垃圾进行分类存放，并按规定及时清运消纳。工程渣土运至北京市市政管委会渣土消纳处进行消纳，部分优质土方进行肥槽回填和屋面绿化回填。碎石和废弃瓦片等用于施工道路垫层。

对废弃钢筋、玻璃、塑料、金属制品等由施工单位交废弃物回收利用企业进行处置（图32、图33）。

图 31 材料整齐堆放，实施领用管理制度

图 32 废弃塑料布包裹保护

图 33 拆除老馆窗框回收利用

5.5 运维阶段咨询方案及价值

运维阶段，是全过程咨询管控的后期阶段，是对前期绿色建筑技术落实的检验。在此阶段，协助物业管理单位制定相关管理制度，以保障绿色技术实现高效节能运行。具体的咨询方案和产生的成效如下。

1. 物业管理

1）用水管理

（1）节能管理办公室根据上级单位下达的节水指标制订我馆用水计划，并对每月水表计量数据进行汇总分析，制订相应节水措施。

（2）新增或开发工程项目用水需向办公室说明情况，并报节能主管领导批准。

（3）相关部门在日常工作中要随时检查与维修管线，减少跑、冒、滴、漏浪费现象。

2）用电管理

（1）展厅布撤展时施工现场用电要按照规章制度执行。

（2）配电室要认真填写运行记录，确保供电质量、安全用电。

（3）办公室、会议室等使用单独开关控制的场所应人离机停、人走灯灭。

（4）设备更新时，要考虑淘汰耗能高的机电设备，努力更换使用节能科技新产品。

（5）严禁私接电炉和其他电器。

3）用气管理

（1）食堂：使用前做好准备，防止天然气空烧；用火时尽量减少炉具开关次数，减少跑气。适当调整火苗高度，节约用气。随时调整风量，避免"脱火"，燃烧充分可节省燃气；经常检查灶具及与其相连的胶管，避免漏气。

（2）锅炉房：通过烟气余热回收技术预热给水，充分利用烟气余热，将给水水温升高，从而降低燃气消耗。

4）节材管理

由物业发展与企管中心统一将可回收物品进行分拣后，集中处理给回收公司，可回收物品的售卖收入上缴本馆财务处。

5）绿化管理

发现植物异常要及时报告、及时处理，不准回避。不准浪费园区内的水电资源。屋顶绿化养护采用氧乐果适时喷雾。

2. 垃圾管理

制定垃圾分类收集管理制度，本项目固体垃圾主要包括游客和办公人员的生活、办公垃圾，垃圾产生量约2300kg/d，由物业发展与企管中心负责将垃圾运到本馆垃圾周转站，进行分类处理后，安排垃圾清运公司集中将垃圾运出本馆。可回收垃圾（废旧报纸或杂志）放置在办公室门口处，由物业发展与企管中心集中收取、统一将可回收物品进行分拣后，集中处理给回收公司，可回收物品的售卖收入上缴本馆财务处。

3. 设备管理

制定维修保养作业指导书及相关规程，制订空调设备年度、月度保养计划，并以此为依据定期检修及保养，完成后认真填写《空调保养交接班记录》。

（1）空调系统回风过滤网应保持清洁，每半年清洗一次。

（2）空调系统过滤网、表冷器、冷凝水盘表面每季度应进行全面检查、清洗。

（3）中央空调的卫生管理应指派专人负责。卫生管理人员和具体操作人员必须进行有关的卫生知识培训。

（4）中央空调通风的机房，应时刻保持干燥、清洁，严禁堆放无关物品。

（5）中央空调卫生清扫工具、消毒设备必须专物专用，严禁挪为他用。必须使用合格的消毒剂。

（6）中央空调系统新风量应满足每人每小时 20 ～ 30m³。

（7）保证中央空调系统所吸入的空气为室外新鲜空气，严禁间接从空调通风的机房、建筑物楼道及顶棚吊顶吸入新风。

（8）不得使建筑物内各区域各房间的空气在空调通风系统内相互混合后再进入新风系统。

（9）空调房间内的送、排风口应经常擦洗，保持清洁，表面无积尘与霉斑。

4. 室内环境与节能运行

在老馆北区、新馆外部楼顶北侧的通风背阴处设置了两套温湿度传感器，监测室外环境参数。文物库房、展厅内均设置温湿度传感器，实时监测室内的温湿度（图34）。

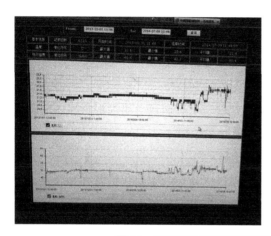

图34　温湿度监控系统及恒温恒湿传感器

充分发挥楼宇自控系统的平台作用，合理利用室外新风。当室外温湿度满足馆内需求时，空调机组自动开启新风阀以降低冷热水负荷。合理设置公共区域的温湿度。夏天时适当提高温度设定值，冬天时适当降低温度设定值，以保证在舒适的前提下降低能耗。根据文物储藏、文物及艺术品展出的种类对温湿度需求，设置三类空调运行时间。第一类：文物库房及有严格温湿度要求的展厅等重要区域；第二类：只有一定湿度要求的展厅；第三类：无湿度要求的展厅。

5. 建筑能耗

国博建筑面积巨大且空间复杂多样，而且文物的保存需要全天候的恒湿恒温环境，并对空气湿度变化率要求极为严格。经统计本项目实际运行能耗约为170kWh/（$m^2·a$），全年能耗最大部分为空调采暖能耗，其中市政热力占总能耗的23%，空调机组能耗比例为21%，冷水机组能耗比例为16%，蒸汽加湿能耗比例为8%，照明能耗占总能耗的16%（图35）。

博物馆对恒温恒湿的要求较高，因此全年空调机组都为开启状态，过渡季可

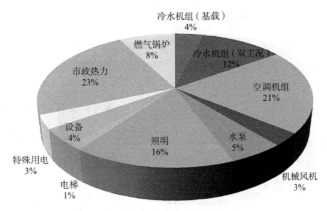

图 35 　能耗比例情况

适当进行自然通风，空调机组能耗有所降低。夏季能耗高峰为 8 月，其主要能耗为制冷和空调能耗，恒温恒湿采用冷凝除湿热水再热的处理方式，因此夏季时需消耗部分市政热力对过冷送风进行再热。冬季能耗高峰为 1 月，其主要能耗为制热、空调和加湿能耗，冬季利用室外自然冷源，采用冷却塔降温供冷，无需开启制冷机组。照明、电梯、设备能耗全年变化较为平稳。

据国博官方数据，2011 年 3 月对外试运行时，国家博物馆总计开放了 30 多个展厅，接待观众约 370 万人次，能源消耗总计 8700 多吨标准煤；2012 年 3 月正式对外开放后，博物馆开放了约 80% 的展厅和公共区域面积，接待观众约 537 万人次，能源消耗总计 10000 多吨标准煤；而 2013 年，在进一步加大了对外开放展厅及公共区域面积且参观人数达到 745 万人次的情况下，国家博物馆的能源消耗总量降低为 7400t 标准煤，相比 2012 年节约了近 3000 多吨标准煤。

6. 建筑水耗

根据运营一年的水耗记录数据，本项目全年中水使用量为 80000m³，雨水使用量为 578m³，自来水使用量为 12000m³，整年的非传统水源利用率达到 40% 以上。由于中国国家博物馆每年参观人数已达 700 万以上，平均每天的参观人数上万人，因此国博的最大用水量为室内卫生间冲厕水量，占总水量比例达到 40%；国博对室内温湿度要求较严，夏季冷却塔的补水量较大，其耗水量仅次于室内冲厕水量，占总水量比例为 28%；耗水量第三大的是卫生间盥洗水量，占总水量的 17%。由于场地条件限制，国博的绿化面积较少，每年绿化灌溉的用水量占总水量的比例不到 1%（图 36）。

7. 激励措施

鼓励各部门开展节能降耗工作，每年安排一定的奖励资金用于节能考核奖励。节能奖励贯彻多节多奖、少节少奖、不节不奖、超耗对等扣罚的原则。

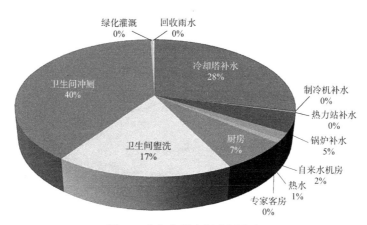

图36 全年各类水耗比例分布

鼓励采取多种方式推进节能技术进步和开展群众性的合理化建议活动。鼓励员工对用能全过程进行节能监督。任何部门和个人都应当履行节能义务，有权监督检举浪费能源的行为。每年对在上述工作中成绩显著的部门、项目和个人按有关规定给予奖励。

对超定额耗用能源、浪费能源、弄虚作假提取节能奖以及其他违反节能法和能源管理制度的行为，按有关规定给予处罚。

6 咨询增值服务方案

6.1 运维指导、绿色宣传

运营阶段初期，为保证绿色建筑高效节能运行，应进行综合效能调适，即建筑在动态负荷变化和实际使用功能要求复杂的情况下，使建筑各个系统满足设计和用户的使用要求。

侧重点：建筑系统在不同负荷和用户实际使用功能间的动态调适。

调适内容：系统性能验证、联合工况调试、季节性验证过程调适（图37）。

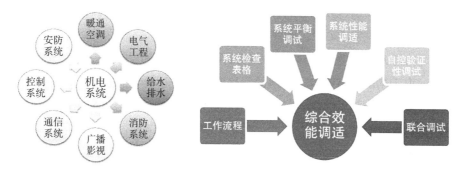

图37 机电调适主要内容

全过程工程咨询指南丛书 ／ 全过程工程咨询典型案例解析

在运营阶段，对物业人员的节能运行策略给予指导，加强物业技术人员对绿色建筑的认识和理解，提升物业技术人员的管理水平。主要包括：

1）运行维护规章管理制度：

（1）突出物业管理单位接管验收程序，加强物业建设和管理的衔接，确保设备和系统的安全和使用功能；

（2）加强绿化、环保、节能运行、设备检测等管理制度，体现出绿色建筑的节能效益、环境效益；

（3）管理信息化要求，包括物业办公管理及文档管理信息化，采用信息化系统进行工作计划的分配和管理。

2）建筑维护技术：

（1）绿色技术设施设备使用手册；

（2）日常巡检有效机制，严禁流于形式，评价建筑系统运行状况；

（3）按时按质保养，建立设施设备全生命周期档案；

（4）定期检测室内外环境质量，源头保证、末端清洁。

主要的运营交底和绿色宣传记录如图38所示。

  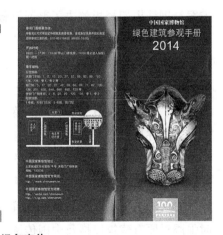

图38 运营交底和绿色宣传

6.2 加强宣传、彰显国风

在绿色建筑全过程咨询服务过程中，结合建筑设计特色，进行后期宣传，国家博物馆作为我国历史文化的对外展示窗口，进一步彰显中华国风。

（1）大国风范：世界上建筑面积最大的博物馆；力行节能减排，树立负责任的大国形象。

（2）和谐共生：老馆最大限度保留，传承历史，保护文化；新馆实现科技创新，着眼未来，科学发展。

（3）古韵今风：悠久历史和灿烂文明的展示窗口；绿建技术和绿建理念的展示窗口。

（4）以人为本：满足公众高品位的精神文化需求；舒适便捷的参观环境，智能高效的办公环境。

7 咨询成果与项目复盘总结

全过程绿色建筑咨询，使建筑从方案到设计、施工、运营，全过程考虑绿色建筑技术的落地和实施。通过该项目，不仅形成了一套完整的咨询服务流程，也从中吸取经验教训，获得了绿色建筑三星级技术复盘，主要的成果复盘总结如下。

7.1 技术成果复盘

改扩建工程绿色建筑三星级的技术创新点如下：

（1）屋顶钢桁架技术：本项目在新馆楼盖和屋盖结构体系中采用钢桁架结构方案，钢筋桁架楼板解决了普通钢板荷载过大的问题，钢桁架的自身结构高度还可以为建筑和机电专业提供更多的使用空间，最大程度地利用了桁架结构的空间优越性。同时，钢筋桁架楼板生产机械化程度高，减少现场钢筋绑扎工作量，节约工期。

（2）旧建筑利用：本项目保留原有建筑的西、北、南三段建筑，对其进行加固改造，并根据功能需要局部加层。将原有博物馆建筑的东部、中部拆除，充分利用拆除后的用地及原有两个室外庭院用地进行扩建，形成了"新馆嵌入老馆"的规划布局，改扩建后的国家博物馆建筑与人民大会堂中段的形体有所呼应，体现了对天安门广场、长安街这些具有历史意义及国家地位的建筑场所的尊重，同时强调对原有建筑风格及中国传统文化的继承和发展。

（3）屋顶绿化：中国国家博物馆对新馆屋面、白玉餐厅周边部分及天窗进行了绿化。选用适应北京地区气候、低养护、抗风、抗寒、抗旱、重量轻、种植高度低、生长缓慢的东北卧茎佛甲草作为主要绿化植物。基于简式屋顶绿化模式，种植基质采用蚯蚓土、草炭土、田园土按照5:4:1进行科学配比，厚度为5～7cm，确保植物健康生长。为提高灌溉效率，整个屋面还安装了多个微喷系统。

（4）冰蓄冷系统：空调冷源采用部分冰蓄冷系统，利用双工况制冷机在夜间电网低谷时段进行制冷，将冷量通过蓄冰槽以冰的形式储存起来，白天用电高峰时段利用融冰相变释放冷量，用以满足部分空调负荷需求，实现"削峰填谷"，减少制冷机的装机容量和运行电费，进而减少电网投资，提高电网运行效率，实现良好的经济和社会效益。而蓄冰槽所利用的则是 20 世纪 50 年代建设的老馆地下室基础空间，没有占用任何新的建筑空间，充分体现了绿色建筑所倡导的节地理念。

（5）高大空间分层空调系统：对于新馆室内净空高度近 30m 的入口大厅，通过对空调气流组织的分析，采用了顶部自然通风，中低部全空气空调和底部地板盘管辐射空调相结合的分层空调形式，既满足了人员活动区的舒适要求，又节省了全空间空调的能耗。

（6）建筑节水：本项目采用市政中水用于冲厕用水、车库冲洗和绿地浇洒。为充分利用雨水资源，缓解市政雨水管网压力，本项目还对部分屋面雨水进行回收利用，在建筑东北角及两个内庭院绿地设置三个雨水收集池，各雨水收集池内分设雨水回用潜水泵，以压力提升至中水机房，经处理后作为中水系统的补水。

（7）土建装修一体化：本项目在施工图基本完成后就开始了精装修设计，各专业图纸根据精装修进行完善并最终落实，避免了二次装修在时间、造价上的浪费。所有机电系统的末端，包括风机、插座、摄像头等在数量、位置上根据精装修的要求进行了改动，并且修改了大量的末端形式及管道走向，最终保证设计高完成度的同时避免建设的浪费。

（8）智能控制：本工程的智能化系统建设具有规划科学、周到细致和高起点的特点，同时还凝聚了文化博物馆业务的特点。智能化系统包括楼宇自控系统、火灾自动报警及消防联动系统、通信系统、综合布线系统、有线电视及卫星接收系统、安全防范系统、多媒体环境与展示系统（音响系统、会议系统、多媒体展示、导览系统）、建筑设备集成管理系统。

7.2 项目推广价值

中国国家博物馆是集文物征集、收藏、研究、展示、考古于一体的具有丰富文物藏品和深厚文化内涵并服务于社会公众的公益性文化机构。作为我国优秀历史文化遗产、历史文明浓缩记录的大型社会公益性基础设施，作为展示中华民族悠久历史、灿烂文化和精神文明成就的重要窗口，不仅要成为首都北京天安门地区的标志性文化建筑，同时还要成为低碳环保、绿色节能的综合性博物馆。

建筑节能问题是涉及国家可持续发展的重要问题，这一点已经被各级政府高度重视并积极倡导。中国国家博物馆工程由于建筑规模大、公共空间多、人员密集、对温湿度等室内环境要求高、建筑造型及空间特点具有创新特点，因而节能设计是更为重要的课题。本项目通过对围护结构进行保温处理，采用大温差空调供水，末端采用排风热回收等一系列节能措施，节能率达到 60% 以上。工程建设的全过程中，对节能节水问题也予以了高度重视，对一些重要的技术方案，进行了充分调研，选取了最为可靠和有效的措施。采用中水和雨水进行室内冲厕、车库冲洗和绿化灌溉，非传统水源利用率达 40%。本项目采用低能耗、高效率、无污染的技术方案和设备；从严控制和处理设备运行产生的噪声、废气、废水、废物，严格管理和处置生活垃圾，以保持天安门广场周围良好的环境，同时给观众创造安静、清洁、优美的休闲条件，实现绿色环保型博物馆的目标，做到可持续发展。为绿色建筑技术的推广起到积极的作用，对促进绿色建筑技术的健康发展起到重要的技术示范作用。

7.3 综合效益分析

中国国家博物馆改扩建工程以"尊重、继承、保护、发展"为设计的主导思想，最大限度地保留了老馆，新馆与老馆"浑然一体"，同时在建筑造型、装修风格上努力体现中国文化深刻的内涵。历史的传承和现代的创新在中国国家博物馆得到了完美体现，对于公众也起到深刻的教育意义。

随着国际博物馆事业的发展，博物馆的内涵也发生了很大变化，更为注重与社会的关系，强调博物馆的社会功能和文化作用。本项目注重人性化设计，在展示中华民族伟大历史和未来的同时，最大限度地服务于公众。博物馆作为一个整体的文化基地，将在塑造城市、社会乃至国家的文化生活方面发挥更大的作用。

本项目作为国家级标志性文化建筑，重视绿色生态技术的实践与推广，研究具有实用并具有推广意义的绿色生态技术，不仅提高了经济效益和环境效益，达到节约有效利用能源、保护生态、实现可持续发展的目标，而且向世界展示出我国注重节能减排，树立起了负责任的大国形象。本项目的建设，对绿色建筑技术的展示和绿色理念的推广宣传与教育起到重要的促进作用，为中国科技创新成就的展示起到了很好的宣传效应。

绿色生态城区建设全过程咨询服务典型案例

—— 中国建筑科学研究院有限公司

林丽霞　魏慧娇　冯露菲　周海珠　张　伟

张占辉　杨彩霞　李晓萍

1　项目背景

2012 年，党的十八大报告首次强调建设美丽中国，并把生态文明建设放在了突出地位，尤其强调在经济建设、政治建设、文化建设、社会建设中融入生态文明，生态文明建设成为新区建设关键内容。2013 年，党的十八届五中全会，提出"绿色、创新、协调、开放、共享"五大发展理念，为绿色生态城区建设指明了方向。2017 年，党的十九大报告指出"生态文明建设是关系人民福祉、关乎民族未来的长远大计"，生态文明建设上升为国家战略。

广州市积极响应国家对于绿色生态城区建设的要求，2014 年广州市人民政府办公厅《关于印发广州市绿色建筑行动实施方案的通知》中已明确指出创建国家、省级绿色生态示范城区。以创建绿色生态城区为契机，推进绿色市政、绿色交通、绿色能源等领域创新发展，到 2020 年全市绿色生态城区力争达到 5 个以上。2016 年广州市颁布《生态文明建设规划纲要（2016—2020 年）》，明确了广州市生态安全、生态经济、生态环境、生态人居、生态文化、生态制度等各方面建设的总体要求，为各区生态文明建设指明了发展方向。2017 年广州市南沙区人民政府办公室印发的《广州市南沙区绿色建筑与建筑节能工作指导意见》中明确积极响应广州对南沙新区绿色生态城区的发展要求，结合南沙新区总体规划，自贸区明珠湾起步区区块、南沙枢纽区块、庆盛枢纽区块、南沙湾区块按照绿色生态城区的标准因地制宜进行规划建设，并作为绿色生态城区建设和申报试点。

2 项目概况

2.1 基本信息

项目灵山岛尖片区是南沙新区建设最先启动区域的一部分，位于广州南沙新区明珠湾起步区内，是广州南沙绿色自贸区的重要组成部分。用地面积 348.5hm²，分为 C1、C2 单元。区域以建成广州城市副中心的引导示范区及高水平对外开放门户枢纽的核心功能区为目标，重点发展航运金融、创新产业、总部经济、财富管理、融资租赁、专业服务、科技创新等产业（图 1）。

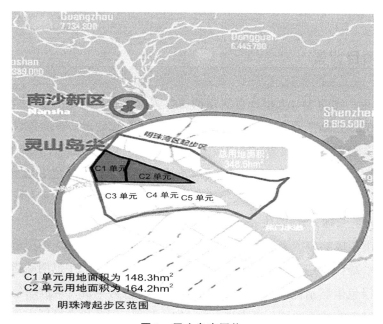

图 1 灵山岛尖区位

2.2 项目特点

1. 项目基本概况

南沙新区位于广州南端，地处粤港澳大湾区的地理几何中心，内湾区的顶点。南沙新区 1993 年成立经济技术开发区，2005 年成为广州的行政区；2012 年和 2014 年先后获国务院批准为国家新区和自贸试验区，形成了"双区"叠加的发展优势；2016 年广州市委十届九次全会把南沙新区定位为广州城市副中心；2016 年广东省委经济工作会议提出把南沙自贸试验区建设成为高水平对外开放门户枢纽；2019 年《粤港澳大湾区规划纲要》发布，明确将南沙区建设成为粤港澳大湾区示范区。灵山岛尖片区是南沙新区建设最先启动区域的一部分，位于广州南沙新区明珠湾起步区内，是广州南沙绿色自贸区的重要组成部分。为落实广州市、南沙区绿色生态城区建设的要求，灵山岛尖应积极推进绿色生态城区全过程建设工作，创建国家级绿色生态城区（图2）。

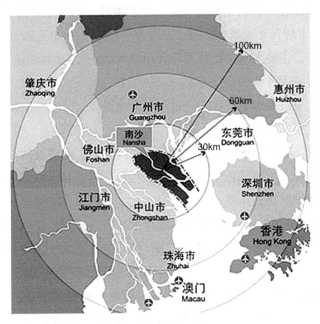

图2　南沙区区位图

灵山岛尖自2014年开始规划建设，同年8月份开始大开发建设，按照"绿色生态、低碳节能、智慧城市、岭南特色"的规划建设理念，全面加强基础设施配套建设，在一体化建设管控下，以"国际化、高端化、精细化、质量化"为要求，积极探索实践高质量发展并形成可复制、可推广的经验，致力于建设生态环境优美、生活服务完善、公共交通便利、宜居宜业宜游的美丽湾区。

2.开发建设模式

灵山岛尖片区按照"南沙区管委会＋指挥部＋平台公司"的工作架构开展建设工作。管委会负责总体决策和领导，明珠湾开发建设指挥部负责全面统筹协调及监督，同时由土地开发中心根据授权通过公开招标方式引入大型企业与区属国企（南沙城投）合作进行片区开发，并由中标大型企业与南沙城投共同出资成立广州南沙明珠湾区开发有限公司（项目平台公司），具体组织实施合作范围内的各项开发建设工作；中标合作企业独立承担项目的融资及融资担保责任，并作为项目的实施总承包单位承担实体工程施工，同时要求其利用自身产业资源在项目中导入相关高端产业项目，争取快速实现产城融合。

3. 建设内容和规模

灵山岛尖片区属于新区开发，建设内容包含一级开发建设，二级开发建设。其中，一级开发建设包含市政道路建设 23.2km，大型跨江设施 7.5km，外江水利堤岸围岛建设 6.7km，内河涌项目 7.2km，园林绿化主要有市政道路绿化、滨水景观绿化和公园绿化、公共基础设施以及配套项目，包含综合管廊 2.3km、地下空间 40000m²、1 所九年一贯制学校、2 所小学以及 5 所幼儿园；二级开发建设即产业导入项目，主要是指可出让经营性用地 44 块，总计容积达 458m²。

4. 我单位咨询业务范围

以落实绿色生态要求为主线的全过程城区建设。

5. 我单位主要实施工作内容

（1）规划设计阶段，根据国家、省、市、区生态文明建设的相关要求，结合区域生态基地情况，明确绿色生态城区建设目标。根据目标以及区域开发建设内容构建绿色生态城区指标体系。

（2）建设实施阶段，根据绿色生态城区指标体系，制定绿色生态城区建设建筑、能源、资源、交通等各方面专项规划，为绿色生态城区各方面建设提出指导性的建议。

（3）运营管理阶段，完善绿色生态城区指标分解落实机制，明确指标落实主体，制定绿色生态城区运营管理办法，应用信息化手段有效监控追踪指标落实情况。

6. 我单位实施绿色生态全过程咨询的特点

1）提高项目建设品质，增强区域价值

通过开展绿色生态城区全过程管控，由项目负责人统筹协调管理各个专业工程师工作，保证项目建设效果的同时极大地提高项目服务质量和项目建设品质，有助于提高区域投资价值。

2）保障绿色生态城区建设效果，助力政府监管

当前，绿色生态城区建设市场各项制度仍不完善，监管需要加强。我单位通过实施绿色生态城区建设全过程咨询，能够有效整合社会资源对建设项目进行有效监管，为政府提供强有力的全过程监管措施；由项目负责人统一对绿色生态城区指标落实过程、资料进行指导，避免出现错报、漏报现象，有利于规范市场秩序，减少错误行为的发生。

3）加强风控预防，降低项目风险

我单位通过强化管控决策、规划设计、建设实施、运营管理等风险，一方面对于项目而言，有效降低决策失误、投资失控的概率，保证整体绿色生态的建设

效果；另一方面对社会而言，可避免新区建设造成的自然环境破坏，切实地保留了区域的原始地貌，保护了生态，有效集约利用了资源，减少了冲突。

3 需求分析

3.1 承接上位规划要求，落实绿色生态理念的需求

生态文明建设上升为国家战略，绿色生态城区建设成为新区发展的重要部分。灵山岛尖绿色生态城区建设需遵循国家生态文明建设从理念走向实施，从表面走向内在的大趋势。按照广州市生态文明建设的总体要求，在城区灵山岛尖规划建设全过程中应全面推进绿色城区的发展，落实"绿色生态、低碳节能、智慧城市、岭南特色"的规划建设理念，以及控制性详细规划中"生态优先，宜居第一"的建设要求，着力解决突出生态问题，加大生态系统保护力度，完善生态环境监控体制，积极响应国家生态文明建设的号召。

3.2 推进绿色生态城区建设，实施全过程管理的需求

灵山岛尖按照"管委会+指挥部+平台公司"的组织框架开展建设管理工作，由平台公司具体负责区域开发建设。因此，在指挥部层面一是要对绿色生态建设情况进行统一管理，需要明确在规划设计、建设实施、运营管理各阶段、各参建方应当落实的相关内容；二是要满足区域招商引资对于生态环境建设的要求。灵山岛尖以建成广州城市副中心的引导示范区及高水平对外开放门户枢纽的核心功能区为目标，为实现"以产促成，产城融合发展"，招商引资工作已成为区域发展的首要工作任务，而生活、生产、生态相融合的环境是企业落户区域的重要考虑因素。

综上所述，灵山岛尖有必要开展绿色生态城区全过程咨询工作，明确绿色生态城区建设各阶段的要求，保证国家级绿色生态城区的创建目标。

4 服务策略

要落实国家、省市区绿色生态城区的建设要求，就要实行绿色生态城区建设全过程管理，在城区规划设计、建设实施、运营管理三个阶段严格落实绿色生态城区建设的要求，最终保证绿色生态城区建设目标的实现（图3）。

规划设计阶段，一是要充分调研区域生态基底情况，并作出深入分析，确定绿色生态城区建设理念以及建成目标；二是要承接广州市、南沙区绿色生态城区

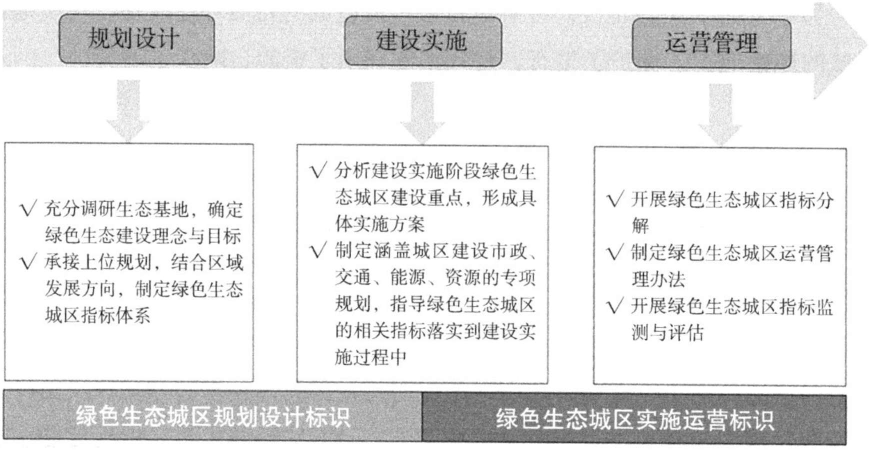

图 3　绿色生态城区全过程咨询服务策略

相关规划，结合灵山岛尖建设定位，制定绿色生态城区指标体系，尽可能将绿色生态城区指标融入到控规当中，保证绿色生态城区指标的落实。

建设实施阶段，一是根据绿色生态城区指标体系，制定涵盖区域建设建筑、市政、交通、能源、资源的专项规划，指导绿色生态城区的指标有效落实到建设实施过程中；二是分析建设实施阶段绿色生态城区重点建设内容，形成具体实施方案，有效补充专项规划中未落实内容。

运营管理阶段，一是开展绿色生态城区指标分解，明确指标管理以及落实的主体；二是制定绿色生态城区运营管理办法，有效保证绿色生态城区指标的落实；三是开展绿色生态城区指标监测与评估，追踪绿色生态城区指标落实情况，保证绿色生态城区运营效果。

综上所述，要开展绿色生态城区建设三步走模式"顶层设计＋中层衔接＋底层管控与试点示范"，在规划设计、建设实施、运营管理城区建设全过程中落实绿色生态建设要求。

5　咨询方案

5.1　整体咨询方案策划以及关键控制点

灵山岛尖绿色生态城区建设承接国家、广东省、广州市南沙区绿色生态城区政策的相关建设要求，整体按照"顶层设计＋中层衔接＋底层管控与试点示范"三步走模式进行全过程建设（图 4）。

第一步，建立绿色生态城区顶层设计，通过对区域的生态特色、本底条件、

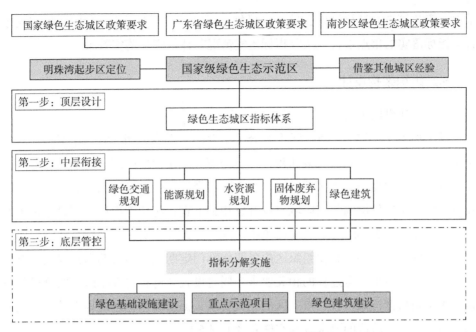

图4 灵山岛尖片区绿色生态全过程咨询方案三步走模式

建设特点进行实地调研，结合明珠湾起步区的发展定位及特色，遴选出适宜区域建设、指导性较强的绿色生态指标体系，引领区域绿色生态建设，形成绿色生态城区的指标体系。关键控制点：结合区域生态特色、城市建设方向、生态文明建设要求等内容，遴选绿色生态指标，形成由低碳节能、绿色生态、科技智慧、岭南特色四类指标构成的指标体系，融入城市建设规划、设计、运营的各个方面，将绿色生态指标体系纳入到区域总体规划、控制性详细规划中，有效保证指标的落实。

第二步，开展绿色生态城区专项规划衔接工作。绿色生态示范城区专项规划，涉及城区建设的各个领域，主要研究内容及成果包括区域能源专项规划、交通专项规划、水资源专项规划、固体废弃物处理与资源化利用专项规划等内容。除此之外，结合区域实际建设需求，承接上位指标体系，区域同步开展了海绵城市、智慧城市等专项内容，有效衔接城市规划与区域建设管理的相关内容。关键控制点：专项规划研究要能够为区域各领域建设工作的开展，提供技术路线和实施办法，保证绿色生态指标体系在各领域不断落实。

第三步，逐步开展绿色生态城区底层管控与试点示范工作。主要包含三项工作内容，一是指标体系的分解、深化及落地实施；二是为保证指标落实进行的城市设计；三是具体试点示范工程建设。通过指标落实，结合试点示范项目，进行指标分解，将指标分解落实到区域各层面。关键控制点：对城区的空间、交通、景观、市政等方面进行设计引导；将绿色生态建设任务进行详细分解，确定支撑各个指标落实的重点项目，跟踪指标落实情况，评估实际落实效果。

5.2 组织架构设计

1. 项目建设组织架构

灵山岛尖片区按照"南沙区管委会 + 指挥部 + 平台公司"的工作架构开展建设工作。管委会负责总体决策和领导，明珠湾开发建设指挥部负责全面统筹协调及监督。设立明珠湾起步区开发建设工作联席会议，由区发改局、区投促局、区建设局等相关单位协调落实区域建设开发相关事宜；明珠湾指挥部下设绿色生态小组，由绿色生态小组统筹管理绿色生态规划、设计、实施、运营等各阶段的相关工作，绿色生态小组有权组织区内各职能部门定期或者不定期召开绿色生态协调会，落实绿色生态全过程的相关要求。同时设置全过程咨询小组，由全过程咨询小组负责根据国家、省、市、区的相关要求，提出绿色生态规划设计、建设实施、运营管理各阶段的要求以及实施路径（图 5）。

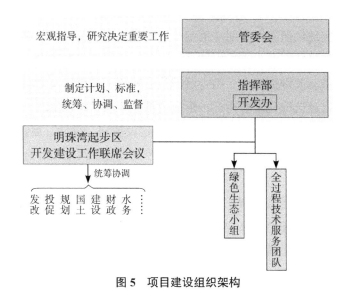

图 5　项目建设组织架构

2. 全过程咨询单位内部组织结构

本项目实行三级管理，第一级为项目负责人，第二级为小组负责人，第三级为各组成员，各级成员岗位职责如图 6 所示，其中各项目组成员职责阐述如下。

1）项目负责人职责

负责组织项目组的工作，对委托单位及我公司负责，代表我公司向委托单位提供咨询成果文件，协调各方关系，及时反馈有关意见。其主要工作内容为：

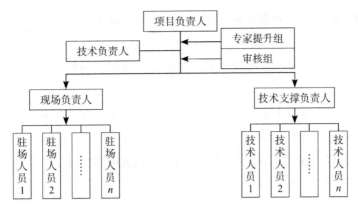

图6 全过程单位内部组织结构

（1）负责咨询业务中各子项、各领域间的技术协调、组织管理、质量管理工作；

（2）根据咨询方案，有权对各专业交底工作进行调整或修改，并负责统一咨询业务的技术条件，统一技术经济分析原则；

（3）动态掌握咨询业务实施状况，负责审查及确定各子项界面，协调各子项、各专业进度及技术关系，研究解决存在的问题；

（4）综合编写咨询成果文件的总说明、总目录，校核相关成果文件，并按规定报审，向委托单位送交经公司负责人批准的最终成果文件和相关成果文件；

（5）协调本司与各项目参与各单位之间的关系，为本司高质量地完成咨询服务工作创造良好的外部条件。

2）技术总负责人的职责

（1）审阅重要咨询成果文件，审定咨询条件、咨询原则及重要技术问题；

（2）协调处理咨询业务各层次专业人员之间的工作关系；

（3）负责处理审核人、校核人、编制人员之间的技术分歧，对审定的咨询成果质量负责。

3）项目组长的职责

本项目设驻场服务小组、技术支撑小组。驻场服务小组负责人主要由熟悉在绿色生态城区开展工作，具有较强沟通协调能力的专业技术人员担任；技术支撑小组负责人由熟悉绿色生态城区各阶段成果文件，具有多个绿色生态城区工作经验的专业技术人员担任；两小组负责人分别对项目负责人负责，两小组共同职责有：

（1）负责咨询实施和质量管理工作，指导专业组成员的工作。

（2）在项目负责人的领导下，组织本组各成员拟定咨询实施方案，核查资料使用、咨询原则、咨询方案是否合格。

（3）动态掌握造价咨询实施状况，协调并研究解决存在的问题。

驻场服务小组组长职责：

（1）负责向委托单位汇报项目推进情况，并及时将委托单位需求反馈项目负责人。

（2）协商解决项目中需委托单位处理的问题，保证项目进度。

技术支撑小组组长职责：

组织编制咨询成果文件，编写各子项的审核说明和目录，检查审核成果是否符合规定，负责审核和签发成果文件。

4）专业组成员的职责

执行具体工程业务的专业人员，负责完成负责人分配的工作，对项目负责人和小组负责人负责。其主要工作内容为：

（1）依据咨询业务要求，执行作业计划，遵守有关业务的标准与原则，对所承担的咨询业务质量和进度负责。

（2）根据咨询实施方案要求，展开本职咨询工作，选用正确的咨询数据、咨询方案、咨询原则，做到成果内容完整，咨询结果真实、可靠。

（3）对实施的各项工作进行认真自校，做好咨询质量的自主控制。审核成果经校审后，负责按校审意见修改。

（4）完成的咨询成果符合规定要求，内容表述清晰、规范。

其中，驻场服务组人员还有以下职责：

（1）负责与委托单位沟通，搜集并整理咨询方案开展所需要的全部基础资料。

（2）负责转达委托单位需求，并将需求及时上报驻场服务组负责人。

（3）负责完成委托单位在项目领域内提出的非项目成果内的其他文件编制需求。

5）核查组职责

核查组负责对成果文件进行规划性、常见问题的核查，对成果文件提出整改措施和意见。

6）专家组职责

我公司设有专家库，并长期与行业内的专家学者保持紧密联系。我公司将根据工作需要，设立顾问组，聘请绿色生态城区建设以及其相关领域的专家参与咨询工作，保证项目成果的同时，提升项目成果文件质量。

5.3 各阶段咨询方案及价值

全过程咨询管理团队通过制订规划设计、建设实施、运营管理各阶段的方案，指导区域绿色生态建设有序落实，详细咨询方案以及其价值详见表1。

阶段	咨询方案	价值
规划设计	广州南沙新区灵山岛尖片区绿色生态城区建设背景调研报告	明确区域生态环境状况、自然资源状况、开发现状，为绿色生态城区指标体系制定奠定基础
	广州南沙新区灵山岛尖片区绿色生态指标体系可行性分析报告	根据区域总规、控规，明确区域开发建设相关的指标体系，形成方案可行性报告，进一步为绿色生态指标体系测算指明方向
	广州南沙新区灵山岛尖片区绿色生态指标体系	明确指标测算依据、测算方法，给出指标数值范围，形成指标体系，指导城区绿色生态建设规划、设计、建设、运营各阶段相关工作
建设实施	广州南沙新区灵山岛尖片区绿色建筑专项规划	给出各地块绿色建筑星级测算方法，明确区域各地块绿色建筑星级要求，为区域绿色建筑建设指明方向
	广州南沙新区灵山岛尖片区绿色交通规划	给出区域绿色出行可选择方式，测算区域绿色交通出行相关指标，明确绿色交通设施建设方案
	广州南沙新区灵山岛尖片区能源规划	给出区域可再生能源利用方式，测算可再生能源利用率，明确区域能源站建设方案
	广州南沙新区灵山岛尖片区水资源专项规划	给出区域非传统水资源利用方式，测算非传统水源利用率，给出供水管网、可再生水管网、污水管网布置方式
	广州南沙新区灵山岛尖片区固体废弃物处理与资源利用专项规划	给出区域建筑垃圾、生活垃圾处理方式，测算区域垃圾资源化利用率，给出垃圾站点布置方式
	广州南沙新区灵山岛尖片区绿色生态城区建设实施方案	给出区域市政、道路、能源、资源绿色生态城区落实技术方案，给出具体落实措施
运营管理	广州南沙新区灵山岛尖片区绿色生态城区建设实施任务分解方案	给出区域绿色生态城区指标分解落实方案，明确指标落实部门
	广州南沙新区灵山岛尖片区绿色生态城区开发地块指引	给出区域地块绿色生态建设技术方案，明确各地块绿色生态建设内容
	广州南沙新区灵山岛尖片区绿色生态城区市政设施建设指引	给出区域市政基础设施绿色生态建设技术方案，明确各市政基础设施绿色生态建设内容
	广州南沙新区灵山岛尖片区建设效果考核管理办法	给出区域绿色生态建设效果考核办法，并定期进行绿色生态建设评价

5.4 咨询服务的实践成效

明珠湾以创建国家级绿色生态示范区为目标，按照"绿色生态、低碳节能、智慧城市、岭南特色"的建设理念，试行绿色生态城区建设三步走模式，取得了如下建成效果：

（1）建设了整体平衡的生态城。区域规划设计采用新加坡"邻里单元"的理念，在结合当地状况及需求的基础上加以改进，构建了"生态单元—生态社区—生态街区—生态城市"的四级空间模式，在明珠湾区，每（400～500）m×（400～500）m 的街廓组成一个"生态单元"，每个"生态单元"提供基层化一般性日常生活消费，日常生活服务覆盖步行可达的适宜范围，从而降低不必要的交通出行和交通能源消耗，保证居住的舒适和便利。每4个"生态单元"组成一个"生态社区"，占地规模为（800～1000）m×（800～1000）m的街廓，"生态社区"提供日常教育、医疗、文化、商业等生活服务，公交支线和慢行系统串联相通，构建日常生活配套设施完善的社区。而四个或更多的"生态社区"组成一个"生态街区"，占地规模为（2～3）km×（2～3）km，提供城市次中心级别的公共服务，轨道交通及公交干线站点进入街区中心，提供组团级（约20万人）商业、文化娱乐休闲服务。众多"生态街区"最终组成一个"生态城市"，建成一个生产空间集约高效、生活空间宜居适度、生态空间山清水秀的整体平衡的生态城。

（2）构建了低碳交通体系。①街区内部公建区与居住功能相对混合，倡导职住平衡，减少通勤交通需求，降低城市交通流量。②市政道路规划设计采用"高密度、窄路幅"，市政道路和住宅区道路融为一体，不建封闭小区和大院，确保城市街区路网密布、交通顺畅，减少城市交通碳排放。③构建"地铁＋快速公交＋水上巴士"组成的复合公交网络，构建完善的公共交通体系，促进公共交通，降低交通碳排放。④构建步行道、自行车绿道、内河水道等城市慢行系统，完善城市低碳出行体系。

（3）打造了符合区域特色的超级堤。对现有简单防洪功能的海堤进行改造，破除"围城"的传统水利堤岸，构筑现代城市具有复合功能的强大超级堤。即将滩涂、传统堤岸、绿化带和市政道路共同构建具有强大防洪功能的超级海堤，同时将海岸滨水步道、自行车绿道、滨海公园、休闲娱乐设施建在其中，融合现代城市功能，营造开放且具有层次的滨海空间，打造成以现代化公共设施为核心内容的滨海服务型景观带、文化带和经济带，注重融古推新，融合多元的岭南文化，塑造特色休闲公共空间，打造珠三角最美的富有风情魅力的阳光黄金海岸。

（4）改造区内河涌，提升其城市功能，打造形成"特色水街"。针对区域现有的沙田水乡特色内河涌，用现代城市建设理念进行改造和提升。首先是使内河网水系与新规划建设及市政道路相适应，构建合理的陆路和水路结构体系；其次是充分利用密布的内河网打造城市内河湖滨生态廊道和水陆慢行休闲空间以及河岸生态居住空间；第三是将河涌景观、步道码头、戏水广场等与周边建筑、市政设施等充分融合，构建具有商业、服务、文化、休闲等多种功能的现代城市"特色水街"。

（5）促使河湖水质和水生态环境的进一步改善。采用高效截污处理、生态河湖建设和潮汐水流调节等复合措施，保障区域内的水生态环境，使区内主要河道水体水质达到三类水以上。高效截污处理就是建立完善的污水收集管网、建设高效的城市污水处理厂处理城市污水，达标排放；生态河湖建设，就是建设生态型河道和湿地型内湖，利用其自然生态自净能力净化河湖水质，即采取自然生态的净化水质措施；潮汐水流调节就是利用不同潮汐水位，让水体流动，进一步强化河湖净化水质的能力。

（6）推动绿色节能建筑建设，试行绿色建筑全过程管控。从技术与管理两方面出发，试行绿色建筑全过程管控，技术层面，编制绿色建筑从规划、设计、施工到运营的全过程技术支撑文件，为区域绿色建筑建设提供理论依据；管理层面，制定绿色建筑实施将绿色建筑开发目标随土地出让条件，为保证绿色建筑建设质量和建设效果，还通过"引智单位"技术服务指导区域绿色建筑相关工作。最终实现区域内全部建筑达到绿色建筑标准，其中二星级及以上绿色建筑达到50%以上，三星级绿色建筑达到10%以上。

（7）推进海绵城市建设。积极推进能够自然积存、自然渗透、自然净化的"海绵城市"建设，建立"渗、蓄、滞、用、排"五位一体的新型城市雨水处理系统，把80%左右的雨水留住，开展雨水利用、中水回用、节约用水，保护和利用水资源，促进生态保护。同时做好城市绿地系统规划，充分发挥绿地这一蓄留雨水的天然海绵体的作用，保证建成区绿地率、住宅小区绿地率、道路绿地率等绿地率控制指标，从冠层滞留、表土疏渗和根际滞留三个层次发挥绿地滞留雨水作用，借鉴国内外低影响开发系统（LID）经验，推广建设下沉式绿地和屋顶绿化等成功范例经验。

（8）统筹谋划明珠湾智慧城市建设。在绿色生态城区整体框架下，以"顶层设计先行、统一技术标准、创新城市管理，注重可持续发展"的建设理念统筹进行智慧城市规划和建设。一方面，根据起步区开发建设进度优先规划建设城市公共信息应用服务平台、资源数据中心、平台基础设施等智慧城市保障体系与基础设施，以支撑智慧城市建设；另一方面，以提效管理与服务为抓手首先启动智慧城市管理、智慧政务和智慧门户等作为试点智慧主题，逐步拓展以市民生活、企业生产和运营、政府管理和服务等实际需求为导向的各领域应用服务。最终，通过政府引导、企业主体的发展原则，智慧产城融合，构建经济引擎，优化城市管理，强化城市竞争力，创建面向未来的智慧城市。

5.5 风险管理与控制方案

1. 风险管理

绿色生态城区全过程实施过程中存在政策机制不完善的监管风险、建设时序滞后的进度风险、建设目标与利益冲突的管理风险。

1）政策机制不完善的监管风险

绿色生态城区建设是一个系统的过程，涉及社会、建筑、能源、资源、交通等很多方面，在系统实施的过程中，对这些方面进行监管和评价，有助于城市管理者明确管理目标，掌握运行动态，但目前关于绿色生态城区指标的落实，尚缺乏有效的评价及监管机制。这主要与我国绿色生态城区发展时间较短有关系，在较短时间内无法制定出完善的生态城市法律、政策以及管理保障措施，导致对绿色生态城区建设的支持力度不足，就会存在一定程度上的评价监管风险。

2）建设时序滞后的进度风险

绿色生态城区建设是一个相对复杂的系统工程，要构建完整的从规划设计、建设实施到运营管理方面的体制机制，需要创新的理念，以及打破传统的行政管理体系，需要在规划设计、建设实施、管理模式、运行机制、服务理念等方面进行创新研究。因此在实施的过程中，会存在由于前置条件或者技术路线未确定导致项目滞后的情况，因此应当充分分析项目实施条件，早作策划，为确定合理技术路线实施方案做好充分论证，争取更多时间。

3）建设目标与利益冲突的管理风险

绿色生态城区的建设与运营涉及政府、企业、居民等多个利益相关主体，这将导致多目标和多利益的冲突。这些目标和利益往往会在绿色生态城区运营管理过程中集中出现，因此需要在规划设计、建设实施阶段多考虑运营阶段需注意内容，并需要区域管理者做好相关利益方的协调。

2.控制方案

1）监管风险控制方案

（1）建立灵山岛尖绿色生态城区建设监管评价办法，将监管评价办法法定化，要求绿色生态城区建设主体落实相关要求。

（2）制定绿色生态城区建设过程中尚不完善的政策。从能源、交通、规划、技术、教育等政策方面，补充完善绿色生态城区监管追踪需要的相关指标。

2）进度风险控制方案

（1）形成严格的项目管理制度。根据建设时序，制定绿色生态城区全过程咨询总体实施计划，形成全过程咨询月报、周开会制度，定时向委托单位汇报项目实施情况以及需要协调解决的问题。项目需要按照总体实施计划严格执行，如项目计划要作调整，需要及时将项目计划调整原因上报委托单位。

（2）不断完善项目研究成果。绿色生态城区建设是系统性工程，且大多前置于新区开发建设的过程中，由于开发建设的条件不同会影响项目研究结论，因此要不断根据项目实施的客观条件，完善项目研究成果与结论，保证建设技术路线的正确性。

3）管理风险控制方案

（1）制定共同决策机制

建立决策机制是绿色生态城区全过程推进的核心环节，在绿色生态城区建设过程中涉及的利益主体众多，利益相关者参与决策是保障项目落实的关键因素。在共同参与的决策机制中，政府仍然承担着决策的主导权，负责提供理性的决策方案，并引导各方参与，发表意见，促进良好决策机制的形成。

（2）制定共同监督管理机制

监督管理机制是绿色生态城区全过程实施的落足点，绿色生态城区建设效果收益方以及绿色生态城区建设各方主体，都应参与制定监督管理机制，再由相关领域专家、居民代表、社会组织代表、企业代表、政府代表、媒体代表共同组成监督管理机构，对政府机构和行政部门的管理行为、相关行业企业的生产经营行为、城市居民的行为进行严格监督管理。

6 咨询增值服务方案

6.1 增值点 1：灵山岛尖分布式能源站建设可行性分析增值服务

灵山岛尖在能源规划中规划建设两个分布式能源站，我单位应委托单位要求在灵山岛尖控规优化的过程中提供了能源站的建设必要性分析、技术可行性分析、投资必要性分析、财务可行性分析、组织可行性分析、经济可行性分析。同时，在技术可行性分析中通过开展试验有效论证了区域是否具备应用水源热泵的基本条件，为区域分布式能源站建设以及控规优化提供有效的技术支撑。

6.2 增值点 2：灵山岛尖绿色生态城区建成效果报奖增值服务

应委托单位要求，我单位在服务灵山岛尖绿色生态城区全过程咨询服务项目的同时，为灵山岛尖申报了欧盟城市生态计划试点城市、广东省宜居环境范例奖、Construction21 可持续示范城区奖、中美可持续示范城区称号等奖项。有效地宣传了灵山岛尖绿色生态的建设工作，提升了广州南沙灵山岛尖知名度。

6.3 增值点 3：灵山岛尖绿色生态指标追踪监管平台建设

通过绿色生态城区指标分解，将能够利用大数据、物联网等信息化技术显示的数据梳理出来，制定灵山岛尖绿色生态指标追踪监管平台可行性方案，并提出了平台建设可行性研究报告。通过信息化平台建设，有效监控绿色生态城区指标的落实效果。

7 咨询成果与项目复盘总结

绿色生态城区从规划、建设到运营管理是个系统工程，前期的规划设计、建设理念直接影响着绿色生态城区的运营管理。另外，绿色生态城区的建设和运营又需要很多技能环保作支撑，建设阶段选择合适的技术方案和技术措施也是后期可持续运营的关键。

7.1 规划设计

（1）确定指导理念：绿色生态城区建设之初会承接国家、省市区相关规划，确定指导理念，指导理念通常围绕"生态、绿色、低碳"开展。其中，生态是绿色生态城区发展的理念，指的是绿色生态城区要尊重生态、恢复生态、保护生态，实现美丽中国可持续发展。绿色是绿色生态城区发展的方法，指的是绿色生态城区要用绿色的方法做到单体建筑的绿色化、基础设施的绿色化、区域的绿色化。低碳是绿色生态城区发展的结果，指的是绿色生态城区引导的是生产方式和生活方式的低碳，从而最终实现低的能耗、低的污染、低的排放。

（2）制定指标体系：绿色生态城（区）的指标体系是规划实施的主要控制手段，是将绿色生态理念从理论研究落实到实际操作的关键。根据我单位绿色生态城区多年服务经验，绿色生态城区的核心指标应该包括经济持续、资源节约、环境友好、社会和谐四个方面，也属于一级指标，也是从社会经济和环境多方面考量绿色生态城区实现的主要目标；二级指标包括低碳排放、集约用地、民生保障等方面，从全生命周期的角度考量绿色生态城区规划、设计、运营阶段的全部内容。

（3）融入绿色规划：绿色生态城区的规划依据是指标体系，绿色生态城区规划应将经济发展、资源节约、环境友好、社会建设等方面的因素纳入到全过程，包括总体规划、控制性详细规划、修建性详细规划和专项规划，并落实指导具体项目，实施全过程绿色规划。

7.2 建设实施

绿色生态城区建设实施是按照绿色生态城区规划设计阶段内容，主要包括绿色建筑、能源系统、垃圾处理系统、污水和中水系统、交通系统等处于基础性和先导性的要求，选择合适的绿色生态技术，体现绿色生态城区绿色、生态、低碳理念。

（1）绿色建筑。绿色生态城区要求区域内所有建筑是绿色建筑，部分建筑要实现绿色建筑二星级以上标准。单体绿色建筑是绿色生态城区最基本的组成，住房和城乡建设部副部长仇保兴曾表示：生态城最重要的标志就是 100% 的建筑都应该达到绿色建筑标准。绿色生态城区的运营管理首先要面对的是由单体绿色建筑建设向区域绿色建筑建设的转变。

（2）能源系统。绿色生态城区的能源系统往往比较复杂，包括集中式能源系统和分布式能源系统，或者常规能源系统和可再生能源系统。绿色生态城区应从综合能源规划的角度考虑城区能源市政设施系统（供热、燃气、电力）的高效利用和配置，采用常规能源利用和新型可再生能源利用、集中能源利用和分布式能源利用相互衔接、相互补充的能源利用模式，确保能源供应的安全、可靠。绿色生态城的能源系统是复杂的，更需要整合应用，这也将是绿色生态城区能源系统运营管理的重点和难点。

（3）固废处理系统。垃圾是城市发展的附属物，绿色生态城区的建设应建立涵盖源头分类、前端收集、中间运输、后端处理、监管评价的垃圾处理体系。为构建基于家庭垃圾分类、社区垃圾收集、城区垃圾回收利用的垃圾运营管理体系奠定良好基础。

（4）绿色交通系统。绿色交通系统是绿色生态城区可持续发挥的重要组成部分。对绿色生态城区的绿色交通系统来说，既要做好城区交通体系的优化，又需要做好城区交通系统与外部交通的融合和衔接。

（5）污水处理和中水回用系统。污水处理率和中水回用比例以及雨水的收集利用率是绿色生态城区水资源可持续发挥的重要指标。绿色生态城区中污水处理率要达到 100%，中水回用比例一般要达到 50% 以上，因此高质量的市政基础设施建设是保证指标实现的关键。

7.3 运营管理

（1）多方协调：绿色生态城区在管理运营过程中存在多个利益相关者，各个利益相关者的职责、权利和利益是不同的，相互之间存在目标或利益冲突，但是创造生态优美、环境友好、社会和谐的生存环境是利益相关者所期望的一致目标。要实现这一目标，需要构建能够反映各方利益诉求的机制和管理模式；需要重视居民和社会组织的作用，发挥他们在城市管理、决策和监管中的作用；需要改变传统政府职能，更多地发挥市场作用。

（2）相互联系：绿色生态城区中包含的垃圾和污水处理系统、绿色建筑、绿色交通系统等都可以归类于节能环保项目，站在政府和社会公众的角度对节能环保项目进行审视，考虑的应该是其综合经济效益，即包括传统财务价值、外部性经济价值和实物期权价值。为了有效推进绿色生态城区中相关节能环保项目的建设和运营，需要适宜的激励和保障措施。针对绿色生态城区中节能环保项目的特点，应该更多地采用经济激励政策，以及完善的制度规范和技术标准，来解决绿色生态城区建设管理中外部成本内部化的问题。指标体系是绿色生态城区生态理念和生态规划的量化体现，适宜的绿色生态技术是绿色生态城区建设和运营的基础，所以构建以指标为导向的全过程监管机制和建立可行的技术体系，是绿色生态城区可持续运营的保障。

衢州中心医院（四省边际中心医院）项目
全过程工程咨询案例

—— 浙江江南工程管理股份有限公司

洪　江

1　项目背景

2011 年，衢州市西区首期启动实施了市中心医院建设项目，旨在解决衢州市医疗机构布局不合理、市人民医院规模档次不高、群众就医幸福感不强等问题。由于国民经济的高速发展，2011 年规划建设的市中心医院西区首期的在建项目，至今已不能满足钟楼院区、浮石院区两个院区的整体搬迁。因此，经市委市政府研究，从长远发展来看，市中心医院应另行选址新建更具有前瞻性的"三甲"综合性医院。2015 年 3 月，国务院办公厅发出《全国医疗卫生服务体系规划纲要（2015—2020 年）》，明确要调整医疗卫生资源的布局，提高服务能力和资源利用效率，其中，在床位配置方面，提出到 2020 年，每千常住人口医疗卫生机构床位数控制在 6 张。

2016 年 10 月，浙江省卫生和计划生育委员会发出《浙江省卫生和计划生育事业发展"十三五"规划》，内容中提出，到 2020 年，卫生强省全面建成、健康浙江建设全面推进，健康促进型社会初步形成，人人享有与我省经济社会发展水平相适应的更加完善、更高水平的基本医疗卫生服务和人口健康服务，卫生计生事业发展综合实力继续保持全国前列。资源总量适度增加，城乡区域资源配置更趋均衡。每千人床位数控制在 6 张，医护比力争达到国家规定标准，每万人全科医生数不少于 2 名。资源利用更趋合理，服务体系更加健全，县域范围内就诊率达 90% 以上。

根据衢州市政府 2017 年 7 月 10 日第 5 次常务（扩大）会议精神，调整原中心医院项目（现创新大厦）建设；重新选址、高标准规划建设市中心医院项目。本项目是在国务院办公厅明确表示支持医疗卫生事业发展的背景下、浙江省大力促进医疗卫生事业发展的前提下，结合衢州市整体医疗卫生事业发展现状以及衢州市人民整体就医需求现状所提出的。建成后的四省边际中心医院将是一所集医、教、研、防为一体的大型现代化、智能化、花园式综合三甲医院，在规模、设施、人才、医疗水平、环境等方面都将达到四省边际最高水平。

作为浙江省首个全过程工程咨询试点项目，衢州市委市政府高度重视四省边际中心医院项目，提出"两个三"的工期目标（2018年3月开工，三年竣工），"确保钱江杯、确保鲁班奖"的质量目标，并要求按照花园式、庭院式、高定位、高标准的理念，结合海绵城市、智慧城市等未来发展理念，努力将医院打造成四省边际地区最有影响力的医疗中心。

2 项目概况

1. 工程名称

衢州中心医院（四省边际中心医院）项目。

2. 建设单位

衢州市城市建设投资集团有限公司。

3. 建设地点

衢州中心医院（四省边际中心医院）项目位于九华西大道以北、养生大道以东、回垄小区以西。

4. 建设内容和规模

1）建设内容

本项目建设内容主要包括门诊医技综合楼、住院楼、肿瘤中心、感染楼、公寓宿舍、行政科研楼、试验动物饲养室、液氧站、污水处理站及医用垃圾处理站、地下车库等及市政景观绿化、室外综合管线工程、供电工程等附属配套设施。

2）建设规模

本项目总用地面积139169m²（约合208.75亩），规划建设2000床的三级甲等综合性医院，总建筑面积357800m²（其中，地上建筑面积222646m²，地下建筑面积135154m²）。

5. 本项目批复的投资概算为28.97亿元

6. 项目建设期

施工总工期为三年（即1095日历天）。

7. 项目主要参建单位、职能及职责（表1）

项目主要参建单位、职能及职责　　　　　　　表 1

单位职能	单位名称	主要职责
建设单位	衢州市城市建设投资集团	负责按政府相关会议精神组织项目全部建设工作，对项目建设质量、进度、投资全面负责，为本项目建设过程中的最高决策单位，负责项目建设用地及资金筹措，负责合同签署等
使用单位	衢州中心医院	负责项目建成后的接收及使用，负责提出项目使用功能需求，配合提交设计人设计过程中需要的各类基于使用功能要求的设计参数、设计条件等，对各设计院提交的阶段设计成果从是否满足其使用功能要求角度及时进行审查、确认，协助建设单位合理确定项目功能定位等
全过程工程咨询单位	浙江江南工程管理股份有限公司/浙江江南正信工程造价咨询有限公司（联合体）	依据本项目全过程工程咨询合同约定，全过程工程咨询单位主要职责围绕合同约定的四大职能确定： （1）项目管理内容：在委托人的授权范围内，履行工程项目建设管理的义务（不包括与土地费有关的工作）。包括项目策划、工程建设手续办理、设计管理（含优化）、施工图审查、造价管理、招标管理、施工管理、医用设施工程管理、竣工验收、决算及移交管理、工程保修咨询管理。对整个工程建设的质量、进度、投资、安全、合同、信息及组织协调所有方面进行全面控制和管理等工作。 （2）施工监理内容：主要包括施工准备阶段、施工阶段各工序、各部位的监理以及工程备案验收证书取得至签发缺陷责任终止证书和工程结算、审计的监理、服务工作。对该工程投资控制、进度控制、质量控制、建设安全监管及文明施工的有效管理、组织协调，并进行工程合同管理和信息管理等方面工作
		（3）造价咨询工作内容：主要包括本项目可研估算审核、概算审核、预算编制、建设工程进度款审核、结算审核、决算审核等相关工作。与本项目相关的工程洽商、变更及合同争议、索赔等事项的处置，提出具体的解决措施及方案；制订概算控制方案并实施；编制工程造价计价依据及对工程造价进行控制和提供有关工程造价信息资料等方面工作。 （4）招标代理工作内容：工程建设全过程的招标代理工作，含办理招标工程的报建、发包申请、编写资格预审公告（如有）、招标公告、资格预审文件（如有）、招标文件、答疑文件，发放招标文件及图纸、答疑，组织开标、评标、定标，相关招标资料整理和备案，协助业主签发中标通知书，办理交易单。提供招标前期咨询、协调合同签订等业务，包括招标文件等所有资料的复印、装订等一切所发生的内容
工程勘察单位	浙江城建勘察研究院有限公司	负责按合同及规范约定，全面承担本项目初勘、详勘工作，负责及时提交勘察成果，为设计提供地质勘察资料

单位职能	单位名称	主要职责
方案及初步设计单位	中国中元国际工程有限公司	负责按合同及规范约定，全面承担本项目全部方案及初步设计（包含绿色建筑设计、标识评价咨询服务、全过程 BIM 技术应用、医院智能化管理系统和能效管理系统等）。 （1）方案及初步设计阶段：对投标的设计方案，根据各方审核意见进行完善，在保证设计质量的前提下按期完成方案设计及初步设计并移交建设单位。本项目的初步设计深度应满足《建设工程设计文件编制深度规定》（2016 版）及《衢州中心医院（四省边际中心医院）方案和初步设计项目竞争性磋商文件》的相关要求。 （2）项目实施阶段：施工图设计至项目竣工，负责配合 EPC 工程总承包单位开展施工图设计，负责配合项目施工期间有关构造节点确定及材料样板确定及选型等。做好中心医院项目的系统、整体技术、功能分区、交通组织、医用专项、设备材料、设计变更等施工图设计把控等相关设计咨询服务工作。安排主要设计人员参与施工图设计及施工过程中的主要技术评审会、技术交底会及阶段性验收
EPC 工程总承包单位	中国建筑第八工程局有限公司 / 浙江省建筑设计研究院（联合体）	项目 EPC 工程总承包包括施工图设计、施工、材料设备及医用设施工程采购与安装、竣工验收、移交、备案和工程缺陷责任期内的缺陷修复、保修服务等。具体为： （1）工程设计：建设内容的所有施工图设计和涉及本项目的所有专项设计（包括但不限于基坑围护、建筑、结构、给水排水、消防、强电、弱电（包括医院的智能化管理系统和能效管理系统等）、照明、暖通、装修、人防、园林景观、室外附属配套、室外综合管线、交通设施、高低配、电梯、医用专项等专业以及厨房设备、医学文化、标识标牌、绿色建筑、燃气等）、BIM 技术应用（建模，能够做到性能分析、面积统计、冲突检测、辅助施工图设计、仿真漫游、工程量统计等应用），要求进行限额设计（按初步设计批复中相应工程建安费用进行最高限价设计）、设计总协调工作等。 （2）设备采购：包括施工图纸所包含的所有构成建安工程不可分割的设施设备（其中，医用设施工程中有：洁净工程、医用气体工程、医用纯净水供水工程、PCR 实验室设计及施工项目、医用冷库、阴凉库设备采购安装工程、理疗科高屏室、射线防护工程、厨房设备、实验及检验净化台、治疗台柜、输液传送带、专项辐射、污水处理设备、医用垃圾处理设施、宁养院设施、生物等效性实验基地设施、设施标识标牌、轨道物流、自动发药系统、磁共振机房磁场屏蔽工程、空气消毒设备、一体化手术室系统及无影灯、急诊抢救室、ICU、内镜等吊桥吊塔、无影灯、清洗消毒设施、血液透析设施、核辐射防护工程、高压氧舱设施、测听室、生物安全柜、全自动医院智能采血管理系统）等的采购。不包括其他投入运营的移动办公、医疗设备（手术床、ICU 医用电动床、牙椅、诊桌、诊椅、输液椅、诊疗床、更衣柜、病床、床头柜、陪护椅、床单、被套、医院专用开水器、被服洗衣机、烘干机、熨平机、电视机、室内垃圾桶、医院自助服务设备、医用冰箱、窗帘及轨道、医用固定档案密集架、货架、医疗信息系统支撑平台、人工智能手术系统、中心实验室基因检测系统、互联网＋远程心电中心平台）的采购

单位职能	单位名称	主要职责
EPC工程总承包单位	中国建筑第八工程局有限公司/浙江省建筑设计研究院（联合体）	（3）建筑安装工程施工：包括但不限于施工图纸包含的所有内容及各类专项工程、附属工程的施工、三通一平、BIM技术应用（在设计模型基础上进行深化、建立施工模型，能够做到施工深化、冲突检测、施工模拟、仿真漫游、施工工程量统计等应用）等工作。 （4）项目管理服务：①配合完成尚未完成的所有前期报批报建工作；②做好工程所需的各类检测；③做好工程竣工验收及各类专项验收、移交；④竣工资料归档；⑤配合完成工程备案及产权办理；⑥人员培训及运维阶段BIM技术应用（根据竣工资料和现场实测调整施工模型成果，获得与现场安装实际一致的运维模型，能够做到运维仿真漫游、3D数据采集和集成、设备设施管理）等
专业分包单位	待定	是指受建设单位委托或经建设单位审查同意，承担本工程诸如供配电、供水、燃气等施工的专业分包单位

3 需求分析

3.1 项目特点

（1）项目建设规模大、建造标准高，项目要求确保"钱江杯"，争创"鲁班奖"。

（2）项目各项工作时间紧，要求效率高：于2018年6月开工，计划2021年12月竣工交付。

（3）项目功能复杂：医院项目是公建项目中涉及专业及功能最多的，尤其是医用专项工程。

（4）项目投资控制难度大：精装修、各类安装及医用专项工程的主要设备及材料的价格因市场因素和具体技术、品牌要求的不确定性而造成招标、投标、实施过程中的定价风险。

（5）建设及协调管理的工作量大，涉及专业、部门多，施工过程各专业交叉配合复杂。

3.2 项目建设目标

（1）质量目标：①设计要求的质量标准：满足现行的国家、地方、行业技术标准、设计规范；②施工要求的质量标准：符合现行建设工程施工质量验收规范和标准及施工图纸要求，一次性验收合格，确保"钱江杯"，争创"鲁班奖"。

（2）进度目标：施工总工期为三年（即1095日历天）。具体开工日期以开工报告为准，竣工日期以项目全部完成竣工验收合格为准（含消防、医用专项、环保等所有专项验收）。

（3）投资目标：确保项目实际投资不得超过最后经批准的项目概算总费用。

（4）安全目标：施工现场按照《建筑施工安全检查标准》JGJ 59—2011评定达到"浙江省安全文明标化工地"标准，以及达到智慧工地和地方行业主管部门的要求。确保获得"衢州市安全生产与文明施工样板工地"称号。

4 服务策略

基于本项目的需求分析，全过程工程咨询服务需要组织运用系统工程的观点、理论和方法对建设工程项目周期内的所有工作（包括项目建议书、可行性研究、评估论证、设计、采购、施工、验收、后评价等）进行计划、组织、指挥、协调和控制。

依据本项目全过程工程咨询合同约定，全过程工程咨询服务策略围绕合同约定的四大职能确定：

（1）项目管理内容：在委托人的授权范围内，履行工程项目建设管理的义务（不包括与土地费有关的工作）。包括项目策划、工程建设手续办理、设计管理（含优化）、施工图审查、造价管理、招标管理、施工管理、医用设施工程管理、竣工验收、决算及移交管理、工程保修咨询管理。对整个工程建设的质量、进度、投资、安全、合同、信息及组织协调所有方面进行全面控制和管理等工作。

（2）施工监理内容：主要包括施工准备阶段、施工阶段各工序、各部位的监理以及工程备案验收证书取得至签发缺陷责任终止证书和工程结算、审计的监理、服务工作。对该工程投资控制、进度控制、质量控制、建设安全监管及文明施工的有效管理、组织协调，并进行工程合同管理和信息管理等方面工作。

（3）造价咨询工作内容：主要包括本项目可研估算审核、概算审核、预算编制、建设工程进度款审核、结算审核、决算审核等相关工作。与本项目相关的工程洽商、变更及合同争议、索赔等事项的处置，提出具体的解决措施及方案；制订概算控制方案并实施；编制工程造价计价依据及对工程造价进行控制和提供有关工程造价信息资料等方面工作。

（4）招标代理工作内容：工程建设全过程的招标代理工作，含办理招标工程的报建、发包申请、编写资格预审公告（如有）、招标公告、资格预审文件（如有）、招标文件、答疑文件，发放招标文件及图纸、答疑，组织开标、评标、定标，相关招标资料整理和备案，协助业主签发中标通知书，办理交易单。提供招标前期咨询、协调合同签订等业务，包括招标文件等所有资料的复印、装订等一切所发生的内容。

5 咨询方案

5.1 整体咨询方案策划及关键控制点

5.1.1 整体咨询方案策划

全过程工程咨询服务整体咨询方案策划组织运用系统工程的观点、理论和方法对建设工程项目周期内的所有工作（包括项目建议书、可行性研究、评估论证、设计、采购、施工、验收、后评价等）进行计划、组织、指挥、协调和控制。

1. 前期咨询工作

（1）规划咨询：含行业、专项和区域发展规划咨询。

（2）评估咨询：项目建议书、可行性研究报告、项目申请报告、环境影响评价、社会稳定风险评估等咨询。

2. 项目实施策划

（1）目标策划：确定项目建设的各项目标，质量、进度、投资、安全文明等方面。

（2）管理组织结构策划：确定项目建设的管理组织结构。

（3）项目建设管理制度及管理流程的策划。

（4）总控计划：根据项目建设的总进度目标，制订相应的工作进度计划。

（5）招标采购的策划：对招标工作的标包划分、实施时间进行策划，编制招标采购方案。

（6）技术策划：对项目建设管理拟采用的新技术进行策划，如BIM技术、装配式建筑技术等。

3. 报批报建报验管理

（1）具体办理项目立项直至施工许可期间的所有报批报建手续，包括立项批复、可研批复、环评批复、国有土地使用权证、建设用地规划许可证、初步设计批复、施工图审查合格证、消防设计审核意见书、建设工程规划许可证、建设工程施工许可证等。

（2）办理施工临时用电、用水等手续。

（3）办理自来水、煤气、室外排污、周边道路、电力外线、有线电视、宽带、电话的室外管网施工审批手续。

（4）办理合同备案、质量备案、安全备案等建委相关审批或备案手续。

（5）办理竣工验收手续，包括消防、人防、规划、节能等各专项验收。

（6）办理竣工档案向市档案馆移交手续。

4. 勘察、设计与技术管理

（1）勘察方案及勘察工作监督管理。

（2）设计需求管理：协助委托人完成对项目功能需求和质量档次的定位，编制设计任务书。

（3）设计进度管理：根据项目进度总控计划和设计合同，监督管理设计单位，确保其按时提交设计成果。

（4）设计质量管理：审查设计成果文件，检查设计文件是否符合规定的设计深度要求、是否符合设计任务书及设计合同的要求等，对设计文件中存在的问题形成审查报告。

（5）设计投资管理：督促设计单位做好限额设计，协助委托人组织材料设备调研选型及确定工作，提出优化方案。

（6）施工过程中，控制并管理设计变更。

（7）设计过程中新技术的应用管理，如 BIM 技术等。

5. 投资控制

（1）投资决策阶段，协助委托人制定工程投资控制目标，确定合理的投资估算。

（2）初步设计阶段，对设计单位编制的工程概算重点进行审查。协助委托人完成设计概算报批。

（3）招标投标阶段，负责审查工程预算书，协助委托人确定合理的招标控制价。若咨询人负责编制工程量清单及预算书，确保成果文件的编制质量。

（4）施工阶段，对工程变更、签证严格按管理流程执行，对工程进度款支付严格把关，协助处理相关索赔事宜等。

（5）结算阶段，及时组织已完工程的结算工作，确定结算原则，对上报的工程结算书进行初审，并配合审计单位的结算审计工作等。

（6）决算阶段，统计整个项目的各项费用支出，协助委托人完成财务决算的编制，并配合相关审计工作。

6. 招标采购管理

（1）根据招标采购策划方案以及项目总控计划，组织开展相关招标采购工作。

（2）协助委托人组织对各类招标采购的潜在投标人、供应商的市场调研、考察等工作，为各招标工作开展前做好充分的准备工作。

（3）负责审查资格预审文件、招标文件等，组织相关会议讨论招标文件主要条款，落实招标文件的修改、呈批等工作，协助委托人完成定稿。

（4）协助进行各项招标采购工作前期报主管部门备案审批的手续。

（5）协助委托人完成招标公告、招标文件的发布，并协助进行招标答疑或补遗。

（6）协助委托人做好开评标工作。

（7）协助委托人完成中标通知书发放及相应备案工作。

（8）负责接收和保管招标过程中的各类文件和资料。

（9）若咨询人负责招标代理，则还需负责招标文件等各类文件编制、主管部门各项流程办理等工作。

7. 合同管理

（1）合同策划。根据招标采购方案中标包划分情况，确定项目实施阶段的合同架构。招标工作开展前，在招标文件中设定全面合理且有针对性的合同条款。

（2）合同签订。中标通知书发放后，根据招标文件中的合同条款，结合投标文件内容，组织起早合同文件初稿，落实合同乙方提交履约担保。协助委托人完成合同的洽商、签订、备案等工作。

（3）合同履约管理。定期对项目上各类合同乙方履行义务情况进行检查、考核和评估，针对履约不到位的情况，协助委托人做好处罚工作。协助委托人履行合同义务，做好合同支付的管理工作。

（4）合同风险管理。按照工作流程，严格做好合同变更管理工作，降低合同价款调整的风险。针对合同乙方违约行为，协助委托人做好索赔工作；同时做好被索赔的预防工作。对合同履约过程中出现的合同纠纷及时查明原因，协助委托人解决。

（5）妥善保存所有合同及与合同有关的一切资料，在合同履行完毕后将与项目有关的所有合同及有关资料移交给委托人。

8. 施工阶段工程管理（含工程监理）

（1）协助委托人办理征地拆迁，平整场地，落实场地建设准备工作。

（2）负责协调完成项目场地测绘、场地移交等工作。

（3）负责各参建单位进场施工的统筹协调工作。

（4）协助或代表委托人召开第一次工地例会，施工过程中主持或参与各项工程管理会议。

（5）协助委托人完成项目建设需同步实施的其他各项建设单位管理工作。

（6）按照国家建设工程监理规范开展工程监理工作。

9. 信息综合管理

（1）负责整个项目各类资料的往来、报送、呈批、整理、收集、汇总、归档等工作。

（2）负责对委托人以及其他参建单位的日常联络工作。

（3）负责整个项目部的内部管理，包括形象建设、制度建设、考核管理、财务管理、后勤管理等工作。

10.验收移交项目后评价

（1）组织项目专项验收、竣工预验收工作。

（2）组织竣工收尾整改工作。

（3）完成竣工资料验收及档案归集。

（4）组织竣工验收，并办理竣工验收备案。

（5）组织编制项目使用手册，并组织使用手册的培训。

（6）组织项目回访保修。

（7）完成项目后评估工作。

5.1.2 关键控制要点

1.前期管理工作

项目管理手册编制：为明确全体参建单位职能分工，促进全体参建单位高度紧密配合，提高参建单位的责任意识，约束参建单位全面履行合同约定的各项义务，确保工程建设期间本工程的各项管理工作规范、有序，真正实现通过对项目建设全过程、一体化、专业化的管理，达到项目资源最佳配置和优化，最终确保项目投资效益最大化，全面实现项目预定目标的根本目的，依据国家、省及市现行的有关建设行业法律、行政法规及项目管理规范的相关要求，以现代项目管理理论为指导、本着责权对应的基本原则，针对本工程实际，制定了本工程《项目管理手册》，作为本项目建设期间指导、规范全体参建单位、参建人员日常建设行为的纲领性文件。

整体工作计划的编制：编制并适时调整项目实施阶段工程建设进度总控制计划并上报委托人审定贯彻执行。根据整体工作计划可以督促、协助参加项目建设的各方按照上述总控制计划的要求，编制各自的工作计划，使之相互协调，构成二级计划系统，应检查各方计划的执行情况，通知有关单位采取措施赶上计划进度要求。

2.设计管理工作

设计把关：项目管理中的设计管理是工作的重中之重。设计的好坏决定了工程的成败；设计的人性化决定了项目的使用功能是否满足项目需要；设计的合理性又决定了资金投入的多少。所以，好的项目管理应充分了解业主需求，充分掌握医疗工艺，对本项目的设计严格把关，从使用功能上满足各项需要，从资金投入上做到合理使用，争取为业主节约成本。

审核设计图纸：严格分区，合理布置、组织好人流和物流，控制隔离病房设施，检查食物和药物传递，审核污染废弃物处理、污染源控制，病房气流组织审核、压力梯度审核、防辐射设计审核、节能设计审核等。督促设计单位做好施工图审查工作，严格要求施工图设计单位按部、省及市相关文件精神，做好施工图的审查工作，从施工图抓起，控制工程质量。

内部评审：在方案设计完成后并充分征求医院使用科室意见的前提下，提前邀请规划、消防、交通、发改等相关审批部门及相关医院专家、相关参建单位的有关专家、医院各使用科室等进行内部评审并形成会议纪要，在评审意见的基础上进行修改后再报批，这样可有利于报批通过及减少在施工过程中的变更。

设计概算控制：是整个项目投资控制的重点和关键，设计概算控制好，将来的工程投资的浮动将变化不大，为了准确确定本工程项目造价，促进设计方案的技术先进、经济适用，组织专门的审查班子，按照审查人员的专业，划分若干小组，采取先分专业审查，再集中起来进行各专业的阶段性会审，确保概算的准确性。

5.2 组织架构设计

根据合同约定，全过程工程咨询公司承担本项目全过程工程咨询工作，并将于本项目现场设立衢州中心医院（四省边际中心医院）项目全过程工程咨询项目管理部，项目管理部全权代表全过程工程咨询公司负责本项目全过程项目管理、工程监理、造价咨询、招标代理工作的具体实施，并承担具体项目管理责任。

项目管理各项活动的开展将以现场项目管理部为主，实行项目经理责任制，项目管理部下设工程监理（管理）部、设计管理部、造价咨询单位、招标合约部、综合办公室五个职能部门，其中工程监理（管理）部实行项目总监负责制，各职能部门实行部长负责制，负责具体专业管理事项的处理，并对项目经理负责、接受项目经理的检查指导，项目经理负责统筹项目全局性事务管理。凡涉及造价调整类的设计变更签发、工程变更批复、索赔处理、招标方案、招标文件定稿、招标补遗及澄清、招标控制价及标底、合同文件定稿、补充协议、总进度及过程工期节点计划调整、合同外项目实施、合同款及进度款支付、品牌审批确认、分包单位的确认、工程竣工结算、参建单位绩效奖励及违约处罚、参建单位主要负责人的变更及撤换等重大事项、重大质量安全问题处理、参建单位及人员履约质量后评价等重大事项需报项目经理审批同意方为有效，其他日常管理事宜由各职能部门负责人全权处理（图1）。

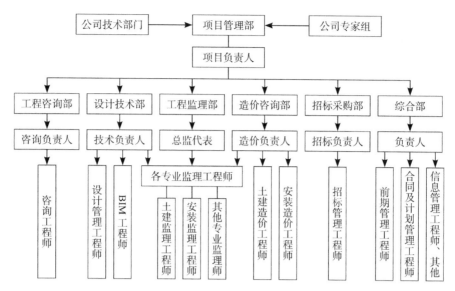

图 1　衢州中心医院（四省边际中心医院）项目全过程工程咨询项目部组织架构

备注：全过程工程咨询公司实行项目经理负责制，各部门工作实行部门负责人负责制，部门负责人对项目经理负责，接受项目经理的领导。

5.3　各阶段咨询方案及价值

1. 全过程工程咨询服务准备工作

（1）成立全过程工程咨询服务组织，主要工作为：组织机构图、职能分工、拟派本项目人员配备情况、工作职责、工作依据和工作原则、分阶段工作部署。

（2）与建设单位进行资料及工作交接。

包括：前期手续办理、设计管理、前期技术咨询单位技术服务管理、前期已发生和准备进行设计及地勘等的合同及招标管理等资料及工作的交接。

（3）根据项目特点及目标计划编制项目管理手册及工作计划。

2. 项目实施前期管理工作

1）前期报批工作

办理与本项目有关的各种手续，协调各协作单位的工作关系，保证项目按计划正式开工建设。前期报批计划、前期报批工作作业指导书的编制及前期报批人员工作的量化管理。加强前期报批工作的事前沟通及协调工作。在与规划、发改、消防、人防、交通等重要审批部门进行沟通及协调时需要求设计人员参加。

2）设计管理工作

设计进度控制：进度控制措施包括组织措施、技术措施、经济措施和合同措施等，合理设置设计合同，明确双方权利和义务，要求双方严格履行合同，促使设计人员如期完成方案设计、初步设计、技术设计、施工图设计图纸。

3.招标投标及合同管理工作

（1）根据项目整体实施计划编制合理的招标计划及招标范围划分。招标计划需根据工程实际需要及相关招标部门的招标时间，及合理划分招标范围。

（2）认真编制招标文件：严格要求及考核相关人员认真进行施工招、投标文件的编制及招标投标的组织管理。

（3）本项目采用 EPC 总承包形式。合同是工程建设质量、进度、投资三方面控制的重要依据，各项条款内容稍有不明确或不合理即可对工程造价造成很大影响。因此，合同签订是否完善非常重要，应在专用条款中明确双方权利、义务和所承担的责任。要根据工程实际情况，结合所选用的合同文本，与业主共同商讨，仔细分析合同条款，明晰责权利关系，并合理利用合同文本条款，在施工全过程中有效控制，建议在招标文件中就明确最终签订的合同条款。

4.施工阶段管理工作

1）施工准备工作管理

（1）做好施工前的施工许可证办理及质安监手续办理工作。

（2）围蔽及三通一平工程的施工。

（3）申报临水临电。

（4）现场勘察，进一步清理场地，组织地勘单位勘察施工。

（5）分区实施综合策划、策划方案编制及会审。

（6）图纸会审及编制项目总施工进度节点控制计划。

（7）编制审查监理规划、监理细则和旁站方案，审查施工组织设计和施工方案。

（8）其他准备工作：临施的搭建、放线点的及时复核和保护等。

2）项目施工的进度控制

（1）施工进度计划管理、施工进度控制流程图及施工进度控制的任务。

（2）施工进度控制的主要方法：要运用组织措施、技术措施、经济措施、合同措施并建立相关制度对施工进度进行审核，审核工程进度计划、进度控制"实施细则"的制定与执行、网络计划技术的运用、工程进度现场协调会、工程延误控制、工程进度报告的提供、工程进度资料整理的全过程、动态的控制管理工作。注意加强进度管理工作的量化。

3）项目施工阶段的质量控制

（1）项目质量控制目标计划、施工质量控制流程图及质量控制的任务的分配。

（2）质量控制的主要方法：要运用组织措施、技术措施、经济措施、合同措施并建立相关制度落实项目设计变更质量控制、大宗设备和材料采购质量控制、项目施工质量控制，审核工程质量控制专项方案、质量控制"实施细则"的制定与执行、工程施工质量现场品质联检、工程质量报告的提供、工程质量资料整理的全过程、全方位的控制管理工作。注意加强质量管理工作的量化（事前对项目管理人员及监理人员、施工人员进行针对性的技术学习及交底工作）。

4）项目施工阶段的投资控制

（1）项目施工阶段的投资控制目标计划、施工投资控制流程图及投资控制任务的分配。工程施工阶段是整个项目建设过程中时间跨度最长、变化最多的阶段，对建设项目全过程造价管理来说也是最难、最复杂的，这个难点就是工程变更和工程索赔。要严格控制工程变更、签证。在施工过程中不应任意增加设计内容和提高标准，如必须变更，要履行严格的审批程序，制订科学的工程变更控制程序，合理控制工程洽商、严格审查承包商的索赔要求、做好材料的加工订货，以实现发生的费用不超过计划投资。由于造价控制的及时性，整个施工阶段，造价人员事先解决了涉及造价和有关费用的系列问题，尤其是有关造价控制和降低造价的合理化建议，对降低项目建设成本，以及对施工的工期、质量控制等都能起到保证和促进作用。

（2）施工组织设计方案的论证。

（3）健全设计变更审批制度，完备现场签证手续。

（4）工程进度拨款控制。

（5）在造价管理全过程中进行动态控制，及时提供与工程建设相关的造价信息服务。

5）施工现场管理

负责施工现场的全面管理工作。包括但不限于考察各参建单位，控制施工过程对环境的影响、制订项目安全生产计划并强力推行，以确保现场人身与财产安全。组织现场平面布局使之易于安全、保卫、后勤及物料搬运的管理。受托人应委托人要求，协助第三方监督各施工单位严格执行"施工现场质量安全及文明施工量化管理标准"。核对现场施工后的效果是否符合图纸设计要求，对不符合要求的，向委托人出具书面修改意见和确认文件，如符合图纸要求，但未达到效果要求的，应及时通知委托人修改图纸，对现场进行调整。

派出现场配合服务组，现场服务组员将由参与各阶段主要专业工作且有丰富设计经验、施工经验的技术人员担任，现场服务将设在施工现场，施工过程中不得中途撤离；项目经理、造价经理、现场经理（总工）对服务组负责，全程任职，不得更换。驻场人员需尽职配合委托人工作，如因驻场人员不配合工作、专业不胜任驻场工作，委托人有权要求更换驻场人员。

6）BIM 管理

初步设计阶段，根据设计方案图等，项目部 BIM 管理人员根据三维模型，针对设计方案提出合理的优化意见。在施工图图审阶段，基于设计单位提供的各专业施工图进行各专业建模、BIM 审图、碰撞检查、冲突检查等，并出具检查报告，提供优化建议。根据报告修改图纸，根据修改文件更新模型。根据更新后的模型（以及精装修等专业的建模），进行管线综合深化设计，分析净高，并出具净高报告、净高图、管线综合平面图、单专业平面图、复杂节点剖面图、结构预留孔洞、预留套管、预埋件定位图、综合支吊架图、照明平面布置修改图、各机房平面布置综合图等成果。设计完成后提供一套完整的施工版 BIM 原始模型及轻量化模型。

施工阶段，施工辅助及多项深化的信息管理。项目部 BIM 管理及技术人员与 EPC 单位一起可运用 BIM 工具进行施工场地布置、施工方案模拟、施工进度模拟、指导深化设计方进行管线综合，辅助施工图纸技术交底、施工工艺工法指导、主要施工成果校验、设计变更调整等其他现场服务。

运维阶段，设备录入的信息管理。项目部 BIM 管理及技术人员与 EPC 单位对后期运维信息的录入及设备资料的梳理，并利用 BIM 技术制作漫游动画等实施项目后期宣传增值服务。将施工设备、管道相应参数输入模型内，编制竣工模型，以及相应的模型信息，在实体工程竣工后，与实体楼宇相一致，反映实体楼宇的竣工状态。经过验收合格后，以此计算机文件形式存储的虚拟楼宇，作为竣工模型的最终成果进行交付。为了方便后期 BIM 运维实施的可能性，能源管理、设备维护管理等，预留 BIM 竣工模型作为设备管理与维护的数据库管理接口。

7）安全文明施工管理

严格按国家、省、市有关安全要求执行，按安全操作规程规范承包单位的安全行为，达到安全施工的目的。严格按国家、省、市有关要求对本工程的办公区域、施工区域以及宿舍区域的环境和职业健康安全进行控制，确保影响项目管理服务过程的环境和职业健康安全活动处于受控状态。

8）档案及信息管理

负责本工程全过程的档案管理工作并办理房屋产权证等。保证在本工程竣工验收备案后一个月内，收集、整理、汇编和移交工程建设档案、文件资料和库存物品，确保归档文件材料的完整、准确和有效。档案发生任何遗失、涂改、破损、延误移交、不完全移交等，应由受托人承担完全责任。

按照国家项目管理规范规定，为委托人提供整套成体系的项目档案及资料管理服务。项目信息管理的对象应包括各类工程资料和工程实际进展信息。工程资料的档案管理应符合有关规定，采用计算机辅助管理。

9）工程验收

办理项目涉及工程验收的各项手续，包括但不限于编制项目验收报告、政府质量监督部门对建安工程竣工的验收备案、各项市政工程的验收及与本工程的接用手续、配合房管部门实测房产面积、向物业管理单位移交本工程等工作，并有责任代表和维护委托人在这方面的经济利益和法律权益，确保项目获得钱江杯。在EPC总承包合同及专业分包合同条款中要特别加大因各自原因没有拿到钱江杯的处罚力度。

10）工程保修与移交

应按本工程建设进度总控制计划的要求准时筹组进场，委托人、使用单位及受托人共同参加项目的最终调试与验收。设计项目保修的各类合同、文件、资料应由受托人协助委托人整理成册逐次移交委托人或其指定单位。保修期内，负责协调和监督相关方履行各自保修合同所约定的责任和义务。

11）风险管理

组织并建立风险管理体系，明确各层次管理人员的风险管理责任，减少项目实施过程中的不确定因素对项目的影响。正确地识别风险并提出合理回避风险、减少损失的建议，包括风险识别、风险分析、风险评价和风险控制。

12）财务管理

受托人应根据相关合同约定和项目进度需要，依照相关支付依据及时向委托人提出资金支付申请。

受托人建立本项目资金支付台账，并对各类费用支出的台账进行分类管理。

受托人协助施工单位及其他相关单位开立银行专用共管账户，防止资金挪用，确保专款专用。

5. 工程结算管理

1）预结算管理原则

廉洁奉公原则、多级审核原则、准确高效原则、可复查性原则、合理低价原则、方案优化原则、信息通达原则。

2）预算工作流程

（1）在EPC工程总承包设计单位提交的施工图纸经全过程工程咨询单位、建设单位组织相关单位及部门审核通过并满足建设单位和全过程工程咨询单位要求的情况下，先由全过程工程咨询单位和建设单位明确施工图纸、施工内容、范围、工期进度、质量要求、现场条件等资料后，施工单位根据上述资料编制并提交施工方案及施工组织设计并经全过程工程咨询单位、建设单位组织相关单位及部门审核通过。

（2）在施工图纸设计完成并通过审核后 30d 内，由施工单位及全过程工程咨询单位（造价咨询单位）按图纸及施工方案背靠背分别编制预算书，在施工单位及全过程工程咨询单位（造价咨询单位）均提交预算书及相关文件后，即开始预算核对工作，建设单位安排全过程工程咨询单位（造价咨询单位）专业人员和施工单位专业预算人员对预算差异项进行复核、讨论分析，达成一致意见后逐项提交建设单位审核。直至全部工程量计算差异和清单单价都达成一致，建设单位组织全过程工程咨询单位（造价咨询单位）和施工单位共同在预算书上签字盖章，作为送衢州市政府投资项目评审中心审核的施工图预算正式送审稿。

（3）衢州市政府投资项目评审中心对施工图预算正式送审稿进行审核，衢州市政府投资项目评审中心的施工图预算审定价×中标费率为最终的相对应部分的合同预算价。

（4）设计变更、工程洽商的费用按《设计变更、工程洽商管理办法》执行。

3）工程结算工作流程

（1）工程达到竣工条件，承包单位、建设单位及全过程工程咨询单位统一意见后，由建设单位及全过程工程咨询单位发给承包单位《工程结算通知书》，同时在项目管理例会上通报各有关施工单位，并记载在例会纪要中。

（2）各单位将工程结算准备齐全后报送全过程工程咨询单位，经全过程工程咨询单位工程监理（管理）部各专业工程师、造价咨询单位造价工程师审核完毕，由总监理工程师签署意见后报送全过程工程咨询单位。

（3）全过程工程咨询单位各专业工程师对结算书进行审核（含现场管理罚款部分）后，填报《工程结算工作交接单》和《工程结算资料审核表》并签署意见后，附《工程结算审批表》，移交建设单位审核。

（4）建设单位收到全过程工程咨询单位移交的结算书后，安排全过程工程咨询单位（造价咨询单位）进行结算费用初审。全过程工程咨询单位（造价咨询单位）负责进行全面、细致的审核结算。

（5）全过程工程咨询公司完成后由建设单位进行复审并书面提出审核意见。

（6）结算复审完成后，建设单位及全过程工程咨询单位约见施工单位进行洽谈核对，结算的洽谈过程应有文字记录，核对完成并达成一致的预算应及时签字确认。建设单位及全过程工程咨询单位在复审和洽谈核对时应阶段性向建设单位领导进行汇报。

（7）全部结算核对完毕后，填写《工程结算造价协议》，报请建设单位审批后作为结算工程价款的依据。由建设单位的工程负责人、成本管理负责人、财务负责人会签后交建设单位分管副总审核，总经理审批。经建设单位审核批准盖章后发施工单位。

4）工程结算报审的前提条件

（1）已全部完成合同约定的工作内容，包括：施工图纸、变更洽商、建设单位签发的工程指令、全过程工程咨询公司批准的施工计划等文件所涉及的全部工作内容，以及建设单位指派的全部其他工作内容。

（2）所承包的分部分项工程质量达到合同、衢州市或国家施工及验收规范要求，所有设备安装运行调试合格，全部工作内容经全过程工程咨询公司及建设单位各专业工程师验收合格，并取得建设单位工程主管和全过程工程咨询公司总监理工程师签字认可的工程验收单后方可办理工程结算。

5）工程结算报审的特别说明

（1）工程最终结算总额由原合同审定预算加按合同条款约定可以调整的增减账组成。

（2）施工过程中的减账预算应按实际列报，经全过程工程咨询公司及建设单位审核未列报的减账预算，发现后将按照减账预算金额的2倍在结算时扣减。

（3）各单位需按时一次性报送全套完整的结算资料，报送的结算书中丢漏项内容均视为已包括在结算书的其他项目中，在结算核对时不再进行调整。

（4）不按时报送的已发生的洽商费用，将被视为此部分变更洽商无费用发生，在结算核对时不再增补（结算过程中发生的变更洽商除外）。计入结算的变更洽商费用仅为施工期间洽商月报的审定费用。

6）工程结算资料的报审要求

（1）各单位报送的结算资料均采用A4纸打印并装订成册，同时附相应的电子版文件，结算书套招标文件中的工程量清单形式，采用Excel表格软件形式。

（2）工程结算资料报送数量：共两套完整资料。一套报全过程工程咨询公司审核，同时另一套报建设单位先行审定。

（3）各单位所报结算总价应含甲方提出的全部工作内容，包括：施工设备、人工、管理、材料、安装、维护、保险、利润、税金、政策性文件规定、风险、责任等所有费用。

7）工程结算资料的审核

（1）全过程工程咨询公司需对承包单位报送的结算资料进行审核；

（2）建设单位的工程主管及各专业工程师需对全过程工程咨询公司审核完毕的结算资料进行审核；

（3）建设单位需对全过程工程咨询公司移交的相关结算资料进行审核。

6 咨询增值服务方案

增值服务（Value-added service，VAS），即是将某项非核心技术、产品或服务利用新方式加以修正改善，以创造更高的价值。基于建筑行业的特殊性，决策及设计等前期阶段是影响工程成本最重要的阶段，是节约可能最大的阶段。所以，本项目的咨询增值服务方案主要侧重于前期阶段。

6.1 EPC 工程总承包单位招标

结合项目实际情况及建设"2018 年 3 月开工，3 年完工"的两个三目标，项目部编制了招标策划方案，明确了招标模式、招标范围、招标计划。对采用 EPC 工程总承包模式，项目部提交了《关于项目选择 EPC 工程总承包模式的分析和建议》，阐述了 EPC 工程总承包的优缺点、招标范围、具体计价模式及最高限价、评分标准、合同条款等内容。EPC 工程总承包模式的优势，在于凸显设计在整个工程建设过程中的主导作用，有利于工程项目建设整体方案的不断优化；有效克服设计、采购、施工相互制约和相互脱节的矛盾，有利于设计、采购、施工各阶段工作的合理衔接，有效地实现建设项目的进度、成本和质量控制符合建设工程承包合同约定，确保获得较好的投资效益；建设工程质量责任主体明确，有利于追究工程质量责任和确定工程质量责任的承担人。

在招标文件编制时，我们选用合适的合同文本，设置了完整的合同条款，明晰了责权利关系，减少了合同谈判时间，加快了合同签订工作。2018 年 2 月底发布 EPC 工程总承包招标文件。同年 3 月，通过公开招标的方式确定 EPC 工程总承包中标单位是中国建筑第八工程局有限公司/浙江省建筑设计研究院联合体。并于同年 4 月中旬完成 EPC 工程总承包合同签订工作。

6.2 施工许可证分阶段申领

为加快项目进度，全过程工程咨询项目部积极与衢州市住建局进行协调沟通，并结合国内及省内相关规定及先例，成功达成施工许可证分三阶段进行办理申领的工作成果，即：①在方案设计及基坑围护设计施工图完成后即先行申请办理"基坑支护、边坡、土石方"施工许可证；②在地下工程施工图设计完成后先行申请图审并办理"地下工程"施工许可证；③在所有施工图出来并图审完成后再办理本项目总的施工许可证。

通过完成施工许可证分阶段申领工作，前期报批报建工作与常规情况相比至少节约了 6 个月以上的时间，与常规情况相比项目开工时间至少提前了 10 个月以上，大大节约了项目的时间成本。

6.3 设计（BIM 应用）

利用 BIM 对已有设计数据实现系统分析与传递，从而实现节约项目投资的可行性。

初步设计阶段，根据设计方案图等，进行初步的 BIM 建模，在模型中集成各项设计数据，使各类数据三维可视化，做到整体把控，辅助决策。在施工图图审阶段，基于设计单位提供的各专业施工图，项目部 BIM 工程公司技术部门的支持，配合 EPC 工程总承包单位进行各专业建模，在结构、建筑模型建模过程中发现图纸问题并记录，统一提交至设计院审核。同时进行碰撞检查、冲突检查等，并出具检查报告，提供优化建议。

在设计完成后提供一套完整的施工版 BIM 原始模型及轻量化模型，利用 BIM 技术制作漫游动画等实施项目后期宣传增值服务。

7 咨询成果与项目复盘总结

项目实施进度目前处于地下室主体结构施工阶段。到目前为止，我们主要开展了项目前期报批报建、方案及初步设计管理及审查、EPC 工程总承包等招标代理、前期的造价咨询、EPC 工程总承包单位的施工图设计管理及现场施工管理工作。在质量及进度总控目标下，我们通过项目实施的总体策划，协助业主单位快速地梳理各类事项，提供专业化、科学化的管理，运用系统科学的观点、理论和方法对项目实施进行计划、组织、指挥、协调和控制，已经发挥出较好的作用。主要的工作成效有以下几个方面。

7.1 项目管理所带来的功能优化

我们组织公司技术专家组，对项目设计的平面布置、功能布局、医疗工艺等方面进行了仔细审核，提出大量专业的、合理的优化设计建议并收集业主及相关职能部门的审核意见，督促设计单位修改完善。项目设计工作，在紧促的时间内取得了有效的成果，为后续其他工作提供了保障。

（1）针对设计优化，对方案、初步设计、主体施工图进行审查，相继提出超过 1500 条以上设计优化及审核建议，其中绝大部分得到了采纳。

（2）我们前后组织设计管理人员会同设计单位与院方各个科室，针对功能布局、使用需求、医用专项等，进行了设计方面的协调与沟通。

（3）我们同时对各阶段的设计进度及限额设计方面进行全过程的动态控制，确保了项目施工与设计的衔接及做到不因设计原因而影响到施工进度，确保在满足使用需求的前提下使设计阶段的投资概预算控制在批复的投资总额内。

7.2 项目进度控制成效

项目实施进度目前处于地上主体结构施工阶段。到目前为止，项目部主要开展了项目前期报批报建、方案及初步设计管理及审查、EPC工程总承包等招标代理、前期的造价咨询、EPC工程总承包单位的施工图设计管理及现场施工管理工作。在质量及进度总控目标下，项目部通过项目实施的总体策划，协助业主单位快速地梳理各类事项，提供专业化、科学化的管理，运用系统科学的观点、理论和方法对项目实施进行计划、组织、指挥、协调和控制，已经发挥出较好的作用。主要的工作成效有：

（1）编制的各类工作计划及项目管理手册、作业指导书等，很好地指导了项目实施工作；EPC招标方案的策划，为该项目总承包的招标指明了方向，也为后续管理工作奠定了基础。目前为止，项目实施进度基本是按计划完成，并取得了一系列阶段性成果。

（2）项目的前期报批报建工作与常规情况相比至少节约了6个月以上的时间。项目采用EPC工程总承包模式，与常规情况相比项目开工时间至少提前了10个月以上。

（3）结合项目实际情况及建设"2018年3月开工，3年完工"的两个三目标，项目部编制招标策划方案，明确了招标模式、招标范围、招标计划。对采用EPC工程总承包模式，项目部提交了《关于项目选择EPC工程总承包模式的分析和建议》，阐述了EPC工程总承包的优缺点、招标范围、具体计价模式及最高限价、评分标准、合同条款等内容。在招标文件编制时，项目部选用合适的合同文本，设置了完整的合同条款，明晰了责权利关系，减少了合同谈判时间，加快了合同签订工作。

（4）项目部对EPC工程总承包单位的施工图设计及施工管理主要是采用动态控制，及时对比目标计划和实际实施情况，分析偏差原因及当前对各类目标的影响，提出调整的措施和方案。事前协调好各单位、各部门之间的矛盾，使之能顺利地开展工作。定期或根据实际需要召开各类协调会。到目前为止，本项目的各项工作进度均按计划完成。

7.3 项目投资控制成效

在项目实施过程中，项目管理严格执行省、市、区政府的相关文件精神，严格招标投标、合同签订中的投资控制工作，严格按合同进行计量、计价、变更确认及决算的审核，投资控制在预算范围内。加强施工过程中各环节的控制，节约投资，控制成本，提高效益。到目前为止，项目没有发生超概算现象。

7.4 工程质量管理

项目部对工程质量进行全面控制，消除质量隐患，杜绝重大质量事故，确保工程质量全部达到国家施工验收规范合格的规定，到目前为止项目已完工程合格率达到100%。

7.5 安全生产管理

本项目是按确保"钱江杯"及"鲁班奖"的具体要求进行临时设施的方案设计及实施的。到目前为止，各项目无安全生产事故发生且是衢州市安全文明做得最好的工地且多次被衢州市电视台及相关新闻媒体报道。

7.6 科研成果及课题研究

根据本项目的特点及在实施过程中碰到的问题进行了以下课题研究并编写了相关论文及办法：

（1）关于衢州中心医院（四省边际中心医院）项目选择EPC工程总承包模式的分析和建议；

（2）衢州中心医院（四省边际中心医院）项目工程材料、设备选型询价工作细则；

（3）衢州中心医院（四省边际中心医院）项目工程变更操作办法。

（4）关于医院项目选择EPC工程总承包固定下浮率模式的应用分析及建议。

7.7 本项目实施过程中存在的难点及解决措施

（1）本项目采用的是EPC工程总承包模式（费率招标），而项目医用工程、精装修工程及各类安装工程等涉及无信息价的材料、设备种类多，投资占比高。而这部分材料、设备当前又是新技术应用特别多、新工艺变化特别快，市场价格变动频繁及幅度大。装修工程及医用相关专项工程基本是在一年半以后实施，所以询价、定价超大的工作量及时点的准确性对项目实施的进度及投资控制都有较大的风险。

处理方法：根据项目特点制定了询价及变更管理办法并得到相关职能部门批准，本项目的询价、定价在政府相关部门联办并有严格监督的前提下依据询价办法中规定的程序公平公开进行，以规避相关影响项目实施进度、投资风险及产生腐败的制度风险。目前已和建设单位、各相关职能部门制定了本项目的询价、定价的管理办法。

（2）项目采用的是 EPC 工程总承包模式（费率招标），本项目土石方工程的工程量是按实计量，需对地形地貌标高、地下各类别的土石方进行分层计量和计算，比传统的清单招标的计量方式复杂得多。且项目场内面积较大、地形起伏大、地下土石方分层类别多。

处理方法：①采用方格法进行土石方工程量计算（方格网边长设置为10m）。②土石方类别划分采用现场结合地勘资料的方法。根据地勘报告中勘探点岩土分层类别，采用取平均值的方法确认各层岩土工程量。

7.8 本项目实施的不足与改进措施及建议

本项目采用的是 EPC 工程总承包模式（费率招标），而项目医用工程、精装修工程及各类安装工程等涉及无信息价的材料、设备种类多，投资占比高。而这部分材料、设备当前又是新技术应用特别多、新工艺变化特别快，市场价格变动频繁及幅度大。装修工程及医用相关专项工程基本是在一年半以后实施，所以询价、定价超大的工作量及时点的准确性对项目实施的进度及投资控制都有较大的风险。

根据医疗项目的特点及项目推进的实际情况，如采用固定下浮率方式，建议采用固定下浮率部分＋暂定价部分（以后在实施过程中再进行专业分包招标并纳入总承包管理）的形式。固定下浮率部分主要为在实施过程中好计价及好控制的部分（如：设计费、场地土石方平整、结构及建筑、门窗及幕墙、水电、消防水电及消防通风、室外市政景观绿化等）；其他的精装修、净化、弱电、空调、电梯、仪器及物流、供配电、自来水、天然气等涉及医用专业性强、以后不好定价的或垄断部门实施的进行专业分包采购招标，采用招标方式为施工图工程量清单招标，招标主体可以是建设单位与 EPC 单位一起联合招标或建设单位单独招标。

中山大学·深圳建设工程项目全过程咨询案例

—— 浙江江南工程管理股份有限公司

李 冬

1 项目背景

1.1 深圳实施人才强市战略，高等教育发展任务艰巨

改革开放 40 年来，深圳牢牢把握人才是第一资源的指导理念，大力实施人才强市战略，打造载体、创新机制、高端引领，加快优质人才资源的战略性集聚，为促进产业转型升级、提升城市自主创新能力、实现科学发展提供了有力的人才保证和智力支持。作为一座开放、包容、多元、年轻的移民城市，深圳始终坚持把人才队伍建设摆在优先发展的位置，先后出台引进海外高层次人才的"孔雀计划""人才安居工程"等一系列政策，着力打造人才集聚发展的高地。

高等学校的根本任务是培养人才，人才培养质量是衡量高等学校办学水平的最重要标准。然而，高等教育一直是深圳发展的"短板"，从高校数目与城市人口数的比例来看，深圳远低于上海、北京、香港、新加坡。因此，加快发展高等教育，是一个必然的战略选择。

1.2 深圳实施创新驱动发展战略，打造创新发展新高度

作为国家创新型城市和国家自主创新示范区，创新是深圳新一轮发展的主引擎，以"高、新、软、优"为特点的现代产业体系在深圳已经基本成形。深圳国际专利申请量已连续 11 年居全国各大中城市首位；深圳战略性新兴产业对经济增长贡献率突破 50%，是全国战略性新兴产业规模最大、集聚性最强、技术创新最活跃的城市。以创新驱动，打造深圳标准、铸就深圳品牌、树立深圳信誉、提升深圳质量，深圳创新活力奔涌、质量型增长、内涵式发展格局正在形成。

1.3 深圳市优质医疗卫生资源匮乏，政府加大医疗卫生投入与医疗人才培养并举力度

作为改革先锋城市，优质医疗卫生资源匮乏一直是深圳发展的软肋，且随着人口老龄化的加剧，这一问题愈发明显。根据深圳市卫计委的统计，截至 2015 年，深圳常住人口千人病床数 3.4 张，千人医生数 2.6 名，远低于北京、上海、广州等城市。

中山大学医学院目前共 8 家直属附属医院（其中，5 家综合医院，3 家专科医院），在国家医疗数据中心发布的中国最佳临床学科排名 19 个专科榜单中，共有 7 个专科进入排名前 5，18 个专科进入排名前 10。中山大学附属第一医院（简称中山一院）是国家重点大学中山大学附属医院中规模最大、综合实力最强的附属医院，也是国内规模最大、综合实力最强的医院之一。

随着深圳市政府与中山大学战略合作协议的签订，未来确定将依托中山大学附属医院的优质资源，共同在深圳新建三所附属医院，开展医学科研和高层次人才培养，为深圳市民提供高水平医疗卫生服务，这无疑对深圳市医疗卫生水平提升具有重要的推动作用。

2 项目概况

中山大学·深圳建设工程项目位于深圳市光明区，总占地面积 144.71hm²，总建筑面积 127 万 m²，集约型综合管廊 7.5km，批复概算 119.8 亿元。项目建设主要包括医科、理科、工科、文科四大学科组团及图书馆、体育馆、大礼堂、学生宿舍及食堂等公共配套设施。项目建成后办学规模 20000 人，其中本科生 12000 人，研究生 8000 人。项目于 2018 年 5 月 1 日开工，计划 2021 年 6 月全部竣工。

3 需求分析

本案例从投资主体深圳市政府、办学主体中山大学、建设主体深圳市建筑工务署及全体参建单位四个维度解读需求分析。

3.1 深圳市政府需求

本工程作为深圳市财政全额拨款建设项目，市政府旨在希望项目建成后为深

圳市引进、培养优质科研人才，为城市创新发展持续输送新鲜血液，形成高端人才聚集地，实现人才强市的目标。力争通过 10 年左右努力，建成具有中国特色、传承中山大学办学传统、若干学科水平居于国内国际前列、具有世界一流水平的大学校区，成为支撑、引领广东经济社会发展、辐射亚太地区的高层次创新人才重要培养基地。

本工程规划建成为以医、工学科为主的校区，未来必将引进医学界顶尖科研团队，培养优秀医务从业人员，同时将在深圳建设 3 所附属医院，为中山大学·深圳医学院学生提供优质的实习基地及就业平台，为深圳市医疗卫生事业输送大量优质人才。

3.2 中山大学需求

本工程是中华人民共和国教育部直属的综合性重点大学中山大学的主体校园之一。中山大学深圳校区是以医科和工科为主要办学特色，拥有综合性学科优势的大学园区，着力服务国家重大战略，构建医、工、文、理相对齐全的学科体系，以及从本科生到博士生完整的人才培养体系。

按照综合性大学学科布局，结合深圳市经济社会发展需求和创新驱动发展战略要求，重点建设医、工、理、文四大学科群：①医科，重点建设临床医学、基础医学、公共卫生、药学等学科领域；②工科，重点建设生物医学工程、智能制造、电气与通信工程、材料科学与工程等学科领域；③理科，重点建设数学、物理、化学、生命科学等学科领域；④文科，重点建设中文、历史、哲学、商学等学科领域。

3.3 深圳市建筑工务署需求

深圳市建筑工务署（以下简称工务署）作为国内领先的政府投资项目建设主体，其建设理念、管理模式、规章制度、人才培养、品质控制、廉政建设、党建工作等领域一直走在国内同行前列。工务署在项目多、人员编制少的背景下，在住建部推行全过程咨询试点的同时率先推动第一批全过程咨询项目落地，旨在探索研究全新的项目管理模式，形成一套行之有效的管理制度并加以推广，持续引领国内先进建设管理经验。

3.4 各参建单位需求

深圳市作为国内一线开放城市，在创新发展、理念引领等方面居国内前列，中山大学近年在国内大学中综合实力排名稳居前十，两者强强合作建设中山大学·深圳建设工程，意义非凡、影响深远！包括全过程咨询公司等全体参建单位无不高度重视本项目建设，通过项目建设，形成培养人才、建设精品、制度领先、理念创新等多元成果，进一步扩大企业在业内影响力，提升品牌美誉度。

4 服务策略

本项目作为住建部试点政策后第一个落地项目，也是单一合同额最大项目，我司高度重视，从人力资源建设、技术力量支持、后勤供应保障等方面进行全方位重点管控，确保项目各项工作顺利推进。具体服务策略如下。

4.1 策划方案先行

项目实施策划是决定一个项目建设成效的全局性指导文件，贯穿项目建设全过程的建设指引，指导项目建设各项目标的实施落地；十九大以来，全国工程建设领域形成了高起点规划、高标准建设、高质量发展的新形势，同时全面推行全过程咨询、工程总承包等新型建管模式，形势逼人，项目策划也是形势所需；工务署积极推出 2020 先进建造体系理念，明确以绿色、优质、快速、智慧建造为主线，全面将工务署每一个项目都建设成精品工程，策划文件是先进建造体系的有力支撑；项目建成后，如何评估项目建设成效，项目建设当初设定的目标是否完全实现，建设过程各项管控措施是否落地，策划文件也是评估的重要依据。

4.2 主控关键目标

项目建设要抓主线，即关键节点和关键目标，只有确保主线工作可控，项目总体目标才能得以实现，比如本项目设定了设计管理要最大化满足使用方功能需求，招标管理要选择国内最顶尖的施工总承包单位，施工进度设定了市政先行、分批交付，质量目标设定了图书馆确保鲁班奖等关键目标。

4.3 全方位精品

中山大学对本项目明确了百年建筑、中国最美校园的定位，这就要求我们除了主控目标必须保证外，还需要建设全方位精品工程。

4.4 制度引领

本项目作为住建部全过程咨询试点，我司积极探索尝试，通过项目建设，摸索出一套行之有效、可以推广的全过程咨询建设管理制度。

4.5 理念引领

建设理念决定项目总体实施方向，不仅要通过相关制度落实，更重要的是通过不断强化的操作层面思想灌输和行为指导方能落地，转化成精品工程。因此，理念引领不仅是决策层要引领，更重要的是全体参建人员将先进建造理念融入到自己思想中、落实到具体行动上。

4.6 人才储备

本项目作为我司重大项目，在人才配备方面，除满足日常工作需求之外，还承担为公司储备人才、培养人才的任务，通过项目建设，在项目总体把控、设计管理、招标管理、造价管理等方面培养一批优秀的咨询工程师，尤其总咨询师的培养更是重中之重。

5 咨询方案

5.1 整体咨询策划方案及关键控制节点

为贯彻落实十九大及习近平总书记"四个走在全国前列"等系列讲话精神，结合工务署大力推行政府工程先进建造体系，打造现代建筑业 3.0 版，实现工务署在行业内理念引领、品质引领和技术引领的总体要求。江南管理在深入掌握项目情况后，对项目进行了全面、深入、细致的策划工作。

总体策划共分为项目管理模式策划、建设目标策划、进度策划、招标策划、先进建造体系策划、投资控制策划、需求管理策划、资源管理策划、新型学习组织策划、风险识别及应对策划、移交策划、后评价策划、宣传策划等共 13 章，作为项目实施全过程的纲领性文件。

5.1.1 项目管理模式策划

明确了建设单位和全过程咨询单位的定位、职责、权限及工作开展模式。明确了建设单位通过书面授权，全权委托咨询公司全面行使建设单位管理职责，咨询公司对其管理工作承担合同约定以及相关法律责任。

5.1.2 建设目标策划

明确了总体进度目标、质量目标、投资控制目标、安全文明施工目标、绿色建筑目标、技术创新及海绵城市等目标体系。确定了图书馆争创鲁班奖、国际学术交流中心争创国家优质工程奖、综合服务大楼争创绿色建筑设计三星认证等目标。

5.1.3 进度策划

根据项目特点及需求，明确了项目采取市政先行，各主要单体主体封顶时间节点，2020 年 6 月、12 月和 2021 年 6 月分三批交付的进度目标及主要影响进度的风险点。

5.1.4 招标策划

制定了推行大总包管理模式、发挥专业公司优势、加强市场调研、全链条择优的总体招标原则，针对不同招标项目制定了标段划分原则、择优标准、单项工程质量目标等关键要素。确定了本项目采取三个大总包，室内装饰装修、园林绿化与实验室工艺专业发包的招标方案。

5.1.5 先进建造体系策划

根据工务署 2020 先进建造体系要求，结合项目特点，分别从绿色建造、快速建造、优质建造、智慧建造四方面制定了具体实施方案及应用点分析，全力打造先进建造标杆项目，引领先进建造体系全面落地实施。

5.1.6 投资控制策划

着重根据全过程咨询模式特点，结合以往项目成功经验，推行设计管理、造价管理、工程监理三位一体的投资控制模式，充分发挥全过程咨询模式优势。

5.1.7 需求管理策划

重点从需求管理的两个特征进行分析，明确需求管理的三项基本原则，制定需求管理五项措施。最大限度满足使用功能，最大限度尊重使用方合理诉求，严控使用方不合理需求，确保建设标准不超概算。

5.1.8 资源管理策划

强调搭建资源整合平台，充分发挥全体参建单位资源优势，形成优势互补、集成共享的效应。

5.1.9 新型学习组织策划

从党建工作学习、团队建设学习、廉政建设学习及技术提升学习四个方面全面推进学习型组织工作，重点组织各类专项培训、专题调研、课题研讨并最终形成若干书面技术成果或著作。

5.1.10 风险识别与应对策划

描述风险对工程工期、质量、投资、安全各方面的影响，强调风险源识别与应对措施，做到早发现、早预防。

5.1.11 移交策划

移交分为实体移交和档案移交两大部分，移交前组织编制建筑使用说明书，强调移交过程做好同步技术培训。

5.1.12 后评价策划

对项目决策阶段、准备阶段、实施阶段等不同阶段分别进行不同内容的评价，评价项目实施情况是否达到策划预期，并分析未达到预期的原因，为后续项目积累经验和数据。

5.1.13 宣传策划

通过建立项目微信公众号等多种宣传媒介，对项目建设重要节点事件、重要活动、新风貌新风采等进行宣传。

5.2 组织架构设计

深圳市建筑工务署作为本项目建设主管单位，负责宏观政策把控，重大问题决策，工务署直属独立法人机构住宅工程管理站负责本项目具体合同签订、落地实施，日常管理由住宅工程站设立项目组。通过合同授权方式，全权委托我司行使项目管理职责，通过目标考核、授权监督、履约评价等方式，我司按照合同约定全面对参建单位进行管理（图1、图2）。

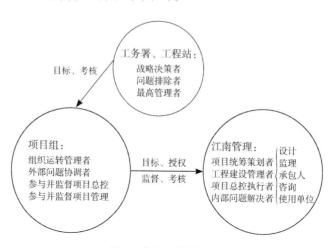

图1 各级机构关系图

6 咨询增值服务方案

咨询增值，在项目上被分解为设计管理精细、招标管理择优、投资控制精准、合同管理落地、结算工作同步、现场管理标准、打造持续学习组织、党建工作＋等方面，通过全方位管理手段落地，为项目实现增值服务，实现投资控制合理、品质提升显著、工期控制有效、使用功能得以实现、项目美誉度良好等增值成效。

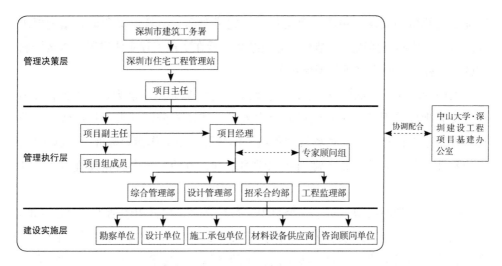

图 2 项目全体参建单位组织架构图

设计管理精细，简单点说就是通过方案比选、专家评审、类似项目经验、精细化审核等管理措施，实现同等标准造价低、相同功能造价低、同等费用高标准、同等费用提高可靠性，同时根据经常遇到的施工质量通病，在设计阶段采取预防措施。

招标管理择优，需要通过针对性的市场调研、招标条件设定、研读项目特点等大量基础工作，在招标方案编制、评定标工作方案等环节均需细致严谨、科学审慎、公平公正，方能选择到最优的中标人。

投资控制精准，投资控制不是简单地根据设计文件计算工程造价，而是在项目建设不同阶段对项目造价都有相对精准的指标加以控制，确保项目各阶段投资可控，如可行性研究阶段要参照类似项目造价指标并结合项目特点对投资估算进行合理评估，设计概算阶段要充分结合设计文件、政策性文件计价，尤其主要材料设备单价要作充分论证，避免三超现象。

合同管理落地，合同是管理参建单位的重要标准，也是法律依据。合同条款针对发承包双方权利、责任、义务都有着详细约定。项目执行过程中应对双方履约情况进行评估、检查，对于履约不充分、不及时情形，及时采取措施予以纠正，防止对工程推进产生负面影响。我司通过制定合同管理白皮书，定期分析、整理参建单位合同执行情况，形成书面报告向建设单位汇报并通报承包单位。

结算工作同步，结算滞后往往是工程造价工作的通病，我司结合多年项目管理工作经验，在本项目制定了结算工作专项制度，该制度按照不同合同类型、不同专业特点及工程建设进度，分类梳理了结算工作，编制了具体结算工作方案，明确了结算资料要求、单项结算责任人、完成时间、结算申报和审查精度要求等。结算专项制度强调过程结算、分段结算，旨在实现工程实体竣工、档案资料完成、工程结算同步完成的理想状态。

现场管理标准，现场一线管理工作纷繁复杂，管理人员能力良莠不齐，如何有效提升现场管理工作一直困扰着业内人员。我司充分发挥大项目优势，总公司予以技术支持指导，对现场管理各项工作分类编制工作指导标准、实施手册，以简易化、轻量化为特征，随时组织学习培训，方便一线人员快速理解、快速执行。

打造持续学习组织，对于一个组织，持续学习是提升组织活力的关键动能。我司结合创办江南管理学院十余年的独有优势，在项目上组织各种类型的学习、研究，建立项目大讲堂，对陶砖工艺、集约型综合管廊等进行立项作专题研究，通过丰富多彩的学习研究活动为项目赋能。

党建工作+，我司高度重视党建引领作用，在工务署领导下，将支部建在项目上，组织全体参建单位组建临时党支部，充分发挥党员先锋带头作用，求真务实为项目建设发展服务，党员同志贴近一线、走进工友，专题组织进度攻坚、质量提升等活动，定期组织工友理发、义务体检、夏日送清凉、文艺演出等丰富多彩活动。

7 咨询成果与项目复盘总结

通过两年来的全过程咨询管理实践，在项目管理工作中取得了一定成效，项目美誉度及影响力持续提升，已成为国内工程建设领域不可多得的标杆项目，现将代表性成果案例予以重点介绍。

7.1 咨询策划方案开创工务署建设管理新模式

我司于2017年6月中标进场开展咨询工作，项目团队快速进入工作状态，制订咨询策划方案，反复征询工务署各部门意见，各部门交流，数易其稿，最终形成正式咨询策划方案。2017年11月，我司项目总咨询师向工务署策划委员会就咨询策划方案作专题汇报，策划委员会对我司策划方案给予高度评价，认为策划方案内容全面、目标明确、路径清晰、措施可行、评估有据，可作为工务署项目策划方案标准模板予以推广。并要求工务署新建项目要全面推行项目策划，在建项目要在原有工作计划基础上重新梳理制订项目策划方案。自此，项目策划制度开创工务署全新管理模式。

7.2 设计管理成效显著，引领工务署项目品质提升

我司针对本项目组建了前台设计管理部＋后台专家组有机结合的设计管理团队，两个团队相互补充、有机联动，通过多方案比选、专家评审、类似项目经验、精细化审核等管理措施，累计在不同设计阶段提出合理化意见和建议 6000 余条，质量通病预防建议 500 余条，优化重大技术方案 30 余项，为项目设计质量提升发挥了重要作用，也得到工务署各级领导高度赞誉。典型案例如下。

7.2.1 综合管廊方案优化

结合校园场地特点、建筑布局及功能需求，对综合管廊设计方案从截面和线型上反复优化、论证，由最初的双舱方案到单舱方案再到最终定案的集约型管廊，将管廊建设成本从约 1.2 亿元 /km 降到约 3000 万元 /km，建设长度减少 0.6km，该项直接节约投资约 6 亿元（图 3）。

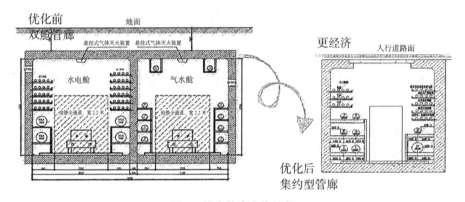

图 3　综合管廊方案优化

7.2.2 土方平衡优化

根据项目地形与沿线公路标高关系，针对设计院出具的一次土方、二次土方平衡方案，一次土方采取大挖大填方案，增加了二次土方外运量及基坑支护成本，经分析比较，一次土方改用高处开挖、填方区基坑不回填的原则并对台地标高进行合理优化，经测算，减少土方二次外运量约 40 万 m^3，减少深基坑面积约 8 万 m^2，节约投资约 5000 万元，可缩短工期两个月。

7.2.3 供电方案优化，供电可靠

项目变压器装机容量约 11 万 kVA，采用 20kV 供电，设置 6 个开闭所，共 12 路 20kV 进线。原设计采用双回路放射式供电方案，由于本项目各组团用电负荷大（如医科组团变压器装机容量约 28800kVA、工科组团变压器装机容量约 16000kVA，东生活区变压器装机容量约 9600kVA），且建筑单体之间距离较远，

放射式供电高压电缆量大、高压柜数量多、施工周期长。结合项目实际情况，在保证项目用电安全可靠性的前提下，通过反复论证、专题研究，最终采用双干线树干式供电方案。通过对供电方案的优化，既满足了项目用电需求，又为项目节约投资约 1000 万元（图 4）。

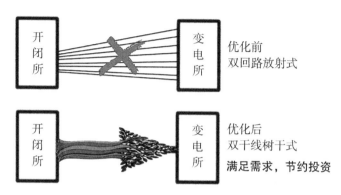

图 4 供电方案优化

7.2.4 图书馆除湿系统，保障设备性价比和可靠性

本项目图书馆对除湿系统要求高，设计院初始方案对除湿系统选型采取溶液式调湿机，经市场调研该系统存在使用期间漏液腐蚀、散发异味等问题且维护成本高，改选技术更加成熟、成本更具优势、维护更方便的工业除湿机，该产品安全可靠、性价比高，较原方案节约投资 800 万元（图 5）。

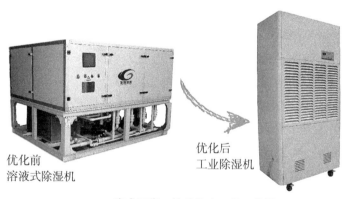

图 5 图书馆除湿系统

7.2.5 宿舍开关设置优化，提高使用舒适性

一般学生宿舍灯具开关为手动控制，且设计师习惯性只在门内侧安装一只开关，就寝后关灯问题一直是学生的痛点。我司设计管理团队通过与新入司大学生

交流敏感捕捉到这一信息，随即要求设计师优化宿舍开关布局，根据学生上床下床特点，将两床位中间标准插座调整为灯具开关且位置抬高到床位标高，方便学生就寝后随手关灯，不用下床关灯，在不增加造价的前提下提高了使用舒适性（图6）。

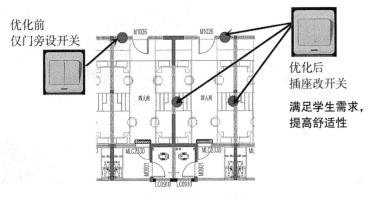

图6　宿舍开关设置优化

7.2.6　拥抱信息变革，推进技术更新

电子巡更系统用于巡更员在规定时间到达规定巡更点位"打卡"，该系统需要采购一套巡更设备并在施工期间现场安装验收。我司智能化工程师提议采用二维码技术代替传统电子巡更系统，二维码成本可以忽略不计、使用期间免维护、布点方式灵活可变，经过评估后被采纳应用（图7）。

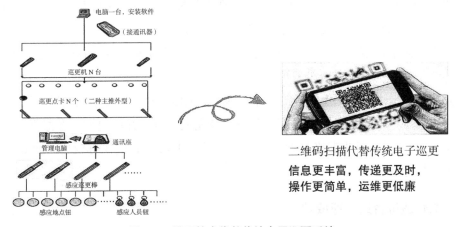

图7　二维码技术代替传统电子巡更系统

7.2.7　取消顶棚抹灰，预防质量通病

设计通常做法顶棚必须抹灰，但顶棚抹灰脱落一直是困扰施工及使用期间的老问题，我司现场管理人员提出优化结构施工工艺要求，提高结构施工一次成优

率，取消顶棚抹灰，在不吊顶区域提高平整度基础上增加表面处理工序，有吊顶区域直接免除抹灰找平工序，降低成本，节约工期（图8）。

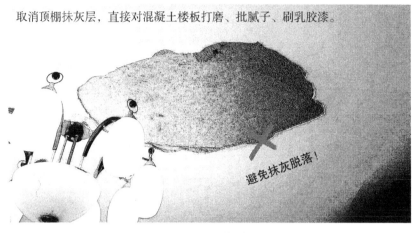

取消顶棚抹灰层，直接对混凝土楼板打磨、批腻子、刷乳胶漆。

避免抹灰脱落！

图8　取消顶棚抹灰

7.3　招标管理择优理念落实到位，初步实现全链条择优目标

通过精心策划、合理组织、快速实施，完成招标工作三十余项，在招标方式选择、招标模式创新等方面成效显著。一是采取EPC模式完成设计施工总承包（Ⅰ标）招标，针对场地土地整备条件不成熟现状，优化招标方案，组织生活区工程约35万㎡采取EPC模式招标，实现条件成熟一块、先行开工一块，为按期交付多争取6个月有效施工时间；二是真正做到公开、公平、公正，施工总承包（Ⅱ、Ⅲ标）在招标阶段将招标敏感信息评分细则完全公开，打破评定分离招标模式下评分细则不完全公开的传统，最大限度吸引国内最优秀企业参与竞争；三是快速完成边坡绿化生态修复招标，本项目依山而建，需要削山坡后建设，为积极响应绿色发展理念，项目部在部分边坡完成后积极开展边坡生态修复工作，自2019年3月3日生态修复设计方案确定到4月12日最终定标仅用时40d，创下单项招标新纪录。

7.4　造价合约管理成效

通过实施过程结算、分段结算，根据项目推进及结算条件，同步办理相关结算工作，如合同履行完毕的咨询服务类项目、已经完成并验收合格的桩基础工程等，同步办理结算，最终实现结算与工程同步，现已完成18项合同或分部工程结算工作；实行合同管理白皮书制度，白皮书涵盖合同分类及来源、支付情况、

与该算对比情况、履约评价情况、合同条款存在问题分析等，动态反映了项目投资控制状态，为决策者提供第一手真实资料。

7.5 报批报建管理成效

通过行政主管部门靠前指导、并联审批，全过程咨询单位并行推进、预先调度等措施，加快了各项行政审批效率，整体办理周期较常规项目缩短40%，如选址意见书办理5d后完成用地规划许可证办理，土石方施工许可证实现当天上传当天办结。

7.6 创建学习型项目

开设项目大讲堂，项目部依托江南管理学院多年办学经验，在项目部推动全体参建单位创建学习型项目部，开展党建、团建、廉政建设学习活动，同时根据项目进展，适时开展相关技术专题培训。2019年开始创办中山大学项目大讲堂，由项目总咨询师作了内训师成长之路首讲，各参建单位主要管理人员根据计划开讲，每周五下午固定开讲，取得良好成效。作为工务署项目学习亮点予以推广（图9、表1）。

图9 项目大讲堂

7.7 建立劳动竞赛机制，奖优罚劣

项目三个施工总承包标段于2018年年底全部完成招标工作，目前已经进入全面施工阶段。为推动全体参建单位树立争创一流、建设精品工程的思想，经会商建设单位同意，自2019年建立劳动竞赛机制，在参建单位中形成良好竞争氛

中山大学·深圳建设工程项目 2019 年上半年大讲堂课题安排　　表 1

序号	培训课题	培训对象	培训时间	主持人	备注
1	内训师成长之路	全体拟授课人员，各单位主要管理人员及有学习意愿的员工	4 月 3 日	李　冬	16:30，123 会议室
2	边技工程施工	监理工程师、监理员、施工单位技术负责人、质量负责人、质检员、施工员	4 月 12 日	王忠胜	1.5 小时讲授，30 分钟问答，1 小时现场讲解
3	锚索施工及张拉技术	监理工程师、监理员、施工单位技术负责人、质量负责人、质检员、施工员	4 月 19 日	梁辉宇	1.5 小时讲授，30 分钟问答，1 小时现场讲解
4	第三方工程质量评估实施方案	监理工程师、监理员、施工单位技术负责人、质量负责人、质检员、施工员	4 月 26 日	张启明	1 小时讲授，30 分钟问答，1.5 小时现场模拟第三方检查
5	安全生产标准化（结合第三方安全巡查方案）	安全监理工程师、监理员、施工单位安全负责人、安全员	5 月 5 日	方光辉	1 小时讲授，30 分钟问答，1.5 小时现场模拟第三方检查
6	施工用电安全管理	电气监理工程师、监理员、施工单位安全负责人、安全员、电气施工员及电工	5 月 10 日	尚爱萍	1 小时讲授，30 分钟问答，1.5 小时现场专项检查
7	防台防汛及应急预案	各单位主要管理人员、安全负责人、安全员、施工员	5 月 17 日	周晶晶卢永刚	1.5 小时讲授，30 分钟问答，1 小时现场应急预案演练
8	基坑工程施工	监理工程师、监理员、施工单位技术负责人、质量负责人、质检员、施工员	5 月 24 日	官珊珊	1.5 小时讲授，30 分钟问答，1 小时现场讲解
9	地下室防水施工与治理	监理工程师、监理员、施工单位技术负责人、质量负责人、质检员、施工员、防水单位	5 月 31 日	胜利油田	1.5 小时讲授，30 分钟问答，1 小时现场讲解

围，效果初显，Ⅰ标段施工总承包单位在一季度劳动竞赛中全面完成约定目标，并在全署 60 余项目第三方质量、安全排名中分别取得第二名的好成绩。通过一季度对Ⅰ标段施工总承包单位的激励，Ⅱ、Ⅲ标段施工总承包单位也受到鼓舞，二季度劳动竞赛中，Ⅰ标段施工总承包单位继续保持工务署前三的优异成绩，Ⅱ、Ⅲ标段施工总承包单位在第三方质量、安全的成绩和排名也大幅上升，达到良好标准。

7.8 现场管理成效明显，捷报频传

进入 2019 年以来，随着工程进入全面施工阶段，现场管理难度越来越大，在工务署统一领导下，我司充分发挥全过程咨询管理优势，加大管理力度，规范管理行为，各参建单位比学赶帮超、力争上游、气氛热烈，各种荣誉也是纷沓而至。2019 年 4 月成功举办中国施工企业管理协会现场技术与管理创新成果应用观摩会、2019 年 6 月份举办深圳市住建局安全生产月观摩交流会、2019 年二季度两个施工总承包标段荣登深圳市住建局安全文明工地红榜，先后被评为深圳市安全文明工地、广东省安全文明工地等（图 10）。

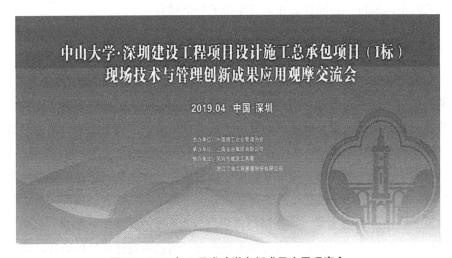

图 10　2019 年 4 月成功举办新成果应用观摩会

7.9 国内同行参观交流频频，建设模式引领作用明显

自本项目现场施工启动以来，影响力持续提升，国内同行慕名而来，参观、学习、交流互动频繁。先后接待西湖大学、藏医药大学、杭州萧山机场建设指挥部、山东泰安高新区管委会、联勤保障部队建设指挥部、浙江省建设监理协会、河北省公益项目建设管理中心等建设单位、行业组织四十余次。我司作为全过程咨询单位，对来访单位热情接待、详细讲解，各来访单位对项目建设模式、取得成效均给予高度评价，也纷纷表示结合自身情况吸收借鉴，提升建设管理水平。

8　全过程咨询优点

深圳市建筑工务署作为政府投资工程建设管理及组织实施的专业化机构，在

专业化基础上引入社会化专业工程咨询团队，相比那些非建管职能为主的使用单位引入代建制，更有利于提高政府工程建设水平。主要优点如下。

8.1 保持政府主体地位，切实保障公众利益

代建制企业的盈利来源于代建费和工程结余分成，而目前全过程工程咨询费用来源于工程监理费和设计管理费，由于政府工程集中管理机构的工资及办公经费来自于财政拨付，引入全过程工程咨询并没有将项目资金结余与二者的收入来源挂钩，项目建设过程中因优化方案、投标竞价下浮等合理节约的公共资金继续用于项目后续建设以及改善提升项目品质。双方对于项目管理的目标一致，保持了政府的主体地位，共同代表并切实保障了公众利益。

8.2 强化总控督导，有效建立廉政防火墙

政府工程集中管理部门是政府主管的专业机构，其业务部门、技术专业组、决策委员会、技术管理体系均是围绕着项目建设而设立的，拥有成熟、完善的决策监督机制，拥有大量公共建筑与民生建筑的建设经验，拥有专业化的技术能力与管理能力。

引入全过程工程咨询，利用专业化体制管理专业化团队，将总控督导与实施执行有效分离，利用全过程工程咨询企业整合全链条的实施管理资源，为工程建设构筑了一道廉政防火墙。工务部门将焦点与重心放在"决策、监督、保障"三大总控督导职能上，有效避免因管理关系众多、信息不对称伴生的廉政风险，有利于规范建筑市场秩序，减少违法违规的行为发生。这一优势是单一职能的使用单位引入以逐利为目标的代建制企业无法替代的。

8.3 优势互补，解决人力资源不足现状

近年来深圳经济持续高速发展，工务部门承担的建设任务量急剧攀升，受体制影响，事业单位的编制数量在一定程度上受到严重制约，薪酬标准也不足以与市场上高素质、高水平人才的实际收入相接轨，引入全过程工程咨询可以缓解建设单位人力资源编制不足的现状，满足大型高校、复杂医疗、大量小型公检法及基础教育等项目对综合管理能力强、专业技术水平高人才的迫切需求，使得建设单位有条件将人员、精力和时间放在资金计划、政府部门协调及核心业务发展上。

政府工程集中管理体制数年来积累了丰富的工程建设经验，并形成了完善的管理体系。工程咨询管理企业具备专业的管理知识与管理经验，通过灵活的机制

积累了大量高水平工程管理人员。二者强强结合、优势互补，有利于共同实现政府工程建设的总体目标。

引入全过程工程咨询，可以在推进项目建设的同时，帮助工务部门借助外力巩固提升自身技术能力与管理能力，帮助工务部门培养人才、储备人才、锻炼人才，待大规模政府投资项目建设力度趋向于平缓后，更好地投入政府工程建设管理中。

8.4 集约化管理，有利于资源整合及总控目标实现

政府工程集中管理与全过程工程咨询服务同时贯穿于项目建设的整个周期，全过程工程咨询可以集约化统筹管理设计、招标采购、现场实施、造价咨询等关键环节，整合项目建设全过程所需资源，优化项目组织结构并简化合同关系，提早组织策划项目实施方案，整合各阶段的工作内容，通过限额设计、方案优化和精细化管理等措施，降低"三超"风险，优化工期，减少质量安全问题，实现工程总体管控目标。

8.5 一体化管理模式，有利于提质增效

全过程咨询模式将项目管理和工程监理两大部分内容委托一家单位实施，采用一体化管理模式，一是主体责任明确，全过程、全方位服务，避免扯皮推诿；二是管理扁平化，可以缩短流程，提高效率；三是管理专业化，职业化管理团队可以提供优质高效的技术及管理服务；四是管理预控化，咨询公司早期介入，先行策划，对项目进行整体策划、预控，可以起到事半功倍的效果。

海林俄罗斯新城项目全过程工程咨询案例

——泛华建设集团有限公司

倪　琨

1　项目背景

自 2002 年开始，泛华建设集团有限公司（以下简称"泛华集团"）与黑龙江省海林市签订了战略合作协议，为海林市提供"平台＋智库＋资本＋产业孵化器＋系统解决方案"的一站式咨询服务，从顶层设计入手，依据泛华集团独特的"系统规划"体系，即战略规划、产业规划、空间规划、重大项目规划、融资规划，采用先进的城市发展创新模式：城市系统规划＋投融资＋城市营销＋开发建设，树立城市名片，在海林市打造"中国木业产业生态新城"，统一招商理念，扩展城市营销渠道，投资开发打造城市增长极，成功地实现了城市的战略转型，成为黑龙江省重点改革试点城市，并协助海林市在短短的 8 年内将海林"中国木业产业生态新城"由市级经济开发区升级为省级经济开发区，并于 2010 年获批"国家级经济开发区"。

海林市泛华置业有限公司（以下简称"海林置业"）是泛华集团在海林市设立的投资开发公司。海林俄罗斯新城是泛华集团与海林市政府合作的城市建设项目之一，力求俄罗斯新城和海林市经济开发区相呼应，使城市产生强大的聚集、辐射和综合服务能力，使城市成为现代服务业、生产性服务业和生活性服务业的聚集区。

为此，泛华集团在先期开发完成了海林俄罗斯商城项目之后，决定开发建设海林俄罗斯新城项目。

2　项目概况

海林俄罗斯新城项目（以下简称"本项目"）位于原市政府及电业局所在地，北临海林市俄罗斯商城（泛华集团投资建设），西临林海路，南临和平街。项目建筑用地面积为 9426m²，工程性质为商住，建筑规模为 19042m²，包括商住楼、银行办公楼、电业局办公楼和车库、物业办公等辅助性用房等。首层为商业用房，二至六层为住宅。建设形式：首层为框架，二至六层为砖混。本项目总投资约 5000 万元人民币。2007 年 6 月开始立项，2008 年 4 月 1 日开工建设，2008 年 9 月 10 日竣工。

3 项目需求分析

3.1 项目定位

本项目功能定位为商住楼，首层为商业，设计层高为 6.3m。项目总建设规模 19042m²，设计原则基本要求：应按国家有关规范和标准执行，符合城市规划、环保、节能、交通、绿化等各方面的要求。营造休闲、健身、有趣的绿色环境。建筑物的风格现代、时尚，具有俄罗斯风情特色。以中小户型为主，尽可能地增加绿化面积和健身面积（可利用车库屋顶实现）。建筑立面力求表面庄重、明快、开放、向上的总体效果。建筑外墙饰面材料，底部以石材为主，以营造建筑物稳固与不可撼动的效果，并与一期形成一体；配套完善、环境宜人、较高标准的居住生活综合区，提升本区域的城市环境形象。

3.2 建设工期要求

2007 年 9 月立项，2008 年 4 月开工，2008 年 9 月竣工交付。

3.3 建设项目管理需求

因海林置业主要是从事投资开发，相应的建设工程管理专业人员不足，为实现项目的质量、进度、投资、使用功能等建设目标，亟需专业化的咨询管理团队为项目提供全过程工程咨询服务。经集团研究决定，由集团公司为泛华置业提供包括全过程项目管理和工程监理的全过程工程咨询服务，后期物业运营管理由集团在海林设立物业公司进行。

4 项目咨询管理服务策划

4.1 充分利用集团资源优势为置业公司提供全过程项目管理服务

项目管理的发展过程，就是由业主方传统的"基建管理"的基本管理理念发展到"通过项目进行管理"的中级管理理念，再发展到"按项目进行管理"的高级管理理念的过程，体现了"管理项目化"理念的不断延伸的过程。

项目管理是以项目为中心，以团队为基础，优化工作流程，实现项目的既定目标。管理公司组建项目管理团队，管理人员是来自不同知识领域的、已掌握管理所需能力的管理精英们，他们将运用先进的管理程序、方法和工具，提高管理运营效率，实现建设项目的建设目标。

泛华集团作为建设领域全过程系统服务商，具有工程咨询、勘察设计、工程总承包、工程监理等诸多业务领域资质，具有大量经验丰富的各专业技术管理人员，可以为本工程的项目管理提供诸多领域的咨询和服务工作，并确保本工程要求的建设目标得以实现。

4.2 以投资管理为核心、合同管理为主线

项目管理部将以投资为管理核心，全面加强项目投资管理、合同管理和工程造价控制。

优化设计方案，根据限额设计的原则加强对初步设计和施工图设计的管理，同时还在施工招标投标阶段和工程施工阶段加强造价控制，尽量减少变更洽商，确保把实际投资控制在既定的控制目标之内，提高项目投资效益。

4.3 以风险管理为保障

项目管理是以目标管理为中心，加强风险管理为目标的保驾护航。在项目管理全过程中，项目实施各个阶段存在不同的风险，包括人员素质、技术力量、机械设备、工艺方法、外部环境、政策法规等各个方面。因此，项目管理将以风险管控作为保障手段，对项目实施各阶段、各参与单位、项目施工现场以及时间段和投资活动等进行风险识别、分析、评价，并制订风险防范对策，确保达到预期的质量、工期和投资控制目标。

4.4 以系统策划、专业服务、集约管理为手段

项目管理是以集体经验、专业化技术服务为基础的服务行为，是一个多门类、多专业的综合性经济管理活动。泛华集团为项目提供专业化、职业化、程序化、规范化服务，通过参与人员的计划、组织、协调、监督、管理、控制等多种管理手段，在坚持原则与程序的基础上灵活处理和解决相关问题。

4.5 对项目实施全过程工程咨询管理

从项目决策开始，历经建设项目手续办理、工程设计及管理、招标采购管

理、施工过程管理、竣工验收及运维管理等阶段，对本项目实施全过程管理，确保项目管理服务作为一个系统工程贯穿项目建设的始终。

4.6 对项目实施全要素管理

对工程实施过程中的人、机、料、法、环等各个因素实行全要素管理，确保本工程处于建设单位的有效控制之下。

4.7 对项目实施主动（动态）管理

以合同管理为纽带、以信息管理为基础，运用动态管理的原理并引入风险管理理念，综合考虑工程投资、质量、进度三大目标之间的对立统一关系，对工程实施主动（动态）管理。

5 项目咨询方案

5.1 整体咨询方案策划以及关键控制点

（1）了解项目情况

（2）收集项目资料

（3）编制项目管理规划

（4）确定项目关键控制点

为加强对项目建设过程的控制和管理，特别是重要环节和重大事项，经对项目进行分析，确定了项目的关键控制点，包括以下方面。

1）项目质量控制点

设计方面：初步设计完成后的审查、施工图设计完成后的审查和设计变更的审查；

施工方面：地基与基础工程、主体结构施工、回填土工程、屋面防水等重点工序和关键节点。

2）项目投资控制点

设计概算的审查、招标控制价的审查、变更洽商的价格审查、工程竣工结算审查和财务决算的复核。

3）项目工期控制点

建设手续（土地证、规划证、施工许可证）办理时间、设计工期（初步设计及概算编制、施工图设计及审查）、招标投标工期、施工（地基与基础、主体结构、装饰装修、机电安装）工期、竣工验收（各专项验收）工期等。

（5）确定项目组织管理模式

为建设本项目，泛华置业全面负责项目的建设，并委托泛华集团对项目进行全过程项目管理、工程设计和工程监理，建立了健全的组织管理体系，包括全过程项目管理、勘察、设计、监理、招标代理、造价咨询、集团审计、财务决算、项目后评估等。

5.2 组织构架设计

泛华集团受泛华置业的委托，承担本项目全过程项目管理和工程监理服务工作，为此，泛华集团根据该项目的情况，组建了项目管理部，并配备了相应的管理人员，制定了岗位职责、工作流程和管理制度。

5.2.1 建立项目管理体系

如图 1 所示。

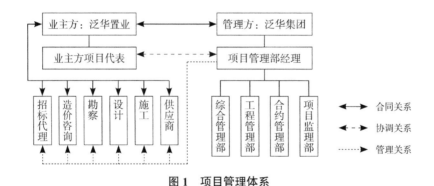

图 1　项目管理体系

5.2.2 项目管理机构设置情况

如图 2 所示。

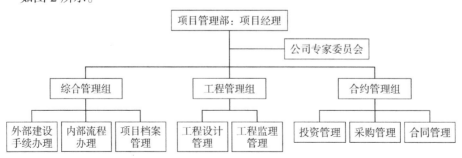

图 2　项目管理机构

5.2.3 明确岗位职责

5.2.3.1 项目经理职责

（1）全面负责项目全过程的策划、组织、协调、管理工作，负责组织制定项目管理规章制度、程序和规定，确定项目管理人员分工和岗位职责，对业主和公司负责。

（2）主持编写项目总进度计划、项目管理规划和重大技术方案的论证、施工图纸的会审交底及重大事项的处理。

（3）定期召开管理例会，通过汇报、讨论、研究等形式，及时掌握并解决项目管理过程中存在的问题和困难。

（4）根据项目建设进度情况，定期、不定期地向业主和公司作书面汇报，重大问题要专题书面汇报。

（5）负责签发项目管理文件、重大变更通知单和工程款支付证书。

（6）在业主授权范围内负责审定相关合同文件，报业主批准。

（7）负责与业主项目代表沟通，重大事项的决策须在征得业主项目代表同意后方可作出。

5.2.3.2 综合管理组职责

负责项目建设手续、业主内部手续、项目档案等综合事项的管理。

（1）提供项目实施的建议，对项目的实施进行统筹策划，确定总体实施方案。

（2）办理项目前期阶段各项手续的申报工作。

（3）负责项目内部及业主方内部手续的办理工作。

（4）负责项目资料的收集、整理、分类、归纳、储存、借阅和归档。

（5）负责基建文件、施工文件、监理文件、咨询公司文件的监督、检查、管理和移交工作。

（6）负责项目重要会议的安排和接待工作。

5.2.3.3 工程管理组职责

负责项目勘察、设计、监理管理和施工质量、进度、安全、组织协调的管理工作。

（1）参与项目前期的决策。

（2）对勘察设计进行管理，包括设计进度、质量、功能需求等。

（3）项目开工前的准备工作：施工条件准备（七通一平）。

（4）参与建设各阶段的招标采购工作。

（5）负责组织设计交底，工地项目管理协调会议，参与监理组织的工程例会。

（6）协调施工、监理、设计三者之间的关系，及时处理和解决施工中发生的矛盾和问题。参与项目实施阶段对监理单位、施工单位的检查和考核。

（7）负责设计变更、工程洽商的组织实施。

（8）工程完工后及时组织有关单位进行竣工验收并协助综合部办理竣工备案

手续。

（9）配合合约部及时办理竣工结算，组织办理工程移交。

5.2.3.4 合约管理组职责

负责项目投资管理、采购管理和合同管理。

（1）协调设计单位的概算、施工图预算编制工作。

（2）制定合同网络构架，组织项目的招标采购工作，编制标底，起草合同文本，并在业主授权范围内参与合同谈判，签订相关合同。

（3）制订项目投资管理方案及相关程序文件，根据合同及总进度计划，编制资金分年度使用计划并报业主方批准。

（4）负责组织监理、咨询、审计单位审定施工单位报送的工程进度款支付审核文件，报业主方批准后按规定程序办理工程款拨付手续。

（5）负责组织设计变更、工程洽商发生费用的审核和合同索赔事项的管理。

（6）负责组织审核工程竣工结算、配合业主方进行项目决算。

5.2.4 制定项目管理制度

根据本项目建设的组织管理模式，结合国家及地方有关工程建设咨询、造价、勘察设计、施工、监理及项目管理等方面的规范和标准，以及建设单位的管理制度，制定了本项目的项目管理相关制度，以供各参建单位共同遵守执行。其中主要包括：月报告制度、会议管理制度、勘察设计管理制度、工程监理管理制度、造价咨询管理制度、档案管理制度、工程质量验收管理制度、项目投资管理制度、项目工期管理制度、安全文明施工管理制度、招标采购管理制度、合同管理制度、重大事项签报管理制度、重大方案审批管理制度等。

5.2.5 建立项目管理工作流程

根据国家及地方有关工程建设咨询、造价、勘察设计、施工、监理等方面的规范和标准规定，以及建设单位的管理要求，制定了本项目的项目管理工作流程和程序，以供各参建单位共同遵守执行。其中主要包括：项目管理工作总流程、项目文件报批管理流程（包括土地、规划、工程建设手续办理和市政配套设施报装，以及建设单位内部报批等）、项目招标采购流程（包括设计、监理、施工、造价咨询单位的招标和主要材料、设备采购等）、项目设计文件审查流程（包括方案设计、初步设计、施工图设计、专项设计、设计变更等）、项目质量管理程序（包括施工方案审批、主要材料封样、材料和设备进场验收、分项分部工程验收、竣工验收、工程质量保修等）、项目进度管理程序、项目投资管理程序（资金计划的编制、审批、使用等）、项目合同管理程序（工程款申请审批支付管理、工程变更管理、工程延期管理等）、信息资料档案管理程序、项目安全管理程序、项目风险管理程序、保修期服务管理程序等方面的各项工作流程和程序。

5.3 各阶段咨询方案及价值

根据项目的阶段性和各项管理咨询服务事项的特点，先后为海林置业提供了《项目决策咨询服务方案》《项目投资管理咨询方案》《项目招标采购咨询方案》《项目设计方案优化咨询方案》《建设手续办理咨询方案》《项目工期计划咨询方案》《风险管理和控制方案》等。

5.3.1 方案设计管理

（1）本项目的前期决策阶段由泛华置业委托一家咨询公司进行规划方案设计，初步方案定为高层。但由于高层设计方案在 2008 年当年无法完工，而且海林市当年批准的房地产项目超过 80 万 m^2，因海林是县级市，城市小、房地产市场有限，如果当年无法竣工且销售完成将有可能失去先机。项目管理部根据从市场了解到的信息，组织大家讨论分析，针对项目面临的实际情况，提出了改高层为多层，可加快建设工期，确保在 2008 年年内竣工，当然这也是在当时唯一的解决办法，并将该建议报海林置业。海林置业在分析和研究后同意项目管理部提出的改高层为多层的实施方案。

（2）提出施工图应由海林当地设计院进行设计的咨询意见。项目进入施工图设计阶段，当时工程项目管理部根据一期的经验教训，提出施工图必须由当地的设计院来做。一期当时是北京的设计院做的，在施工中发现很多设计理念与东北当地的做法不符，当时北京院用的是华北图集中的一些做法，而牡丹江地区用的是东北图集。这样做法上有许多不同，又由于设计院距离太远，施工中无法做到及时沟通，出现了很多配合不当的事例，造成现场管理难度加大，施工进度与质量难于控制。了解到这一情况后我部及时提出建议，施工图还是请当地设计院来完成比较好。因为当地院对东北的情况更了解，对东北的施工单位也较了解。海林置业采纳了我们的建议，并报集团总部要求施工图设计变为当地设计院。通过多方比选最终确定由牡丹江建研院来完成施工图设计工作。

（3）考虑到在获取更大利润的同时降低俄罗斯新城项目开发风险，项目管理部建议设计方案最终定为底商加多层住宅，所有楼房均按六层设计，和平街底商层高为 6.5m，其他楼底商层高为 6m。为增大底层商业用房销售面积，建议将住宅楼梯由底层提升至车库上增加一层商业后的顶板，楼上住宅用户通过外挂楼梯及外连廊进入楼梯内。原则上每楼只设计 2 个外挂梯。原设计车库顶上增加一层，其顶板与商业用房顶板平齐，并以商业二层阁楼相连，从而增加商业用房面积。原设计方案中和平街住宅楼户型不变，其他两楼设计方案按中小户型为主力户型进行调整。设计时应考虑相邻两小户型能灵活合二为一。平台局部设计为绿化种植。

（4）设计院第一版户型设计通过网络发给我们，项目管理部分专业认真分析，并结合销售部所反馈的信息找出不足，及时与设计院沟通。原来销售部与置业部部分领导建议，房型应以小户型为主，也就是每户 60m² 左右，而且想取消中部花园，在原花园位置修建一车库。项目管理部根据所得到的各方资料研究后，提出还是应以中小房型为主，一则房型过小施工成本大，二则小区地处海林市中心地带，地理位置好，中小房型销售前景乐观。中部建车库虽可增加销售额，但方案的绿化面积不能满足规划审批要求，所以建议还是以中等房型为主，主力房型为 90m²。通过一个半月近 30 版的调整，最终房型才确定下来。年前通过销售看还是值得的，业主对房型非常满意，不到半个月就售出 60%。

（5）施工图设计过程中我们及时跟进，在设计过程中我们发现由于开间过大造成顶板过厚，施工成本加大。根据这一情况及时作出调整，增加承重墙从而降低板厚，有效地控制住成本。第一版图出来后工程造价为每平方米 1070 元，置业方还是觉得有些高，工程项目管理部组织设计单位对图纸中的一些关键点进行反复分析，结合海林当地的特点进行修改与优化，通过进一步优化后每平方米下降了 30 元，成果非常显著。在整个施工图设计过程中，工程项目管理部共提出优化建议 31 项，其中土建 21 项，专业的 10 项。

5.3.2 招标投标管理

5.3.2.1 招标投标阶段项目管理工作内容

选择招标代理机构，委托招标投标代理机构对本项目的勘察、设计、施工总承包进行招标，协助海林置业与中标单位签订合同，并办理备案手续。

5.3.2.2 本阶段工作价值

制订招标工作方案及计划，并动态管理和控制招标投标及采购工作的进展，确保招标总进度目标的要求得以实现；严格招标投标程序，在依法合规的原则下确保招标质量。特别是施工总承包的招标，一方面严格审查招标代理机构编制的招标文件、合同文本，另一方面严格审核招标控制价，控制项目投资。在实施过程中，协助海林置业监督管理项目招标工作，及时与中标单位签订合同，并对合同履约管理情况进行监督、检查。

5.3.3 勘察设计管理

5.3.3.1 本阶段工作内容

建设项目用地勘察（初勘、详勘），方案设计、初步设计、施工图设计，施工图审查报告。

5.3.3.2 本阶段工作价值

协助建设单位审核设计单位提供的勘察任务书，监督、检查勘察工作。协助建设单位对设计的各阶段（即方案设计、初步设计、施工图设计）确定设计进度目标，审核设计单位进度计划，审核材料、设备的采购标准，协助建设单位对设计文件进行决策，审核设计施工图阶段进度，保证审查批准实施时间。

5.3.4 施工准备阶段

5.3.4.1 本阶段工作内容

用地规划许可证，工程规划许可证，质监、安监报备，施工许可证。

5.3.4.2 本阶段工作价值

协助海林置业，按建设程序办理相关手续，先后完成了土地（获得用地规划许可证、国有土地使用证）、规划（工程规划许可证）、工程建设（施工许可证、质监、安监备案）。完成了临时用电、用水的报装和临时施工道路的开通，完成了施工现场的拆迁和场平等施工准备工作，为确保2008年4月1日顺利开工建设打下了坚实的基础，为年底完成竣工提供了保障。

5.3.5 施工阶段

5.3.5.1 本阶段工作范围

重点是对施工进度、质量、投资、文明施工、安全生产、合同进行动态管理，及时协调各方关系，发现或出现问题及时处理，确保工程顺利进行，以实现项目的工期、质量和投资三大控制目标。

5.3.5.2 本阶段工作价值

在项目管理部严格管理下，一是按计划完成了竣工验收，并在与客户约定的时间内移交房产；二是工程质量良好，未发生质量事故和重大的质量缺陷，用户在使用过程中，也未发生重大的维修事项；三是项目投资得到了有效的控制，未发生重大的工程变更和洽商，工程结算未超过概算指标。

5.3.6 竣工验收阶段

5.3.6.1 本阶段工作范围

施工资料审查，组织内部工程验收，组织专项工程验收（消防、规划、人防、节能等），组织整体竣工验收，竣工资料审查，竣工结算，工程决算，协助项目审计，工程移交、运营，监督工程保修履约情况，对项目进行评价。

5.3.6.2 本阶段工作价值

协助海林置业进行项目竣工验收及结算管理工作，收集、整理各相关参建单位移交的工程资料和竣工档案，进行整理、归档；督促施工单位与建设单位签订工程质量保修书；对项目实施过程进行评价。

6 咨询增值服务方案

（1）增值点1：在较短的时间内完成项目建设手续办理

项目管理公司借助公司优势，凭借公司管理员对各项手续的熟练掌握，协助建设单位顺利办理项目各项手续，包括规划许可手续、年度施工计划、开工许可证、防雷设计审核及备案、散装水泥及轻型墙体押金缴费、质量安全监督备案、规划验线、临水、临电手续、水资源评价、人防设计审查、消防设计审核、施工图强制性审查、节水设计方案审查等，保证了项目的顺利实施。

（2）增值点2：协助建设单位建立完善工程管理制度及流程，提高管理效率

结合建设单位的内部审批机制，制定适用于本项目的管理制度，明确本工程建设管理机制及各方主要职责、审批权限，规范各类事项申报、审核、决策的流程，提高项目实施阶段的管理工作效率，顺利完成项目建设各项工作。

7 咨询成果与项目复盘总结

在项目管理部的努力下，对整个项目的建设从前期方案到工程建设实施，提出专业的咨询意见，较好地解决了多项难题，顺利地实现了预定的项目目标。

（1）设计方案：建议高层调整为多层，小户型调整为中小户型，销售效果良好。

（2）项目前期手续办理及时，为项目建设顺利实施提供了时间保障。

（3）通过对设计、招标、施工等过程的管理，及时协调解决实施过程中出现的问题和难题，保证了项目按时完工。

（4）通过对项目投资各阶段的控制，包括设计方案优化、施工招标投标价格控制、施工过程变更洽商的管理，以及工程结算和审核的把关，最终确保了项目投资控制在项目概算之内。

（5）通过项目管理、工程监理对工程质量的严格把控，整个施工过程未发生质量事故或重大质量问题，工程质量良好，顺利完成竣工验收，并按时交付使用。

（6）项目管理与工程监理一体化，即目前国家所倡导的全过程工程咨询模式之一，项目管理、工程监理都是代表建设单位对项目的实施进行不同层面的管理，一体化有利于项目管理的连续性、统一性，不仅减少了建设单位的监督管理、协调精力，而且降低了项目管理和工程监理的管理成本，提高了管理效益和效率。

延庆县康庄中学（171中学分校）教学综合楼建设项目全过程工程咨询案例

—— 泛华建设集团有限公司

王志强

1　项目背景

1.1《首都教育 2010 发展纲要》要求全面改善中小学办学条件

《首都教育 2010 发展纲要》提出，首都中小学结构调整布局的目标之一就是全面改善中小学的办学条件，促使义务教育进一步均衡优质发展。实施新的中小学办学条件标准，到 2008 年全市小学和初中办学条件主要项目要达到新版标准。

北京市中小学结构布局的基本原则为：

（1）坚持适度规模，提高办学效益。根据地理环境、区域功能、人口变化等因素，按照小学就近入学、初中相对集中的原则，合理设置中小学，适度压缩学校数量，扩大办学规模，优化办学条件，全面提高教育质量和办学效益。

（2）坚持高标准，保证质量，适应首都基础教育率先实现现代化的需要。按照新的办学条件标准，逐步撤并或改造布局不合理、占地面积不达标的学校。

（3）加强宏观调控，促进义务教育均衡发展。

（4）统筹规划，因地制宜，分类推进。优先发展高标准、高质量九年义务教育。

1.2　贯彻《首都教育 2010 年发展纲要》，促进初中教育优质均衡发展

从整个首都基础教育体系看，初中教育相对薄弱，已成为突出问题，初中整体办学水平有待提高，且发展不均衡——城乡之间、区域之间、校际之间存在明显差异，由此引发的教育选择和教育公平等问题已成为社会焦点问题。

延庆县地处北京市的最北部，经济落后制约了延庆县教育事业的发展，教育事业发展的不平衡又反过来制约延庆县的经济发展，形成恶性循环。因此，贯彻

《首都教育 2010 年发展纲要》，促进初中教育优质均衡发展，加大对农村困难学校的经济支持势在必行。

1.3 延庆县教育发展规划的需要

根据《延庆县"十一五"时期教育事业发展规划（草案）》，为把延庆县教育融入首都教育发展的大格局，基本实现延庆教育现代化的总目标，延庆县启动了"五项行动计划"和"五项工程"，其中，作为"五项行动计划之一"的"整合资源，调整布局行动规划"明确要求"按照适度超前、相对集中、便利群众、因地制宜的原则，结合计划生育政策和城市布局调整人口变化的实际，乡镇实施五个一工程、整合教育资源、缩小城乡差距、提高教育质量的需要，形成与城市建设、产业发展和人口变化相协调的学校布局"。根据调整布局规划，康庄地区现有两所中学——康庄中学和太平庄中学需进行调整，从生源角度看，太平庄中学从 2005 年开始招生，年招生人数在 50 人左右，而康庄中学初中部从 2004 到 2008 年招生范围内计划招生的学生数就达到 180 ～ 200 人左右，因此决定对康庄中学和太平庄中学教育资源进行调整，将太平庄中学初中部和康庄中学初中部合并，将康庄中学办成完全初中校。

2 项目概况

1）延庆县康庄中学建于 1952 年，是延庆县第一所中学。学校位于延庆县康庄镇西侧榆林堡村东，东靠康庄镇新修的镇域公路，南靠康宫公路，西与榆林堡接壤，北接南曹营村。学校总占地约 58075m²，约合 87.11 亩（原有划拨土地 65.93 亩，1992 年东侧征用 21.18 亩）。原有平房 356 间，建筑面积为 7783m²，为 20 世纪 50 年代砖木结构。

2）新建教学综合楼一座，占地面积 3850m²，建筑面积 7980m²，其中：教学及辅助用房 6296m²，图书资料设施用房 625m²，办公及生活用房 1059m²（办公用房 775m²，生活用房 284m²）。地上 2 层砖混结构，无地下室，独立条形基础，按抗震烈度 8 度设防，主要功能为教学和办公。室外新建 300m 环形跑道，中间为足球场；操场西侧配建主席台、器材室及卫生间；新建篮球场四块；拆除旧有建筑 5197.03m²。建筑红线内室外工程包括给水排水、采暖管线、强弱电线路等。给水及消防管道采用 PE 管直埋敷设；排水采用双壁波纹管，胶圈接口；供热管网采用直埋敷设，管道采用保温钢管，保温材料为聚氨酯，厚度不小于 50mm，现场焊接安装；电缆采用直埋式，进入建筑物及经过道路时埋设 SC100

钢管；弱电线路设置弱电井，井间采用 UPVC 多孔排管连接，埋深 800mm。红线外实施 400kVA 箱变一座，从镇政府东侧引入 $DN150$ 给水管线（双路），总长约 800m，满足消防及给水用水。

3）本工程概算批复金额为 2994 万元。由泛华建设集团有限公司（原名泛华工程有限公司）负责项目代建，实施全过程项目管理，职责与范围包括：从项目立项批复完成后开始直至项目竣工验收、移交、工程结算、财务决算及项目审计工作完成为止的所有相关工作，具体负责项目的投资管理及建设的组织实施，代行项目建设投资主体职责，按照项目的建设功能要求实现投资、质量、工期和安全控制目标，向使用人提交建成项目，按合同要求交付给使用人并对工程质量终身负责。

（1）工程于 2007 年 5 月 10 日开工，2007 年 8 月 26 日通过地基与基础工程分部工程验收。

（2）为保证学校的正常教学和外线工程全面展开，经与使用人沟通，利用 2007 年国庆节 7 天假期，将校园西侧的教室全部拆除清理完毕，突击装修完成教学楼南小院，确保了 10 月 8 日学生正式进入新教学楼内上课。10 月底，外线工程全部完工，保证了学校冬季按时供暖。2007 年 12 月初，全体教师搬入新教学楼内办公。2007 年 12 月 29 日通过四方验收。

（3）考虑延庆地区冬季寒冷，不易保证工程质量，会同使用人协商后，将室外工程中的主席台装修、操场周围、广场及人行道铺装、绿化等工程改在 2008 年春季施工。2008 年 1 月 15 日通过消防验收；2008 年 1 月 23 日通过环保验收；2008 年 1 月 7 日通过档案预验收；2008 年 2 月 1 日通过规划验收；2008 年 2 月 29 日通过质监站验收；2008 年 3 月 10 日完成竣工备案。

（4）2008 年 5 月底校园绿化、主席台装修及操场周边的铺装全部完工。

（5）2008 年 7 月底上报决算申请，2009 年 2 月取得市发改委决算批复。

4）本项目主要参建单位

（1）设计单位：北京市建都设计研究院有限责任公司

（2）施工单位：北京市第三建筑工程有限公司

（3）监理单位：北京英诺威建设工程管理有限公司

3 需求分析

（1）2006 年 5 月 9 日，北京市发改委以《关于延庆县康庄中学（171 中学分校）教学综合楼建设项目建议书的批复》（京发改〔2006〕683 号），给出了本项目的建议书批复，文中第四条明确依据《北京市政府投资建设项目代建制管理办法（试行）》（京发改〔2004〕298号）的有关规定，以代建制方式组织实施，结合项目使用人提出的项目需求，由北京市发改委公开招标确定项目代建单位，进行全过程项目管理。

（2）2006年9月中旬，我公司中标本项目的代建工作，接到中标通知书后，第一时间到延庆教委和康庄中学了解项目情况，组建了项目部，着手开展全过程项目管理（代建方式）工作。

（3）项目当时进展：建议书获得批复，批复资金2753万元，已取得规划意见书和规划许可证、环境影响登记表、文委批复（本项目靠近榆林堡古城遗址保护区，建筑限高9m），完成了地勘，缴纳了防空异地建设费（26.24万元）。

（4）根据项目前期手续办理情况，及时梳理了开工前需要办理的手续。延庆教委和学校要求新的教学楼必须在2007年9月的新学期开学前投入使用。为保证按期开学，通过倒排工期，需要在2007年4月份开工才能赶上9月1日的开学，满打满算前期工作才有6个月，中间还需要完成可研和初设概算的编报和审核，施工和监理的招标工作需在概算批复后，任务相当艰巨。

（5）经过认真分析可知，本项目的工期至关重要，前期工作需要穿插进行。首先利用公司集团内部自有资质，立即启动可研编制；设计招标必须提前进行，不能等待可研批复后实施（常规是在可研批复中进行招标方案的核准），提前初步设计及概算编制时间。利用集团资源（有招标代理资质），申请市发改委出具了设计招标方式核准书，于12月上旬启动了设计公开招标，保证了可研批复后能及时上报初设及概算文件。

（6）投资控制是政府对本项目的特别关注点，代建合同约定我公司需缴纳276万元（建议书批复金额10%）的履约保函，超出概算批复金额部分要从履约保函中扣除。本项目的投资控制是关键点、难点。

4 服务策略

4.1 代建单位是代建项目中的协调管理方，在整个项目实施过程中，代建单位应充分发挥管理协调的主导作用

（1）首先必须与使用人加强沟通，听取使用人的想法。使用人是项目的最终使用方，他们对我们"代为加工"出来的产品是否好用，有判定权。他们对使用中可能遇到的问题提前告知我们，将会使我们的"产品"更加完美。在本项目中使用人提出了很多合理化建议，我们也虚心地进行了采纳，并予实施，效果非常明显。

（2）其次是加强与监理的沟通协调。监理工作一般是旁站性管理，过程中的细节都在他们掌握中。加强与监理的沟通，使我们更加了解施工的每一个细微之处，为我们正确决策提供准确的信息。

（3）第三是加强对总承包单位的管理。总承包单位是项目的直接实施者，他们直接决定产品的质量。必须严格监督施工单位不良施工行为，对不合格的材料、分项工程决不松口放过。在本项目施工过程中，施工单位基本能够对"人、机、料、法、环"五大质量因素进行全方位的质量管理及控制。施工单位通过严把进场材料质量关，严把工程质量关，以及实行"三检制"等，再报请监理、代建项目部进行抽查，这样，形成完整的质量检查体系。在工程装修阶段，要求施工单位先做样板间，样板完成、自检合格后，再报请监理和代建项目部检验通过，方可成为带路样板。

4.2 安全文明施工方面

（1）本工程项目管理部坚决贯彻"安全第一、预防为主"的安全生产方针，加强现场安全文明施工的管理，监督参与本工程建设的各方认真贯彻国家关于建设施工项目的安全管理规定及项目法人对安全施工的有关规定，采取有效措施，杜绝重大人身伤亡事故、重大设备安全事故，营造一个安全文明的施工环境。

（2）建立、健全安全生产制度，结合生产现场特点，开展各项检查；督促各施工单位对生产现场安全文明施工增加投入，使安全防护栏杆布置符合安规要求，安全标示牌醒目，各种物质、材料堆放有序，标识清楚。

（3）充分发挥《工地安全例会》的作用。定期主持召开工地安全生产会议，各施工单位认真回顾本单位安全工作，总结经验，找出不足，做到有布置、有检查、有总结。

4.3 进度控制方面

本工程于 2007 年 5 月 10 日开工，2007 年 8 年 26 日通过地基与基础工程分部工程验收。教学楼主体工程于 2007 年 9 月 21 日封顶，并通过使用人、代建单位、设计单位、监理单位、施工单位共同验收，于 2007 年 9 月 23 日进入装修阶段的施工。2007 年 12 月 29 日通过四方竣工验收。但在后期施工过程中，总包单位由于人员不足，造成室外部分工程落后。考虑延庆地区冬季寒冷，不易保证工程质量，会同使用人协商后，将室外工程中的主席台装修、人行道铺装、绿化等工程改在 2008 年春季施工。以上工作没有影响到校方正常教学工作。

确定项目前期（从可研、初步设计概算批复至设计、监理和施工招标结束，直到开工许可证办理完毕）、施工（含竣工验收、备案完成）和移交三阶段控制管理目标。从竣工后使用效果看，完全达到了预期各项目标。

5 咨询方案

5.1 整体咨询方案策划以及关键控制点

5.1.1 前期阶段的管理

项目前期阶段主要涉及发改委、规划局、人防、环保局、文化部门、建委、教委等相关政府部门，主要完成可研编制申报及评审、规划许可、环境影响评价、文物保护、施工许可证等有关手续的办理。要做好如下几项工作：

（1）首先应理清程序，掌握报建的先后顺序，准备好应提交的资料，以免多次反复。

（2）认真对待每一个部门的每一道手续，要仔细询问清楚，不可因好像不用办理而直接跳过。

（3）代建工程为政府工程，在办理手续的过程中，应充分发挥使用人的作用，请使用人积极配合。在本项目中，康庄中学领导给予了全力配合，使得本项目前期各项手续办理较为顺利。

5.1.2 招标采购、合同管理、投资控制

（1）延庆县康庄中学教学综合楼改造工程共公开招标 3 次，涉及设计、监理、总包；邀请招标 5 次，涉及地基处理、有线电视及监控、综合布线、教学楼入口玻璃门、室外人造草坪等。在招标过程中，特别注意招标文件、标底的编制；并注意招标范围的划分，防止出现"三不管"的真空部分，影响工期和投资控制。就本项目而言，各项招标工作顺利达到了预期目标。

（2）《延庆县康庄中学教学综合楼工程》共签订各类合同、协议 37 份。在起草合同时，字斟句酌，不留法律空当，防止发生不必要的纠纷；并在合同管理中，对于合同的履行时间予以特别重视，避免了分项工程工期延误，以至影响整个项目。

（3）在投资控制方面，我项目部通过优化图纸、投标竞争、合理确定施工工艺等措施节约了大量资金，而对于节约下来的资金，没有按照合同的有关规定作为我们的"收入"，而是想使用人之所想，尽量在概算批复资金额度内为使用人做更多的事情，取得了积极、良好的效果。

5.1.3 工期控制

本工程进度保证了使用人使用，2007 年 5 月 10 日正式开工，10 月 8 日由南

向北陆续投入使用，不但保证教学使用，也为校园内市政工程、室外绿化、铺装篮球场、人工草坪操场提供了施工场地。

5.2 组织架构设计

根据本代建项目特点组建项目管理部。①两级管理、项目部负责制：公司经理、总工直接领导本项目部，技术顾问班子协调解决重大技术问题，造价咨询部协助进行代建投资控制工作，项目部根据公司授权对本次代建承担直接管理责任；②项目部项目经理、技术负责人专业素质强，经验丰富，具有较好的协调关系能力；③建立了良好的内部沟通机制，确保项目部上下、前后方人员密切配合、团结协作。

5.2.1 项目管理组织机构

见图 1。

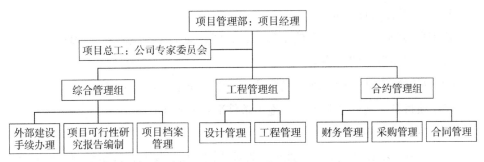

图 1 项目管理组织机构

5.2.2 明确岗位职责

5.2.2.1 项目经理职责

（1）全面负责项目全过程的策划、组织、协调、管理工作，负责组织制定项目管理规章制度、程序和规定，确定项目管理人员分工和岗位职责，对业主和公司负责。

（2）主持编写项目总进度计划、项目管理规划和重大技术方案的论证、施工图纸的会审交底及重大事项的处理。

（3）定期召开管理例会，通过汇报、讨论、研究等形式，及时掌握并解决项目管理过程中存在的问题和困难。

（4）根据项目建设进度情况，定期、不定期地向业主和公司作书面汇报，重大问题要专题书面汇报。

（5）负责签发项目管理文件、重大变更通知单和工程款支付证书。

（6）在业主授权范围内负责审定相关合同文件，报业主批准。

（7）负责与业主项目代表的沟通，重大事项的决策须在征得业主项目代表同意后方可作出。

5.2.2.2　综合管理组职责

负责项目建设手续、项目可行性研究报告的编制、项目档案等综合事项的管理。

（1）提供项目实施建议，对项目的实施进行统筹策划，确定总体实施方案。

（2）办理项目前期阶段各项手续的申报工作。

（3）负责项目内部及业主方内部手续的办理工作。

（4）负责项目资料的收集、整理、分类、归纳、储存、借阅和归档。

（5）负责基建文件、施工文件、监理文件、咨询公司文件的监督、检查、管理和移交工作。

（6）负责项目重要会议的安排和接待工作。

5.2.2.3　工程管理组职责

负责项目勘察设计管理和施工质量、进度、安全、组织协调的管理工作。

（1）参与项目前期的决策。

（2）对勘察设计进行管理，包括设计进度、质量、功能需求等。

（3）项目开工前的准备工作：施工条件准备（七通一平）。

（4）参与建设各阶段的招标采购工作。

（5）负责组织设计交底，工地项目管理协调会议，参与监理组织的工程例会。

（6）协调施工、监理、设计三者之间的关系，及时处理和解决施工中发生的矛盾和问题。参与项目实施阶段对监理单位、施工单位的检查和考核。

（7）负责设计变更、工程洽商的组织实施。

（8）工程完工后及时组织有关单位进行竣工验收并协助综合部办理竣工备案手续。

（9）配合合约部及时办理竣工结算，组织办理工程移交。

5.2.2.4　合约管理组职责

负责项目财务资金管理、采购管理和合同管理。

（1）负责项目财务资金使用计划的编制、报批，工程款的支付。

（2）协调设计单位的概算、施工图预算编制和审查工作。

（3）制定合同网络构架，组织项目的招标采购工作，编制标底，起草合同文本，并在业主授权范围内参与合同谈判，签订相关合同。

（4）制订项目投资管理方案及相关程序文件，根据合同及总进度计划，编制资金分年度使用计划并报业主方批准。

（5）负责组织监理、咨询、审计单位审定施工单位报送的工程进度款支付审核文件，报业主方批准后按规定程序办理工程款拨付手续。

（6）负责组织设计变更、工程洽商发生费用的审核和合同索赔事项的管理。

（7）负责组织审核工程竣工结算、配合业主方进行项目决算。

5.2.3 制定项目管理制度

根据本项目建设的组织管理模式，结合国家及地方有关工程建设咨询、造价、勘察设计、施工、监理及项目管理等方面的规范和标准，以及投资方的管理要求，制定了本项目的项目管理相关制度，以供各参建单位共同遵照执行。其中主要包括：月报告制度、会议管理制度、勘察设计管理制度、工程监理管理制度、造价咨询管理制度、档案管理制度、工程质量验收管理制度、项目投资管理制度、项目工期管理制度、安全文明施工管理制度、招标采购管理制度、合同管理制度、财务资金管理制度、重大事项签报管理制度、重大方案审批管理制度等30多项。

5.2.4 建立项目管理工作流程

根据国家及地方有关工程建设咨询、造价、勘察设计、施工、监理等方面的规范和标准规定，以及投资人的管理要求，制定了本项目的项目管理工作流程和程序，以供各参建单位共同遵照执行。其中主要包括：项目代建管理工作总流程、项目文件报批管理流程（包括土地、规划、工程建设手续办理和市政配套设施报装，以及项目内部报审等）、项目招标采购流程（包括设计、监理、施工招标和主要材料、设备采购等）、项目设计文件审查流程（包括方案设计、初步设计、施工图设计、专项设计、设计变更等）、项目质量管理程序（包括施工方案审批、主要材料封样、材料和设备进场验收、分项分部工程验收、竣工验收、工程质量保修等）、项目进度管理程序、项目投资管理程序（资金计划的编制、审批、使用等）、项目合同管理程序（工程款申请审批支付管理、工程变更管理、工程延期管理等）、信息资料档案管理程序、项目安全管理程序、项目风险管理程序、保修期服务管理程序等方面的各项工作流程和程序共计40多项。

5.2.5 其他咨询工作

利用公司自身实力，经投资人（发改委）同意，将可研编制、招标代理和造价咨询这些工作自行实施完成。

5.3 各阶段咨询方案及价值

5.3.1 相关手续的办理

这是代建各阶段工作顺利进行的保证。

（1）本项目各项手续办理主要涉及市发改委、市规委、县人防、县环保局、县文化部门、县建委、县标办、县教委等相关政府部门。主要完成了可研编制及评审，土地预审，规划许可证办理，文物保护评价，初步设计及概算审核，施工许可证办理等相关手续。

（2）与各主管部门做好情况沟通，使我们的工作能得到他们的大力支持。如本项目为赶工期，保证教学使用，在施工招标尚未完全结束前，在县建委的支持下，便提前进入进行地基处理，为使用人赢得了时间。

（3）充分发挥使用人、施工方的作用，我项目部在本项目中得到使用人——康庄中学领导积极支持和总包方的大力配合，使各项手续办理较为顺利，保障了工程在合法条件下实施。

5.3.2 实施过程利用合同及造价台账动态平衡资金

组织专人认真核实各分项工程实际完成工程量，根据使用人的需要，调整工程做法，及时统计工程量变化和费用调整金额，将费用汇总到动态平衡表中，并在每月的月报中编列，及时反馈使用人和委托人资金使用情况，做到资金调度有余，确保不超概算批复。

5.3.3 现场安全生产

（1）开展安全生产及文明施工安全检查。本工程自开工以来，配合项目监理部积极主动地进行施工现场安全检查活动，对各单位工程安全生产及文明施工大检查15次，组织施工单位进行施工用电、挖掘机械、特殊工种证件、起重工器具、消防设施、人员行为规范、空洞盖板及临边防护、班组安全活动等各类安全专项检查21次，发现和纠正了很多隐患。由于坚持了事前控制，把事故消灭在萌芽状态，有效地确保了本工程开工以来的长周期安全文明施工。

（2）严格审查重大项目、重要工序、危险作业和特殊作业的安全施工措施。严格审查施工单位的施工组织设计及重大技术及现场总平面布置所涉及的安全文明施工、危险源和环境保护措施。参加重大项目、重要工程、危险项目、特殊作业的会审，提出安全管理修改意见或建议，使施工方案更合理、更科学、更具有可操作性。

（3）加强安全文明施工检查，要求施工现场定制化管理，做到施工安全通道畅通，物料摆放整齐，小型工器具安全操作规程、材料标示牌醒目清晰，临边防护、孔洞盖板齐全、色泽鲜明，生产场地基本达到"工完料尽场地清"。

（4）监督检查施工单位现场安全文明施工状况，发现问题及时督促整改。监督、帮助施工单位安全设施到位，规范施工人员行为，安全先行，搞好安全文明施工，安全与施工进度齐头并进，实现工程安全生产。

（5）加强现场巡视，发现违章作业，及时制止，发现安全隐患及时要求监理人员下达监理工程师通知单或工作联系单限期整改。对于严重违规，严重威胁人身安全的隐患，开具《违章施工罚款通知书》进行处罚。

（6）加强现场文明施工管理，督促施工单位做好施工现场覆土苫盖及洒水降尘工作。

5.4 风险管理与控制方案

5.4.1 工期风险

（1）项目部进场后分析各种因素，2007年秋季开学使用新教学楼是本项目必须解决的问题，前期手续繁杂，梳理后提出需要提前进行设计招标，与市发改委沟通后，通过延庆县发改委申请，市发改委单为设计招标出具了招标方案核准书，提前启动设计招标，于2007年2月初发出中标通知书（可研批复是2007年1月31日），节约了时间，使得在2月底上报了初设及概算文件，3月中旬概算评审单位到现场踏勘评审。

（2）在总包进场前，协调各职能部门，插入基础处理，3月底完成招标，4月底完成施工，5月初与总包进行交接。

5.4.2 程序风险

根据本项目可研批复要求，设计、监理和施工单位的采购必须采用公开招标方式进行。这种做法和延庆县多年来的习惯形成了矛盾，和地方利益产生了剧烈的冲突。延庆县标办主任兼任当地唯一的一家监理公司负责人，与其沟通手续办理时，明确要求将本项目的监理工作委托他的公司实施。为严格执行发改委批复要求，我们做到了：

（1）首先敢于坚持原则，在出现问题、解决困难时，及时向有关主管部门反映情况，使我们的公开招标工作不断得到市发改委代建办、市标办、延庆县委和学校的大力支持；

（2）调整沟通方法，提高沟通效果；加强与经办人的沟通、联络，使他们确实感到我们是在为他们、为项目着想，而最终接受、认可。通过有效沟通，最终各方达成了共识，尽管有曲折，招标工作还是基本顺利完成，没有造成工期的延误和过程中造价控制的障碍。

6 咨询增值服务方案

6.1 增值点 1

在可研编制时，教学楼地基处理方案定为大开挖后置换3m厚3:7的灰土。

这个方案存在的问题为：①地基处理工期很长；②康庄地区为风口，春季风很大，造成环境污染；③因校园原地势东高西低，项目总图设计排水由西往东，需将东部土方移至西部，将造成大量多余土方外运，造成处理费用增加；④回填质量得不到保证。为此我项目部组织专家进行论证，并与设计、使用人沟通后，在初步设计中将大开挖置换灰土方案更改为碎石桩方案。不仅解决了土方平衡问题，也降低了地基处理部分的费用约 40 万元，同时使地基处理工作可以提前进行，节约了工期，质量也有保证，满足了使用人的使用要求。

6.2 增值点 2

在施工图纸审核时，我项目部向审核单位明确提出了在满足国家设计规范要求的前提下，对设计不合理之处提出优化意见。如：①教学楼西侧专业教室原施工图设计顶板均为 180mm 厚整体式大板结构，我项目部根据审图单位意见并结合我公司专家组的技术论证后，在充分考虑使用净高可以满足的前提下，与使用人沟通并正式向设计单位提出，经设计单位计算复核后将大板结构更改为梁板结构，仅此项修改节约投资 18 万元；②审核图纸时，发现挑檐配筋过于保守，经与设计方论证后优化了配筋，该部分节约投资 6 万元。

6.3 增值点 3

急使用人所急、想使用人所想，合理调剂节约资金的使用。

对于项目实施过程中节约下来的资金，我项目部与使用人随时进行充分沟通与协商，将其全部用于保证使用功能的实现和合理增加的使用功能要求。通过下述调剂，使教学楼及校园整体效果增色不少。如：

（1）操场原设计为塑胶跑道，而此项可研批复、初步设计概算批复（一直参照建议书批复金额）严重不足，如何保证操场基本使用功能的实现是我们从项目开始就关注和思考的问题。在有了从其他项上节省下来的资金后，我们首要就是考虑对操场的调剂。调剂的原则是花小钱办大事。我项目部与使用人首先共同对延庆地区正在使用的操场进行考察，经过充分调研和与使用人的沟通，考虑：①由于延庆地区的气候特点，同等条件下塑胶跑道的使用期限将大大缩短，而人工草坪则更适合延庆地区气候特点；②在同等额度资金条件下，塑胶跑道材料标准低于人工草坪，造成质保期内塑胶跑道材料低于人工草坪，给使用人增加了维护费用。经综合考虑后，我项目部向市发改委提出书面建议将塑胶跑道改为进口人造草坪。我们的建议得到市发改委、延庆县教委的大力支持，事实也证明了采用进口人造草坪的操场和跑道使用效果、观感都是好的。

（2）部分节约下来的资金用于提高装修材料标准，如：将原通廊地面设计的地砖更改为石材，所有外门由木制门更改为铝合金隔热门等。

（3）部分节约下来的资金用于满足使用人合理增加的使用功能要求，如：①教学楼东侧三个出入口增加部分干挂石材提高装修效果；②增加 LED 显示屏，成为延庆县中学之首；③天井地面铺装改用毛面石材，起到装饰及防滑效果；④增加了汉白玉旗杆基座；⑤大门影壁增加了石材装饰；⑥楼前广场增加了喷泉等。

7 咨询成果与项目复盘总结

7.1 投资决策综合性咨询成果与复盘

7.1.1 可行性研究

组织集团下属控股公司参与可研编制，利用原建议书方案，进行工程量核算，套用概算定额，准确测算了综合楼的建安费，将建议书批复的投资金额由 2753 万元调整到 2967 万元。

7.1.2 勘察设计

我们进场前学校已取得的规划意见书和规划许可证，因东侧 1992 年后征的土地没有土地证，规划附图上没有涵盖全部建设内容（主席台及器材室和卫生间），与规划部门沟通，其档案文件显示待建的操场上有一条规划七环穿越其中，这些问题严重影响了本项目的规划手续调整。协助学校多次与村委会沟通，落实办理土地证所需资料，沟通规划部门，将操场上待建的公路调规，移出学校范围，最终在 2017 年 1 月取得了新的规划意见书，同年 4 月取得了新的规划许可证，保证了施工和监理的招标工作，按计划开工和项目施工合规。

7.2 全过程工程咨询成果与复盘

7.2.1 设计

通过详细的工程量核算和内容分解，在初步设计评审阶段将资金由 2967 万元调整到 2994 万元，确保了合理的建设资金。

7.2.2 招采

（1）本项目是延庆第一个公开招标项目，第一个采用工程量清单招标的固定单价合同项目，标办经办员都没有经历过这样的招标，相关手续办理和招标文件文本都没有办过和见过。我们对其进行了扫盲，并进行认真讲解，使其理解新政策的优势和特点，也给延庆沉闷的建筑市场带去了春风。

（2）本项目公开招标三次，包括设计、监理、施工总包。邀请招标五次，包括地基处理、有线电视及监控、综合布线、主入口幕墙及门、操场人造草坪等。

（3）招标成果如下：

①通过招标投标竞争方式，使施工总承包中标总价比概算批复投资金额节约80万元。

②通过邀请招标竞争方式，确定设备、材料供应商，既保证使用要求、质量、供货周期，也控制了造价，有些材料价格控制在发改委批复范围内，但质量标准提高了。如：室外人行道及操场周围原为铺普通广场砖，我项目部会同使用人商议决定通过招标方式将造价控制在概算资金限额内，将普通砖改为透水砖，满足了节能环保要求。

7.2.3 监理

加大与监理的沟通及监督力度，充分发挥监理微观管理作用，确保工程质量达到合格标准。要求监理单位必须严格监督施工方施工过程，对不合格的材料、分项工程决不松口放过。在本项目施工过程中，施工单位基本能够对"人、机、料、法、环"五大质量因素进行全方位的质量管理及控制。

7.2.4 造价

投资控制是本项目管理的核心。本项目投资控制实现了在保证全部设计图纸要求和质量符合验收规范要求的前提下，概算不超发改委批复的目标，我们的主要手段有：

1）通过优化设计实现限额设计：鉴于本项目投资批复并不宽裕的情况，我们首先通过优化设计方案达到限额设计的目的，做到不但不超概算，还要合理分配、使用资金，使建设投资效果最佳。

2）组织专家论证，优化基础处理方案，在初步设计中将大开挖置换灰土方案更改为碎石桩方案。不仅解决了土方平衡问题，也降低了地基处理部分的费用约40万元。

3）优化设计方案，将大板结构更改为梁板结构，节约投资18万元；优化挑檐配筋设计，节约投资6万元。

4）通过招标投标竞争，择优、价格合理地选择承包人和材料供货商。

5）通过技术措施修正施工单位的不平衡报价。施工单位投标报价有一项电缆报价偏高，超出正常价格约100万元，在施工前的清标过程中发现此现象后，与设计院进行沟通，将原先招标图上的电缆规格在正式施工图上进行了替换，节约投资约90万元。

6）施工过程中严格控制：

（1）严格管理设计变更、洽商，依据合同控制实施过程中发生的各种经济变更，洽商。首先进行技术经济合理性预分析，确实必要时经施工、设计、监理三方同意并报送我项目部审批后方可实施；当发现与原投资控制计划有较大差异时，及时与使用人及设计人员协商处理、调整，直至符合要求。凡涉及经济费用支出的签证认真进行审核，并要求附上原始依据，同时会同使用人核签后才能生效。

（2）要求、监督监理做好现场工程计量工作，为投资控制提供基础数据和证据：

①按照工程计量程序进行工程计量；②要求监理人员熟悉每一份施工合同条款内容，掌握工程计量原则和条件，避免工程量的交叉重复计量；③认真复核，审核各种计量原始资料及表单，要求监理工程师与承包商共同进行现场测绘计量，确保计量的准确性；④做好每月的进度完成工程量审核工作；⑤工序验收不合格的项目不予计量，由于施工单位自身原因导致的工程技术处理措施工程量不予计量。

7）发改委决算批复，核定项目工程决算总投资 2991 万元，节约资金奖励金额 1.2 万元，纳入项目代建费中。详见图 2。

北京市发展和改革委员会

京发改〔2009〕140 号　　签发人：宋　宇

关于延庆县康庄中学（171 中学分校）教学综合楼项目工程决算投资的批复

一、核定项目工程决算总投资 2991 万元，其中建筑安装工程费 2752 万元，工程建设其他费用 239 万元（具体投资构成详见附件 1）。建设资金全部由市政府固定资产投资安排解决。

其中：按照北京市政府投资建设项目委托代建合同（京发改代建〔2006〕-12）第十一条约定，核定代建单位泛华建设集团有限公司节约资金奖励金额为 1.2 万元，纳入项目代建费中。

二、核定项目实际竣工总建筑面积 8039m²（各功能区实际竣工建筑面积详见附件 2）。

三、请据此批复商有关部门办理相关手续。

图 2　北京市发展和改革委员会批复文件

7.2.5 经验

（1）首先，代建制作为一种新型的管理模式，于2006年在北京推行，首先因其体现了"投资、建设、管理、使用"职能的彼此分离，可以有效避免擅自扩大建设规模、提高建设标准、增加建设内容等行为，以及"概算超估算、预算超概算、结算超预算"的三超问题，达到提高投资效益和管理水平的目的。

（2）其次，代建单位专业性强，工作效率高。代建法人由于专业从事工程建设，有一支专业化队伍，他们熟悉业务，熟悉市场，成本节约意识强，这种内行管内行的做法，既提高工作效率，又节约成本，它使工程监管更"专"。

（3）最后，它使权力分置更"明"。说到底，全部资金由财政部门及国库统一管理拨付，业主方既不管钱又不管建，代建单位也是看不见一分钱，所建项目又不是自己用，真正做到"量体裁衣"，从而防止工程越建越大，克服了投资、建设、管理、使用"多位一体"的弊端，四权分立且相互制衡，对腐败的免疫力自然倍增。

7.2.6 体会（与使用人共同完成代建工作）

1）在代建过程中，充分感到没有使用人的配合，完成代建项目目标几乎是不可能的。为保证代建最终目标的实现，应和使用人共同完成代建工作。我们明确向使用人表态：发改委为本项目批复的资金我们保证全部用于本项目建设，同时也请使用人理解，支持我们将本项目建设投资控制在发改委批复范围内，这样我们避免了利益冲突，大家把劲用到如何合理使用国家投资，最大限度地满足发改委批复和使用人合理使用需求中，取得了和谐统一。

2）本次我们代建的项目在延庆区，对当地的文化、人文等我们都非常陌生。由于我们和使用人的利益一致，使用人也用他们所拥有的地域资源为项目赢得了更多的支持，如：

（1）由于绿化资金批复非常有限，镇政府将市政工程的污水接口免费开放，将其作为专项资金赠送给使用人进行绿化建设；

（2）在许多手续的批复、办理过程中给予极大支持，使项目能合法开展，等等。

南宁园博园项目全过程工程咨询实践

—— 中国建筑设计研究院

张军英　曹江波　冀春辉

南宁园博园项目是中国建筑设计研究院有限公司（中国院）2016 年春开始承担、2018 年冬建成开园的大型园林—建筑—市政工程一体化设计与管理项目。以崔愷院士、李存东副总经理为首的中国院设计总承包团队，统筹管理 14 家国内设计公司、23 个专业、69 个细分子项的专项设计与咨询团队，历时 3 年，实现了以"心象自然"为主题的圆满交付，创造了"设计＋管理＋造价咨询"的全过程工程咨询服务模式。

1　项目简况

在本项目中，中国院与业主单位签订了具有全过程工程咨询意义的综合设计总承包合同。规划研究范围约 658hm^2，其中园博园片区面积 263hm^2，顶蛳山遗址片区 15hm^2，临时配套服务区 49hm^2（以上三项合计 327hm^2，为项目建议书批复的主要工作范围，总投资 44 亿元），此外，前期研究还包括田园风光区 331hm^2。

本次综合设计总承包是包含景观园林工程、建筑工程、市政工程、专项工程在内的一揽子工程，属于大型复杂集群项目。项目特点是规模大、建设标准高、建设工期紧、地形地貌复杂（图 1）。按照实际征地和工程实施情况，整个园博园项目又分为园博园片区、遗址公园片区、临时配套区三个片区。

2　全过程工程咨询服务内容

综合设计总承包工作内容包含规划、可研、设计、造价咨询，并且包括驻场设计与管理服务。其中，规划包括：总体规划、修建性详细规划；可研包括：

图 1　南宁园博园鸟瞰图

总体项目建议书、片区工程可行性研究报告；主体工程设计包括：景观园林工程设计、建筑工程设计、市政工程设计；专项工程设计包括：文物保护、智能化、绿色建筑、海绵城市、交通模拟、室内精装修、帷幕设计、泛光照明、标识标牌、土方平衡、矿坑修复、边坡支护、崖壁保护、地基处理、垃圾处理等；全过程造价控制包括：可研投资估算、方案估算、初步设计概算、施工图预算、建造期造价咨询。由于参与合作的专业专项团队众多，现场情况错综复杂，并且工期紧张、造价控制严格，综合设计总承包管理任务异常艰巨。

3　全过程工程咨询的重点、难点与痛点

通过本次全过程工程咨询探索与实践发现，设计牵头的全过程工程咨询，其重点、难点和痛点主要在于以下四点：任务细分、统筹集成、全过程造价控制、工程监造。其核心问题在于价值提升。

3.1　任务细分

即 WBS 任务分解，指按专业化服务来详细分解任务。任务细分是项目总体策划和每个阶段管理工作的前置内容。按照"总—分—总"的原则，任务细分建立在"总体统筹、专业细分、协同总成"的一体化管理思路基础上，确保全部任务都由专业化团队承担，做到"不留白、无交叉"。精确划定各专业专项细分任务界面，为全过程的质量、进度、成本、合约、人力资源管理夯实了基础，也为

管理组织的构建，以及协调沟通、信息交互等日常管理工作创造了条件。

如 WBS 框架示意图所示（图 2），主要设计任务可概要归纳为建筑、景观、市政、专项共四类。

图 2 园博园片区主要设计任务 WBS 框架示意图

建筑工程方面，园博园共设置以"四馆一塔两中心"为主的多个主体建筑。"四馆"即园林艺术馆、东盟馆、体验馆、顶蛳山贝丘遗址博物馆，"一塔"即清泉阁，"两中心"即游客服务中心、演艺中心（赛歌台）。此外，还包括商业街、滨水茶室、大门、水厂改造、服务设施等配套服务建筑。总建筑面积约 9 万 m²。

景观工程方面，园博园项目总体共划分为九大功能区，分别为主入口景区、清泉湖景区、玲珑湖景区、滨水画廊景区、展园景区、七彩湖景区、遗址公园景区、配套服务区和田园风光区。

市政工程方面，主要包括园区道路、管网、桥梁等。

专项工程方面，根据业主委托内容，专项细分详见表 1。

3.2 统筹集成

分工是基础，集成是关键。如果没有强大的统筹集成管理，就会陷入只分不管的误区，导致各专业专项各行其是，最终牺牲的必将是项目的整体利益。为了

南宁园博园项目设计总承包分工明细

WBS_Nanning International Garden Expo
Version 20170611

注：根据实际需要，分项可能增减，由甲乙双方协商确定
Note: Items to be decided per agreement between client and contractor

任务类别	任务名称	子项编号	子项名称	参考照片						
DM	总体		总体技术控制							
			总体设计管理							
M	总图	M1	竖向设计	·						
		M2	园区小市政	·						
		M3	道路工程（一级园路结构部分）	·						
		M4	车行桥工程	·						
		M5	人行桥工程	·						
		M6	园区围墙	·						
		M7	配套服务区小市政	·						
L	公共区景观	L1	主入口景观							
		L2	喷水面瀑景区							
		L3	清泉源景区							
		L4	配套服务区							
		L5	展园景区							
		L6	玲珑湖景区							
		L7	七彩湖景区	·						
	展园区景观	L8	东盟园	·						
		L9	广西园	·						
		L10	丝路园	·						
		L11	设计师园	·						
	专类园	L12	健康花园	·						
		L13	遗址秘境园	·						
		L14	矿坑花园（植物部分）	·						
		L15	东盟植物园	·						
		L16	市花市树园	·						
		L17	罗汉松园	·						
	景观配套设施	L18	景观配套服务设施（含移动售卖、移动厕所、电瓶车驿站、游船码头等）	·						
A	主要单体建筑（四馆一阁两中心）	A1	园林艺术馆	·						
		A2	东盟馆	·						
		A3	体验馆	·						
		A4	游客服务中心	·						
		A5	票歌台	·						
		A6	满泉廊	·						
	配套服务建筑	A7	商业厅	·						
		A8	配套服务建筑（永久物业、永久厕所等）	·						
		A9	应急茶室	·						
		A10	公园管理用房	·						
		A11	园区大门（4座）	·						
		A12	临时花市	·						
	环保用房	A13	园区垃圾中转、处理站	·						
		A14	清水泉水厂	·						
	建筑改造	A15	民居（赛歌台旧部）	·						
		A16	八尺江提灌站	·						
G	通用专项	G1	投资估算	·						
		G2	初步设计概算	·						
		G3	施工图预算	·						
		G4	项目建议书	·						
		G5	节能评估报告	·						
		G6	可行性研究报告（总）	·						
		G7	可行性研究报告（分）	·						
		G8	策划（修详细）	·						
		G9	交通	·						
		G10	会后利用研究	·						
		G11	矿坑花园	·						
		G12	智慧园区（智能化设计）	·						
		G13	海绵城市	·						
		G14	绿色建筑	·						
		G15	水系设计	·						
		G16	绿化设计	·						
		G17	园路设计（含一级园路线型、二、三级园路线型及结构部分）	·						
		G18	景观设计	·						
		G19	标识设计	·						
		G20	幕墙设计	·						
		G21	照明工程	·						
		G22	室内精装修设计	·						
H	遗址	H1	遗址本体保护工程	·						
		H2	遗址保护区景观与展示工程	·						
		H3	贝丘遗址博物馆	·						

注：表中部分信息不方便公开，做模糊处理。

避免这种情况，实现行之有效的统筹集成管理，采用技术集成和管理集成双统一的原则：四大类任务分别由项目经理统筹管理，同时，由设计主持人和专家组对总体技术和跨专业技术进行集成，日常管理工作由管理团队统一执行。根据项目特点，以景观专业作为项目的总体牵头专业（替代规划专业行使规划上控职责），由建筑和总图专业作为支撑专业，以总平面图为平台开展技术总成。

上述统筹集成的组织架构和工作方法，能够确保景观、建筑、市政、专项这四大类工作同期协同开展，彼此有机地交织在一起。在这方面，技术集成是重点、界面管理是难点、内外协调是焦点、市政综合是痛点。

（1）技术集成。中国院深厚的技术人才积累，使项目的技术集成能够分别在景观、建筑、市政等层面开展，又在最高层面实现总体控制，建立起良好的金字塔形结构。因此，技术集成作为全过程工程咨询的重点内容，得以顺利实施，有效地保障了项目整体的交付质量。

（2）界面管理。南宁园博园项目的综合设计总承包是多工种、多单位的大规模兵团式作战，主要参与者包括国内 14 家设计公司、23 个专业、69 个细分子项的设计与咨询团队，高峰时段多达数百人。专业间的技术接口复杂、界面管理任务繁重。难点在于，既要保证任务全覆盖，又要确保不重叠、不矛盾、不制约。专业的管理团队对界面进行实时管理，有效地提高了内部管理效率。

（3）内外协调。不仅总承包内部团队众多，而且由于项目用地范围广、地形地貌复杂、展会规格高、周边配套条件欠缺，致使项目外部接口也非常复杂，日常协调工作压力巨大。为此，建立了一套信息管理制度和沟通协调机制，以便对项目各利益相关方开展有效的协调工作。

（4）市政综合。园博园选址位于丘陵地带，受到现有植被、河湖、矿坑、溶洞等自然条件制约，以及周边市政条件限制，特别是施工作业对地形改变的影响，还有产权划分变更导致的需求变化，市政管网综合和竖向综合的任务尤其艰巨，需要在现场针对不断变化的环境作出有针对性的调整。此外，面向当地特有的暴雨气候，园区内的市政雨水系统如何与海绵体系完美结合，也是同类大规模用地项目决策需要考虑的难题。

3.3 全过程造价控制

全过程造价控制是本次全过程工程咨询的一项重要内容。造价咨询团队参与项目的全过程，通过对可研、方案、初步设计、施工图、施工等阶段的造价控制目标进行确定和跟踪控制，对规划设计和施工方案、变更等提出调整和比选意见，以实现总投资控制在项目建议书批复范围内的要求。

在开展全过程造价控制时，最直观、有效的方法是做好"九价比对"，即，直接比对：①项目建议书总投资估算；②工程可研投资估算；③方案估算；④初步设计概算；⑤施工图预算；⑥财评批复的招标上控价；⑦施工总承包或工程总承包投标价；⑧工程变更导致的造价变化；⑨竣工结算价。

实际上，由于项目全过程的时间跨度较大，并且项目投资规模大，决策者随时可能根据外部条件的变化，对与投资相关的决策进行调整。这些外部因素有土地价格变化、资金来源变化、交付标准改变、赞助商的影响等。这时，往往通过调整分项投资额的方法，来确保总投资额不超预算。要达到行业内呼吁的"图—材—量—价"一体化理想，在实际情况下，工程造价的动态调控是全过程造价控制的关键。

例如，某标段由于工期受限，多项工作必须同期开展，不能待全部完成详细设计后再开展施工招标，在施工图未全部完成的情况下提前招标。根据同一套招标图分别编制的施工图预算和工程量清单，结果出现较为明显的差异，工程量清单相对漏价。施工招标按照批复的工程量清单确定招标上控价，并且以低价中标为原则，实际中标价仅为施工图预算的 70% 左右，施工单位中标后要求追加造价……最终，通过施工洽商、业主决策变更、设计变更等诸多方的平衡，各方认可的工程竣工结算价比较接近施工图预算价（施工图预算价未超过项目建议书批复价），从而实现了总体造价控制目标。

3.4 工程监造

南宁园博园项目从设计至开园历时 3 年，中国院管理团队实现了全过程驻场管理；项目经理和各专业团队设计代表，配合工程需求开展现场设计和工程监造。项目经理和管理团队在现场的工作侧重于项目管理，对照计划实施过程控制；牵头推动报批报审工作开展；配合业主和指挥部开展统筹协调工作；通过风险识别与预警，调动大后方、部署后续工作。

各专业技术人员在现场对施工建造过程进行监管，主要侧重于检查施工与设计的符合度、工程施工质量、材料、施工做法等，根据现场情况即时作出响应和调整，并参加工程验收。按照现行的五方责任制原则，设计单位的工程监造虽然不能替代工程监理，却能够在质量控制方面对施工提出指导意见，并且根据现场发现的问题提出优化与改良方案，有效地提高整体交付质量。

4　全过程工程咨询的核心问题：价值提升

2018 年 12 月 6 日，南宁园博园顺利开园。各方评价普遍认为，本届园博园整体风格协调，自然和人文特色鲜明，建筑与景观高度融合，令人印象深刻，圆满实现了南宁市申办园博会时"办一届不一样的园博会"的承诺。各大主体建筑和山边水滨小品，不仅与景观园林相得益彰，而且因其独特而现代感十足的造型、强烈而质朴的地方基因，吸引了大批游客驻足欣赏，迅速成为网红地标。

南宁园博园的落成与开园，对于提升周边环境质量与土地价值，拉动城市建设发展，起到了明显、积极的引领作用。园博园设计效果发布之后，迅速引爆周边地区的投资和建设热潮。短短三年内，从荒郊僻野到城市新建成区，经历了翻天覆地的改变。

事实上，在设计之初，包括清泉阁在内的主体建筑设计方案，经历过一段不被当地接受和认可的艰难时期。参与决策者认为，园博园内的建筑形式不应如此现代，而应采用中国传统的园林式建筑风格。在多方征询专家意见的过程中，有一位知名学者在评价该设计方案时说："如果能够实施，一定是一届非常精彩的园博会"，这才初步扭转了不利局面。当地主管部门将信将疑地将方案报送至园博会组委会参加专家评审，没想到方案设计得到评审会专家一致好评，至此方案才得以定稿。后来，在设计深化和工程监造过程中，随着不断坚持与强化建筑与山形地势的融合，本地材料和传统工艺的运用，最终建成后取得了令各方满意的效果。南宁园博园项目生动地证明，在建筑工程质量之上的设计价值，尤其是文化价值，需要通过全过程工程咨询这一途径，才能突破传统的认知局限，焕发出应有的光彩。

顶蛳山遗址博物馆——贝之丘

1 起点

这是一座展示新石器时代贝丘遗址文化的小型专题博物馆，位于南宁市邕宁区顶蛳山地块。场地周边丘陵起伏、草木繁盛、河泉缠绕。设计将博物馆选址在离遗址区南侧 500m 的小山坡上，这是一座离遗址区最近并且位于防洪堤内的山丘。在这里我们试图建造一个与历史对话、与自然和谐、当代的顶蛳山遗址博物馆。

2 生成

2.1 历史

从博物馆向北可远眺遗址区，向东北可看到清水泉，与清水泉的视线定义了博物馆的入口方向，和遗址的视线则定义了博物馆观景的开敞方向，两条视线的交叉点确定了博物馆的坐标、建立了与历史的对话。

2.2 自然

建筑主体坐落于一座丘陵山坡之上，山坡现状地形标高在 73 ～ 84m 之间，建筑依山就势而建，西侧低缓处布置观众主要出入口，"台地展厅"错落有致地顺应等高线布置，台地之间曲径联系，圆润的弧墙将人导引到展陈序列之中，面对遗址的方向悬挑出室外眺望台，参观完后顺着弧形坡道和台阶可回到入口广场。西南侧低敞处布置藏品出入口和员工出入口，和观众入口正好差一层。

2.3 形态

建筑形似一片落在山野的贝壳，覆盖空间的同时完善了山顶轮廓线。贝壳面对遗址方向微微掀起，除了正向覆盖的贝壳，室外同时布置一片反向的"贝壳"眺望台，将人的视线引向遗址区和清水泉。

全过程工程咨询指南丛书 / 全过程工程咨询典型案例解析

3 建造

3.1 小木模板清水混凝土

博物馆的屋顶是从一个完整的球体上切下的一片，球体上的任何一条线都是圆弧，大大优化了几何形体，方便施工、节约造价。屋顶的结构形式是通常的弧梁框架，整体采用混凝土板和梁底平的反梁形式。朝室内面采用小木模板清水混凝土，放射的排版形成了类似于贝壳的肌理。为实现纯粹的屋顶效果，除烟感探测器和少量的照明线路预埋在混凝土之中外，大量的风管和消防喷淋管都走地下的设备管沟，通过弧线夹墙上到展厅，采用侧喷送风和水炮喷淋的形式，避免管线暴露。朝室外面都是梁格，为避免金属屋面漏水积水，所有的梁格都预留了过水洞。屋面采用同心圆放射的平锁扣金属板形式，排版和颜色的间隔模仿贝壳的肌理。

3.2 贝壳混凝土

建筑室内局部墙体采用山东建筑大学最新的贝壳混凝土研究成果，将回收的耗壳和彩色石子、混凝土按一定比例混合，凝固后将混凝土块切片，漏出随机的白色贝壳断面，冰冷的混凝土瞬间有了灵气。遗憾的是在展陈设计阶段，因为工期造价等种种原因这一设计没有最终落实。

4 结语

这是一个在选址和布局上融入周围环境，而又有强烈几何人工存在感的建筑。在绿色的树林中行进，突然看到一片白色屋顶覆盖在山丘之上，走入其中是如梯田般的台地展厅，转到眺望台后一片开阔，所有的设计转变成了一串与人有关的场景，留在了游客的记忆之中（图1～图14）。

建设单位：南宁园博园管理中心
设计单位：中国建筑设计研究院有限公司
设计时间：2016年1月
建成时间：2018年12月
建筑面积：3650m²
建筑高度：11.5m

图 1　场地

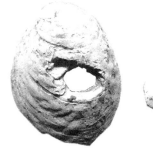

图 2　出土贝壳

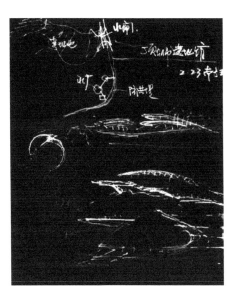

图 3　设计草图

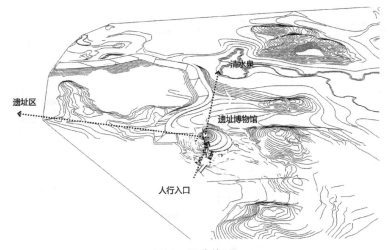

图 4 场地关系

图 5 室内效果图

图 6 鸟瞰效果图

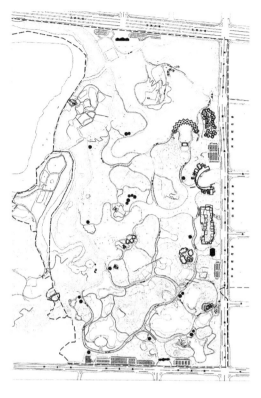

图 7　区位图

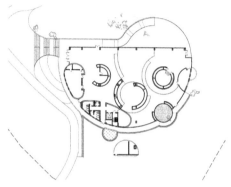

图 8　总平面图

图 9　首层平面图

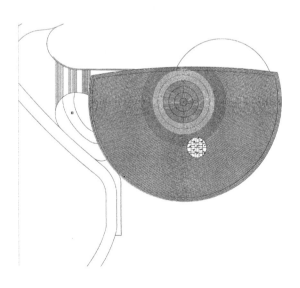

图 10　屋顶平面图

图 11　地下一层平面图

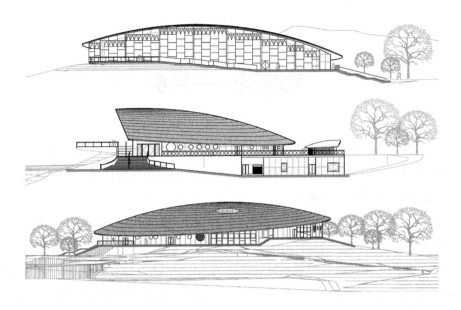

图 12　立面图

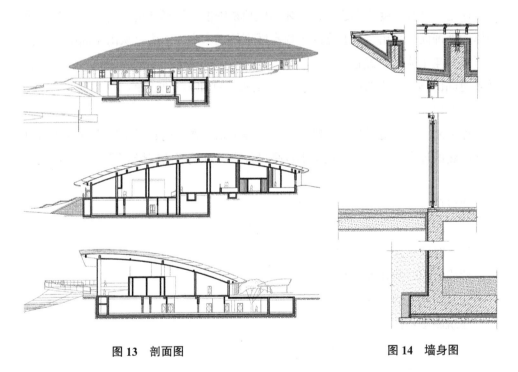

图 13　剖面图

图 14　墙身图

滨水茶室——月亭

　　茶室紧邻玲珑湖，建筑顺应湖岸线，平面呈月牙弧形。设计适应南方气候特点，除需要封闭的售票办公、制作、小卖和卫生间四个功能体外，整个建筑是一个大屋顶覆盖下的开敞空间。

　　这是一个看与被看的小建筑，游客从北侧的三角形广场进到茶室，单坡屋顶从面向广场的 4.7m 压低到面向湖面的 2.6m，高度的变化暗示人从站立到坐下喝茶身体姿势的变化，屋底放射布置的檩条将人的视线引向湖面，压低的屋檐成为对岸东盟馆画面的弧线框景。而从湖面回看茶室，水平延展的灰色屋顶下，四个木头盒子从地面升起，人在木头盒子间若隐若现地穿行。

　　这是一个有温度的小建筑，月牙形屋顶是钢框架异形结构。而屋顶下几个功能体的外饰面，采用与工业化的屋顶有区别的老木头，木头是从南宁周围拆除的村子里搜集上来的，经过切割、刨平、上清油的处理后，用螺钉固定在外墙上。随着时间的推移，木头的颜色和肌理因雨水冲刷和阳光照射的不同，呈现深浅、明暗的变化。

　　停下来，安静地喝茶、吹风、赏景；停下来，在新的建设中回望有些老旧但依然温暖的过去，这是我们在小小月亭设计中一点美好的憧憬（图 1～图 11）。

建设单位：南宁园博园管理中心
设计单位：中国建筑设计研究院有限公司
设计时间：2016 年 1 月
建成时间：2018 年 12 月
建筑面积：843.7m^2
建筑高度：3.75m

图 1　效果图

图 2　鸟瞰图

图 3　檐下空间　　　　　　　　　图 4　滨水效果

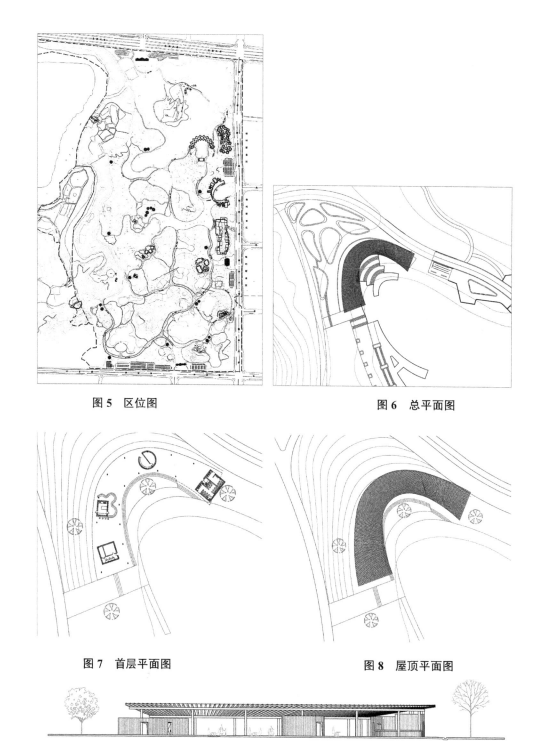

图 5　区位图

图 6　总平面图

图 7　首层平面图

图 8　屋顶平面图

图 9　立面图

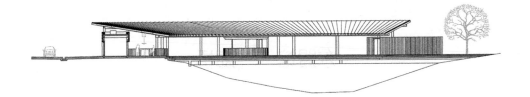

图 10　剖面图

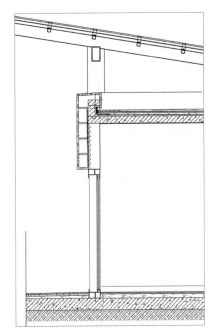

图 11　详图

东盟馆——廊桥

1 起点

东盟馆位于南宁园博园东盟园展区，跨越东盟湾，东对次入口和商业街区，西南毗邻东盟展园，将展示东盟十国特色的园林园艺及非物质文化遗产。作为第一次在少数民族首府城市、第一次面向东盟国家举办的园博会，东盟馆无疑被寄予了特殊的意义。

风雨廊桥是广西特有的建筑形式，位于村口、横架水上，既是通行的桥梁，也是村民聚会和交易的场所。风雨廊桥不仅具有鲜明的广西特色，同时廊桥相扣、携手同行的美好寓意与东盟馆友谊之桥、沟通之桥的定位相契合。

2 生成

2.1 场地布局

场地东西两侧为丘陵山坡，中部地形较平坦，延至玲珑湖东盟湾，整体场地标高在 72 ～ 79m 之间，玲珑湖常水位标高 69m，调蓄水位标高 72m。建筑因地制宜，两侧山坡保留现状地形，用一座环形的廊桥，架于东西两山坡之间，跨越东盟湾，联系东盟展园和商业街区。我们通过实地放气球与实景合成的方式，推敲模拟设计在真实环境的状态，确定建筑的最终尺度，确保与周围环境协调。

建筑由 13 栋相对独立的单体构成，从东西两侧的台阶上到十国展厅的弧形展桥，金色大厅布置在整个圆弧形建筑下方，紧邻玲珑湖，总揽全局，礼仪典雅，是环看廊桥的最佳观景点。园区一级园路呈 U 形穿过建筑，车辆能够靠近并穿过建筑，满足灭火扑救需求。

2.2 风雨廊桥

展桥上十国展厅各对应一个单元体，环形阵列线性排布，保证各国展示的完整性，同时又能彼此联系。展厅按照英文首字母礼宾顺序顺时针排列，"手拉手，环环扣"。

建筑以传统风雨桥为原形：采用上屋顶、中廊道、下桥墩的构形方式。广西地区的雨水多，朝天的屋顶和接地的桥墩面积小，中间人活动的廊道空间大，每个单体呈两头小、中间大的梭形。单元体为两层，桥面为东盟十国展厅，桥下为办公室、卫生间和设备等辅助用房。

展厅由玻璃幕墙和膜结构分隔室内外空间，玻璃幕墙高 3m，保证室内视线的畅通，上面悬挂帐篷状的膜结构。外廊被互相搭接的防雨百叶覆盖，遮阳防雨的同时实现自然采光通风。坡顶、挑檐，条凳，塑造风雨桥的檐下空间意向。

2.3 特色展览

广西与东盟十国同属于亚热带地区，相同的地理和气候造就了类似的建筑特征，虽然外形协调一致，但顶部的张拉膜上印刷各国特色花卉，室内展陈内容各具特色。以花为媒，营造出了一样的东南亚建筑风情，不一样的十国特色展览。

3 建造

3.1 搭桥

展桥由 10 个三维的六边形标准单元体组成，各单体独立形成自稳定的结构。结构以外围弓形的钢柱作为主要支撑，中心阵列，形成一个封闭的空间钢框架筒体，弓形钢梁间拉结主次连接梁，连接梁上包裹木纹印刷铝板形成遮阳百叶。

3.2 拉帐

每个展厅的帐篷高 13m，展开面积接近 1000m²，外表面喷绘各国特色花卉图案。膜最终张拉的形态是三维体，而喷绘需要先将三维体展开成 24 片平面膜，膜控制在可打印的 3m 宽度。我们采用图案色块化和打印圆点化的方式，规避拼膜时不可避免的对缝误差，通过数十次圆点大小和间距的放样，获得理想的图案饱和度和拼缝完整度的平衡。

3.3 布景

各馆展陈内容不同，却遵循相同的空间模式：入口的特色雕花木门、外圈的展墙、展墙上特定的观景窗，结合楼梯间的中岛设计、印花顶棚等。建筑与展陈的深入配合避免了常规展览建筑的室内外脱节，达到了展陈与室内空间的融合。为形成纯净的室内展陈空间，设备管线排布在桥面之下，桥面层采用架空地板，暖通和电线都安排在架空地板中，可实现灵活布展。这是一个景观建筑，从选址开始，到修路、理水、堆山、种植、铺装，景观与建筑的工作边界一直处于模糊状态，打破工作的边界也正是这类建筑的特点与难点所在。

4 结语

东盟十国馆"手拉手，环环扣"，各展风采，联结起一座国家友谊和文化交流之桥。流线型"木楼"轻巧的结构、通透的木质格栅掩映出朦胧的膜帐，特色花卉展陈影像变幻，营造出一样的东南亚建筑风情，不一样的十国特色展览（图1～图17）。

建设单位：南宁园博园管理中心
设计单位：中国建筑设计研究院有限公司
设计时间：2016 年 1 月
建成时间：2018 年 12 月
建筑面积：7280m^2
建筑高度：23.9m

图 1　风雨桥

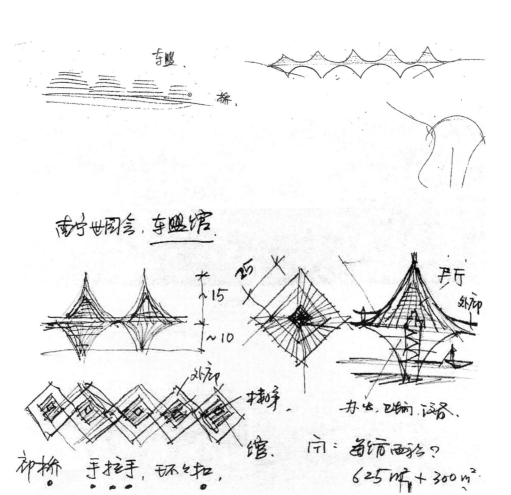

图2　草图

图3　效果图

图 4　鸟瞰照片

图 5　远眺照片

图 6　近观照片

图 7　室内视角照片

图 8　放气球模拟

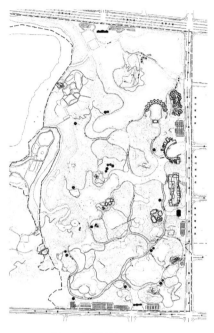

图 9　区位图

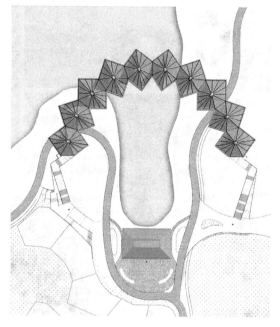

图 10　总平面图

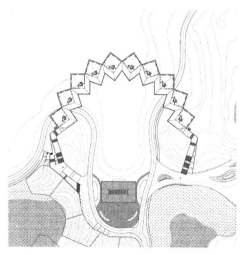

图 11　首层平面图

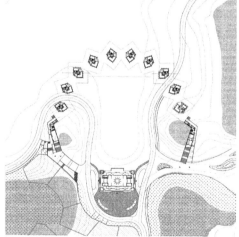

图 12　地下一层平面图

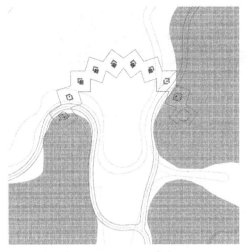

图 13　地下二层平面图

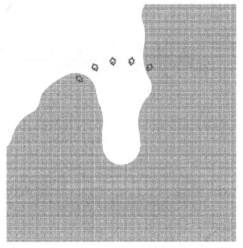

图 14　地下三层平面图

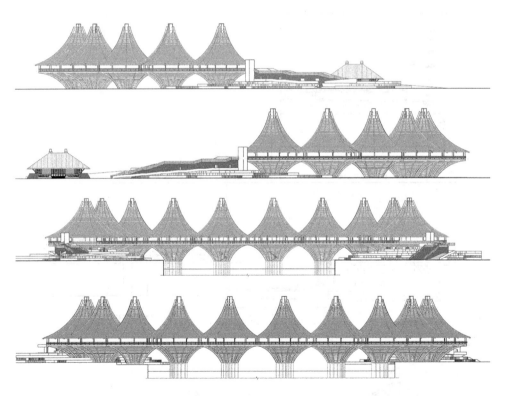

图 15　立面图

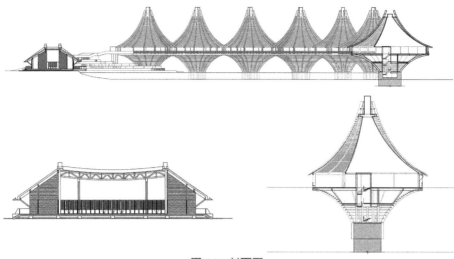

图 16　剖面图

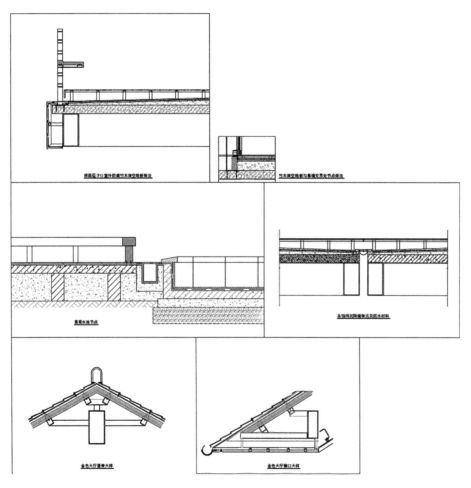

图 17　墙身图

体验馆——林中漫步

1　起点

项目位于园博园主入口景区，东临园林艺术馆，西侧倚靠山坡，南侧是矿坑花园。场馆功能为展览展示，展后利用为儿童活动中心。

体验馆原有场地西高东低，高差有 5 ~ 6m，植被因采矿被破坏。修复场地、植竹种草、恢复生境，并设置游廊和平台，在竹林中漫步体验自然生态是设计的起点。

与此同时，广西的干阑式民居给了我们很多启发。山坡之上，细细的木柱撑起平台屋宇，远离虫鼠的同时也减少了对地形地貌的影响。

2　生成

2.1　生态修复

设计以生态修复理念为宗旨，不去破坏原有地形，而在坡地上种竹种草，低洼处雨水收集形成湿地，让采矿破坏的地表恢复绿色生机。

2.2　竹林结构

建筑整体架空，并依地势而建。建筑形象表现为不规则布置的绿色竹林以及上下错动的架空平台。人在细柱中穿行，仿佛游走于竹林之中。

2.3　体验平台

建筑由三栋单体成环形布置，各个单体之间以连桥和平台相接。游客可以到达不同标高的架空平台观景或体验精心策划的各种展陈内容，这是一个当代的、科技的、好玩的展馆。

3　建造

3.1　架构

为实现竹林随机生长的效果，我们采用两种多边形网格重复排列：多边形边长 3 ~ 7m，同时在多边形网格上叠加了一套 9m 见方的网格，以兼顾展厅大空间的需求。两套网格在大多数格线上重叠，外边小格网的体验平台包合着大格网的展厅，功能和结构完全对应。

外围多边形网格柱采用直径 220mm 钢管混凝土柱，体现竹林的纤细高耸；内部 9m 的框架采用直径 450mm 的钢管柱。这些柱子由五种不同的绿色随机排步，疏密中有浓淡变化，大大丰富了竹林的层次。

竖向的竹林支撑起不同标高的平台，平台是地面也是屋顶。所有标高成 1.5m 的模数变化，平台间以楼梯连接。平面的多样和剖面的变化叠加，生成极其丰富的具有迷幻感的空间体验。

3.2 围合

建筑外立面退后，消隐在层层平台的阴影之中。我们在玻璃和白墙前面布置了一层竹格栅，玻璃反射率高，反射前面的竹子；白墙素净，承托竹影。竹子按相同的间距均匀布置，但因多边线的角度变化，从任何角度看自然出现疏密的不同。景观中的真竹、钢柱的丛林、立面的格栅，三者共同营造了一个竹林的氛围。

4 结语

这是一座消隐的建筑，整体架空，轻触大地，以谦虚的姿态融入周边环境之中。走入其中，几何生成不规则的结构空间，层叠错落的平台游廊，给人以体验科技文化和园林艺术的趣味。绿色的钢柱、竹子的格栅、屋顶的花园，形成穿行于丛林、消隐于自然的独特氛围（图 1 ～图 16）。

建设单位：南宁园博园管理中心
设计单位：中国建筑设计研究院有限公司
设计时间：2016 年 1 月
建成时间：2018 年 12 月
建筑面积：11555m^2
建筑高度：20.7m

图 1 采矿基地

图 2 干阑式民居

图3　草图

图4　生成

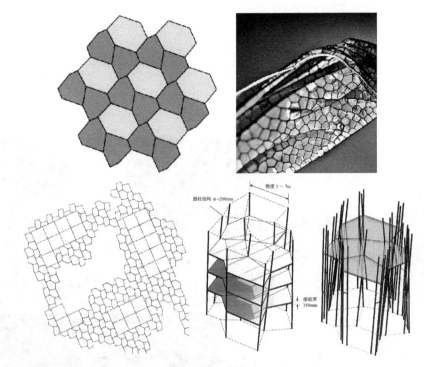

图 5　结构网格

图 6　效果图

图 7　内院照片

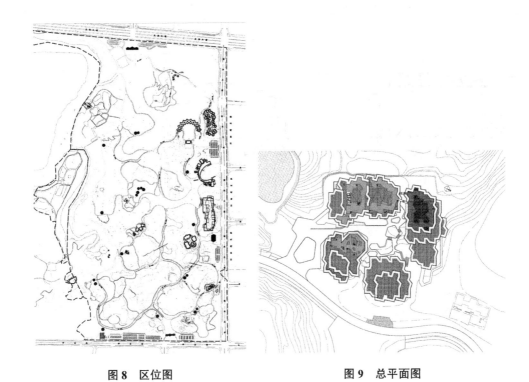

图 8　区位图　　　　　　　　　　　　　图 9　总平面图

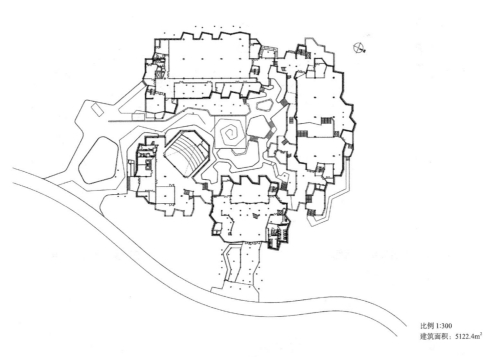

比例 1:300
建筑面积：5122.4m²

图 10　首层平面图

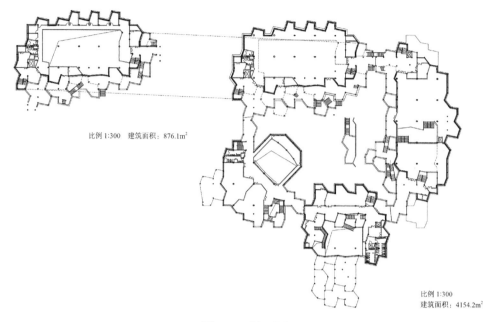

比例 1:300　建筑面积：876.1m²

比例 1:300
建筑面积：4154.2m²

图 11　二层平面图

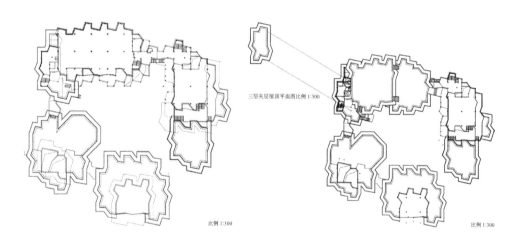

三层夹层屋顶平面图比例 1:300

比例 1:300

比例 1:300

图 12　三层夹层平面图

图 13　屋顶平面图

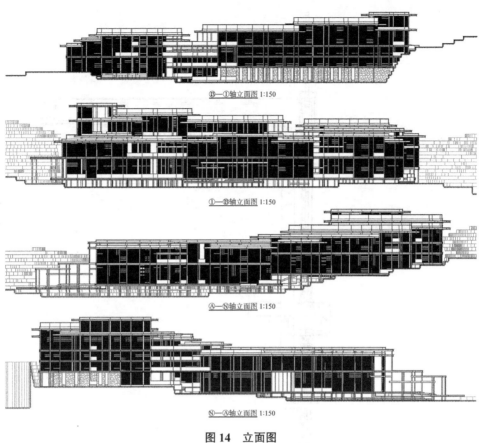

⑧—①轴立面图 1:150

①—⑧轴立面图 1:150

⑧—Ⓝ轴立面图 1:150

Ⓝ—Ⓐ轴立面图 1:150

图 14 立面图

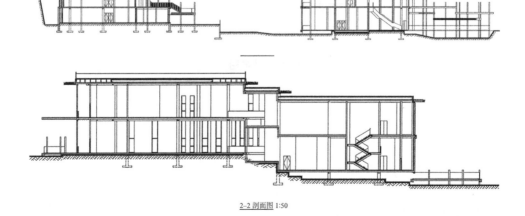

2-2 剖面图 1:50

图 15 剖面图

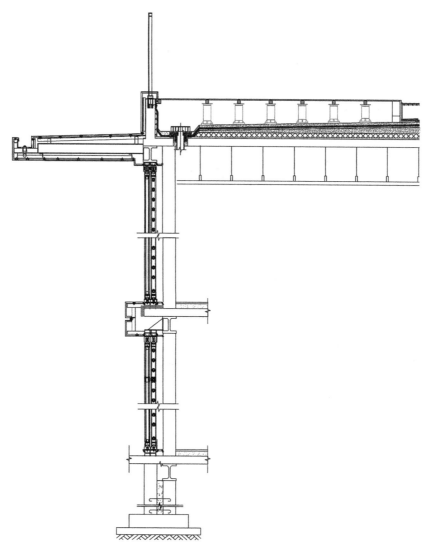

图 16　墙身图

第十二届中国（南宁）国际园林博览会
宜居·城市馆——嵌入的聚落

1　引言——作为自然集群的设计

第十二届中国（南宁）国际园林博览会（以下简称园博会）已于2018年12月6日向公众开放，本届园博会的建筑场馆均由崔愷院士领衔的团队担纲设计。在设计之初，设计团队明确了将园区多个建筑场馆作为一个集群的思路。基于"本土设计"理念，以创造性传承广西地方建筑特色为目的，将广西地方建筑特色提炼出一系列代表性的主题——"山地""聚落""廊桥""构架""屋顶""材料"等。整个园区的建筑是植根于地方传统的自然集群，每个建筑又各有主题，特色鲜明。

2　设计策略——嵌入自然，馆园结合

宜居·城市馆为本届园博会主场馆，以"聚落""材料"为主题。项目选址在园区东侧，浦兴大道以西，用地面积约50000m²，其中有两座现状山体。为了减小大体量建筑对园区自然环境的压迫，将建筑融入自然，设计将南侧山体开槽，一层展厅整体嵌入其中，两山间的山坳作为半室外停车库，与城市道路直接连通。建筑二层将展厅打散为不同体量，散布于山坡之上，进一步达到消隐体量的设计目的，同时适应"顺应自然，建筑消隐"的园区规划理念。

建筑布局从地方传统村落中汲取灵感，顺应地形，聚落化分散布局于山坡之上，半室外的内街衔接各个展厅。展厅包围在内街景观、室外展园与自然山体之间，人们在观展的过程中仿佛置身于传统街巷，体验传统聚落的空间感受。建筑上部屋盖覆于展厅之上，遮阳避雨，为内街提供适宜的微气候环境，延续山形走势，使建筑融入环境。

设计利用原始地形环境的优势，在总结以往园林艺术展览经验的基础上，打破仅限于室内展览的展示方式，将展示空间向自然延伸，东西两侧的山坡作为展园，形成了"一馆对一园"的展览方式。同时，展园也成为了"人工"的展厅与"自然"的山坡之间的半自然化过渡。人们可以在真实的自然环境中感受园林，

体验艺术,真正创造了"展、看、游"为一体的宜居·城市馆。

3 "聚落"——传统的绿色智慧

在宜居·城市馆的设计中,"聚落"不仅是一种传承地方建筑特色的空间组织方式,更是一种适应当地气候的展览空间组织模式。

一方面,将大的展览空间划分为更多的小空间,按照聚落的方式组织起来,有利于不同主题展览的展开,能创造出更丰富的空间体验。"聚落"中形成"街道""小巷""广场""院落""坡坎""沟渠"等空间意向,营造有地方传统特色的空间氛围,也将周边良好的自然山水与建筑更好地融合。另一方面,不同于以往大空间套小空间的大、中型展览建筑空间组织模式,本项目结合广西南宁优越的自然气候条件,将展览空间打散,转译地方传统村落的空间形式,聚落化地布置展览空间。顶部覆盖延续山形的钢结构天幕,解决遮阳避雨的问题。将串联展厅的联系空间、公共休息空间设置在有盖的灰空间里,成为无需空调的室外大厅,从而将大空间的能耗降到最低。结合下沉边庭、内街水井、景观圆筒、流线型天幕等空间设计要素,形成气流廊道,共同营造馆内微气候。

此外,"嵌入"与"聚落"的结合进一步优化了建筑内的微环境。将一层能耗较大的大空间展厅嵌入山体,形成半覆土建筑,利用覆土的方式减少大空间展厅的能耗;中部切开的山体,形成南北向下沉内街,和聚落布局的展厅、顶部天幕一起营造区域微气候。打造通风廊道,形成局部温差与气压差,实现高效的自然通风与气流引导。

可见,"聚落"布局的小展厅加上有效组织微气候的半室外共享空间是一种适应当地气候的展览空间组织模式,是传统而朴素的绿色智慧。

4 "材料"——地方材料重构

宜居·城市馆的另一个设计主题是"材料",作为园博会中的建筑,设计希望尽量采用自然材料与本土材料来呈现建筑的表情。一方面,从地方传统建筑中提取与转译有特点的建筑材料——夯土、毛石、木、砖、瓦等;另一方面,结合园区建造过程中产生的"废料",变废为宝,将碎石、红土等原料,经过设计表达,使之成为重要的建筑外立面材料。

基于以上两个思路,宜居·城市馆中设计了四种外墙材料的系统,分别是石笼、夯土、毛石、木色格栅。这些不同表情的墙体并不单纯按照"聚落"的体量来划分，而是作为一种构成方式来设计，建筑空间由不同材料的墙体交织而成，不同墙体相互穿插，彼此交错，正如至上主义画家马列维奇的平面构成绘画，将传统与自然的材料元素投射于建筑空间中，令人们在传统与现代、自然与人工的空间之间不停穿梭。

在建造过程中，由于各种因素的综合影响，材料系统的初衷并未完全实现。为了加快工期，降低施工难度，夯土墙的数量被大幅削减，毛石砌筑墙也更改为青石板贴面墙。石笼墙是本次设计与建造过程中最成功的探索，从最初的施工队的不理解、配合难，到多方共同研究材料与工法，齐心协力动手试验，最后实现了很好的效果。

自然材料、本土材料的多样化使用不仅表达了地方特色，更是践行了绿色设计理念。石笼墙、夯土墙利用园区建设中的碎石、红土等"废料"，变废为宝，成为建筑的独特表情。同时，大量原生原料的使用，使得建筑多了一层保温隔热的"皮肤"。这样日晒时阻隔、吸收太阳热量，晚间将其释放出来，可以平衡温差，提高舒适性，减小建筑整体能耗。

5 天幕——光影与自然的交织

由建筑下部长出的树形柱支撑的钢结构"天幕"是宜居·城市馆重要的空间组成部分。"天幕"结合遮阳、通风、避雨、绿色能源等需求一体化设计。

双曲面天幕造型顺应周边场地山势，同时结合区域风环境设计，夏季能够引导下部空间形成良好的自然通风。天幕围护材料为防紫外线高透阳光板，本身具有一定的遮阳效能，为下部空间提供充足的自然光。利用钢结构网格与阳光板结构檩条的厚度，起到一定的遮阳作用。天幕上部有菱形的光伏发电单元，为建筑提供清洁能源，也起到外遮阳的效果。在屋盖下部斜柱支撑屋盖处，还设置有随机分隔的遮阳格栅，模拟树冠与树荫的意向。行走在"天幕"下的建筑中，仿佛置身于巨大树荫下的聚落，自然而舒适。

巨大的"天幕"在南方的多雨之地，避雨、排水的设计尤为重要。设计吸取地方民居的古老经验，将天幕按东西向划分成排水单元，每个单元分别向东西两侧汇水，仿佛一个个放大的瓦垄，避免大量雨水的集中。雨水沿天幕周边均匀排放，汇入建筑东西两侧展园，形成水景观，灌溉植被，渗入山体，补充周边地下水，体现了海绵城市的设计理念。

6 "筒"——绿色的信仰

传统的地方村落中有供大家集会的鼓楼与广场，高耸的密檐鼓楼是地方村落的精神核心。设计试图与之呼应，在展厅"聚落"中创造出一个鼓楼一样的精神核心。建筑内街南侧的圆形景观筒是公共空间序列的高潮与收束，她正是城市馆这个聚落的精神象征。

景观筒高18m，下大上小，为内街制高点，外观为朴素的自然生态抹泥墙（原设计为夯土墙，未实现），内部是直通顶部的高大垂直绿化墙面，如热带雨林般绿意盎然，底部有景观水池与内街水系相连。顶部三角形的钢结构网格与圆形洞口形成对位关系，三角形与圆形的古典图形叠合激发精神回归本源的思考，这是一种信仰，正如幽暗圆筒中茂盛的植物，是对绿色的信仰，对自然力量的礼赞。

无论外界如何喧嚣，走上圆筒中的承台，阳光透过三角与圆的叠合透入幽碧，这一刻，只有人与自然的对话。

7 结语

宜居·城市馆是基于西南地区多民族地域特色，从地域文化中提取元素，获得与地域特征、传统文化、生态理念相适应的方法，建构的传承文脉、融入自然、绿色生态、技术适宜的绿色技术体系。最终实现了对自然环境的呼应、人居环境的传承，是人与自然和谐的生动实践。

游客服务中心——屋顶

1 起点

游客服务中心位于园博园主入口区，东临入口广场和浦兴大道，南北倚靠山坡，西侧为主展区，游客自东侧入口广场进入园区，包括游客服务和大门两部分功能。

园博会期间会出现大量人流排队买票检票的情况，很多人应该对参观世博会在大太阳下排长队的痛苦经历记忆犹新。特别考虑南宁炎热多雨的气候特点，如何提供良好的候场环境是我们设计的起点。

我们从广西的传统建筑中寻求解题之道。传统村落中成片的屋顶是适应当地气候的有效方法，屋顶很大，挑檐很深，互相搭接连绵成片；屋顶采用穿斗排架结构，有些民居甚至有先盖屋顶后在下面盖房的做法；屋顶通风隔热、防雨防晒，是生活的庇护所。

我们要在入口广场区盖一片村落屋顶，让人第一时间沉浸到广西的山水园林之中。

2 生成

2.1 利用现状地形，顺应人流动线

场地保留南北两个山坡，南坡窄而陡，北坡宽且缓。两山环抱一块平地，既是入口广场，也是开幕式的场地。顺应人流动线，两侧连廊入园，中间广场出园，互不干扰。

2.2 建筑依山而建，视线贯通，指状布局融入自然

10栋相对独立的建筑垂直于山的方向，依山坡退层而建。首层设置咨询售票、游览导引等游客服务功能，二层为餐饮、商店，顶层为辅助办公。室外的台阶和连桥将各功能串联。建筑顺着等高线的方向旋转，建筑之间形成指状的坡地景观，自然的山色被引入到建筑之中。

2.3 入园连廊，人性设计，遮阳避雨

一大片连续起伏的弧形屋顶沿着山脚覆盖 10 栋建筑，形成遮阳避雨的半室外的公共空间。屋顶环抱东侧入口广场，呈张开双臂欢迎的姿态。屋檐朝广场的方向压得很低，3m 的高度使一个巨大的屋顶有了民居尺度的亲切；而朝向山坡的方向是高敞的，连廊下行走的人抬眼就能看到南北的山景。260m 长的连廊，有三个高低起伏：北侧进口的檐廊为 3m，越往里走屋顶高度渐高到 8m，到检票处屋顶降低到 3m，在大门的地方屋顶又被拉高到 10m，北侧连廊也同样是低、高、低的控制，丰富了连廊的空间体验。

2.4 屋顶错落、通风采光、适应气候

屋顶错落，巨大的屋顶拉开缝隙，光从缝隙中下来，风从缝隙中穿过，连廊下是一个有光、有风、有景的所在。

3 建造

3.1 屋顶建造

10 栋服务建筑和大连廊屋顶采用钢桁架梁上搭纵向檩条的形式：结合天窗设置曲线钢桁架梁，梁下设钢柱支撑，直线钢檩条搭在钢梁之上，形成有韵律的廊下空间，檩条上铺设钢龙骨和屋面瓦。

大连廊采用参数化的方法优化曲面，连廊分为南、北和入口三部分，南、北连廊采用列柱承梁，并用减柱造的方式获得较大的使用空间；入口连廊采用片墙上起树状柱的方式，从中点迭代生出的树枝如桥一般撑起 20m 宽、10m 高的入口大门。

3.2 石材基座

与大地接触的部分采用当地的片石，10 栋服务建筑的基座部分用片石湿贴成虎皮状，而入口的 8 片大墙采用垒石的方法。和通常自然面朝外的方式不同，我们采用切割面朝外的方式，既是避免大量游客通行时可能的刮落，也是乡野材料精细化设计的一次尝试。墙最高达 8m，采用构造梁和逐层铺设拉筋的方法，满足结构的安全性。片石的厚度和垒砌方式经过多次现场放样，最终达到各方满意的效果。

3.3 室内和景观

屋顶和基座之间，是人活动的区域，通透的玻璃幕墙最大限度地实现室内外交流。顺着坡道游走，左边是屋檐框景的绿树浓荫，右边是自然光下明亮的沙盘展厅，视点的变化带来景致的变换。不同标高的展厅以坡道相连，空间开敞，视线贯通。

4 结语

游客服务中心是南宁园博园的景区大门和窗口形象，是园博会开幕式的庆典场所。连绵起伏的屋顶覆盖着入园廊道，为大量排队检票的人群提供遮阳避雨的舒适等候场所。指状布局融入自然的服务建筑，也为游览者提供了景观中游走的休闲场所（图1～图20）。

建设单位：南宁园博园管理中心
设计单位：中国建筑设计研究院有限公司
设计时间：2016年1月
建成时间：2018年12月
建筑面积：8350m²
建筑高度：13m

图1 如何提供良好的候场环境？

图 2 　外景图

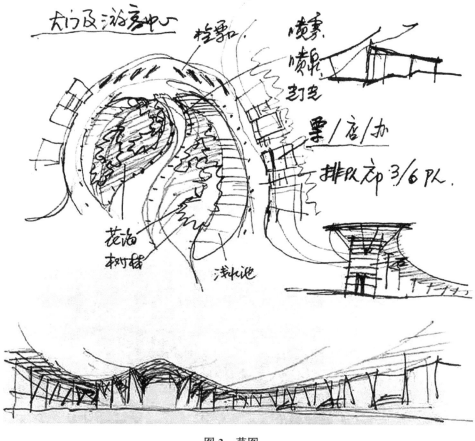

图 3 　草图

（1）利用现状地形，顺应人流动线

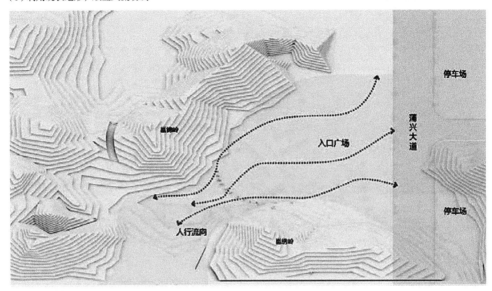

（2）依山而建，指状布局融入自然

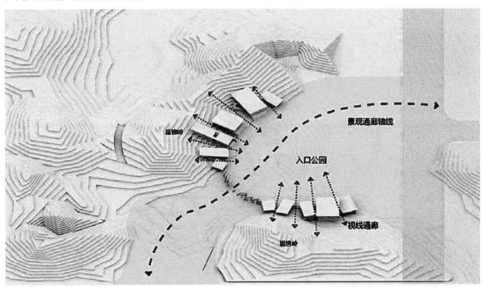

图4 意向（一）

（3）入园连廊，遮阳避雨

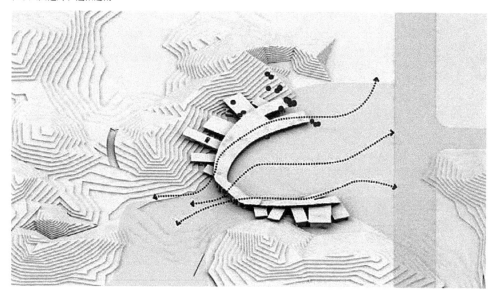

（4）屋顶错落，通风采光

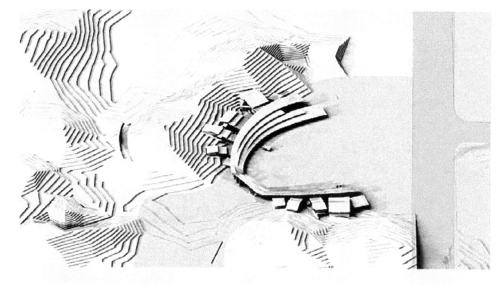

图4　意向（二）

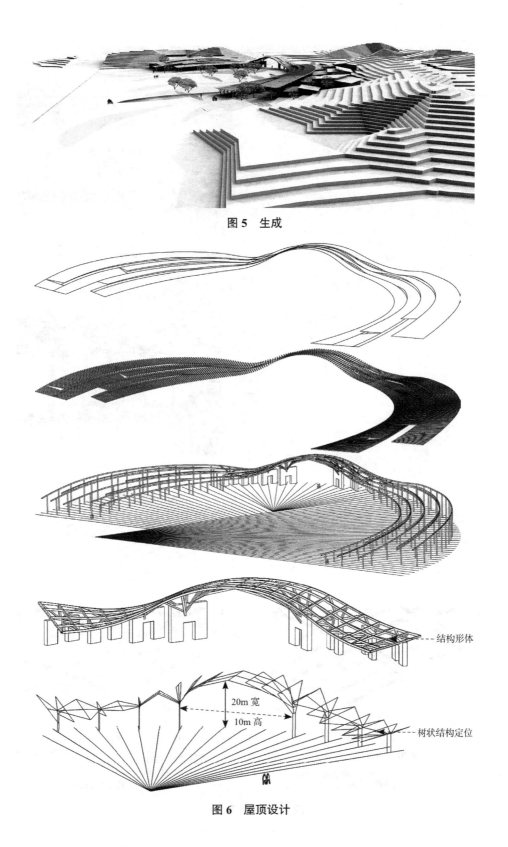

图5 生成

图6 屋顶设计

20m 宽

10m 高

结构形体

树状结构定位

图 7　结构比选

进场高峰小时模型输出

平均密度图（颜色越深服务水平越差）

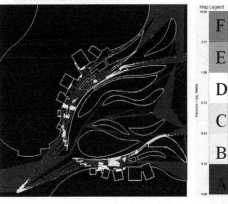

进场高峰小时模型输出

最大密度图（颜色越深服务水平越差）

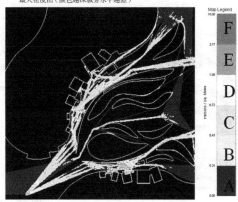

图8 交通模拟

图9 效果图

图 10 鸟瞰照片

图 11 入口

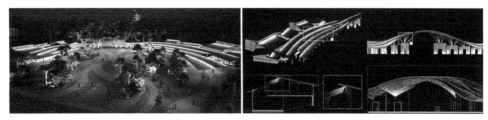

图 12 照明设计

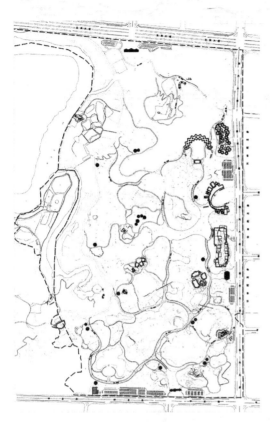

图 13　区位图

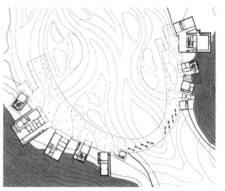

图 14　总平面图

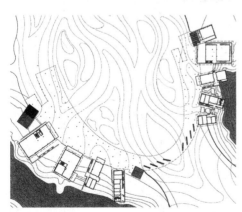

图 16　二层平面图

图 15　首层平面图

图 17　屋顶平面图

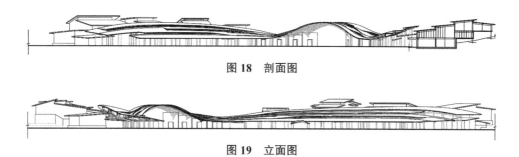

图 18 剖面图

图 19 立面图

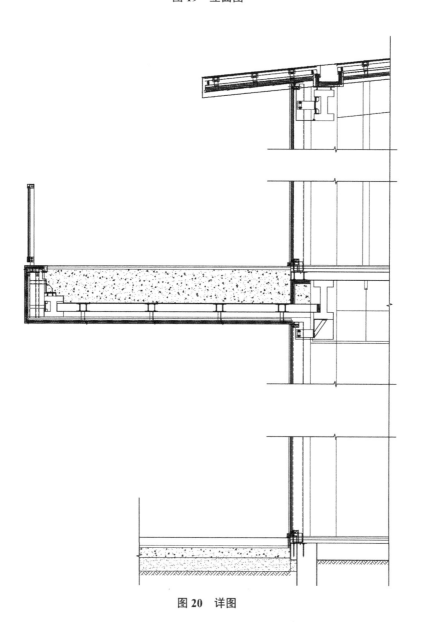

图 20 详图

某银行项目全过程工程咨询案例

——江苏建科工程咨询有限公司

张　明　王晓觅　朱　静　李　平　侯永春

1　项目背景

某农村商业银行是全国首家地市级股份制农村商业银行，是中国银监会确定的二级资本债券和资产证券化发行试点单位。至 2015 年年末，该银行注册资本约人民币 60 亿元，总资产超过 2000 亿元，在外市新设 4 家异地支行。该银行由农信社改制而来，原有的办公楼普遍存在建筑面积偏小、功能单一、档次偏低的情况，与银行应有的监管要求、办公环境、功能需求存在很大偏差。为了适应新的需求，拟建设全新的业务用房。

常州市在 2015 年编制了《常州市金融业发展三年行动计划（2016—2018年）》，以加快区域性金融服务中心、资本运作中心和资产管理中心建设。2015年随着该地区"东扩南移"战略和"常金一体化"的稳步推进，是承接老城区功能转移和城市功能提升的重要平台，同时也是现代科技产业新城、产业链、创新链、资金链在这里"三链融合"的金融中心。

由此可见，项目既要保证满足业主对功能的需求，同时也是当地区域的标志性建筑，项目形象、口碑非常重要。

2　项目概况

某项目位于江苏省常州市，地块北侧、东侧为办公用地，南侧为规划商业用地。其总用地面积 60069m²，总建筑面积 165650m²（一期 136000m²），其中地下建筑面积为 53000m²。其中，档案中心为一栋高层建筑，科技中心为一栋高层建筑，两个主楼地上分别为 17 层和 16 层，裙楼 4 层，地下 2 层。本项目主要功能为数据中心、档案中心、金库与押运中心、支行、科技中心（图1、图2）。

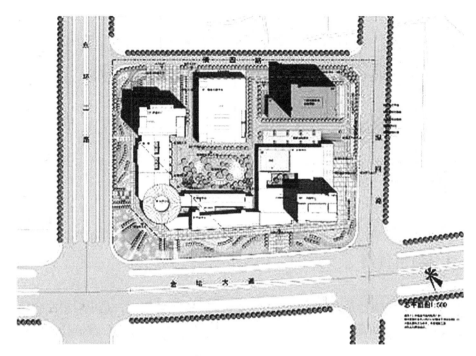

图 1　项目总平面图

图 2　项目效果图

本项目总投资估算为 11.8 亿元，计划建设工期：2014 年 7 月 8 日至 2018 年 6 月 30 日。

3 需求分析

3.1 全过程工程咨询目标分析

见表 1。

项目目标分析表　　　　　　　　　　　　　　　　表 1

目标属性	目标描述
质量目标	符合国家验收标准，且不低于业主方与施工单位签订的合同约定标准；争创省优工程
安全目标	确保无伤亡事故，杜绝重伤事故
投资目标	工程投资控制在已审批的设计概算（业主期望）11.8 亿元范围内
进度目标	实际建设周期不超过计划建设周期，确保本项目在 2018 年 6 月 30 日完成
档案管理目标	资料档案齐全、分类清晰、装订整齐、归档及时、准确
文明施工目标	争创"省级文明工地"
项目采购目标	周密计划、组织安排，确保工程所需的所有设备材料满足施工进度的要求，其质量和性能价格比最优
信息管理目标	建立标准、高效的信息沟通、文件管理和绩效报告机制，使相关的项目信息能及时、准确地产生、收集、分发和保存，便于检索查询，相关的工程建设资料完全符合城建档案要求和建设单位的档案管理要求
风险管理目标	通过对项目进行活动分解的过程，有效地识别潜在的风险因素，制订风险应对措施，加强监控，避免风险或将风险损失降低
项目移交目标	做好项目实施过程中的资料管理，做好竣工档案移交工作；根据使用人的运行管理方案，组织运行管理人员培训
其他目标	1. 实现设计、总包、分包、供应商等各参建单位的协调工作，以保证主要目标的实现。 2. 达到业主以及相关主管和监管部门满意的程度；该目标没有量化标准，需要与各方建立全方位的沟通渠道。 3. 强化招标、财务管理等，通过公开、公正、公平的工作制度，落实"阳光工程"的各项要求

3.2 项目功能需求分析调研

见表 2。

序号	功能区域	预估建筑面积（m²）	地上/地下	是否单独建筑	使用人数预估	调研成果依据	功能描述
1	数据中心	14000	地上	是	50	根据《数据中心设计任务书》	核心数据机房 3000m²，满足未来 10～15 年业务需求
2	档案中心	15000	地上	—	—	根据各部门档案存档及使用管理需求调研情况	共需档案库房约 9700m²；档案中心可与办公配套用房合并在一栋建筑
3	押运中心	18000	—	—	—		含办公、会议、监控、休息、训练、医务室、修理间等
4	科技大楼	30000	地上	是	—		同时 500 人培训、会议、住宿需求，可满足 1000 人年会需要
5	支行	3000	地上	—	60		其中考虑 1500m² 的食堂，为本项目进驻工作人员提供饮食
6	办公配套用房	6000	地上	—	400	《数据中心设计任务书》需求	按人均 15m²，共 400 人测算，满足数据中心入驻办公和值班人员住宿需求
7	地下车库	50000	地下	—	—		地下两层，连同地面车位，总共按 1200 个停车位考虑
8	专家楼	30000	地上	是	—		本次统一规划，为远期预留
	合计	136000	—	—	—	—	不含专家楼

3.3 全过程工程咨询重点和难点

（1）本项目规模大、功能复杂且专业性较强（如数据中心、科技中心、金库等），对项目的功能分析、设计管理、技术管理、专业施工管理等提出了很高要求。全过程工程咨询须在专业技术方面进行重点策划与管控，并对专业技术难题组织专家论证与决策支持。

（2）本项目除了勘察、设计、施工等招标外，还涉及专业设计单位、咨询技术服务单位、材料设备供应商的采购，其难点是协助业主进行招标方案策划和落实招标计划，审核与管理合同界面。

（3）业主往往无法在前期基于以上目的提出完整的需求，对于设计图纸及施工方案无法提出非常专业的意见，在施工过程中又会随着新的需求不断提出变更要求，导致设计无法实施，工程变更增多。由于本项目周期较长、专业性强、需求不明确，需要全过程工程咨询单位具备强有力的技术、管理集成能力及沟通协调能力。

（4）银行作为金融财务单位，对建设费用的要求相当严格，但是如果过于重视成本竞争，容易导致设计、施工单位产生恶意竞争行为，从而无法保证建设项目的进度和质量，因此，需要全过程工程咨询单位做好充分调研、比选工作。

4 服务策略

4.1 服务理念

针对某项目需求分析，本项目全过程工程咨询采用"以项目管理为主导""全过程工程咨询三维模型"以及"与业主联合管理"的服务理念。

以项目管理为主导模式：以全过程一体化项目管理为主导，将投资咨询管理、勘察设计管理、造价咨询、招标代理、工程监理有机整合为一体，着眼于建设项目的总体价值，全面提升自身服务的标准、能力、理念，对项目建设的整个过程进行系统优化。

全过程工程咨询三维模型：以全过程工程咨询时间维为主线，以服务内容为抓手，构建完善的全过程工程咨询知识维团队，基于能力架构解决全过程工程咨询中出现的综合分析、方案优化、科学决策和实施的问题。

与业主联合的解决方案：坚持业主方本位视角，维护业主方利益诉求，并在此基础上，将其所实施的全过程工程咨询工作与业主方密切协同的过程。全过程工程咨询团队与业主方管理团队紧密联系，保持互相间信息对称一致，更好地为项目服务，同时业主方针对其利益诉求强化对全过程工程咨询团队的监督与协调。

4.2 服务内容

本工程的全过程工程咨询服务工作包含：

（1）项目管理：提供项目建设全过程"管家式"专业管理服务，包括前期报批报建管理、设计管理、工程管理等专业化管理和服务活动；

（2）工程监理：在项目的施工及运维阶段进行全过程监理，对工程质量、造价、进度、安全、合同等进行控制管理；

（3）招标代理：负责本项目所有工程施工、材料设备、咨询技术服务等招标采购工作，组织招标各项目程序性工作、编制招标采购相关文件、组织合同谈判与签署，为业主找到满足其需求的材料设备、施工或服务供应商；

（4）造价咨询：为业主提供专业的造价咨询服务，包括项目的跟踪审计、工程量清单编制和控制价编制、竣工阶段审计等，实现项目投资控制。

4.3 集约化服务策略

本项目采用集约化管理，整合资源，实现工程总体管控目标：

（1）集约化统筹管理设计、招标采购、现场实施管理、造价咨询等关键环节；

（2）整合项目建设全过程所需资源；

（3）优化项目组织结构并简化合同关系；

（4）提早组织策划项目实施方案；

（5）通过限额设计、方案优化和精细化管理等措施，降低"三超"风险；

（6）优化工期，减少质量安全问题。

4.4 服务界面划分

根据全过程咨询合同及相关管理制度和流程，全过程工程咨询方与业主的职责界面按照表3划分。

全过程工程咨询方与业主的职责界面　　　　　　　　表 3

编号	工作分解	业主	全过程工程咨询
1	前期工作		
1.1	项目策划	批准	策划/实施
1.2	报批报建	支持	实施
2	设计		
2.1	限额设计管理	批准	实施
2.2	组织设计竞赛	批准	实施
2.3	委托各专业设计单位	实施	策划
2.4	设计进度控制、设计协调管理	批准	实施
2.5	设计审核与优化	批准	实施
3	招标采购		
3.1	制订发包方案与招标工作计划	批准	实施
3.2	组织和实施招标采购工作	批准	实施
3.3	组织材料设备选型	批准	实施
3.4	采购协调与控制	支持	实施
4	工程管理（含监理工作内容）		
4.1	进度、质量、安全控制	支持	实施
4.2	安全与文明管理	支持	实施
4.3	工程技术管理	批准	实施
4.4	工程综合协调	支持	实施
5	合同管理		

编号	工作分解	业主	全过程工程咨询
5.1	履约管理	支持	实施
5.2	风险管理	支持	实施
5.3	工程索赔与反索赔管理	批准	实施
5.4	合同变更管理	批准	实施
6	投资控制		
6.1	清单和控制价编制、跟踪审计、竣工结算审计	批准	实施
6.2	投资匡算与投资分解	批准	实施
6.3	设计概算审核优化	批准	实施
6.4	资金使用计划	批准	实施
6.5	工程款审核与支付	批准	实施
6.6	变更与索赔估价	批准	实施
7	竣工验收、备案、移交等组织与办理		
7.1	组织各专项验收及竣工验收	批准	实施
7.2	办理竣工备案等手续	支持	实施
7.3	办理竣工移交	参与	实施
8	信息管理		
8.1	信息管理	参与	实施
8.2	档案管理	参与	实施
8.3	图纸管理	参与	实施
8.4	市场信息搜集	参与	实施
9	质量保证期服务		
9.1	协调各工程、设备质保期间的问题	参与	实施
9.2	办理参建单位的尾款支付手续	批准	实施
9.3	其他与本工程相关的服务内容	参与	实施

5 咨询方案

5.1 整体咨询方案以及关键控制点

5.1.1 整体咨询方案

本项目拟通过"以项目管理为主导""全过程工程咨询三维模型"以及"与业主联合管理"的服务理念，实现对成本、进度、合同、施工过程、质量、安全的全方位管理和控制，实现项目中的计划、合同、进度采购、资金等各业主环节的整合和高效协同管理，有效控制项目成本，全面管理项目资源，提高项目管理水平，提高决策分析能力，进而为项目增值（图3）。

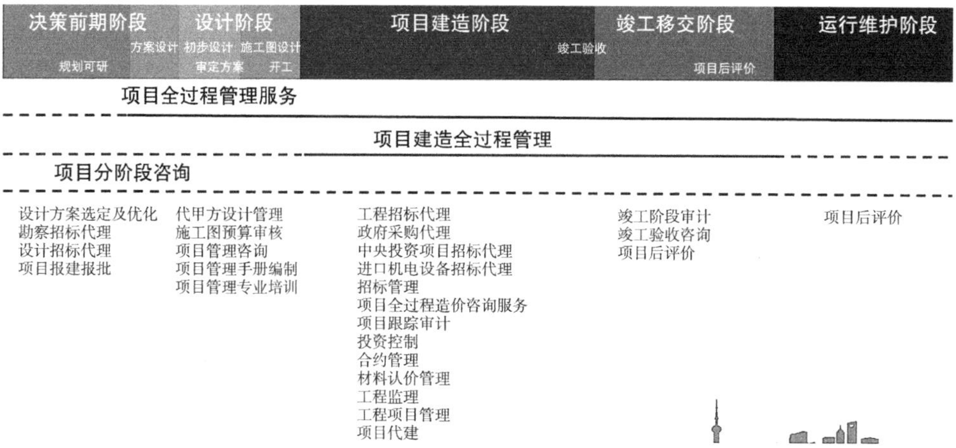

| 决策前期阶段 | 设计阶段 | 项目建造阶段 | 竣工移交阶段 | 运行维护阶段 |

图 3　整体咨询方案

5.1.2 关键控制点（表 4）

关键控制点　　　　　　　　　　　　　　　　　　　　　表 4

工程建设主要目标	全过程工程咨询服务关键控制点
质量安全目标	设计质量管理、施工单位及材料设备选择、预测工程风险、施工质量管理、工程变更及设计变更管理、交工及竣工质量验收管理、安全危险性较大分部分项工程和建筑施工起重机械、设备管理等
投资目标	需求分析、设计方案优化、目标成本及合约规划、限额设计、工程量清单编制、招标控制价编制、合同管理、材料及设备比选、设计管理、跟踪审计、竣工结算等
进度目标	施工工序安排、总控进度计划、界面管理等

5.2 组织架构设计

5.2.1 项目总体组织架构设计

本项目的总体组织架构如图 4 所示。

业主：本项目业主成立项目办公室负责日常工作，由行级领导负责项目根本目标、基本需求和重大事项的决策。

全过程工程咨询方服务机构（江苏建科工程咨询有限公司）：负责项目全过程工程咨询，包括项目管理、工程监理、招标代理、造价咨询等工作。

其他专业工程咨询业务机构：提供根据委托合同约定的范围内的咨询或技术服务。

承包商：委派项目经理带来项目施工团队负责项目施工工作，满足施工合同约定的质量、进度、投资要求。

5.2.2 全过程工程咨询单位项目部架构设计

某项目部建立了以全过程咨询项目负责人为牵头人的管理团队，并根据对项目日常开展工作的梳理和界定，分别成立了项目管理部、招标代理部、造价咨询部、工程监理部。具体全过程咨询服务组织架构如图 5 所示。

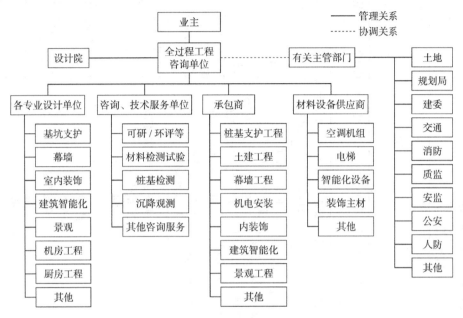

图 4 本项目总体组织架构

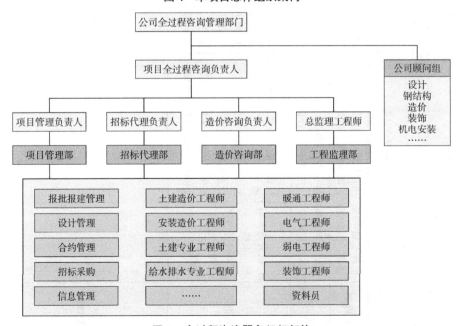

图 5 全过程咨询服务组织架构

具体职责如表 5 所示。

表5

全过程咨询服务组织架构具体职责

服务内容 部门分工	工程建设阶段				运维阶段		
	项目决策阶段	施工准备阶段		工程施工阶段	竣工验收阶段	运营维护阶段	
		勘察设计阶段	采购阶段				
项目管理部	项目策划管理、项目报批、勘察管理、设计管理、合同管理、进度管理、投资管理、招标采购管理、质量管理、组织协调管理、安全生产管理、信息管理、风险管理、收尾管理、后评价、运营维护管理等						
招标代理部	招标项目资料收集、编制招标采购方案、编制招标采购文件、编制工程量清单、编制最高投标限价和合同条款、发布招标(资格预审)公告、组织项目资料疑点澄清、组织评标、评标工作、协助编制评标报告、履行中标结果公示、公布中标结果、发送中标通知书、协助合同谈判和签订等						
造价咨询部	1. 投资估算编制、审核 2. 项目经济评价报告编制、审核	1. 设计概算编制、审核与调整 2. 参与限额设计 3. 参与造价测算 4. 施工图预算编制、审核 5. 管控项目投资风险	1. 工程量清单编制、审核 2. 最高投标限价编制、审核 3. 制定合约规划 4. 拟定合同文本、协助合同谈判 5. 编制项目资金使用计划	1. 合同价款咨询 2. 造价风险分析及建议 3. 审核工程预付款和进度款 4. 变更、签证及索赔管理 5. 材料设备的询价、核价 6. 审核工程结算 7. 项目动态造价分析	1. 工程结算审核 2. 工程技术经济指标分析 3. 竣工决算报告编制、审核 4. 配合竣工结算审计	项目维护与更新造价管控	
工程监理部	—	—	—	1. 编制项目监理规划和监理实施细则 2. 质量、造价、进度控制 3. 对工程变更、索赔及施工合同争议的处理 4. 履行安全生产监理职责 5. 合同管理 6. 信息管理 7. 协调建设相关方关系	1. 工程验收策划 2. 组织单位工程预验收，提出质量评估意见 3. 参与专项验收 4. 参与技术验收 5. 参与单位工程验收 6. 参与试生产 7. 竣工资料收集与整理	工程质量缺陷管理	

5.3 各阶段咨询方案及价值

5.3.1 项目前期策划阶段

5.3.1.1 需求调研

需求调研的重点工作就是要收集、整理、分析业主的各种具体需求，为项目的可行性研究、投资决策、设计任务书提供重要的数据、资料等。投资估算主要是指根据项目规模、定位、单位造价指标等对项目总投资进行估算（表6、表7）。

部门需求调研表　　　　　　　　　　　　　　　　　表 6

联系事项	关于档案中心设计需求调研的联系函
联系部门	各部室
内容	各部室： 　　目前，我行 ***** 建设项目已进入设计招标阶段，需各条线针对具体需求提出设计要求。其中，档案中心为各条线档案集中归档场地，需各部室针对各自条线的档案特点提出具体的设计要求，具体包括以下方面： 　　1. 本部室档案需保存的年限及每年归档的档案数量； 　　2. 针对本部室档案保存年限以及每年归档档案数量预估所需档案室面积，预估面积要求能满足今后 20～30 年的档案存档需要； 　　3. 本部室档案归档的特殊要求； 　　4. 其他需说明的事项。 　　面积预算计算方式：档案中心基本考虑使用密集架存档方式，按现行省级档案馆建设标准及我行实际使用情况分析每万卷（按 3.5cm 厚度计算）档案占地面积 40m²。 　　请各部室根据以上几个方面回函说明，提出具体设计需求，于本周五 14:00 之前回函至后勤保障部，纸质函件需各部室负责人签字确认、盖章后反馈后勤保障部基建中心留档作为档案中心设计依据。考虑工程工期及成本，设计方案一经确定，不再修改，请各部室针对本部室档案归档要求，全面考虑。 　　注：如本部室不需设置档案室，则无需回函，档案中心设计时不再预留该部室档案归档面积
联系人	
回函意见	后勤保障部： 　　一、我部室（条线）档案的主要内容为 **** 业务档案，包括 ******* 等。 　　二、目前档案数量 *** 份、档案室面积 **m²、主要存放地点是 ****、存放方式是铁皮柜，每个档案盒可放 *** 业务资料 ** 份。 　　三、根据业务发展预估，未来一段时间档案达到的规模和存档要求： 　• 本部室 *** 业务档案保存年限为永久保存，预估 2014 年归档的档案数量是 ** 万份、2015～2018 年归档的档案数量每年是 ** 万份。共计 ** 万份，即 ** 万卷。 　• 2019～2028 年归档的档案数量是每年 ** 万份，共计 100 万份。 　• 2029～2033 年归档的档案数量是每年 ** 万份，共计 150 万份。

联系事项	关于档案中心设计需求调研的联系函				
回函意见	·2034～2043 年归档的档案数量是每年 ** 万份，共计 200 万份。				

	时间	预估数量 （万卷）	预估面积 （m²）	需存档到档案中心的面积 （m²）	其他存档要求
	5 年内	0.74	30	15	10
	15 年内	2.74	110	95	30
	20 年内	5.74	230	215	50
	30 年内	9.74	400	385	100

四、对档案室的其他建设要求和意见建议。

　　　　　　回函部室：

　　　　　　部室负责人确认（盖章）：

签收人		提交部门	后勤保障部
签收时间	2014 年 8 月 7 日	提交时间	二〇一四年八月五日

档案中心需求调研汇总表（例）　　　　　　表 7

序号	部门	主要档案类型	档案数量（万卷）	档案中心保存面积（m²）		保存形式	需求建议或疑问
			30 年	30 年	需求占比		
1	部门 1			24		密集架	可统一管理
2	部门 2			200		铁皮柜，上锁	独立存放和使用
3	部门 3			20		密集架	可统一管理
4	部门 4			20		密集架	可统一管理
5	部门 5			20		密集架	要求单独房间保存，自行使用和管理
6	部门 6			80		密集架	可统一管理
7	部门 7			84		密集架	可统一管理
8	部门 8			400		密集架	可统一管理
9	部门 9			920		密集架	要求单独使用和管理，单独房间
10	部门 10			720		密集架	单独管理
11	部门 11			7100		密集架	单独管理与使用
12	部门 12			100			可统一管理
合计			248.94	9688			

5.3.1.2 投资估算表（表8）

某银行建设工程投资估算表　　　　　　　　　　　　　　　　表8

建设单位：某银行股份有限公司

设计编号：2014-1189

序号	项目	数量	单位	单价（元）	合价（万元）
F1	工程建安费合计（一＋二＋……＋五）	135650	m²	7000	95206
一	地下室	52780	m²		25876
1	土建工程	45998	m²	4300	19779
2	室内装饰工程	45998	m²	220	1012
3	给水排水工程	45998	m²	180	828
4	暖通工程	45998	m²	260	1196
5	电气工程	45998	m²	300	1380
6	智能化工程	45998	m²	100	460
7	人防工程	6782	m²	1800	1221
二	科技中心	31452	m²		26765
1	土建工程	31452	m²	2300	7234
2	室内装饰工程（不含布草）	31452	m²	3200	10065
3	给水排水工程	31452	m²	350	1101
4	暖通工程	31452	m²	640	2013
5	电气工程	31452	m²	470	1478
6	智能化工程	31452	m²	1200	3774
7	电梯	10	部	1100000	1100
三	支行、档案中心、押运中心	37553	m²		25021
1	土建工程	37553	m²	2400	9013
2	室内装饰工程	37553	m²	2000	7511
3	给水排水工程	37553	m²	350	1314
4	暖通工程	37553	m²	370	1389
5	电气工程	37553	m²	450	1690
6	智能化工程	37553	m²	800	3004
7	电梯	10	部	1100000	1100
四	数据灾备中心	13865	m²		15026
1	土建工程	13865	m²	2000	2773
2	室内装饰工程	13865	m²	1000	1387
3	电气工程	13865	m²	4600	6378
4	通风空调工程	13865	m²	1200	1664

序号	项目	数量	单位	单价（元）	合价（万元）
5	弱电工程	13865	m²	1600	2218
6	消防工程	13865	m²	340	471
7	电梯	3	部	450000	135
五	室外工程				2518
5.1	室外管网				150
5.2	室外管网（配套土建）				150
5.3	绿地	9161	m²	150	137
5.4	广场、道路	33000	m²	350	1155
5.5	室外其他工程（一＋二＋三＋四）×1%				926
F2	设备及工器具购置费				2750
其中	厨房专用设备	1	项		750
	办公家具、档案设备等	1	项		2000
F3	工程建设其他费用				15100
F4	预备费（F1+F2+F3－土地费用）×5%				5427
F5	工程投资总计（F1+F2+F3+F4）	135650	m²	8733.94	118483

5.3.1.3 项目合同体系策划

合同体系策划是全过程咨询的基础性工作，影响全过程工程咨询工作的全局。合同体系策划的控制重点在于以下方面。

1. 策划重点考虑内容

1）专业分类

（1）土建类：桩基、支护、土方、主体结构、钢结构（如有）、防水工程、普通装修；

（2）机电类：水电安装、通风及空调、消防工程、泛光照明、电梯工程、建筑智能、室外机电工程、地下机械停车库等；

（3）装饰类：幕墙专业工程，室内二次精装修，室外景观工程和绿化工程；

（4）市政工程：供电工程、燃气工程、供水工程、电信工程、排水排污等。

根据专业特点合理组合，是合同结构考虑的主要问题。

2）设计与施工界面

主要针对一些专项设计，比如钢结构、供电工程、建筑智能、幕墙等。分析设计和施工是否是一家，即采用 D+B 模式（设计＋施工一个包）还是 D+B+B 模式（设计＋招标＋施工）。设计与施工划为一个合同包，可以发挥施工单位的能动性，优化设计，对设计承担造价责任和质量责任；其不足就是对需求设计文件要求很高，同时在合同计价上也带来了困难。

采用 D+B+B 模式，设计的采购可采用直接发包或方案竞赛的方式操作。

3）材料设备采购模式

材料设备的造价通常需要占到工程造价的 70% 以上，因此其价格关系到整个造价的控制。材料设备的采购模式主要有：

甲供：甲方负责材料、设备的采购，进场管理，对材料设备的造价、质量、工期负责。附带问题是甲供材料暂定价的规定、乙方保管配合费的收取、供应数量的责任等。

甲控乙供：甲方负责材料设备品牌、规格型号、厂家、价格等，乙方负责采购。这种方式通常会以甲乙双方联合招标的方式体现。

乙供：乙方负责材料设备的所有采购工作，承担其造价、质量、进度责任。

在本项目实施过程中，根据材料设备的金额、质量稳定性和甲方对造价控制的深度决定不同材料设备的采购方式。

4）计价模式

合同计价模式在这里主要考虑的是计价方式（其他如定额体系的选择、材料价格选择暂不考虑）。计价方式的主要影响因素有设计深度、业主与承包商风险的分担界面。招标时，设计深度越浅，计价的模式越模糊。计价的风险主要有合同范围风险、工程量风险、材料设备价格风险、工期长短风险等。计价的类型主要有以下几种：

（1）固定总价合同

固定总价合同的价格计算是以图纸及规定、规范为基础的，合同总价固定。承包商应当在报价时对一切费用的变化因素都作了估计，并将其包含在合同总价之中。总价合同是以一次包死的总价委托，使用这种合同时，在图纸和规定、规范中应对工程作出详尽的描述，除了设计和工程范围有重大变更，一般不允许调整合同价格。

根据这种合同，承包商将承担一切工作量和价格风险责任。承包商报价必须考虑施工期间物价变化以及工程量变化带来的影响，一般偏高。

（2）可调总价合同

可调总价合同一般是以图纸及规定、规范为基础，按时价进行计算。它是一种相对固定的价格，在合同执行过程中，由于通货膨胀而使其所使用的成本增加时，其合同总价也应当作相应的调整。

在可调总价合同中，发包方承担了通货膨胀这一不可预见的风险，承包商主要承担施工中的有关时间和成本等因素的风险。

（3）目标合同

目标合同即甲乙双方确定一个目标价格，最终如果成本节约，则双方分成；如果成本超支，则双方分担。能最大限度地促进双方共同努力以节约成本，并降低风险。

目标合同通常规定承包商对工程建成后的使用功能、工程目标总成本（或总价格）、目标工期承担责任。对于项目来说，如果出现使用功能问题、工期拖延，则承包商承担工期拖延违约金。如果实际总成本低于预定总成本，则节约的部分按预定的比例给承包商奖励；反之，超支的部分由承包商按比例承担。如果承包商的合理化建议被业主认可，建议方案使实际成本减少，则合同价款总额不予减少，成本节约的部分业主和承包商分成。

目标合同能够最大程度地发挥承包商工程管理的积极性，适用于工程范围没有完全界定或预测风险较大的情况。

（4）两阶段的总价合同

根据本工程的特点，可以将其分为两个阶段，第一阶段，按方案设计的工程量计算总价，设计部分按工作量计价，并草签工程总价合同；第二阶段，等到全部设计图纸出来后，按照施工图设计计算总价，并以第二阶段的总价为准。

这种计价方式是针对于目前国内尚无标准的总承包方式现状，所采用的一种过渡形式，其目的是保护承发包双方的利益。对于第一阶段，是总承包模式的标准计价方式。其总价作为参考总价，作为承发包双方签订的合同价格；第二阶段，等到设计图纸完全细化、工程量完全确定之后，重新计算工程总价，这次得到的总价，作为最终的合同总价。

这种计价方式不仅可以降低承发包双方的风险，而且也等于降低了总承包实践中的风险。但是也存在不利的一面——降低了设计单位优化设计方案的积极性。

（5）成本加酬金合同

"成本加酬金"合同计价方式根据酬金的计算方式可分为"成本加固定酬金""成本加固定费率酬金""成本加浮动费率酬金"和"目标成本加奖罚"四种形式。其中：

"成本加固定酬金"：最终合同总价为实际成本加一笔固定的酬金；

"成本加固定费率酬金"：最终合同总价＝实际成本＋实际成本×费率；

"目标成本加奖罚"：指在项目签订合同前，业主和承包人先确定一个目标成本和基本酬金，工程完成后，如果实际成本较目标成本降低，则将成本降低部分按双方约定的比例奖励给承包人；反之，则将成本超出部分按双方约定的比例由承包人承担，此种方式是比较常见的成本加酬金合同计价方式。

以上合同结构方面问题，通常会交错在一起，形成一个复杂的循环链，通常由业主的项目管理思路、工期缓急、专业的复杂程度、风险管理的策略等因素共同决定。

2. 本项目各个合同结构制定的合同体系方案

本项目合同发包体系的结构如图6所示，相关合同发包方案及计划如表9～表12所示。

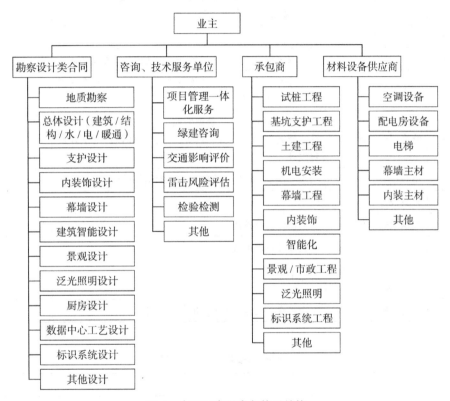

图6 本项目合同发包体系结构

设计合同发包方案 表9

序号	合同名称	合同范围	备注
·	总体设计合同	①总平面设计；②建筑、结构、通风空调、给水排水、电气；③室外工程（含综合管线、室外景观等）；④普通装饰设计	
·	数据中心工艺设计	数据灾备中心工艺的方案设计、初步设计、施工图设计	
·	地质勘察	岩土工程详细勘察报告	

序号	合同名称	合同范围	备注
•	基坑支护设计	基坑支护结构设计和降水方案设计	
•	幕墙设计	幕墙方案及深化设计，与泛光照明、机电（空调风口、防雷接地、消防封堵）、内装等设计配合	
•	内装设计	内装方案设计、施工图设计	
•	建筑智能化设计	智能化方案设计及深化设计，包括：通信网络系统、OA、BA系统、安全防范系统、会议系统、综合布线、机房（数据中心除外）等	
•	配电房设计	—	
•	厨房设计	负责厨房布置、厨具选型等并提出用电、排烟等需求	
•	标识系统设计	包括室内标识、地下室及室外道路标识、大楼标识（不含人防标识系统）	
•	泛光照明设计	室外泛光照明设计、景观照明：包括方案及施工图设计，泛光照明管线、灯具等，配合总体设计的室外景观设计	
•	市政接驳	给水、排水、燃气、有线电视、通信等设计	
•	家具设计	家具设计	
•	光伏发电深化设计	工艺设计及设备选型	
•	游泳池工艺设计	工艺设计及设备选型	
•	气体灭火深化设计（若需要）	气体灭火	
•	支行装修设计	室内装修、机电系统末端的相应设计	

咨询技术服务合同发包方案　　　　　　　　　　　表10

序号	合同名称	合同范围	备注
•	项目管理监理一体化服务	项目管理、监理、招标代理、造价咨询	
•	数据中心咨询	前期规划咨询、设计、施工以及投产运行阶段咨询	
•	绿色建筑咨询	认证全过程顾问咨询服务及绿色建筑标识申报服务	
•	环境影响评价	环境影响报告编制、专家论证、环保部门评审、备案	
•	交通影响评价	交通影响评价报告编制、专家论证、交通部门评审、备案	
•	试桩检测	试桩检测（静载、小应变）	
•	桩基检测	工程桩检测（静载、小应变）	
•	材料检测	施工期间，建筑工程材料的质量检测	

序号	合同名称	合同范围	备注
•	基坑监测和沉降观测	基坑开挖以及地下室施工期间、土方回填前的基坑变形、位移等监测；施工期间及竣工后建筑物自身及周围的沉降变形观测	
•	消防检测	消防系统的检测工作	
•	规划验收测绘	规划验收测绘	
•	电梯检测	电梯验收检测	
•	防雷检测	防雷系统的验收检测	
•	环保检测	环境检测（噪声、振动、锅炉等）	
•	其他		

施工合同发包模式及计划　　　　　　　　　　　表 11

序号	合同名称	合同范围	招标方式等说明
•	桩基工程	工程桩施工	公开招标
•	基坑支护工程	工程范围：止水帷幕、排桩、护坡和土钉、冠梁（及相应土方）。另外，①冠梁局部土方开挖；②止水帷幕处围墙拆除与临时围挡搭设；③考虑土建地下室分阶段施工可能造成支护多次施工相应的措施和费用	公开招标
•	总包工程	土建工程：①土方；截桩、接桩；桩头处理（含清孔）；降水井及封堵；排水沟、集水井、降水。②主体结构（包括钢结构）。③砌体工程（完成至刮糙）。④防水工程（除卫生间防水以外的其他所有防水）。⑤屋面工程。⑥人防门、防火卷帘。⑦管井粉刷；所有管井/孔洞封堵。⑧临时道路、围墙砌筑。 一般装饰工程：非精装修区域的普通装修（地下室、机房、楼梯间等，包括墙、地、顶、门等）。 室外工程：室外给水排水系统、雨水系统、道路、铺装、绿化工程等。 精装修（暂定价）：公共区域。 机电安装（暂定价）：①建筑电气（高压配电部分除外）；②通风空调；③给水排水。 建筑智能化（暂定价）。 总包管理与配合责任： 甲控乙供（品牌范围）：钢筋/钢材、水泥、混凝土、防水/防霉材料、保温材料、地坪材料、人防门、普通装饰材料、普通装饰区域防火门等。 甲控乙供（暂定价）：地坪、综合防水等	公开招标

序号	合同名称	合同范围	招标方式等说明
•	机电安装工程（暂定价）二次招标	甲控乙供（品牌范围）：电缆、配电箱/元器件、阀门、水泵、管线等。 甲控乙供（暂定价）：太阳能、光伏、泳池设备、雨水回收等。 甲供：空调主机、冷却塔（待定）、锅炉、发电机等	—
•	建筑智能化工程（暂定价）二次发包	甲控乙供（暂定价）：会议系统、监控系统、大屏系统、出入口控制、网络设备、无线对讲（需深化）等	公开招标
•	精装修工程（暂定价）二次招标	科技中心的精装修：①精装修工程；②装修区域的防火门；③机电末端（末端电气回路、开关插座、灯具、室内配电箱等）；④卫生间的防水。 甲控乙供（品牌范围/产品系列）：卫生洁具、开关插座、灯具、线缆、涂料、壁纸、地毯、龙骨、五金等 甲控乙供：石材、吊顶材料、地板、铝板、瓷砖等	公开招标
•	幕墙工程	幕墙（含防雷接地）、雨篷、轮廓灯等；与幕墙有关的防火封堵等。 甲控乙供：石材、铝板、驳接爪。 甲控乙供（品牌范围）：玻璃、型材、陶板、保温材料、结构胶、耐候胶等	公开招标
•	数据中心工程	数据灾备中心：通风空调工程、弱电工程、装修工程（机房装修、普通装修等）、气体灭火。 甲供设备：发电机、空调主机、冷冻水精密空调、冷却塔、UPS、大屏、机柜等	工程范围划分在数据中心施工图设计完成后进一步调研和讨论后确定
•	泛光照明	泛光、景观照明	公开招标
•	配电房工程	配电房工程，发电机安装调试等。 甲供设备：高压柜、低压柜、变压器等	标段划分在招标前讨论确定
•	市政公用工程	供电外线；自来水（给水、排水）；电信；燃气工程；有线电视等	一般由管线权属部门直接实施
•	厨房工程	包括厨房深化设计、设备供应及安装调试等	招标
•	标识系统	包括室内标识、地下室及室外道路标识、大楼标识（不含人防标识系统）	招标

		甲供设备发包模式及计划	表 12

序号	合同名称	合同范围	招标方式等说明
•	电梯	供应及安装调试	采购方式根据电梯档次定位明确后再讨论确定
•	配电房设备	变压器、高压柜、低压柜等	—
•	空调设备	空调机组、冷却塔等	—
•	柴油发电机及配套采购	设备采购与安装	—
•	数据中心专用设备	机柜、UPS、精密空调主机等	—
•	家具	家具的采购与供应	—
•	其他甲供材料设备	—	—

5.3.1.4 项目总控计划

总进度控制计划体系策划的主要内容包括：项目主要工序内容及流程；施工区段划分及施工组织方法；总进度控制计划体系策划：基于实体施工内容的里程碑事件进度控制性计划，报批报建等项目外联工作安排、设计工作进度控制性计划包括专业设计内容、主要招标及采购进度控制性计划。

本项目总控进度计划如图 7 所示。

5.3.2 报批报建及配套工作阶段

工程项目报批管理是工程项目管理中的一项重要内容，工作程序烦琐复杂，涉及部门多、环节多，办事程序相互穿插，加强工程项目报批管理工作，确保工程建设项目的顺利推进是施工工程建设项目的基本保证（表 13）。

5.3.3 勘察设计阶段

项目的设计阶段是将规划意图进行具体描述的过程，具体咨询工作包括：场地勘察、工程设计、造价咨询等。根据项目的复杂程度，可以进行两个阶段设计或三个阶段设计。设计阶段是把科学技术有效地运用到实际施工中，以实现项目最大经济效益的关键环节。

全过程工程咨询在项目的设计阶段将发挥关键的作用。首先，将决策阶段的方案设计充分落实到工程设计中，实现项目的使用需求。其次，在初步设计完成之后，将由工程造价咨询人员对设计成果进行核算，实现限额设计的同时，提出需要优化的节点。第三，确定设计文件后，工程造价人员要认真按照设计意图对施工过程中的设计变更进行测算，为实施过程中控制投资提供依据，起到设计与施工两个阶段的桥梁与纽带作用。项目设计阶段的工程咨询是全过程工程咨询的重点，尤其对项目的投资控制、建设工期、工程质量和使用功能等

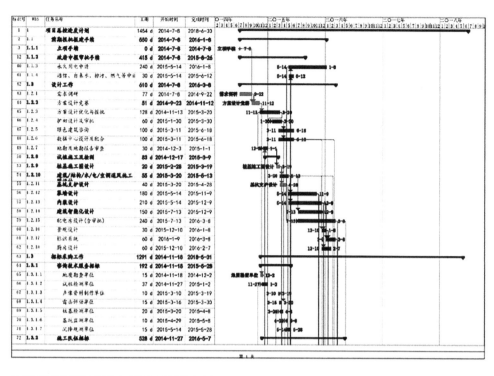

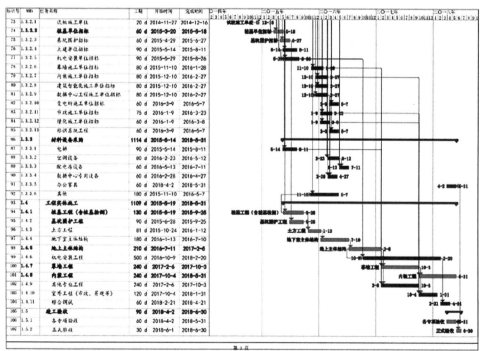

图7　本项目总控进度计划

序号	办理单位	办理事项	成果
1	发改委	1. 项目建议书	备案制项目无需办理
		2. 可行性研究报告	备案制项目无需办理
		3. 项目选址意见书	—
		4. 企业投资项目备案通知书	—
2	国土局	1. 土地挂牌成交确认书签订	—
		2. 国有建设用地使用权出让合同	—
		3. 国有土地使用证	—
3	规划局	1. 规划条件及红线图	
		2. 建设用地规划许可	建设用地规划许可证
		3. 管线规划条件	市政管线规划条件
		4. 设计优化方案、初步设计审批	—
		5. 建设工程规划许可	建设工程规划许可证（地下、地上）
		6. 规划验线	工程定位测量、防线验收记录
		7. 景观优化设计	园林盖章确认的图纸
		8. 道路及雨污水配套工程规划许可	建设工程规划许可证
		9. 临街铺装工程	建设工程规划许可证
		10. 代建横四路（金鑫路）	—
		11. 档案中心十四层变更	规划盖章确认的变更图纸
		12. 设计变更：①档案中心十七层；②支行；③数据中心东北角楼梯；④科技中心二层钢连廊，四层走廊；⑤科技中心二层索膜；⑥地下汽车坡道雨棚	规划盖章确认的变更图纸
		13. 建设工程规划许可证变更	建设工程规划许可证清单、行政许可（地下、地上）
		14. 规划竣工验收	—
4	园林管理处	1. 工地北侧临时便道	—
		2. 工地南侧树木移植	—
		3. 临时道口绿化移植申请	—
		4. 绿化审图	—
		5. 绿化行政许可	绿化行政许可决定书
		6. 绿化审图	盖章确认的图纸
		7. 绿化竣工验收	—

序号	办理单位	办理事项	成果
5	住建局	1. 施工许可（基础、基坑支护、土建总包、幕墙、安防）	建设工程施工许可证
		2. 建设工程规费收缴流转单	施工许可证大流转完成
6	测绘院	1. 土方量测绘	土方量测绘工程技术报告
		2. 地形图	—
		3.1 地下室测量放样	地下室测量放样报告
		3.2 ±0.00 验测平面位置	±0.00 验测平面位置报告
		4. 预测绘	测绘报告
		5. 竣工测绘	竣工测绘报告
		6. 房产竣工测绘	房产竣工测绘报告
		7. 室外管线、金鑫路及管线测绘	道路及雨污水配套工程、金鑫路工程测量报告（竣工测量）
7	排水办	1. 临时排水	污水接管意向书
		2. 室外管线综合竣工验收	商品房交付使用配套基础设施核查意见
8	供电局	1. 临时用电	—
		2. 临时用电过户申请	—
		3. 正式用电申请	—
9	自来水公司	1. 临时用水	—
		2. 临时用水过户申请	—
		3. 水质检测	检测报告
10	节水办	节水办理	节水设施验收登记表
11	人防审图	人防审图	人防工程施工图设计文件审查合格书
12	人防局	1. 人防施工图立项、方案评审	民用建筑人防建设初步评审意见
		2. 人防工程施工图设计审查	结建人防工程施工图设计文件专项审查意见书
		3. 行政许可	人民防空办公室行政许可决定书
		4. 责任书	结合民用建筑修建人防工程责任书
		5. 人防交底	人防交底纪要、责任书
		6. 人防红线	人防地下室红线图
		7. 人防竣工验收	防空地下室竣工验收证明书、产权确认表

序号	办理单位	办理事项	成果
13	气象局	1. 防雷图纸审批	防雷装置设计核准意见书
		2. 防雷交底	防雷交底纪要
		3. 防雷检测	防雷办出防雷（静电）装置检测报告
		4. 防雷验收	防雷装置验收意见书
14	环保局	环评审批	环境影响报告书的审批意见
15	省图审中心	1. 勘察文件审查	建设工程勘察文件审查合格书
		2. 施工图设计审查（桩基、基坑支护、人防地下室）	建筑工程施工图设计文件审查合格书
		3. 施工图审查（除数据灾备中心）	建设工程施工图设计文件审查合格书（除数据中心）
15	省图审中心	4. 施工图审查（数据灾备中心）	建设工程施工图设计文件审查合格书（数据中心）
		5. 设计变更施工图审查（基础）	—
		6. 设计变更施工图审查（基坑支护）	建筑工程施工图设计变更审查合格书
		7. 施工图审查（幕墙）	建筑工程施工图设计文件审查合格书（幕墙）
		8. 施工图审查（智能化）	建筑工程施工图设计文件审查合格书（智能化）
		9. 施工图审查（装饰）	建筑工程施工图设计文件审查合格书（装饰）
16	常州市消防支队	1. 消防设计审核（除数据中心）	建设工程消防设计审核意见书
		2. 消防设计备案（数据中心）	建设工程消防设计备案凭证
		3. 消防设计审核（装饰）	建设工程消防设计审核意见书
		4. 消防竣工验收（数据中心）	建设工程消防设计备案凭证
		5. 消防竣工验收（档案中心）	建设工程消防设计审核意见书
		6. 消防竣工验收（科技中心）	建设工程消防设计审核意见书
17	交管局	交评	—
18	检测中心	材料检测（总包、平行发包）	检测合同
19	人防检测	人防竣工检测	人防检测报告
20	城建档案馆	工程竣工资料预验收	建设工程档案预验收合格证
		工程竣工资料验收	建设工程档案验收合格证

某银行项目全过程工程咨询案例

序号	办理单位	办理事项	成果
21	不动产	1. 房产竣工测绘复测	房产测绘成果审核表
		2. 房产证	—
22	市政	1. 道路挖掘（正式排污）	城市道路挖掘许可证
		2. 道路挖掘（临设排污）	城市道路挖掘许可证
		3. 验收、移交	
23	白蚁防治	白蚁防治验收	房屋白蚁预防工程竣工报告
24	墙改办	1. 基础验收	新型墙体材料建筑工程基础验收报告
		2. 主体验收	墙体材料和散装水泥管理办公室施工现场墙体材料（主体）及预拌砂浆使用情况验收报告
		3. 退款	—
25	安监站	安监交底（桩基、支护、土建、幕墙、安防）	建设工程安全监督通知书
26	质监站	桩基质监交底（桩基、支护、土建、幕墙、安防）	建设工程质量监督通知书
		竣工验收	—
27	派出所	门牌申请	盖章确认的：门（楼）编号呈批表、公安门（楼）编号对照表

方面，都起着决定性作用。

1. 设计合同包策划（表 14）

专业/深化设计一览表　　　　　　　　　　　　表 14

序号	专业设计	设计启动条件/时间	设计周期（月）	备注
1	勘察	地质勘察完成	2	
2	总体设计	整体方案确定	5	
3	数据中心工艺设计	总体设计确定	3	
4	基坑支护设计	地质勘察完成	3	
5	幕墙设计	总体设计确定	3	
6	室内装潢设计	总体设计确定	5	
7	建筑智能化设计	总体设计确定	12	
8	泳池专项设计	机电安装工程实施初期启动	2	

序号	专业设计	设计启动条件/时间	设计周期（月）	备注
9	虹吸雨水设计	机电安装工程实施初期启动	1	
10	雨水回用设计	总体设计确定	1	
11	太阳能热水设计	总体设计确定	1	
12	光伏发电设计	机电安装工程实施初期启动	2	
13	泛光照明设计	总体设计确定	4	
14	标识设计	总体设计确定	1	

2. 设计任务书策划

常州 ** 商业银行 *** 建设工程
项目设计任务书

一、概述

某商业银行项目位于 ****，项目用地面积约 6 万 m^2，地势平整，区位条件优越。项目总建筑面积约 136000m^2，其中地上部分建筑面积约 83000m^2，地下建筑面积 53000m^2。

此项目拟分期建设，一期建设主要分为押运中心、数据中心、档案中心、支行，二期建设主要为科技大楼。项目总投资匡算约 11.8 亿元人民币。

另外，拟将远期预留的专家楼纳入本次规划中统一考虑，先行规划，远期建设。

二、主要技术经济指标要求

1. 用地面积：约 6 万 m^2

2. 建筑容积率：1.5 ～ 2.0

3. 建筑高度：高层建筑高度不低于 80m 且每层的建筑面积不少于 1500m^2

4. 总建筑面积：约 136000m^2

5. 地上建筑总面积：约 83000m^2

6. 地下室建筑面积：约 53000m^2

7. 建筑密度：< 30%

8. 绿地率：≥ 15%

三、设计条件

1. 地形地貌

建设工程项目位于 ***，总体地势平整，区位条件优越。

2. 气候及气象条件

项目地处北亚热带与中亚热带的过渡地带，属北亚热带湿润季风性气候，一年之中四季分明，温和湿润，雨量充沛，日照丰富，气候宜人。年平均气温 16.4℃，年降水量 1066mm，年平均湿度 78%，日照数 2081h，无霜期 242d。

四、设计总体要求

1. 建筑布局合理。与周边道路有机协调、衔接顺畅；造型富有创意，融 *** 银行特有文化元素，能成为本市标志性的建筑。

2. 充分体现建筑智能化和信息网络功能的要求。

3. 总体建筑方正大气。根据规划要求沿地块东、北侧可设置机动车出入口，人流出入口根

某银行项目全过程工程咨询案例

据地块周边道路情况合理布置。

4. 总体建筑绿色节能环保，具有超前意识，考虑投资运行费用经济合理。

5. 充分满足营业、办公、住宿、餐饮、培训、会议、数据管理、档案管理、押运管理等各方面使用功能的要求。

6. 便捷顺畅的交通设计。解决好人、车分流与集散关系。充分考虑残疾人无障碍设计。

7. 优美协调的内外部环境设计。建筑形态应服从城市设计的整体要求，应兼顾四个方向的美观。结合公共绿化带，创造舒适宜人的外部环境，营造人性化的景观绿化环境，形成园林化、花园式的景观形象。

充分考虑押运中心及数据中心周边的外部环境设计，满足两大中心的特殊管理要求。

8. 平面布局上考虑数据中心与其他中心相对隔离。

9. 考虑建筑整体协调与分割关系，为地面环境设计留足空间。

10. 防火和安全保障设施考虑到位。

五、建筑设计内容和要求

……

3. 数据中心设计策划及优化

数据中心建筑面积约 1.4 万 m²。机柜面积约 3000m²，办公面积约 1200m²。楼层 4 层，1 层层高 6.5m，2～4 层层高 5.5m，总高度 24.6m。总工期约 1 年半，其中桩基 1 个月，土建 4 个月，幕墙 5～6 个月，机房工程 6 个月。投资总计约 3.2 亿元，其中土建约 2400 万元，机房工程约 8000 万元，配电约 2400 万元，发电机 1900 万元，机房相关设备 1.2 亿元等。

一、主要设计思想

（1）模块化设计：为了满足分期建设的目标要求，设计在空间上采用模块化设计，同时新数据中心各功能系统上也采用模块化设计，可分期建设、投产；使 IT 部署能够灵活适应于业务增长，各个最终用户可以相对独立地按需部署；分区域实施，节省初期投资，模块化机房的可复制性，简化了后期建设难度；机电系统的模块化设计，可以提高设备的运行效率，降低损耗，更高效节能；未来的模块扩容对已运行模块无影响。

（2）节能环保：采用先进、成熟的节能降耗技术手段，并且充分考虑到当地的自然条件，在一定的投资规模下做到新数据中心能源效率系数 PUE 值尽量低；充分比较各种数据中心绿色节能技术在常州当地的运用情况，包括水电费用开支、节能效果和维护费用等，选择采用最适合当地的制冷系统；采用自然冷却技术，提高冷冻水供回水温度，提高送回风温度；采用封闭冷通道设计，提高送风效率，改善气流组织。

（3）高可用性：满足《数据中心设计规范》GB 50174—2017 中 A 级及核心系统需参考《数据中心电信基础设施标准》TIA-942 级别 T3+ 级的标准要求；IT 供电系统变压器及 UPS 采用 2N 设计，满足 T4 要求；关键设施的空调按照 T3 标准设计，5+1 模式运行，配置了 1+1 湿膜加湿器。

（4）高可维护性：平面布局上精心考虑，基础设施和 IT 服务器区分层、分区域分布；区分 IT 和基础设施人流、物流的设计；各种路径最短、最高效的设计。

（5）高度经济性：在各子系统设计上不一味追求最新技术，而是根据当地条件以及工程进度要求，选择最佳性价比的设计方案；在机电设备的布置上，尽量缩短末端传输距离的长度，充分利用竖井等既能缩短传输距离又能满足物理分隔的高可用性要求。

二、平面布局（图8～图11）

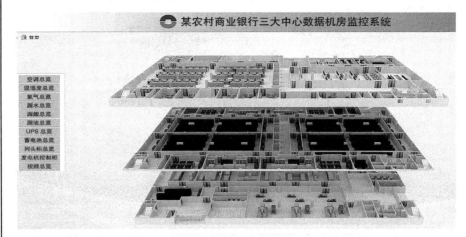

图8　数据中心总览图

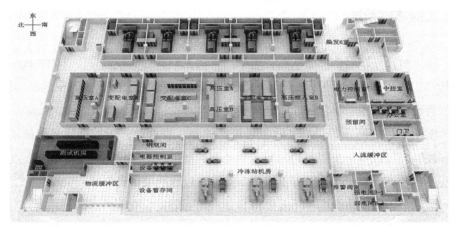

图9　一层平面图

图10　三层平面图

某银行项目全过程工程咨询案例

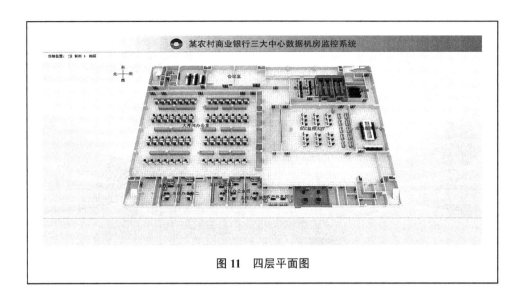

图 11 四层平面图

5.3.4 施工阶段

5.3.4.1 咨询工作内容

施工阶段是项目的实施阶段，也是项目从无到有的实现过程，具体咨询工作包括：工程采购（招标投标）、合同管理、工程监理、竣工结算等。在施工阶段，工程咨询的主要任务是监督、管理、控制。

施工阶段应当准确进行工程量计算，控制工程变更，依据合同督促施工进度，控制施工成本。工程监理的职责主要是控制项目的质量、进度和成本，在全过程工程咨询领域，工程监理更应担负起施工过程中项目管理的职责。

施工阶段工程咨询的一项重要内容是预测可能发生索赔的诱因，并制订有针对性的防范措施，最大限度地减少索赔事件的发生。沟通并处理施工阶段反映出的设计问题，动态控制投资。

5.3.4.2 工作界面协调工作

在施工阶段，全过程工程咨询影响较大且工作的难点就是界面协调工作。主要通过技术协调、工序协调、责任协调和组织协调解决界面协调问题，其中责任协调和组织协调在合同界面中体现。

1. 技术协调

技术协调主要是施工图二次深化设计的协调、专项设计的协调、现场设计深化（表 15）。

2. 工序协调

工序协调主要考虑项目的各合同包层面和工作面层面。在项目层面上，主要考虑各专业合同包顺序施工，即按照桩基、支护及土方、地下室及主体结构、外

技术协调内容表   表 15

序号	工作名称	界面协调内容
一、综合设计协调		
1	吊顶机电管线的综合管网图	机电在保证吊顶标高的前提下，实现各个专业优化布置
2	机电末端设备的综合布点图	主要包括吊顶综合布点图、墙面综合布置图
3	屋面设备的综合布置图	屋面等室外设备平面位置综合布置，防止位置冲突，保证工艺流程要求；另外屋面的走线综合布置，满足使用需求
4	室外管网的综合布置图	保证市政管网和室外机电设备管线的平面位置综合布置
二、专项或专业深化设计协调		
1	机房等特殊空间二次深化	通常需要进行机房的工艺流程设计、管线设计、环境设计
2	支护深化设计协调	—
3	幕墙深化设计协调	①常规要求幕墙立面风格与建筑设计立面、防雷设计、结构承重、防火设计等与原设计沟通；②标高的协调
4	内装深化设计协调	①常规情况下，内装设计需要调整平面布置，需要与原设计单位就墙体、机电管线及所有末端进行协调；②机电末端协调；③完成面标高及净空的协调
5	景观深化设计协调	①所有场地标高与红线外的对接、与建筑物的对接（同时考虑排水）；②管线与室外管网的综合协调
6	钢结构深化设计协调	支座部位与原结构的协调
三、设计深化		
1	电气专业	所有设备的品牌、型号确认后，与原配电箱进行容量、回路确认
2	建筑智能化专业设计深化	①品牌确认后，深化施工图；②在其他专业设备明确后，根据控制方案的基本要求，继续深化设计，实现对相关专业的控制
3	火灾报警设计深化	—
4	设备基础设计	所有机电设备确定后，要求提供其设备基础

装及机电管线、内装施工及机电末端和机房施工等顺序进行。

    在工作面层面上，除了常规的先结构后装饰、先隐蔽后面层等原则外，还需要考虑：①提前或滞后为其他专业提供工作面或工作环境；②成品保护；③有利于集中资源进行主要工序的施工；④确保前导工序和后续工序的施工流向一致（表 16）。

5.3.5 运维阶段

    项目全过程咨询的最后一个阶段，也是检验项目是否实现决策目标的关键环节。完成项目的竣工验收工作后，转入项目的试运营阶段，这时项目的使用方已

各主要阶段的工序协调内容 表 16

序号	主要阶段	本阶段工序协调的内容
1	桩基、支护及土方阶段	考虑为室外，此阶段施工，尤其是土方工程对现场水平运输要求很高，因此要根据流水段的划分，做好临时道路的规划（在不同标高的）和阴雨天对临时道路的保护
2	地下室及主体结构施工阶段	①主体结构按楼层顺序施工，主要考虑机电、幕墙等预留预埋的工序协调；②二次结构施工进度安排
3	外装修及机电管线施工阶段	此阶段的主要工作内容为外幕墙、室内机电管线、土建的普通装修、屋面施工及零星结构浇筑；此阶段的主题是封围断水（主要考虑外幕墙、后浇带、出屋面及地下室外墙等管线洞口、屋面及地下室顶板等外防水）和隐蔽工程施工
4	内装修及机电末端、机房施工、室外景观施工阶段	此阶段的主要工作内容为内装修的基层，骨架和面层、机电机房和末端，室外管网和道路及景观工程，市政工程的施工；此阶段的主题为封闭施工和机房施工
5	工程收尾阶段	此阶段的主要内容是施工内容的扫尾工作和缺陷修补；单机调试和综合调试及试运行；资料整理工作；功能检测、专项验收和竣工验收

经开始做使用前的准备工作，设备调试、人员培训等。

运维阶段工程咨询的主要任务是检查工程质量是否达到设计要求，复核工程投资是否合理。在投产或投入使用过程中验证项目的建设效果是否达到预期要求。同时与使用者结合并顺利交接。

5.4 风险管理与控制方案

项目的风险管理目标是：全面考虑建设过程中，由于复杂的自然环境和社会环境所造成的风险及一切不可抗力因素，并策划合理的风险管理策略来减轻或降低项目的损失及因计划变动而增加的费用支出，以最少的成本保证项目安全、可靠地实施，实现项目的总体目标。

5.4.1 风险管理体系

在工程项目生命期全过程通过对项目进行全方位的、系统化和动态的风险管理控制，可以最大程度地减少项目过程的不确定性，使项目参与各方、项目团队各层次的项目管理者时刻保持风险意识，重视风险问题，防患于未然。工程项目全面的风险管理包括以下几个方面：

（1）项目全过程的风险管理：包括项目前期策划决策立项、项目投融资、项目设计、报批报建、项目招标采购、项目施工、项目竣工验收交付等各阶段 / 环节的风险管理；

（2）项目全方位的风险管理：包括涉及项目范围目标控制、项目投资目标控制、项目进度目标控制、项目质量目标控制、项目安全目标控制等的风险管理；

（3）系统的、动态的风险管理：包括在项目全过程系统、动态地进行项目风险计划的编制、项目风险的识别、项目风险的定性和定量分析与评估、项目风险应对策略计划的编制以及项目风险的监督和控制等风险管理的各个基本过程；

（4）项目参与各方的风险管理：除了业主方自身的风险管理，督促控制项目其他参与各方的风险管理，也是业主方风险管理的重要工作内容；

（5）项目各层次的风险管理：项目风险管理是全员参与的管理行为，项目团队各层次都应保持强烈的风险意识，并通过项目的风险全面管理控制体系，落实各层次风险管理的责任。

5.4.2 风险防范措施

良好的保险和风险管理措施，将有助于项目建设的健康发展。因此，特提出如下防范措施。

1. 技术措施

对项目选择有弹性的、抗风险能力强、具有现实操作性的技术方案，避免使用新的、未经过工程检验的、不成熟的施工方案；对地理、地质情况进行详细勘察或鉴定，预先进行技术试验、模拟，准备多套备选方案，采取有效保护措施和安全保障措施。

2. 组织措施

加强计划工作，选派最得力的项目经理和技术、管理人员；将风险责任落实到各个组织单元，树立大家的风险意识；相应提高项目的优先级别，在实施过程中严密控制。

3. 保险

对项目中无法排除的风险，例如常见的工程损坏、第三方责任、人身伤亡、机械设备的损坏等通过购买保险的方式解决。当风险发生时由保险公司承担（赔偿）损失或部分损失。

4. 购买保险后仍需预防灾害和事故

尽管对项目的建设期购买了保险，但是灾害和事故造成的后果，不是保险公司支付的赔偿费用所能完全弥补的，保险的各关系方仍然要采取各种措施，防止灾害的发生和扩大。

5.4.3 风险控制方法

项目工程建设中的风险控制主要贯穿在进度控制、成本控制、质量控制、合同控制等过程中。

1. 风险监控和预警

在工程建设过程中不断收集和分析各种信息，捕捉风险前奏信号，例如通过天气预测警报、各种市场行情、价格动态、政治形势和外交动态等；

在工程建设过程中通过工期和进度的跟踪、成本的跟踪分析、合同管理、各种质量监控报告、现场情况报告等手段，了解工程风险；

在工程的实施状况报告中应包括风险状况报告。

2. 及时采取措施控制风险的影响

风险一经发生则应积极地采取有力措施，降低损失，防止风险蔓延。

3. 在风险状况中，保证工程的顺利实施

如发生上述风险，项目管理部应保证全力控制工程施工现场，并迅速恢复生产，按原计划完成预定目标，防止工程中断和成本超支。或实事求是地调整计划、降低风险损失，同时积极争取获得风险的赔偿。

6 咨询增值服务方案

6.1 增值点 1

本项目重构了全过程工程咨询项目信息化体系，积极应用 BIM、项目管理软件等信息化工具，开展信息与数据的集成管理，使工程管理更高效，使投资控制更精准，质量、安全、进度得到进一步提高，提升了项目全过程工程咨询水平。

6.2 增值点 2

本项目以全成本管理理念为核心，专业的设计、造价集成管理能力为抓手，为业主提供了经济、合理的优化方案，保障业主投资效益。

6.3 增值点 3

编写《银行类项目全过程工程咨询服务导则》《全过程工程咨询管理办法》《项目管理细则》等研究文件，指导全过程工程咨询业务开展。

6.4 增值点 4

全过程工程咨询单位本身业务能力涵盖工程咨询服务全产业链，具有较强的技术力量作为后盾去推动项目，组建了较完整的咨询队伍，以项目管理为主导统一安排、统一管理、充分沟通，大大提高了工作效率，节约了管理成本，专业服务得到了业主的信任。

6.5 增值点 5

在工期紧凑、参与方较多的情况下，为业主提供"整体解决方案"，采用集成工具和方法，充分发挥了全过程管理的优点，为工程顺利推进提供了有利条件，给业主节约了工期和过程管理成本。

7 咨询成果及项目复盘总结

7.1 质量安全管理咨询工作

7.1.1 咨询成果

本项目建设过程安全，质量上乘，很好地完成了项目质量和安全管理目标。在第三方巡查过程中，本项目以质量巡查 95.5 分和安全巡查 90.1 分的高分在同期项目中分别排名第一和第二。本项目还获得了以下奖项："绿色建筑二星级设计"标识，"CQC 增强级（A 级）机房认证"（数据中心工程），"江苏省建筑施工标准化文明示范工地"，同时正在申报江苏省"扬子杯"优质工程奖和鲁班奖（图12～图 14）。

7.1.2 复盘总结

建设项目从决策到验收交付使用，涉及的重要纽带之一就是质量，从设计质

图 12 绿色建筑二星级设计

图 13　CQC 增强级（A 级）机房认证

量到施工质量最终凝结成工程质量。而在各个阶段，需要针对不同时期的不同重点采取相应的质量控制手段，来最终完成对建设项目的质量控制，达到预期的质量目标。因此，在全过程工程咨询质量管理咨询过程中，需要关注以下几点。

1. 对设计的质量控制

设计工作是工程项目建设的基础，及时、准确地提

图 14　江苏省建筑施工标准化文明示范工地

供符合要求的设计图纸、处理工程重大技术问题，对保证工程质量具有重要意义。结合本项目的实际工作，方案设计完成后需要进行总体审查，看是否符合项目总体规划要求；需要组织各专业人员对每一个专业认真评审，看是否可行，以及是否存在不必要的过度设计；同时，还需要向业主主要管理人员进行讲解，让其理解各专业主要内容，减少后期修改方案的可能性。

本项目包括一座数据中心，其技术系统较为复杂、安全可靠性要求极高。在

设计阶段，我们组织工艺设计院主要设计人员驻工程现场，与业主方科技部门相关人员进行密切沟通，充分了解业主对于数据中心功能、性能、运维等方面的需求；在扩初设计阶段，对数据中心重要的空调系统、电气系统、动环系统等组织专业人员进行技术经济分析，并听取业主方的意见，最大程度地在功能需求、运维管理、技术经济等方面达到良好的平衡。

2. 重视现场施工管理，严把质量关

全过程工程咨询服务监理团队确定完善的工程质量控制流程，重视现场巡视和关键质量控制点监控工作，重点关注变更是否按要求实施到位；要求施工单位严把质量关。在现场施工质量控制过程中，我们充分发挥多年来从事各种大型、复杂公共建筑项目监理工作的经验，对重要的材料设备、重点工序环节、重要的工程部位等进行全面把控。例如，对于数据中心供电系统非常重要的备用电源柴油发电机，我们组织业主、经销商、监理人员去厂家进行考察，了解设备生产的进展、重要原材料和部件的情况；对于数据中心高压端电源自动投切设备 ATS 系统，我们组织业主与当地供电部门，一同赴外省大型数据中心了解设备的使用情况，打消了供电部门和业主的担忧。

在项目实施过程中我们严查材料颜色、外观、质量，证实了材料问题，业主对我公司材料把关一致认可。例如，在外幕墙施工过程中，由于所选石材品种颜色较浅，容易出现色差，我们建议业主与施工方、供货方一同到石材产地进行考察，了解矿源石材的颜色特点，要求供货方严格按照样品选料加工；在施工现场，我们要求施工方样板先行，在地面预先排版，排除存在明显色差的板块，最大程度地减少上墙后色差。

3. 明确奖惩制度，质量优先

在合同中，总包、机电安装、内装、幕墙、智能化等专业都明确了足够数额的创优费用（1% ～ 2% 不等），拿不到"扬子杯"，须按合同进行处罚；拿到国优另行奖励（如 0.5%），给这几个主要参建单位足够的动力和压力。

在每周的质量通报、监理例会上，都以文件形式通报现场质量和安全问题，有文字，有图像，有单位，有解说，效果很好，业主看得明白、满意，监理单位好追踪落实，施工单位依照整改。

4. 与业主充分沟通，明确安全责任重大

与业主充分沟通，得到业主全力支持，100% 地授权安全管理，争取了施工单位、监理单位的支持，形成共同的目标、责任、利益，现场齐抓共管的局面。

在所有分包合同中明确安全文明受总包单位管理，并约定相关费用、奖罚办法。

5. 现场安全管理到位，防止发生意外

内装、幕墙的投标项目经理未常驻现场，现场所有单位的安全员全部有人负责，大的单位总包、内装、幕墙专人负责，小的单位可以兼职，但事必须有人做。

每周的安全现场巡查和安全专题会议制度，一次不落，所有安全员全员参加，安全员对班组有经济处罚权。

7.2 投资控制咨询（造价咨询）工作

7.2.1 咨询成果

建设资金管理规划有序，竣工决算严格控制在概算范围内。本项目建设周期短，资金使用量大。审核处理各类工程签证 650 余份，审核各类支付款项 460 余次；编制投资估算、阶段资金使用计划、投资测算分析报告累计 40 余份；审核各类合同结算，形成结算审计报告 55 份，核减结算申报金额总计约 3600 余万元。项目批复的投资概算为 11.8 亿元，在完成规定建设内容的基础上，通过有效控制，实际投资 11.62 亿元，节省投资 1800 万元，节省率为 1.5%。

7.2.2 复盘总结

1. 项目初期做好总投资测算

项目总投资需要有一个明确的目标且合理分解。项目总投资计划需要充分考虑各种不利风险，安排前紧后松，并且需要得到业主书面确认。

在项目方案设计启动阶段，对业主各部门进行需求调研，详细了解各使用部门在办公、培训、会议、数据中心工艺、档案库房、金库及押运等方面的人员、使用面积、配套设施等需求，整理形成基本需求指标，并测算总建筑面积（地下、地上）、车位数、楼层数等指标，并根据公司多年来积累的项目投资数据测算项目总投资。

2. 在设计阶段进行重要工程系统技术选型与经济性比选

在方案设计和扩初设计阶段，与建筑设计院协商合理确定结构选型、空调系统选型、电气系统容量等基本要素；在数据中心工艺设计方面，与科技部门进行多轮需求协调，合理选择核心机房形式、各系统设计冗余度、空调系统形式、电气系统选型等，综合考虑技术性能、稳定性、经济性等因素。

3. 在设计概算阶段审核和优化概算并作投资分解

在施工图设计完成后，对建筑设计院提供的设计概算进行审核、论证和优化。建筑设计院提供的设计概算线条比较粗犷，并且部分数据的合理性不足，比如：对于工程直接成本以外的费用建筑设计院往往没有足够的历史和经验数据；对于专业的工艺系统、工艺设备（如数据中心的工艺设备精密空调、机柜等）建筑设计院不能准确估算。针对这些问题，作为全过程工程咨询方，我们充分利用公司各专业专家资源，并从项目管理信息平台提取适用的历史数据，对设计概算中的重要、重点内容进行论证和研究，结合市场调研成果，调整设计概算，形成比较准确的项目总投资目标。

设计概算的各个分部分项和费用项目，按照专业和合同包划分，形成投资控制的分解目标，在后续的全过程工程咨询工作中，作为持续跟踪和控制的基准。

4. 在招标准备阶段充分进行市场调研，优化材料设备选型，制定控制价

在招标准备阶段，全过程工程咨询团队开展了项目设备材料调研、厂商调研和价格比选评选工作，对项目主要材料设备逐一进行调研与询价。明确项目中的主要材料及设计的技术标准和技术要求文件，确保投入到项目中的材料或设备的质量；合理确定投入项目中的主要材料和设备的档次，有效控制项目投资；对项目所需的主要材料设备进行市场摸底，合理编制工程招标控制价，提高招标控制价的精准性。

7.3 进度管理咨询工作

7.3.1 咨询成果

建设项目工期紧，同类比工期较短。某项目建筑面积 6 万 m^2，从前期手续到竣工交付仅花了四年时间，严格控制项目工期，在江苏省联社系统中建成和在建同等规模项目中工期较短。

7.3.2 复盘总结

1. 合理编制与动态调整总进度计划

全过程工程咨询服务总控进度计划策划是基于整个项目的所有任务，包括实体施工内容的里程碑计划、报批报建工作安排、设计工作控制性计划、招标采购控制性计划等。我们在项目总控进度计划的编制中，以实体施工计划为基础，充分考虑配套的报批报建、专业设计、主要招标采购等工作，使总控进度计划反映项目主要的、重要的工作内容，并建立各计划工作之间的逻辑关系，形成整个项目的网络计划。在项目总控进度计划的编制中，我们充分发挥公司多年实施项目管理、监理工作的经验，合理估算各主要施工、设计、招标采购、报批报建工作所需的时间；并以专题讨论的形式，听取公司相关专家对项目组织与建设的经验，合理建立总控计划主要工作间的逻辑关系。经过全过程咨询团队和公司专家资源的讨论，我们确定了项目建设的总计划工期为四年半时间。

在项目建设实施过程中，我们全过程工程咨询团队共同努力，不断地跟踪实际进度，动态调整总控计划的内容和逻辑关系，采取各项管理、技术、经济等措

施，通过艰苦的努力，实现了既定的工期目标。

编制总进度控制计划时，需充分考虑各种不利因素，并给各详细工作的安排留置一定的空隙；部分工作受业主等各种因素影响需要调整，影响到总进度计划的调整时，需充分考虑所有受影响的其他工作，重新编制总进度计划。

2. 紧抓关键工作，做好项目进度组织

总进度计划执行过程中，一些关键性工作及非关键性工作能提前开始（提前开始不影响质量、成本等，不会给后期带来不必要的麻烦）就提前开始，给后期因不确定因素导致的时间延误提供喘息机会；非关键性工作的提前实施可以把后期有限的工作时间都用在关键问题上，提高关键工作的落实质量。例如，数据中心工艺、内装、幕墙、智能化等专业设计虽然不在关键线路上，但是这些专业设计需要较长的需求调研、方案比选与优化、技术选型、材料选样等过程，需预留充足的时间进行磨合。我们在计划的实施过程中，给这些设计工作以充足的磨合深化时间，以便在设计环节尽量减少施工阶段可能出现的问题。

同时，还需要鉴别部分工作提前进行的必要性，以避免部分工作提前进行的时间太早，导致项目运行到该工作正常开始时，情况已发生较大变化，造成工作浪费。例如，建筑智能化相关产品和设备，具有产品更新升级快、价格下降速度快的特点，此类产品的采购不宜提前太多，否则将会出现采购完成的产品到施工阶段面临已经落后或者价格下降太多的局面。因此，我们在建筑智能工程中，采取将主要和重要产品进行甲供的方式（例如，监控设备、网络设备、大屏等），在施工过程中适时安排招标采购，与现场施工无缝对接。

3. 沟通协调，奖惩分明，促使项目进度可控

个别关键工作已滞后，经合理调整后仍无法达到预期目标，跟业主讲清楚情况，争取业主理解后延期。比如幕墙工程，由于本项目采用的单元式幕墙规格较为复杂，数量巨大，对施工方的深化设计、原材料采购、工厂加工、现场安装等一系列流程衔接与配合提出了很高要求，幕墙施工方在此方面准备不足，出现了设计、采购、生产、安装脱节的问题，对现场幕墙工程施工进度产生了直接影响。在这种情况下，我们组织业主、监理部等人员，多次到施工方生产加工厂、设计、采购等部门进行调查协调，最大限度地督促、帮助施工方提高深化设计、采购、生产等环节的效率；并且组织多次现场协调会议，组织施工方现场项目部、公司技术负责人、产品负责人、总经理等各级别领导，多层次、全方位协调，尽最大努力减少对项目进度的影响；对于幕墙施工过程节点目标的滞后，按照合同进行了处罚。

因各单位自身原因导致的进度滞后在费用上的奖罚情况，需要在合同中明

确，因其他单位原因导致本单位进度受影响的情况，同样需要在合同中明确；当关键工作出现可能影响总体进度的情况时，及时提醒各单位，及时向业主报告，做好风险提示，留下书面记录。

4.做好外部配套工作安排，避免不必要的延期

充分做好与消防、环保、规划等部门的沟通协调工作，确保项目报批报建验收管理顺利进行。如室外工程施工时，充分调动资源，总行、管理公司、施工单位合力将自来水接入、天然气接入、蒸汽接入，城管局、园林局等参与处理棘手的事情。

7.4 合同管理

7.4.1 咨询成果

在保证项目合法合规的前提下，做到以策划先导、投资管控为主线，以项目增值为最终目标，形成各类咨询、技术服务、工程、货物等合同文本 150 余份；处理工程变更、洽商记录 650 余份；处理合同争议事项 70 余项；办理各类合同支付款项 460 余次。

7.4.2 复盘总结

（1）合同界面的策划与管理是合同管理的重要内容，对于减少工程争议、界面冲突具有至关重要的作用。

（2）利用全过程咨询信息管理平台，能够及时跟踪、统计、管理所有合同资料、变更管理、付款款项等信息，对合同管理的及时性、有效性提供了有力的技术支撑。

（3）合同管理对合同管理人员的综合知识与技能要求很高，全过程咨询合同管理相关人员需要掌握工程技术、工程经济、合同管理、法律法规等多专业知识。在本项目全过程工程咨询实践中，项目团队通过各种形式地组织团队学习，并加强各岗位人员之间的交流沟通，极大地提高了合同管理的效果和项目部成员的合同管理技能。

7.5 其他

（1）本项目招标采购管理工作前移，在合同体系策划和总控进度策划时就以保质、保工期、保投资为前提，将招标管理工作通盘考虑；前后组织招标研究会、答疑会、招标会共计 200 多场。

在整个项目的招标过程中，全过程工程咨询单位公平、公正、公开，周密计划、组织安排，确保工程所需的所有设备材料满足施工进度的要求，其质量和性

能价格比最优，项目招标投标零有效投诉，落实了"阳光工程"的各项要求；不同于传统模式冗长繁多的招标次数和期限，有效优化项目组织和简化合同关系，工程咨询和各个环节平滑地衔接，提升了效率，同时也为高质量提供了更强有力的保障。

（2）全过程工程咨询单位人员专业配备齐全，后台有雄厚的技术力量支撑，充分发挥了专业性、社会化的优点，能够为业主提供充分的决策支持信息，便于业主作出相对科学的工程决策。本项目全过程工程咨询服务获业主一致好评，并对全过程工程咨询单位特意致谢，在业主公司内部予以通报表扬。

某市海绵城市PPP项目全过程工程咨询典型案例分析

——北京思泰工程咨询有限公司

王晓艳　商广涛　易靖阳　宋小东　陈得志

1　项目背景

"海绵城市"的概念于2012年4月在《2012低碳城市与区域发展科技论坛》首次提出。2013年12月12日，习近平总书记在中央城镇化工作会议的讲话中强调："提升城市排水系统时要优先考虑把有限的雨水留下来，优先考虑更多利用自然力量排水，建设自然存积、自然渗透、自然净化的海绵城市"。

2015年10月16日，国务院办公厅发布了《国务院办公厅关于推进海绵城市建设的指导意见》(国办发〔2015〕75号)(以下简称《指导意见》)，并制定了相关工作目标和基本原则。

《指导意见》提出，通过海绵城市建设，综合采取"渗、滞、蓄、净、用、排"等措施，最大限度地减少城市开发建设对生态环境的影响，将70%的降雨就地消纳和利用。到2020年，城市建成区20%以上的面积达到目标要求；到2030年，城市建成区80%以上的面积达到目标要求。

同时，《指导意见》指出，海绵城市建设要坚持政府引导、社会参与的原则，即发挥市场配置资源的决定性作用和政府的调控引导作用，加大政策支持力度，营造良好发展环境。积极推广政府和社会资本合作(PPP)、特许经营等模式，吸引社会资本广泛参与海绵城市建设。

由此拉开了海绵城市推广发展的序幕。

该市市委市政府结合本市自身情况并为响应国家海绵城市建设号召，高度重视海绵城市建设与试点工作。于2015年成立了海绵城市试点工作领导小组，由市长任组长，组织并委托规划设计院编制了《某市海绵城市专项规划》，并于2015年11月通过了由省住建厅组织的专家评审，同年12月由该市人民政府批复实施。

2016 年 3 月，省住房和城乡建设厅、财政厅和水务局组织召开了省海绵城市试点申报专家评审会，推荐该市为该省海绵城市试点申报城市。2016 年 4 月，经财政部、住建部、水利部三部委竞争性评审会议评审，该市成功入选第二批国家海绵城市建设试点。

该市作为第二批海绵城市建设试点城市，根据国家部委及相关政策文件规定，于 2016 年 6 月正式启动海绵城市建设工作。2016 年 7 月，该市海绵城市建设领导小组明确该市海绵城市建设试点项目采用 PPP 模式（图 1、图 2）。

图 1　某市海绵城市建设效果图（一）

图 2　某市海绵城市建设效果图（二）

2 项目概况

2.1 项目名称

某市海绵城市 PPP 项目（以下简称"本项目"）。

2.2 项目建设地点

某市核心区，范围 23km²。

2.3 建设单位

某市住房和城乡建设局。

2.4 项目建设性质

新建及改造工程。

2.5 项目建设规模及内容

在《某市海绵城市专项规划》编制和审批阶段，该市海绵城近期建设项目总共规划了 430 个子项目，包括低影响开发雨水系统、给水排水设施、防涝设施、生态水系等四大类项目，如表 1 所示。通过 PPP 咨询阶段筛选，共有 328 个项目

《某市海绵城市专项规划》规划项目一览表　　　　表 1

项目类型	数量（个）
海绵型建筑与小区（改造）	120
海绵型公园与绿地	49
海绵型道路与广场	151
水系生态恢复	1
给水排水管网	0
污水处理与再生工程	2
城市停车场	5
小计	328
海绵型建筑与小区（新建）	101
海绵城市监测平台	1
小计	102
总计	430

纳入到 PPP 项目中，如表 2 所示。但是随着项目进入工程实施阶段，经过深入详细调查和不断深化设计，于近期最终可以实施的项目总共 123 个，如表 3 所示。

《某市海绵城市 PPP 项目实施方案》规划项目一览表　　　表 2

项目类型	数量（个）
海绵型建筑与小区（改建）	120
海绵型公园与绿地	49
海绵型道路与广场	151
水系整治与生态修复	1
管网建设与雨水收集	0
城市防洪工程	2
城市停车场	5
总计	328

《某市海绵城市建设实施系统方案》规划建设项目一览表　　　表 3

序号	项目类别	数目（项）
01	某河道综合整治	14
02	公园与广场	9
03	海绵型道路改建与新建	34
04	老旧小区	46
05	公共建筑	11
06	沿街外立面改造	4
07	污水处理与再生工程	2
08	给水排水管网检测与修复	2
09	监测平台	1
	合计	123

1. 建设内容

本项目包括海绵型建筑与小区、海绵型道路与广场、海绵型公园和绿地、水系整治与生态修复、防洪和排水防涝、管网建设与雨水收集等多个工程类型。

2. 建设规模

1）海绵型建筑与小区建设（改建）试点区

海绵型建筑与小区建设项目透水铺装项目改造 157.4 万 m^2；下沉式绿地项目改造 63.9 万 m^2；调蓄设施项目改造 0.7 万 m^3。

2）海绵型道路与广场建设

试点区海绵型道路与广场项目建设透水铺装 65.2 万 m^2，其中道路新建 45.4

万 m²，道路改造 19.6 万 m²，广场建设 0.2 万 m²；下沉式绿地 22.56 万 m²，其中道路新建 11.12 万 m²，道路改造 9.55 万 m²，广场建设 1.89 万 m²；调蓄设施 10362m³，其中道路新建 5422m³，道路改造 4791m³，广场建设 149m³。

3）海绵型公园和绿地建设示范区

海绵型公园和绿地项目建设下沉式绿地 276.1 万 m²，调蓄设施 1.5 万 m³。

4）水系整治与生态修复

试点区水系整治与生态修复项目共计 6 项，包括某河城区段综合治理工程、某市水库水源地综合治理工程、某市区周边水土保持工程、某河国家湿地公园建设项目、某河上游生态湿地恢复、某市清水河水污染防治项目。

（1）某河城区段综合治理工程主要工程内容包含河道治理、河道清淤、建设水循环系统、设置表流湿地、实施亲水空间和生态公园建设。

（2）某市水库水源地综合治理工程主要工程内容包括：下游河道整治，疏浚河道 4.5km，河道砌护 5.2km（两岸），防洪标准 20 年；水源涵养林供水，新建小型泵站 2 座，安装供水管道 75km，供水面积 1.3 万亩。水源地小流域治理，坡地植树造林 3000 亩，流域内 15 条小沟道治理等。

（3）某市区周边水土保持工程对该市规划区内三座山进行水土保持清洁型小流域建设，治理面积 120km²，重点打造以景观框架形式为游人提供不同的自然、人文景观和多样化的自然生态体验场所。主要建设内容为建设道路 40km；绿化灌溉管线 75km，涝池 6 座，检查井 105 座；铺设各级灌溉管道 600km。

（4）某河国家湿地公园建设项目营造植物保护带 50hm²；围栏建设 3km；道路绿化 8km；生物护岸 3km；建设鸟类投食点 2 个，庇护点 3 处，鸟类生境建设 15hm²；某湿地恢复 33hm²，湿地植被恢复 60hm²，鸟类生境岛建设 1hm²，建设水文水质监测点，购置相关监测仪器。

（5）某河上游生态湿地恢复主要工程内容为该河上游污水收集及处理。

（6）某市清水河水污染防治项目主要包括三部分内容，其中某河城市过境段，起点为该河已建第一季橡皮坝，在每级坝下建设人工湿地 4000m²，治理段总长 10.4km。

其次为该河支流某某河污染治理段，建设人工湿地 5 级共 10 万 m²，河道、河岸生态修复工程 23 万 m²。

最后为该河支流整治工程，进行河道、河岸生态修复工程。

5）防洪和排水防涝

试点区防洪与排水防涝项目主要为该市城市防洪工程。包括治理河道总长 158.5km；建设市内坡积水排水处理工程，修建排洪渠 29.8km 等。

6）管网建设与雨水收集

管网建设与雨水收集项目7项，分别为该市城市排水（雨水）及集污管网工程（西南新区）、该市旧城改造排水管网建设项目、该市区污水管网建设项目、该市第二污水处理厂及排水干管工程、该市第二污水资源化工程、该市2016年城市供水管网建设工程、该市城市供水管网建设工程。

2.6 运作模式

本项目采用BOT+ROT运作模式。

2.7 投资估算

根据《某市海绵城市建设实施系统方案》确定的最终实施项目进行估算，本项目总投资约39.62亿元。

2.8 建设及运营周期

本项目总体工作推进计划如表4所示。

项目建设及运营周期计划表　　　　　　　　　　表4

序号	工作内容	工作推进计划
1	项目调研与PPP适宜性分析	2016年3月1日前
2	海绵城市建设试点实施方案编制	2016年4月10日前
3	试点实施方案审批	2016年4月27日前
4	海绵城市PPP咨询公司遴选	2016年5月10日之前
5	编制具体PPP项目的实施方案、物有所值评价和财政承受能力论证并报财政局评审	2016年6月1日前
6	编制实施方案并报市政府审批	2016年6月10日前
7	编制PPP项目采购文件	2016年6月30日前
8	PPP项目社会资本采购（含发布公告、资格审查、评审、谈判、公示、签约等）	2016年7月
9	成立项目公司	2016年8月
10	项目融资	2016年8～10月
11	项目设计与施工建设	2016年9月～2018年8月
12	运营	2018年9月～2030年8月
13	移交	2030年9月

3　需求分析

某市地处西北黄土高原，是典型的大陆性气候，气候干旱，年平均降水量在300～550mm，年平均蒸发量1200～1800mm，总体呈现降水稀少、蒸发旺盛、地表径流少、河流欠发育、雨水资源难得到利用等特点，这使得该市水资源短缺，生态环境脆弱。

该市人均占有水资源量340m³，是全国水平的14.2%，亩均水资源量3～4m³，是全国平均水平的4%，比联合国规定的极端缺水地区人均占有量500m³的标准还少160m³，大大低于国际公认的维持一个地区社会经济环境发展所必须的人均1000m³的临界值。据统计，目前该市城市最大日供水能力为2.25万m³，而实际需水量为4.0万m³，日短缺水量为1.95万m³。干旱年份，每年缺水人口在40万左右，加之农田灌溉和工业用水，水资源短缺成为制约社会经济发展的"瓶颈"。

由于受地形的影响，降水时空分布不均，年际变化大。年内降水分配与作物生长需水不同步，6～9月份降水占年降水总量的70%，4～6月份农作物生长的关键时期，降水量仅占年降水量的25%左右，造成季节性干旱。突出表现为春旱普遍，伏旱严重，致使造林成活率低，作物关键生长期严重缺水。

海绵城市是新一代城市雨洪管理概念，其原理就是让城市能够像海绵一样，在适应环境变化和应对雨水带来的自然灾害等方面具有良好的弹性，即雨季多雨时吸水、蓄水、渗水、净水，旱季少雨时将蓄存的水释放并加以利用，实现雨水在城市中自由迁移，从而可以提升城市功能，解决城市水问题。

结合海绵城市及该市所处西北地区气象气候特点，该市对建设海绵城市有着极大的迫切需求。通过对雨水"渗、滞、蓄、净、用、排"等方式的处理，通过自然途径与人工措施相结合，实现"小雨不积水、大雨不内涝、水体不黑臭、热岛有缓解"的海绵城市要求，可以缓解该市水资源紧缺，提高雨水有效利用率，从而成为黄土高原干旱半干旱地区节水和水资源综合利用的示范区。

同时，该市有幸被国家列入了第二批中央财政支持海绵城市建设试点城市名单，获得了中央的大力资金和政策支持。

另外，将海绵城市建设与城市更新同步实施，可以改善旧城区的城市面貌，推进新型城镇化建设。

4 服务策略

本项目为 PPP 项目，我公司根据项目特点及客户的要求，结合我公司和战略伙伴具有的咨询资质和专业技术能力，在提供项目全过程工程咨询服务时，采取了以 PPP 模式为主导、以投融资策划为核心、以专业技术服务为平台、以全生命周期咨询为路径的服务策略。

4.1 以 PPP 模式为主导

本项目采用 PPP 模式，我公司根据 PPP 项目特点，始终沿着 PPP 模式这条主线，在项目规划、项目立项、PPP 咨询及入库、社会资本方采购、工程施工、项目运营维护等多个阶段为政府方、社会资本方提供了多项专业咨询服务。如物有所值评价咨询、财务承受能力评价咨询、PPP 实施方案咨询、招标采购、造价咨询等。

4.2 以投融资策划为核心

本项目的双方——政府方和社会资本方最关心的核心问题为投融资模式和资本回报机制问题，因此我公司在项目投融资渠道、资金筹措方式、资金使用和资金回报方面，全程跟踪，为双方提供了切实可行的优质咨询服务方案，实现了项目资金高效使用和资源优化配置，保证了项目落地并顺利实施，保障了资本回报可持续。

4.3 以专业技术服务为平台

根据项目特点及运作模式，通过建立规划咨询、工程咨询、PPP 咨询、造价咨询、勘察、设计、监理、招标、项目管理等专业技术服务平台，从不同层面、不同角度、不同阶段实现了本项目的专业化全过程、全方位咨询服务。

4.4 以全生命周期咨询为路径

围绕政府方和社会资本方在本项目不同阶段的管理需求，我公司联合相关单位推出了以项目全生命周期咨询为路径，严格遵循项目各阶段项目活动的内在规律，实现 PPP 项目的更高质量、更高效率和更加物有所值的可持续发展，从而保证项目各阶段决策科学、实施连贯、互为支持和印证、全过程管理的要求，确保 PPP 项目实现预期目标，体现预期效果。

5 咨询方案

我公司和合作伙伴通过联合体的形式为客户提供了专项规划、PPP咨询、可行性研究、招标采购、勘察、设计、监理、造价、技术支持等多项咨询服务。

5.1 整体咨询方案策划以及关键控制点

本项目整体咨询方案分为两个层次，第一层为政府层面，即围绕政府部门和实施机构开展的咨询服务。第二层次为项目公司层面，即围绕项目公司以具体工程项目实施而开展的各项咨询服务。

1. 规划阶段策划

2013年12月，中央城镇化工作会议召开，习近平总书记提出解决城市缺水问题，必须顺应自然。在提升城市排水系统时要优先考虑把有限的雨水留下来，优先考虑更多利用自然力量排水，建设自然积存、自然渗透、自然净化的"海绵城市"。

2015年10月11日，国务院办公厅发布《关于推进海绵城市建设的指导意见》（国办发〔2015〕75号），要求加快推进海绵城市建设，修复城市水生态、涵养水资源，增强城市防涝能力，提高新型城镇化质量，促进人与自然和谐发展。

该市市委市政府结合本市自身情况并为响应国家海绵城市建设号召，高度重视海绵城市建设与试点工作。于2015年成立了海绵城市试点工作领导小组，由市长任组长，组织并委托规划设计院编制了《某市海绵城市专项规划》，并于2015年11月通过了由省住建厅组织的专家评审，同年12月由该市人民政府批复实施。

2016年3月，省住建厅、财政厅和水务局组织召开了省海绵城市试点申报专家评审会，推荐该市为该省海绵城市试点申报城市。2016年4月，经财政部、住建部、水利部三部委竞争性评审会议评审，该市成功入选第二批国家海绵城市建设试点。

为更好地指导海绵城市建设，该市在此前规划方案基础上对《海绵城市专项规划》不断深化调整，并与工程建设实施同步进行，该项工作一直持续至2017年3月，并最终形成了《某市海绵城市专项规划（深化）》成果文件。

通过不断深化优化规划方案，最大限度地减少了城市开发建设对自然和生态环境的影响，合理确定了海绵城市建设目标和具体指标，落实了雨水年径流总量控制率等海绵城市建设管控要求，制定了涉水基础设施建设方案，明确了近期海绵城市建设重点区域和建设要求。

2. PPP 咨询阶段策划

该项目由于涉及整个城市的建设改造，投资巨大，虽然获得了中央和省级资金支持，但该市财政收入有限，资金缺口仍然很大。2014 年以来，国务院、财政部、发改委及相关行业主管部门发布了一系列关于政府和社会资本合作（PPP）的政策文件，要求各地的市政基础设施和公用事业（包括新型城镇化及其配套工程）项目，应优先考虑采用 PPP 模式建设。为响应国家和省级政府部门鼓励和推广 PPP 模式的号召，面对该市海绵城市建设的紧迫性，该市市委市政府研究决定，该市海绵城市建设项目采用 PPP 模式，并分期分批实施。鉴于时间进度安排紧张、工作量极大、子项目多等项目中存在的特殊性，该市海绵城市建设项目先开展 PPP 咨询并接纳社会资本方，而后再根据项目实施进度计划安排办理立项等前期手续，然后开工实施。2016 年 3 月，该市海绵城市建设项目启动项目调研，开展项目 PPP 适应性分析，同时结合存量项目和新建项目，确定项目运作模式。PPP 咨询工作由市住建局委托我公司负责实施。从 2016 年 3 月至 2016 年 8 月，我公司完成了物有所值评价报告及评审、财务承受能力论证及评审、PPP 初步实施方案及评审、PPP 实施方案及评审、社会资本方接纳等工作。

由于开展 PPP 咨询时，本项目并未进行可行性研究报告审批立项工作，所以 PPP 咨询中进行项目投资估算测算时以规划方案为依据，在进行收费定价测算、项目融资及资金回报机制设计时，只约定了收费规则、收益率等参数，并未明确具体金额，同时明确根据项目具体实施情况再另行决定具体金额。

3. 项目立项咨询阶段策划

在 PPP 咨询阶段引入社会资本方并成立项目公司后，项目公司根据政府部门确定的分期分批计划安排开始推进项目实施。对于存量项目，项目公司按照既有的立项审批文件、设计图纸进行实施；对于部分新建项目，由于此前并未获得立项审批，故需要编制项目建议书和可行性研究报告，并报发改部门进行审批。根据 PPP 合同中约定的职责和工作划分，项目建议书及可行性研究报告编制、项目立项审批等工作由本项目的实施机构即该市住建局负责完成。市住建局从 2016 年至 2017 年委托工程咨询单位编制项目建议书和可行性研究报告，先后完成了 18 条道路工程的立项审批工作，从而保证了项目的顺利推进和实施。

4. 项目实施阶段策划

项目公司成立后，存量项目随即进入实施阶段，新建项目在获得立项审批后也进入实施阶段。项目公司委托我公司作为招标代理单位，并通过招标方式确定了勘察、设计、监理、造价、施工、供应商、项目管理、设计管理、海绵城市运行监测平台系统等咨询、施工、管理和运营单位。其中，由于本项目规模大、子项目多、项目分散等特点，为确保工程进度和工程质量，项目公司结合招标代理单位意见，采用传统项目式和入围单位机构库相结合的招标方式，确定了各咨询、管理、施工和运营单位。如成立了勘察单位入围机构库、设计单位入围机构库、监理单位入围机构库、造价咨询单位入围机构库、供应商入围机构库、项目管理单位入围机构库、施工单位入围机构库等多个机构库，确定了规划单位、海绵城市智慧云平台建设单位等。

同时，政府财政部门为了更好地对项目实施过程中的各项工作，特别是项目成本费用控制进行监督，市财政局委托专业造价咨询机构对实施机构和项目公司上报的招标控制价和预算进行审核。

另外，实施机构（市住建局）为了加强对项目运行情况的监督，保障项目更加高效运行，建立了海绵城市智慧云平台系统。

5.2 组织架构设计

本项目为 PPP 项目，相较传统项目，组织结构较为复杂，如图 3 所示。

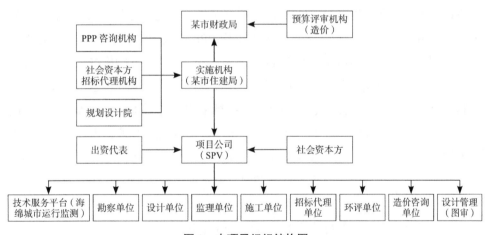

图 3　本项目组织结构图

5.3 各阶段咨询方案及价值

1. 规划咨询

2015 年该市海绵城市试点工作领导小组组织和委托规划院编制了《某市海绵城市专项规划》，2015 年 12 月获得批复并开始实施。同时，随着项目的推进，本规划方案也在不断调整、深化，直至 2017 年 3 月完成。本专项规划综合评价了该市海绵城市建设条件；对该市的水资源、水环境、水生态、水安全等方面存在的问题进行了梳理和分析；确定了规划目标、规划范围、规划期限、指标体系、规划内容、建设目标和具体指标等；提出了海绵城市建设的总体思路，确定了海绵城市建设的实施路径，构建了海绵城市的自然生态空间格局，划定了海绵城市建设分区，提出了建设指引；提出了海绵城市建设管控要求，将雨水年径流总量控制率目标进行了分解；提出了规划措施和相关专项规划衔接的建议；明确了近期该市海绵城市建设重点区域，提出了分期建设要求；完善了保障措施和实施建议。本专项规划是该市总体规划在海绵城市建设领域的细化，是市委市政府指导海绵城市发展和建设、审批核准重大项目、安排政府投资和财政支出预算、制定相关政策的重要依据。

2. PPP 咨询

规划设计院在《某市海绵城市专项规划》中提出创新运作机制，推荐本项目采用 PPP 模式。我公司（以下称"PPP 咨询单位"）作为该市 PPP 项目咨询中介机构库的成员单位之一，2016 年受该市住房和城乡建设局委托，对本项目采用 PPP 模式的可行性和必要性进行调研论证。经过前期调研和资料收集，对本项目进行了物有所值评价和财务承受能力评价，形成了《某市海绵城市 PPP 项目物有所值评价报告》和《某市海绵城市 PPP 项目财务承受能力评价报告》。通过统筹定性评价和定量评价，确定本项目可以采用 PPP 模式的结论。之后 PPP 咨询单位又编制了《某市海绵城市 PPP 项目实施方案》，对本项目采用 PPP 模式的必要性及可行性、项目实施范围、建设内容、建设规模、项目风险、运作模式、运行机制、投资估算、资金回报、交易结构、招标采购、合同体系、财务测算、时间进度安排等作了全面的描述和分析，并给出了相应结论和对策，为政府操作本项目提供工程、财务、法律、政策等全方位支持。同时，PPP 咨询单位通过协调政府和社会资本方，成为了双方沟通的桥梁，并促成了双方最终签约，为项目的顺利推进和实施提供强有力的咨询服务保障和支持。

3. 项目立项咨询（项目建议书、可行性研究报告）

编制项目建议书和可行性研究报告，通过发改部门的评审并获得审批批复是项目实施的前提。可行性研究是确定建设项目前具有决定性意义的工作，在投资决策之前，通过编制项目建议书和可行性研究报告对拟建项目有关的自然、社会、经济、技术等进行调研、分析比较以及预测建成后的社会经济效益，在此基础上，综合论证项目建设的必要性、财务的盈利性、经济上的合理性、技术上的先进性和适应性以及建设条件的可能性和可行性，从而为本项目实施机构投资决策提供了科学依据。

本项目分为存量项目和新建项目，存量项目已经编制了项目建议书、可行性研究报告并获得了发改部门的批复，项目已经进入实施阶段；新建项目则是根据项目分期分批安排，由该市住建局组织和委托工程咨询单位编制了项目建议书和可行性研究报告。

4. 勘察设计咨询

勘察设计是项目获得发改部门批复后进入实施阶段的首要工作，是工程建设的重要环节，勘察设计的好坏不仅影响建设工程的投资效益和质量安全，其技术水平和指导思想对城市建设的发展也会产生重大影响。

本项目勘察设计是在成立项目公司后开展工作的，项目公司通过设立勘察设计单位入围机构库，针对不同项目类型从机构库中抽取相应的勘察单位和设计单位，进行工程勘察、测绘、设计工作，形成工程地质勘察报告、测绘地形图、初步设计文件、施工图设计文件等成果文件，成为施工单位用于施工和备料的准确、翔实和可操作的重要依据。另外，勘察设计各项成果文件还将成为检验工程质量、控制工程费用、工程竣工验收、工程进度款计量支付、竣工结算、竣工决算及审计的重要依据。

5. 招标采购咨询

招标采购的目的就是采购方按照规定的程序和标准一次性地从参加投标的众多单位中择优选择交易对象。由于招标采购整个过程公开、透明、公正，可以有效防治腐败。招标采购可以使招标人或招标委托人以合理价格获得所需的设备和材料，从而节约成本和投资；可以促进供应商进行技术改造，提高质量。

我公司参与了从专项规划编制，到 PPP 咨询阶段社会资本方招标采购，到工程咨询单位招标，再到工程建设阶段勘察单位、设计单位、监理单位、施工单位、造价单位、项目管理单位、供应商、海绵城市云智慧监测平台系统建设方等的招标采购工作，编制了大量招标采购成果文件，如《某市海绵城市专项规划编制政府采购项目招标文件》《某市海绵城市 PPP 技术支撑单位政府采购项目招标文件》《某市海绵城市 PPP 社会资本采购资格预审文件》《某市海绵城市 PPP 项目社会资本采购竞争性磋商文件》《某市海绵城市第三方技术支撑单位政府采购项目单一来源采购文件》《某市海绵城市建设项目施工入围单位整体采购项目招标文件》等。结合本项目子项目多、项目类型多、项目分布分散、工期安排紧等特点，我公司在承担招标采购任务时，为政府和项目提供了不同于以往传统形式的招标方案，即咨询服务单位和施工单位均已建立了不同类型的入围机构库，如监理机构库、造价机构库、设计机构库、施工单位机构库等，实施机构或项目公司均可以根据项目类型、建设规模及内容、项目难易程度选择相应的单位，避免了项目式招标带来的招标周期长、程序繁琐重复、招标费用高以及影响项目实施进度的缺陷，提高了招标采购效率，降低了招标成本。

6. 监理咨询

工程监理是指具有相关资质的监理单位受甲方的委托，依据国家批准的工程项目建设文件、有关工程建设的法律、法规和工程建设监理合同及其他工程建设合同，代表甲方对乙方的工程建设实施监控的一种专业化服务活动。监理目的和价值在于确保工程建设质量和安全，可以提高工程建设水平，使其充分发挥投资效益。

由于本项目体量大，子项目多，项目类型多，项目分布较分散，单个监理公司很难承担全部项目的监理工作，鉴于此，在进行监理单位招标时，采用了监理单位入围机构库的招标方案，机构库中有多家监理单位，项目公司可以根据需要随机抽取监理单位，作为某个子项目的监理单位。避免了项目式招标带来的招标周期长、程序繁琐重复、招标费用高以及影响项目实施进度的缺陷，提高了招标采购效率，降低了招标成本。

本项目每个监理单位都制定了自己的监理规划和监理实施细则，建立并完善了质量保证体系。

7. 造价咨询

工程造价咨询服务是指工程造价咨询企业接受委托，对建设项目工程造价的确定与控制提供专业服务，出具工程造价成果文件的活动。

本项目造价咨询分为两个层面，一个层面是为项目公司提供造价咨询服务，一个层面是为财政部门提供造价咨询服务。由于两个层面的造价业务互斥，所以两个层面的造价业务必须由不同的造价单位完成。

为项目公司提供造价咨询服务的单位，主要是负责投资估算、建设工程概算、建设工程预算、工程结算、竣工结算报告、竣工决算报告的编制；负责建设工程实施阶段工程招标标底、投标报价的编制；负责工程量清单的编制；负责施工合同价款的变更及索赔费用的计算；提供建设工程项目全过程的造价监控与服务。

为财政部门提供造价咨询服务的单位，主要是负责对项目公司或实施机构提交上来的投资估算、建设工程概算、建设工程预算、工程结算、竣工结算报告、竣工决算报告、工程招标标底、投标报价、工程量清单、变更及索赔费用等进行审核、审查和监控。

我公司只负责为财政部门提供造价咨询服务，负责对项目公司提交的各类造价文件进行审核和审查。

8. 项目管理咨询

项目管理是指从事工程项目管理的单位受甲方委托，按照合同约定，代表甲方对工程项目的组织实施进行全过程或若干阶段的管理和服务。工程项目管理可以减轻委托方的工作负担，同时由于项目管理单位专业化程度高、项目管理人员技术和工作经验丰富，可以有效地监督各参建单位工作情况。

项目公司成立了建设管理平台，聘请了多家项目管理单位参与本项目的工程项目管理工作。

5.4 风险管理与控制方案

1. 政策风险及控制

政策风险即在项目实施过程中由于政府政策的变化而使项目运营和盈利能力产生影响的不确定性。政策风险一般包括政府干预、政治反对、宏观经济变化、征用、公有化、法律变更、税收调整、决策审批延误、项目公司原因导致的公众反对、非项目公司原因导致的公众反对等。

为了应对和管控政策风险，本项目在PPP咨询阶段就对项目运作过程中可能产生的各项政策风险进行了分析，并给出了相应风险对策和解决方案，明确了政府和社会资本方责任归属，并将此项内容写入了PPP合同，对后续项目执行过程中可能产生的政策风险有了法律依据。

1）政府干预、征用、公有化、政府信用

项目实施过程中，出现政府方干预项目的正常经营、政府征用或实施项目公有化、政府违背信用等情况，造成项目提前终止或造成项目运营成本大幅增加，该等风险由政府方承担，并给予项目公司相应补偿。

2）税收调整

因税制改革、税率调整等原因，造成项目成本大幅增加，该等风险由政府方承担。

3）决策审批延误

本项目须获得的审批包括项目立项、土地、环评等。因未通过审批或审批延误造成的后果由政府方承担。

本项目为海绵城市建设项目，从国家和省级层面，各项政策都表现为积极和支持，因此政策变化的风险从目前分析还是比较小的。

2. 社会风险及控制

社会风险是本项目在实施过程中可能引起的社会冲突危及社会稳定和社会秩序的可能性，如征地拆迁不满、环境污染、交通出行、传统习俗等。发生社会风险一般会造成严重的社会影响，并且会导致项目实施进度延误或者项目终止。为防止风险发生和做好应对，政府、社会资本方和项目公司应对各种风险进行预判分析，确定风险源，提出相应的对策措施，明确责任归属，降低风险影响，减少或避免损失。

1）征地拆迁的社会风险控制方案

为应对拆迁可能产生的风险，政府部门应编制相应的征地拆迁工作方案，确定补偿标准，工作开展过程公开、透明，落实拆迁补偿资金来源，加强征拆管理，科学安排和监管补偿资金使用。

2）环境污染的社会风险控制方案

环境污染包括噪声、水污染、大气污染、垃圾固废处理污染等，由于本项目覆盖该市中心城区，且项目分散，社会资本方特别是项目公司在项目实施前应对项目进行环境影响评价，做好调研，积极与当地居民沟通，征询广大市民群众的意见和建议，同时制订有效的防止环境污染方案。项目实施过程中切实落实环评批复和环评报告表中的各项要求，各种措施落实到位，兑现承诺。如妥善安排施工作业时间，合理布置施工场地，加强专业人员的随时检查，发现噪声超标立即采取有效措施进行控制。对超标造成的危害，要向受此影响的组织和个人给予补偿；制订工地扬尘控制方案，采取有效措施除尘，对施工渣土进行覆盖，严禁将施工产生的渣土带入交通道路，遇有四级以上大风要停止拆除和土方工程，施工期间对制作场地、堆料场地和工地道路要硬化。

3）交通出行产生的社会风险控制方案

本项目中涉及道路工程、居住小区广场、公园绿地等多种不同区域，施工期间，势必会对市民的交通出行产生不利影响，因此项目公司和施工单位应做好宣传工作，争取广大市民的理解。同时，制订合理的交通导改方案，减少施工期交通影响。统一组织交通管理，在交通高峰时间停止或减少项目车辆运输，以减少车辆拥挤度，并在邻近居住区、办公区的运输线路附近设置禁鸣及警示安全标志。

4）传统习俗的社会风险控制方案

本项目所在城市为少数民族聚居区，所以政府部门应多与社会资本方和项目公司进行沟通，使其了解当地各民族的风俗习惯和传统文化、所实行的民族区域政策。社会资本方和项目公司要在项目实施过程中，尊重当地少数民族居民的风俗习惯和传统文化，加强民族团结，避免民族冲突。

3. 财务风险及控制

由于本项目为 PPP 项目，投资金额较大，且社会资本方是主要的出资方，而社会资本方的资金主要来自于银行贷款或其他渠道，故本项目财务风险主要是社会资本方是否能提供足够的、可持续的建设资金，是否能通过项目运营获得充足的现金以偿还贷款本金和利息。

为避免可能发生的财务风险，本项目由政府指定项目公司向当地农发行贷款，如果融资利率变化或融资失败，双方约定由项目公司按照国家政策性银行中长期贷款利率基础上浮 10% 完成项目融资。

4. 建造风险及控制

项目在建设实施过程中，可能存在设计不当、工程变更、材料供应、技能生疏、质量缺陷、工期延误、成本超支、安全事故等风险。针对项目建设过程中可能产生的以上风险，项目公司和施工单位应制订各种预案、采取多种措施进行风险管控。

由于本项目中新建项目所占比例较大，项目类型多，工作量大，为避免设计单位因经验缺乏、专业技术人员不足、时间仓促等原因导致方案和图纸设计不合理、适用性不强等情况的发生，并致使项目技术方案出现较大变更、建设费用增加、工程拖延等，项目公司通过招标，设置了设计机构入围库，纳入了多家专业设计单位。项目公司按照项目类型、设计单位专业特长、设计单位规模等，将项目进行分配，同时结合项目进度安排，给每个设计单位分配适量的工作任务，从而保证设计时间。另外，为保证图纸质量，及时发现图纸中存在的问题，项目公司还聘请了专业的图审公司，对设计单位的设计成果进行内部审查，降低设计成果缺陷发生的概率。

项目公司同样通过招标设置了施工单位入围库，纳入了多家施工单位。项目公司依据项目类型、专业特长、施工经验、人员组成、单位规模等对项目进行合理分配，并委托项目管理单位和监理单位对施工单位在工期进度、质量、成本和安全等方面进行监督，降低了建造风险。

另外，在工程设备和材料采购方面，对供应商也进行了遴选，确定了若干家信誉良好、产品质量有保障、供货及时、价格稳定的厂家，从最大程度上将供应商带来的建造风险控制在最低水平。

5. 运营风险及控制

本项目作为 PPP 项目，运营风险是指由于受到宏观政策、社会环境、项目调整等因素影响使得项目的产品或服务不满足项目持续运营的要求。本项目运营期间的风险主要表现为项目的唯一性、市场需求变化、市场供给不足、产品或服务价格的调整、费用支付等风险。

面对运营期限长，各种风险不确定性增加的情况，政府和社会资本方在 PPP 合同中进行了约定，对双方的权责利进行了明确，通过合同约束可以促进和保障项目正常运营。由于运营管理能力差导致项目运营成本超支的，由社会资本方承担。政府或其他投资人新建或改建其他相似项目，导致对该项目形成实质性商业竞争的，政府方应保证本项目在未达到满负荷运营状态不在同一区域内新建／改建相似项目。本项目为政府付费，费用收取风险由政府方承担。因社会资本方的项目设施运营管理能力，及市场开发、商业运作能力的不足，导致项目亏损的，由社会资本方承担相应损失。

社会资本方和项目公司可以技术创新、管理创新等手段提高效率增加营运收入或减少营运成本降低营运风险。政府也可以帮助社会资本方化解某些营运风险，如在项目的运营收入大大低于预期水平时，政府可以给予社会资本方一定的补贴保证项目维持正常运行。另外，政府可以委任独立机构对社会资本方实施监督，定期进行绩效考核，督促、确保社会资本方的运营效果，避免社会资本方的道德风险。

6. 技术风险及控制

因所采用技术不成熟，难以满足预定的标准和要求，或者适用性差，导致项目在建设和运营时产生的风险称为技术风险。本项目作为 PPP 项目，其设计、施工和运营基本都由社会资本方负责，故产生的技术风险一般认定由社会资本方承担。

社会资本方可以通过选择经验丰富、专业性强的优秀设计单位、施工单位和运营管理单位最大限度地降低技术风险。

7. 法律风险及控制

法律风险是指由于合约在法律范围内无效而无法履行，或者合约订立不当等原因引起的风险，如法律变更、合同文件冲突、第三方延误／违约、设施所有权等。

本项目面对法律变化带来的不确定性，为把相关风险降低到最小，政府和社会资本方在 PPP 合同中进行了约定，对双方的权责利进行了明确，通过合同约束可以促进和保障项目正常运营。合同约定如下条款：

（1）因法律变更造成项目提前终止，政府方应给予相应的补偿。

（2）合同文件出现错误、模糊不清、设计缺乏弹性、出现冲突等风险，由政府承担。双方对合同内容的表示不清或缺少的表示由双方共同承担，由项目公司引起的合同文件冲突，由项目公司承担。

（3）除政府和社会资本方，其他项目参与者拒绝履行合同约定的责任和义务，或者履行时间延误的，该等风险应有社会资本方和项目公司承担并负责向第三方追责。

（4）政府在经营期内拥有所有权，以保证其稳定地为社会提供工作服务。社会资本方或项目公司占有项目设施，拥有使用权，项目公司处置项目设施，应获得政府方的书面同意。

8. 宏观经济风险

宏观经济风险指的是经济活动和物价水平波动可能导致的企业利润损失。就本项目而言，建设期加上运营期共计 25 年，在这么长的时间里，利率、汇率、通货膨胀、通货紧缩等各种宏观经济因素发生变化的可能性是极大的，也是极不确定的，可以肯定的是，以上因素不可能维持不变，所以宏观经济风险是一种客观存在。但是宏观经济风险的存在并不代表项目建设和运营就不能实施，而是宏观经济风险是可控的，或者在一定范围内和一定程度上是可以接受的，它可能只是引起了项目实际收益水平的变化，而并不能造成项目完全不能执行。本项目在 PPP 合同中对宏观经济风险的合理变化范围进行了约定，同时进行定期的动态调整，超过约定范围的由政府方予以承担。

6 咨询增值服务方案

6.1 增值点 1——规划

规划设计院编制的《某市海绵城市专项规划》作为顶层设计，通过对该市海绵城市建设条件、水资源、水环境、水生态、水安全等进行全面梳理，并进行分析和评价，确定了规划期限、建设目标、建设范围、建设内容，建立了指标体系；提出了海绵城市建设的总体思路，确定了海绵城市建设的实施路径，划定了海绵城市建设分区，提出了建设指引；提出了海绵城市建设管控要求；提出了规划措施和相关专项规划衔接的建议；明确了近期该市海绵城市建设重点区域和分期建设步骤；完善了保障措施和实施建议。通过编制《某市海绵城市专项规划》，使该市总体规划在海绵城市建设领域得到了细化，为市委市政府指导海绵城市发展和建设、审批核准重大项目、安排政府投资和财政支出预算、制定相关政策提供了重要依据。

6.2 增值点 2——投资决策

本项目采用项目建议书和可行性研究报告两阶段申报审批程序，完成立项和审批。从本项目来看，项目建议书和可行性研究报告编制的目的不同，深度也不同。

项目建议书在前，主要用于向市发改委申报立项，通俗来说，就是通过对拟建项目进行总体设想，并提出框架性的建设方案，形成文本文件，然后提交给决策者（发改部门），决策者根据项目建议书的内容进行综合评估，然后给出是否给予批准并纳入政府预算的结论。项目建议书中包括项目概况、项目背景及必要性、建设方案、投资估算等重点内容。项目建议书是审批决策的重要依据，是编制可行性研究报告的基础资料和参照之一，是投资设想开始落实的重要程序，也是投资决策的主要过程文件之一。

可行性研究报告是在政府部门批准项目建议书的基础上，对项目可行性和必要性进行充分论证，对建设方案、投资估算等进行进一步细化和深化，对拟建项目进行全面技术经济分析，对与拟建项目有关的自然、社会、经济、技术等进行充分全面调研，从而为投资决策提供科学依据的文本文件。可行性研究报告中需要全面、深入地对拟建项目进行技术经济分析论证，并且对建设方案进行方案比选后确定推荐方案，因此建设方案较项目建议书阶段更加翔实、具体和具有操作性。通过定量分析和定性分析，论据更为充分，项目建设的可行性和必要性更加具有说服力。在投资估算方面，可行性研究报告也较项目建议书阶段更加精确和全面，项目建议书阶段因工作比较粗略，费用单价一般以已建类似项目为依据，投资估算金额的误差率在 20% 左右，而可行性研究报告由于方案较为具体，考虑的因素更加全面，使得项目投资估算金额的误差率可以控制在 8% ～ 10%。

可行性研究报告是投资决策的重要依据，是确定建设项目前具有决定性意义的工作，通过编制可行性研究报告和评审，明确了项目的建设范围、建设规模、建设内容、技术工艺和建设程序，使得投资费用更加精确和更容易得到控制，为市住建局、项目公司在项目实施方面降低了风险。

同时，可行性研究报告也是初步设计的重要依据，为市住建局、项目公司进行下一步工作奠定了基础。

6.3 增值点 3——PPP 咨询

通过对政府方相关人员的培训，大大提高了沟通效率，为项目的快速推进起到了至关重要的作用。此外，在建模计算过程中，为进一步降低合作双方资金压力，创新尝试了资本金和融资部分区分计算回报的方式，并取得了较好的效果，在项目后续迎检的过程中，检查组也给予了认可。

6.4 增值点 4——招标采购

考虑到控制社会资本回报合理性的因素，综合考虑后将建安造价下浮率、设计、监理服务费下浮率作为参考标的，并在社会资本采购文件中加以落实，最终成交的社会资本对于上述指标的投标报价优惠幅度达到了预期，也进一步降低了政府的支付金额。后续的合作方招标工作，也达到了为项目公司选取优质合作伙伴的目的，为项目整体顺利高质量推行奠定了基础。

6.5 增值点 5——监理咨询

（1）监理咨询阶段通过综合运用多专业技术知识与工程实践经验，创新工作方法，提高科技含量。如 CAD、无人机、CPD、APP、Project、广联达软件、互联网及新材料等的应用，提升了监理服务质量、水平和价值。

（2）采用旁站、巡视和平行检验等方式，坚持预控、过程控制和质量验收相结合的原则，监理咨询阶段监督和见证了整个项目产品施工生产过程，对发现的质量问题及安全隐患要求施工单位及时整改，项目如期竣工并向建设单位移交了合格的项目产品。

（3）通过组织工期优化、严控关键线路、跟踪、对比分析与纠偏，项目实际工期比计划工期提前 23d，为项目公司节约了时间，降低了成本。

（4）图纸会审中提出了对老旧小区道路横坡坡向、路面与道路绿化带及周边绿地进行竖向优化设计，使其技术和经济更优。对湿陷性黄土不利地质条件，提出了对下沉式绿地、雨水花园内部结构设置有效防水材料的建议，保证雨水的安全蓄积。通过价值工程分析建议在老旧小区应用新型 PP 模块蓄水池、透水砖材料，项目投资节省了约 10%。

（5）加大安全隐患排查力度，及时消除安全事故隐患，实现了安全生产。通过组织协调各参建单位，及时解决施工中发生的诸多问题。竣工阶段协助建设单位整理工程竣工档案并顺利移交有关部门。海绵型建筑与小区（改造）项目经历了雨期的考验，海绵功能效果明显，为实现海绵城市径流总量控制、径流峰值控制、径流污染控制、雨水资源化利用率等指标奠定了一定的基础。

6.6 增值点 6——造价咨询

同一个工程建设项目可能有多种不同的设计方案，不同的设计方案在建筑结构方案的选择和建筑材料的选用上，如平面布置、立面形式、基础类型及结构形式等，都会对项目的工程费用有着不同程度的影响。造价咨询通过限额设计、优化设计等方式可以使项目投资费用得到有效的控制。同时，通过对于不同建筑材料和设备进行对比分析，并进行市场询价，在满足建筑功能需求的情况下，可以选择出质量优良、价格适中、运距远近适宜、供货方便、美观大方的建筑材料和设备，控制了工程费用。

通过提供造价咨询服务，在满足同样功能的前提下，可以使设计方案更加经济、合理，同时可以使项目工程造价降低 5% ～ 10%，甚至可达 10% ～ 20%。

6.7 增值点 7——技术支持咨询

技术支持咨询依据相关规划、设计、施工资料及现场踏勘资料等方面信息，从专项规划可达性、实施计划可行性、投资计划合理性、工程实施难易性、目标可达性、进度安排合理性等方面对已有的现状设计、施工等情况进行整体性评估，为项目公司明确了项目面临的主要问题和咨询工作的重点。

技术支持咨询根据专项规划方案，通过现场踏勘，梳理了海绵城市源头改造可落实的基本条件与综合建设需求，查明了重要积水点位置并判断出了积水原因，为工程项目实施提供了重要参考。

技术支持咨询结合某市基本情况，编制了涵盖源头海绵改造、雨污分流改造、雨水资源利用、再生水回用、合流制溢流污染控制系统并衔接市政污水系统的综合性系统化方案，对国家考核海绵城市建设各项指标的可达性进行了定量分析和评估。

另外，技术支持咨询结合海绵城市建设时序，为项目公司优化了 PPP 项目库、建立了 PPP 项目调整机制，使工程项目更具有可实施性和可操作性。

7　咨询成果与复盘总结

7.1 投资决策综合性咨询阶段复盘

1. 项目规划

1）咨询成果

《某市海绵城市专项规划》

2）复盘

2013 年 12 月，中央城镇化工作会议召开，习近平总书记提出解决城市缺水问题，必须顺应自然。在提升城市排水系统时要优先考虑把有限的雨水留下来，优先考虑更多利用自然力量排水，建设自然积存、自然渗透、自然净化的"海绵城市"。

2014 年 12 月 31 日，根据习近平总书记关于"加强海绵城市建设"的讲话精神和中央经济工作会议要求，财政部、住房城乡建设部、水利部决定开展中央财政支持海绵城市建设试点工作。

该市市委市政府高度重视海绵城市建设与试点工作，于 2015 年 2 月成立了该市海绵城市试点工作领导小组，由市长任组长，组织开展相关海绵城市建设的前期工作。通过公开招标程序确定了规划设计院,并委托其编制该市《海绵城市专项规划》。

规划设计院接到委托任务后便随即开展相关工作,组织召开专题会议,成立了以专业城镇水务工程分院技术人员为骨干的项目团队,开始与该市政府、发改、规划、国土、环保、水务、住建、气象等多个部门进行接洽,收集相关资料,进行实地踏勘,了解资料文件和现实情况之间的差异和变化,同时开始编制专项规划。

2015年10月11日,国务院办公厅发布《关于推进海绵城市建设的指导意见》(国办发〔2015〕75号),要求加快推进海绵城市建设,修复城市水生态、涵养水资源,增强城市防涝能力,提高新型城镇化质量,促进人与自然和谐发展。强调坚持规划引领。

规划设计院根据最新出台的政策及指导意见不断优化调整专项规划方案,并与该市各个部门进行持续沟通。在编制期间,该市海绵城市试点工作领导小组针对《某市海绵城市专项规划》会同相关部门召开多次联合会议,对《某市海绵城市专项规划》进行审查并提出了意见和建议,规划设计院则根据评审意见对专项规划方案进行了修改、调整和完善,最终获得该市海绵城市试点工作领导小组通过,并上报省级主管部门进行评审。

2015年11月,《某市海绵城市专项规划》通过了由省住建厅组织的专家评审,2015年12月由该市人民政府批复实施。

从2016年3月至4月,通过申报、评审、推荐、再评审等一系列程序,该市成功入选第二批国家海绵城市建设试点。

按照国家部委和省级部门对试点城市的相关政策要求,为更好地指导海绵城市建设,随着海绵城市建设工作的深入推进和具体工程项目的实施,从2016年1月至2017年3月,该市持续开展了《某市海绵城市专项规划》深化工作,以期最大限度地减少城市开发建设对自然和生态环境的影响,更加合理地确定海绵城市建设目标和具体指标,落实雨水年径流总量控制率等海绵城市建设管控要求,制订涉水基础设施建设方案,明确近期海绵城市建设重点区域和建设要求。最终形成了《某市海绵城市专项规划(深化)》成果文件。

2. 可行性研究

1)咨询成果

项目建议书、可行性研究报告。

2)复盘

本项目属于市政公用基础设施项目,故没有投资机会识别环节,而是直接进入了项目立项程序和项目决策审批程序，即项目建议书和可行性研究报告两个阶段。

由于本项目采用PPP模式，项目中包括新建和改建项目，故本项目运作模式采用BOT+ROT模式。由于项目规模大，子项目多，类型多，时间紧，根据国家部委和省级主管部门的试点城市任务部署要求，经过市委市政府讨论，在进行海绵城市专项规划之后，并没有开展新建项目立项审批程序，而是先进入了PPP咨询阶段，引入了社会资本方，建立了项目公司。通过先开展PPP咨询程序，成立项目公司，可以加快项目进度，推进工程实施。如项目公司可以先进行改建项目的工程建设，同时推动新建项目前期手续办理，使得各项工作同步进行，避免了因新建项目立项手续办理缓慢而导致整个海绵城市项目的进度也慢。

根据项目审批程序，新建项目的立项审批工作由该市住建局主导，项目公司进行辅助，市发改委负责组织评审和审批。市住建局从市发改委中介机构库中以随机抽签形式确定了工程咨询单位，负责新建项目的项目建议书和可行性研究报告的编制工作。

工程咨询单位在接到委托任务后，首先在第一时间确定项目经理，并根据任务委托通知与市住建局、项目公司进行了接洽。同时，由公司主管领导、部门负责人、项目经理及相关专业人员共同研究项目的相关资料，包括项目信息（项目名称、项目地点、建设规模、投资规模、任务性质等）、客户要求（报告类型、时间要求、投资要求等）、国家相关法规等，并向市住建局提交了项目基础资料清单。

在确定项目经理及相关团队成员之后，由其根据市住建局、项目公司要求，在对项目相关资料进行认真研究的基础上制订相应的项目咨询工作计划，包括项目名称、项目基本情况、工作目标与任务、时间进度、工作质量、费用情况、项目团队组成与分工、成果提交方式等，用以指导、安排咨询工作。

项目团队的构架如表5所示。

人员安排及职责 表5

职务	人数	职责
项目总监	1	由工程咨询单位高级管理人员担任（如区域总经理、区域市场总监、公司副总裁或总咨询师等），负责各方领导层的沟通和协调，领导项目团队，对重大事项作出决策
项目经理	1	为工程咨询单位一线业务领导，通过制订计划、分配任务、组织实施、协调、监督等手段实施项目，实现项目目标
项目助理（专业技术人员）	2	负责项目执行过程中的协助工作；按照项目经理的工作安排，完成相应专业的咨询工作

职务	人数	职责
技术专家	5	根据项目需要，工程咨询单位将在自有专家库中选取与项目相关的技术专家，对项目的技术方案、规格、参数等内容进行辅助论证、完善
风险专家	1	按照项目经理的要求，全程跟踪项目实施，就项目关键点的把控和风险的规避向项目组提出建议或意见
造价专家	1	按照项目经理的要求，根据项目所处行业和专业类型，从专家库中遴选在此方向具有丰富经验的造价专家（如注册造价师、高级经济师等）对本项目的工程造价和投资进行把控，并向项目组提出建议或意见

随后，根据项目工作计划安排，在市住建局、项目公司的组织带领下，工程咨询单位开始对各自负责的项目进行了现场踏勘，了解了项目现状情况和周边情况，对所存在的疑问向委托方提交补充资料。并根据咨询工作计划的安排和咨询团队的职责任务分工，层层制订具体实施计划，把工作计划落实到人，开始编制项目建议书。

在市住建局、项目公司提供基础资料的同时，工程咨询单位要通过各种渠道搜索、收集和熟悉与项目有关的资料，并确保资料的真实性和时效性。

工程咨询单位在报告编写过程中发现很多问题，如征地拆迁、管线拆改移、树木伐移、地勘资料缺乏等，在与市住建局、项目公司及相关单位沟通后，通过核实工程量、金额暂列、借用周边项目地勘报告等形式逐一解决，同时与市住建局、项目公司建立起了良好的关系，获得了市住建局、项目公司的充分信任和支持。

项目建议书报告初稿完成并检查无误后，工作进入三级审核阶段。首先是进行校核，校核人对报告是否存在格式、排版、文字等低级错误进行全面、详细检查和复核，然后将发现的错误和问题反馈给报告编制人，编制人员进行修改和修正。

校核工作完成后，报告则提交部门经理进行部门内部审核。审核人审核报告的同时，与具体编制人沟通项目情况，并对报告存在的问题出具审核意见。编制人根据审核意见对报告进行补充、修改和调整，并将修改后的报告再次发审核人审核，审核人审查无误后，报告通过部门内部审核。

报告通过部门内部审核后，提交总工办进行审核，审核工作进入第三阶段。并根据总工办审核意见对报告进行修改，编制人将修改后的报告再次提交总工办审核。审核通过后，编制人员向项目经理或部门经理告知，并提交《咨询成果文件审核会签单》，由部门经理和分支机构总经理逐级签字，同意报告出版。

项目建议书通过工程咨询单位审核后，根据市住建局、项目公司要求，将报告电子版提交市住建局、项目公司审核，听取审核意见，并进行了答疑，且对咨询报告进行了修改和调整。

项目建议书通过市住建局、项目公司审核后，按照其要求进行装订、出版，并及时送交市住建局或项目公司。市住建局或项目公司将咨询报告提交给发展改革部门，待其组织评审和审批。市住建局或项目公司获悉评审专家会时间后，通知了工程咨询单位。工程咨询单位准备了相关评审资料和汇报材料，并与评审单位取得联系，向其提供了项目相关资料。

市发改委、评估单位、市住建局、项目公司、工程咨询单位、其他相关单位和政府部门等参加了项目建议书专家评审会。在评审会上，市发改委、评审单位和与会专家对项目建议书提出了相关建议和意见，并形成了评审意见及补充资料清单。

工程咨询单位会同市住建局及相关单位对评审意见给予了答复并提供了补充资料，同时修改完善项目建议书。

通过反复沟通并提供相关资料，最终项目建议书通过了市发改委的评审，并获得批复，同意立项。

在项目建议书获得批准后，市住建局立刻组织工程咨询单位进行可行性研究报告的编制工作。工程咨询单位在项目建议书的基础上，对项目在技术和经济上的可行性以及社会效益、节能、资源综合利用、生态环境影响、社会稳定风险等进行全面分析论证，对建设方案、投资估算等进行进一步深化。

市住建局和项目公司则负责取得相关行政许可或审查意见，向城乡规划、国土资源、环境保护等部门申请办理规划选址、用地预审、环境影响评价、节能等审批手续。

在工程咨询单位内部，可行性研究报告的编制、审核程序同编制项目建议书的程序几乎一致，在此不再赘述。可行性研究报告在获得市住建局认可后，根据市发改部门的相关要求，市住建局将报告和获得的相关部门的各项审批手续一同提交市发改委，待其组织可行性研究报告的评审和审批。

市发改委对可行性研究报告的组织评审程序同评审项目建议书的程序基本一致，在此不再重复描述。

最终可行性研究报告通过了市发改委的评审并获得批复。其后，项目转入工程实施阶段，具体工作转由项目公司负责。

从2016年至2017年，本项目中先后有18条新建市政道路完成了项目建议书和可行性研究报告的报批工作。

7.2 全过程工程咨询成果与复盘

1. 勘察

1）勘察咨询成果

本项目的勘察咨询成果包括《岩土工程勘察报告》（初勘、详勘）、1:2000 地形图、1:500 地形图、地下管线探测成果文件。

2）复盘

本项目工程勘察涵盖三项工作内容，即地形图测绘、地质勘察和地下管线探测。

勘察单位接到委托任务后，由勘察单位勘察三队总经理带队，与项目公司进行了接洽。在了解了项目公司的需求和项目大概情况后，在第一时间确定了项目经理，并成立了项目组。同时，由勘察单位主管领导、总工程师、部门负责人、项目经理及相关专业人员共同研究项目的相关资料，包括项目信息、客户要求、标准规范、时间安排等。

项目经理组织项目人员编制了项目基础资料清单，并提交给项目公司。同时，由项目经理组织项目组成员编制项目工程勘察工作大纲，从而确定勘察工作内容、勘察方案及计划工作量、勘察进度计划、勘察项目组织机构及主要人员安排、质量保证体系、勘察使用设备清单、后续服务工作安排以及相关经济指标优化措施等。

项目组人员由勘察单位勘察三队各相关专业人员组成，勘察单位总工程师办公室作为技术支持和控制部门，共计投入 24 人，其中高级工程师 5 人，工程师 11 人，助理工程师 4 人，技工 3 人，后勤人员 1 人。

本项目地质勘察使用的主要设备包括：水准仪、经纬仪、全站仪、GPS 定位仪、钻机、标贯仪器、取样器、轻便触探仪、重型动探仪等。

根据本项目前期工作完成的情况，结合本项目的工作量和可能进入工地开展勘察的时间，勘察单位拟定完成该勘察设计工作的工期为 112 日历天（自签订合同协议起计算）。根据招标文件精神，工作周期为 2017 年 4 月 22 日至 2017 年 8 月 1 日。由于组织得当，工作效率提升，勘察设计单位于 2017 年 7 月 22 日完成全部勘测任务，较计划时间提前 10d。

本项目勘察工作以具体项目的可行性研究报告为基础，通过全面分析可行性研究报告，解决报告中的勘察问题。

勘察过程中，加强对场地周边社会经济、地形地貌、水文和工程地质等基础资料的收集和实地情况的调查，特别加强城市道路、公路、铁路、河道、给水、雨水、污水、电力、电信、燃气、热力等部门的规划及现有管网、路网等情况的调查，确保调查无遗漏，协调有协议，避免因资料收集不全、调查不细、协调不够等原因，给下阶段的设计、实施留下隐患。

勘察工作分为外业和内业两部分。勘察方案确定后，勘察单位全面进驻现场，按照项目公司委托的三项任务开展工作。项目组成员分为三个小组，分别负责地形图测绘、地质勘察和地下管线探测工作。

地形图测绘组根据勘察工作大纲要求编制测量组工作实施方案，然后根据实施方案开展工作。首先是收集整理测定区域的原始和现有资料，然后组织准备各种测绘仪器和工具，绘制测量标志，开始进行控制测量。在测量外业完成后，开始进行内业数据处理工作，生成所需要的地形图。测量数据关系到下一步工程设计的质量和方案策划，所以要对测量数据进行反复复核和校核，以保证数据准确无误。

地质勘察组是本项勘察工作中工作量最大的。勘察组人员及施工机械进场后便开始外业勘察，按照地质调查、钻探、原位测试及室内土工试验等勘察步骤进行勘探。

地质调查就是收集拟建场地或者周边相邻场地已有的地质资料，了解该区域的地形、地貌、地质、地层、水文等情况，为稍后的钻孔勘探提供依据。项目组对原始资料进行了 100% 的自检和互检。

本项目钻探采用 XY-100 及 XY-150 型回旋钻机进行钻孔施工。本项目钻孔合格率 100%，优良率 90% 以上。

通过钻孔获得的所有岩样、土样和水样均现场及时密封保存并及时送往试验室，确保室内试验工作的及时进行。试样在运送过程中要做好保护工作，确保试样完整性和原始性。

现场原位测试和室内试验严格按照试验操作规程进行，试验人员认真细致，试验过程记录完整，原始数据和结果计算正确，指标关系吻合。

外业完成后，开始进入内业数据整理和报告编制。内业数据整理要对外业和试验数据进行全面的校核，确保无误后，将数据输入到专用的计算机软件处理程序，开始进行数据处理和模型搭建，最后生成相应的图表。

对生成的图表进行分析，得出相应的结论。最后利用以上过程文件和基础数据编制《工程勘察报告》。一般根据不同的设计阶段编制满足相应设计阶段的《工程勘察报告》，具体可以分为《工程勘察报告（初勘）》和《工程勘察报告（详勘）》，分别满足初步设计阶段和施工图设计阶段需要。

地下管线探测的主要任务是查明工程施工场地有无已铺设的地下管线，如给水排水、电力、燃气、电信、热力、工业等各种管线，目的是为了保护现状地下管线，防止施工时造成对管线的破坏。

勘察单位项目组在进行地下管线探测时，主要使用资料收集、现场调查和仪器探测三种方式相结合的方法。资料收集、现场调查是随着勘察工作的整体进度进行的，而采用仪器探测则是本项目地下管线探测的主要方式。

本项目主要根据地下管线的用途和材质采用相应的探测方法。

给水管线材质一般有金属和非金属两种，故本项目金属给水管线的探查采用感应法进行，非金属管线的探查采用地质雷达进行。若以上方法无效，则用钎探、开挖方法直接获取管线位置和深度。

电信管线一般有直埋、管理和沟埋三种敷设方式，根据电信管线管径小和传输信号的特性，采用的探查方法主要是夹钳法。

电力管线探查一般利用载流输电电缆中所载有的交流电流所产生的工频信号或金属管线中的感应电流所产生的电磁场进行，探查方法采用工频法或夹钳法。

燃气管线管径一般都不大，其材质分为金属和非金属两种。对于金属材质的燃气管线，本项目采用感应法和夹钳法探查。对于非金属材质的燃气管线，本项目采用地质雷达探查。

热力管线材质一般都为钢管，管径比较大，其外部有保护材料，本项目一般可以采用直接法、感应法和夹钳法来探查。

工业管线一般包括石油、酸、碱等管线，管线材质有金属的和非金属的，金属管线探查一般采用感应法，非金属管线探查一般采用地质雷达法。

对于不明管线，本项目一般需要通过相关历史资料或询问周边居民获取信息，确定相关属性后才采取相应的探查方法。

由于本项目处于城区市政道路附近，在探测工作实施过程中，探测信号常常会遇到机动车辆、路灯线、信号灯线、架空电缆、金属护栏、基站信号等各种因素干扰，为了保障探查数据的准确性，勘察单位采用了如下方法来避免和压制干扰：

（1）尽可能地避开有干扰源的地段；

（2）避开车辆高峰时间；

（3）对金属防护栏、隔离栏造成的干扰，探测时将接收机提高，使接收机下端的内部天线与金属防护栏、隔离栏持平，从而达到压制干扰的目的；

（4）为压制水泥混凝土钢筋网对探测信号的干扰，提升接收机高度，调低仪器灵敏度。

地下管线探测外业完成后，则开始内业数据处理和成果输出工作。

在数据处理方面，勘察单位在 AutoCAD 基础上开发了针对性强、易操作的专用地下管线数据处理软件系统，提高了生产效率，降低了数据处理验算难度。通过数据录入、数据分析、数据处理、数据输出和图表生成，获得了本项目地下管线探测成果。

地形测绘成果文件、工程勘察成果文件和地下管线探测成果文件全部完成后，按照勘察单位质量管理体系规定，完成了校核、审核和审定三级审核。然后，将成果文件提交给项目公司进行成果验收。

2. 设计

1）咨询成果

初步设计文件、施工图设计文件、初步设计概算、施工图设计预算。

2）设计咨询复盘

项目立项获批后，项目公司转入工程实施阶段。项目公司通过建立设计单位入围机构库，确定若干家设计单位，分别负责不同类型、不同专业的工程项目。下面仅就某个设计单位负责单个项目的设计工作进行复盘描述。

接到设计委托任务后，设计单位由公司副总经理带队，与项目公司进行了接洽。在了解了项目公司的需求和项目大概情况后，在第一时间确定了项目经理，并成立了项目组。同时由设计单位主管领导、部门负责人、项目经理及相关专业人员共同研究项目的相关资料，包括项目信息、客户要求、标准规范、时间安排等。

项目经理组织项目人员编制了项目基础资料清单，并提交给项目公司。基础资料包括建设用地规划许可证、规划用地红线图、规划设计要点批文、地形图、（原有地质勘探资料）、市政工程设施规划资料、现有市政基础条件及道路坐标标高等。

同时，设计单位开始编制设计工作大纲，从而确定设计工作内容、工作方案及计划工作量、设计进度计划、设计项目组织机构及主要人员安排、设计质量保证体系、后续服务工作安排以及相关经济指标优化措施等。

由于本项目的工程勘察和工程设计同时开展，项目工期紧张，在设计起初阶段，通过现场踏勘了解了项目现状，在没有地形图和工程勘察报告的情况下，设计单位调用了周边类似项目的工程勘察报告成果，并使用大比例卫星地图作为地图先行开展了方案设计和项目总平面设计，缩短了设计周期。

本项目分为四个设计服务阶段，即方案设计阶段、初步设计阶段、施工图设计阶段和后续服务阶段。

本项目设计周期 70 日历天，其中规划方案设计 25 日历天，初步设计 15 日历天，施工图设计 30 日历天。

在方案设计阶段，设计单位针对项目公司的需求和工程项目本身特点提出若干个方案，供项目公司进行比选。方案最终经项目公司确定后，项目公司上报规划部门进行专家评审。设计单位根据项目公司要求和规划部门出具的专家意见对方案进行调整，最终确定设计方案并获得批复。随后进入初步设计阶段。

初步设计阶段，设计单位在方案设计的基础上，根据工程勘察单位提供的测绘地形图进行项目平面、竖向、剖面设计，同时按照不同专业进行设计，并编制初步设计概算文件。

初步设计完成后提交项目公司审查，通过项目公司审查后，由项目公司提交市住建局组织初步设计评审。评审会由市住建局设计管理部门组织，同时邀请规划、消防、环保、市政等管理部门及各相关专业的专家参加，项目公司和设计单位进行了旁听，并对相关问题进行了解释。

设计单位根据评审意见对初步设计图纸进行修改，然后再报市住建局征求意见并最终获得了住建局审批意见。初步设计获批后，设计单位开始进行施工图设计。

施工图设计是在初步设计的基础上进一步的深化和细化，即把设计者的意图和全部设计结果表达出来，满足施工要求。施工图作为施工制作的依据，它是设计和施工工作的桥梁。配合施工图设计编制相应的施工图预算。

施工图设计完成后，设计单位将图纸提交项目公司进行审查。审查通过后，项目公司开始办理施工图设计文件审查手续。设计单位根据需要，配合项目公司提供各种文件和技术支持。施工图设计文件审查由市住建局指定的审查机构负责具体工作。施工图设计文件审查包括政策性和技术性审查。

施工图设计文件经审查期间，设计单位根据审查机构建议和意见进行了答疑和图纸修改。施工图设计文件审查合格后，施工图设计审查机构提交《建设工程施工图设计文件审查意见书》和《建设工程施工图设计文件审查报告书》给市住建局，市住建局设计管理办公室根据施工图设计审查机构提交的《建设工程施工图设计文件审查意见书》和《建设工程施工图设计文件审查报告书》，签发《建设工程施工图设计文件审查批准书》。项目公司持《建设工程施工图设计文件审查批准书》，到有关部门办理施工许可等建设手续。至此，设计单位的施工图设计工作完成，设计单位转入后续服务阶段。

进入后续服务阶段后，设计单位为配合项目公司招标文件的编制工作，及时提供了工程量清单。

在工程项目进入施工阶段后，在项目公司和监理单位组织下，按照时间安排设计单位及时派各分项设计技术骨干向施工单位进行了技术交底。同时根据工程施工需要，设计单位指派了设计代表常驻现场，随时向施工单位解释设计意图，处理施工过程中发生的与设计有关的技术问题。设计单位作为项目公司和施工单位的参谋，确保了工程质量和工程的顺利进行。

同时根据现场实际情况，如出现设计变更、工程洽商等情况，设计单位安排了专业技术人员到现场与项目公司和施工单位、监理单位共同协商，依据设计单位的质量管理体系及操作流程，按照项目公司的要求及时完成了相关工作。

在交工验收和竣工验收阶段，设计单位积极配合和参加了项目公司组织的交工和竣工验收工作，保证了工程项目按期顺利投入使用。

同时，根据《建筑工程五方责任主体项目负责人质量终身责任追究暂行办法》，设计单位将对所负责工程项目的设计质量终身负责。

3. 招标采购

1）招标采购咨询成果

《某市海绵城市PPP技术支撑单位政府采购项目招标文件》《某市海绵城市设计导则研究及编制单一来源招标文件》《某市海绵城市专项规划编制政府采购项目招标文件》《某市海绵城市市区排水防涝规划政府采购项目招标文件》《某市海绵城市中山街、文化街、政府路、南城路外立面改造工程设计招标文件》《某市海绵城市建设项目施工入围单位整体采购项目招标文件》《某市海绵城市智慧云平台建设项目招标文件》《某市海绵城市建设项目工程专业技术服务入围单位政府采购项目招标文件》《某市海绵城市古建筑项目设计招标文件》。

2）复盘

（1）社会资本采购阶段

PPP实施方案批复后，招标代理单位结合项目情况、依据实施方案编制了项目社会资本采购资格预审文件，经实施机构和市政府审定后6月上旬在中国政府采购网、当地指定媒体上公开发布资格预审公告，到期后成功组织了资格预审评审工作。

资格预审申请截止前，招标代理单位完成了社会资本采购竞争性磋商文件和PPP项目合同的编制和报批工作，竞争性磋商文件中，以显著标记的形式明确了核心内容和实质性条件，作为不可谈判条件，不得在采购结果确认谈判中进行变更。

资格预审评审完成后，招标代理单位及时发布了社会资本采购竞争性磋商公告（代资格预审合格通知）并确定于7月下旬组织竞争性磋商工作。竞争性磋商评审当天，竞争性磋商小组专家与参与磋商的各家供应商就项目的各项商务条件、技术条件等进行了充分的沟通，并在第二轮磋商时将商务和技术条件修正至同一水平后，要求各供应商分别进行最终报价，评审小组根据最终报价和各家的竞争性磋商响应文件，依据竞争性磋商文件规定的评分办法，对各供应商进行了评分，并依据得分高低编写了竞争性磋商评审报告，向采购人推荐了有排序的成交社会资本候选人。

8 月，实施机构组建了由实施机构、财政、发改、审计、环保等部门相关人员和法律、财务专家组成的采购结果确认谈判工作组，工作组就第一成交候选社会资本提出的 PPP 项目合同中的可变更条款修改意见进行了逐条谈判，并最终达成一致，双方签署《采购结果确认谈判备忘录》。

《采购结果确认谈判备忘录》签署后，8 月中旬在法定媒体上发布了本项目社会资本采购预成交结果公示，公示期 5 个工作日内未收到有效的质疑和投诉，遂依据法定程序发布了成交结果公告和成交通知书。

成交社会资本领取成交通知书后，依据规定在 9 月中旬与实施机构签署了经市政府审批同意的 PPP 项目合同，并与政府方出资代表签订了股东合资协议和项目公司章程，启动项目公司设立工作。

项目公司成立后，又与实施机构和社会资本共同签署了《PPP 项目合同权利义务承继补充协议》，明确继承了 PPP 项目合同中应由项目公司承担的权利和义务。

（2）项目公司阶段

项目公司成立后，依据海绵城市规划进行了实地调研，编制了项目建设计划，并计划对合作单位进行招标，招标代理单位根据实际情况编制了合作方招标工作计划，与项目公司反复沟通后按照确定的计划进行了相关的招标工作。根据项目开展的紧迫性排序，2016 年完成了技术支撑单位、专项规划编制单位、设计导则研究及编制单位、排水防洪规划单位、施工单位、监理单位的招标，后期又根据工程实际进度，完成了部分特定项目的单项招标，有效保证了项目前期工作的开展。

4. 监理

1）咨询成果

监理规划、监理交底会议纪要、工程开工令、监理例会会议纪要、工程款支付证书、监理月报、工程质量评估报告、竣工移交证书、监理工作总结。

2）复盘

2017 年 1 月监理单位通过海绵城市建设项目政府采购项目公开方式招标入围机构库，2017 年 4 月 10 日接受海绵型建筑与小区（改造）项目监理委托。海绵型建筑与小区（改造）项目主要包括道路硬化改造、LID设施、绿化工程、照明亮化工程、节能改造、给水、雨水、排水工程、供热工程、辅助工程等内容。项目于2017年4月26日开工，2017年月10月6日通过竣工验收，并顺利移交项目公司。通过项目监理工作启动、策划、实施和监控及收尾等工作，成功实现全过程工程咨询服务合同监理目标。

（1）项目监理工作启动

监理单位中标后，通过内部组织协调，组建了项目监理部。2017年4月12日项目监理部入驻施工现场，并完成合同交底。2017年4月17日总监理工程师组织编制完成了海绵型建筑与小区（改造）项目《监理规划》，用于指导项目监理部全面工作。2017年4月19日参加项目公司主持召开的第一次工地会议。2017年4月21日参加项目公司主持召开的图纸会审和设计交底会，在会上监理部提出了对老旧小区道路横坡坡向、路面与道路绿化带及周边绿地的竖向优化设计，对湿陷性黄土不利地质条件，提出了对下沉式绿地、雨水花园内部结构设置有效防水材料保证雨水安全蓄积的建议。2017年4月23日总监理工程师主持召开施工监理交底，明确适用的法律、法规及政策，阐明合同中各单位的权利和义务，介绍监理工作内容、程序、方法和措施，施工报审和资料管理等要求。总监理工程师组织专业监理工程师审查施工组织设计并签署审查意见，重点审查编审程序符合性，施工进度、施工方案、工程质量等保证措施、资源供应计划是否满足项目需要，职业健康、安全技术措施及环境保护是否符合强制性标准。总监理工程师核查工程开工条件及相关资料并签发《工程开工令》，项目于2017年4月26日顺利开工。

通过回顾与分析，项目监理工作启动及目标策划工作有条不紊，各项工作目标顺利实现。得益于项目监理部对海绵城市建设的政策、专项规划、实施方案、技术指南、有关法律、法规、规范和标准、勘察设计文件等组织收集、整理、学习与研究，对海绵型建筑与小区（改造）项目的目标、技术、管理、现场环境及相关单位等情况进行了详细的调查和充分的研究。《监理规划》明确了监理工作范围、内容、目标、依据、组织机构、人员配备及进退场计划、岗位职责、工作制度、工程质量、工程进度及工程造价控制、安全生产管理、合同与信息管理、组织协调、监理工作设施、监理实施细则的编制计划等内容。经审核审批并报项目公司和监理单位后实施。

事实表明，监理规划编制与正确实施对于指导项目监理部开展"三控两管一协调"及安全生产管理监理工作，实现全过程工程咨询服务合同目标发挥了重要作用。

（2）项目"三控、两管、一协调"及安全生产管理监理工作

项目工程实体建造并提供合格的工程产品结果，最易产生工程质量、进度、安全、合同等问题及需协调的事项，是实现项目"三控、两管、一协调"及安全生产管理监理工作目标的实质阶段，要确保合同目标的实现。

通过回顾与分析，项目"三控、两管、一协调"及安全生产管理监理工作目标符合合同要求，并在进度和投资控制上好于合同预期目标。项目监理部对工程目标层层分解，明确控制要点，严格控制程序、方法及措施。项目监理部通过加强预控，过程跟踪，强化验收，采取巡视、旁站、平行检验等方式实施监理。

项目监理部的主要工作内容如下：

①审查施工单位现场质量管理组织机构、管理制度及专职管理人员和特种作业人员的资格；审查施工方案；检查、复核施工控制测量成果及保护措施，对测量放线成果进行查验；审查施工试验计划，编制见证取样送检计划。

②审核分包单位资格；组织对进场材料、构配件和设备、隐蔽工程、检验批、分项、分部工程进行验收，对发现的质量问题及时下达监理指令要求施工单位整改，如：在管线回填土施工监理旁站过程中发现回填土质、分层厚度、压实系数等不符合设计要求，透水砖进场检验与封样不一致，排水坡度不符合设计要求等质量问题，监理及时下达《监理通知单》要求整改，并跟踪整改情况，保证工程质量处于受控状态。

③审查施工总进度计划和阶段性施工进度计划并签署意见，组织工期优化，严控关键线路及里程碑事件，跟踪检查、对比分析进度偏差并纠偏，项目实际进度符合总控计划并比合同工期提前23d。

④对工程款支付报审进行认真计量与审核，严格控制暂估价，审查竣工结算资料，核实保修期缺陷修复费用并签署意见。

⑤项目监理部坚持"安全第一、预防为主、综合治理"的方针，建立健全安全生产管理监理体系、工作制度、岗位责任制，将安全生产管理的监理工作目标、内容、方法和措施纳入监理规划及监理实施细则；对危险性较大的分部分项工程，编制监理实施细则；审查施工现场及毗邻建筑物、构筑物和地下管线等的专项保护措施；审查施工单位现场安全生产规章制度的建立和实施情况，审查施工单位安全生产许可证及施工单位项目经理、专职安全生产管理人员和特种作业人员的资格，同时核查施工机械和设施的安全许可验收手续；审查施工组织设计中的安全技术措施、临时用电施工组织设计（方案）、绿色施工方案、生产安全事故应急预案等并检查实施情况；审查施工单位报审的专项施工方案，参加超过一定规模的危险性较大的分部分项工程专项施工方案专家论证会，巡视检查危险

性较大的分部分项工程专项施工方案执行情况，对按规定需验收的进行验收并签署验收意见；组织日常、专项、季节性、节假日、联合安全检查，如：在检查中发现临时用电、临边防护、高空作业、深基坑（槽）、起重吊装、有限空间作业、特种作业人员等存在安全措施、安全行为或安全管理不符合规定的问题，对发现存在安全事故隐患的情形及时下达监理指令要求施工单位整改，使安全处于受控状态。

⑥加强工程变更和费用索赔的管理，公正、合理处理合同其他事项。

⑦建立健全监理信息管理制度，明确人员，利用计算机、互联网通信技术、专业管理软件，及时准确收集、整理、编制、传递、归档文件资料。

⑧编写《监理月报》向建设单位报告工程实施情况、监理工作情况、存在的问题及处理情况及下月监理工作重点等内容。

⑨通过监理例会、专题会议、工作联系单、情况交流等方法组织协调建设工程合同相关方的关系，解决工程及有关问题。

⑩组织竣工预验收并签署验收意见，组织编写《工程质量评估报告》并报建设单位。参加建设单位组织的竣工验收，对验收提出需整改的问题，督促施工单位整改并复查。工程竣工验收后，总监理工程师及建设单位代表共同签署《竣工移交证书》，工程进入保修阶段。

（3）监理工作的收尾及后续相关服务

收尾阶段主要做好监理档案移交、竣工结算审核、结清监理费用、配合结算审计、编写《监理工作总结》并报建设单位。后续相关服务主要是做好保修期定期回访和记录，调查工程质量缺陷原因，确定责任归属，要求施工单位修复并监督实施。对非施工单位原因造成的质量缺陷，核实签认修复工程费用并报建设单位。《监理工作总结》要充分反映全过程工程咨询服务合同的履行、监理工作情况及成效，经验与教训，指导监理单位在今后全过程工程咨询服务中如何更好地开展监理咨询服务工作。

（4）监理工作经验与不足

项目监理部在全面履行全过程工程咨询服务合同时，通过创新增值服务，提高监理工作服务水平，不断加强沟通与协调，顺利完成了项目启动、实施、收尾及保修阶段各项工作，较好地实现了监理合同预期目标。在此项目工作过程中，项目监理部也发现了不少问题与不足。如优秀管理和专业技术人才短缺，人员流动性大，部分专业技术人员服务水平和能力低，缺乏责任心，执行力不强，风险防范意识薄弱，这些都影响了监理服务质量和水平的提升。面对以上存在的若干问题，监理单位要通过健全管理制度，创新工作方法，加大人才吸引与培养力度，加强学习与培训，增强风险意识，提高服务意识和能力，不断增强市场竞争力，更好地服务建设单位。

5. 造价

1）咨询成果

评审报告。

2）复盘

本项目造价咨询分为两个层面，一个层面是为项目公司提供造价咨询服务，另一个层面是为财政部门提供造价咨询服务。由于两个层面的造价业务互斥，所以两个层面的造价业务必须由不同的造价单位完成。在 PPP 合同签订之后，项目公司开始开展具体项目时，我公司（以下称"造价咨询单位"）作为该市财政局预算评审中介机构库成员单位之一，受市财政局委托负责本项目预算评审工作，主要工作内容包括：工程量清单与招标控制价审核、工程计量支付审核、工程变更审核确认、工程签证和工程索赔的处理、竣工结算审核、竣工决算审核等。本项目仅就造价咨询单位负责的预算评审造价咨询工作进行复盘。

2016 年 11 月 21 日造价咨询单位接到委托任务后，首先在第一时间确定了项目经理，组建了项目组，并根据任务委托通知与市住建局、项目公司进行了接洽。同时依据委托任务书，公司主管领导、区域总经理、项目经理及相关专业人员召开项目会议，共同研究项目的相关资料，包括项目名称、项目地点、建设规模、投资规模、项目进度计划等，并对咨询服务工作的开展进行了部署。

由于本项目涉及多个子项目，所以项目组首先在对本项目相关资料进行认真研究的基础上制订了相应的项目总咨询工作计划，包括项目名称、项目基本情况、工作目标与任务、时间进度、工作质量、费用情况、项目团队组成与分工、成果提交方式等，用以指导、安排咨询工作。由于总咨询工作计划不涉及具体的工程项目，所以项目组会在接到具体子项目的时候，再制订相应的具体评审工作计划，项目组的工作则是根据每个具体子项目的实施计划开展的。

项目组人员由造价咨询单位下属区域分公司各相关专业人员组成，造价咨询单位总部负责技术支持、质量控制和资源管理。项目组共计 11 人，其中一级注册造价工程师 3 人，二级注册造价工程师 7 人，行政后勤人员 1 人。

项目组在接到具体项目后，与市住建局、项目公司的相关部门及时取得联系，进行了工作对接，索要了相关资料。对项目资料进行了梳理和研究后，项目经理组织人员编制具体评审工作计划，确定现场踏勘时间。

在约定的时间和地点，项目组在市住建局、项目公司相关人员陪同下，一起对工程项目现场进行了踏勘，认真、细致地了解了项目的整体情况。同时，在项目公司会议室召开了项目情况汇报会，对后续工作进行安排。

随后，项目组结合现场踏勘和项目资料，开始进行审核工作。审核工作过程中，项目组就申报资料存在的问题和项目情况进行了充分沟通，最终形成了评审报告初稿。

评审报告初稿完成后，项目组将报告发给市财政局相关部门进行审核。市财政局就评审结果向市住建局征求意见后，对评审报告出具审核意见。项目组根据审核意见修改评审报告直至获得市财政局认可。

从 2016 年 11 月接受委托至 2018 年 12 月止，造价咨询单位总共负责了本项目中共计 81 个工程项目的工程量清单与招标控制价、工程计量支付、工程变更、工程签证、工程索赔、竣工结算、竣工决算的审核工作。

下面以三个典型案例对本项目各阶段的评审工作进行简单说明。

案例一：某市海绵城市建设——南城路沿线两侧建筑外立面改造项目，共计三标段共 40 个单体。

该工程项目招标控制价送审金额 86975068.16 元，审定金额 79074261.50 元，核减金额 7900806.66 元，核减率 9.08%。下面从优化设计角度描述造价咨询单位对该项工程的评审工作。

（1）保温隔热墙面厚度调整：原设计为 70mm 厚岩棉板，造价咨询单位通过市场调查得知，此材料当地供货存在一定困难，而项目所在地 EPS 模块保温板供应充足，且 60mm 厚即可满足设计要求。最终，经与设计单位沟通，设计单位同意将岩棉板改为 EPS 模块保温板。经评审，保温隔热层综合单价由 90.12 元 / m^2 调整为 85.01 元 /m^2，既满足设计要求，总成本也有所降低。

（2）保温隔热屋面做法：原设计为 115mm 厚 EPS 模块保温板，根据造价咨询单位的专家咨询意见，设计过于保守，专家提出 110mm 厚 EPS 模块保温板即可满足设计要求，经与设计单位沟通确认，同意对设计方案进行调整。经评审，该项综合单价由 79.28 元 /m^2 调整为 69.07 元 /m^2。

案例二：某城市湿地公园建设项目，占地面积约 186 亩，该项目主要利用项目区现状地形、水体及绿化基础进行海绵城市改造，主要建设内容包括绿化及海绵设施建设、园路广场的铺装硬化、涵养湿地（水系）驳岸改造，配套景观小品、节水灌溉系统、卫生间等附属设施。

该工程项目招标控制价送审金额 17103431.29 元，审定金额 14814627.12 元，核减金额 2288804.17 元，核减率 13.38%。下面从优化设计角度描述造价咨询单位对该项工程的评审工作。

湿塘底部处理原设计按照路面铺筑，满铺中粗砂彩色卵石（1 ~ 3cm）面层，不作拼花处理，单价测算是 116.34 元 $/m^2$。经过评审专家和造价咨询单位专业技术人员现场踏勘得知，该湿塘底部处理按自然护岸、河卵石设计即可满足使用要求，测算单价为 60.85 元 $/m^2$，成本单价降低近一半。此部分送审金额 62072.04 元，审定金额 32465.91 元。

案例三：某城市城墙遗址公园建设工程，规划围绕某城市城墙遗址，按内环外环分各节点进行城墙遗址公园、游客服务中心、商业区及道路绿化、海绵设施等建设，并配套照明亮化、给水排水等市政基础设施。

该工程项目结算送审金额 45614169.71 元，审定结算金额 42138684.47 元，核减金额 3475485.24 元，核减率 7.62%。造价咨询单位主要从定额套用、材料单价、工程数量、措施费等方面进行审核。

（1）铺装工程里涉及的 3:7 灰土垫层，送审结算按园林绿化工程定额的 3:7 灰土垫层子目计取，经造价咨询单位评审，采用按市政定额的灰土厂拌、运距（5km）以及集中消解定额计取，此项核减金额为 65.32 万元。

（2）铺装工程里涉及的挖方送审综合单价为 18.47 元 $/m^3$，挖土方采用人工开挖，经造价咨询单位评审，挖土方改为人工和机械配合开挖，审定综合单价为 6.74 元 $/m^3$，此项核减金额为 6.53 万元。

（3）绿化工程中元宝枫送审工程量 149 株，送审综合单价为 3329.78 元 / 株，经造价咨询单位评审，苗木价从信息价改为市场价，审定综合单价为 2572.88 元 / 株，核减金额为 11.28 万元。

（4）绿化喷灌工程中挖沟槽土方，送审工程量为 6232.72m^3，送审综合单价为 10.39 元 $/m^3$，经造价咨询单位评审发现，该项工程量及定额套取有误，审定工程量为 3843.62m^3，审定综合单价为 6.25 元 $/m^3$，核减金额为 4.07 万元。

6. 运营管理及维护

1）咨询成果

《某市海绵城市项目运营维护的技术方案》、各项管理制度等。

2）复盘

本项目部分子项目已经完工，进入运营维护阶段。项目公司委托技术咨询公司编制了《某市海绵城市项目运营维护的技术方案》，建立了项目运营维护管理制度，该运营维护技术方案内容包括组织管理方案、运营维护技术方案、运营维护质量标准、事故应急管理方案和运营维护费用计算等。

为了使项目设施处于良好的使用状态，项目公司成立了专门的运营分公司，配备了相应的管理人员、巡查人员、技术人员、工人和设备等，并根据项目分布情况以及项目类型，成立了若干个专业运营维护大队。组织管理方案具体内容包括责任落实和人员管理、项目团队主要管理人员岗位职责、低影响开发管理、运营维护质量标准等。

运营维护的技术方案具体内容包括：机械设备、各类工具的检修与维护、电气设备的检修与维护、管道的运营管理与维护、污染物控制方案、透水路面养护方案、管网养护方案、生物滞留设施养护方案、渗透塘养护方案、渗井养护方案、渗管／渠养护方案、植草沟养护方案、植被缓冲带养护方案、初期雨水弃流设施养护方案、人工土壤渗滤养护方案、维护频次方案及其他相关管理制度等。

运营维护质量标准具体内容包括：透水混凝土路面、下沉式绿地、生物滞留设施、渗透塘、植草沟、保洁养护、绿化养护、基础设施维护等多个项目类型的运营维护标准说明和要求。

事故应急管理方案具体内容包括：应急处理组织机构和职责、进水水质超标的应急预案、人员触电应急预案、机械伤害应急预案、漏水、停电的应急预案、设备受冻后的检查及恢复运行应急预案、战争、自然灾害、疫情等突发事件的应急预案、防洪度汛方案。

运营维护的根本任务是保证该市海绵城市建设项目的水质达到排放标准，海绵化设施、绿化、硬质景观、基础设施等维护达到最终的验收移交考核标准。管理人员和操作人员需按各类型的设施或设备管理方法和操作规程精心管理，安全操作，保证整个项目的运营维护符合标准。

通过建立规范化管理制度，如岗位责任制、设施巡视制度、安全操作制度、交接班制度和设备保养制度等，可以有效提升企业的运营管控水平，营造良好的工作环境及现代企业管理氛围，培养员工严谨的工作作风和良好的行为素养，保持舒适、安全、明亮的工作环境，促进员工整体素质提高和公司形象充分提升。

为便于管理和操作，在各主要节点配备工艺流程图、供配电系统图等图表。在大型设备的明显部位张贴操作规程、运转说明，明确标识设备的工作状态，使操作人员明确本岗位的工作性质、目的及操作方法。

为确保运行管理人员熟练掌握各类型工程内容的工艺流程、设施、设备的规格、性能、技术参数等，管好用好公司的工艺及设备装置，使其合理、有效、可靠地运转，项目公司运营分工对操作人员在上岗之前进行专业培训，同时通过传帮带的方式进行技能传授和经验分享，使操作人员可以熟练掌握本岗位工作技能，明确岗位职责。

针对不同项目，操作人员在进行例行巡视时，应注意侧重点和关注点。如硬质铺装表面是否有垃圾或尘土、雨水花园表面是否有杂草和植被是否需要修剪，观察各种仪器、仪表是否工作正常、稳定。

操作人员每日要及时准确地填写运营维护记录，要求记录字迹清晰、内容完整，不得随意涂改、遗漏或编造。技术人员要定期检查原始记录的准确性与真实性，做好收集、整理、汇总和分析工作。

运行维护过程中，出现操作人员正常工作范围之外或是不能解决的问题，如设备出故障、水质有明显的异常，要及时向主管部门汇报，组织维修，予以解决。

室外的所有设施都必须经常做好清洁处理。应经常检查设施的外部和内部损坏或污染情况，保证设施的运行效率，防止设施被腐蚀、被污染。给水阀井内长期存水不利于操作，又腐蚀阀门，所以，对于阀门漏水或地下水渗漏等情况，应采取适当措施。操作人员应经常清理沉淀物，保持整洁。

7. PPP 咨询

1）咨询成果

《某市海绵城市 PPP 项目物有所值评价报告》《某市海绵城市 PPP 项目财务承受能力评价报告》《某市海绵城市 PPP 项目初步实施方案》《某市海绵城市 PPP 项目实施方案》。

2）复盘

2016 年 4 月，实施机构作为采购人，发布了 PPP 咨询机构采购公告，我公司认真研究了采购需求并参加了竞标，最终在竞争中胜出，有幸成为该项目的 PPP 咨询单位。

中标后，PPP 咨询单位成立了项目组，认真调研走访，发现相关单位不了解 PPP 的政策和运作模式，沟通工作效率较低。为从根本上解决此问题，PPP 咨询单位与财政局沟通，为开展 PPP 业务所涉及的相关市级政府机关部门举办了 PPP 政策和实操培训，取得了较好的效果。此后工作中沟通效率明显提高。

在与政府方进行了多轮次的汇报沟通后，PPP 咨询单位结合项目情况进行了建模试算，并提出多种方案对比分析，最终协助政府方确定了最有利的组合方案，项目的边界条件确定为：项目资本金比例为 20%，项目公司的股权比例为政府出资代表占 20%，社会资本占 80%；建设模式为"建设–运营–移交"（BOT）+"改扩建–运营–移交"（ROT）；合作期限 25 年（含建设期 2.5 年）；融资部分根据《住房城乡建设部　中国农业发展银行　关于推进政策性金融支持海绵城市建设的通知》（建城〔2015〕240 号），积极向中国农业发展银行申请优惠利率和期限 25 年的中长期专项贷款。合理利润率、折现率和贷款利率均根据当时的行业平均水平，结合政策银行的贷款利率确定。

为了确保本项目合作双方的权益，在风险分配上，采用"风险由对它最具有影响力和控制力的一方来承担，或者是对它最有承受能力和成本最小的一方承担"的原则，客观地对风险进行了识别和合理分配。

在核心边界条件中，对于双方的权利义务、资产权属等进行了约束，特别是股权锁定期 5 年内，社会资本方不得出让股权，以确保社会资本能够持续为建设和运营服务，避免出现社会资本"重建设轻运营"的情况。

在回报计算上，考虑到地方财政承受能力的现实情况，结合金融机构的还款要求，PPP 咨询机构将社会资本自有资金和债务融资部分分开独立计算。其中，债务融资部分贷款期限为 25 年，按照金融机构"前两年还息不还本、第三年开始按季度采用等额本金方式还本付息"的要求进行计算，减轻了政府和项目公司的资金、经营压力。

项目监管体制则以实施机构为主体、结合政府各职能部门的行政监管和公众监督建立，对项目公司起到了较强的监管作用。

同时考虑到合作期长，其中可能要应对一些不可控的风险，在 PPP 合同体系中设置了终止和提前终止条件和解除合同程序，避免因此出现纠纷。

在 PPP 实施方案中，也依据实际情况合理设置了建设期和运营期的绩效考核，并规定付费结合绩效考核结果进行。

《某市海绵城市 PPP 项目物有所值评价报告》《某市海绵城市 PPP 项目财务承受能力评价报告》《某市海绵城市 PPP 项目初步实施方案》经过 PPP 咨询机构的多轮次讨论和修订后，于 2016 年 5 月下旬报实施机构，并由实施机构报市财政局申请进行物有所值和财承的专家评审。

在评审会上，PPP 咨询单位就项目的基本情况及思路进行了汇报，专家就项目的物有所值评价报告和财务承受能力评价报告、PPP 初步实施方案进行了评审，认为项目符合物有所值原则，同时作为该市第一个 PPP 项目，其财政补贴责任在政府承担的范围内，专家一致同意通过物有所值评价和财政承受能力论证。评审会后，市财政局根据专家意见对本项目的物有所值评价报告和财务承受能力评价报告进行了批复。

此后，PPP 咨询单位根据专家评审意见，对本项目 PPP 初步实施方案进行了完善并广泛征求了相关单位的意见，汇总整理并认真研判后有条件接受了部分合理建议，最终将修订完善的 PPP 实施方案由实施机构报市政府进行批复。市人民政府于 6 月上旬以会议纪要形式对实施方案进行了批复，至此本项目完成识别阶段各项准备工作，具备采用社会资本的条件。

WY 疏港高速公路工程全过程工程咨询案例

——浙江中诚工程管理科技有限公司

常永振　何大河　陈朝阳　张晔炜　俞　俊

1　项目背景

进行 WY 疏港高速公路工程的建设，是打通"WY 港"集疏运的重要通道。它的建设对构建全国重要物流节点城市、缓解区域内国省道交通压力、完善区域公路网络、助推 WY 都市区建设和构筑区域城市群等都具有重要的作用。同时，对全面启动 WY 市国际贸易综合改革试点，加快 WY 国际贸易和物流发展具有十分重要的意义。

2　项目概况

WY 疏港高速公路工程主线全长约 24.42km，共设桥梁 12.1km/21 座，其中特大桥约 7.06km/3 座，大桥约 4.55km/10 座；隧道约 1.9km/2 座，其中长隧道 1.451km/1 座；互通式立体交叉 6 处，其中枢纽式互通立交 2 处；收费站 4 处、养护工区 1 处、管理分中心 1 处。主线采用交通运输部颁发的《公路工程技术标准》JTG B01—2014 中高速公路标准设计，设计速度 100km/h。采用沥青混凝土路面，路面标准轴载：BZZ-100kN；汽车荷载等级：公路-Ⅰ级。

本项目概算批复拟占用土地 3160 亩，工程概算投资约 55.65 亿元。批复建设工期 48 个月。

3　需求分析

3.1　合法合规

WY 市交通投资建设集团有限公司成立于 2015 年 7 月，是 WY 市市委市政府深化政府投融资及国有企业管理体制改革而成立的市属国有企业，公司注册资本 20 亿元，主要负责 WY 市各类公路投资建设。WY 市交通建设有限公司为 WY 市交通投资建设集团有限公司的全资子公司，负责 WY 市交投集团投资建设的公路工程建设管理。

WY 疏港高速公路工程于 2016 年 6 月经 JS 省发改委批准立项，项目性质为企业经营性高速公路（部分财政补助），项目法人为 WY 市疏港高速公路投资开发有限责任公司。WY 市疏港高速公路投资开发有限责任公司的控股股东为 WY 市交通投资建设集团有限公司，本项目全权委托给 WY 市交通建设有限公司进行建设管理。

WY 疏港高速公路是 WY 市交通投资建设集团有限公司投资建设的第一条高速公路，并且 WY 市交通建设有限公司成立时间较短，缺乏拥有高速公路建设管理经验的工程专业技术人才和管理人才。因此，WY 市交通投资建设集团有限公司希望通过引入全过程工程咨询单位，在 WY 疏港高速公路项目开展全过程工程咨询服务，通过学习全咨单位的规范、专业的建设管理经验，在实现项目管理目标的同时，为 WY 市交通建设有限公司培养一批高速公路项目管理人才。

因此，WY 市交通建设有限公司要求本项目必须合法合规，基本建设程序必须执行到位，项目管理必须规范和专业，并应强调痕迹管理，保全项目信息资产。

3.2 投资可控

WY 疏港高速公路全长 24.42km，项目估算投资 55.16 亿元。可行性研究报告分析和评价的结论是：本项目国民经济效益尚好，各项评价指标均达到项目立项的要求，有一定的承受不确定性因素带来的投资风险能力。本项目财务上不可行，并且在项目营运期内不能偿还贷款。本项目需要财政补助。

因此，本项目必须严控工程投资，概算不得超估算，预算不得超概算，严防地勘深度不够导致成本不可控。

3.3 确保工期

WY 市拥有国内物流和国际物流站场设施，拥有 8 个现代物流产业区，总面积达 12km^2，有物流企业 2578 家，年发货量约 3500 万 t，物流从业人员约 17.5 万人，在 WY 市通行的道路货运车辆 3.6 万辆。为解决当前交通拥堵的情况，解决交通瓶颈严重制约当地经济发展的现状，业主要求在 48 个月的合理工期内，本项目应尽早建成并投入使用，不得延迟交付，确保工期。

3.4 探索陆港模式

经过多年的快速发展，WY 市目前已成为全球著名的商品采购与流通中心、会展中心和制造中心，商贸发达、经济繁荣，城市辐射与集聚功能强大；近年来WY 市迅猛增长的物流产业规模和影响度，快速提升了其在 JS 省、长三角地区乃至全国的商品物流中心地位，并且已成为全国最大的零担货运配载物流枢纽。但目前，WY 的国内物流仍存在"低、小、散、乱"的现象，与其承担的城市转型发展的重任极不相称。随着经济社会快速转型，新的市场经营方式和物流业态不断出现，特别是"国际贸易综合改革试点"的有力推进，正在日益倒逼 WY 市传统国内物流的转型升级。2014 年，加快"WY 港"建设被确定为 WY 国际商贸综合改革试点的重点工作，WY 市作为陆港城市，正在积极探索建设"陆港"模式。WY 疏港高速公路项目是 WY 市"陆港"模式中实现公路干线运输的主要工程之一。

4 服务策略

4.1 策划先行

项目策划是一种具有建设性、逻辑性的思维过程，在此过程中，总的目的就是把所有可能影响决策的决定总结起来，对未来起到指导和控制作用，最终借以达到方案目标。

本项目的各项咨询服务在实施前要有总体策划、实施方案、管理制度、人员配备、服务流程、实施细则、作业指导书等自上到下、从粗到细的策划过程。包括全过程工程咨询服务模式策划、组织机构策划、各专业服务咨询策划、资源配置策划、投资控制策划、工期控制策划、质量管理策划、安全管理策划等。根据业主的主要需求、项目特点、项目风险等因素，准确把握全过程工程咨询的定位，明确全咨管理的总体思路，制定符合项目实际的管理目标，最终形成科学、合理的项目策划书。

4.2 集约发展

传统项目管理模式针对项目管理的不同阶段，相对应地选用了不同咨询团队来提供前期策划、勘察设计、招标代理、施工监理、造价咨询等服务工作。项目咨询被人为割裂成各个不同阶段和配备不同咨询团队，繁多的参与方增加了组织管理难度，形成了信息与资源的壁垒，降低了不同参与方的协调合作，只能为业主提供"碎片式"的咨询服务，从而无法从项目全生命周期整体进行把握，具有一定的缺陷性、局限性。

因此，本项目针对"碎片式"咨询服务的缺陷，提出了"集约发展"的全过程工程咨询服务策略。通过组建一个"服务到底的全咨团队"+"项目管理部门牵头，各专业咨询部门分工协作"的组织模式，选派业务能力全面的咨询工程师担任团队负责人——总咨询师，各部门各专业咨询工程师分别承担相应的专业咨询工作，为业主方提供全过程咨询服务。

全咨团队在策划时就应通盘考虑项目管理；梳理全咨团队的决策路径、信息传达路径，优化管理架构；发挥专业技术能力，整合资源，融合和优化后的资源，既要杜绝出现"空白地带"，又要防止做大量重复性工作；通过综合考虑项目质量、安全、环保、投资、工期等目标以及合同管理、资源管理、信息管理、技术管理、风险管理、沟通管理等要素之间的相互制约和影响关系，实施集成化管理，为项目业主提供整合型和集成化的咨询服务，避免项目管理要素独立运作而出现的漏洞和制约。

4.3 制度管理

为了更好地实现 WY 市交通建设有限公司提出的"项目管理必须合法合规，规范专业"的要求，我们制定"通过制度管理来规范项目管理"的服务策略。

全过程工程咨询管理团队成员可能来自同一集团公司不同部门或子公司，也可能来自联合体的不同单位，来自不同行业、不同专业，特别来自不同单位时，人事任免权、财务权在其中的管理效用将大大降低或失效，为此我们提出了"一切按制度办"的管理策略。只有制度完善才能更好地约束人的行为，规范人的行为，全咨团队才能管理规范。

制度既包括全咨团队的管理制度，也包括全过程工程咨询的服务制度，例如既要包括考勤管理制度、决策审批流程制度等，又要包括项目质量管理制度、设计变更管理制度、计量支付管理制度等。全面建立各项规章制度，并设立内部评价考核部门，检查考核制度执行情况。

制度的制定要规范化、标准化，达到"一切按照制度办事"的目标，实现全过程工程咨询管理团队的每个人都把这点牢记于心，并贯彻到平时的工作当中，这样团队成员就可以依据共同的制度准则来处理各种事情，而不是各说各话，各自执行各自公司的制度。

制定的制度要公开、透明，有利于团队成员高效沟通、明确职责、明晰权责界限，审批流程规范、简洁而不臃肿。

5 咨询方案

5.1 整体咨询方案策划以及关键控制点

5.1.1 整体咨询方案策划

WY 疏港高速公路项目整体咨询方案为：在项目建设实施阶段，全过程工程咨询团队向建设单位提供"全过程项目管理＋勘察设计＋造价咨询＋招标代理＋监理＋档案管理"的工程建设全过程咨询服务。

5.1.2 管理目标

（1）项目管理目标：打造"管理规范、廉洁高效"的项目管理团队，通过整合优质资源、减少重复工作、规范管理制度，来成功实现项目管理。

（2）投资控制目标：在确定的线位方案、桥型方案、隧道方案等基础上进行优化和多方案的比选，选择经济合理的设计方案，最大限度地合理减少工程量和征迁数量，贯彻限额设计思想，控制工程总投资，实现节约 3% 的估算投资控制目标。

（3）技术目标：根据现行标准、规范，贯彻交通部新的设计理念，探索陆港建设模式，解决 WY 市物流出港拥堵问题，力争达到项目在功能上满足使用要求，结构上安全可靠，技术上国内领先，设计上理念新颖，环境上体现生态环保，景观上与 WY 市历史文化相和谐，造价上经济合理的目标。

（4）工期目标：通过合理的技术搭接手段，优化设计、招标、施工等工作流程，合理压缩各阶段的衔接时间，在确保质量目标和安全目标的基础上，合理缩短工期目标，力争在 4 年的计划工期基础上提前 3 个月建成通车。

（5）质量目标：确保竣工验收各项评价 95 分及以上，确保省级优秀奖，力争国家优秀奖。

（6）安全目标：确保重大安全事故为零。

（7）环保目标：本项目沿线自然资源、历史人文和旅游资源丰富，经过 WY 市的饮用水源保护区，因此对环保及景观要求较高。在设计时，应结合环境影响报告，贯彻"生态环保选线"的原则，采取各种工程措施和生物措施，尽可能降低影响程度至改善周边环境和景观。

5.1.3 关键控制点

1.加强地质勘察，全面查明工程地质条件

WY 疏港高速公路项目路线走廊带范围内地质复杂，结构物占得比重大，工期和投资控制要求严格，因此勘察设计过程中，必须加强地质勘察，保证勘察工作的深度，全面摸清沿线地质情况，确保地质勘查资料的准确性与真实性，以防在设计和施工过程中出现因地勘不详细、不准确而导致大量设计变更，严重影响工期和投资的目标控制。

2. 加强设计管理，紧抓项目管理的龙头

工程设计在项目建设过程中从始至终处于主导和关键地位，其为工程项目提供各种依据性文件。设计功能目标的实现是实现 WY 疏港高速公路项目目标的基础，在工程项目实施过程中，它是保证项目质量、安全、进度和费用等目标的基础。设计管理水平的高低，直接关系到项目的质量、安全、进度和费用控制的水平，直接影响工程建设的成败。因此，必须紧紧抓住设计这个"龙头"，来实现项目管理目标。

3. 以"投资控制"为主线，实施全过程工程项目管理

在全过程工程咨询服务的各个阶段，都离不开投资控制，也只有投资控制是从项目立项、到项目建设，最终到项目运营，所以必须坚持好投资控制，以实现项目的经济效益。因此，我们在 WY 疏港高速公路项目管理中，应抓住"投资控制"——造价咨询服务这条主线，串联起项目管理、勘察设计管理、招标代理、工程监理、质量管理、安全管理等。既要实现当地政府和人民群众的国民经济效益，又要实现投资人的财务效益。

5.2 组织架构设计

（1）WY 疏港高速公路项目的全过程工程咨询服务由勘察设计、造价咨询和监理三家单位组成的联合体来实施，勘察设计、造价咨询和监理三家单位抽调或招聘合适人员组成全过程工程咨询项目部，承担全过程工程项目管理和与各联合体公司的协调工作；勘察设计单位承担工程勘察、工程设计专业咨询服务，以及BIM 咨询服务；造价咨询单位承担招标代理、造价咨询、合同管理等专业咨询服务；监理单位承担质量管理、进度管理、安全管理、档案管理和环保管理等专项咨询服务。

（2）全过程工程咨询服务团队的负责人由勘察设计、造价咨询和监理三家单位各自推荐合适的人选，再经比选后最终确定。

（3）全过程工程咨询服务团队成员优先由各家单位推荐合适人员，经比选后确定，如果都无合适人选，则从社会公开招聘。

（4）组织架构见图 1。

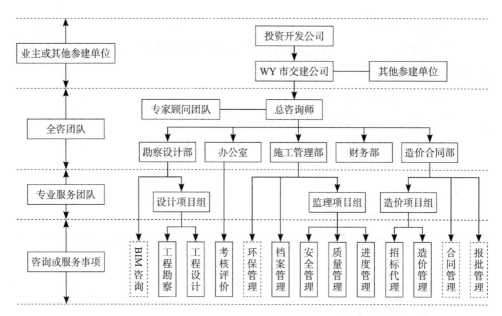

图 1 WY 疏港高速公路项目全过程工程咨询组织架构

5.3 各阶段咨询方案及价值

5.3.1 工程项目管理制度

本项目管理将从工程技术、施工、质量、安全、成本、物供等方面着手，总结以往的成功管理经验，共制定制度、办法、规则 19 项，其中制度 6 项（行政管理制度、安全生产管理办法、固定资产管理制度、投资管理制度、重大事项报告制度、部门职责），办法 11 项（财务管理办法、车辆及驾驶员管理办法、工程款拨付管理办法、工程项目建设管理办法、合同管理办法、绩效考核办法、考勤管理办法、勘察设计管理办法、廉政管理办法、印章管理办法、招标管理办法），规则 2 项（经理办公会议事规则、"三重一大"决策制度实施细则）。

5.3.2 项目管理的具体工作

1. 勘察设计阶段

勘察设计阶段的主要管理工作是进行勘察设计的管理，一方面进行限额设计的管理，另一方面根据实际情况对设计方案提出一些合理的优化措施，另外负责监督设计部门的进度和质量。

（1）与造价咨询部共同确定设计限额，并监督设计部门严格执行限额设计；

（2）参与多个设计方案的必选，选择最优方案；

（3）根据实际情况对设计部门提交的设计方案进行合理的优化；

（4）监督设计部门的工作进度和设计质量。

2. 招标投标阶段

该阶段主要工作是配合造价咨询部进行招标投标的管理，划分标段、确定中标单位以及施工合同的签订等。

（1）参与招标文件的编制与审核；

（2）协助造价咨询部展开具体的招标工作；

（3）参与同中标单位在正式签约前的协商、谈判；

（4）参与施工合同的审核工作，完成最终的签约工作。

3. 建设实施阶段

1）质量控制管理

（1）建立质量管理体系，明确目标与职责；制定各项质量管理制度并严格落实。

（2）根据国务院颁布的《建设工程质量管理条例》，对整个工程的建设质量实施管理并负管理连带责任。

（3）督促各参建方建立和健全质量管理体系，审核、检查各参建方的质量保证体系的有效性、完整性，确保工程质量，并对其运作和持续改进状况进行检查。

（4）制定巡视制度，加强现场巡视，第一时间了解和收集现场情况，及时解决现场存在的问题。

（5）参与重要节点的中间验收，组织并主持工程竣工验收。发现质量问题，责成施工单位及时整改。

（6）按照项目划分分解制订各单位工程和分部、分项工程的质量控制目标，制订相应的质量保证措施，确保工程质量达到既定的目标。

（7）做好进场原材料、设备的质量检查，审核经监理单位审查的建设工程使用的原材料、半成品、成品和设备的数量和质量。

（8）审核监理单位提交的质量报告，审核设计、勘察公司等各参与方提交的工程质量验收文件。

（9）要求施工单位、监理单位每月向建设单位提交工程质量情况报告；及时向水系指挥部汇报施工现场情况。

（10）审批监理单位提供的监理规划和监理细则。

（11）督促检查监理单位对施工单位的施工组织设计方案进行审核，并进行批复。

（12）参与监理单位组织的图纸会审。

（13）根据有关规定，负责一般工程质量事故处理；对重大质量事故，应依据专业经验果断、及时上报质量监督部门。

（14）接受质量监督部门的检查，协调处理检查中遇到的问题。

（15）组织各方在建设期和质量保修期内进行回访，对工程缺陷及时维修和弥补。

2）进度控制管理

（1）根据工程特点、实施状况及过去类似工程积累的经验，根据施工单位上报的项目总进度计划及控制节点，提出计划控制目标，报水系指挥部批准后，作为项目开展的纲领性计划，指导所有工作的开展。

（2）按照建设单位制定的项目总工期要求，编制年度进度计划和分段工程进度计划，报建设单位审批后，督促检查落实各阶段工程进度的实施情况。

（3）根据总进度计划，编制二级计划，包括设计出图计划、招标计划、采购计划、现场准备计划、施工计划等，并督促相关各方实施。

（4）严格按计划进行管理，对项目进度实施动态监控，一旦发现有进度脱节或延误，应及时查清原因，并采取相应的补救措施，确保在预定的总工期内按期完成。

（5）定期召开进度专题会议，督促各方按计划实施，出现偏差及时纠偏。

（6）协调各独立承包商及甲供材料、设备供应公司的进退场时间及相应的施工周期。

（7）利用组织、经济、法律、技术等手段和措施，保证进度计划的如期完成。

（8）设立计划专员，根据建设单位要求每月向建设单位提供各项目工程部位完成情况报表、产值报告及建设动态等。督促各施工单位上报并审核各专业进度计划，及时向建设单位汇报施工现场情况。

（9）做好各计划节点实际完成工期时间的详细记录，收集和保存有关工期资料。

（10）及时审核和处理有关公司提出的工期索赔事宜。

（11）审核承包商各项施工准备工作，检查施工现场状况，办理相关手续，组织施工临时供水、供电、接通通信至工地现场，组织编写开工报告，办理开工手续，为施工单位提供施工条件。

3）投资控制管理

投资管理主要从设计变更、招标投标、合同、采购、索赔等方面入手，管理建设单位聘请的造价咨询机构对投资进行全面控制。主要工作如下：

（1）按照既定的工程投资控制目标进行投资控制，确保工程总投资不突破经评审批准的工程投资目标。

（2）依照建设单位的要求，管理造价咨询公司对工程总投资进行估算并对其进行审核，为建设单位提供准确的决策依据。

（3）根据工程实际情况的变化对工程设计变更、现场签证的内容（如由于现场条件的变化而应增加的技术措施、调整设计方案等）及时作出检查、评审，并提出书面审核意见或合理化建议，供建设单位参考决策。

（4）审核相关图纸，利用价值工程方法，组织协调设计单位，为建设单位提供优化建议。

（5）提供对招标文件、评价方法和标底或投标控制价的咨询意见。

（6）参与或组织召开与投资有关的工程会议；

参与总承包、甲指分包、甲供材料、设备采购等经济合同的洽谈工作，提供有关询价服务。

（7）当索赔事项发生时，依据承发包合同，争取各方意见。及时处理各类索赔事宜，维护建设单位的利益；项目管理单位应实施严密的项目管理工作，尽可能避免索赔事件的发生。

（8）配合建设单位及时审核因设计变更、政策变更和现场签证等发生的费用，相应调整投资控制目标，并向建设单位提供投资控制动态分析报告。

4）安全控制管理

（1）按照政府及行业管理部门的有关规定，协助建设单位办理工程安全监督报批等有关手续。

（2）制定本项目的安全施工要求，并督促各有关公司认真贯彻、执行。

（3）明确施工单位的安全职责，负责督促指导施工单位做好安全生产施工，并督促检查安全生产施工目标、措施及其相关规章制度的制定和落实。

（4）协调施工总平面布置，合理分配交叉施工的时机和作业面，为各独立施工单位能够按时进场施工提供现场条件。

（5）对工地现场施工（生产）安全进行检查评分，通过日常管理，杜绝事故隐患。

（6）一旦发生意外事故，受托人应负责会同有关部门进行事故善后处理，查明原因，分清责任，及时制订和落实整改措施，并及时将事故调查情况书面上报建设单位，提出事故处理意见供建设单位参考，且根据事故结果承担相应的管理责任。

（7）负责督促各公司加强安全培训教育，增强施工人员自我保护意识，负责建立安全施工监督网络，检查安全施工落实情况，建立健全安全施工保证体系。

（8）设置专业安全生产管理工程师，制定安全生产管理细则，每日对现场情况如实记录，保证现场施工满足安全生产的要求。

（9）落实政府主管部门的有关规定，督促各承包商与建设单位签订安全施工协议。

（10）按照规定协助建设单位办好项目财产、人员等保险。

（11）代表建设单位接受安全监督部门的检查，协调处理检查中遇到的问题。

5）信息控制管理

（1）建立贯穿项目建设全过程、全覆盖的信息管理系统及制度，负责对工程资料及档案按期进行整编和管理，在项目结束后转交相关部门。

（2）合理制定各类信息的处理流程，保证各类信息可以及时、完整并经过处理地送达各类信息需求者。

（3）项目建设过程中及时向建设单位提供信息或编制各类报告、报表、文件，供建设单位介绍、汇报、统计、决策参考。

（4）接受设计单位、施工单位、供货公司和监理单位提交的各种报表和文件。

（5）接受上级有关部门就工程建设下发的各种文件，并按文件的属性及时下发有关公司。

（6）负责在施工过程中定期（每月至少一次）对监理、施工单位的同步资料进行检查，并提出指导意见；及时备份、建档和妥善保管与工程建设有关的所有报告和文件，以备建设单位及有关部门随时查阅和调用。

（7）编制年度、季度和月度工作计划和总结，并报建设单位及有关部门审定和汇总。

（8）建立工程统计台账、变更台账和结算台账，如实反映整个建设工程的进展情况。

（9）建立内部计算机管理网络，实现与管理有关公司的网络信息交流，做好项目信息的计算机管理。

（10）信息管理的其他工作。

6）合同控制管理

（1）根据工程特点，对整个合同架构进行策划，使系列合同形成有机整体，避免合同缺陷，便于投资、进度和质量目标的实现。

（2）提供完善的合同模本，撰写各类工程合同文件（包括：勘察合同、监理合同、施工合同及采购合同等），把如何有利于项目投资、进度、质量、组织协调等管理思想写入合同之中，使合同成为管理各参建公司的有力依据，确保工程顺利完成。

（3）通过合同管理保证质量、进度、造价目标，组织合同谈判，协助签订合同，避免出现不利于建设单位的合同条款，维护建设单位的利益，协助建设单位最终审定合同文件。

（4）协助或代表建设单位履行合同义务和行使合同规定的相应权利。

（5）负责向有关公司解释合同条款。

（6）负责按合同规定对承包人或供应商的履约情况进行检查和督促。

（7）审核合同条款的修改和补充，修改意见须报建设单位批准。

（8）实行及时且严密的合同跟踪管理，严格控制各方的履约行为，出现违约情况及时处理。

（9）处理承包人和供应商索赔，主张和行使建设单位的索赔与反索赔。

（10）及时处各种纠纷、争议和索赔事宜。

（11）为降低违约风险，过程中完成合同中规定的义务，若发生争议，则收集有利证据并参与合同纠纷的调解、仲裁、诉讼。

7）施工环境协调管理

（1）根据项目的特点，设计整个项目的组织架构及工作流程，报建设单位批准后实施。

（2）建立科学的项目沟通渠道，促进各方信息及时沟通及协调，保证工程的顺利进行。

（3）建立各种例会制度。组织工作例会，协调现场工作界面、进度、质量、设计采购等有关问题。随时主持召开专题研究会、协调会，及时协调解决施工中的矛盾。

（4）配合各方协调项目相关配套服务部门，按要求整理报送相关资料，保证各项配套设施的接入及接通。

4.勘察设计

1）团队组建及职责划分

勘察设计团队由勘察设计部和设计项目组构成：

勘察设计部为 WY 疏港高速公路全过程工程咨询项目管理团队下的一个部门，在总咨询师的领导下负责项目管理中勘察设计方面的工作，工作成果向总咨询师汇报。负责策划勘察设计总体方案、安排勘察设计总体工作计划，负责勘察设计成果的评审、报审、备案和归档，负责协调与建设单位勘察设计方面的工作，负责与全咨团队其他部门之间的沟通，指导和检查设计项目组的工作。

设计项目组是勘察设计单位为了完成勘察设计专项服务工作而组建的组织，其既要接受勘察设计单位的领导，又要服从全咨团队勘察设计部的工作安排。其职责是在全咨团队勘察设计部的指导和安排下，完成勘察设计的具体实施工作。

2）勘察设计依据

（1）公路工程现行标准、规范、规程和指南。例如，部颁《公路工程技术标准》《公路环境保护设计规范》《公路路基设计规范》《公路工程基本建设项目设计文件编制办法》等。

（2）工程建设强制性标准。

（3）JS 省地方标准和部、省相关文件。例如,《山区高速公路勘察设计规范》等。

（4）国家规定的建设工程勘察、设计深度要求。

（5）公路可行性研究报告。

（6）专家审核修改意见。

（7）收集的地方经济、交通、自然条件等资料。

（8）与地方政府或企业签订的协议书或意向书。

（9）建设项目的其他相关资料。

3）勘察设计服务内容及工作流程（表1）

勘察设计服务内容及工作流程 表1

阶段	步骤	服务内容	备注
初步勘测阶段	（1）勘察任务书的编审	①编制或修改勘察任务书； ②审定勘察任务书	
	（2）外业勘察与地质勘察指导书的编审	①指导书的编制或审定； ②指导书的报批、备案	
	（3）勘察作业的实施	实施工程的测绘与调查、勘察钻孔与取样、室内试验等	
	（4）外业勘察验收	组织专家监督、验收外业勘察作业	
	（5）勘察文件的编审	①编制或修改勘察文件； ②审查勘察文件； ③报审勘察文件	
	（1）初步设计任务书的编审	①编制或修改初步设计任务书； ②审定初步设计任务书	
	（2）编制初步设计和初步设计概算	①交通部《公路工程基本建设项目设计文件编制办法》规定资料； ②运行速度检验资料； ③方案比较，其中包括工程数量、工程难度及拆迁量和工程造价等的比较及推荐意见； ④工程可行性研究报告及初测专家意见落实情况	初步概算由造价合同部负责编审
	（3）优化初步设计和优化后的初步设计概算	针对初步设计中不理想部分提出修改意见，并提出投资控制要求	优化设计后的初步设计概算由造价合同部负责编审

阶段	步骤	服务内容	备注
初步设计阶段	（4）审查优化设计	审查初步设计成果资料是否满足编制办法的要求，核实工程概算是否在允许范围内	
	（5）报审初步设计	—	
详细勘测（定测）阶段	（1）详勘、定测外业的实施和验收	在初步设计文件批复后，组织勘察人员进行详勘和定测外业	
	（2）编审详勘、定测报告	—	
	（3）审批详勘、定测报告	—	
施工图设计阶段	（1）编制、优化和修改施工图设计	①编制施工图设计；②根据审核意见优化、修改设计；③根据审查意见优化、修改设计	
	（2）审核施工图文件	内部组织专业审核施工图文件	
	（3）审查施工图文件	外部组织审查施工图文件	
	（4）报批施工图文件	向相关部门报批施工图文件	

4）勘察设计服务工作要点

（1）工程勘察文件是设计的重要依据，必须保证野外作业和试验资料的准确可靠。

（2）勘察文件的质量要求应满足以下几点：

①满足勘察任务书要求，勘察设计合同的约定。

②勘察文件的编制深度既要满足行业政策要求，又要满足设计要求。

③勘察文件的资料应齐全、真实、准确。路线走向平面示意图、路线平面及纵断面的设计图、互通立交平面布置图的比例应符合要求，既有高速公路、地方道路、铁路、村庄、工厂、水库等应标示清楚。

④应对地面横坡较陡的控制性断面，地形特别复杂或深水河流的大桥、偏压严重的隧道、超高的挡墙构造物、沿河大型防护工程等区段进行实地放线，实测纵、横控制性断面。

⑤文件应包括推荐线路的主要构筑物、土石方数量及征迁工作量的统计表。

⑥要对不同路线方案进行比较，包括工程数量、工程难度及拆迁量等的比较，并提出推荐建议。

⑦沿线取土场、石料场的调查及试验资料汇总表，不良地质路段的汇总表及拟采用的处理方案；全线料场、取土场及征迁量应调查全面、完整。

⑧对不良地质路段（如：高边坡、高填路基、高挡墙、软土地基等地段）应

有详细的地质勘测资料；对处于山坳地段、水稻田地段的通道、涵洞应有详细的地质勘测资料。

⑨勘察文件应包括各阶段审查意见的落实情况。

（3）因本项目的位置第四系厚度大，成因较复杂，最大厚度可达100m以上，因此要求勘察时的钻孔深度也应较大，同时应因地制宜地采取针对性的勘察方案，防止钻孔缩孔、塌孔。

（4）项目区河道、养殖场密布，因此在制订勘察方案时应考虑交通便利性。

（5）本项目结构物工程所占比重大，工作区内有40个工程地质层，各工程地质层性质差异大，地层连续性差，桥址区没有统一、连续和稳定的桥梁桩基础持力层，因此应重点查明桥梁桩端持力层分布情况。

（6）本项目严格执行"限额设计"的原则，下一阶段的设计造价不得超过前一阶段的设计造价。

（7）方案设计要以满足投资人的需求为重点，特别是解决WY市出港交通拥堵的问题。

（8）造价咨询人员应配合好设计，及时提供设计的各方案造价和经济指标，对不同方案进行及时造价比较，供设计人员参考，并全程跟踪，提供支持，干预设计中存在的不必要的浪费，达到控制投资、优化设计的目的。

（9）应尽可能应用BIM技术辅助设计，提高设计质量，减少设计变更，缩短设计周期。

（10）WY疏港高速公路的设计要考虑到与"国际物流区、国内综合物流区、物流产业集群区"、规划中的航空、既有铁路和高速公路的对接。

5. 造价咨询

针对本项目，公司投入6名具有丰富的施工经验和造价咨询经验的业务骨干，组建造价咨询部进行项目全过程的造价咨询服务，包括部门负责1人、技术负责1人、各专业造价工程师4人。另外，安排一名副总咨询师分管造价咨询部的相关工作。

1）造价咨询服务依据

（1）《合同法》《招标投标法》《建筑法》《建筑工程质量管理条例》等法律法规；

（2）国家现行的各类标准、规范等；

（3）项目立项批复文件及批复的估算、概算等；

（4）项目招标投标文件及参建各方签订的合同协议书；

（5）本项目初步设计及施工图设计文件，以及实施过程中的各类设计变更文件；

（6）各参建单位的来往文件及会议纪要等；

（7）施工质保资料及现场签证资料；

（8）经批准实施的施工组织设计、施工计划及施工技术方案；

（9）其他相关资料。

2）造价咨询服务内容及工作流程

（1）造价咨询服务内容

①设计阶段造价控制

控制造价的关键在设计阶段。咨询人设计阶段的造价咨询工作主要是协助委托方及设计人实施设计方案和施工图设计的优化并利用价值工程对设计方案进行评估，进行限额设计，搞标准化设计。这些方法能够对设计阶段控制造价起到一定的作用，最终实现达到优化投资的目的。

a. 方案预算阶段造价控制：咨询人根据同类工程项目的单位造价及本项目的特点，编制方案估算，对方案估算进行分解，编制分部工程（或分部分项工程）的投资控制指标。

b. 设计方案造价估算的可行性比选和风险分析比选：咨询人参与对初步设计的总图方案及单项设计方案进行评价。通过对不同设计方案造价估算的可行性比选和造价估算的风险分析比选，在满足设计要求和投资控制的前提下，选取最合理的方案。

c. 咨询人对初步设计图纸进行概算审核：咨询人依据设计单位提供的初步设计图纸、概算，按有关规定进行概算审核。

d. 根据概算审核结果提出优化方案：咨询人在概算审核完成后，对上述概算造价提出优化方案，并与委托方、设计单位对优化方案进行讨论并落实。

e. 咨询人对施工图预算进行审核：咨询人依据设计单位提供的设计图纸、施工图预算，按有关规定进行施工图预算审核。

f. 完成委托方交办的其他造价咨询工作：咨询人应及时完成设计阶段委托方交办的其他造价咨询工作。

②招标阶段造价咨询工作

根据工程施工进度计划，配合委托方编制招标采购计划。咨询人根据经监理工程师批准的施工组织设计和招标投标工作的时限规定及时协助委托方编制招标采购计划。

a. 配合委托方编写施工招标文件；

b. 编制详细的工程量清单；

c. 编制各工程项目标底或控制价；

d. 编写清标报告；

e. 协助委托方进行合同谈判与澄清；

f. 协助委托方编写合约文件。

③施工阶段造价控制

a. 编制施工阶段跟踪咨询计划。

b. 现场变更签证的审核及工程变更结算。

c. 对材料、设备等的价格进行控制。

d. 隐蔽工程跟踪审查：

（a）收集有关隐蔽工程跟踪审查资料；

（b）根据隐蔽工程有关资料审核工程量；

（c）确定相关项目单价。

e. 工程索赔的处理：

（a）审查论证索赔证据是否合理；

（b）审查论证费用索赔要求、计价办法是否合理；

（c）审查论证工期顺延要求是否合理；

（d）估算索赔事项，协助委托方与承包商进行谈判并达成协议。

f. 进度款审查及分期结算造价控制。

④竣工结算阶段的审核内容

a. 编制工程竣工结算阶段的审核计划

根据工程合同约定、施工进度情况、委托方的要求，及时编制工程竣工结算阶段的审核计划。

b. 审核工程结算，编制工程结算报告，履行工程结算的报审

（a）收集结算资料；

（b）进行竣工结算审核，完成结算审核报告；

（c）初步审查后出具竣工结算审核初审意见稿及明细表，征求委托方意见后，出具结算审核征求意见稿；

（d）与相关各方交换意见；

（e）出具审核报告征求意见稿，征求委托方等各方意见后定稿；

（f）出具工程竣工结算审核报告；

（g）协助委托方履行工程结算的报审。

⑤合同管理及控制

a. 合同规划（策划）工作内容

（a）充分了解建设项目中委托方的主要合同关系；

（b）协助委托方进行项目合同策划；

（c）协助委托方进行合同种类的选择。

b.协助委托方进行合同条件及重要合同条款的起草、选择、谈判

c.协助委托方完成合同的落实

（a）合同实施监督；

（b）合同跟踪；

（c）合同诊断；

（d）合同效果后评价；

（e）项目施工合同控制；

（f）项目物资采购合同的履行与控制；

（g）协助委托方处理合同索赔事项，主要是控制承包商的索赔与进行反索赔。

（2）造价咨询服务工作流程

①为取得造价咨询服务项目所开展的各项工作，包括获取业务信息，接受委托人的邀请，提供咨询服务书等；

②签订咨询合同，明确咨询标的、目的及相关事项；

③接收并收集咨询服务所需的资料、踏勘现场、了解情况；

④制订咨询实施方案，配备各专业实施人员；

⑤根据咨询实施方案开展工程造价的各项计量、确定、控制和其他工作；

⑥形成咨询初步成果并征询有关各方的意见；

⑦召开咨询成果的审定会议或签批咨询成果资料；

⑧咨询成果交付与资料交接；

⑨咨询资料的整理归档；

⑩咨询服务回访与总结；

⑪咨询成果的信息化处理。

（3）造价咨询服务的工作要点

工程全过程造价控制，就是在设计阶段、建设项目发包阶段、建设实施阶段和竣工结算阶段，事先主动进行工程相关经济指标的预算、估算，积极参与项目建设的全过程，正确处理技术先进与经济合理两者间的对立统一关系，把控制工程造价观念渗透到各项设计和施工技术措施之中，为领导层在投资决策、设计和施工等过程中做好经济参谋，保证项目管理目标的实现，提高工程投资效益。

工程造价在各阶段的控制要点主要表现在以下几个方面。

①设计阶段

据有关资料分析，设计费一般占建设工程全寿命费用的 1% 左右，但对工程造价的影响度占 75% 以上。目前的实际情况是：设计单位及个人对工程质量负

有明确而重大的责任。而设计保守（在功能不受影响的前提下），既可减少工作量，又避免被追究其责任，因此较易产生设计保守从而造成了投资浪费的情况，建议可采用限额设计并与设计部门签订限额设计责任书。

针对此问题的工作要点：

a.由造价咨询部短时间内对每个设计方案作出经济估算及评价，在此基础上推选最佳的设计方案。

b.确定设计方案后，由造价咨询部根据相关资料（尽可能地收集当地的相关造价资料，如以前曾做过的同类项目的经济指标），提出合理的限额设计指标，供设计管理部门确定设计限额时参考。

c.造价咨询部参与图纸会审工作，并对不影响功能而降低造价的措施，提出合理化建议。

d.同时，由于种种原因，还存在着边设计边施工的现象，甚至施工因质量较毛糙，从而导致设计更改、联系单较多，造成工程造价人为失控的现象，造价咨询部全过程针对性地加以监控。

②建设项目发包阶段

可能会出现的情况：

a.所选单位并非真正的最低报价单位或选中报价低于成本价而希望今后在施工过程中通过各种手段、方法进行弥补的单位（容易引起扯皮而影响工期及造价失控）。

b.招标投标文件、合同文件等不够严密、明确，在今后结算时造成扯皮或让施工单位钻空子。

针对上述问题的工作要点：

a.参与施工招标投标文件的编制及招标投标的组织管理。

b.编制合适的施工预算标底（或工程量清单）。

c.详细分析各投标单位的投标书。详细列出各投标书中存在的明显低于市场价、漏项或标书中不明确的内容。在询标时明确优惠条件及今后结算口径，并详细了解投标单位漏项及明显低于市场价项目的弥补方式或消化途径（否则，可能成为造价控制的隐患）。在此基础上推荐真正低价并可行的中标单位。

上述工作本应由招标时的评标专家组评审完成，但目前的专家组均未能真正发挥其评审作用，且通常在如此短的时间内对每个投标报价作出正确、合理的评价也不现实。

d.参与招标答疑时尽可能明确今后可能采取的一些控制措施，如甲供材料、分包项目及相应的经济责任，减少索赔隐患。

e.参与合同谈判与施工合同经济条款的起草，避免由于合同未明确或不严密等原因而造成造价失控或扯皮现象。

f.图纸会审，是指在招标完成并确定施工承包单位后，由开发商组织，承包商、设计、监理等单位参加的最大范围的设计交底及图纸审查会议。主要目的是在正式施工前从施工及监理的角度审核施工图纸，及时发现错误和不合理因素，减少施工过程中的洽商变更及承包商的施工索赔，解决施工隐患。开发商的施工管理人员应以图纸会审为基础，在施工阶段控制工程变更的产生，使工程造价控制的主动权掌握在开发商手中，为造价控制的稳定性提供保证。

③施工阶段

可能会出现的情况：

a.设计变更偏多，一般而言变更越多造价越不易控制。

b.无价材料价格签证偏高，依据越不明造价越不易控制。

c.隐蔽工程验收不到位，甚至存在弄虚作假现象。

d.联系单的签证存在不明确、内容界限超合同、甚至不真实的情况。

针对上述问题的工作要点：

a.从造价角度帮助承发包双方进行施工组织总设计的合理优化，选择技术上可行、经济上合理的施工方案进行施工。

b.当施工过程中出现各种变化，如地质条件的变化、材料的代换、工程量的增减、设计的变更等时，造价工程师应根据实际发生的变化，充分深入施工现场，争取第一手资料（隐蔽工程资料、实际施工记录等），包括联系单上的签署意见，为日后的索赔处理、结算、决算提供依据。（建议：造价部对所有联系单进行经济分析并签署意见（并附相关计算稿）。公司管理层应明确未经造价人员签署意见前，项目经理不得签署肯定意见。）

c.参与无价材料的市场考察，并提出建议供项目部或公司参考。

d.为业主制订合理的资金使用计划，既要保证工程建设有足够的资金，不致因资金不足或资金提供不及时而影响工程建设进度；又要做到尽可能不占用过多的资金，减少利息支出，降低资金筹措的难度。

e.为业主做好承包商月报资料的复核，既能使承包商正常开展工作，又要防止工程款付过头。

④竣工结算阶段

竣工结算阶段的工作要点：

a.做好工程造价结算审核，施工结算编制工作。

b.做好建设项目后评估工作，在竣工结算审核的基础上，将项目的有关造价资料及分析结果汇总并建立数据库，为后续工程提供参考。也可作为公司考核项目部绩效的依据。会同项目各部门总结并找出本项目工程造价控制过程中存在的经验、教训，提出今后工作中的改进方案，便于今后加强管理。

6. 招标代理

1）团队组建及职责划分

（1）招标代理工作由全过程工程咨询项目部的造价合同部负责，造价合同部负责人在总咨询师的带领下开展招标代理工作，指导或领导造价咨询企业组建的造价项目组实施招标代理具体工作。

（2）造价合同部负责人负责就招标代理工作与设计事业部、施工管理部和专业服务团队——造价项目组等业务联系部门的沟通协调工作。

（3）造价项目组由造价咨询企业抽调人员组建，在造价合同部的领导下负责招标代理工作的具体业务。

（4）全咨团队的造价合同部与专业服务的造价项目组的工作职责划分如下：

①造价合同部负责其部门团队的组建、招标代理管理制度的制定、招标代理工作流程的制定、投资人需求分析、招标范围的确定、招标方式的选择、标段划分、资质条件的设定、招标方案的策划、招标时间计划的安排、招标代理成果的报审和备案、指导或督促和考核造价项目组的工作等。

②造价项目组在造价合同部的指导或安排下，负责投资人需求分析资料的收集整理、招标文件的编制、招标过程的实施等工作。

2）招标咨询服务依据

《中华人民共和国招标投标法》；

《中华人民共和国招标投标法实施条例》；

《标准施工招标资格预审文件》；

《标准施工招标文件》；

《公路工程标准施工招标资格预审文件》；

《公路工程标准施工招标文件》；

JS省有关招标投标的政策文件规定；

项目可行性研究报告、业主需求书、相关利益者需求分析、勘察设计文件（含技术要求）等；

投资人经营计划，资金使用计划和供应情况，项目工期计划等；

项目性质、资金来源、技术要求、投资人对项目专用合同条款的要求等；

潜在投标人专业结构和市场供应能力分析；

项目建设场地供应情况和周边资源配套情况；

项目当地对环保、维稳的要求。

3)招标咨询服务内容及工作流程（表2）

招标咨询服务内容及工作流程　　　　　　　　　　　　　　表2

序号	阶段	步骤	服务内容	备注
1	招标策划	（1）收集、整理资料	收集和整理建设单位对拟招标工程或服务的质量要求、工期要求、安全要求、环保要求、造价控制、风险控制、费用支付、质保金扣留、与其他建设单位配合的要求等方面的需求信息	造价合同部为主，造价项目组配合
		（2）确定招标范围	①根据建设单位需求分析，确定招标范围；②分析相关法律条文关于招标范围的规定，给出是否采用招标方式的建议	
		（3）划分标段	根据拟建项目的内容、规模和专业复杂程度等提出标段划分的合理化建议	
		（4）选择招标方式	分析建设项目的专业复杂程度、自然环境条件、潜在投标人情况、投资规模等，结合相关法律法规的规定，确定采用公开招标还是邀请招标	
		（5）确定投标资格条件	分析建设项目的专业复杂程度、地质情况、自然环境条件、投资规模等，提出最低法定资格要求、业绩条件要求等建议，给出资格预审还是后审的选择建议	
		（6）评标方法选择	分析项目特征和建设单位的需求，对比分析各种评标方法的适用条件，给出评标方法选择的建议	
		（7）合理确定招标时间安排	根据设计工作计划、工期计划、征地拆迁计划等的要求，考虑合理的招标时间间隔，结合拟招标项目规模和范围，合理安排招标时间	
		（8）编制招标方案	整理以上成果资料，编制招标方案	
2	编制和审核招标文件	（1）编制和审核资格预审文件	根据招标方案，分别编制资格预审公告、申请人须知、资格审查办法、资格预审申请文件格式、项目建设概况等	造价项目组编制，造价合同部审核
		（2）编制和审核工程量清单和技术规范	依据招标设计图、公路工程标准施工招标文件和招标方案等，编制和审核工程量清单及其相应的技术规范项目专用条款	
		（3）编制和审核招标控制价	根据招标文件相关条款、设计文件、现场环境和施工条件、施工方案、现行编制办法和定额、取费标准、市场价格信息等编制和审核招标控制价	
		（4）完善和审核项目专用合同条款和格式	根据建设单位的需求分析、招标方案、设计文件、现场施工条件、施工方案等资料，完善和审核项目专用合同条款和格式	
		（5）编制和审核招标文件	整理汇总以上成果资料，编制和审核招标文件	

序号	阶段	步骤	服务内容	备注
3	招标过程管理	资格预审	①发布资格预审公告； ②出售资格预审文件； ③资格预审文件补遗； ④接收申请文件； ⑤组建评审委员会，评审； ⑥公示评审结果； ⑦发出投标邀请书	造价项目组实施，造价合同部审核
		发布招标公告	①在指定媒介上发布招标公告（资格后审）； ②发出投标邀请书（邀请招标或资格预审已通过）	
		招标管理	①发售招标文件。 ②组织现场踏勘、投标预备会。 ③招标文件的澄清、修改，发布补遗书。 ④发布招标控制价。 ⑤接收投标文件、投标保证金等。 ⑥抽取评标专家、组建评标委会员。 ⑦组织开标、（清标）、评标。 ⑧出具和复核评标意见。 ⑨建设单位定标： 　a. 招标策划应考虑项目的类型、规模及复杂程度、进度要求、投资人的参与程度、市场竞争状况、相关风险等因素。 　b. 招标策划应在项目招标采购阶段开始之前完成。对于投资规模大、建设期长、对于社会经济影响深远的项目，宜从项目决策阶段开始。 　（a）招标策划应遵循有利于充分竞争、控制造价、满足项目建设进度要求以及招标投标工作顺利有序的原则进行。 　（b）招标策划应经过相关部门审核，并经投资人批准后实施。必要时，招标策划应按规定进行变更。 　（c）招标文件中的招标范围应准确，投标人资格应符合相关法规规定、项目本身的特点和需求，技术与质量标准、技术要求、进度要求应满足项目要求，招标投标活动的进度安排应满足整体项目进度计划要求；所附的合同条款应满足投资人和项目的目标要求；评标方法应符合科学、公平、合理的要求，应符合项目性质。 　（d）工程量清单中的图纸说明和各项选用规范应符合技术要求，主要设备的型号、规格、品牌等应符合要求，界面划分不应有漏项，特别是对造价有重大影响的子目应确保齐全、准确。 　（e）招标控制价应客观反映市场真实价格，不得随意提高或降低，并且应将招标控制价与对应的单项工程综合概算或单位工程概算进行对比，出现实质性偏差时应告知投资人并进行相应调整。 　（f）评标委员会组成人员应根据相关要求在国家有关部门或者省级政府有关部门组建的综合性评标专家库中，采用随机抽取的方式确定。评标委员会名单在中标结果确定前应予以保密。 ⑩中标公示。 ⑪发出中标通知书和退还投标保证金。 ⑫合同澄清	

4）招标咨询服务工作要点

（1）招标策划应考虑项目的类型、规模及复杂程度、进度要求、投资人的参与程度、市场竞争状况、相关风险等因素。

（2）招标策划应在项目招标采购阶段开始之前完成。对于投资规模大、建设期长、对于社会经济影响深远的项目，宜从项目决策阶段开始。

（3）招标策划应遵循有利于充分竞争、控制造价、满足项目建设进度要求以及招标投标工作顺利有序的原则进行。

（4）招标策划应经过相关部门审核，并经投资人批准后实施。必要时，招标策划应按规定进行变更。

（5）招标文件中的招标范围应准确，投标人资格应符合相关法规规定、项目本身的特点和需求，技术与质量标准、技术要求、进度要求应满足项目要求，招标投标活动的进度安排应满足整体项目进度计划要求；所附的合同条款应满足投资人和项目的目标要求；评标方法应符合科学、公平、合理的要求，应符合项目性质。

（6）工程量清单中的图纸说明和各项选用规范应符合技术要求，主要设备的型号、规格、品牌等应符合要求，界面划分不应有漏项，特别是对造价有重大影响的子目应确保齐全、准确。

（7）招标控制价应客观反映市场真实价格，不得随意提高或降低，并且应将招标控制价与对应的单项工程综合概算或单位工程概算进行对比，出现实质性偏差时应告知投资人并进行相应调整。

（8）评标委员会组成人员应根据相关要求在国家有关部门或者省级政府有关部门组建的综合性评标专家库中，采用随机抽取的方式确定。评标委员会名单在中标结果确定前应予以保密。

7. 监理咨询

1）团队组建

针对本项目，公司抽调多名具有丰富的施工经验和监理经验的业务骨干，组建监理服务部进行项目全过程的监理服务，另外安排一名副总咨询师分管监理服务部的相关工作。

2）监理服务依据

（1）法律、法规、部门规章、地方政府规章

①《中华人民共和国建筑法》；

②《中华人民共和国合同法》；

③《建筑工程质量管理条例》；

④《建设工程安全生产管理条例》。

（2）技术标准、规范及规程

①工程建设强制性条文汇编；

②现行建筑施工规范大全；

③建筑工程质量检测见证取样工作指南；

④《建筑工程施工质量验收统一标准》GB 50300—2013；

⑤建设工程监理规范；

⑥相关工程质量验收规范等。

（3）经批准的本工程项目文件

①经批准的设计计划任务书及批文；

②建设用地规划许可证、建设工程规划许可证、建筑工程施工许可证及基建前期有关文件；

③本工程施工图纸和设计文件；

④本工程的招标投标文件、建设单位与承包单位签订的施工合同及建设单位与全过程咨询单位的涉及监理业务的合同；

⑤现行建设工程概预算定额及相应执行文件；

⑥本工程监理规划、监理实施细则；

⑦其他。

3）监理服务内容及工作流程

（1）监理服务内容

遵照本工程招标文件的规定，监理服务工作具体主要由以下四个方面组成。

①施工准备阶段监理工作

a. 审查核对施工图纸；

b. 检查开工前需办理的各类手续；

c. 检查施工现场。

②施工实施阶段监理工作

a. 审查施工单位各项准备工作，建设行政主管部门批准施工许可证后与建设单位共同下达开工令。

b. 督促施工单位施工管理和安全文明施工保证体系的建立、健全和实施。

c. 审批施工单位提交的施工组织设计、施工技术方案和施工进度计划，并督促其实施。

d. 参加由建设单位组织的设计交底及图纸会审。

e. 审核施工单位提出的分包单位资质。

f.编制月用款计划；复核已完工程量（含变更工程量），签署工程月用款报告；对施工过程中产生的变更应及时批报。

g.审核工程使用的原材料、半成品、成品和设备的质量，必要时进行抽查和复验。

h.督促施工单位严格按现行规范、规程、标准和设计要求施工。必要时，应配合工程施工的需要进行24h日夜监理，控制工程质量。对关键工序的实施进行旁站监控。

i.检查工程施工质量，对隐蔽工程进行复核签证，主持工程质量事故的分析、处理。

j.协调施工进度计划，及时提出调整意见，控制工程进度。

k.保管工程保险单据复印件，及时提醒委托人或施工单位办理保险延期手续，协助委托人或施工单位进行保险索赔。

l.督促执行承包合同，协助处理合同纠纷和索赔事宜，协调委托人与施工单位之间的争议和相关施工单位之间的争议。

m.督促施工单位根据新区档案管理部门的规定整理合同文件及施工技术档案资料，对资料的完整性和准确性予以确认。

③竣工验收阶段监理工作

a.检查督促并协助施工单位根据档案管理部门的规定整理工程竣工档案，并审查签认竣工图纸及资料，协助承包商移交工程档案；

b.协助委托人组织工程的竣工验收，提交工程施工质量的评估报告，对验收过程中发现的问题以书面形式提出整改方案，并督促施工单位限时进行整改；

c.工程竣工后协助委托人完成结算工程量的审核。

④保修及工程移交阶段监理工作

a.保修期（期限按施工合同规定）间如出现工程质量问题，应参与调查研究，确定发生质量问题的责任，共同研究修补措施并督促实施；

b.参与工程移交验收，对验收中发现的问题及时提出意见，并督促施工单位进行整改。

（2）监理工作流程（图2）

4）监理服务的工作要点

（1）建立和完善施工现场各种管理体系和保证体系

施工现场必须强化管理、规范管理。总承包单位必须建立健全包括分包单位在内的质量管理、工期和进度管理、安全管理等方面的管理体系和保证体系、保证措施，其中组织机构和人员素质是最关键的，工作制度的建立和落实，各种措

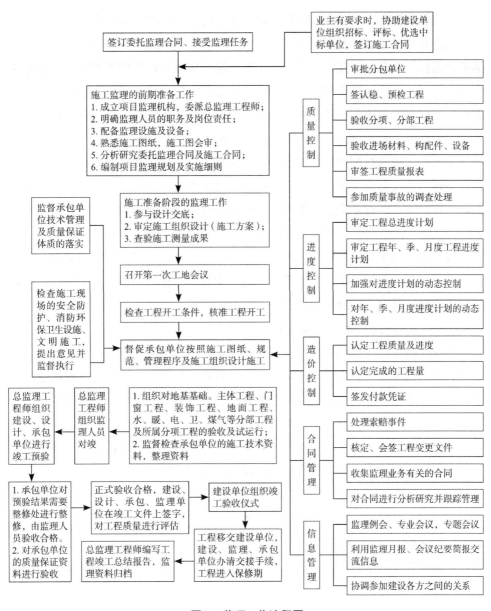

图 2　监理工作流程图

施的落实是目标实现的保证，监理单位必须不断地监督并加强协调。

（2）强调施工现场各种管理的程序化、规范化

监理部对现场的管理要做到程序化，使施工按照各种规定的程序进行，如原材料进场报验程序、施工质量的控制程序、工程洽商的签认程序、施工进度的编制审批程序等，只有这样才可以避免管理的混乱状态。

（3）强调重视施工部署，施工方案的合理性、先进性及操作性

监理部应非常重视审核承包单位的施工部署（包括施工组织设计）、施工方案的合理性，方案应结合工程特点、工程情况，应具有很强的针对性；应尽量采用先进的施工工艺、先进的技术、先进的设备和方法，保证质量、保证进度，所有的施工方案除了符合设计文件、符合法规的要求外还应有很强的可操作性。

（4）材料、设备的质量必须按程序给予确认

本工程采用的材料和设备质量是工程质量、安装质量和设备系统运行质量的前提条件，所以必须保证材料、设备达到设计文件及国家有关标准，工程量清单约定的材料质量、设备质量，要严格按照报验程序给予确认。

（5）要非常重视施工过程的质量控制、进度控制、造价控制

施工过程是工程项目中资金、人员、材料、设备、管理最集中的阶段，每天都在发生日新月异的变化，应注重平时的日常管理，在最小单位检验批验收过程中收集质量、进度、造价相关信息，及时总结反馈。

（6）工程检测和工程质量验收把关

在施工过程中，承包单位应采用各种检测手段和先进的设备进行检测，施工单位对重要的施工材料和部位可采用自身的设备进行平行检测，为工程质量的判断提供参考数据，项目应根据自身需要委托有相应资质的单位进行检测。

监理部要进行材料设备的进场验收和隐蔽工程、分项分部工程验收，通过这些工作程序对质量进行控制；对于材料不合格的，要求购货单位退场处理；对于施工工序不合格的，必须返修合格后才能给予签字验收。

（7）加强协调

工程建设是实施一项庞大的系统工程，从工程规模和施工范围看，所涉及的施工分包单位和其他参建单位数量较多，施工过程中肯定会涉及很多错综复杂的问题，需要总承包单位协调，监理单位更要发挥协调的主导作用，保证工程建设顺利进行。

8. 档案管理

高速公路工程档案是从项目的立项审批至竣工验收全过程形成的，反映项目质量、进度、费用和安全管理等真实面貌，对建成后工程管理、维护、改建和扩建具有保存、查考、利用价值的各种文字、图标、声像等不同形式的文件资料。

1）全过程工程咨询档案归档范围

公路工程归档范围如表3所示。

工程建设期间应按照收集归档责任分工，建立健全项目文件材料收集归档制度和预立卷制度，按照公路建设项目建设程序的不同阶段文件材料产生的自然过

序号	归档文件材料	归档单位
	立项审批	
1	项目建议书及审批文件	项目法人
2	可行性研究报告及审批（核准）文件	项目法人
3	可行性研究报告的评估及行业主管部门对可行性研究报告的审查意见	项目法人
4	专家对可行性研究报告的评审文件	项目法人
5	环境影响评价报告书及批复	项目法人
6	项目用地预审意见	项目法人
7	水土保持方案及审批文件	项目法人
8	文物调查、保护、矿产资源调查等文件	项目法人
9	其他文件材料	项目法人
	设计审批	
1	初步设计及审批文件、专家审查意见及审查会议纪要	项目法人
2	施工图设计文件及审批文件	项目法人
3	工程勘测、设计基础资料	项目法人
	工程准备	
1	建设用地选址意见及红线图	项目法人
2	建设用地申请及批复	项目法人
3	占地图及土地使用证	项目法人
4	征地拆迁批文、合同、协议、征用土地数量一览表、拆迁数量一览表	项目法人
5	供电、供水、通信、排水等协议	项目法人
6	施工许可批准文件	项目法人
7	质量监督申请书及质量监督通知书	项目法人
8	建设前原始地形、地貌状况图、照片	项目法人
	施工文件	
1	工程管理文件	
1.1	项目法人就工程质量、安全、进度、费用控制管理文件	
	普法性	项目法人
	针对性	有关单位
1.2	质量监督机构印发的质量监督相关文件	项目法人
1.3	监理单位就工程质量、安全、进度、费用控制与项目法人的来往文件	监理单位
1.4	监理单位就工程质量、安全、进度、费用控制与施工单位的来往文件	施工单位
1.5	施工单位就工程质量、安全、进度、费用控制与项目法人的来往文件	施工单位

序号	归档文件材料	归档单位
1.6	项目法人组织召开的工地例会、专题会议纪要	
	例会性	项目法人
	专题性	有关单位
1.7	监理组织召开的工地例会及专题会议纪要	
	例会性	监理单位
	专题性	有关单位
1.8	计划进度报表	项目法人
2	施工准备文件	
2.1	合同段开工申请及批准文件（含施工组织设计方案）	施工单位
2.2	技术交底、图纸会审纪要	施工单位
2.3	开工前的交接桩记录、控制点的复测、施工控制点的加密工程定位（水准点、基准点、导线点）测量、复核记录	施工单位
3	施工质量控制文件	
3.1	工程及设计变更	施工单位
3.2	施工日志、大事记	施工单位
3.3	永久性水准点坐标图、建筑物坐标高程测量记录	施工单位
3.4	沉降、位移观测记录、桥梁荷载试验报告、桥梁基础检验汇总资料	施工单位
3.5	各项标准及工艺试验资料	施工单位
3.6	工地试验室管理文件	施工单位
3.7	原材料（产品）质量保证文件	
3.7.1	各种原材料、半成品、成品、混凝土预制件合格证及抽检、试验记录	施工单位
3.7.2	产品、设备说明书、合格证及检验报告、质量鉴定报告	施工单位
3.8	单位、分部、分项工程质量评定文件	施工单位
3.9	施工原始文件	
3.9.1	单位、分部、分项工程开工批准文件	施工单位
3.9.2	各工序施工记录、试验、检测及报检文件	施工单位
3.9.3	隐蔽工程验收记录	施工单位
3.9.4	混凝土配合比设计报告、配料单	施工单位
3.9.5	砂浆强度、混凝土强度、焊接、压实度、弯沉等试验检测报告及汇总表	施工单位
3.9.6	预应力张拉、压浆检查记录	施工单位
3.9.7	桩基检测报告	施工单位

序号	归档文件材料	归档单位
3.9.8	机电、监控设备安装调试及性能考核记录	施工单位
3.9.9	桥隧工程风险评估报告、专项施工技术方案	施工单位
3.9.10	事故情况及调查处理报告、补救后达到要求的认可证明文件	施工单位
3.9.11	施工中遇到非正常情况记录、处理方案及观察记录，对工程质量影响分析	施工单位
4	竣工图	施工单位
5	监理文件	
5.1	监理大纲、规划、细则及批复、监理日志、备忘录	监理单位
5.2	旁站监理记录、平行试验及独立抽检文件材料	监理单位
6	科研	
6.1	课题报告、任务书及批准文件	项目法人
6.2	研究方案	项目法人
6.3	试验记录、分析计算数据	项目法人
6.4	专家评审及技术鉴定报告	项目法人
7	经批准的新技术应用资料	项目法人
8	声像声响资料	
8.1	重大活动、重大事故处理	有关单位
8.2	隐蔽工程、关键工序、桥梁隧道等结构物重点部施工	有关单位
9	其他	有关单位
	交、竣工验收	
1	交、竣工验收文件	项目法人
2	建设、设计、施工、监督单位工作报告	项目法人
3	质量监督机构出具的交工验收质量检测意见	项目法人
4	质量监督机构出具的交工验收质量鉴定报告	项目法人
5	质量监督机构质量监督报告	项目法人
6	试运行记录、检测、观测记录及成果报告、缺陷整改文件材料	项目法人
7	单项验收文件	项目法人
8	管养单位项目使用情况报告	项目法人
9	其他	项目法人
	工程招标投标及合同文件	
1	招标文件	项目法人
2	投标文件	项目法人

序号	归档文件材料	归档单位
3	评标文件	项目法人
4	中标通知书	项目法人
5	工程合同	项目法人
	资金管理	
1	支付报表	项目法人
2	决算及决算审计	项目法人
	其他	项目法人

程，分别做好归档预立卷工作。

收集归档的文件材料应为原件，其中项目立项审批等文件，原件如果保存在项目主管单位的，指挥部可将复印件归档保存；供货商提供的原材料及产品质量保证资料为复印件的，须在复印件上加盖销售单位印章并注明原件存放处后归档保存；热敏纸传真件，需复印保存，复印件应清晰。收集归档的项目文件材料应能全面、准确地反映工程建设的实际过程。施工记录须是现场原始记录，表单填写内容规范，产生及使用部位标准、清楚，相关签署手续完备，且为相关责任人亲笔签名，不允许代签。

项目文件材料应书写工整，字迹、线条清晰，修改规范；纸张优良，规格基本统一，小于 A4 纸规格的出厂证明、材质合格证等应粘贴在 A4 纸上；书写材料应符合耐久性要求。

数码照片应刻录在不可擦写光盘上保存，同时还须冲印出 6in 纸质照片与说明一并整理归档（工程质量监督部门要求隐蔽工程不同角度三张的，可用 5in 纸质照片）；照片档案的整理应符合国家档案局《照片档案管理规范》GB/T 11821—2002 要求。

电子文件及纸质文件数字化的形成和保存应符合国家档案局《纸质档案数字化规范》DA/T 31—2017、《浙江省重点建设项目档案登记备份管理办法》（浙档发〔2010〕38 号）等的要求。

2）竣工图编制要求

（1）竣工图由施工单位负责编制。编制完成的竣工图由编制单位逐张加盖竣工图章（格式按《浙江省公路工程竣工文件编制办法》附件 11）并签署，经监理审核签字认可；如委托设计单位编制的，应明确施工单位和监理单位的审核及签字认可责任。

（2）竣工图应能全面、准确、清晰地反映项目竣工时的实际情况。竣工图编制说明应能充分体现已完工项目的建设过程和完工时的实际情况，包括主要建设内容、完成工程量、执行的规范标准、主要施工方案、采用的新技术新工艺新材料、特殊问题的处理、施工图的版本、变更情况以及修改完善情况、完工时间等。

（3）凡有一般性变更及符合杠改或划改要求的变更，可在原图上修改，修改处加盖修正章（格式见《浙江省公路工程竣工文件编制办法》附件9），并注明修改的依据（如变更令、技术联系单等）和修改日期，且由竣工图编制单位在施工图纸反面距底边40mm，距左边30mm处，加盖并签署竣工图章，在图号前加"竣"字。结构、工艺、平面布置等重大变更及图面变更面积超过10%的，须重新绘制竣工图，重新绘制竣工图的图签如能全面反映施工和监理单位签署情况的，可不另加盖竣工图章。重绘竣工图纸在原施工图号前加"竣"字。重新编制的竣工图图框套用《浙江省公路工程竣工文件编制办法》中的附件10。

（4）同一构筑物、建筑物重复使用的标准图、通用图可不编入竣工图中，但应在图纸目录中列出图号，指明该图所在位置并在编制说明中注明；不同构筑物、建筑物应分别编制。

3）全过程工程咨询档案管理的措施

（1）成立档案管理小组

本项目设立档案管理小组，档案管理工作实行统一领导、分级分类管理的原则，本项目各有关单位要依法加强对档案工作的领导，列入日常工作计划，确保本项目档案的完整、准确、安全和有效管理。

（2）重视并提高档案管理意识

以总咨询师为首的档案管理小组要切实重视档案管理工作，档案管理部门和人员明确职责范围。树立全员档案管理意识，加强档案管理工作。

（3）制定档案管理制度

制定档案借阅制度、档案库房管理制度、档案保密制度等。

（4）加强档案跟踪指导

跟踪指导是档案部在收集工程项目竣工档案中掌握的第一手资料，也是使竣工资料达到规范化的必要条件，工程档案产生于施工现场，贯穿于工程项目的立项、投资、设计、招标、投标、施工和竣工的整个过程。档案部门要根据年度计划内容制订出跟踪指导计划，在工程项目施工开始就要派专人进行跟踪，对该项工程竣工档案交付验收提出明确要求，切实做到对工程竣工档案跟踪管理的有效控制。同时，在跟踪指导的过程中要积极主动与工程管理部门、施工单位搞好配合。档案部门在跟踪指导中应注意以下问题：第一，档案部门应摆正服务的指导思想，工程中主动配合，做到参与而不代替。要注意做好组织、协调、指导、监督工作。第二，摆正工程管理与档案工作的关系。从基本建设和工程施工角度来看，工程管理与档案工作应是主从关系，现场档案工作从属于工程管理，是工程管理的一个组成部分，贯穿于工程的全过程。

（5）全过程工程咨询档案管理信息化创新管理

本项目实行计算机辅助项目管理，即"动态管理系统"，电子文件须与纸质文件同步归档；特别是在与参建单位签订合同时，应对电子版设计文件归档提出明确要求。在招标投标过程中，中标单位的投标文件需收集电子版文件。各参建单位在"阳光系统"平台上上传的扫描件也需及时归档。电子文件归档要求具有真实性、完整性、可用性。电子公文在流转或发送完毕之后立即归档，工程文件在工程或者子工程结束之后归档。

9. 风险管理与控制措施

1）全过程风险管理的基本程序

（1）风险识别

根据相似高速公路项目进行风险调查，收集同地区项目、同类型项目、地质情况相似项目等相关的资料。识别风险的来源，确定风险的发生条件，描述风险特征及风险可能带来的影响，填写项目风险识别表。

风险识别方法有两种，即分析方法和调查方法。分析方法有故障树法、决策树法；专家调查法有头脑风暴法、德尔斐法。

（2）风险评估

风险评估是在风险识别的基础上，根据风险的特点，通过定性和定量分析估算风险发生的概率和其可能造成的影响程度的高低。

风险评估方法有风险因素分析法、模糊综合评价法、内部控制评价法、分析性复核法等。

（3）风险评价

风险评价即指基于风险识别和分析对建设项目风险进行综合评价，并根据风险对建设项目目标的影响程度对风险等级进行排序。风险评价的目的是确定风险的优先顺序，以方便为未来如何有限、合理地分配风险提供依据。工程风险评价的主要内容是确定风险的等级，提出预防、减少、转移或消除风险损失的初步方法。对于不同等级的风险应给予不同程度的重视。

2）全过程工程咨询项目风险处理措施

（1）风险预防

对公路工程建成过程中存在的风险采取相应的预防措施，来将损失降至最小。比如，在施工过程中，对工人的施工安全条件进行提高，这就是对安全风险的一种预防措施，这虽然将成本提高了一些，但相对于风险造成的损失要比这些成本大得多。在公路工程建设中，这种预防还有很多，像设置工程质量检测等。

（2）风险回避

风险回避就是指避开风险发生的可能。如果考虑公路工程建设的风险，就不去建设公路，虽然有效地避免了风险，但也得不到任何的收益。有些风险，我们可以将它降至很小，但是无法避免。所以，这种对策在公路工程建设实施的前提下是不可行的。

（3）风险自留

风险自留是指自己主动承担风险，当处理风险的成本大于承担风险所付出的代价时可以选择风险自留。例如，公路工程招标控制价编制时的技术能力风险，经验丰富的造价工程师编制招标控制价的风险相对较小。

（4）风险转移

公路工程建设中常见的风险转移有两种，即第三方担保和办理项目保险，当风险事件发生时，部分或全部风险将转移到项目的第三方。

10. 咨询增值服务方案

随着计算机技术、互联网和物联网的快速发展、广泛应用，公路工程开始通过电子传感器、视频监控、GPS、全站仪、电子水准仪、无人机等多种方式采集海量数据。随着新技术的不断涌现，公路工程建设过程中的数据采集方式更加先进，数据增长速度越来越快，数据采集成本越来越低。本项目通过数据分析、管理和决策方式为公路工程建设相关方提供更优质的服务。

1）大数据在招标投标阶段的应用

（1）利用大数据建立动态采购信息数据库，包含招标人、投标人的基本信息和交易信息。基本信息包括注册资本、所有制形式、营业场所和范围、法人代表姓名等。交易信息包括：工程类招标中的造价、工期、设计方案、施工组织方案、工程量清单等；服务类招标中的用户体验指标、服务流程与态度、服务与描述的差异性等。这些信息有助于招标人查找到类似项目的招标方案、评标方法、合同条件等内容。同时，数据库还可以提供相关标的以往的合同文件及当前的各种报价，方便了解市场状况。

（2）大数据为评标提供有力支撑。传统的评标方法难以掌握各种评标方法以及不同的评标因素及其权重设置对合同履行所带来的后果。通过大数据技术，可以将招标人的采购需求延伸到承包商的供应链，分析出不同的评标方法、评标因素等对投标的机会成本。通过远程评标系统和计算机辅助评标系统，则可以缩短评标时间、提高评标质量，降低评标的直接成本。

（3）以大数据思想建立承包商履约信息系统，主要包含两类信息：一是承包商的基本信息，包含企业及主要管理、技术人员的基本信息以及反映企业资格、能力、业绩等方面的信息；二是承包商的诚信档案。企业参与投标以及履行合同时，其信用和履约等信息将被及时收集到数据库中。上述信息都通过联网方式从其他政府部门或公共资源交易数据平台中获得，并成为重要的评审因素。承包商履约信息系统还可以与其他诚信数据库互通，进一步影响到不诚信的承包商参与其他领域的活动，由此提高了违约成本，使得承包商在履约过程中会主动选择诚信。由此便可以降低公共资源交易合同的监督和矫正成本。

2）大数据在工程施工管理中的应用

（1）劳务人员管理

项目建设过程中，通过使用信息系统、物联网设备等技术手段对工人信息进行有效采集，并对积累的数据进行分析和应用，可有效地掌握劳务人员基本情况、现场劳务人员消费行为、现场劳务人员安全教育风险预测、劳务人员职业信用体系评价等。

（2）物料管控

通过使用高清视频采集、记录、识别和传输技术、无线射频技术、条形码和二维码的物料信息采编技术，形成物料大数据的基础数据集。通过对大数据的深度挖掘和分析，可有效地预测大宗材料价格趋势，动态管控材料库存，有效地管控物料现场验收、评价物料供应商等。

（3）质量管控

通过对施工过程中质量奖惩记录、操作人员的技术培训及职业教育记录、机械操作人员岗位责任制记录等大数据集进行深度挖掘和分析，可有效地分析出施工质量通病、施工质量问题成因，客观地评价施工质量责任主体的诚信等。

6 咨询成果与项目复盘总结

6.1 全过程工程咨询成果

6.1.1 项目管理成果

通过整合优质资源、减少重复工作、规范管理制度，实现项目管理目标。

6.1.2 造价控制成果

本项目通过设计优化，使造价控制在预定的目标范围内。

6.1.3 技术成果

利用陆港建设模式，有效解决 WY 市物流出港拥堵问题。

6.1.4 工期成果

实现了分阶段工期目标。

6.1.5 质量成果

符合设计及规范要求，质量可控。

6.1.6 安全成果

本项目重大安全事故为零。

6.1.7 环保成果

通过设计阶段线路优化、施工阶段严抓环保管理，有效降低了对沿线环境和景观的影响程度。

6.2 全过程工程咨询不足

本项目虽然保质保量按期完成，但是管理的过程中还存在不足，主要表现在如下几个方面：

（1）高速公路入城口提升改造用地征拆不及时导致绿化图纸提交滞后，对工期产生负面影响。

（2）施工图纸设计时，房建设计与公路设计衔接不畅导致部分原地面高程有出入，影响工程质量控制及造价控制。

（3）设计时未考虑与相邻在建高速拼接所需设置的交安设施。

（4）专业档案咨询团队进入不及时，施工单位及监理单位工程资料整理不规范，导致部分返工。

（5）施工单位未做好对已完工程的保护工作，部分已完工程被人为破坏，造成不必要的经济损失。

6.3 全过程工程咨询总结

在本项目全过程工程咨询实施过程中，通过理论与实践的有效结合，进行了全过程工程咨询的有益探索，通过以总咨询师为首团队的努力协作，取得了一定的成绩。在以后的全过程工程咨询中，将吸取本项目的成功经验，改进不足之处，不断创新咨询方式，促进全过程工程咨询行业的健康发展。

××国际投资集团独栋写字楼精装修工程全过程工程咨询

——全咨（北京）工程科技有限公司

杨鲁川　侯希宝

1 项目背景

×××投资公司为国际性投融资管理公司，其新购独栋写字楼精装修工程采用委托第三方模式进行全过程工程咨询，为保证该工程项目的成功实施，委派我方咨询机构对项目实施规划（策划）、组织、控制、协调管理。我方运用在工程管控、招标代理、装饰技术咨询、工程项目管理等方面的专业能力和既有经验，为该项目提供全专业、全过程的工程咨询。

本次全过程工程咨询工作按阶段划分主要包括：项目管理策划阶段、方案设计阶段、监理单位评选阶段、施工招标投标阶段、施工工程管理阶段、交付及试运行阶段等。其中，方案设计阶段工作内容包括设计方案征集、设计方案深化咨询、施工图管理等项目；监理单位评选阶段包括邀请和考察被评选人、合同编制与谈判等项目；施工招标阶段包括招标文件编制、投标人邀请及考察、招标投标与合同签订等项目；施工工程管理咨询阶段包括进度控制、质量控制、安全文明及环境控制、造价控制、综合协调管理等项目管理工作；交付及试运行阶段包括竣工验收组织、工程结算编制、项目联调联试及试运行、项目总结等项目。

该项目实施过程中积累了大量的创新管理经验，总体工程咨询工作成绩得到了包括建设方在内参与本工程的各方的高度认可。为有效提取该项目中的有益成果、总结实施经验，明晰工作流程和相应重点，为今后类似咨询工作提供有价值的参考，特编制本案例。

2 项目概况

本独栋写字楼精装修工程位于北京市某低密度、花园式生态化商务办公园内，为独栋 5A 级商务写字楼。工程结构形式为钢筋混凝土框架结构。建筑面积 5660m²，共计五层，每层建筑面积约 1132m²，装修工程计划投资 1100 万元（不含新风空调、强电、弱电及设备家具等）。

该项目自 2009 年 9 月 23 日开始规划，并于 2010 年 11 月 23 日交付使用。

3 需求分析

3.1 委托内容

该公司主业为融资、保险、投资管理，公司本身的人员配置不具备单独进行工程项目管理能力，因此需要委托专业的第三方进行全过程工程咨询，具体包括：全过程项目管理、招标管理、投资管理等，具体分解图示如图 1～图 3 所示。

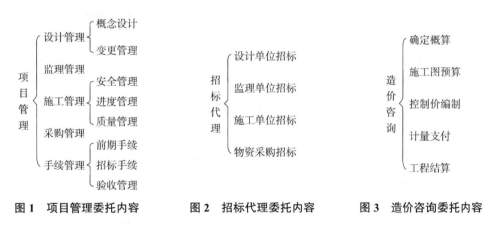

图 1　项目管理委托内容　　图 2　招标代理委托内容　　图 3　造价咨询委托内容

项目全过程工程咨询的具体范围如下。

3.1.1 招标管理

本项目的招标管理包括设计方案征集、专业施工单位招标、监理单位的委托工作。招标工作应重点对以下问题进行策划：

（1）进行专业的合同策划，在前期对整个项目进行合同分解，分为设计合同、施工合同、监理合同，及其他工程配套合同，对各部分进行招标计划管理及投资估算。

（2）将工作界面细化于招标文件与合同中，使得既不重复又不漏项，减少变更洽商。

（3）在招标过程中制定专业的合同，减少中标单位与甲方合同谈判的时间及难度。

（4）招标工作拥有流程管理和 WBS 工作分解之基础。

3.1.2 设计管理

3.1.2.1 设计功能定位

协助建设单位做好项目功能定位工作。项目设计任务书由管理方根据建设方企业自身功能定位及具体需求编制，项目部将组织建设单位、公司专家顾问组参加的设计任务书讨论会，通过论证并形成文件作为装饰装修设计的纲领性文件，以期功能定位和设计目标一步到位。

3.1.2.2 设计方案征集

对满足本项目要求的潜在设计单位进行现场调查，确定潜在的设计人，进行方案设计并出效果图。由管理方组织建设方相关人员及公司专家对设计方案进行评选，选择排名第一的投标人作为本项目的设计人。

3.1.2.3 设计方案深化

设计人负责本项目的方案优化及深化设计工作，同时承担本项目的给水排水、暖通、强弱电等专业的设计工作。设计人可以在原方案的基础上，结合其他方案及建设管理方的综合意见对方案进行优化并进行深化设计。在深化设计阶段，完成总体装修设计图，以确定各项工程量，选定主要装饰材料及品牌或材料的基本需求及价位，为专业施工招标创造必要的条件。

3.1.2.4 图纸会审

项目部图纸会审时会侧重于造价和功能的研究。

3.1.3 施工管理

项目施工阶段，是一个动态的管理过程。根据以往的工程管理经验，需编制科学合理可实施的总控流程计划，并要求确保项目施工中涉及的所有相关方严格按照给出的总控流程计划编制各相关方的分项或分部工程实施计划，只有满足总控流程计划的实施计划才可能获得批准。所有各相关方的工程实施计划都会纳入合同管理的主要条款，对于不能按计划实施的相关方将会承担由其造成的后果。对预期可能会对工期造成影响的因素进行动态控制，确保工程的总体进度处于受控状态。

通过招标方式择优选择一家综合具有一级施工资质、实力较强、劳务能力较强的专业施工单位承包本项目的装饰装修工作，并由专业施工单位对本项目的施工实行总负责制。

做好精装饰装修专业工程公司、弱电智能专业工程公司等分包方和甲控材料设备分供方的审查工作。对确认的分包方和分供方资源通过招标的形式确定工程施工分包和材料设备的供应单位。

在建设单位授权范围内对工程施工及材料设备采购的合同进行管理，对工程施工实行预控管理和施工过程的动态管理，并对各施工节点进行组织协调。

3.1.4 投资管理

在项目的方案制订阶段、深化设计阶段、施工过程阶段及工程结算阶段进行全过程的造价管理。

3.1.4.1 设计方案阶段

根据建设方的功能需求及职能特点，对办公场所的装修档次进行划分，确保装修的高、中、低档次的合理，使整栋办公楼在满足使用功能及整体协调美观的前提下，编制总设计概算。

3.1.4.2 深化设计阶段

本阶段完成施工图的全部设计工作，材料品牌及规格选择，在此阶段应尽最大可能完善施工图纸，确保设计工作的仔细，争取一次到位，尽量减少施工过程中的变更。本阶段完成工程预算编制工作。

3.1.4.3 施工招标阶段

通过完善专业合同，在合同中明确具体的成本、质量、进度控制措施和方法，如关键路线控制点及隐蔽验收等明确于合同之中，付款与其完成的质量及配合情况挂钩，保证做完项目的质量。本阶段通过编制的拦标价约束中标人的投标报价。

3.1.4.4 施工阶段

施工过程严格按照合同约定进行工程款的支付，不得超付，对于已完项目必须经过验收合格后才能支付款项。施工过程中严格控制变更，如发生变更应尽量从满足使用功能降低造价方面进行考虑，尽量杜绝因工程变更而任意增加工程投资。在此阶段应预留工程质保金。

3.1.4.5 竣工结算阶段

在工程结算阶段，审核施工单位的结算资料，编制工程结算报告，配合建设单位与专业施工单位签订质保服务协议。

3.2 需求分析

经充分了解，委托人主营业务遍布全球，其最大的业务特点是国际化，即会员国际化、理赔业务国际化、投融资业务国际化。体现国际化管理水平是该公司最基本的也是最高的标准和要求。因此，应确保装修后的总部写字楼的规格、档次，体现其国际形象。经充分沟通与分析，具体需求如下。

3.2.1 装修规格

公共区及高管区体现国际视野及高度，其他区域体现高档办公特点，整体展现出舒适、宽松、绿色、现代简约的办公特点。

3.2.2 施工工期

总体计划工期 14 个月，必须满足公司搬迁新址需求。

3.2.3 投资管控

项目初步估算 1100 万元，尽可能地节约投资额度，实现投资的最优化控制。

3.2.4 施工质量

策划并组织设计、监理、施工等单位按计划、按程序进行工程建设，按照国家规定的现行设计、施工规范及工程质量验收规范，并达到合同约定工程质量标准，确保工程质量一次验收合格。

3.2.5 安全及文明施工

通过实施项目全过程、全要素、全方位的管理，根据北京市现场管理五大标准，加强对监理单位、施工专业单位管理，确保整个工程项目在建设过程中无重大安全责任事故产生。

3.3 定位分析

3.3.1 分析路径

见图 4。

图 4　分析路径

3.3.2 定位分析

（1）委托方分析：公司从事国际业务，包括再保险、投资理财；

（2）项目分析：项目为独栋清水混凝土办公楼，为公司办公总部；

（3）项目定位：体现国际保险、理赔、投资总部特性；

（4）工期目标：2009 年 9 月 23 日开工，2010 年 11 月 23 日交付使用；

（5）投资目标：初步投资计划 1100 万元（不含新风空调、强电增容、弱电及设备改造），项目实施完毕后不得超过该估算；

（6）设计任务：设计单位具备甲级资质，需具有类似工程业绩，具备国际视角能力；

（7）施工任务：施工方需具备类似施工业绩，本地资源丰富，具有快速施工和调配能力；

（8）采购任务：提前确定甲供、甲指、甲控材料清单及范围，明确材料设备规格型号和标准，制订采购计划，及时满足现场需求。

4 服务策略

根据项目需求和管理需求，在全过程工程咨询服务策划中，要求咨询方具备很强的策划统筹能力和项目管理能力，能针对委托任务配置专业的咨询专家团队，根据项目目标进行系统分析并制订详细的实施计划。

4.1 咨询原则

4.1.1 价值原则

不同于一般的单项目咨询，全过程工程咨询的价值除了专业咨询带来的价值外，还必须能够体现全过程策划、全过程管理带来的综合性附加价值，依托强有力的专业咨询和全程式顾问便捷通道，为客户带来新的增值点是全过程咨询的优势所在和价值体现。

4.1.2 合规原则

该项目从项目立项报批报建、设计方案审批、工程交易、供电扩容、结构改造设计审批、消防审批、施工验收、工程交付验收等各个过程均涉及管理程序、法律法规问题，必须确保在项目的各个实施全过程、各个环节的合法性问题。

4.1.3 共赢原则

项目的成功离不开业主、管理方以及各参加单位的共同努力，各方角度不同、任务不同、诉求不同，但是在各自范围内完成既定约定任务，保持一定的合理的利润空间是各方的诉求基础，很难想象一个成功的项目是建立在人为设计的各方亏损的基础之上，因此适度的利润空间是各参与单位确保项目成功的基本原则。

4.1.4 预控原则

项目管理的依据必须是书面合约和相关函件，而合约的产生是在招标阶段甚至是在前期的策划阶段就要规划好，合约内容、管控模式、管理方法、考核指标等内容的制定必须依赖于丰富的工程咨询经验并提前封装在拟发布的招标文件中形成要约，配合后期的招标过程，最后产生制约双方的合同文件。

4.1.5 闭合原则

优秀的前期策划和合约约定能为项目管理的成功提供良好的基础，但最终的结果必须依托过程中的管理与前期约定相匹配才能实现。管理的闭合性体现在项目实施过程中管理痕迹与合约的逐步匹配，以完成前后闭合的管理过程，重视咨询工作的过程闭合性管理，才能及时反映并体现前期策划的期望值。

4.1.6 风控原则

项目实施目标之一是实现价值最大化，此目标的实现一方面是通过管理可实现价，另一方面是尽量规避、降低或消除风险因素，以降低实施过程中的投资风险。因此，在全过程工程咨询过程中要及时识别可能存在的风险因素，提前预测并分类、分级，制定不同的处置方案，做好各方利益与风险的平衡匹配度，确保项目的总体性价值实现。

4.2 咨询对策

4.2.1 总体策划

（1）建立完善的组织管理体系，建立由业主领导小组、项目管理部和专业服务团队三级管理组织以及由专家顾问组全程参与的纵深管理体系。

（2）配置专业的资源，择优选择具有明显优势的具备资质、资源、业绩的展业团队参与本项目的设计、施工、监理和材料供应任务。

（3）制定符合本项目的一套完整的管理方法，包括专用管理流程、考核管理办法，以匹配各项管理目标的实现。

（4）注重合约规划，加强合约管理，对项目进行整体分析并合理分解成若干标段，通过合约管控体系，将总体任务进行适度合理分解，逐步实现总体性目标。

（5）进行项目风险测评管控，制定风险分担原则和处置预案。测评范围包括：各阶段风险分类分级、投资管控风险、实施期间的政策风险、设备材料涨价风险、参与单位的资源配置风险、合约体系严谨性风险、安全质量风险、设计变更风险以及相关法律等因素带来的风险。

（6）加强过程管理，严格执行合同，落实节点控制方法和时间，不定期审查各项资源匹配度，定期进行管理考核，将预定的方案和规划、计划逐步落实到每一步实践当中，与前期策划吻合同步，实现了节点控制就实现了总体控制。

（7）注意材料的收集整理工作，在项目实施的同时，同步进行材料的归集、整理、归档工作，确保现场实施的每一阶段、每一过程与资料同步进行，为后期的竣工验收、工程结算、项目后评价作准备。

4.2.2 合约规划

项目管理的核心是合同管理，而施工合同产生于招标阶段，因此，本阶段的招标文件及合同约定的内容对后期的管理尤其重要，而本阶段由于时间短、专业性强，建设方往往忽视它的重要性。

作为项目总咨询方，我们深知合同文件的重要性，在编制阶段即对工程的造价约束管理进行了全面设计，并从合同模式、总承包范围、风险范围、招标控制价、清标、中标价款、工程变更、材料供应与替换、计量支付、结算、考核管理等各个环节进行了整体的规划和约定，并融入到合同文件及招标文件中，以期对造价管理形成系统的、科学的、合理的管理体系。

4.2.3 目标分解

4.2.3.1 投资目标分解

投资管理贯穿于项目的各个阶段，在管理过程中，我方提前布局，按照先制定总体造价目标及分阶段造价目标、再分步实施控制、最后达到总目标实现的思路，通过编制严谨的招标文件、选定合理的合同模式、制定完善的考核管理办法、过程中加强监管并分阶段考核，逐步实现总体的造价控制。图5为投资管控实施路径策划示意图。

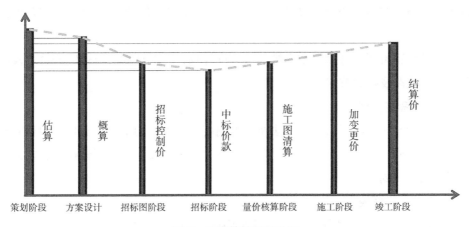

图5　投资管控目标分解

4.2.3.2 工期目标分解

可将总体工期目标分解为：施工图纸交付节点、施工单位入场准备阶段节点、重点部位结构改造节点、轻钢龙骨等二次结构实施完毕节点、强弱电系统施工节点、装饰面施工节点、家具家电安装布置等节点内容。

4.2.4 价值策划

本项目的基本需求是在预定时间和估算范围内实现业主的及时入驻，因此，项目价值策划围绕设计满足功能需求、管理满足既定工期、投资不超过约定投资估算、业主及时入驻等几个主要关注点展开，策划的主要内容包括方案征集增值策划、限额设计增资策划、合约规划增值策划、管理考核增值策划等内容。

4.2.5 流程管理

本工程施工阶段涉及建设方、管理方、设计方、监理方、施工方以及各专业施工方之间复杂的多方配合协调。作为管理方必须将各方之间的工作关系理顺，尤其是各种施工资料和手续的办理，需要一套合理、明晰、高效的管理程序作为执行标准。项目部根据本工程特点编制了《项目管理办法及程序》，该文件的主要内容涉及项目管理的组织结构形式，以及有关工程动工、设计交底、施工组织设计、材料进场、项目考核、款项拨付、工程验收与交接等 15 项施工工作的管理办法及程序的详细要求。

《项目管理办法及程序》以文字条例和图表相结合的方式，简要表达施工过程中主要工作的办理程序，以及每道程序的操作方法和注意事项，尽量保证其有良好的可操作性。

运用流程策划手段，对本工程项目进行科学、合理的整体流程策划。细分项目各实施环节中的各个工作包，尽量利用可用的作业空间，尽量多地安排平行作业铺开工作面，并侧重做好各阶段和各工序之间的合理衔接工作和合理搭接关系。

通过流程策划，可以周密安排一级进度计划，并对计划进行逐级分解，及时掌控关键线路及控制节点。

4.2.6 考核管理

通过制定相应的项目管理办法及奖惩制度，将项目的工程款支付与项目管理考核挂钩，确保整个项目的资源配置、工期、质量、安全、投资管控等各方面整体符合预期规划。

4.2.7 风险预控

在项目管理实施过程中，项目部全面研究项目各阶段的风险因素，并分析影响程度，提出对应的风险处置方案，如在投资控制方面，把设计阶段作为项目成本控制的一个关键控制阶段，具体体现在组织对设计任务书的研讨、对设计方案进行优化、限额设计应用、设计深度要求、对设计进度的动态管理与控制，以上内容应纳入到设计合同之中。完善设计工作深度，尽量降低工程变更，合理选配设备材料，在满足功能定位的基础上尽量降低工程造价。施工阶段则要严格把控合同文件，将项目管控要点充分体现在合约文件中，合同做到开闭有序，风险分担合理。

5 咨询方案

5.1 项目组织构架

建立完善的组织管理体系,由领导小组、项目管理部和专业延伸团队三级管理组成。第一级领导小组由业主主要领导任组长,咨询单位主要领导任副组长,各参加单位为成员,主要对项目的整体性策划、决策进行宏观管理;第二级项目管理部由咨询单位主管领导任项目经理,抽调公司主要部门骨干力量组成强有力的组织管理班子,主要对项目的具体实施进行日常管理;第三级主要为专业服务支持,包括:顾问团队、设计配合团队、招标代理团队、造价咨询团队、监理团队等(图 6)。

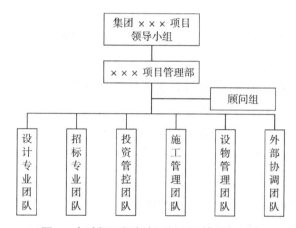

图 6　全过程工程咨询三级组织管理构架图

5.2 组织及资源配置

5.2.1 人员配备(表 1)

人员配备表　　　　　　　　　　　　　　　表 1

序号	工作岗位		人数
1	项目部人员	项目经理	1
2		项目总工	1
3		项目副经理	1
4		合约工程师	1
5		招标负责人	1

序号	工作岗位		人数
6	顾问组人员	投资顾问	2
7		合约顾问	1
		项目管理顾问	1
合　计			9

5.2.2 组织分工

5.2.2.1 顾问组

（1）总体顾问：项目管理顾问，参与项目总体策划，参加装修方案评审；

（2）设计顾问：公司外聘专家，主抓设计咨询、设计节点管控、设计流程管理、设计审图校核等顾问工作；

（3）合约顾问：公司主管领导，主抓项目前期管理、招标文件及合同审核、参与全过程造价管理；

（4）招标顾问：公司主管领导，主抓过程交易控制、法律法规、合约管控，参与全过程交易、法律、法务管理；

（5）施工顾问：公司主管领导，主抓施工现场关键节点、全程总控、工艺工法、设备材料等的全程顾问工作。

5.2.2.2 项目部

（1）项目经理：负责项目全过程管理；

（2）项目副经理：配合项目经理完成项目现场的组织协调管理工作；

（3）项目总工：主抓项目全过程技术管理、现场组织协调、工程档案管理；

（4）招标负责人：负责招标组织工作，办理项目的各项相关手续；

（5）合约负责人：合约工程师，负责合约管理及造价控制。

5.2.3 岗位职责

5.2.3.1 项目经理岗位职责

（1）根据公司总经理的授权，代表公司向建设单位全面履行工程项目的管理委托合同；

（2）认真贯彻执行国家有关政策、法律法规及上级颁发的技术规程、规定及公司的各项管理制度；

（3）负责协调项目部的全面工作，对本项目实施项目管理，对本项目的质量、进度、投资安全、环保等各项目标负责；

（4）负责制定项目管理大纲，组织编制生产计划，审核财务计划等；

（5）负责组织设计方案的定位、项目部组织、物资采购计划、合同洽商变更的审批；

（6）负责组织协调项目部与建设单位、设计单位、专业施工单位、监理单位等的关系，确保项目建设组织有序。

5.2.3.2 项目副经理职责

（1）受项目经理领导，协助项目经理组织、贯彻建设管理工作，履行对建设单位的工程管理委托合同；

（2）对建设过程进行控制，合理组织相关资源，保证工程质量和工期；

（3）协调各相关单位之间的关系，检查指导各相关单位的工作并负责对各参建单位进行考核；

（4）负责解决项目实施过程中出现的各种问题，及时向项目经理汇报项目进展情况；

（5）负责组织现场需要的各项资源，设备材料计划及到场管理，配合总工完成过程及交付阶段的各项管理。

5.2.3.3 项目总工职责

（1）受项目经理领导，协助项目经理组织、贯彻建设管理工作，履行对建设单位的工程管理委托合同。

（2）编制项目总体实施计划并对计划进行分解，负责本项目建设的计划、组织，对质量、进度实施全面管理。

（3）配合各项招标工作，提出各项招标的技术要求，组织编制设计任务书，配合设计单位进行设计方案优化，负责设计的各项管理工作。

（4）对建设过程进行控制，合理组织相关资源，保证工程质量和工期。

（5）深入施工现场，了解建设情况，负责对项目规划、工程质量体系文件执行情况进行监督检查。提出解决重大问题的意见及保证工程质量和安全的技术措施。

（6）组织本项目的竣工验收及资料归档工作。

5.2.3.4 合约工程师职责

（1）参与各项招标工作，包括资格预审、编制招标文件、开评标等工作。

（2）负责制定各项合同，组织合同签订前的资格预审、资信调查、申报工作。

（3）按照公司程序文件及项目管理要求，做好项目工程合同的管理工作；定期督促检查各类合同履行情况；审查合同的变更情况。

（4）建立成本预控体系，评估各方建议作出的技术变更对设计、工期、成本及日后运行的影响，控制影响工期及成本的设计变更。

（5）对项目的成本进行计划、控制和分析，并及时上报成本状况、资金使用状况信息，负责各合同单位的工程进度价款的支付审核。

（6）编制现金需求计划，必要时配合建设单位进行财务会计工作。

（7）定期向上级归口管理部门汇报合同管理情况。

（8）组织项目的估算、预算、结算及决算工作，组织风险评估，对本项目各项成本进行全面统一管理。

5.2.3.5 招标负责人职责

（1）负责组织本项目的各项招标工作，包括编制招标文件、组织答疑、现场考察、专家抽取、办理各种手续、合同备案等内容。

（2）负责配合业主和项目管理团队做好对潜在投标人考察其组织管理工作。

5.3 关键控制要点

5.3.1 顶层设计关键点

制定总体项目管理办法，编制管理程序，依据过程关键节点进行考核管理。在投资管控方面做好总体设计，采用按阶段逐步分解管控的模式。

5.3.2 设计管理关键点

对设计进行动态管理，以下内容将作为重点加以控制。

5.3.2.1 设计任务书

项目部充分了解项目的使用功能，很好地用工程的语言描述设计要达到的目的，并专业地从投资角度督促设计单位对设计进行优化。

5.3.2.2 明确设计的界面及设计深度，对设计质量及设计内容充分分解

5.3.2.3 设计进度质量管理

制定设计各阶段及各阶段出图计划，并跟踪检查，且对设计单位的资源投入进行监控，使设计进度质量在受控状态。

5.3.2.4 限额设计管理

施工图设计阶段是将概算落实到施工图设计的重要环节，主要采取了以下措施进行投资控制：

（1）确定本阶段的控制目标：概算控制在估算的85%，预留估算的15%为装修的其他阶段备用。

（2）根据总体投入与效果的对比分析，我方建议建设方根据单位的形象和功能要求适当区分不同装修档次，在期望的投资目标下，明确装饰标准按照不同功能，并确定不同装饰标准：对全部装修部位进行总体筹划，确定各层的功能分区，根据各分区进行装修档次定位。本项目中的装修档次分区为：

高档区：五层行政层，包括 VIP 会议室、总经理办公室、副总办公室；一层 VIP 接待室、临时等待区，大堂部位，二层的休息室；电梯等待区域、东侧步行楼梯等对外部位。

中档区：一层的大会议室、办公区；二层～四层的办公区域，各层洗手间。

低档区：一层预留的健身房、档案室，三层的弱电配电柜室等。

各分区按照不同的装修指标分配限额指标，并多次调整，确保在概算总指标下实现既经济又能体现出装修后的总体效果。

根据分区和功能不同，对用量大且关系到质量和外观的材料进行重点控制，必要时对材料采用甲方供应的方式进行，以保证其品牌和档次。

（3）加大设计深度和精度。严格控制深度设计，节省结构和装饰材料，避免设计与材料规格脱节而导致的饰面材料消耗系数增大；另一方面严格控制饰面材料的档次和标准，在效果相近的情况下选用造价低的设计方案。

（4）室内精装修工程应做到简洁、美观；重点公共部位的装饰工程，要保证适当的建设标准和档次要求；次要部分可适当降低标准（表 2）。设计单位的造价人员在设计过程中应适当参与，在设计过程中造价人员与设计人员相互沟通、相互配合，边算边设计，边设计边算，同步进行，以确保按批准的设计任务书的投资估算控制施工图设计。

装修档次分配表　　　　　　　　　　　　表 2

序号	装修档次	造价限额指标	应用区域
1	高档	2600 元 /m²	高档区域
2	中档	1600 元 /m²	中档区域
3	低档	700 元 /m²	低档区域

（5）设计方案结合工程概算进行了多次调整，以满足既定概算下的装修总体效果。

5.3.3 合约规划关键点

合同文件是项目管理的基础，过程管理文件是合同执行的依据，要做好合同文件的前期策划设计，具体包括合同模式选择、合同模式、合同边界、变更约定、材料替换等约定内容。

5.3.3.1 承发包模式关键点

本项目可以采用设计—施工总承包模式，也可以采用设计和施工分开的模式，对于总承包模式的选择问题，我们对此进行了优缺点分析（表 3）。

承包模式选择对比表 表3

序号	承发包模式	优点	缺点	结论
1	设计—施工总承包由一家实施	（1）设计与施工衔接紧密，过程中交接较好； （2）理论上可以缩短总工期	（1）为了缩短工期，设计可与施工同步进行，可能存在设计不完善的问题，设计中可能预留变更因素较多，不利于工程实施； （2）总投资不能约定范围，如不进行限额管理，则不能确定投资总额；如采取限额管理，则存在投入和质量不成正比的可能	设计未定位，投资不可控，未来可变因素太多，表面看缩短工期，实际更可能影响实施进度
2	设计、施工分别由两家单独实施	（1）设计比较完善； （2）过程中变更较少； （3）设计、施工单位可集中精力做好各自的专业工作	（1）设计必须充分完善，考虑周全并尽可能地一次性到位； （2）对管理单位要求较高，管理单位必须具备一定的专业水准，能够预测设计存在的问题并尽量能够提前解决； （3）设计周期不能与施工作业同步，可能导致总工期延长	设计确定，投资可控，有可能会影响总工期

经综合比较，从投资及设计完善等方面出发，推荐采用了第二种方案即设计与施工分别由两单位分别实施的方案。

5.3.3.2 合同模式关键点

本工程既可以选择单价合同，也可以采用固定总价合同，考虑到本项目总体规模不大，属于短平快项目，施工工期不长，人工、机械、材料等价格涨跌幅度能够在承包人的风险范围内，且在实施过程中工程数量设计肯定与施工的量有出入，如采用单价合同方式，计价过程复杂，也会给项目管理带来不必要的麻烦，综合比较，决定采用固定总价合同模式。

采用固定总价合同，不是意味着将全部的工程一次性包死，而是其固定总价对应着一定的承包范围和风险范围，在招标文件及合同文件中，我们这样约定：

①承包范围：

包括但不限于×××写字楼精装修工程施工图纸内的全部工作内容，以及为达到本项目设计效果及意图而需要的施工图设计深化、工程拆改、新建、保护等涉及本项目装修施工的全部内容。

②本合同采用固定总价合同，合同价款中包括的风险范围：

施工期间工、料、机的市场变动因素；各项工程收尾作业发生的费用；按工程惯例发生的费用；施工期间风险及不可预见的费用；招标文件工程量清单错漏项；承包人漏算及错算的费用及其他一切风险费用。

施工方的固定合同价对应的施工任务及风险约束在一定的范围内，对于超出这个范围的部分，将按照合同约定进行处理，确保施工单位承担的风险范围合理、可控。

5.3.3.3 合同边界关键点

合同边界即合同的承包范围，本项目施工合同约定边界分为工程边界和管理边界。工程边界包括图纸范围内的工作量以及因本项目的实施而进行的变更和增加项，可称为物理边界；管理边界为工程承包方与各专业分包之间的管理、协调、保管甚至工程竣工的总体统筹等而造成的管理工作内容。这两项内容都需要在合同里进一步约定各自的范围和内容，同时确保工程内容包含在内，费用约定既有总包又要考虑变更调整部分的约定。

工程边界的宽幅约定：一般约定以图纸工程量为基本边界（或线性边界），超出的部分根据约定确认是否调整。本项目为节约造价工程师成本，统一规定以招标文件约定的工程量的 ±10% 为工程物理边界，在此范围内的根据招标文件约定工程量进行计量，超出这个范围的则依据其他约定进行计量，即此工程边界规定为一定范围的宽幅边界。

5.3.3.4 设计变更关键点

对于总承包范围外的项目、风险、变更项目、工程价款的调整，作如下约定。

1. 工程设计变更

约定以下属于变更范围：

①更改工程有关部分功能引起的工程量变化；②增减合同中约定的工程量超过 10% 以后的；③其他有关工程变更需要的附加工作。

因重大设计变更导致的合同价款的增减及造成的承包人损失，由发包人承担，延误的工期相应顺延。

因承包人违章施工或过失而造成的工程变更导致的合同价款的增减及造成的损失，由承包人承担，延误的工期不顺延。

2. 合同实施过程中工程价款的调整

1）工程数量的调整：合同实施时，只调整发生设计变更的各分部分项清单、零星项目的工程数量，增减合同中约定的工程量超过 10% 以后的数量，其他项不予调整。调整量应按监理工程师书面确认并报经发包人同意后的实际工程量进行调整。

2）综合单价的调整：本工程采用固定总价合同，综合单价不予调整。

3）清单项目的调整：因发包人提出设计变更导致工程量变化的，其变化部分由承包人作出报价经监理工程师书面确认并报经发包人同意后进行调整。

施工图纸中有但招标文件未列出的部分或视为承包人已经理解并已包含在总报价中的，不再另行调整。

4）关于设计变更的价款约定：

（1）原投标报价中有相同项目或类似项目的，其单价执行原投标报价时的单价；

（2）原投标报价中没有相同项目或类似项目的其单价由投标人参照其报价时的组价方式重新进行组价，经监理单位书面确认并报经发包人同意后作为结算依据。进行组价时，原报价已有的，其单价不变；原报价没有的单价，由承包人与发包人协商议定，组价费率采用原报价的管理费、利润费率。

5.3.3.5 代替材料关键点

1. 材料价格约定

本项目采用固定总价合同，投标时施工单位为了既能中标，又能实现效益最大化，而可以直接放置档次低的装修材料，其价格便可符合招标文件要求，即报多大的总价都不是问题，只要调低材料价格即可。这显然与我们的意图背道而驰，而招标文件中又不能直接确定材料的品牌，否则和法律法规相违背，针对这种情况，我们在招标文件后附一个参考清单，对影响工程外观、质量和品质的，列出一个可供参考的材料清单，包括可参考的品牌和希望达到的标准及档次，施工单位报价时须列出对应的材料品牌，并要求投标人应提供详细的主要材料明细表，其质量、品牌、规格须满足招标人设计效果及施工图设计的要求。如投标人没有列出，则要求其进一步澄清，在签订合同时一并将此表作为合同的附件。

施工过程中可能发生变更的材料采用暂估价列入，施工时采用建设方批准的材料，其价格约定：采用暂估价的材料，在执行过程中只对实际材料价格进行调整，其他不予调整。材料实际价格以发包人调查的价格为准。

2. 装饰材料的管理

事前详细考察市场行情，对主要材料的质量、规格及单价做到心中有数，由承包商进行采购，结算时以甲方审定的材料价格作为工程结算价格。材料不宜均由建设方供应，否则会耗费大量的精力，承担质量、规格、数量多少的风险；也不宜一切都由承包商包办，事后再算细账，那样双方会故意扯皮，也起不到控制造价的作用；需要注意的是在标底或合同中要列出主要材料用量及单价，以便作为结算时调整的依据。施工单位的材料供货，应以设计提供的材料样本为标准。

装饰材料费的审查要严格把关，由于装饰工程的特点，材料品种多、价格差异大，对装饰材料费的审查是一项非常艰巨的工作，这需要审计人员深入施工现场查看材质，仔细分辨材料的品种和质量，再结合市场价格行情，确定出合理的材料价格。对于建设方采购或同意的代用材料，应按新的采购价与合同和清单报价作价差调整。

5.3.4 投资管控关键点

将项目的投资目标按阶段进行分解，具体包括：策划阶段预算、方案阶段概算、招标控制价、签约合同价、过程变更、过程结算价直至财务审核后的决算价。估算目标是投资目标管控的开始，结算目标是项目投资控制的收尾，将结算目标控制在估算目标范围内并完美实现项目的各项功能是投资控制的成功标志（图7）。

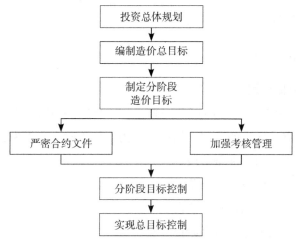

图 7　投资管控总体规划

5.3.5 实施过程关键点

依据前期制定的阶段考核管理办法对项目节点时间进行综合考核，确认项目的实施过程目标完成情况。

5.4 总控流程设计

根据项目需求及以往管理咨询经验，制定全过程咨询管理流程，具体内容如下：

（1）工程动工管理流程；

（2）设计交底程序与深化设计审批流程；

（3）施工组织设计审核程序；

（4）项目考核管理办法及程序；

（5）工程材料、设备采购及施工机具的管理及进场验收程序；

（6）工程分包管理控制程序；

（7）隐蔽工程检验程序；

（8）分项、分部工程检验程序；

（9）工程暂停及复工管理程序；

（10）工程交接管理程序；

（11）工程质量问题、质量事故处理办法；

（12）安全问题和安全事故处理程序；

（13）工程变更管理程序；

（14）工程竣工验收管理程序；

（15）工程阶段性支付管理程序。

5.5 项目总体计划

5.5.1 项目总体计划

该项目自 2009 年 9 月 23 日开始规划，并于 2010 年 11 月 23 日交付使用。按照本项目的特点，项目的总体计划可以分为五个阶段，分别为：

第一阶段：项目前期准备阶段；

第二阶段：项目的设计管理阶段；

第三阶段：项目的招标投标阶段；

第四阶段：项目的施工管理阶段；

第五阶段：项目的竣工及办公准备阶段。

5.5.2 各阶段计划

5.5.2.1 第一阶段：项目前期准备

时间：2009 年 9 月 23 日到 2009 年 9 月 29 日。

交付项目管理计划，并与建设方协商交流以确定项目流程、时点资金、设计要求等方面的框架，为设计、施工及招标定调。

5.5.2.2 第二阶段：项目设计管理

时间：2009 年 9 月 30 日到 2009 年 11 月 15 日。

此阶段的工作主要是结合建设方要求提出设计任务书。通过考察、选取具备要求的设计单位，发出邀请书。经过初步方案对比，选定最终设计方案以完成所有装修设计任务和现场设计协调任务。

5.5.2.3 第三阶段：项目的招标投标管理阶段

时间：2009 年 11 月 16 日到 2009 年 12 月 26 日。

项目的招标投标以项目资源的准备为起点，签署落实合同为终点。

5.5.2.4 第四阶段：项目的施工阶段

时间：2009年12月27日到2010年12月23日。

以土建结构改造为起点，所有精装修工程完工并交付使用为终点。

5.6 项目考核管理

本项目全过程工程咨询成果验证以项目阶段性节点考核的方式进行，阶段考核结果与工程计量支付挂钩，具体考核指标包括人员配置、施工进度、工程质量、工程安全、工作配合度等几个部分。工程管理的考核内容提前在招标阶段进行约定，在与中标人签订合同时，作为合同的重要内容列入合同的专用条款部分。

6 项目过程管理

6.1 前期管理

6.1.1 办理各项开工手续

及时核实建设单位的各项建设管理手续情况，并在建设单位各项批准文件符合要求的基础上办理工程开工的各项相关手续。

6.1.2 项目策划

进一步了解项目的现状，做好充足的前期准备及策划工作，包括对图纸的深入了解，掌握建设单位的建设需求，综合各管理方（如物业管理公司等）对建设工程的需求意见，制定工程项目的统一策划方案，明确工程的设计、工期及投资控制等各项建设管理目标。

6.2 设计管理

设计管理对于实现项目的目标有着决定性的影响。由于现阶段装饰装修设计的专业性与独立性越来越重要，设计与施工相互间的平衡与监督对工程最终效果的影响越来越大，因此本项目应避免设计与施工委托同一家单位，设计单位应具备相应的设计资质和设计力量。

6.2.1 设计工作现状及规划

本次设计工作内容包括：室内装修、给水排水、暖通、强弱电、消防点位设计。应出具效果图、施工图扩初、深化施工图、设计变更图，并配合施工单位出具竣工图。

6.2.2 设计招标

为了提高设计质量，选择符合本项目要求的合格的设计单位承担本项目的设计工作。

设计招标分为两个阶段：第一阶段主要评估技术标，决出两家入围单位。第二阶段综合考虑技术标与商务标，依据最佳性价比，决出最终中标单位。

6.2.3 设计任务书

设计任务书是设计单位从事本项目设计工作的重要依据，项目对设计内容的具体要求主要由设计任务书来提出，因此设计任务书的编制工作是设计管理工作的重要环节。

根据项目建设单位的安排，本项目设计任务书，由项目部依据建设方需求，结合以往经验和顾问组建议进行编制。

6.2.4 设计合同管理

设计合同是明确建设单位和设计单位之间双方责任和权利的法律文件，是推进设计管理工作正常进行的主要依据。设计合同文本由建设单位和项目部共同起草，报建设单位批准。

设计合同是强化设计管理工作的重要手段，针对以往在设计管理实践中经常遇到的各种问题，设计合同条款中应明确以下问题，以更好地约束设计单位按照合同要求提供优质的设计和设计服务：

（1）项目部代表建设单位进行设计管理工作；

（2）明确设计各方的权利和义务；

（3）确定设计开工日期和设计成果的提交日期；

（4）应编制设计深度要求，作为设计合同的附件；

（5）强调建设单位对设计过程的管理，将设计过程划分为若干个阶段，建设单位对每个阶段的设计成果进行确认，经确认后才能进行下一步设计；

（6）设计费根据设计阶段分批支付，合同尾款在工程竣工后才能支付；

（7）明确限额设计和设计优化的要求；

（8）最终设计成果应包括图纸及其电子版、设计说明等；

（9）明确设计单位对设计文件报批、报审的责任；

（10）明确后期设计现场服务的具体要求。

6.2.5 限额设计

根据国内外项目管理的实践经验，工程项目设计对工程总造价的影响程度在75%以上，施工图设计完成后，项目的实际投资可以调控的余地非常有限，因此项目投资控制应主要在设计阶段进行，限额设计是控制项目投资的重要手段。

限额设计指标在初步设计开始前，由项目部根据批准的投资估算确定。限额设计工作作为对设计单位的基本要求，应在设计合同中明确，以约束设计单位自觉地按合同要求开展限额设计，项目部会同建设单位应在设计过程中对限额设计工作的进展情况进行定期检查。

6.2.6 设计质量控制

设计成果的质量评定不能用固定的标准去衡量，即使达到设计规范、标准和规程，也不能称该设计就是优良设计或精品设计。设计质量的优劣，确切地说是一个目标范围的界定，建筑规范、规程和标准是设计合格的下限。设计精品是在设计过程中进行优化取舍，不断完善完美，才能达到的。因此，设计质量的优化管理是十分值得重视的。

建筑设计质量的优化管理，就在于强化、强调了设计的"全过程管理"，这是动态管理。它也打破了过去静止的简单化的"结果管理"淘汰制，从而避免浪费时间和造成直接经济损失。设计运行过程要自始至终，由部分到整体，由方案到施工图，这些工作都要进行细化、优化和筛选，实现积极主动、极具挑战性的动态管理。

设计质量的优化工作具体由设计单位承担，项目部对设计优化工作进行跟踪管理。设计单位建立设计质量管理保证体系，是进行设计优化工作的基础。设计质量管理保证体系的建立，包括两个方面的工作：第一是成立由主要负责人亲自主持，专家起主导作用的质量监督小组。第二是建立健全可操作的规章制度，规章制度的制定要结合实际情况，一定要具体化、细化、量化，特别是要具有可操作性，以保证其运用的经常性和可检查性，以使其达到预定目标。设计优化的要求应在设计合同中予以明确。

6.2.7 设计过程动态控制

设计管理的重点应放在对设计过程的管理和控制，对设计过程的动态控制，是设计管理工作的重要环节。

6.2.7.1 设计进度控制

为了缩短建设周期，设计管理部应协助设计单位进行合理的进度安排，使设计进度计划为施工招标服务，并尽量使设计满足建设单位对开工日期的要求，兼顾采购周期较长的材料、设备供应时间的要求，同时还应充分考虑设计文件报审环节的时间要求。此外，对于由建设单位自身因素造成对设计进度的影响，设计管理部应协助建设单位尽早发现问题，并提出解决方案。

6.2.7.2 设计环节管理

由于本项目工期很紧，按照项目总进度控制计划的安排，本项目主要设计工作的设计工期并不十分充裕，为了保证项目工期目标的实现，保证项目设计质量，按照设计的阶段划分，主要从以下几个阶段进行综合管理：

（1）设计招标阶段，首先应选择有实力的设计单位从事设计工作，要求将设计管理中的关键要素和内容反映在设计方案中，将设计方案的优劣作为中标与否的重要条件。

（2）方案设计阶段，要及时对设计单位的设计反馈意见进行回复，以利于设计工作的进一步展开。

（3）施工图设计阶段，要及时为甲控设备、材料的采购提供条件，为施工招标的尽快实施提供条件。要及时组织协调不同设计单位、不同专业设计之间的关系，避免设计之间的不协调问题。

（4）图纸报审阶段，要明确图纸报审的责任单位和责任人，以加快图纸报审的进度。

（5）设计现场服务阶段，要明确设计现场服务的要求，为加快施工进度创造条件。

6.2.8 设计文件深度

设计文件的深度问题是评价设计质量与水平的重要指标，对于施工进度和施工质量的影响很大。项目对设计文件深度的要求应在设计合同中明确约定，在设计过程中进行严格检查和监督。

6.2.9 可施工性、可维护性及可操作性程序

设计产品的可施工性，与设备、设施寿命有关的维护目标及操作目标，也是设计管理的重要内容。本程序综合这些概念以帮助确保在项目周期内使费用问题得以优化，应尽早实施以便在设计中体现这些概念。

6.2.9.1 施工可行性审核

可施工性意味着将设计与施工方法及经验一体化，从而优化项目的质量、安全、费用及施工进度，进而使整个项目的费用最小化。

6.2.9.2 可维护性及可操作性审核

为了提高项目全寿命期内的操作和维护的安全性、方便性，设计管理过程中，应向设计单位提出设计的可维护性和可操作性要求。

为改善操作和维护的一般措施将作为设计管理工作的一部分，建设单位特殊的维护和操作要求将在项目的初期阶段予以确认，以便设计人员将其包括在设计依据中并予以定义。

6.2.10 施工支持

设计单位将和项目部负责人共同工作，以促进项目的正常运行。所有施工要求将由授权的专业工程师进行协调。

设计负责人参加可施工性审核、现场走访、设计符合性的确认，以及设施和

系统验收的检验活动，以确保系统符合必须执行的规范和标准的要求。

设计单位根据施工现场实际工作的需要，开展施工阶段的设计服务工作，其主要的工作内容包括：

在施工开始前，进行设计交底、图纸会审工作，签署图纸会审文件；签署设计变更和工程洽商单；参加重要设备的验收工作；参加复杂、重要的施工技术会议；参加工程验收和竣工验收工作，签署验收文件。

6.3 施工管理

6.3.1 施工现状

（1）本项目施工范围为室内装修、强弱电改造、设备安装等内容。

（2）工程施工内容包括：二次结构及结构改造施工，机电设备系统安装，建筑智能系统施工，消防施工，室外标牌（霓虹灯）等专用设施施工。

6.3.2 施工组织设计审核

承包单位确定后，承包单位应编制详细的总体施工组织设计，经监理单位批准后报项目部备案，施工组织设计将作为本项目的施工实施依据。

6.3.3 施工进度管理

6.3.3.1 进度管理范围

进度管理范围涵盖项目建设的全过程工作，包括项目总进度管理、政府环节手续进度管理、招标进度管理、设计进度管理、施工进度管理、设备采购进度管理、验收进度管理等各个过程。

6.3.3.2 进度计划管理模式

进度计划实行分级编制和管理原则，控制计划由项目部编制管理，执行计划由监理和施工单位编制管理。进度计划自上而下进行层层约束，计划调整更新后，本级计划的相关活动及下级进度计划的相关活动，均作相应调整。

6.3.4 施工质量管理

根据本项目特点及以往的项目管理经验，全面推行质量管理，从建立质量保证体系、制定质量预控方法、加强质量过程控制、推行工程质量责任制度等几个方面进行项目的质量管理。

6.3.4.1 建立质量保证体系

项目部建立质量管理保证体系，并建立以项目部为总牵头人、以监理单位为总检查人、以施工单位为总实施人的多级分层的质量管理模式。通过对质量管理目标进行确定和分解，对相关资源进行配置，配合质量管理相关制度的建立和运行，形成具有质量控制和质量保证能力的质量管理系统。

6.3.4.2 制定质量预控方法

施工质量预控是施工全过程质量控制的首要环节，包括确定施工质量目标、编制施工质量计划、落实各项施工准备工作以及对各项施工生产要素的质量预控等。

施工质量计划是施工质量控制的手段或工具。施工质量的计划预控，是以预防为主作为指导思想，在施工前，通过施工质量计划的编制，确定合理的施工程序、施工工艺和技术方法，以及制订与此相关的技术、组织、经济与管理措施，用以指导施工过程的质量管理和控制。

6.3.4.3 加强质量的过程控制

施工质量的控制应强调质量的过程控制、质量的全员参与及质量的逐级放行原则，确保在每个环节、每个责任人、每个质量控制阶段实现全方位的质量过程控制。

1. 过程控制原则

过程控制包括质量体系建立、质量计划策划及实施、原材料验收阶段、施工过程控制、竣工验收控制等阶段的质量管理。工程施工质量牵涉各方面各环节工作，只有加强了对决定和影响工程质量的所有过程的控制，认真把住每个环节，才能创造出优质工程。

2. 质量的全员参与原则

质量控制不是某一单位、某一部门的事，质量好坏与质量参与各方都息息相关，它强调包括建设单位、项目管理单位、监理单位、施工单位等质量相关方全员的参与、各负其责。

施工单位应做到自检、互检、专业检验和交接验收，即前后工序或施工过程进行施工交接时的质量检查。

监理单位应在施工单位检查合格的基础上进行监督检查，检查方式主要有：日常检查、跟踪检查、专项检查、综合检查、监督检查等。

项目部应定期组织相关单位对项目工程质量进行抽查，参加政府相关部门、监理单位等组织的质量检查活动，对工程质量进行监督并及时提出质量改进意见，配合政府工程质量监督机构对工程竣工验收工作进行监督。

项目建设单位应及时掌握工程质量动态，并配合项目部对出现的质量进行监督，组织工程质量的验收及竣工备案，组织项目相关方对工程进行交接。对工程质量保修期内的保修工作进行管理。

3. 质量的逐级放行原则

质量的形成可能需要多道工序，任一环节出现问题将最终导致出现质量问题,因此应建立质量生成阶段的逐级放行原则,首先对每一道工序进行严格把关,同时应做到上一道工序不合格不通过决不进行下一步施工,只有逐级放行才能做到质量的总体把关。

4. 完善质量形成的全过程管理

除了注重施工过程的监督以外,还要注重质量验收及最后的竣工验收,工程质量资料的完善,符合相关要求。质量竣工验收,是建筑工程投入使用前的验收,也是最重要的一次验收,是证明质量的必不可少的一环。

6.3.4.4 推行工程质量责任制度

除了建立有效的质量运行系统以外,还应在本项目的管理中建立行之有效的质量责任制度,将项目工程质量与项目各合同相关方联系起来,通过合同约定的方式,将工程质量责任进行分解,并落实到每个质量相关方,使质量问题不仅与经济挂钩,还与法律责任挂钩,使工程质量真正落实到位。

质量责任制度的相关方一般应包括建设单位、项目管理单位、施工单位、工程勘察设计单位、监理单位、建筑材料、构配件生产及设备供应单位等。在工程质量责任制度中应按照各单位在本建设项目中的相应位置制定相关的责任,确保质量责任能到位,质量责任无盲点,出现质量问题有说法。

6.3.5 工程变更管理

对每个项目而言,工程变更几乎是不可避免的,只是或多或少的问题。变更的原因或为修正设计错误、遗漏,纠正施工中产生的错误等,或由于施工单位等因某些利益关系提出变更,但是,毋庸置疑,相对随意的、不合时机和无序的变更一方面反映了工程前期管理的不善,另一方面将极大地影响工程质量、进度,并最终导致项目成本的增加,为后期的管理增加了难度,为工程投资增加了变数,同时由于工程变更处理不好,容易引起合同各方的争议,给项目建设带来诸多困难。因此,做好工程变更管理工作,对变更实行控制管理是项目管理追求的一个方向,根据项目特点及项目管理经验,拟从以下几个方面对工程变更进行管理。

6.3.5.1 明确变更范围

工程变更的范围很广,包括设计图纸、进度计划、施工条件、工程数量、技术规范、合同条件等方面的变更。项目管理方可根据项目自身特点,在招标文件及合同中对变更范围及条件进行约定,同时尽量缩小变更范围,对估计可能发生变更但又不明确的,可以根据情况在招标文件中单独列项并由投标单位根据经验一次报价,项目实施过程中不再调整。通过缩小变更范围,约定变更条件,可以达到降低工程变更的目的。

6.3.5.2 提高设计图纸质量

目前，很大程度的工程变更是由于设计图纸造成的，包括设计考虑不周、设计漏项多、设计深度不够等，因此加强招标文件之前的工作尤其重点提高设计文件的质量，通过提高设计人员的经济意识、完善施工图纸设计、加强施工图概算，同时可通过召开图纸答疑会、设计单位内部自审、项目部组织审查等途径，尽量减少图纸不明确之处，把图纸互相矛盾的方面解决在招标工作开展之前，为工程的招标、施工打下良好的技术基础，以降低实施过程中的工程变更可能。

6.3.5.3 加强招标文件的编制，减少合同漏洞

招标文件作为约束双方行为的纲领性文件具有其特殊的法律地位，编制招标文件时应从工程质量、工期、造价、发包范围、材料供应等多方面作出严密而符合国家规定的说明。

合同文件是招标文件的组成部分，合同中的漏洞也是造成工程变更的一项主要来源，因此完善合同约定对降低工程变更也起着重要的作用。

6.3.5.4 严格变更程序，加强工程变更的审核

对工程变更进行分类，确定每一类变更的管理权限，制定工程变更程序，建立起严格按照程序进行工程变更的管理体制，避免互相扯皮。在项目实施过程中，对工程变更实行逐级审批管理，工程变更由施工单位提出的，应逐级履行审批手续，由监理单位、设计单位、管理单位或建设单位提出的，应根据具体情况召开变更专题会议，这可使工程变更符合实际情况、科学有序，杜绝多头管理的情况发生。

6.3.6 施工动态管理

由于工程项目本身随时处于动态变化之中，因此要求项目管理亦应是动态的管理，为保证管理的及时有效性，项目管理的动态步伐应超前于项目本身的动态步伐，即要体现主动的动态管理，只有建立起主动的动态管理才能确保项目管理的前瞻性、计划性，避免出现项目管理的被动现象。

施工动态管理过程一般包括：建立动态管理体系、确定动态管理范围、制订动态管理方案、动态管理实施、动态管理效果检查、动态管理改进及提高几个阶段。

施工动态管理一般包括：计划的动态管理、资源的动态管理、质量安全的动态管理及投资的动态管理等内容。

6.3.7 考核支付管理

6.3.7.1 管理考核方法

本项目计量支付依据预定的施工节点时间按照总体考核分数支付相应工程

款，具体考核指标包括人员配置、施工进度、工程质量、工程安全、工作配合度等几个部分。

评分节点：共计分四个阶段进行，分别为第一阶段：工程预付款支付；第二阶段：隐蔽工程完工后二期款支付；第三阶段：项目竣工验收完毕工程款支付；第四阶段：工程结算尾款支付。工程预付款应在检查满足进场条件后支付，在二、三、四阶段实行考核管理，其中二、三阶段为阶段性考核，四阶段为项目总目标考核。各阶段支付款项参照考核情况进行支付。

考核满分110分，阶段性考核中评分超过100分则按照申请额度支付相应工程款，不足100分按实际评分支付本节点工程款（如95分，则按照评审后的工程量的95%进行支付，剩余部分为预留支付款，最后一次总目标考核评分如果不超过100分则按违约规定处理）。

6.3.7.2 过程考核及工程款支付

见表4。

阶段考核计算表　　　　　　　　　　　　　　　　　　　表4

序号	支付时间	支付款名称	实际完成的工程款项 Ai	考核支付工程款项 Bi	考核预留款项 Ci	预留质保金 Di
1	第一阶段	工程预付款	$A1$	合同额的20%	0	0
2	第二阶段	中期支付款	$A2$	$B2 = A2 \times 0.80 \times i - A1 - D2$	$C2 = A2 - B2$	$D2 = A2 \times 5\%$
3	第三阶段	工程竣工款	$A3$	$B3 = A3 \times 0.80 \times i - D3$	$C3 = A3 - B3$	$D3 = A3 \times 5\%$
4	第四阶段	工程结算款	$A4$	结算审核总额-已经支付款	0	0

6.4 竣工管理

竣工管理的内容包括竣工前的经营准备、竣工环节的管理以及竣工后的项目后评价工作。

竣工验收是项目完工交付建设单位使用前的最后环节，项目部负责组织项目的竣工验收工作。竣工验收包括专项验收、专业系统验收、工程验收（项目整体）。进行竣工验收时，首先由施工单位组织自检，经自检合格并达到竣工验收条件后，报项目部和监理部门，申请工程竣工预验收，总监理工程师组织对工程进行检查验收，合格后总监理工程师签署单位工程竣工预验收报验表。然后由项目部会同建设单位组织各方（物业部门、建设单位、监理、设计、施工）进行竣工验收，通过后在竣工验收记录上签字。

工程竣工后，由项目部会同建设单位负责组织工程竣工备案工作，按照北京市关于竣工备案的有关规定，提交完整的竣工备案文件，报北京市竣工备案管理部门备案。

6.4.1 目标与内容

1）竣工管理的主要目标包括：

为了记录项目历史、项目执行情况及总结经验教训，使未来项目有所借鉴，发布项目完成报告及项目概况。

按照合同规定，将所有要求的资产、项目文档和设计资料移交给建设单位。

为了进行结算和决算工作，明确所有未完工作，并完成与所有各相关单位关于变更、索赔或调整的最终谈判。

处理所有其他项目记录，销毁或交给建设单位资料中心。

2）竣工环节管理的主要工作内容包括：

（1）竣工验收管理，包括专项验收、专业系统验收、工程验收（项目整体）管理。

（2）竣工文件的编制。

（3）项目合同执行情况总结。

（4）竣工结算管理。

（5）维护、保修合同签订。

（6）项目移交。项目移交和接收双方在核查了项目交接的全部范围和内容之后，应履行相关的项目交接手续，形成项目交接报告。

6.4.2 财产与资料的交接与处理

项目完工前，财产与资料的交接与处理由项目经理组织实施。

财产的交接与处理的工作内容包括：

项目部在工作中使用的所有建设单位财产，包括办公家具、办公设备、办公用品、通信工具、交通工具、后勤用品等，均应统一清点，并登记造册，全部移交给建设单位。

项目资料的交接与处理，由项目经理组织对全部项目记录进行分类，并与建设单位共同确认项目记录的处理方案，且达成书面意见，项目部将按照公司的标准程序以及与建设单位达成的书面意见，处理所有的项目记录。对于没有归入到项目归档资料范围的项目记录，如果不涉及商业秘密，建议暂时不作销毁处理。

6.4.3 竣工图

工程竣工图是进行工程交工验收、维护、改建、扩建的依据，是编制工程决算的依据，是国家的重要技术档案。设计管理部负责组织各相关单位进行竣工图的编制。

编制工程竣工图，必须在施工过程中及时做好隐蔽工程检验记录，整理好设计变更文件，确保工程竣工图的编制质量。在签订承发包合同时，建设、监理、施工等单位应对工程竣工图的编制、审核、交接、验收工作等作出明确约定。

工程竣工图的编制工作，应按照以下原则进行：

工程竣工图的编制单位为施工方，由设计方提供相关资料，并配合提交、审查竣工图纸。

工程竣工验收前，项目部、监理单位应组织、督促和协助各设计、施工单位检查各自负责的工程竣工图的编制工作，发现有不准确或短缺时，要及时采取措施修改和补齐。建设工程竣工图是工程交工验收的条件之一，建设工程竣工图不准确、不完整、不符合归档要求的，工程不能交工验收。

建设工程竣工图至少应编制两套，一套与工程建设其他档案材料一同移交城建档案馆，一套由建设单位保管。

竣工图应按照相关规范规程和北京市城建档案馆要求的形式和深度编制。

6.4.4 项目竣工报告

项目管理工作以项目竣工报告的形式归档，总结项目管理合同的执行情况，并就项目管理费的总额、尚未支付的项目管理费的支付等问题，与建设单位协商，达成一致意见。

项目竣工报告在工程竣工时由项目经理签发。项目经理负责整个项目竣工报告的准备、审查和分发。项目竣工报告的准备计划从项目启动时就应该开始，并应分清责任及指明要保留的文档。报告的一个主要方面就是要包括经验教训的总结，这对改进未来项目的执行将会有所帮助。为了预防类似情况发生及连续改进未来项目的执行效果，项目管理过程中的经验教训应纳入公司的标准范例库内。

在项目人员退出项目之前，为了促进项目的有序收尾，随着项目的进展，相关负责人员应完成项目竣工报告相应部分的准备与审查。

6.5 交付使用

6.5.1 竣工验收组织

本项目于 2010 年 11 月 16 日基本完成总体工作，项目部协助建设方组织各方对整体工程进行验收，并作了相关的验收组织计划，其中参加人包括建设方、项目管理方、监理方、设计方、施工方。

验收工作分为两个部分，首先是以监理方为主对工程现场各项成果进行检验，然后由建设方主持召开竣工验收会议。

现场检验主要依照最后一次质量联检意见检查各项质量问题的整改情况，同时由设计方检验设计方案实现情况。

会议由建设方主持，首先由施工方进行工程竣工报告，再由建设方、项目管理方、监理方、设计方共同检查施工方递交的竣工资料。监理方根据检验情况给出的验收意见为"工程总体的意见是基本合格，存在部分缺陷和遗留问题，应予以改正。"项目管理方、建设方基本同意监理方的验收意见，同时分别回顾总结了工程总体经过。项目管理方建议双方通过经济手段对已无法整改的缺陷予以协商解决，施工方对上述验收意见表示赞同。

会议最后根据合同约定进行了项目总目标考核，考核结果作为工程结算的重要依据。会议结束后，施工方正式将本工程移交建设方使用。

6.5.2 工程结算编制

由于建设方根据竣工验收结果，要求在施工方解决缺陷及遗留问题前，不对《工程竣工验收单》予以签认，因此依据各方合同相关约定和项目管理办法及程序的要求，在工程合格验收前，项目管理方不进行施工结算审核。建设方为提高工作效率，为最终的工程决算和审计提前做好准备，授权项目管理方提前对施工方提交的工程结算资料进行审核，但不影响正常程序的结算时间设定。

6.6 项目后评价

项目后评价是指项目建成投产并运行一段时间后，对项目准备、立项决策、实施直到项目投产运营全过程的投资活动进行系统的总结评价，通过对项目建设各阶段工作的回顾，对项目投资全过程的实际情况与预计情况进行比较分析研究，全面总结投资项目管理经验，肯定成绩，汲取教训，研究问题，为改善今后项目投资管理工作提供重要信息依据和改进措施，达到提高投资决策水平、管理水平和投资效益的目的。

项目后评价基本内容包括：项目目标评价、项目实施过程评价、项目效益评价、项目影响评价和项目持续性评价。

项目后评价不仅是项目建设程序中一个必要的工作阶段，而且也是投资管理工作中不可缺少的组成部分和重要环节。建议本项目的项目后评价在项目运营两年后进行，相信其对建设单位今后的投资管理与决策会有所帮助。

7 咨询增值服务方案

7.1 设计方案征集增值点

实施该项目时，本项目没有概念设计方案，单独进行概念设计方案征集固然对项目的定位会有很大帮助，但是由于时间紧迫，如果单独拿出一定时间来进行概念设计，显然不能满足业主的入住时间要求。经过论证，选用方案征集的方式选择设计方案和设计单位。招标文件约定采用综合评分法，评分包括商务、报价和技术方案三部分，综合评分第一名的为中标候选人，排名第二、第三的可以给予一定的方案补偿，其他的不予补偿。同时约定：参与本次投标单位无论中标与否，其全部设计方案或者部分设计思路皆有可能作为后期项目的最终方案的参考或者补充，如招标人可能引用未中标人的全部或者部分方案及思路，投标人应无偿提供给招标人使用且放弃因此产生的利益追诉权。本次招标共有 9 家单位参与投标，本次方案征集的增值点总结如下：

（1）通过方案征集，可以从大量的投标方案中选择比较能够体现建设方意图的方案或者思路，同时为项目争取了约 20d 的时间。

（2）通过方案征集，建设方和管理方能够找到符合要求的合格施工图设计单位。

（3）在此过程中，建设方以较小的代价（前二三名的设计方案补偿八万元）既能换来概念设计方案，又可通过融合几家的方案优点进行参考并确定最终的设计方案，在此基础上，我们通过调查研究并调整设计方案，结合建设方意见，可以快速确定最终的设计风格并节约了 20 多万元的相关费用，无论在实践中和费用上都为项目提供了增值点。

7.2 投资管控模式增值点

本项目投资管控成功的标志是最终结算价不超过概算、概算不超过估算，要想达到该目的，在实施过程中必须进行投资阶段目标的管控设计。在管控设计中，各阶段投资目标应该是在设计及招标阶段逐级降低，而在实施过程中逐级抬高。经测算讨论，将概算价定在估算价的 92%，将招标控制价定在估算的约 80%。后期通过合同管理逐步调整价款至合理位置，合理有序地规划投资管控路线，逐步实现投资的管控，保证后期的结算不突破概算、更不突破估算，是本项目咨询的一个重要增值点。

7.3 限额设计管理增值点

根据总体投入与效果的对比分析，我方建议建设方根据单位的形象和功能要求适当区分不同装修档次，在期望的投资目标下，明确装饰标准按照不同功能，并确定不同装饰标准：对全部装修部位进行总体筹划，确定各层的功能分区，根据各分区进行装修档次定位。本项目中的装修档次分区见 5.3.2.4。

各分区按照不同的装修指标分配限额指标，并多次调整，确保在概算总指标下既经济又能体现出装修后的总体效果。

根据分区和功能不同，对用量大且关系到质量和外观的材料进行重点控制，必要时对材料采用甲方供应的方式进行，以保证其品牌和档次。

通过限额设计、区域档次划分设计，该花的则花，能省的则省，好钢用在刀刃上，确保投资物有所值。

7.4 合同约定模式增值点

在合同中对合同边界和变更进行了细致的约定，明确了施工单位的工作范围和风险范围；明确了哪些可以变更，哪些不能变更；允许变更的部分哪些计量，哪些不计量；计量部分的计量计价规定等，降低了业主的风险，减轻了咨询单位尤其是造价人员的工作量并有明确的合约执行依据。因约定明确、依据清晰，为项目管理的充分实施带来了很大的便利条件，大大降低了常规管理双方因约定不清带来的扯皮现象，无疑为项目管理带来了很大的增值效应，对全过程工程咨询具有一定的借鉴意义。

7.5 项目考核模式增值点

不同于既往一般项目计量支付按照实际进度支付的管理模式，本项目采用的项目管理考核模式是按照工程项目的关注目标如进度、质量、安全等按照权重比在约定节点时间进行考核，相当于对项目管理内容在实施过程中进行了全面的、系统的关注和要求，施工单位需要从全面的角度对项目的整体性目标进行配置和关注，而不单单是关注进度。确保业主对项目的管理提高到了系统的高度，过程管理与前期的合约策划进行了高度吻合、匹配，也提高了业主对全过程咨询单位的管理认同度。实践证明，这种全面关注考核的模式大大提高了对项目的综合性管理约束能力，为项目的各项目标的实现提供了有利的支撑（表 5）。

各阶段投资管控成果统计表 表 5

序号	管理阶段	工作内容	价款（万元）		百分比	备注
1	项目规划	装饰风格、装修等级及标准、确定投资规模	估算	约1100	建设方投入意愿	100%
2	设计阶段	设计单位及装饰方案征集、功能分区、风格定位、装修标准、施工图设计、施工图预算	概算	1012	按照估算的92%进行控制	92.0%
3	施工招标阶段	招标代理、工程量清单及控制价	控制价	902	施工图预算及调整	估算的82.0%概算的89.1%
			中标价	880	合理低价	估算的80.0%概算的97.6%
4	施工阶段变更	建设方引起的方案变更、材料变更	合同价款	85	建设方指定的变更且超过风险范围部分	估算的7.7%概算的8.4%
5	结算阶段	合同价款＋可支付的变更价款	结算价款	965	符合建设方的投资意愿	估算的87.8%概算的95.5%

8 项目咨询总结

本项目虽然很小，但是作为真正意义上的全过程造价管理实例却有一定的借鉴作用，我们认为做好项目全过程工程与以下工作是分不开的。

8.1 做好整体规划

全过程工程咨询是一项系统工程，需要进行全过程、全方位的管理，必须从始至终做好整体规划工作，提前确定项目总目标、分阶段控制目标并遵照执行，只有各分阶段的目标处于可控状态，总体目标才有可能实现。

8.2 关注重点环节

要做好工程咨询管理，找出关键性环节，对关键环节要重点进行研究，如规划、设计和招标的各个环节对咨询成果尤其重要，必须采取措施重点控制，以确保下一步管理的可控。

8.3 咨询的配套和衔接工作

确定合理的管理模式、制定严密的合约文件、编制合理合规的各项规定，并由专业的人员队伍来完成，并按照各阶段需求分别采用与其对应的管理方案和技术措施，充分发挥激励和约束两种机制的功能，把工程各项管理目标控制在可约束范围内，实现项目的全过程咨询管理目标。

8.4 加强过程监管

完善的合同文件、全面的管理手段必须依靠严谨的管理咨询才能实现其价值，本项目在实施过程中，依靠工程咨询团队的专业水平、科学合理的项目管理考核制度、一丝不苟的敬业精神，进行了全面的、系统的监管，对本项目全过程工程咨询的成功实施起到了决定性作用。